巴蜀文化通史

百〇四岁叟 马识途

《巴蜀文化通史》学术委员会

章玉钧　隗瀛涛　李绍明　林　向　胡昭曦　贾大泉
谭继和　万本根　陈玉屏　罗　鸣　沈伯俊　彭邦本

主　编
章玉钧　谭继和

副主编
罗　鸣　彭邦本

编辑部
主　任　侯水平　向宝云
副主任　万本根　李　庆

"十二五"国家重点图书出版规划项目
四川建设西部文化强省重点项目

章玉钧　谭继和　主编

巴蜀文化通史
艺术 卷

苏宁　沈博　幸晓峰　著

四川人民出版社

编者的话

巴蜀文化通史

编者的话

《巴蜀文化通史》编撰工程是中共四川省委批准、省委宣传部直接组织和领导，由四川省繁荣发展哲学社会科学协调小组立项、四川省社会科学院牵头的四川省西部文化强省建设重点支持项目，也是"十二五"国家重点图书出版物出版专项规划及国家出版基金（2016年度）资助项目。一直关心四川文化传承创新的省老领导杨超、杨析综、何郝炬、冯元蔚、廖伯康、聂荣贵、李永寿等同志率先向省委、省政府倡议启动编撰工作。在编撰研究过程中，得到了陶武先、柯尊平、王少雄、甘霖等历届省领导的大力支持和亲切指导，我们谨致衷心的敬意和感谢。

本书编撰委员会于2006年设立，编撰工作由此启动，至2020年全面完稿，历时十五年。编撰委员会名誉主任陶武先，主任王少雄、柯尊平，副主任殷建中、贾松青、侯水平、隗瀛涛、李绍明；顾问蔡美彪、李学勤、张海鹏；编委会成员有章玉钧、林向、胡昭曦、贾大泉、谭继和、万本根、陈玉屏、罗鸣、沈伯俊、彭邦本、向宝云、王素、舒大刚、邓经武、赵振铎、龙晦、龙显昭、刘平斋、吴野、钱来忠、曹顺庆、陈德述、任新建、李明泉、张忠仁、王毅、王庭科、冉光荣、杜肯堂、李学明、孙锦泉、陈廷湘、刘复生、佘正松、李健、李刚、李诚、江玉祥、江章华、蒋维明、季富政、高大伦、段志洪、侯德础、谢元鲁、甘绍成、张明富、张凤琦等。编委中，有些作为学术委员会成员，自始至终参与本书研讨和审定；有的承担了分卷的撰著；有的在本书酝酿和编撰的相关会议上提供了不少宝贵意见；有的应邀对有关书稿审阅并提出有益的建议。总而言之,编委们都为本书编撰出版做出了各自的贡献。另还专门请宗性(中国佛学院)审读了《宗教文化卷》。

编撰工作具体依托四川省社会科学院进行,院历届领导贾松青、侯水平、李后强、向宝云、高中伟等都给予大力支持、督促和帮助,多次召开院党委或院办公会议,听取编辑部汇报,决定有关事项并检查落实。编辑部成员张彦、彭东焕、印国玲在具体组织协调、制订规范规则、联系作者、学术讨论记录(含录音)、编写简报等方面做了大量工作。

《巴蜀文化通史》是集思聚智的学术成果,撰著参与者及分工情况详见于各卷后记。以下谨按卷次列出主要撰著者名单,共同见证这部著作的出版:

《通论卷》	谭继和著
《农业与水利文化卷》	彭邦本编著
《工商文化卷》	张学君著
《城市文化卷》	何一民等著
《建筑文化卷》	庄裕光著
《交通文化卷》	蓝勇等著
《民族文化卷》	赵心愚、杨铭等著
《宗族与会社卷》	张力著
《移民文化卷》	陈世松著
《方言卷》	李国太、黄尚军、袁雪梅、曾为志著
《民俗文化卷》	徐学书、喇明英、况红玲等著
《哲学思想卷》	蔡方鹿、刘俊哲、金生杨著
《史学卷》	粟品孝、周鼎、李晓宇著
《宗教文化卷》	李远国、向世山等著
《教育卷》	徐辉、徐仲林等著
《文学卷》	邓经武著
《艺术卷》	苏宁、沈博、幸晓峰著
《科技文化卷》	查有梁、王迎川、周世祥等著

《传播文化卷》　　　　　赵志立著
《文献要览卷》　　　　　舒大刚、李冬梅等著
《巴蜀文化大事记》　　　张彦、陈德言、王林、彭东焕编著
《巴蜀文化研究论著索引》 李敬洵编

由于多领域的地域文化通史尚属首创，不同门类各有其文脉演变、内在逻辑与历史进程，故未对各卷涉及本领域涵盖的时间起止及个别体例做统一的要求。编著者虽务求如清人顾炎武所说"庶几采山之铜"，而力避"买旧钱""废铜以充铸"，但因见闻学识所限，书中疏漏不足之处，尚祈望读者正之。

最后要说的是，全书从编撰到出版来之不易，还得益于四川人民出版社历任社长罗韵希、解伟、黄立新，副社长骆晓平，总编辑刘周远的关心和支持。特别是谢雪编审从中协调、统筹以及众多编辑"为他人作嫁衣裳"的辛勤付出。巴蜀文化界学术界的领军人物、尊敬的马识途先生在2018年一百零四岁时为本通史题写书名。在此，我们表示深深的谢意。

章玉钧　谭继和　罗鸣　彭邦本
2021年11月

总 序

◎ 章玉钧

呈献在读者面前的这部多卷本《巴蜀文化通史》，是国家重点图书出版物出版专项规划项目、国家出版基金资助项目和四川省西部文化强省建设重点支持项目的学术成果。这个项目由中共四川省委宣传部直接组织和领导，四川省社会科学院牵头，川渝合作，组织和邀约四川省、重庆市七十多位巴蜀文化研究专家参加，得到四川省委、重庆市委和国家有关部门的重视和支持，获得国家和省文化产业经费的资助。全书二十二卷二十八册，约一千六百万字。编撰出版工作历时十五年终告完成。参加本书编修的专家学者们团结协同、切磋琢磨、集思聚智、甘苦备尝，贡献了创造性的劳动。四川人民出版社和各卷责任编辑认真敬业，严谨审慎，做出了辛勤奉献。在此，谨就编撰《巴蜀文化通史》的缘起与旨归、定位与特色、架构与方法、集成与出新，作一概括的介绍，以助读者对全书先有个总体的了解。

缘起与旨归

编修《巴蜀文化通史》之议，酝酿已久。20世纪80年代至90年代，巴蜀文化和蜀学研究在四川逐步升温，在选编出版徐中舒、蒙文通、顾颉刚、任乃强、邓少琴、冯汉骥等大师关于巴蜀文化的论著[①]后，陆续编写出版了《巴蜀文化图典》[②]《巴蜀文化研究丛书》[③]《巴蜀文化系列丛书》[④]。大家既为"地域文化热"的兴起而振奋，又在同地域文化研究先行地区的比较中，看到我们的差距，深感传承、整合和弘扬巴蜀文化，要抓牵头的东西，抓具有基础性、全局性和带动性的项目。2001年，一直关注文化的四川省老领导杨超、杨析综率先提出编撰《巴蜀文化通史》的倡议，杨超还构想系统整理自古以来的巴蜀文献，编成《巴蜀全书》。他们登高一呼，高屋建瓴，对学界有很大的启发和鼓舞。经过反复酝酿，省里八位老同志[⑤]于2005年10月联名致信四川省委、省政府，建议启动《巴蜀文化通史》的编撰工程。在组织四川高校和研究机构数十位专家学者进行论证，并征得重庆市有关领导和专家学者的赞同后，省委批准立项，审定了全书的框架设计。2006年7月，《巴蜀文化通史》多卷本编撰工程正式开展。

大家渴望编撰《巴蜀文化通史》并积极付诸行动，是基于这样的共识：民族文化是一个民族的根、脉、魂，是民族精神的载体，是支撑民族生存和发展的脊梁。全球文明古国各具优长，唯有中华文明几千年来一脉贯通地连续发展至今，重要原因是有由甲骨文、金文发展而来的形、音、义相结合的汉字为重要载体和文化纽带，用其写成的文史典籍代代承传，从未间断，起到全民族凝心聚力的巨大作用，激励中华民族历经磨难而不衰，直至迎来民族走向伟大复兴的盛世。巴蜀文化是多源汇成一脉、多元聚为一体的中华文

---

① 徐中舒《论巴蜀文化》、蒙文通《巴蜀古史论述》、顾颉刚《论巴蜀与中原的关系》、任乃强《四川上古史新探》、邓少琴《巴蜀史迹探索》，均由四川巴蜀史研究会编辑，由四川人民出版社于20世纪80年代出版。此后还有《冯汉骥考古学论文集》1985年由文物出版社出版，另有《缪钺全集》2004年由河北教育出版社出版。
② 该图典由川渝合作编成，刘茂才、滕久明任编委会主任，万本根、俞荣根任主编，四川人民出版社1999年出版。
③ 该丛书由杨超、杨析综任编委会主任，首批六册。李绍明《巴蜀民族史论集》、隗瀛涛《巴蜀近代史论集》、林向《巴蜀考古论集》、胡昭曦《宋代蜀学论集》、谭继和《巴蜀文化辨思集》、徐南洲《古巴蜀与〈山海经〉》，均由四川人民出版社2004年出版。
④ 该丛书由杨超、杨析综任编委会主任，谭洛非、邓星盈、万本根任主编，共十册，四川人民出版社2001年出版。
⑤ 八位老同志是杨超、杨析综、何郝炬、冯元蔚、廖伯康、聂荣贵、李永寿、章玉钧。

化中一个重要的区域文化,是博大精深的中华文明的一枝奇葩,在中华民族文化谱系中占有独特的地位。她绚丽多彩、大器包容,在与兄弟地域文化交流互益、吞吐融会中发展繁荣,形成并展示出独特的神韵和魅力,使哺育她的中华文化更添灿烂辉光。对于川渝地区各族同胞而言,巴蜀文化就是我们世代生存之根、承传之脉、发展之魂。

巴蜀大地钟灵毓秀、文脉悠长,堪称多种人类遗产荟萃的聚宝盆。巴蜀文化有许多独具的特色和亮点,足以令我们为先辈的创造感恩并自豪。茂县营盘山、成都平原从宝墩到三星堆、金沙以及长江三峡、宣汉罗家坝等处文化遗址的多次惊世发现,结合古文献资料,无可辩驳地证实了巴蜀作为长江上游的上古文明中心,丰富了中华文明的基因,显示出古蜀古巴文化永恒的魅力。周秦以来,中华思想文化素以儒学、道学为主干;佛学西来后,更以儒释道交融互补为特色。蜀地仙道发源很早,成为天师道的创教地;儒学从西汉起就在此代代传承,文翁石室、周公礼殿、孟蜀石经彪炳千秋;在佛教中国化的进程中,巴蜀出了许多大德高僧,尤其是禅学大师,成为中国禅学中心之一。作为中国重要地域学术文化的蜀学,富有哲思传统和文史之长,"易学在蜀""史学莫隆于蜀""文宗自古出巴蜀""自古诗人例到蜀"等赞语,无不彰显历代巴蜀学术文化的璀璨夺目,成就非凡。巴蜀的音乐、舞蹈、碑刻、石窟、书法、绘画、诗词歌赋、戏剧、织锦、酿酒、制茶、肴馔等享有盛誉,非物质文化遗存丰赡多彩。巴蜀悠久的农耕文化与繁盛的工商文化相得益彰,并曾在水利开发、天然气开采、钻井术、天文、数学、医药等科技领域独占鳌头,纸币"交子"首发领先全球。巴蜀是中国历史上一个典型的移民区域,又长期是汉族和许多少数民族相聚和融合的地区,开拓了对外交往的条条蜀道,形成了连通中亚、南亚的南方丝绸之路和藏羌彝民族走廊。移民文化与原生文化、汉文化与少数民族文化、本土文化与外来文化在这里交融互动,使巴蜀文化具有很强的开放性、包容性、创新性和辐射性,这些特性被学者喻为"水库效应"。巴蜀儿女自古敢为天下先,尤其是百余年来向现代化转型时期,巴蜀文化哺育和造就了众多的杰出人物和文化精英，红色文化光耀史册，三线建设举国之重，"改革之乡"①闻名遐迩。在2008年"5·12"汶川特大地震等自然灾害的救援和重建过程中，四川人民表现出的英勇、睿智、大爱、感恩，也都凝聚着巴蜀文化浴火重生的精神。

当今中国正处于世界百年未有之大变局，建设社会主义文化强国，着力提升文化软实力，关系到"两个一百年"奋斗目标和中华民族伟大复兴中国梦的实现。身为当代学人，要在马克思主义指导下，树立高度的文化自觉和自信，十分珍视本土优秀的传统文化，处理好传统文化与现代化、本土文化与外来文化的关系，立大志愿，开大视野，用大手笔来发掘和系统梳理传统文化资源，传承、整合、弘扬巴蜀文化，致力于培根铸魂、固本延脉，使我们优秀的文化基因永续传承，与当代社会相协调，让富有恒久魅力、具有当代价值的巴蜀文化在提高全民精神素质，推进文化强省强国，铸牢中华民族共同体意识和助推构建人类命运共同体的进程中发挥应有的作用。

编撰多卷本的《巴蜀文化通史》，具有深远宏大的文化价值、学术价值和应用价值。一是对巴蜀文化几千年的发展轨迹及其创造、积累的宝贵文化财富，作出系统梳理和规律性总结，可以回应巴蜀民众了解"我是谁""我从哪里来"的文化寻根需求，丰富人们的精神世界，尤其是在道德规范和价值取向上得到涵养和化育。二是可以较全面地展示巴蜀文化的神韵和亮点，系统阐扬蜀史、蜀学、蜀文、蜀艺，构筑宽阔的学术研究平台，为巴蜀人文社会科学走向繁荣，促进传统文化的创造性转化和创新性发展，发挥立其大本、凝聚人心、导向助推的作用。三是同兄弟地域文化的研究成果相互呼应、相得益彰，有助于深入了解中华文化，传承中华文脉，为我们的母亲文化增光添彩，一起来展示她的独特魅力，进而与世界多元文化中不同民族文化平等交流互鉴，为建设新时代中国特色社会主义文化，增强我国的文化竞争力和软实力添砖垒瓦。四是更进一步促进川渝文化合作，可以为繁荣、丰富当代巴蜀先进文化建设，尤其是推进文化创意产业和康乐旅游产业，发掘深层次的文化内涵，提供坚实的学术依据，从而开启思路、激发灵感，以文塑旅，以旅彰文，把潜在文化资源（包括物质文化遗产和非物质文化遗产）

---

① 邓小平1982年对家乡四川的深情赞语。

转化为现实的生产力和文化软实力。五是有助于改变四川高校和研究机构在巴蜀文化和蜀学研究上各自为政、力量分散的状况，使之汇聚并形成有较高水平的老中青结合的研究队伍。与《巴蜀文化通史》珠联璧合的《巴蜀全书》，作为四川有史以来最大规模的古籍文献整理工程，经由四川大学古籍整理研究所提出并担纲，在四川省社会科学院和兄弟高等院校协力下，2012年以来，已出版阶段性成果两百余种，就是蜀学研究正在形成合力的又一明证。

定位与特色

为了实现前述宗旨，参与编撰的同仁都力求使《巴蜀文化通史》既是文化集成，又是学术创新，努力做到观点有一定创新性，知识含量丰富，资料翔实，文笔流畅，总体上进入巴蜀文化研究的学术前沿，在科学性、系统性、创新性、前瞻性、可读性等方面力争成为当代巴蜀学人可以"预流"——预于时代学术潮流的成果，成为在巴蜀文化研究上服务于现实并可继往开来的学术著作。但我们悬鹄虽高而未必力所能逮，故难免"取法乎上，仅得乎中"之憾。

这部书的研究对象是巴蜀文化，性质是通中寓专、通专结合的文化通史，角度是把地域史学与文化学及相关学科契合起来，贯穿全书的编撰理念是"三通"，即纵通、横通与会通。这里就分别说一说本书的"文化"本位、"巴蜀"立位和"三通"定位。

（一）"文化"本位

世界上对"文化"的定义已经有好几百种。我们以唯物史观为指导，本着天人合一、以人为本的中华人文精神[①]来解读文化。"惟天地万物父母，

[①] 天人合一、以人为本，打破天道与性命的隔阂，既避免把天人合一引向神学化，也避免陷入人类中心主义，而把敬畏、顺应自然与发挥人的主体能动性相统一，蕴含天人相依相待、互动互益的张力。

惟人万物之灵。"①人作为自然演化的产儿，受惠于天地万物，在群体劳动实践中成为地球上的万物灵长，既能创制工具，又能用语言交流，进而创制文字，由此有了文化及其积累、传承，于是便创造了"人化的自然界"。同时，在法天、法地、法万物的进程中，人也改变和提升着自身。汉字的"文"，原意是文身、文饰、纹理，以文来显示，以文来变化，讲规矩、礼貌，与禽兽区别开来。这是外在的，更是内在的。文的外化于行与内化于心，开物成务与锻塑成人，乃是人类与自然进行精神与物质相互变换中联袂互动的双重效应。自然力所为乃造化，人类心力所创是文化。文化从何而来？由人化文；文化落脚何方？以文化人。荀子讲"化性起伪"，"伪"就是人为的东西。要改变自身才能更好地改变世界。文化就是这样"人化"与"化人"（或曰"人为"与"为人"、人性的外化与内化）相统一，在双向建构中螺旋式上升，推动着人居世界的演进。人，既是创造文化的能动主体，又是文化所创造的价值主体。这与古语"人文化成"②的解读可以相通，也跟西方"文化"一词兼容"耕作、栽培"（外化）和"养育、教化"（内化）的语义相衔接。《中庸》讲至诚尽性，内外交修："惟天下至诚，为能尽其性。能尽其性，则能尽人之性；能尽人之性，则能尽物之性；能尽物之性，则可以赞天地之化育；可以赞天地之化育，则可以与天地参矣。"③这段话，恰可理解作为内化与外化相统一的文化的功能。

这样的广义文化，它对外与天地万物相成相济，内结构则包含着精神文化、语文符号、规范体系（行为习俗和法律）、社会制度和社会组织、物质产品等要素。④这些文化要素，大体可划分为相互联结、相互渗透的三个层面：外层是作为基础的物态文化，即经过人的劳动形成的"人化"自然或器物层面，体现人与自然的互动关系及其物质成果；中层是语文符号、制度文化和行为习俗文化等，可称为"交往文化"，体现出人与人的互动关系即社会关系，也是精神文化的外在表现；内层则是以价值观为核心的精神文化，

---

① 《尚书·周书·泰誓上》，《十三经注疏》上册，中华书局1979年影印本，第180页。
② 《易·贲卦·彖辞》："观乎天文以察时变，观乎人文以化成天下。"
③ 《礼记·中庸》，《十三经注疏》下册，中华书局1979年影印本，第1632页。
④ 《中国大百科全书·社会学卷》，中国大百科全书出版社1991年版，第409页。

体现出人的心灵世界在真、善、美、圣（科学、道德、艺术、哲学、宗教）诸多领域与境界的创造。清代龚自珍说过："圣人之道，本天人之际，庐幽明之序，始乎饮食，中乎制作，终乎闻性与天道。"[①]文化的上述三个层面，既如血脉相通，总体上联动互进，在变迁时序上又往往呈现有速有缓、或前或后的不平衡发展状态。这种总体性与异步性的统一，是在研究和描述文化史时需要仔细琢磨和体现的。

综上所述，文化是在天人相合相分、互动互益进程中人的生命存在及其取得的全部成果，或简单地说，文化就是人类独有的生存方式。人们总是生活在世代传承而又不断积累、不断丰富的文化之中。这文化如水，滋润万物；若风，吹拂人间；又好比血液，灌注循环于特定民族或地区人群的心灵深处，产生凝聚力和认同感，积淀、凝结为人们稳定的生存方式。因此，人类的文化既有共通性，又有民族性、地域性和时代性，是多元的、多样的，而不是单一的、无差别的。不同民族、不同地域、不同时代产生的文化模式，形成的文化精神各有不同。伴随着时代的风云变幻，当不同文化相遇、相会时，从价值观念、思维方式、生活样态到社会习俗，就会产生交流、交融、交锋，出现文化选择和互融，进而导致文化的转型。通观世界历史，文化转型曾有过各种不同的类式。中华文化的现代转型是守正创新，把马克思主义基本原理同中华优秀传统文化相结合的自主式；而不是聚合多种移民文化、喧宾夺主的复合式；更不是那种特定场合下原有文化解体，被另一文化取代的断崖式。

"文化"和"文明"是两个意义相近又有区别的概念。文化侧重于文的功能，文明侧重于文的成就。人猿揖别，就出现文化；到告别蒙昧、野蛮，才进入文明时代。文明是个褒义词，囊括人类创造的积极成果之总和，用以指称人类社会的进步程度和开化状态。[②]当今多以文化标示民族性差异和地域性特色，而以文明标示人类的普遍行为和多元成就。文明因交流而互鉴，因互鉴而发展。在经济和科技全球化进程中，许多物态文化和一部分行为习

---

① 《五经大义终始论》，《龚自珍全集》，上海人民出版社1975年版，第41页。
② 《易·乾·文言》："见龙在田，天下文明。"《尚书·舜典》："睿哲文明。"孔疏："经天纬地曰文，照临四方曰明。"

俗文化在逐步趋于同质化，而具有不同基因的制度文化、语言文字，特别是精神文化，则终会呈现和保持多样化。这一部地域文化通史，本着文化的多元性和相通性来立论，各卷都力图写出浓郁的地域文化味，体现出"人化"与"化人"的统一。

（二）"巴蜀"立位

广袤的中华大地因地壳碰撞形成了自西向东、由高到低三个落差很大的阶梯，巴蜀处于高阶到中阶的内陆腹地，连通祖国的南北西东。巴蜀西部为青藏高原东南缘及横断山区北段，东部为群山环抱的四川盆地，总体地势西高东低，地形地貌独特丰富，集雄、奇、险、秀于一体，自然禀赋得天独厚，是万物生灵的洞天福地。巴和蜀是上古以来巴人、蜀人及其他族群先民活动的地域，二者相连乃至交错，文化复合共生，自成一个地域文化区系。在中华文明满天星斗式的起源中，这里是相对独立肇兴的长江上游文明起源中心，有巫山人、资阳人为代表的文化根系，有万年以上的文明起步，上古巴蜀地域文明形成和发展中的不少谜团还有待地下发掘来破解。三千多年前巴蜀文明就与中原文明血脉交融，与吴越、荆楚等文明紧密互动，也与南亚、中亚文明交流互鉴。公元前316年，秦并巴蜀后则更紧密全面地融入中华文明共同体，成为它重要的组成部分之一，东汉时即享有"天府之国"的美誉。巴与蜀同源同囿，文化具有同质性和内聚力，而自然人文环境又同中有异，形成了刚柔相济的复合型文化共同体。蜀人慕文好乐，精敏健雄，浪漫诙谐；巴人质直尚勇，豁达豪爽，吃苦耐劳。所谓"巴出将、蜀入相"，大致道出了两者文化性格的差异。巴蜀的地域范围历代有涨有缩，行政区划迭有变迁（包括1997年以后川渝分治），而长期历史形成的巴蜀文化区虽没有截然划定的边界，却是相对稳定的整体，并未因行政区划变动而忽合忽分。巴蜀文化区的范围是涵盖今四川省和重庆市地域，兼及周边风俗略同地区的民族文化共同体。它以史源悠久、流传有绪的巴文化、蜀文化为主轴，既包括四川盆地以汉族为主体、辐射四周的文化，也包括盆地周边各以藏、彝、羌、苗和土家等世居少数民族为主体、各民族和谐共融的文化，是这一地区从古至今多民族地域文化的总汇。这部书论述的地域以今四川省和重庆市为主，对不同历史时期曾纳入巴蜀行政区划或与其文化关联密切的地域也有涉及。

巴蜀虽地处祖国内陆，不靠边、不濒海，却衔接南北，连通西东。在编撰这部书时，我们力求处理好巴蜀文化与其母文化——中华文化的关系，宣视巴蜀文化与兄弟地域文化之间的交集和互动，着眼于巴蜀文化的特性、个性，寓共性于个性之中，寓统一性于多样性之中。我们也重视巴蜀文化与域外文化之间的交集和互动，注意巴蜀文化在中外文化交流中所起的作用。在巴蜀文化内部，我们力求处理好蜀文化与巴文化相互之间的关系，巴蜀汉民族文化与各世居少数民族文化的关系，尽可能都给以充分的关注，反映它们之间的共性与个性、互联与互动，力避顾此失彼，详略失当。为涵盖并展示少数民族文化多姿多彩的众多领域和方面，这部书除单独设置《民族文化卷》外，各有关专题卷都力图把相关领域的少数民族特色文化摆在重要位置进行阐述和概括。

（三）"三通"定位

"三通"是贯穿全书的重要编撰理念。史著价值在于信，通史灵气在于通。司马迁"究天人之际，通古今之变，成一家之言"[①]是我们心向往之、孜孜以求的目标。史学前辈范文澜等曾提出"三通"（"直通""旁通""会通"），我们根据编撰《巴蜀文化通史》的要求，把历时态的"纵通"、共时态的"横通"与跨文化、跨学科的"会通"，合在一起作一些新的阐释。世界是通的，大历史是通的，大文化是通的。文化史的发展，本来就涵盖着纵向的全过程、横向的多层面、跨文化的多领域。通向历史本真，揭示历史本体，是"三通"追求的目标。尤其是作为通中寓专、通专结合的多卷本地域文化通史，无论承担通论或专题卷的学者，都力求在"三通"上下功夫。

一曰纵通，指历时态全过程的贯通。"观水有术，必观其澜。"这部书贯穿古今，上溯于远古巴蜀先民之蒙昧初开，下迄21世纪初年川渝之文明新

---

① 《史记》卷一三〇《太史公自序》。

貌，原始察终，系统梳理这个既有内在连续性，又呈现不同时代阶段性的曲折过程中巴蜀文化层积而兴的脉络，由此分析其在各个历史时期的盛衰流变，此起彼伏的高峰低谷，展示巴蜀文化的特色和贡献，进而探究其发展的逻辑进程，尤其是传统巴蜀文化向现代化转型的路径，论证巴蜀文化的当代价值和意义，揭示巴蜀文化的发展趋势和前景，做到鉴古察今、述往知来。这是全书贯穿始终的主线。这条主线还可以从实践与认识的角度一分为二：一是巴蜀文化的实践史、发展史；二是在实践基础上对巴蜀文化的认识史、研究史。二者结合方能从实践与认识的循环往复中，深入把握"外化与内化相统一"的文化真髓。

二曰横通，指共时态全方位的互通。"事不孤起，必有其邻。"从全书立卷到各卷章节的设置，都力图以时间为经，以反映文化的不同层面及专题为纬，纵横交织，立体成像。历史运动是有结构的，它是过程与结构的统一，广义文化中各层面的共生、交叉、互动就体现着这种结构性。这部文化通史不仅要剖析巴蜀文化发展的过程，同时要展现巴蜀文化的层次与结构。本书多数专题卷，虽然在物态文化、交往文化、精神文化几个层面中各有其侧重点，但都是从有血有肉的文化肌体中抽出来的，不能孤立求索和描述。研究时不仅不能把经济基础与其上层建筑割裂开来，还要努力展示文化各层面的横通，展示各专题内部各个相关领域的横通。这样做是为了尽量体现地域文化生成的内在机理，使读者把握到神完气足、血肉丰满、生机勃勃的整个巴蜀文化。

三曰会通，着重指跨文化、跨学科的多元共融，全景式打通。《易·系辞上》说："圣人有以见天下之动，而观其会通。"①南宋郑樵《通志》特别强调"会通"。②要从天下事物阴阳变动不居的状况，观察领悟其会合变通的卯窍。人类文化从来是多元并存，在相互比较、碰撞、渗透、融合中发展的。研究地域文化，必须有开放式的大视野，具备跨文化、跨学科的眼界

---

① 李鼎祚《周易集解》注文中引用汉代干宝："观日月而要其会通，观文明而化成天下。"
② 郑樵《通志·总序》："百川异趋，必会于海，然后九州无浸淫之患。万国殊途，必通诸夏，然后八荒无壅滞之忧。会通之义，大矣哉！"又其《夹漈遗稿》卷三《上宰相书》："天下之理，不可以不会，古今之道，不可以不通，会通之义，大矣哉！"

和通识，能够在充分尊重和了解各种文化事象的前提下，不停留于对现象的描述，而要触类旁通、探赜索隐、择精合妙、汇聚通宜，真正实现圆融贯通。纵通为经，横通为纬，须擅会通，方呈现三维立体的全息图景，做到究始终、观全体、明是非得失之故。就是说，文化史研究要通过分析和综合，具备文化反思和阐释张力，会归通衢，由"方以智"进到"圆而神"，抵达藏往知来之境。

我们时时提醒自己：研究巴蜀文化不仅要钻得进去，还要跳得出来，站到更高处，具有开放的胸襟和跨文化比较的视野，把巴蜀文化放到多元一体的中华文化和全球多元文化的大背景下加以审视，察异观同，和合会通。巴蜀文化从来不是与世隔绝、孤立自足地成长起来的，而是在同周围的兄弟地域文化相互影响下发育繁衍，并在同远近的异质文化间接或直接的交流互动中汲取营养的。我们正处在不同文化交流空前深入、碰撞空前激烈的时代，为了追寻全球文化的多元和谐，助推构建人类命运共同体，一定要本着"各美其美，美人之美，美美与共，天下大同"的文化会通观，祛除近代以来因受西方强势文化轻视、压抑而形成的文化自卑和盲从心态，提高对中华文化地位、作用的认识，坚定文化自信，珍爱并拓展、弘扬本土文化的精华。要在马克思主义指导下，具备通识通才，对中外文化精神析同辨异，折冲樽俎，在会通中实现对优秀传统文化的继承和超越，对外来文化精华的吸纳和转化，促进新时代中国特色社会主义文化繁荣发展，不断开拓文化巴蜀、文化中国转型复兴之路。

架构与方法

20世纪初叶，随着新史学的兴起，文化史在历史学中的地位得到重视和加强。刘师培曾计划研究文化专门史，含十六种，以西方学术的科目，析先秦诸学学术思想之长短得失。①胡适设想，中国文化史要包括民族史、语言文字史、经济史、政治史、国际交通史、思想学术史、宗教史、文艺史、风俗史、制度史等科目。②梁启超专就文化史的做法讲课，认为需要对政教典章、社会生活、学术文化等方面，做分门别类的文化专史。最好是把人生的活动事项纵剖，依其性质，分类叙述。在狭义的文化专史中，他举出语言史、文字史、神话史、民俗史、宗教史、道术史（哲学史）、史学史、自然科学史、社会科学史、文学史、美术史等。③不过，20世纪30年代初问世的几部中国文化史（如杨东莼1931年、柳诒徵1932年、陈登原1935年），仍多系综合体裁，对各文化门类往往语焉不详。

在前辈学者探索的启发下，我们反复思量，决定突破所见的国内现有地域文化史侧重综合、纵通的体裁，而按"纵述史实，横排门类"的编撰原则，采用"通论+专题卷+大事记"这样一种体现纵通、横通、会通的创新结构，几经斟酌，全书共二十二卷，排序如下：置全书之首的《通论卷》，阐释了巴蜀文化的基本概念与学术体系，生态环境背景，巴蜀文化的研究史和认识史，由古及今的文化发展轨迹、基本性质及基本特征，在多元一体、博大精深的中华文化中的定位及其特殊贡献，薪火传承与现代化转型创新及前景趋势，力求起到提纲挈领、纲举目张的作用。其后大体按文化的不同层次，分别为巴蜀文化具有特色的领域、学科列专题卷。先是侧重物态文化并由此探及相关交往文化、精神文化层面的，有《农业与水利文化卷》《工商文化卷》《城市文化卷》《建筑文化卷》《交通文化卷》；接下来的《民族文化卷》从中华民族共同体的多民族视角强调综合性；《宗族与会社卷》《移民文化卷》《方言卷》《民俗文化卷》大体属于制度文化、语言文字、行为交往文化层面（鉴于政制、职官、法律等制度，全国大体统一，故不设专卷）。继后精神文化层面的部分，卷数较多，设有《哲学思想卷》《史学卷》《宗教文化卷》《教育卷》《文学卷》《艺术卷》《科技文化卷》《传

---

① 刘师培：《周末学术史序》，1905年作，《刘师培儒学论集》，四川大学出版社2010年版，第36～78页。
② 胡适：《〈国学季刊〉发刊宣言》，《胡适文存》二集，黄山书社1996年版。
③ 梁启超：《中国历史研究法（补编）》，《中国历史研究法》（外二种），河北教育出版社2000年版。

播文化卷》。为便于了解巴蜀历史文献，尤其是蜀学文献，特设有文献目录学专题《文献要览卷》。专题卷之后的《巴蜀文化大事记》，对先秦至当代巴蜀文化重大事件以编年方式扼要记载，便于读者对巴蜀文化全程有鸟瞰式、综合性的把握；《巴蜀文化研究论著索引》，则供研究者作为检索工具使用。以上就是全书的架构。

各专题卷均前置导言，末设结语。其篇章框架则因事制宜而有所不同。有的是以时期分章，大体按不同门类分节，在纵通中含横通（如《教育卷》）；有的主要按专题并结合时序来分章节，在横通中含纵通（如《科技文化卷》）；有的先理出历史线索，再突出一些重点专题，先纵后横，纵横结合（如《城市文化卷》）；还有的卷内分两编，分述相关内容（如《农业与水利文化卷》）。

《巴蜀文化通史》作为多卷本的学术著作，主要供大专以上程度的读者阅读，以及文化馆、图书馆等购备。它既不是曲高和寡的"阳春白雪"，也不是能够直接普惠民间的通俗普及读本。为了让巴蜀文化走进千家万户，还有待开发科普读物和图文，使之逐步大众化，在应用和传播上做创新文章。

编撰《巴蜀文化通史》，涉及学科门类甚广，涵盖时间很长，创新要求颇高，总字数超过千万。这样的文化工程，绝非率尔操觚、短促突击所能成功。近人刘承幹①《明史例案》提出过八条准则，就是"搜采欲博，考证欲精，职任欲分，义例欲一，秉笔欲直，持论欲平，岁月欲宽，卷帙欲简"，我们在编撰过程中借作参照，同时根据在新时代撰写地域文化通史的新要求，不断从实践中探索，大体形成了以下一些做法：

（一）多学科的专家学者分工合作，协同攻关

梁启超主张，广义的文化专史，涉及面特别广，在专史中最为重要，也最为困难。这不单是史学家的责任，更是研究某种专门学问的人对于该种学问的责任，要尽量用内行的专门家去做。若能以终身力量做出一种文化专史

---

① 刘承幹（1881～1963）：著名藏书家、刻书家、史学家。

来，于史学界便有不朽的价值。①本书的编撰设置了编撰委员会、学术委员会及编辑部，确定由正副主编主持编撰，编辑部依托省社科院开展编务工作。各专题卷的著者采取定向邀标办法聘请，多为对该学科领域研究有素的专门家，分别采取由个人承担，或二三人合著，或一人主撰、团队协力完成等方式进行。为保证学术质量，使全书有机统一，在实行主编负责制的同时，由资深专家组成学术委员会，全程参与从项目规划到成书的学术攻关和学术把关。

2006年以来，先后开了四次分卷著者会议，八十多次书稿审读会议。第一阶段，先由学术委员会同分卷著者反复讨论各卷著者拟出的由粗到细的提纲，并明确全书编纂理念②，统一规范体例，然后与分卷著者签订编撰合同，落实工作责任。第二阶段，学术委员会同分卷著者研讨各卷写出的一两章样稿，这是"摸着石头过河"的试错与磨合过程。有些卷的思路和写法曾有大的调整和改变。第三阶段，各卷著者潜心研究，奋力写作。初稿先后写出后，大都经过学术委员会仔细研读，写出审读意见，同著者一起讨论，从结构、体例到观点、材料都认真交换意见，对著者遇到的各种史料、概念及话语体系、文脉梳理、文化基因挖掘等问题，出点子，提思路。待著者修订后又进行讨论，有的书稿研讨了四个回合。当某一分卷初稿趋于成熟时，即请出版社责任编辑提前介入审编，参加讨论，以便撰写工作与第四阶段的编辑出版工作紧凑衔接，不出空当。因各卷皆分头撰写，结构和文字风格有所不同，对同一文化事象的见识裁断有别也在所难免。在统改书稿过程中，既充分尊重分卷著者的学术个性和创见，同时为了各卷在总体上规范统一，基本观点相互协调而不相抵牾，尊重主编的统改权，而在个案判断上各卷则有自由度。注意把握各卷边界，相互照应避让，以免大的重复，做到详略互见，各得其宜。

在这部文化通史编撰期间，本书学术委员会大多数成员在辛勤共事中度过了古稀以至耄耋之年。我至今还清楚地记得在每次研讨会、审稿会上专家

---

① 梁启超：《中国历史研究法（补编）》，《中国历史研究法》（外二种），河北教育出版社2000年版。
② 章玉钧：《关于编纂〈巴蜀文化通史〉的思考》，《中华文化论坛》2007年第4期，第5~10页。

们无私地贡献个人的真知灼见，自由发表不同见解乃至相反的主张，体现出的那种学术为公的争鸣探索精神。尤其令我们刻骨铭心的是：隗瀛涛、李绍明、贾大泉、沈伯俊、万本根、胡昭曦、林向七位先生为学术工作长期呕心沥血，先后因病辞世。对诸位先生的高见卓识、学者风范尤其是为编撰本书所做的贡献，我们将永志不忘。

（二）采取多重证据法和综合研究法，在搜集和鉴别史料上下大功夫

古人所称"文献"，原本指书面文字记载与贤人口头传闻[①]，徐中舒先生拓展他的老师王国维的古史二重证据法为多重证据法，注重传世文献、出土文物和现代民族学、民俗学的活态文献等结合互证，将区域文化史研究提高到崭新的学术境地。本书编撰中，继承和弘扬王、徐等前贤视野广阔的史料观，搜罗史料力求竭泽而渔，鉴别史料着意披沙拣金，通过综合比勘，相互参证，追根溯源，从而正误辨伪，务寻真史。各专题卷著者都是先汇辑基本史料并掌握学界已有研究状况，汲取前人取得的成果，才进入写作阶段。有好几卷的著者更是"读万卷书、行万里路"，带领研究生经年累月搞田野考察，获得不少真知灼见，从而在学术上有了新的拓展。

（三）坚持文化学的视角，采取多学科交叉和比较文化学的研究方法，力求写足文化味

文化既然是人的生存方式，归结为"人化"和"化人"，每卷文化史就要见物更见人，既写出"由人化文"的胜境，更揭示"以文化人"的妙谛。有关精神文化的各专题卷，既系统梳理巴蜀精神文化尤其是蜀学发展繁荣的脉络，突出展示巴风蜀韵孕育出的文宗巨子和文化精英的成就，也记载众多无名工匠、艺人等留下的民族民间文化、市井文化的瑰宝。侧重物质文化的各专题卷，不停留在物态层面的描绘，而尽力深入到制度层面、精神层面。如《农业与水利文化卷》《科技文化卷》等，对举世无双、造福人类

[①] 朱熹："文，典籍也；献，贤也。"引自《四书章句·论语集注》卷二《八佾第三》，中华书局2012年版，第63页。

二千二百七十多年的都江堰水利工程，就不仅从物质、科技、生态层面介绍其巧夺天工、可持续发展的奥秘，而且从制度文化层面总结其堰官、岁修、劳役、配水、轮灌、收费等管理制度，更深入精神文化层面阐释其"上善若水"的哲理和人文精华。

（四）掌握焦点，抓住重点，发挥特点，突破难点

饶宗颐先生在揭橥华学趋向时，曾提出"三条"："一是纵的时间方面，探讨历史上重要的突出事件，寻求它的产生、衔接的先后层次，加以疏通整理。二是横的空间方面，注意不同地区的文化单元，考察其交流、传播、互相挹注的历史事实。三是在事物的交叉错综方面，找寻出它们的条理——因果关系。"又说："我一向采用的史学方法，是重视'三点'，即掌握焦点，抓紧重点，发挥特点，尤其要特别用力于关联性一层。"[①]我们体会，"三通"的理念与上述"三条""三点"是一致的，而方法上特别重视关联性，就要纵通找焦点，横通抓重点，会通求特点。编撰中，我们注意咀嚼梁启超的卓见：文化的发展史，各个时代、各个领域是不平衡的，重要性是不一样的，要分主系、闰系和旁系。不要平讲直叙，分不出浓淡高低。须用鸟瞰的眼光，看出哪个时代最主要，发达到最高潮，便用全力赴之。[②]各书大都采用了这种大处着眼、抓住重点、突破难点、提炼观点、不平均使用力量的方法。

集成与出新

前面提到，编撰这部书时，我们力求做到既是文化集成，更是学术创新。无论文化发展、学术探索，都是慧命相续、推故致新的过程，需要不断传承积累，继往开来，久久为功。"譬如积薪，后来居上。"用冯友兰先生

---

① 饶宗颐：《〈华学〉发刊词》（1995年），《选堂序跋集》，中华书局2006年版。
② 梁启超：《中国历史研究法（补编）》，《中国历史研究法》（外二种），河北教育出版社2000年版。

的话，这是从"照着讲"到"接着讲"的进程。每门文化史的研究，都需要对已有的各种史料，广搜博采，集纳钩沉；对前贤成果循波讨源，含英咀华；只有在对文化遗产守正传承的基础上，才有可能站到前人肩膀上，回应新的时代需求，匠心独运，开拓新境；才有可能焕然出彩，奉献出在某些方面超越前贤的成果。朱熹诗云："旧学商量加邃密，新知培养转深沉。"①集成是出新必需的基础和前提，出新则是集成企求的目标和价值增值的成就。二者同体异面，缺一不可，是衡量学术成果质量相互关联的两个维度。

（一）从集成的维度看

首先，《巴蜀文化通史》可以说是"巴蜀文化"概念提出八十多年来首次大的学术集成。"西蜀文化"（郭沫若1934年）、"巴蜀文化"（卫聚贤1941年）提出之初，主要是就巴蜀考古文化而言，后来渐次扩大到广义的巴蜀文化，有关论著已上千册，有关文章达数万篇（《巴蜀文化研究论著索引》多有著录），形成了分别以史学文献考据、文物考古、民族民俗田野调查为主的三种研究方向，近年又发展出综合诸家的会通型研究方向。各条路径的学者在不同领域、从不同角度艰辛探索，均取得了丰硕的成果。本书各卷编修中，都努力加以搜集、消化和吸取，并以借鉴、发挥这些观念、方法为前提，力求形成对巴蜀文化研究具总汇性的成果。如《通论卷》从总体上就巴蜀文化生态背景、内涵性质、发展历程及基本规律、特征等问题，会通诸说，取精用宏，做了言之成理的统体性总述，成为具有集成性的一家之说。《民族文化卷》不仅就民族理论的疑难问题深入研究，还在搜集分析历史文献材料、文物考古材料，特别是对国家组织的多次民族调查材料下了很大功夫，从而描绘出巴蜀世居各少数民族立体生动的文化图景。

其次，古往今来的巴蜀文化长河浩荡壮丽，魅力无穷。《巴蜀文化通史》对清点总结长时段、宽领域、多层面的巴蜀文化来讲也是一次学术集成。巴蜀的历史文化名人，如大禹、李冰、落下闳、文翁、司马相如、扬

---

① 《鹅湖寺和陆子寿》，（宋）朱熹著，郭齐、尹波点校：《朱熹集》卷一，四川教育出版社1996年版，第185页。

雄、诸葛亮、陈寿、常璩、陈子昂、武则天、李白、杜甫、薛涛、苏轼、格萨尔、张栻、秦九韶、杨慎、李调元等，都在相关卷帙中重点推介，娓娓道来；巴蜀历史上突出的物质文化成就和非物质文化成就，蜀学、蜀文、蜀艺、蜀籍的精华也都提要钩玄，荟萃于此。如《文献要览卷》就搜选论列了近五百种巴蜀文化重要典籍，可一览巴蜀文献精华，为学者指点津梁。又如智慧幽默的四川方言是巴蜀历史文化凝结的珠宝，《方言卷》挖掘、串起一颗颗珍珠，并生动剖析其蕴含的丰富文化信息，令人齿颊留香。

再者，不少专题卷的著者既具文化通识，又对该学术领域长期耕耘，研究有素，此次写作起到了阶段性总结的学术集成作用。例如：《城市文化卷》著者三十多年来由跟从名师到带领团队，一直深耕于近现代中国城市与城市文化研究领域；《移民文化卷》著者是国内知名的移民文化、客家文化研究专家；《交通文化卷》著者多年致力于西南历史地理尤其是交通文化的调研；《哲学思想卷》和《史学卷》著者长期潜心研究巴蜀哲学、巴蜀史学；《建筑文化卷》著者是卓有成就的古建筑研究专家、高级建筑师。他们都在各自领域完成了多项国家课题，此次承担专题卷，更是辛勤研讨，旁搜远绍，厚积薄发，突出亮点，倾力奉献了后出转精之作。

（二）从出新的维度看

本书围绕前述长时段、宽领域、多层次的巴蜀文化来创新体例结构，成为首部纵横贯通、覆盖面广、体量超大的巴蜀文化史，在全国已出的各种区域文化通史中，当属编撰体例新、时间跨度长、内容浩繁的一部。学术体系上的集成性，本身就是从文化观念、编撰理念到架构体例的出新，在地域文化通史领域作了开创性的探索。这是其一。

本书各卷着眼于发展新时代文化，明道求真，以史经世，着力写出巴蜀文化的特色和韵味，在内容上有较多突破和出新。过去关于农业与水利、工商、交通、建筑、城市等的论著，容易停留于物态层面，罕有从文化学角度和宏观视野对其全过程深入探讨之作；这次研究标明以"农业与水利文化""工商文化""交通文化""建筑文化""城市文化"为对象，注重深入文化层面进行阐释，且着意探讨长时段历史中这些物质文化变动与制度文化、精神文化演进的关系及产生的影响，这些往往是以前研究论著较少触及的。有关巴蜀学术文化的几卷，着力显示蜀学长于思辨、多元会通、创新超迈、沟通理欲、注重事功等特色，有助于发扬当今的时代精神。有关交往文化的几卷，注重聚焦于民间大众，关注各色人等的日常生活，运用了许多文化人类学、社会学、民族学的方法，见解新颖，地域文化味很浓。这是其二。

更值得珍视的是，各卷在编撰中深汲传统的源头活水，发现其烛照现实和未来的原创亮点，尤其是优越秀冠的巴蜀文化在传承创新中焕发异彩之所在。许多卷发掘出大量翔实的资料，匠心独运，以史鉴今，提炼出有创新性的学术观点，或举出有新颖性的论据，活用巴蜀首创的学术话语，采用别出心裁的叙事方式，力争获得创新、独见、卓识的学术成果。具体的创新点如同"诗眼""文眼"分布闪烁在卷帙之中，细心披阅，当会时有"山阴道上，应接不暇"之乐，这里无法一一细析。

鉴于多卷本地域文化通史尚属初创，不同文化门类各有其学理脉络、发展轨迹和演进特色，编撰难度往往超出预期，主编和各卷著者虽迎难而上，勉力为之，但仍难免有纰漏丛脞之处。尤其是古蜀文明还有不少千古待解之谜，我们受限于已获的资料和研究水平，多只能守阙存疑。对成稿后的许多惊世发现，巴蜀文化日新月异的面貌和新的研究成果亦未能更多纳入。当把多卷本《巴蜀文化通史》奉献到读者面前时，我们既同大家分享喜悦，又有颇为忐忑的心情。这部书，以至其中每一卷，究竟应获怎样的评价，最终还要接受时间的检验。衷心期望巴蜀文化研究慧命相续，薪火相传，探索和构建起自身完整的学科体系、学术体系和话语体系。但愿此番的初创能为后续俊彦们开拓新境起到抛砖引玉的作用。

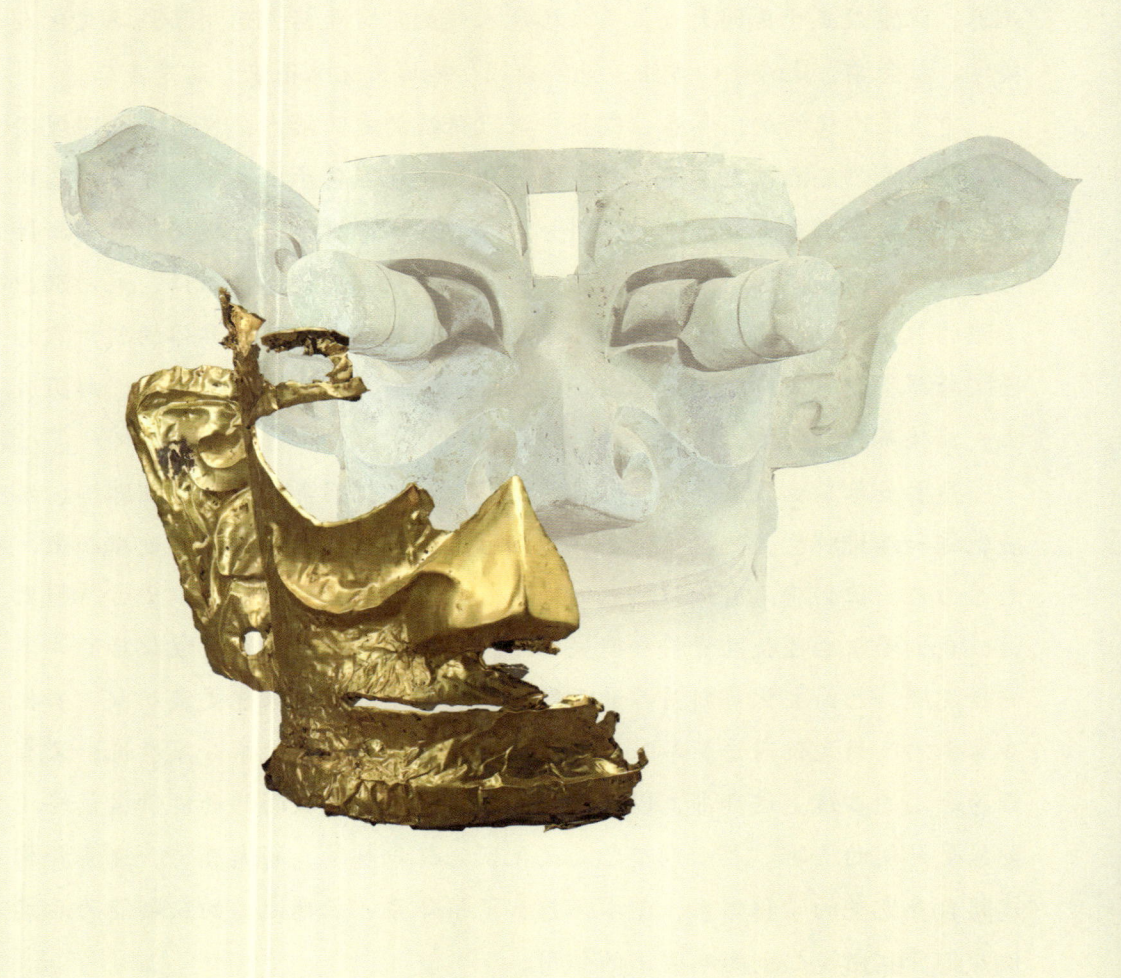

目　录

导　言 / 1

　　一、巴蜀艺术的发展历程 / 2
　　二、巴蜀艺术的主要特征 / 17

第一章　先秦时期的巴蜀艺术 / 27

　　概述 / 29
　　第一节　史前艺术 / 30
　　　　一、巴蜀玉石艺术 / 31
　　　　二、巴蜀古陶器艺术 / 33
　　　　三、神话传说与原始乐舞 / 38
　　　　四、石音土语：巴蜀陶石乐器 / 45
　　第二节　辉煌的青铜艺术 / 49
　　　　一、古蜀国大型祭礼仪式与青铜雕塑群 / 49
　　　　二、古蜀国大型祭礼乐舞与乐舞用器 / 58
　　第三节　先秦时期巴蜀艺术与南北艺术的交流融合 / 70
　　　　一、中原礼乐文化对巴蜀艺术的影响 / 71
　　　　二、巴蜀青铜乐器及与周边文化的交流 / 73
　　　　三、音乐文化的传播和交流 / 78

第二章　秦汉时期的巴蜀艺术 / 83

　　概述 / 85

第一节　巴蜀文化艺术融入中原文化 / 86
　　一、秦汉时期巴蜀艺术发展的时代背景 / 86
　　二、巴蜀文化与中原文化的同化 / 89
　　三、汉代巴蜀地区成为西南地区文化艺术中心，出现了巴蜀艺术发展的又一次高潮 / 91

第二节　宗教艺术 / 92
　　一、道教起源与道教艺术 / 92
　　二、道教音乐 / 94

第三节　石刻碑文和石阙艺术 / 94
　　一、石刻碑文 / 94
　　二、石阙艺术 / 96

第四节　工艺美术品和绘画雕刻艺术 / 96
　　一、陶瓷工艺品 / 96
　　二、绘画、漆画和蜀锦 / 98

第五节　画像砖石与音乐歌舞 / 99
　　一、说唱乐舞陶俑 / 101
　　二、天籁之音 / 104
　　三、砖上舞蹈 / 107
　　四、大型百戏 / 111

第六节　少数民族艺术与汉族艺术的交流和发展 / 114
　　一、独具特色的巴蜀墓葬文化 / 114
　　二、西域艺术与巴蜀葬俗新特征 / 116

第三章　魏晋南北朝、隋唐五代时期的巴蜀艺术 / 119

概述 / 121

第一节　绘画艺术的崛起 / 122
　　一、巴蜀绘画艺术的兴起 / 122
　　二、巴蜀画家作画风格 / 123
　　三、巴蜀绘画流派的初步形成 / 124

第二节　石窟摩崖造像艺术的快速发展 / 125

一、佛教造像艺术 / 126

二、道教石刻造像 / 129

第三节　音乐舞蹈的繁荣与戏曲艺术的萌芽　/ 130

一、宫廷乐舞 / 131

二、民族、民间音乐舞蹈 / 134

三、说唱变文与宗教音乐 / 138

四、巴蜀戏曲艺术的萌芽 / 140

五、雷氏古琴与蜀派琴曲 / 142

六、巴蜀艺人 / 144

七、曲子词和《花间集》/ 145

第四章　宋元时期的巴蜀艺术 / 147

概述 / 149

第一节　音乐 / 153

一、曲子填词 / 155

二、说唱艺术 / 157

三、三弦唱赚 / 162

四、瓦肆勾栏 / 165

第二节　戏曲 / 170

一、巴蜀市民社会的艺术 / 170

二、"戏出一棚川杂戏" / 173

三、宋代采红莲舞的发展 / 175

四、《麦秀两岐》/ 177

五、元代巴蜀杂剧的式微 / 180

第三节　美术 / 181

一、"清雄奇富，变态无穷"的宋元巴蜀绘画艺术 / 181

二、文人写意画与文同、苏轼的创派 / 183

三、巴蜀宋墓石刻艺术 / 191

四、巴蜀花鸟工笔画 / 200

五、巴蜀山水水墨画 / 207

第四节　石刻艺术 / 212
　　一、石刻之乡：宋代巴蜀石刻艺术的繁荣 / 212
　　二、大足"三清古洞"与道教石刻艺术 / 218
　　三、十王信仰与目连救母 / 228
　　四、大慈大悲观世音群像 / 234
　　五、柳本尊密宗道场石刻艺术 / 239

第五章　明代巴蜀艺术 / 245

概述 / 247
第一节　戏曲、音乐 / 249
　　一、元杂剧、明传奇在巴蜀 / 249
　　二、四川目连戏 / 254
　　三、杨升庵《二十一史弹词》 / 258
第二节　美术 / 262
　　一、明代巴蜀书画艺术的特色 / 262
　　二、明代巴蜀壁画 / 264
　　三、明代巴蜀石刻艺术 / 277

第六章　清代巴蜀艺术 / 281

概述 / 283
第一节　花部戏的兴起与川剧的勃兴 / 285
　　一、川剧的出现及其艺术特色 / 285
　　二、会馆与戏楼 / 292
　　三、五种声腔熔于一炉 / 294
　　四、小地域化川剧特色与河道流派的出现 / 298
　　五、文人介入创作与川剧剧本的文学化 / 302
　　六、三庆会戏班的成立是川剧发展史的文化路标 / 306
第二节　曲艺 / 308
　　一、多种多样的曲艺艺术的出现与发展 / 308

　　　　二、皮影戏艺术 / 317
　　　　三、相书、评书、傩戏和灯戏 / 322
　　第三节　美术 / 331
　　　　一、清代巴蜀山水画、人物画 / 331
　　　　二、清代巴蜀花鸟画 / 334
　　　　三、巴蜀特色的水陆画 / 336
　　　　四、绵竹年画 / 342

第七章　近代和现当代巴蜀传统艺术的转型与创新 / 349

　　第一节　近代时期巴蜀传统艺术的再创与转型 / 351
　　　　一、清末民国时期巴蜀传统艺术转型的总特征 / 351
　　　　二、戏曲艺术 / 355
　　　　三、四川曲艺 / 364
　　　　四、音乐舞蹈及其他表演艺术 / 368
　　　　五、美术 / 377
　　　　六、电影艺术 / 382
　　第二节　新中国时期巴蜀艺术传薪火走新路 / 385
　　　　一、新中国时期巴蜀艺术的总特征 / 385
　　　　二、新中国成立后巴蜀艺术的创新性改革与发展 / 386
　　　　三、改革开放时期四川戏曲与曲艺艺术的创造性发展 / 399
　　　　四、"振兴川剧"政策的提出及其意义 / 403
　　　　五、新时期巴蜀艺术的全面繁荣与发展 / 405
　　　　六、文化体制改革与非物质文化遗产 / 422

结　语 / 430

主要参考文献 / 432

后　记 / 438

导 言

艺术作为人类最具审美特征的精神文化创造，也是人类文明中最为动人、最富情感色彩的活动。《乐记》言："凡音之起，由人心生也。人心之动，物使之然也。感于物而动，故形于声。"[①]人类对艺术的思考、探究始终伴随着艺术实践和艺术创造，其起源可以追溯到人类文明的早期。不同时期、不同地域、不同民族的艺术史，成为民族文化、地域文化中最具特色的组成部分。《巴蜀文化通史·艺术卷》以历史发展为序，将展示巴蜀艺术的历史形态、辉煌成果、鲜明特色及其在中国艺术发展史上的地位和作用。

巴蜀艺术是中华艺术的一个分支，是巴蜀精神文化的重要载体。巴蜀艺术的发展，不仅受到社会、经济、政治的宏观制约，还直接受到地域环境的影响。巴蜀地区位于中国西南、长江上游，坐落于中国内陆腹地，东连湘鄂，南及滇黔，西依青藏，北抵甘陕，是我国西南、西北、华东三大地区的天然纽带。特殊的地理环境，使她自古以来就成为中华民族多元艺术的积淀地和交汇地；特殊的地理环境所带来的人文环境的变化，造就了巴蜀艺术鲜明的地域特色。巴蜀文化具有鲜明的积淀性和包容性，唐、五代至宋元时期，汉族与少数民族之间的艺术交流融合更为紧密，南诏、西域艺术以及藏族、彝族等少数民族艺术也在巴蜀艺术中积淀下来。历史上几次重大转折，特别是在民族迁徙大潮中，经过这一地区的审美接受与筛选，许多来自中原的艺术种类在巴蜀地区积淀并有所创新，逐渐形成了新的艺术形式。

正如艺术是不可充分定义的那样，巴蜀艺术本身也是一个涵盖面极广、抽象性强的概念，一个相对成熟的区域性艺术往往会形成多层次、多侧面的动态

---

① （元）陈澔注，万久富整理：《礼记集说》，凤凰出版社2010年版，第291页。

网络结构和开放系统，并始终处于变动之中。因此，巴蜀艺术史的演绎不可能存在固定框架。作为巴蜀地区的阶段性艺术史，我们将按照历史顺序，还原巴蜀艺术的历史语境，勾勒巴蜀艺术的发展历程，挖掘巴蜀艺术的特征。

一、巴蜀艺术的发展历程

（一）巴蜀艺术的起源与形成

追溯巴蜀艺术的起源，可以从石器时代人类最初的朦胧审美意识出现开始。新石器时代晚期，距今约六千余年的巫山大溪文化，拉开了长江中上游流域人类创造原始艺术的序幕，加工出造型多样、刻画精美的陶器，发明创造了"蛋壳彩陶"，雕琢出玉人面像等玉器艺术品。位于成都平原的古蜀人，在距今约4500年宝墩文化时期，创造了大量丰富的陶器艺术，形成了远古时期巴蜀原始艺术的高峰。受到黄河上游彩陶文化南传的影响，川西地区出现彩陶艺术并发明了以"衬花"为特征的川西彩陶类型。

这一时期的巴蜀艺术造型类型丰富，雕刻绘刻精致细腻，显现出原始文明生态下的巴蜀先民对艺术感受强烈、想象力丰富和创作热情饱满的历史现实。响声乐器的出现，表明古蜀人审美意识从视觉艺术向听觉艺术发展，从模仿鸟兽之音获得的乐感到创造发明响声器物的实践，跨出了原始音乐发展史上的关键一步。盛产磬石和璧玉的自然环境影响巴蜀先民自觉创造并利用听觉艺术，以此为人类的精神需求服务，这既奠定了巴蜀艺术在中国艺术发展史上的重要地位，也表现出巴蜀先民具有感知音乐的天赋和创造力。

巴蜀神话传说中有许多关于音乐舞蹈的记载，勾勒出巴蜀音乐舞蹈从原始乐舞向文明时期乐舞的演化脉络路径。《山海经》中记载"都广之野""鸾鸟自歌，凤鸟自舞"的景象，反映出远古时代巴蜀先民在富饶的土地上勤劳耕作和居住生活的情景。他们祭祀农神的仪式——化装乐舞，深深地印刻着原始乐舞的群体特征。《蜀王本纪》《华阳国志》等记载杜宇王的传说，以"子归、子归……"的悲鸣之声，表达了先民对杜宇教民务农、国富民殷的怀念之情。情感元素的出现，是人类社会进入文明时代时艺术所具有的最显著特征。具有情感元素的音乐，还出现在大禹治水南巡之际其妻与妾所唱的"侯人兮，猗"这首最早的巴蜀"唱和"曲式的歌曲中。秦惠王伐蜀王的传说故事，更以蜀王作《东平之歌》以乐之；作《曳邪歌》《龙归之曲》或《幽魄之曲》，则以音乐传达欢乐和悲哀的情感。

为原始宗教信仰服务，是原始艺术表现的内核。巴蜀原始乐舞所包含的祭祀核心是祖先崇拜，岷山神祖和农耕神祖是巴蜀祭拜的两大祖神，晚商至商周之际的三星堆、金沙遗址留下了最为珍贵的历史记忆。

三星堆遗址和成都金沙遗址出土了大批用于祭祀礼仪的玉石器、青铜器，尤其是雕塑精美的大型青铜雕塑群和成编的乐舞用器，成为长江流域又一个独特的文化类型。青铜塑像群以人形雕塑最为突出，写实性的雕塑风格，再现了巴蜀大型祭礼仪式中的真人形象，成为祭礼仪式的主体。大型青铜树造型或为岷江流域的"建木"，树神是农耕文明时代祭拜农业神祖的象征，表明古蜀祭祀内核之一是对农神的崇拜。青铜大型祭坛分层雕塑，揭示出古蜀祭礼仪式的另一个内核，即对神话传说中神祖"蚕虫"及岷山众神的崇拜。数十件青铜、金箔面具，表明面具的使用在古蜀祭祀活动中具有重要作用。面具是原始艺术的主要形式之一，使用面具的目的是神化现实中的人物，使其成为与神界沟通的媒介，在原始人类眼中，万物有灵，只有通过被神化的人物才能走进神灵的世界，得到神祖的庇佑。三星堆、金沙时期，古蜀文明已进入青铜文明时代，大型祭礼仪式的存在，演绎出古蜀人从巫术信仰阶段向建立国家礼乐制度迈进。大型祭礼仪式既是一种社会组织的集体行为，也是维系早期国家的一种仪礼制度。

三星堆、金沙遗址出土的大批乐舞用具，展示出祭祀活动的动态性和程序性。成组玉石璧是我国礼乐器的一种类型，分布于黄河流域和长江流域，年代自新石器时代晚期至商周之际。三星堆、金沙遗址中的成组玉石璧与成组铜铃同时出土，具有相同音乐声学特征，是目前我国发现的西周以前"铜石并用"成组乐器组合的另一类"金石之乐"。金沙遗址祭祀区出土两件大石磬，是我国早期石磬出土于祭祀区的稀有个案，石磬出土时呈八字形且构成音程关系，可以作为编磬组合，系人有意为之；器面上留下改良和调音痕迹，与后世巴蜀地区特有曲尺形编磬相似，留下了我国西周中期以后流行编磬改良形制和调音加工痕迹。古蜀国出土成编铜石乐器，与《周礼·考工记》中记载钟、磬起源于"凫氏为声""凫氏为钟""磬氏为磬"及《周礼·春官》记载的"凫氏为磬"互为印证。同时出土的还有大量玉石、青铜舞蹈用具，如玉璋、玉戈、玉石或青铜璧、环、瑗、戚形器等。三星堆乐舞图边璋、大型祭坛上的乐舞雕刻、金沙玉琮上的刻符，用形象的图像和符号，记录下乐舞仪式排列或表演的瞬间。玉石乐舞用器与青铜乐舞用器的组合和乐舞仪式图像，揭示出古蜀国祭祀乐舞活动的规范性、连续性和稳定性，也展现出巴蜀祭祀乐舞活动从原始巫术仪式乐舞向国家祭礼仪式乐舞演化的轨迹。

三星堆、金沙时期辉煌的青铜艺术，对我国长江流域礼乐文明的形成产生过积极的作用，也是我国黄河流域礼乐文明与长江流域礼乐文明碰撞、交流的一个融合点。商周之际，古蜀国大型祭礼仪式和仪式性乐舞的存在，揭示出西周逐渐建立起的、不断完善的礼乐制度，是在不断吸收周边文化的基础上统一起来的。而正是由于它包含着不同地域、不同民族的文化因素，才能够成为西周巩固政权并使"四夷"归顺的一种有效制度。古蜀国祭礼乐舞的存在，揭示了古代中国乐舞的首要功能是为统治阶级维护政治权力而服务，同时也发挥着维系社会秩序的重要作用。

春秋战国时期，巴蜀古国仿效中原建立礼乐制。春秋中叶，开明自楚入蜀，九世开明帝（前400年前后）"始立宗庙，以酒曰醴，乐曰荆，人尚赤，帝称王"[①]，逐渐将古蜀已建立的祭祀礼仪制度与中原、古楚礼乐制融合为一体。青铜礼乐器组合，以五件为编；青铜印章上刻乐器钟或铎与酒器罍，记录了巴蜀施行中原礼乐制的史实和五件组合的特征。成都百花潭出土的战国铜壶上，保留了巴蜀盛行"钟磬之乐"的乐舞图像。

主要分布在东部地区的巴人，创造了可与中原媲美的青铜乐器。"扁钟"和"虎钮錞于"由巴人创制，錞于盘面雕刻各种图符（鱼纹、船纹、人面纹等），图符由简到繁记录了族属生产生活和战争之大事；雕刻细腻逼真的虎纹，传递出巴人的图腾信仰。涪陵小田溪战国巴国墓出土的14件嵌镶错金编钟以及刻有符号的铜钲、錞于和扁钟等青铜乐器，展示出巴国青铜艺术的独特风格。巴蜀青铜乐器与楚国青铜乐器多有相同之处，反映了这一时期巴蜀文化受到楚国文化的强烈影响和双向交流。巴蜀与秦国接壤的川西茂汶地区使用的青铜乐器有编钟和镈钟组合，青铜钟体上繁缛精美的雕刻纹饰主要受中原地区礼乐用器影响，但又突显出特殊的民族风格。最早的南音之歌《侯人兮猗》，以唱和曲式为特征，被《周南》《召南》吸收，《下里》《巴人》《阳春》《白雪》等传入楚国。直到汉代，西南地区民族的典型乐器铜鼓仍在巴蜀流行。

综上，先秦时期巴蜀地区以土著艺术为主要形式，完成了原始艺术向文明

---

① （晋）常璩著，任乃强校注：《华阳国志校补图注》，上海古籍出版社1987年版，第122页。

时代艺术的演变，商周之际创造了辉煌的三星堆、金沙青铜艺术，古蜀国大型礼仪乐舞对中原礼乐制的形成产生了积极影响。先秦时期，巴蜀艺术与周边地区艺术不断交流，主要受到黄河上游地区氐羌文化南传的影响以及由秦国或楚国向巴蜀地区传播的中原文化的影响，大约在公元前400年，巴蜀先民仿效中原建立起礼乐制度，巴蜀艺术逐渐纳入中原艺术体系。先秦时期巴蜀艺术在中国南北文化交流融合中发挥了重要作用，最早出现在巴蜀地区的"唱和"曲式，为南音之始，《周南》《召南》取其风，丰富了早期音乐结构形式；为楚国音乐吸收，成为春秋战国时期以楚声为代表的南方音乐的主要形式之一；秦国音乐与巴蜀音乐的融合，促进了中原艺术与西南少数民族艺术的交流。由此得出结论：先秦时期巴蜀艺术的形成与发展，始终以地域特色鲜明的土著艺术为主体，在三星堆、金沙时期取得最辉煌的艺术成就；主要受到来自黄河上游西部地区史前艺术的影响和来自北方秦国和南方荆楚文化的影响，在双向交流融汇过程中逐渐形成了以巴蜀为枢纽、南北艺术交汇的格局，为秦汉时期巴蜀艺术的繁荣发展奠定了基础。

（二）巴蜀艺术的联通与交融

公元前316年，秦并巴蜀，巴蜀艺术纳入以汉族艺术为主体的中原艺术体系，成为汉族艺术与西南各少数民族艺术交流融合的汇集地，逐渐形成一体多元的艺术发展格局，两汉时期至五代时期，巴蜀艺术发展出现两次高峰。

秦代始建"乐府"，豪门贵族移居巴蜀，"箫鼓歌吹，击钟肆悬"的中原礼乐在巴蜀盛行；羌人钟鼓等少数民族音乐舞蹈从蜀地传入朝廷，巴蜀地区逐渐成为汉族艺术与少数民族艺术的传播走廊。

两汉时期，经济文化快速发展的巴蜀，成为西南地区文化艺术中心，积淀了这一时期中国艺术的精华。巴蜀城市建筑艺术得到长足发展，汉族居所呈"庭院"式建筑格局并基本定型，一直延续下来。石刻碑文和石阙铭文，不仅是考察汉史的珍贵资料，也是汉代书法艺术的珍迹。汉代巴蜀大兴厚葬之风，东汉时期出现墓前装饰建筑物——石阙，全国现存石阙仅30处，其中巴蜀地区占有21处，可见汉代巴蜀石刻艺术之盛行。巴蜀汉代画像砖石墓位居全国前列，画像砖石上的雕刻图像开了中国现实主义绘画雕刻之先河。

随着佛教传入中国，巴蜀地区出现早期佛教石窟雕塑艺术。东汉时期，巴蜀成为中国本土宗教道教的发源地，也是中国早期宗教艺术的发源地之一。巴蜀汉代画像砖石上有许多宗教传说故事，见证了早期佛教与道教在巴蜀的传播历史。

两汉时期是中国音乐舞蹈发展的第一次高峰期，汉代建立正式的音乐机构，雅乐与俗乐并行。巴蜀地区流行的乐舞，积淀了汉代乐舞的主要品类。汉乐府音乐之"相和歌"演唱形式"丝竹更相和，执节者歌"，见于巴蜀；舞曲之《巴渝舞》，起于巴人乐舞，兴于汉乐府；《鞞舞》《鼙舞》《公莫舞》等来自民间、收入汉乐府的舞蹈，也流行于巴蜀；"四夷乐"之鼓吹乐、建鼓舞等西域乐舞，汉代已传入巴蜀。"白狼歌"等少数民族乐舞经蜀地奉献朝廷，开通了汉族艺术与少数民族艺术交往的民族走廊。

汉代舞蹈讲究"阴柔和美"与"阴阳之和"，以长袖、细腰为特点的汉族舞蹈风格与顿足、欢腾为特点的西域舞蹈风格，均在巴蜀流行。左思在《三都赋》中描写蜀都乐舞："羽爵执竞，丝竹乃发，巴姬弹弦，汉女击节，起西音于促柱，歌江上之飚厉，纡长袖而屡舞，翩跹跹以裔裔"，正是汉代至魏晋南北朝时期巴蜀乐舞风格的描绘写照。巴蜀汉代画像砖石中留下的大量汉代乐舞的珍贵雕刻，成为汉代巴蜀音乐舞蹈艺术与绘画雕刻艺术融合一体的艺术珍品，在汉代中国艺术发展史上占有重要地位。

汉代是中国说唱艺术的萌芽期，据《荀子·王霸》《史记·李斯列传》《汉书·枚皋传》等文献记载，秦汉时期出现"俳优""俳倡"艺人，以诙谐滑稽的表演为生。巴蜀各地出现说唱艺人，是中国最早见有俳优表演和说书艺术的地区之一。说唱者中有"击鼓歌唱"者，衣冠楚楚，仪态端庄，或为朝廷讲学的专业说书人，或为民间说书人；也有袒胸露腹，挤眉弄眼，或击小鼓，或拍大腹，做滑稽表演的艺人。巴蜀出土汉代说唱陶俑数十件，成为艺术学界考证"说唱鼻祖"的实物资料。

两汉时期流行的"百戏"，杂糅了音乐、舞蹈、武术、幻技、杂技等多种表演形式，在巴蜀地区多见跳环、击剑、吐火、柔术等各种表演，还有中国戏剧的萌芽形式角抵戏《东海黄公》的表演。四川出土的汉代画像砖石上有宴饮百戏表演，反映了汉代百戏在巴蜀地区广为流行，也留下了考证汉代"百戏"表演的图像史料。

总体上看，两汉时期的巴蜀艺术以汉族艺术为主，兼收并蓄，形成了一体多元化的发展格局。巴蜀成为汉族艺术与少数民族艺术交流融合的汇集地，也成为西南地区最繁华的文化艺术中心。这一时期的巴蜀艺术主要表现出两个突出特征：一是汉族艺术精华不断积淀；二是形成了汉族艺术与各少数民族艺术交流的走廊。

（三）魏晋变革与隋唐的鼎新

魏晋南北朝至五代时期，巴蜀艺术的发展受到政治、经济和社会文化的影响，呈现出波浪式发展的特点，唐至五代时期更是巴蜀艺术繁荣发展时期。

魏晋南北朝时期，战乱频繁、地方割据，巴蜀地区先后建立两个政权。公元221年，刘备在成都称帝，建立蜀汉政权，天下形成魏、蜀、吴三国鼎立局面。263年魏国灭蜀，265年西晋政权建立，巴蜀归西晋统治。西晋"八王之乱"后，各族人民起兵反晋，賨人李雄（李特子）攻占成都，于306年在成都建立大成国，史称成汉政权，至347年为东晋所灭。南北朝时期，巴蜀主要归属南朝统治，曾隶西魏、北周统治。魏晋南北朝时期，巴蜀社会经济文化出现低潮，巴蜀艺术也远不如两汉时期繁荣，但也出现了一些新的变化，石窟艺术的兴起最为突出，南北之间音乐文化的交流也取得新的进展，民谣成为战乱中一种独特的说唱形式。

隋唐五代时期，巴蜀艺术快速发展并形成了自汉代以后的又一次高潮，巴蜀地区成为中国西南艺术中心，在汉民族艺术与西南少数民族艺术的交流和融合中发挥了重要作用。这一时期巴蜀艺术的繁荣发展，表现在隋唐宫廷乐舞的传承、民族民间乐舞的交流、说唱艺术和蜀戏的开端、巴蜀画派的形成、宗教艺术的传播以及多民族艺术的融汇等方面。

隋初"开皇乐议"，是我国历史上关于音乐制度的一场争论。自西周建立礼乐制度以来，隋开皇年间再次重新修订雅乐，开皇九年（589），平定南朝陈国，获得保存在南方的汉族传统古乐，隋文帝感叹曰："此华夏正声也，非吾此举，世何得闻。"[①]后设置清商署，管理雅乐之事。至开皇十四年（594），雅乐最后制定。隋朝先后建"七部乐""九部乐"，将古代天子和诸侯宴饮之乐，作为"燕乐"，也称"宴乐"，纳为宫廷雅乐的重要乐种，标志燕乐的发展进入一个新的历史阶段。唐代在隋"九部乐"基础上，立"九部乐"和"十部乐"，后设"立部伎""座部伎"，宫廷乐舞的发展达到全盛期。隋唐宫廷乐舞除汉族传统乐舞"清商乐"或"燕乐"外，其余均为少数民族乐舞，是我

---

① 刘东升：《中国古代音乐史简述》，人民音乐出版社1989年版，第195页。

国音乐舞蹈发展史上,全面展示汉族乐舞和各少数民族乐舞的巅峰。"安史之乱"后,唐玄宗、唐僖宗两次避难入蜀,带来大批乐舞艺人,至五代前蜀、后蜀时期,蜀王仿照唐代宫廷乐舞建制和表演形式,大兴蜀宫乐舞,唐代宫廷乐舞得以在巴蜀地区延续,并留下珍贵遗迹。隋唐宫廷乐舞在巴蜀的积淀,促进了巴蜀乐舞的兴盛,见于文献记载的《南诏奉圣乐》《蓬莱采莲舞》《回鹘队》等,详尽描写了宫廷乐舞的表演形式和规模,前蜀皇帝王建墓墓室棺壁上的二十四伎乐石刻图像,则生动形象地再现了唐代乐舞的恢宏气势和华美艳丽。唐代民族民间舞蹈也得以在巴蜀地区传承,如西域乐舞《剑器舞》《柘枝舞》等在巴蜀流行。巴蜀土著舞蹈《巴渝舞》进入宫廷乐舞后,也进一步演化并延续后世,巴蜀出土的唐代乐舞俑生动展现了唐代乐伎的风姿。由此可以看出,唐至五代时期,巴蜀音乐舞蹈的发展,出现了自汉代之后的又一次高潮,最突出的成就是"蜀宫乐舞"对隋唐宫廷乐舞的继承和创新,民族民间舞蹈的兴盛也反映出巴蜀艺术在汉族艺术与少数民族艺术交汇中的重要作用。

唐代说唱变文艺术首先出现在剑南西川,开启了中国说唱艺术之序幕。说唱变文故事既有佛教故事、道教故事、儒释道三教合一的宗教故事,还出现了讲唱"昭君变"等民间故事的专业女艺人。唐代"蜀戏冠天下",在中国戏剧发展史上占有特殊地位。《刘辟责实》记录了俳优戏的出现;《麦秀两岐》演绎出歌舞剧向戏曲转化的过程;《灌口神队》则以歌舞戏的表演方式歌颂了李冰父子治水的英雄故事。蜀中"弄假妇人""杂剧丈夫"等被文献记载。中国戏剧的发端,因"蜀戏"的出现可上溯到唐代。

唐至五代时期巴蜀艺术发展取得的再一个重要成果,是绘画艺术的快速兴起,出现了一批来自长安和江南两个绘画中心的画家,促进了巴蜀绘画的进步。巴蜀著名画家孙位、李昇、黄筌父子等为蜀中画派的崛起作出了杰出贡献,巴蜀率先在全国出现了绘画流派并形成了以风格流派划分的画家群(神格、妙格、能格、逸格等)流派和以作品划分的流派(人物画派、花鸟画派、山水画派等)。巴蜀地区也因一批著名画家的成长和精湛的绘画作品,成为全国绘画中心。

魏晋南北朝至隋唐五代时期,是我国宗教艺术快速发展繁荣的历史时期。巴蜀地区宗教艺术的发展也在全国名列前茅,摩崖石窟造像艺术遍布全境,造像内容丰富:除佛经、经变故事、佛传故事外,还有许多讲唱经变的图像,以及数十种乐器演奏图像。除佛教和道教造像外,还有佛道两教合龛造像。摩崖造像布局巧妙，规模宏大，凿刻精致，大有鬼斧神工之妙，仙佛化境之趣，展现了这一时期巴蜀摩崖石窟造像艺术的辉煌成就和雕刻艺术的发展历史。乐山大佛高71米，在世界雕塑史上也享誉美称。

综上所述，唐至五代时期，巴蜀艺术的发展出现又一次高潮。巴蜀乐舞积淀着隋唐宫廷乐舞和民族民间音乐舞蹈的精华；巴蜀说唱变文和蜀戏开启了中国说唱艺术和戏剧艺术的序幕；蜀中绘画长足发展，在全国率先形成蜀中画派，成为中国绘画中心之一；宗教艺术快速发展，摩崖石窟造像遍布巴蜀，汉族艺术和少数民族艺术在巴蜀地区汇集。由此，巴蜀地区成为中国西南地区艺术中心，巴蜀艺术取得的辉煌成就，也代表着中国西南地区艺术的发展和进步。

（四）争奇斗艳、形态多变的宋代艺术

自唐末五代至明清，巴蜀艺术逐渐形成多元一体的发展格局，成为汉族艺术与西南各少数民族艺术交流融合的汇集期，宋代即巴蜀艺术发展的一次高峰。隋唐五代时期，中原许多画家流寓四川，玄宗年间，画圣吴道子两次入蜀，把嘉陵江三百里山水风光画在大同殿内壁上，开创山水画派。随唐僖宗入蜀留居巴蜀的画家就有吕晓、孙位、竹虔、腾昌祐、张询等多人，使得"益州多名画，富视他郡"[①]，"举天下之言唐画者，莫如成都之多"[②]。唐代说唱变文故事最早出现在巴蜀地区，佛教文化的传播与本土艺术的融合直接催生了由艺艺术的兴起。

两宋时期的巴蜀地区可谓独领风骚。在中原战乱纷飞之时，偏于西南的巴蜀之国受独特地理之庇护，躲过了唐末的兵火战乱。避乱入蜀的各类人才，成为宋元巴蜀艺术兴盛的重要资源。唐朝的陨落，致使教坊等艺术机构也随之土崩瓦解，流落民间的官方艺术家参与民间艺术的创作，极大推动了民间艺术的发展。正是官方艺术和民间艺术的合奏，才将宋元巴蜀地区文化艺术的繁盛推到了一个新的高度。人才的聚集，文化底蕴的培护，这些都将巴蜀艺术水准提升到了一个崭新的平台，不仅成就了巴蜀地区艺术的典范，在同一时期的全国范围来看，诸多艺术种类亦名列前茅。

这一时期，大规模的北方移民入川，有些名人雅士定居下来，使巴蜀地区

---

① （宋）黄休复：《益州名画录·序》，人民美术出版社1964年版，第1页。
② （宋）袁说友等编，赵晓兰整理：《成都文类》，中华书局2011年版，第867页。

再一次成为中华文化的中心。唐代,以陈子昂、李白、杜甫、白居易为代表的诗派,均在巴蜀留下佳作;五代时期,创"花间词"派的十八位诗人中,韦庄等人均为移民入川。《花间词》以四川和外省的民间小曲为词牌,填词唱曲,不仅开创了新的文体,更重要的是这种文学与音乐的结合,文人创作与民间艺术形式的结合,促进了说唱艺术诸宫调的产生,以至于明清时期戏曲艺术的出现都以曲牌填词为基础,故"花间词"派的出现,在巴蜀地区文化史上也具有非常重要的意义。前蜀王王建墓墓室内雕刻的二十四伎乐石刻图像,是隋唐至五代宫廷乐舞的生动刻画,它真实地记载了西域文化与中原文化的融合,以及中原文化向巴蜀文化的渗透和传播。

宋代是四川经济高速发展的时期,丝织、茶叶、盐业、酿酒、造纸、陶瓷等行业都较前代有所发展。经济的积累为文化艺术的发展提供了肥沃的土壤,而皇家梨园的解散、民间音乐的勃兴正是宋代音乐的一大特征。进入民间的音乐家在瓦肆勾栏的大舞台上表演,市民音乐艺术的兴起以及休闲娱乐艺术的发展也随之繁盛,休闲娱乐业的发达推动了音乐、舞蹈、戏剧等艺术的多样化。在"孟氏既平,声教攸暨,文学之士,彬彬辈出焉"的宋代,巴蜀的文化艺术迎来了一个多种艺术争奇斗艳、文化艺术全面发展的时期。

从音乐方面来说,曲子词是巴蜀民间音乐在宋元时期取得的最高成就之一,由文人仿作的曲子词集《花间集》,虽然已经加入文人化色彩,但是较之后来的文人词又更显民间化,我们可以透过《花间集》窥探出当时民间词曲的一些元素。巴蜀地区的宫廷舞蹈和民间舞蹈的演出都相当热闹,人们创作出留名千古的大型宫廷舞蹈《采红莲队》,这支舞蹈从舞台布景到演出人数之巨,都创下了舞蹈演出之最。同时民间的《采莲舞》也随之兴起,在泸县宋墓中就刻有该舞蹈的石刻,这些石刻与武士、花朵等图案一起装点着墓室,可知在五代及宋,不仅宫廷中上演着采莲大戏,民间亦有民间的采莲舞在娱悦普通百姓。从戏剧方面来说,无论是深具讽刺色彩的《麦秀两岐》,还是孝行可嘉的《目连戏》,都相当精彩,足以使身在海外的道隆法师每每忆起那"一棚川杂戏"时,都潸然落泪。

音乐、舞蹈、戏剧的演出都需要场地,而瓦肆勾栏的兴起,为演出提供了广阔的舞台。平民百姓对娱乐的要求成为艺人们创作的原动力,于是,更多的艺术作品带上了所谓"世俗化"烙印。为民众表演这些歌舞戏剧的人,在宫廷中的统称为"乐工",而活跃在瓦肆勾栏的演员却另有名头。有学者根据《武林旧事》卷六之记载认为不进入瓦肆勾栏的艺人称为路岐人。"或有路岐人,不入勾栏，只在要闹宽阔之处做场者，谓之打野呵。此又艺之次者。"①这种流动的演出队各地皆有，他们走乡串寨，将曲艺艺术送到大江南北。尽管他们没有固定的演出场所，但仍称得上是南宋时期重要的一支演出力量。

宋代院体画的代表是来自巴蜀地区的著名画家黄筌父子。他们长期为皇室作画，所画内容皆为宫廷中的奇花怪石、珍禽瑞鸟，所用画法乃是以细淡墨线勾出物体形状后填色，以著色为主，画面给人以富丽工巧之感。黄氏父子的这种画风，在宋代流行了许多年，一直都是画院派画法技巧的代表，甚至成为当时评判绘画的标准。

与黄氏父子画风完全不同的文人画派，此时也在巴蜀大地兴起，其首当推文同。文同以墨竹画名世，他追求所画之竹不仅在形象上与实物相似，更追求其精神上的相通，由此起了画风的大转变。反映在巴蜀画家中，苏轼可以说是这一画派的代表人物之一。苏轼更将画论提升一步，认为评论画的好坏，形似不再是标准，他说"论画以形似，见与儿童邻"。虽不重形似，但对绘画技巧的要求并不减弱，故苏轼十分强调对绘画技巧的锻炼。可以说文同与苏轼是文人画理论的提出及实践者，他们的出现使巴蜀文人画在宋代具有了领导画坛的地位。

文人画可以说是宋代巴蜀绘画的点睛之笔，但是传统画派及其画法在五代及其宋元并未因此而消失，他们依然活跃在画坛。众多著名的儒释道画家继续创作了众多的巴蜀寺庙壁画，如孙知微就是其中一位。"知微多客寓寺观，精黄老、瞿昙之学，故画释道益工，而蜀中寺观尤多笔迹焉。"孙知微的画之美妙，"岂俗画所能到也"②。

巴蜀宋墓石刻所反映出来的民间性和世俗性与各画派之间的绘画性质迥然不同。从内容到绘画技巧，巴蜀宋墓的石刻都是偏民间的。宋墓的石刻与大足、安岳石刻相比，少了些许宗教气氛，增添了更多的生活气息，巴蜀宋墓石刻艺术可以看作是当时人们将美好生活固化在特殊场地上的一个壮举。

将中国石刻艺术生命向后延续了四百年的大足、安岳石刻，可谓中国石刻的最后一个艺术高峰。在这一石雕群中，诸多精品让人目不暇接。经过魏晋至唐代的学习，巴蜀石刻逐渐创造出自己的艺术特色，并且在中原石刻艺术已经

---

① （宋）四水潜夫：《武林旧事》，西湖书社1981年版，第93页。
② 《宣和画谱》第四卷，第104页。

衰落的宋代谱写出中国石刻的新高峰。这一时期，因中原学者入蜀，儒学在巴蜀地区得以广泛传播，四川成为儒学教育的一个中心，一方面是官办学堂，修学馆；另一方面，一些中原衣冠士族或在官办学堂授课，或办私学传授儒学。后蜀宰相毋昭裔是河中龙门人，他不仅重视儒学教育，还历时八年，以《开成石经》为蓝本，刻《孟蜀石经》，用于学堂。入蜀学者带来大量书籍，仅"杜天师在蜀"，就"集道书三千卷，儒书八千卷"[①]。由此可以看出，这一时期中原文化的南传对巴蜀教育和学术的发展起到非常重要的作用，加之四川特殊的地理位置吸引唐代两朝皇帝入蜀避难，使四川成为中央王朝在西南地区的文化中心。

随着僧人、道士游历于省际之间，定居下来的他们进一步促进了宗教文化的交流和融合。宗教文化在传教行为不间断地发展过程中，在巴蜀文化中留下了深深的印记。西天取经的高僧玄奘法师也曾在唐初入蜀，在广元净土寺修行四年后又北上长安，终为唐代佛教文化的发展作出重大贡献。四川的石刻大佛和石窟造像，在全国也处于前列。张鲁带着"五斗米教"出川北上中原后扩大发展，成为中国本土宗教道教的源头，至今，四川仍然是中国道教文化的重要基地。从魏晋南北朝到清代，四川寺庙、道观等建筑以及石窟艺术、塑像、音乐等表现宗教文化题材的艺术得以快速发展。儒、释、道三教融合，宗教艺术与民间艺术的融合，也体现出中国宗教艺术独特的发展趋势。

两宋时期巴蜀文化继续发展，在文化各个领域都有新的成就，特别是在史学、文学和艺术领域又有不少新的建树。正如近世史学家刘咸炘所言："宋一代之史学实在蜀，此当就六朝以来南北文化论之，盖自永嘉南渡，文风南盛而北衰。唐以科举取士，又重门阀，不重乡贯，士多以官为家，始聚于北。五代之乱，北纬兵躏，惟吴、蜀二方多收文士，北宋资以开一代之文，欧、曾、王、苏其著也。宋，复南迁，得有吴、蜀，掌故文献，蜀人保存之力为多。"[②]苏轼开创豪放词派，作品传遍大江南北；黄庭坚、陆游、范成大流寓或宦游四川多年，在川期间留下脍炙人口的佳作。自唐代画家入蜀，五代时期西蜀和南唐成为全国两个绘画中心，绘画艺术又有新的发展；以大足石刻为代表的石窟艺术达到高峰，与北方石窟渐趋衰落形成鲜明对比。

---

① （宋）黄休复：《益州名画录》卷上，人民美术出版社1964年版，第17页。
② 幸晓峰、廖韧：《论移民对巴蜀文化的影响》，《四川戏剧》2009年第6期，第33页。

宋代四川民间艺术的发展，适应都市经济的兴起和市民阶层的需求，兴盛一时，在中国民间说唱艺术发展史上占有重要地位。成都等地"游尝"之风畅行，"瓦肆""勾栏"兴起，形成南北民间艺术交汇、百花争艳的局面。许多新的艺术形式由四川民间艺人创作，开了中国说唱艺术的先河，也留下了宋杂剧、元诸宫调等新起艺术的珍贵资料，广元宋墓出土的大曲、三弦、唱赚、路岐人等艺术图像，正是历史的见证。南宋遂宁人王灼在成都碧鸡坊用四年时间（1145～1149）完成《碧鸡漫志》五卷，对南北词派、南北音乐、南北歌曲的演变、交流、风格进行了描述，记载了北宋民间艺人张山人、孔三传等创作活动和首创诸宫调艺术的史实。这部作品对人物和事件做了详细记载，记述了宋代以前我国民歌的演变过程，反映出移民文化对文学艺术的影响。两宋时期，南北艺术的交流和融合主要是通过文人和民间艺人的迁徙实现的，也更加直接地反映了宋元时期移民所带来的艺术流变，表现出宫廷艺术向民间艺术转化、文人创作与民间结合的趋势，这对我国明清时期戏剧艺术起源和发展产生了重要影响。

南宋后期，蒙古与南宋的战争从四川利州路开始打响，在川延续了近半个世纪，四川遭到疯狂掠夺，人口急剧减少，"蜀人受祸惨甚，死伤殆尽，千百不存一"[①]。从战事开始就有不少文士外迁，一直到南宋被灭，幸存者仍不断外迁，主要迁徙地在湖南、湖北、江苏、江西、福建、广西等东南各省。这是历史上最苦难、规模最大的巴蜀移民出川。巴蜀文化在本土遭受空前摧毁，却在江南各地广泛传播，出川的文人把中原正统文化的精髓带到东南地区，"元兵略蜀，蜀士南迁于浙，浙人得此，遂成文献之府库，江南文风大盛，蜀反如鄙人矣"[②]。这反映出元代四川文化因战争受到严重冲击，但也尚有虞集《道园学古录》传世。

宋元时期民族迁徙对巴蜀文化的影响，一方面继续着秦汉以来，北方移民不断进入巴蜀，带来先进的中原文化。到南宋末，又伴随着巴蜀移民大量流入东南，把中原文化再次南传到东南地区，中原传统文化经巴蜀入东南地区，实现了一次较大规模的南迁和渗透。另一方面值得注意的是，北宋末期金兵侵略中原，形成大量北方移民入川并长期居住下来，世代繁衍。四川利州路的北

---

① （元）虞集撰：《道园学古录》卷二〇（核1本）。
② 刘咸炘著：《刘咸炘论史学》，上海科学文献出版社2008年版，第225页。

部川陕、川甘、川豫接壤处，成为北方移民最为集中之地，保留了北方文化艺术的特色。如《舆地纪胜》记广元一带，"自城以南纯带巴音，由城北杂以秦语"[①]。这一地区还保留了一些北方民歌和曲种，有些艺术形式在北方已然消失。唐代玄宗、僖宗避难入蜀，随从的文人学者使儒学在四川得到快速发展，成就了唐至五代时期巴蜀文化艺术发展的又一次高峰，一直延续到两宋时期。南宋末期，巴蜀文化向东南地区传播，实际上起到了以传播先进的中原文化和儒学为代表的中央集权政治文化的作用。少数民族文化艺术在巴蜀地区的传播和积淀，不仅扩大了巴蜀文化艺术的含量，而且促进了汉文化与少数民族文化艺术的融合。

总之，宋元时期的巴蜀艺术取得了辉煌的成就，从"扬一益二"的话语之中，我们亦能体味出宋元时期巴蜀地区不仅经济上可与东部苏杭相媲美，艺术方面也不分高下。尤其是文人画派以及石刻艺术，在全国独树一帜，可以毫不夸张地说，在世界上也处于领先地位。

（五）明代市民艺术的崛起

明代推行的极端中央集权制，某种意义上钳制了明代文化艺术的发展，元初兵火、明代农民起义又直接打击了文化艺术的发展，使得明代巴蜀的艺术成就较之唐宋，较为逊色。整体来看，明代的政治趋于保守，官方文学、音乐、曲艺以及绘画，都不及唐宋，反倒是民间艺术在这一时期显得相对活跃。占据巴蜀艺术史主体地位的文人诗书画等艺术形式，在明代相对较弱，而民间艺术在这一时期却相对活跃。明代社会世俗化倾向越来越浓，且在某些经济较为发达的地区，劳动力从土地中解放出来，形成了新兴城镇文化形态。

四川各地的城镇迅速形成、迅速发展，使娱乐消费也随之增加，为适应这种趋势，已有的艺术形式与新兴文化潮流融合，形成并发展出新的艺术形式和潮流。

宗教艺术是明清时期巴蜀绘画艺术的重点，以宗教壁画、宗教水陆画为其艺术的高峰，为后世留下了诸多艺术精品，明代遗存下来的佛教壁画，今天依然可见。

曲艺方面出现了杨慎的《二十一史弹词》佳作；民间戏曲发展势头不错，

---

① （南宋）王象之撰：《舆地纪胜》卷一八四，江苏广陵古籍刻印社出版1991年版，第1249页。

出现了令人瞩目的《目连戏》，这是巴蜀宗教文化发展的逻辑必然，也是巴蜀曲艺在民间的一朵奇葩。在这个佛、道教都很发达的省份，出现《目连戏》这样宗教意义浓厚的戏剧并不稀奇。

明代巴蜀地区石刻作品佳作不多，唯有安岳大成山十王殿、安岳三教合一窟、元始天尊像等，为这一时期的代表之作。巴蜀石刻在之后的岁月里仍有作品问世，但已鲜见佳作，明代可以看作巴蜀石刻的逻辑终结点。

（六）清代巴蜀艺术的多元与新兴

清代巴蜀地区由于连年征战，加之瘟疫流行，经济、文化、商业、交通、人口等都受到了重创。"湖广填四川"，大量移民源源不断地来到四川。来源广泛的移民带来的不仅是人口，更使得全国各地艺术在巴蜀大地上多元融汇，丰富了巴蜀艺术的种类，开启了别具特色的清代巴蜀艺术。各地文人、学者、艺人移民巴蜀并带来先进文化，逐渐形成巴蜀文化艺术的包容性特征。中国历史上由中央政府主导的几次大的移民运动，文人学者随赴蜀豪族、官吏入蜀，从管理、教育、文化等宏观层面丰富了巴蜀文化。重大的民族迁徙运动一般发生在政权转换的重要时期，移民带来的先进文化或创作精品，在巴蜀地区积淀下来，各种地域文化也在这种相对集中的环境中得以交流和融合。

清代巴蜀艺术最为耀眼的明珠是川剧的兴起。无论川剧的起源时间有多少种争论，我们都无可否认清代是川剧繁荣兴盛的时期。川剧之所以成为中国重要的地方戏之一，清代是其蓬勃发展的关键时期。明清时期川剧艺术五大声腔的形成，是多种地域文化艺术融合的产物。

以官方为主导的宫廷皇家艺术，向以市民为主导的民间艺术转化，构成这一时期艺术发展的主要特色。民间曲艺的空前发展出现了多种曲艺艺术：清音、荷叶、扬琴、金钱板、竹琴、相书、车车灯、被单戏、评书、相书、灯戏等，数不胜数。多种多样的曲艺形式也反映出了民间活动的丰富多彩：以成都为中心的皮影戏和陕西传来的皮影戏，共同辉耀巴蜀大地；流传久远的傩戏与移民带来的楚地傩戏融合，发展出清代巴蜀傩戏；作为乡土中国口传文化的一个枝蔓，感染力极强的巴蜀曲艺将地方风情、伦理教化、乡情乡韵密切结合起来，千百年来教化、娱悦着广大目不识丁的百姓，堪称巴蜀大众文化、通俗文化的基石。

绘画方面，清代全国绘画的中心依然是江浙吴地，但是跟随全国文人画的兴盛,巴蜀画坛也出现文人山水画和花鸟画的兴盛。需要指出的是,清代巴蜀绘画水平远无法跟五代、宋时的巴蜀相媲美,毕竟艺术中心已经东移。这一时期,民间画坛却相对兴盛,水陆画的繁荣留下了诸多具有审美价值的作品,至今仍然具有艺术魅力。脱胎于宗教艺术的年画,在巴蜀也形成别具特色的艺术格局,其中最具代表性的则为绵竹年画,其主要特色为以木雕出轮廓然后填色,有着较强的绘画性,尤其是"填水脚"画法更是绵竹年画与众不同的独创技法。绵竹年画作为中国四大著名年画之一,闪耀在中国的西部,它不仅丰富了西南地区民间生活,更超越国界影响着越南等东南亚国家的民间艺术。

总的来说,清代作为中国最后一个封建王朝,各个方面都产生大的变局,民间文化艺术在这样的环境中生长发展,构成了中国艺术发展史上的新潮流。民族迁徙对巴蜀文化艺术包容性特征形成的影响十分明显,从历史上看,巴蜀艺术发展几次高潮期的形成都与民族迁徙有着直接联系。多民族移居巴蜀,带来各民族文化的精髓,使巴蜀地区成为多民族文化艺术并存和交流融合的天然"走廊",形成多民族文化艺术并存的格局。悠久的巴蜀文化艺术传统,在历史的进程中不断受到不同时期民族迁徙的影响,直到明清时期大规模移民运动的发生。巴蜀文化艺术的变革、进步和发展,始终伴随着文化的碰撞和融合。

巴蜀地区少数民族艺术在与汉族艺术的交流中,不断互相借鉴、互相影响。因地区民族、民风、民俗的不同,特别是在多种少数民族聚居的地区,艺术的发展形成不同风格。在今四川西南地区文化艺术种类中,还保留不少藏、羌、彝民族艺术形态,使其成为四川艺术的独特审美类型。大约从公元5世纪开始,藏族说唱艺术便开始在四川甘孜、阿坝地区流传,如藏族曲种"格萨尔仲""折嘎"表演,曲艺"喇嘛嘛呢""嘛呢龚柯"等。明清时期,藏族曲艺曲种"亚热阿索""百汪扎""仲谐"等大量出现在巴蜀藏地,藏族戏曲曲种"德格藏戏""康巴藏戏""嘉戎藏戏"等也广为流行,甚至对川剧的形成和发展产生了积极影响。

民族迁徙在地域文化格局和艺术风格形成过程中具有重要意义和历史价值。艺术的发展必然受到不同时期政治、经济、社会、文化的影响,形成不同时期的不同特征;同一时期艺术的发展,又因特殊历史事件的发生可能产生某种突变。巴蜀具有悠久的历史文化,每一次大规模的多民族迁徙都促进了巴蜀艺术的发展。明清时期"湖广填四川"的大移民运动,让逐渐沉淀在历史长河中的古老的巴蜀艺术,出现一次次新的文化转型和重构。而巴蜀艺术与周边艺术的每一次碰撞、交流和融合，都为巴蜀文化注入新的元素。在广袤的巴山蜀水上形成的巴蜀艺术，最终形成其兼收并蓄的鲜明特征，以及民族文化艺术多元并存、百花争艳的历史格局。

二、巴蜀艺术的主要特征

艺术的发展受到不同时期政治、经济、社会、文化的影响，形成了不同时期的特征；同一时期艺术的发展，又因特殊历史事件的发生可能产生某种突变。艺术的发展还受到特定地理环境和人文生态的影响，具有相对独立的特征；又因相对统一环境中民风民俗的不同，特别是在多种少数民族聚居的地区，艺术的发展又可分为不同区域的不同风格。巴蜀艺术的总体特征，主要可从三个层面加以考证和论述：巴蜀艺术文物遗存和分布，揭示了巴蜀艺术文物的积淀性特征；历史上多民族的交流和融合，形成了巴蜀艺术以汉族艺术为中心、各少数民族艺术交相融合的多元化格局；根据巴蜀地区自然生态和人文生态，可把当代巴蜀艺术发展纳入"一个中心，六个文化特色区域"之中。

（一）历史悠久的积淀性特征

巴蜀艺术的积淀性特征，在两个方面表现得十分突出：一是巴蜀古代音乐、舞蹈等艺术遗存，保留了中国艺术发展史重要转型期的资料；二是不同时期的巴蜀主体艺术，在中国艺术发展史上起到承前启后的重要作用。

巴蜀古代艺术遗存有一个十分显著的特征，即保存的中国重要历史时期"转型期"的珍贵艺术文物，在全国首屈一指。这种巴蜀地区特有的艺术文物分布，揭示了巴蜀艺术鲜明的积淀性特征，即对巴蜀土著艺术的积累、吸收周边文化的积累以及对不同时期中华民族主体艺术形式的保存和积淀。巴蜀艺术史的研究，也必须紧紧抓住积淀性这个主要特征，并以此贯穿起巴蜀艺术发展的历史脉络，串联同一时期发生的诸多艺术现象，比较全面地展现巴蜀艺术鲜明的地域特征。

巴蜀艺术文物遗存，就像一个螺旋形上升的聚宝盆，层层堆积，她的积淀性特征，可以从四个方面加以概括：蕴藏丰富、数量大、种类多、精品荟萃；纵贯各个历史朝代，典型器物显示出鲜明的时代特征；留下了中国长江流域及各民族音乐文化传播和融合的历史轨迹；宗庙音乐文物藏品丰富。

四川地处长江中上游，属内陆腹地。特殊的地形和地理位置使之成为天然聚宝盆，中国古代文明在这里留下层层宝藏，日复一日，年复一年，像流水冲击成的漩涡，不停堆积，不断凝固。自贡恐龙博物馆的进口处，有一个至今无法测出深度的圆锥体堆积层，由亿万年前主宰者恐龙的遗骨累积，像大地的断层，像千年老树的年轮，依然清晰地印着水流冲击的漩涡。

艺术文物可分成两类：器物和图像。器物以乐器为主，还有舞具、服饰等。巴蜀音乐文物蕴藏丰富、数量大、种类多、精品荟萃，在全国首屈一指。根据20世纪90年代对巴蜀境内出土或传世音乐文物普查，目前已知有上千件，可分成33类。乐器种类齐全，"八音"具备，有不少器物仅巴蜀珍藏，举世无双。"巴钟""虎钮錞于""蜀琴"等藏量，居全国之先。三星堆遗址、金沙遗址出土成批铜铃、成组小编钟、成组玉石璧，各种玉、石、铜环、瑗、璧，各种用于礼仪的戈、剑、矛，以及金面罩、人面具、兽面具等大批音乐文物，传递出人类早期祭祀仪式中举行乐舞活动的信息。

巴蜀音乐文物纵贯各个历史朝代，典型器物显示出鲜明的时代特征。三星堆、金沙遗址出土成组铜铃、成组玉石璧是研究我国周代以前出现的另一类"金石之乐"，是研究中国早期祭祀乐舞的活化石；成都嵌错宴乐武舞图铜壶，展示了盛行于春秋战国时代"钟磬之乐"的演出情况，以及中原礼乐在巴蜀的确立；汉代说唱俑，历来被作为我国说唱音乐的"鼻祖"，画像砖石上的乐舞、百戏图像，展示出两汉时期歌舞升平的景象；前蜀王建墓墓室内的二十四伎乐石刻，保存了隋唐宫廷乐舞的珍贵遗存；宋代"唱赚""弹三弦"等石刻图像，仅见于巴蜀，说明民间说唱艺术的兴起也发端于巴蜀；明清时期的孔庙祭礼乐器、藏传佛教乐器，成套保存下来；雕刻精湛的戏剧图像，一展中国川剧风采……巴蜀音乐文物几乎生动地演绎出中国音乐、舞蹈、曲艺、戏剧的发展历程。

巴蜀音乐文物留下了长江流域及各民族音乐文化传播和融合的历史遗迹。在四川出土的音乐文物中，有不少积淀着周边民族音乐文物的精华。巫山大溪文化遗址出土的陶响器与湖北京山屈家岭文化遗址出土的陶响器之间的延续，有力地说明了长江流域乐器的产生早在新石器时代已经出现，它们的数量超出同期黄河流域的"陶响铃"的数倍，制造工艺也更为复杂。聚散于我国川东、湘西、鄂西的古代巴人乐器"虎钮錞于"、扁钟、铜钲、铜铎，颇具特色，表达出巴人的骠悍风格。出土于盐源毛家坝的铜鼓，形制古朴，纹饰粗犷，是春秋时期的早期铜鼓，对于研究中国南方铜鼓文化的形成和传播有着重要价值。出土于会理黎溪的六件圆肩式编钟，与云南、广东出土的编钟同制同饰，对研究长江流域音乐向南方及沿海地区的传播也有重要意义。茂县羌族自治县牟托战国石棺墓中出土的甬钟、钮钟等，是研究岷江上游蜀人文化与中原文化交流的重要资料。川西出土汉代画像砖石上的鼓吹乐、健鼓舞图像，唐宋时期摩崖石刻上的佛经故事演乐图像等，留下了西域民族乐舞的珍迹。音乐文物传递的信息告诉我们，位于中国西部地区中枢地带的巴蜀，纵贯南北、横跨东西，在中国古代多民族文化艺术的融合中发挥了重要作用。

宗教、寺庙音乐文物十分丰富，也构成巴蜀音乐文物的一个显著特征。四川各地的摩崖石窟造像中，保存了自魏晋南北朝到宋元时期的说唱变文表演图像，展示的数十种乐器也是研究我国佛教音乐史的珍贵资料。藏传佛教乐器在甘孜、阿坝地区的寺庙中得以完整保存，多为明清时物，至今仍在使用。德阳孔庙现存一套明清时期祭孔乐器，在全国同类乐器遗存中也是比较完整的。四川省博物馆藏一件清代木制敔，是我国现存古代祭礼乐器中极为稀少的一种。

巴蜀地区有14个世居少数民族，按人口多少依次是彝、藏、苗、羌、回、土家、蒙古、傈僳、满、纳西、白、布依、傣、壮等族。其聚居、杂居区域辽阔，主要分布在四川盆地的四周，多集中聚居在川西高原、横断山脉和攀西大裂谷地带。这些民族在历史的长河中逐步形成了各自特有的民族民俗风情和多姿多彩的民族艺术，魅力独特的少数民族艺术至今依然吸引着人们。

彝族聚居于凉山州，尤其以州内的布拖、昭觉、美姑三县最为集中。彝族的瓦板式民居、男女瓦拉等披风服饰、英雄结和天菩萨的头饰、彝族的爨文、毕摩文化、天文、历法等，均是极有特色的民族风习。彝族每年一度的火把节是四川文化旅游的重要项目。

四川藏族主要分布在甘孜、阿坝两州和凉山州的木里县，属藏族的康巴和安多两个文化区。其文化特色是：康巴文化和嘉绒藏文化、格萨尔文化的故乡、德格印经院文化、藏碉民居文化。其他如锅庄舞和弦子舞、唐卡卷轴画、藏戏、藏医药都各具特色。居住在平武和九寨沟县的白马藏人有自己特殊的服饰和婚葬习俗，跳"十二相"是白马藏人每年最重要的习俗，是四川文化旅游的特殊旅游项目。

羌族是我国最古老的民族，现只在四川西北部保留了全国唯一的羌族聚居区。羌族具有独特的物质文化和民族风情，其中最具特色的是至今仍存的碉楼、栈道、溜索等建筑形式及白石崇拜的特殊习俗。其民族著名节日有羌历年、祭山会、牛王会；休闲娱乐活动有莎朗舞、爬天杆、射兽馍、挑表刺绣、云云鞋、喝咂酒等。

川南、川西南的苗族在衣食住行方面有自己的地区特色。手作艺术如蜡染、挑花、刺绣；特色饮食如糯米糍粑、油菜汤、荞面、泡酸菜；特色建筑如叉叉房、穿架房、吊脚楼、半边吊脚楼、风雨廊桥等；娱乐活动有接龙舞、花山舞。

川滇交界处的泸沽湖是纳西族摩梭人的聚居区，保留着古老的母系大家庭和走婚制习俗，被称为"人类母系社会的活化石"，是"至今生活在创世之梦中的世外桃源"。

四川艺术的积淀，引导着探索者从最远的时代开始，穿过时空的隧道，去寻觅、去感受、去欣赏历史留下的杰作，敲响艺术的大门，走进艺术殿堂。综观巴蜀音乐文物，仿佛来到一个乐苑，姹紫嫣红，奇葩盛开，芳香四溢。

（二）兼收并蓄的包融性特征

巴蜀具有悠久的历史文化，每一次大规模的多民族迁徙，都促进了巴蜀艺术的发展。民族迁徙所带来的文化变迁，不是单一的输入或者输出，而是巴蜀艺术与周边艺术的碰撞、交流和融合。每一次交流融合，都为巴蜀文化注入新的元素，几千年过去了，丰润的土壤长满了鲜花和果树，夹杂着朵朵"奇葩"，在中华民族百花苑中盛开。

在历史发展的长河中，多民族迁徙对巴蜀艺术多元化的形成产生了重要影响。先秦时期，巴蜀艺术的发展处在相对封闭和独立的发展阶段，以三星堆、金沙文化为代表的商周时期，巴蜀大型祭祀仪式达到巴蜀艺术发展史上的第一次高峰，这一时期巴蜀艺术的发展积淀着中国原始艺术向礼乐文明时期艺术发展的轨迹，揭示了古蜀艺术的多元化和复合型特征，这成为我们研究巴蜀艺术发展史的一个基点。

民族迁徙对巴蜀文化艺术积淀性特征形成的影响，在考古艺术中留下了踪迹。每当社会发生动荡，战争和灾难爆发之时，地域文化几乎都会面临毁灭的危险。地域文化中最精华的那一部分，却常常随着官宦、文人、学者移民外流而辗转流传直到落脚到远离战火的巴蜀地区并沉积下来。比如晚商至商周之际三星堆-金沙文化，战国"钟磬之乐"嵌错铜壶雕刻，汉代画像砖、石图像，三国文化遗迹，唐代古琴，前蜀王建墓二十四伎乐石刻，宋代杂剧、勾栏表演石刻，明清时期大量戏剧故事石刻以及建筑、书法、绘画等，每个历史时期的艺术精品，都积淀在巴蜀文化深厚的土壤中，几乎没有断层。

多民族移居巴蜀，带来各民族文化的精髓，使巴蜀地区成为多民族文化艺术并存和交流融合的天然"走廊"。古代巴蜀文化的形成，是以蜀族和巴族为主体的多民族文化并存的产物；古巴蜀文化的发展，主要受到中原文化、秦文化、楚文化的影响，秦并巴蜀之后，巴蜀地区成为西南地区文化艺术发展中心，也成为汉文化艺术与西南地区少数民族文化艺术的交流中心；汉代以后，随着少数民族移民迁居巴蜀，形成多民族文化艺术并存、百花争艳、姹紫嫣红的格局。悠久的巴蜀文化传统，在历史的进程中，不断受到不同时期民族迁徙的影响，直到明清时期大规模移民运动的发生。巴蜀文化艺术的变革、进步和发展，始终伴随着移民文化的进步和发展。

古代移民的频繁发生，造就了巴蜀多民族文化艺术并存的悠久历史。远古时期，迁徙是各民族生存的主要形式，外族对本土氏族的入侵以战争的胜负决定土地的得失，在新的地方定居下来的民族成为土著民族的主体。蜀王国和巴王国，就是在漫长的历史中经过无数次民族迁徙运动的撞击建立的国家，也形成了巴蜀文化艺术具有多民族文化并存的显著特征。

历史文献上记载的关于巴、蜀族源的神话传说，可以被看作是远古时期与巴蜀地区民族迁徙相关联的艺术形式。其中有许多神话和历史传说故事，如古蜀族关于蚕丛、柏灌、鱼凫、杜宇、开明王朝的传说；古巴族的"廪君种""三巴"之说等，都留下了考察、探索巴蜀起源以及族属关系的信息，也为后人留下了宝贵的历史记忆。

秦并巴蜀以前，巴蜀文化不属于华夏文化系统，但是在史料中却留下许多关于中原民族迁徙巴蜀的传说故事，比如《世本》："蜀无姓，相承云，黄帝后世子孙也"，《史记·五帝本纪》所记黄帝时代已与蜀联姻："黄帝居轩辕之丘，而取于西陵之女，是为嫘祖。嫘祖为黄帝正妃，生二子，其后皆有天下。其一曰玄嚣，是为青阳，青阳降居江水；其二曰昌意，降居若水。昌意取蜀山氏女，曰昌仆。"《史记》等记载"禹生石纽"，"兴于西羌"的传说；《华阳国志》《吕氏春秋》等记载"禹治水，命州巴、蜀"，"禹取于涂山"，"生子启"，三过家门而不入，女乃作歌"侯人兮，猗"，是为南音之始的传说；还有《山海经·大荒西经》记商汤灭夏桀，斩其卫士耕，"耕既立，无首，走厥咎，乃降于巫山"等中原民族迁徙巴蜀的传说。这些传说故事，反映出远古时期巴蜀文化与中原文化已有密切接触。

远古时期，巴蜀地区多民族文化融合，以地缘和血缘为纽带，其中以氐羌族系和越濮族系的影响最深，他们有着许多相同的传说故事。比如关于起源的神话故事中，彝族有汉、彝、藏三兄弟创世的传说；苗族有汉、彝、苗三兄弟创世神话，都以三兄弟创世为题材。英雄神话中，汉、藏、羌、苗、土家等民族，都流传着英雄射日的故事，只不过太阳的个数不尽相同，有六、九、十二日等说法。①

考古文化见证了秦并巴蜀以前，移民对巴蜀文化的影响主要受到中原文化、秦文化和楚文化的影响。20世纪以来，四川地区考古发现的大批墓葬和遗物提供了研究民族迁徙的实物资料。三星堆、金沙文化遗址的发现，揭示了晚商、商周之际已具有比较成熟的祭祀礼仪制度的古蜀国拥有高度发达的青铜文化，出土的大批陶器、玉器、青铜器、金器显示出古蜀国文化与汉水流域和长江中下游地区民族文化的异同，传递出中原文化、良渚文化、齐家文化等不同类型的考古文化与巴蜀文化的交流和传播信息。

春秋战国时期，巴蜀地区成为秦楚争夺的战略要地，战争中带来多民族文化的交流，在考古遗址和历史文献中都留下印记。其中巴蜀文化与中原文化、秦文化和荆楚文化的交流融合，成为这一历史阶段巴蜀移民文化变革的重要特征。

1980年，新都战国土坑木椁墓出土刻有楚姓"邵"铭文的铜鼎，鼎为楚器；另出土铜印一枚，纹饰为乐器铎（钟）等"巴蜀图语"；同时出土的，还有五件组合编钟一组。结合文献考证，这座墓葬的主人可能是开明九世至十一世中的一个蜀王。1982年蒲江战国土坑墓又出土一件文饰大体相同的铜印章，墓葬和其他器物也相同。这两座墓葬，揭示了战国中期楚国向蜀国移民所带来的文化交融和重构。

汉刘向《新序·杂事》记载："客有歌于郢中者，起始曰《下里》《巴人》，国中属而和者数千人；其为《阳陵》《采薇》，国中属而和者数十人而已；引商刻角，杂以流徵，不过数人；是其曲弥高者，其和弥寡。"梁萧统《文选》录《宋玉对楚王问》，记事略有差异。事发战国后期，秦破楚都郢前后，巴人讴歌传楚，则是巴蜀文化与楚文化双向互动、相互影响、水乳交融的

---

① 袁珂、周明：《中国神话资料萃编》，四川省社会科学院出版社1985年版。

生动纪实。

汉武帝开西南夷以后,西南少数民族文化接受和融入中原文化,得到快速发展,石棺葬和大石墓文化就是珍贵的历史见证,也成为巴蜀地区特有的考古学文化艺术类型。汉代《白狼夷歌》以文字的形式,留下了少数民族与汉族交往的记载。西域艺术开始传入巴蜀,是汉代以降巴蜀艺术出现的新特征,西域音乐舞蹈以及技艺精湛的综合性艺术表演,如杂技、魔术、幻术、漫衍鱼龙、角抵等百戏,多见于巴蜀出土的画像砖石刻图像。

两晋以降,僚人入蜀,对巴蜀艺术产生了重要影响。僚人入蜀,是四川历史上少数民族迁徙最大的一次移民,僚人原居贵州、云南等未开化之地,先后入蜀,遍布巴蜀各地,分布最密集的地方是晋之犍为、巴西二郡。僚人在巴蜀接受汉文化影响,大部分融入汉族,也有一部分与其他民族融合。如僚人入蜀带来了原族属民俗文化和艺术,并逐渐与汉族文化艺术融合,形成了具有浓郁民族特色的艺术,丰富了巴蜀艺术种类。"僚布"或"斑布"是一种织成花纹的细麻布,唐代曾经列为贡品。川南地区遗存许多"悬棺葬",是聚散在这一地区少数民族的一种特殊墓葬,泸州夷僚葬俗"夫亡妇不归家,葬之岩穴"①;叙南土僚葬俗"人死则以棺木盛之,置之于千仞颠岩之上,以先堕者为吉"②。僚人信奉"竹王",有祭祀竹王的传统,进入巴蜀之后,在各地建立竹王祠,成为巴蜀"竹文化"的一个特征,也是寺庙文化的一种形式。铜鼓文化是古代西南少数民族特有的文化,在"祭祀"或"诅盟"等重大仪式中,以铜鼓击乐,表达神圣的文化内涵,铜鼓本身被作为神物,铜鼓发出的声音可以与神、祖沟通,祈求福佑。巴蜀现藏上百件铜鼓,有各种类型,从汉代至清代器物都有,主要出土于泸州、宜宾、达川等僚人主要移居地区。宋《太平寰宇记》中比较详细地记载了邛、雅、泸、渝、达等地区流行的铜鼓文化,如渝州僚"唯坎铜鼓","群聚鼓之","以为音节";"邛、淮之夷僚……击鼓以祈祷";泸州"其夷僚……著斑布,击铜鼓,弄鞘刀"等。这些地区还常以铜鼓作地名,如"铜鼓山""铜鼓镇""铜鼓滩"等称谓。唐宋诗词、明清笔记小说中也有许多关于西南少数民族铜鼓文化的记载。这一地区现在还保留着带"清商音"的民歌,学术界一般认为这种比较特殊的调式结构,是濮僚等古

---

① (宋)乐史撰,王文楚等点校:《太平寰宇记》,中华书局2007年版,第1740页。
② (元)李京:《云南志略·诸夷风俗·说郛》卷三六,中图书店1986年版,涵芬楼雕板影印本。

代少数民族音乐的遗存。

唐、五代至宋元时期，汉族艺术与少数民族艺术的交流融合，更为频繁，南诏、西域艺术以及藏、彝等少数民族艺术，在巴蜀艺术中积淀下来。唐代，分布在川滇边境的南诏，屡屡与唐朝交战，频繁进入相邻的西南地区，文化不断交流。据《新唐书·南蛮传》记载，唐德宗贞元年间（785～805），剑南西川节度使韦皋在成都开办一所学校，吸收南诏等"群蛮"少数民族子弟入学，学成之后离开，学校不断招收学员，培训人数达千人。韦皋还派工匠到南诏教他们制造甲弩，向南诏等民族输入先进文化。《新唐书》记载，贞元年间，南诏遣使向剑南西川节度使韦皋"言欲献夷中歌曲，且令骠国进乐。皋乃作《南诏奉圣乐》"①，用音乐舞蹈表演大型人字舞蹈，排列成"南诏奉圣乐"几个大字。该舞队到长安后，德宗亲自观看其表演。《新唐书》还对该舞的表演形式、内容等作了详细记载。前蜀王建墓永陵"二十四伎乐石刻"，除汉族传统音乐"清商乐""燕乐"外，主要是各民族音乐构成，"管弦杂曲将数百曲，多用西凉乐；鼓舞曲多用龟兹乐，其曲度皆时俗所知也"②。"西凉乐"和"龟兹乐"都是来自西域的乐舞，其他还有来自高丽等民族的乐舞。当唐末至五代混乱时期，文化和艺术遭到破坏之时，隋唐时期宫廷乐舞在巴蜀沉淀下来，少数民族乐舞为巴蜀文化增添了光彩。"二十四伎乐石刻"上的乐器横笛、笙箫、琵琶、箜篌、贝、叶、拍板、铜钹、正鼓、和鼓、羯鼓、齐鼓、毛员鼓、答蜡鼓、鸡娄鼓的形状，多数为少数民族乐器，也有的可能属于阿拉伯系或印度系的外来乐器。"二十四伎乐石刻"的重要历史价值，再次证明巴蜀文化具有鲜明的积淀性和包容性特征，在历史重大转折时期，特别是在民族迁徙大潮中，经过筛选的文化艺术精髓（包括民族文化艺术），在巴蜀地区积淀并保存下来。

随着藏族宗教文化的发展，大约从公元5世纪开始，藏族说唱艺术在四川甘孜、阿坝地区开始流传。公元5世纪前，藏族曲种"格萨尔仲"已开始流行；公元7世纪前，"折嘎"从宗教仪式表演扩大到民间表演；"喇嘛嘛呢""嘛呢龚柯"等曲种也逐渐形成、流传于藏族地区，与巴蜀文化并存。在今四川西南地区，彝族文化不断发展壮大，逐渐成为四川少数民族文化中最有影响的一

---

① （宋）欧阳修，宋祁撰：《新唐书》，中华书局1975年版，第6308页。
② （后晋）刘昫等撰：《旧唐书·音乐志》，中华书局1975年版，第1068页。

支。其他各少数民族也在定居巴蜀之后，延续着本民族文化的发展并不断接受先进的汉文化影响。

元代，随着蒙古族军队攻入四川，一些蒙古人、色目人定居下来，他们的后裔，受到汉族生活习俗和语言文化的影响，逐渐成为名家学者。在川滇边境的泸沽湖畔盐源县的蒙古族后裔，至今还保存着家谱和元代传世法器羊皮鼓；在西昌、甘孜、阿坝等地，还保留着元代回族穆斯林建筑的清真寺。

明清时期，巴蜀地区少数民族艺术在与汉族艺术的交流中，不断互相借鉴，互相影响，繁荣发展。历史上少数民族迁徙定居巴蜀，带来了丰富多彩的各民族文化艺术，形成了巴蜀艺术融汉族艺术与少数民族艺术为一体的显著特点；而巴蜀地区也成为汉族艺术与西南少数民族艺术交流融合的枢纽地带。

综上所述，我们可以看出，巴蜀文化艺术的形成受到多民族迁徙的直接影响，形成了兼收并蓄的鲜明特征，以及多民族文化艺术并存、百花争艳、姹紫嫣红的多元化格局。此外，巴蜀艺术的特征，也进一步证明了民族迁徙在地域文化格局和艺术风格形成过程中的重要意义和历史价值。

（三）各具特色的多元性特征

当代学者研究巴蜀艺术多元性特征，有两种观点可具参考，一是从巴蜀艺术的总体特征归纳，如历史渊源深厚，艺术种类丰富，大家辈出，博采众长，诙谐幽默，妙趣横生等。二是根据自然生态环境和文化旅游特色区域，从区域特色分类归纳。将巴蜀艺术多元性特征，从分布上化为一个中心、六个特色区域。[①]

艺术的发生受到自然生态环境的影响，这种影响的变化比较缓慢。人类的成长又随着生产力的不断改进和经济社会发展的进步，不断更迭，造成新的人文环境，因此人文环境的改变对艺术的影响，相对来说更为直接，也比较显著。不同的种族、不同的民族、不同地域的同一民族，在不同历史时期，对艺术既有共识，也有不同，因此才会形成艺术的变幻莫测和令人神迷。巴蜀艺术的发生和发展，同样始终受到两种环境的共同影响并表现出多姿多彩的艺术风格。

巴蜀地区的生态环境大体可以分为六个自然生态区域，即：以成都为中

---

① 由谭继和先生提出，笔者归纳整理。

心的成都平原地区，它不仅是巴蜀文化的中心，也是西南文化的中心；巴蜀地区西部的高山高原地区，是藏族和羌族文化艺术的中心；巴蜀地区南部丘陵低中山地区以泸州和宜宾为代表的川南酒文化中心；巴蜀地区西南部中山峡谷地区，包括凉山彝族自治州和攀枝花市，是当代科技文化艺术以及彝族和其他少数民族文化艺术中心；巴蜀地区东丘陵地区，包括遂宁、南充、广安地区，素有"红色盆地"之称，历史上也是巴族和西南少数民族文化艺术传播区域；巴蜀地区北部和东北部低中山地区，包括绵阳、广元、巴中、达州等市，是早期巴蜀文化与中原文化交流的两个通道。

巴蜀艺术的特色区域，大体上与自然生态区域吻合，可划分为"一个中心，六大特色艺术区域"，这种布局体现出巴蜀艺术的主要特征，即以汉族艺术为核心、多民族艺术交流融合的多元化格局。

第一章 先秦时期的巴蜀艺术

概述

　　萨满的眼神中透露出对时间的藐视，多少个世纪，他那深邃的眼神透过青铜面具传递出萦绕着太阳神鸟的文明信息。青铜器皿的多姿多彩让我们想起古巴蜀的辉煌，但纵目人那苍茫的眼神却在诉说着文明的消亡。1978年中国从十年浩劫中恢复过来，四川的考古工作者们重回长期被搁置的挖掘行动中。三星堆几千年的沉寂被打破，两座商代祭祀坑的发现震惊了世界，经过多年的不懈努力，上千件古蜀国珍贵文物面世；金沙遗址的重现人间，触动着中华古文明的动脉。在人们心目中，古蜀国成了一个神秘的国度———一把通向古代艺术殿堂的钥匙。巴蜀远古的艺术在今天成了永恒，如织的游客们用相机记录着这永恒的瞬间，叩问着那穿越千年的文明。但创造这辉煌的两个民族：古蜀族、古巴族，已在两千多年前那纷争的战国时代中消亡、毁灭。我们只能沿着他们给我们留下的灿烂的艺术世界，进行一次时间之旅。

　　巴蜀艺术起源于石器时代。古老的人类与自然界进行了数万年艰苦的斗争，为了生存，他们集合群体的力量在漫长的岁月里运用才智不断地创造出各种工具；他们在饥饿的逼迫下，发现了可供季节性耕种的植物以及可长期饲养的动物；他们在寒冷的侵袭下，发现了可供纺织的材料。这些动植物所提供的食品远远比靠狩猎而获得的食物多得多，这种材料制成的衣物比披在身上的厚重兽皮要轻便得多。有一天，他们来到所能找到的最肥沃的土地，并决定定居下来。于是，食物供应大大超过了他们的需求，生产力的快速发展使人们有了更多闲暇时间，一些富于思考而又善于观察的人发现他们周围的环境是如此美丽、造物主的创造是如此神奇，他们产生了一种冲动———一种再现一切的冲动，于是，严格意义上的艺术产生了。打击石器的原料经过精心选择，制作的工具精巧细致，朦胧的审美意识出现在生产劳动中。陶器的生产和制作，锻炼了人类的审美认知，陶器制作过程中加入艺术元素，令今人难以置信的蛋壳彩陶拉开了巴蜀艺术发展的序幕。人们在制陶中逐渐发现了金属，于是在高温火候中冶炼出第一片青铜，璀璨的青铜文化带着人类走进了文明时代，巴蜀青铜文化的辉煌，建造起一座神秘的艺术殿堂。先秦时期巴蜀艺术的形成，经过石器艺术、陶器艺术和青铜艺术三个发展阶段，形成了具有鲜明地域特色的连续发展过程，在中国古代艺术发展史上占有重要地位。

中国古代文明是由各大区系多元整合、一体发展凝成的，以四川盆地为中心的巴蜀地区是中华文明的重要起源地和组成部分之一，是长江上游的古代文明中心，在中国文明的缔造上产生了积极而重要的作用。成都平原，在距今4000年至2500年时期，形成了以都邑、冶金业、宗教礼仪中心和文字符号等为标志的古蜀文明中心，"与中原平行发展"①。以三星堆、金沙艺术为代表的巴蜀青铜艺术，创造了先秦时期具有鲜明地域特色的土著巴蜀艺术发展的高峰，建立了一座东方原始宗教向文明时代礼乐文化转化的艺术殿堂，唱响中华礼乐文明的篇章。先秦时期，甘青地区的古氐羌文化、中原地区的华夏文化、长江中下游地区的楚文化，汇聚于此，造就了先秦时期巴蜀艺术的多元化和复合型特征。

第一节 史前艺术

史前艺术，是指史前时代即没有文字记载的历史时期的艺术。一般来说，这些作品大多创作于旧石器时代和新石器时代，即公元前4万年到1万年之间。史前艺术产生于文字发明之前的历史混沌之中，它以艺术形象记录了人类祖先的生活和情感，记载了远隔数万年时间长河的生命之光。史前艺术的发生，不仅以人类生存的物质条件为基础，还受到人类心智成长的深刻影响，从某种意义上说，史前艺术构成了原始人类的心灵史。当代世界艺术史学研究，一般将史前艺术的主要类型归纳为：手印、工具、建筑、造型艺术、文身、器物装饰、面具、音乐、舞蹈、诗歌、文字等。②史前艺术是人类生活与劳作的直接表现形式，既是实用艺术，又饱含审美意识，处于审美与非审美因素的混合状态，以"混生性"为显著特征。

---

① 林向：《巴蜀文化区导论》《殷虚卜辞中的"蜀"》，《巴蜀考古论集》，四川人民出版社2004年版。
② 朱狄：《艺术的起源》，武汉大学出版社2007年版，第1～2页。

一、巴蜀玉石艺术

石器工具的制造和熟练使用,对早期人类艺术心理的形成产生了重要影响。早在旧石器时代晚期,巴蜀地区已有人类生存,以打制石器精巧细腻为显著特征的富林文化,把我们带到寻找巴蜀艺术的源头。富林文化[①]1960年发现于今四川省汉源县富林镇,1972年发掘、出土的石制品四千五百多件,约有百余件为成型制品,其原料多为燧石,还有石英、水晶和石英砂岩等,这些便于打制加工。可以制造出锋利刃口的燧石,是人类在长期制造石器工具的生产实践中有意识选择的自然矿物,石英和水晶的色彩和光泽表现出人类最初审美意识的萌生。富林文化中细小石器制品平均长度约为2.6厘米,最长不过4厘米,有刮削器、尖状器和雕刻器,有的两侧刃对称,有的呈笛嘴形或角形,形制的变化虽然主要服从于生产的需要,但也包含着人类对造型的感知。人造制品中审美元素的出现,揭示了人类"按照美的规律"对自然物的改造,体现了艺术作为人类独创的本质。富林文化中精美细致的细小石器,成为远古时期巴蜀艺术中一种特殊的工具类型,也使富林文化成为中国西南地区考古文化的一种类型。

玉,石之美者。玉石从大量石料中分离出来,伴随着人类寻找石料、打制石器和雕刻技术的成熟,旧石器时代晚期的富林文化小石器的制造,选材已多用"石之美者"。巫山大溪文化是我国长江流域玉文化发源地之一,已有用玉石制作的装饰品,还出现了雕刻精美的"巫玉神面像"[②],我国著名玉器专家杨伯达考证:"早期玉璧见于四川巫山大溪文化,实已奠定下玉璧的原型,即圆曲系玉器造型的原始形式——祖型。"[③]

巴蜀地区有着丰富的玉石原料,其中不乏可以发出优美乐音的"磬石"和"璧玉"。《山海经·五藏山经》中有六条关于"磬石""鸣石"和"磬

---

① 富林文化:参见《中国大百科全书·考古卷》,中国大百科全书出版社1986年版,第133、700页。
② 四川省博物馆:《巫山大溪遗址第三次发掘》,《考古学报》1981年第4期。
③ 杨伯达:《历史悠久而又永葆生机的中国玉文化》《史前玉璧名实辩——兼论良渚文化玉璧是古代玉璧的祖型》,《巫玉之光——中国史前玉文化论考》,上海古籍出版社2005年版,第8、138页。

音"的记载，主要出自古巴蜀地域。①如《西山经》载："小华之山，其阴多磬石。"据《尚书·禹贡》所记："九州之梁州，东起华山之首，西极黑水之滨。"又"锡贡磬错，浮于洛，达于河，华阳黑水唯梁州"。梁州，古巴蜀地望。《西山经》又有"高山多鸣石""共水出焉，西南流于洛，其中多鸣石"等记载。据考，高山当为今四川之蒙山，洛水即今石亭江，源于茂汶中心山，东南流经什邡、绵竹两县，由东南入广汉县界。《华阳国志·蜀志》载："德阳县有青石祠。"刘琳校注引《寰宇记》卷八六说明青石祠在青石山，又引《九州要记》云"此山，天下青石无佳于此，可为钟磬"。据《蜀中名胜记》等古文献记载，青衣祠为纪念古蜀先祖青衣神所建。如《蜀中名胜记》卷二引《方舆胜览》："蜀王蚕丛氏祠，今呼为青衣神，在圣寿寺"；又"青衣神即蚕丛氏。按传，蚕丛氏初为蜀侯，后称蜀王，尝服青衣巡行郊野，教民蚕事。乡人感其德，因为立祠祀之，祠庙遍于西土，罔不灵验。俗既呼之青衣神。青神县亦以此得名。"由是可知，古蜀有青石产地，青石与"磬石""鸣石"相同，都是天然的乐石材料。

《尚书·禹贡》记梁州产"璆"，上贡禹都："厥贡璆、铁、银、镂、磬"。"璆"玉，是我国史前五大美玉资源之一，与其他玉料不同，为黑色沉积岩，对着阳光可见如烟色纹理。明人曹昭《格古要论》云："黑玉其色黑如漆，又谓墨玉，价低，西蜀亦有之。"同时代人高濂则言："墨玉如漆者佳，西蜀有石类之。"广汉三星堆出土的巨型黑色沉积岩料，表面有整齐的大面积切割痕迹，留下了古蜀人加工玉石的开料痕迹，出土成组玉石璧中，有如墨玉色泽的套钻璧与璧芯完好保存。

《华阳国志·蜀志》有："其宝则有璧玉、金、银、珠、碧……"《续汉书·地理志》蜀郡绵虒道下引刘昭注引《华阳国志》曰："玉垒山，出璧玉，湔水（今白沙河——引者注）所出。"（此文今佚）"璧玉"之称出自古蜀，与文献中直称"玉"之矿物当有所区别，可制成璧的玉料，是一种天然的乐石，成型后可调整音高，故称"璧玉"。三星堆、金沙遗址出土成组玉石璧，质地多为蛇纹石（含方解石晶体），有少量透闪石，多呈绿色，因常年浸泡在水中，韧性较强，便于加工，成型后具有良好音乐性能，说明"璧玉"专指可以制璧之玉。

---

① 幸晓峰：《广汉石磬和古蜀磬乐》，《四川文物》1992年第2期。

人类对天然乐石的认知，标志着人类创造和发明乐器的物质条件已经成熟，原始乐器被制作出来，音乐从附属于生产劳动中独立出来，原始音乐的发展，跨上一个新的阶段。巴蜀地区的矿物资源"磬石"和"璧玉"为古蜀国的乐器制造提供了物质条件，在以后的岁月里，古蜀国吸收外来音乐的影响，制造出成组玉石璧和石磬，奏响了维系国家统治、建立社会和谐的乐章。

二、巴蜀古陶器艺术

陶器的出现，促进了人类艺术创造和艺术实践的快速发展，陶器艺术成为史前造型艺术中数量最多且创造力、表现力最强的艺术形式。陶器艺术的创造是人类第一次全面使用人造材料的发明，凝结着人类艺术创造的智慧，直接导致以后陆续出现的青铜艺术、陶瓷艺术乃至玻璃、水晶艺术的产生。用黏土烧制成陶器，不仅改变了自然物的形态，也改变了它们的本质。当黏土在800℃的高温下烧成时，黏土中发生一系列复杂的化学变化，不仅使人们掌握了黏土的耐火性和烧结性，而且发现和利用了黏土的可塑性，制造出各种形式优美、具有抗氧性能、不易腐蚀的各种器皿。黏土烧成时，有机物的变化产生了各种自然色彩，使人类对色彩的美感有了更加全面的感受和认知。正是这些优秀的品质，使陶器艺术成为原始人类倾注自然美、实用美，表达激情与情感的美的创造，也为后世的人们寻找数千年之前的原始艺术，留下了最珍贵的实物。人类对水、火、泥土的征服，也标志着人类"按照美的规律"改造自然获得成功，"人化的自然"充分显示出艺术可以成为产生和揭示真理的动力。正如我国著名历史学家郭沫若先生赋词《西江月》所表达的那样："土是有生之母，陶为人所化装，陶人与土配成双，天地阴阳酝酿。水、火、土、金协调，宫、商、角、徵交响，汇成陶海叹汪洋，真是森罗万象。"①人类视觉艺术的发展，因陶器艺术的发明而跨上一段全新路程。

（一）巴蜀古陶器：品种丰富、制作精美、特色鲜明

距今约七千年至四千年的新石器时代晚期，巴蜀大地上的先民进入农耕文明社会，以生产农作物为主要生产方式，已有家禽家畜的饲养，村舍定居生活为陶器的生产和发展打下物质基础。巴蜀陶器分布广泛，东西南北皆现，到目前为止，已知出土陶器的新石器时代遗址近两百处，其中比较重要的如大溪文

---

① 转引自梁白泉主编：《国宝大观·陶器概述》，上海文化出版社1990年版。

化[①]、宝墩文化[②]、新繁水观音、茂县营盘山、丹巴中路乡罕额依、汶川姜维城、西昌礼州、冕宁三分屯等遗址都出土了大量陶器制品，展现了新石器时代巴蜀陶器艺术的辉煌成果。

巴蜀古陶器的陶质和陶色，种类较多，根据选用质料的不同，陶质分为泥质陶和夹砂陶，泥质陶选用颗粒较细的易熔黏土制作，陶质细腻；而夹砂陶在制作中加入大量粗颗粒石英砂或云母类矿物，陶质较粗。根据色彩的区别，有红陶、灰陶、褐陶、白陶、黑陶、彩陶之分。如大溪文化陶器以细泥红陶为主，多数涂有红衣，有些因扣烧而外表呈红色，烧制色彩均匀自然，还有少量白陶和彩陶；宝墩文化陶器有夹砂灰陶、褐陶和外褐内灰陶，泥质陶有灰白、灰黄、褐、灰等，还有一定数量的黑衣陶。不同的陶质和陶色，反映了巴蜀先民和对古陶器色泽的感知及利用和居住地理环境的多样性。

（二）巴蜀古陶器造型丰富

新石器时代陶器造型主要为实用而设计，生活用具类型最多。巴蜀古陶器既有生活实用性，也兼具审美性装饰。大溪文化陶器有釜、罐、壶、盆、钵、豆、簋、盘、碗等生活用具，具有装饰特征的筒形瓶、曲腹杯以及带器座和器盖的器皿，代表着较高的制造工艺技术水平，也显示出造型艺术审美观的成熟。宝墩文化陶器造型多宽沿、大翻口风格，绳纹花边罐、敞口或盘口圆足尊、喇叭口高领罐和壶、宽沿平底尊、宽沿盆等是贯穿这一文化始终的典型器物群。少量深腹罐、曲沿罐、矮领圆肩罐、窄沿盆、敛口瓮、浅盘豆、花瓶状筒形器等器物，分别出现在该文化发展不同阶段，反映出巴蜀古陶艺术创造的地域特征发展创新。

不同地区出土陶器造型虽然都以生活器皿为主，种类变化不大，但典型器物造型又各自不同，成为区别于其他文化的重要标志。从宝墩文化陶器到三星堆文化陶器，形成了具有巴蜀文化独特风格的典型陶器群，如小平顶罐或钵、高柄或圆足豆、带足或管足封顶盉、鸟兽长器把、高颈壶、瓶形杯、平底盆、

[①] 《中国大百科全书·考古卷》，中国大百科全书出版社1986年版，第83~86页。
[②] 成都文物考古工作队等：《四川新津宝墩遗址的调查与试掘》，《考古》1997年第1期；中日考古联合调查队：《四川新津宝墩遗址1996年发掘简报》，《考古》1998年第1期；江章华等：《成都平原先秦文化初论》，《成都考古研究（一·上）》，科学出版社2009年版。

尖底盏等，形成了巴蜀陶器不同于其他考古文化的标志。① 不同考古遗址出土陶器又有各自特点，如新繁水观音遗址出土陶器品种较丰富，有夹砂灰陶、夹粗砂红陶（多系橙黄色）、细泥灰陶、红泥红陶、黑皮陶等，灰陶为主，红陶次之，黑陶较少。器形有各种罐、杯、瓶、壶、钵等，灰粗砂红陶扁壶、红泥红陶尖底杯、黑皮陶罐等，都是具有特色的典型器物。纹饰以弦纹、绳纹较多，方格纹次之，还有少量镂空、几何印纹、划纹。器形以尖底器最多，圈足、圈底、平底器较少。同一文化不同时期陶器的造型，还可以反映出社会文化的变迁。如丹巴县中路乡罕额依遗址共三期12层。第一期，距今5000～4500年之间，出土陶器有瓶、罐、钵等，其中陶瓶数量甚多，多为夹砂红褐陶，喇叭状敞口、高颈、深腹，一般高约30厘米以上。第二期，距今4500～4100年之间，器类有各种罐类、瓶、壶、钵、杯及纺轮等。第三期距今3800～2000年之间，所出土陶器的器类有双大耳罐等各种罐类及瓶、钵、纺轮等。罕额依遗址出土陶器，呈现出一种迥异于周边地区同时期古代文化遗址的崭新文化面貌，从距今5000～2000年之间的3000年内，既有先后承继的关系，又存在发展和变化，初步展示了大渡河上游地区新石器时代晚期的古代文化面貌。②

（三）巴蜀古陶器的成型技术

从许多遗址出土陶器的加工技术看，巴蜀古陶器已从手工制陶为主，兼用轮制法。手工制陶主要有泥片贴筑和泥条盘筑两种方法，泥片贴筑法比较简单的是直接用手捏成器型，一般小型陶器常直接捏塑制成。较大型器物制作时采用模制，将黏湿的泥团捏成片，在一个模型外部一块块敷贴整合而成。这种最原始的成型方法在巴蜀古陶器制作中虽然存在，但使用较少，这主要是由于巴蜀古陶制作较中原地区发展滞后，先进的泥条盘筑法已传入巴蜀地区，并被广泛推广使用。泥条盘筑法是将泥料揉搓成条，从下往上一圈一圈叠上去，内外抹平成型，再用陶垫、陶拍和掏抹等工具抵压、拍打完成。轮制法大约产生在大汶口文化晚期，将泥料放在轮盘上，用力旋转轮盘，利用快速旋转的惯性提拉陶泥成型，也可利用慢轮旋转修复器表。宝墩文化时期巴蜀古陶器制作以泥条盘筑法为主，已使用慢轮修整，器型比较规整，厚薄也比较均匀，陶器的圆

---

① 参见林向：《蜀与夏——从考古新发现看蜀与夏的关系》，《巴蜀考古论集》，四川人民出版社2004年版，第97页。
② 《丹巴县罕额依遗址发掘简报》，《四川考古报告集》，文物出版社1998年版。

足和器底均为两次粘接，夹砂陶器的器底多为外接，陶器腹部多见附加泥条戳印纹，整体器物纹饰的层次感明晰，说明巴蜀古陶器制造技术在不断进步。

（四）巴蜀古陶器纹饰繁多

纹饰的出现，直接表现出人类对器物艺术观赏价值的审美需求增强。巴蜀古陶器的装饰，既有表面磨光呈陶土自然色彩品种，也有通过施加陶衣呈现出不同色彩的品种。装饰技法既有刻划，也有拍印：刻划是用工具在陶坯上划出成堆的相同纹饰，拍印是用刻有印纹的陶拍在陶坯上拍打留下印痕。巴蜀古陶器上的纹饰以绳纹最多，戳印纹次之，还有弦纹、水波纹、方格纹、篦点纹、附加堆纹以及各种几何纹饰。不同地区陶器的装饰纹饰又各具特色，如大溪文化红陶盛行圆形、长方形、新月形等戳印纹，一般成组印在圆足部位。大溪文化陶器装饰艺术，以白陶和彩陶最为突出。在白陶圆足盘上，通体饰有酷似浅浮雕似的印纹，图案复杂精美，成为巴蜀古陶艺术的地域特色。宝墩文化多在陶器口沿上拍印绳纹，水波纹多见于领部，戳印纹主要是坑点或长条形，多见于肩部和腹部。巴蜀古陶装饰艺术已达到较高水平，出现了镂空技法和几何印纹。镂空技法的出现，直接对巴蜀青铜艺术产生了重要影响。

（五）巴蜀彩陶艺术独树一帜

中国彩陶艺术是陶石艺术中最具特色的艺术形式，盛行于新石器时代中期。大溪文化彩陶是中国长江流域中游特有的彩陶艺术，主要分布在长江中游两岸、江汉平原和洞庭湖地区。大溪文化彩陶以红陶为地绘黑彩，或以黑陶为地绘红彩，对比强烈，纹饰清晰，多见绳索纹、平行线纹、人字纹、波浪纹、谷穗纹、变形回纹等，排列整齐，层次分明。如彩陶筒形瓶，呈亚腰形，上下绘两组对称宽带绳索纹，正中一组斜尖角纹排列，极具美感。大溪薄胎细泥彩陶，以单耳杯和圆足碗为典型器物，胎厚仅1.0～1.5毫米，以橙黄色为地，绘有棕红色多种纹饰，精美别致，自成风格，素有"蛋壳彩陶"之美誉，与山东等地出土龙山文化"蛋壳黑陶"一南一北，代表了中国制陶技术的最高成就。

川西地区是巴蜀彩陶最为集中的地区，分布在岷江上游和大渡河中上游地区。早在20世纪20年代至30年代，法国地质学家叶长青牧师、华西大学林铭钧教授等人已在汶川县威州镇发现彩陶。这之后，特别是21世纪以来，在川西地区发掘出土彩陶数量增多，其中岷江上游地区的茂县波西遗址、营盘山遗址、汶川县姜维城等遗址，大渡河上游地区的罕额依遗址、白赊遗址、哈休等遗址,大渡河中游地区狮子山遗址,都曾发掘出土彩陶①。黄河支流黑河流域若尔盖县城附近也采集到彩陶。川西彩陶多呈红褐色、灰褐色,有少量黄褐色,均以黑彩绘纹,营盘山遗址出土少量彩绘陶。彩绘陶是彩陶的一种类型,与彩陶的区别在于:彩陶是用色彩绘制图案后再烧成型,色彩不易脱落;而彩绘陶的纹饰是陶器成型后再绘制图案,纹饰容易脱落。

(六)巴蜀彩陶纹饰繁多,题材丰富

纹饰多为几何形图案,环器物一周,分层次绘刻,主要有三角纹、弧线纹、圆圈纹、圆点纹、水波纹、垂帐纹、花卉纹等,以及复合形几何纹饰。以动物为母体的象生形图案较少,主要是变形鸟纹或鸟目纹,不见黄河上游甘青地区常见的鱼纹、蛙纹和人形纹。但营盘山彩陶出现独具巴蜀地域特征的两种纹饰,尤为引人注目。一种是彩陶罐领部绘制的一圈纹饰,像手心印,两两成双,圈在椭圆内;另一种酷似人形,上部为头,有颈,下部绘成身体和两只臂膀。从营盘山遗址出土陶器,特别是彩陶特征分析,以营盘山遗址为代表的岷江上游新石器时代文化遗存,是一种新发现的以具有自身特色的本土文化因素为主体成分,同时吸收了多种外来文化因素的地方文化类型。营盘山遗址于2000年开始发掘②,有学者对川西彩陶做了类型分组和纹饰比较③,研究表明川西彩陶的形成,主要受到黄河上游地区仰韶文化晚期彩陶和马家窑文化彩陶南传的影响。岷江上游茂县波西、营盘山遗址彩陶与仰韶文化彩陶有相似特征,还发现个别前仰韶文化风格彩陶,说明岷江上游彩陶艺术的形成主要受到仰韶文化黄河上游地区彩陶南传的影响。河湟地区马家窑彩陶对大渡河上游、中游地区彩陶艺术形成产生的影响更为显著。地处大渡河中游的汉源狮子山遗址为迄今巴蜀彩陶出土的最西南点④,有学者认为黄河上游彩陶沿横断山脉南传,虽然彩陶图案结构依然保留着彩陶的样式,但彩陶风格已失去绚丽的色彩,陶器上的装饰技术变为以刻划压印为主,许多纹饰表现出这一地区特有的"衬花"形

---

① 林铭钧:《威州彩陶发现记》,《说文月刊·巴蜀专号》1944年第四卷;郑德坤:《四川石器时代文化》,四川省文物管理委员会编印、秦学圣译:《四川石器时代译文资料》,1983年。
② 《四川茂县营盘山遗址试掘报告》,《成都考古发现2000》,科学出版社2002年版。
③ 陈剑:《川西彩陶的发现与初步研究》,《古代文明》第五卷,文物出版社2006年版。
④ 《汉源狮子山新石器时代遗址》,《中国考古学年鉴(1991年)》,文物出版社1992年版。

式①。巴蜀腹心地区如成都平原及其北缘地带，至今未发现彩陶，说明彩陶文化的影响可能是由川西山地南下进入横断山区。

从整体上看，新石器时代巴蜀陶器艺术，真实地反映了巴蜀地区早期农耕文明和定居生活带给人们的审美需求和对艺术创造的追求，巴蜀古陶器无论造型还是纹饰，都保留着中国早期陶器艺术稚拙淳朴的风格。中原地区的陶器艺术和黄河上游地区彩陶艺术对巴蜀陶器艺术的形成产生了重要影响。长江中游地区的大溪文化陶器艺术，由屈家岭文化直接继承并传播。

三、神话传说与原始乐舞

神话是原始艺术中的一种形式，它的形成经历了从口头艺术到文字记载的漫长历史。它的基本特性是通过想象或幻想的方式，解释和说明人类所观察、经历的自然界和社会现象，反映出远古人类认识自然、依附自然或征服自然的愿望。正如马克思所言："任何神话都是用想象和借助想象以征服自然力、支配自然力，把自然力加以形象化；因而，随着这些自然力之实际上被支配，神话也就消失了。"②神话和传说有着紧密联系，但同时又有明显区别。神话的产生早于传说，神话是传说的故事原型，传说是神话的社会历史化。神话具有明显的非理性的神异色彩，而传说则含有人间的行为准则。比如关于古蜀三王的传说，以神话的方式流传的母本是："蜀王之先名蚕丛，后代名曰伯濩，后者名曰鱼凫。三代各数百岁，皆神化不死。"随着神话的流传，增添了新的内容，如《传仙拾遗》记载："蚕丛氏自立王蜀，教人桑蚕，作金蚕数千头。每岁之首出金头蚕，以给民一蚕……巡境内，所止之处，民则成市。蜀人因其遗事，年年春置蚕市也。"这将神话与古蜀先民的社会发展和生活紧密联系了起来，不仅丰富了蜀先王的故事，也融入了文明时代的社会观念。因此，后来的故事就逐渐演变成传说而不再是神话了。每一个民族都有不同的神话传说，神话与传说往往交织并存，这是神话流传过程中必然会产生的现象。神话传说是一种集体创作，随着社会的发展不断丰富、变化，最终约定俗成，在一个民族中长期保存下来。

---

① 王仁湘：《黄河上游彩陶南传之路探索》，《中国社会科学院古代文明研究中心通讯》总第8期（2004年）。
② 马克思：《〈政治经济学批判〉导言》，《马克思恩格斯选集》第2卷，人民出版社1995年版，第113页。

19世纪以来，神话成为一门独立的学科，在西方形成了十种神话学派理论。①以19世纪世界著名人类学家、人称"人类学之父"的英国学者爱德华·B.泰勒为代表，创立了人类学的神话理论。他在《原始文化》一书中，提出了神话起源于最古时代人类的野蛮状态中，神话幻想的基础是建立在经验上的，神话学提供了想象规律的一种证明。神话产生于原始人类的特殊信仰和习惯，如万物有灵论、巫术论、灵魂观念、神鬼观念、不死的妄想、梦境与现实混淆等。原始人分不清什么是人类的、什么是自然的，所有的自然物都被他们赋予生命和人的特征。借助神话，我们有可能了解原始人类按照一种复杂的神话体系进行的分类或合并，有可能获得对过去人类智力发展历史继承性的认识。爱德华·B.泰勒在他的另一部名著《人类学——人及其文化研究》一书中，以一章的篇幅论述了历史和神话的关系。他认为，神话作为原始文化和人类早期文化研究的一类专门艺术，是由于研究者们认识到最古老的民族已经淹没，不为古代的民族所知道了，依靠历史研究人类最早时期，已失去它的价值。而借助古代文献和语言中记载的人类最早的历史，可以获得更多的证据。民族的历史由祖先留下来的传说组成，记忆往往真的能够十分长久地保留历史知识。当那些最早把口头传说记录下来、特别是用诗歌的形式记录时，传说获得更大的稳定性。这就使我们今人可以借助于这些能够见到的历史传说，去考察那久远的人类——我们的先祖。

巴蜀神话传说十分丰富，但大都未能完整保留下来，存留下来的片段散见于古籍中。巴蜀神话传说的主要内容多与国家兴亡有关，从蚕丛建国到开明继位再到秦灭巴蜀，紧紧把握着族属或国家的兴衰。如蚕丛教民养蚕，使蚕市兴，民愿所向，因此蜀兴；杜宇教民务农，自立蜀王，时遇洪水，鳖灵不辞辛劳，整治水患，使民安生，终究即位；秦惠王伐蜀，蜀王因贪财好色，与虎谋皮，引狼入室，最终导致了蜀国的彻底灭亡等。神话传说虽不是信史，但却传递出历史的信息，蕴藏着时代的观念。

巴蜀神话传说处在神话学所谓的"英雄时代"，熔铸着浓烈的情感，塑造了鲜明的形象，表现出丰富的想象力。巴蜀先民把对英雄人物的热爱，通过奇异的想象进行虚幻的加工夸饰，形象鲜明地体现在神话传说之中。强烈的情感、生动的形象、夸张的想象，构成了巴蜀神话传说的浪漫主义风格。正因如

---

① 朱狄：《原始文化研究》，生活·读书·新知三联书店1988年版，第649~716页。

此,巴蜀神话传说为巴蜀艺术的长期、延续性发展,提供了取之不尽的素材,成为具有鲜明特征的巴蜀艺术的奠基石。

(一)巴蜀神话传说中的原始乐舞

20世纪初,以英国学者简·埃伦·哈里森为代表,创立了宗教祭礼的神话理论,她认为神话起源于祭礼仪式,神话是一种与祭礼活动举行相关的陈述。原始祭礼本质上是传达生活在一个社会群体中的人们的感情,表达他们认为最重要的事情。所有的神话起源都与祭礼有关,或者有着密切的联系。当代西方美学家V.G.霍普伍德进一步指出,人化自然最核心的实践活动是祭礼的舞蹈,而支配着这种舞蹈的不仅是诗的节奏和韵律、音乐的节拍和曲调,而且还是能把原始人的注意力浓缩在一种群体性质的幻想上的神话。西方研究希腊悲剧的学者乔治·汤姆森同样认为,诗和舞蹈是模仿祭礼产生的,诗从舞蹈中分离出来,神话也是从祭礼中分离出来的。这一理论,对我们研究巴蜀神话传说中的原始乐舞具有重要的指导意义。

巴蜀神话传说中记载了许多关于音乐起源的故事和原始乐舞的形式,反映出巴蜀先民在农耕文明时期所处的自然环境、生产生活、社会形态、宗教信仰、精神文化以及艺术创作心理的发展和成熟。以乐舞为主体的祭礼仪式,一直存在于巴蜀先民社会,到晚商至商周之际的广汉三星堆和成都金沙遗址时期达到巅峰。随着中原文化和古楚文化的浸入,原始祭礼乐舞逐渐衰退,西周礼乐仪式在巴蜀扎根。

南方音乐的创始人——颛顼、老童、长琴。古代文献中记载了许多音乐起源的故事,南方音乐的创始人以颛顼、老童、长琴一脉相传,反映出巴蜀音乐的源远流长。《吕氏春秋·古乐》篇将音乐的创始追溯到颛顼帝:"帝颛顼生自若水,实处空桑,乃登为帝,惟天之合,正风乃行,其音若熙熙凄凄锵锵。帝颛顼好其音,乃令飞龙作(乐),效八风之音,命之曰承云,以祭上帝。乃令鱓先为乐倡,鱓乃偃寝,以其尾鼓其腹,其音英英。"《世本·作篇》:"颛顼命飞龙氏铸洪钟,声振而远。"颛顼作乐,效仿自然之音;鱓作鼓乐,以尾击腹的记载,虽然出自神话,但实际上已反映出人类对音乐的感知受到自然现象的影响。对鼓音"英英"的象声描写,对铸钟声振而远的表述,透露出人类对音乐声学知识的初浅认识。

《山海经》则通过生动的传说故事,描绘了人类对音乐的感知源于天赋,代代遗传。《大荒西经》载:"颛顼生老童,老童生祝融,祝融生太子长琴,是处榣山，始作乐风。"郭璞云："创制乐风曲也。"郝懿行引："西次三经骓山云：'老童发音常如钟磬'，故知长琴解作乐风，其道亦有所受也。"颛顼的儿子老童，音如钟磬，而老童的孙子长琴，继承先祖的音乐天赋，始作乐风，他们的子孙后代兴农耕、治水利、作百工、创乐舞。蒙文通先生考证，《五藏山经》详记岷江中上游，以巴蜀为天下之中①，说明巴蜀地区是长江流域原始音乐艺术的发源地之一，表现出南方文化系统追溯音乐的起源，以人类天赋的遗传和心智的成长为前提，已经朦胧地认识到艺术起源的本体特征，即天赋和对某种艺术形式独特而强烈的内心感受能力。

颛顼作乐的传说，在后世小说杂记中又与傩舞联系在一起。《搜神记》卷一六载："昔颛顼氏有三子，死而为疫鬼：一居江水，为虐鬼；一居若水，为魍魉鬼；一居人宫室，善惊人小儿，为小鬼。於是正岁，命方相氏帅肆傩以驱疫鬼。"又东汉蔡邕《独断》载："颛顼有三子，生而亡去，为疫鬼。其一者居江水，是为瘟鬼；其一者居若水，是为魍魉；其一者居人宫室枢隅处，善惊小儿。於是命方相氏黄金四目，蒙以熊皮，玄衣朱裳，执戈扬楯，常以岁竟十二月，从百隶及童儿而时傩，以索宫中驱疫鬼也。"②傩舞，是一种面具舞，巫师舞蹈时头戴狰狞面具，口吟咒语，有时手上还持鼓、铃，边跳边舞边唱，保留了原始乐舞特点。巴蜀地区流行傩舞，主要在藏族、羌族等少数民族地区。傩戏亦由傩舞发展而成，极具地域特色。

（二）农耕文明的象征——鸾鸟自歌、凤鸟自舞

中华文明起源萌芽于深厚的农耕文化土壤，具有多元化和延续性特点。成都平原是我国早期农耕文明的发源地区之一，早在远古时期"都广"已经成为成都平原的沃野，孕育了农耕文明的艺术之花。《山海经·海内经》中描述了一幅"都广之野"农业文明的繁荣景象："西南黑水之间，有都广之野，后稷葬焉。爰有膏菽、膏稻、膏黍、膏稷，百谷自生，冬夏播琴。鸾鸟自歌，凤鸟自舞，灵寿实华，草木所聚。爰有百兽，相群爰处。此草也，冬夏不死。"《山海经·海内西经》《山海经·大荒西经》中，也有相同记载。《山海经》中的这段记载，是对巴蜀早期农耕文明发展状况的生动描绘，也是对早期农耕

---

① 蒙文通：《略论〈山海经〉的写作时代及其产生地域》，《巴蜀古史论述》，四川人民出版社1981年版，第157~170页。
② 袁珂、周明编：《中国神话资料萃编》，四川省社会科学院出版社1985年版，第131页。

文明条件下原始艺术鲜明特征的高度概括。

关于"都广"所在，据袁珂《山海经校注》①，引郭璞云："在广都之野"；又引王念孙考《后汉书》《御览》《类聚》所云，"珂案，据此，则古有二本，或作都广，或作广都，其实一也"。又引《杨慎山海经补注》云："黑水广都，今之成都也。"引《华阳国志·蜀志》云："广都县，郡西三十里，元朔二年置。"曹学佺《蜀中名胜记》谓："在今成都附近双流县境。"今"学者多认为'都广'即'广都'（今双流县），也就是杜宇的别都瞿上"②。不论"都广"指蜀故都之"成都"或是"广都"，"都广之野"都是对巴蜀早期艺术形成的自然环境和人文生态的确定，从而使这一时期的艺术扎根于农业繁荣的基础之上，也使巴蜀艺术起源于农业文明及其鲜明的农耕文明特征得到确认。

艺术的起源和发展，同时受到自然环境和社会文化的双重影响，特定的艺术品类和风格又以生动的形象描绘出特定自然环境下社会文化生活的发展状态。《山海经》对"都广之野"的描述，显然是一幅农耕文明的生动景象。在这幅图画中，有描写自然生态的丰硕果实"膏菽（豆类农作物总称）、膏稻（稻子，谷类农作物一种）、膏黍（黄米，谷类农作物一种）、膏稷（百谷之长，农作物的一种）"，也有表述"百谷自生""草木所聚"的早期农业生产发生的自然环境，还有描绘人与动物和谐相处"爰有百兽，相群爰处"的景象。正是这些对自然景物和环境的描写，使后人对生活在农业文明社会中的先民们有了比较直观的感受和认知。

这段"都广之野"的描绘，还以"冬夏播琴""鸾鸟自歌，凤鸟自舞"的生动形象，传递出早期农业社会文化的强烈信息，即对农神先祖后稷的祭祀礼仪，以及人类化装成鸾鸟歌唱、凤鸟起舞、百兽相聚的化装仪式乐舞。特别应当注意的是，鸾鸟和凤鸟，总是以歌唱与舞蹈的形态出现，总是歌颂农业文明的繁荣景象。除《山海经·海内经》描绘"都广之野"外，《山海经·大荒西经》中描写的"西有王母之山"的"有沃之国"，也充满着歌舞欢腾的气氛。文曰："鸾凤自歌，凤鸟自舞，爰有百兽，相群是处，是谓沃之野。"《山海经·大荒西经》对"乐风"起源的记载追溯到神话中的老童一脉，所处之榣

---

① 袁珂：《山海经校注》，上海古籍出版社1980年版（下引版本同此），第445页。
② 蒙默等：《四川古代史稿》，四川人民出版社1988年版，第22页。

山，亦有鸾凤之鸟。文在"始作乐风"之后，云："有五采鸟三名，一曰皇鸟，一曰鸾鸟，一曰凤鸟。"珂案："经内五采鸟凡数见，均凤凰、鸾鸟之属也。"① 可见鸟鸣之音与人类音乐的起源有着最密切的联系，在我国远古时代已为先祖们所感知并在神话中传承下来。音乐起源于鸟鸣之音的理论，是关于音乐起源诸多理论中影响最大、时间持续最久、传播范围最广的理论之一。19世纪末，英国著名科学家达尔文提出：音乐起源于雌雄鸟交配期间发出的鸣叫之音，人类音乐起源于对鸟鸣之音的模仿。在他的进化论名著《人类的由来及性选择》中，用两个章节对这一理论作了详尽论述，立即在学术界产生广泛影响。② 由此可以看出，关于"都广之野"农耕文明的描写，以"鸾鸟自歌，凤鸟自舞"描绘农业丰收的欢腾景象以及祭祀先祖农神后稷的仪式，体现出我国古代关于音乐起源的观念也与鸟鸣之音密切联系，并且以农业文明的发展为基础。同时，也说明不仅巴蜀乃至整个中国原始艺术的发生和发展，始终伴随着农耕文明的进步，因而具有浓郁的农业文化特征。

袁珂先生校注"西南黑水之间，有都广之野，后稷葬焉"，引出关于素女鼓琴瑟的神话传说。引郭璞云："其城方三百里，盖天下之中，素女所出也。《离骚》曰：'绝都广野而直指号。'"郝懿行云："《楚词·九歎》云：'绝都广以直指兮。'""王逸注引此经有'其城方三百里，盖天下之中'十一字，是知古本在经文，今脱去之，而误入郭注也。因之'素女所出也'五字王逸虽未引，亦必为经文无疑也。"又，"素女者，徐锴说文系传云：'黄帝使素女鼓五十弦琴，黄帝悲，乃分之为二十五弦'"。今案黄帝《史记封禅书》作太帝。《风俗通》亦云："'《黄帝书》：泰帝使素女鼓瑟而悲，帝禁不止。'云云，然则素女盖古之神女，出此野中也。"③ 袁珂注所引素女鼓琴瑟之事，反映出中国古代音乐琴瑟之音也由来已久，远至黄帝乃至泰帝之时。素女所出被先贤与"都广之野"联系在一起，与《山海经》记载"冬夏搏琴"和"鸾鸟自歌，凤鸟自舞"同出一野，传递出我国音乐起源的两个特征。《山海经》描写的乐舞形态，深深地印刻着原始艺术在早期农耕文明中自然与人类和谐相处的状态，人类的观念表现为"万物有灵"。素女鼓琴瑟的神话传说

---

① 袁珂：《山海经校注》，第396、397页。
② ［英］达尔文著，叶笃庄、杨习之译：《人类的由来及性选择》，科学出版社1982年版，第447~489页、683~692页。
③ 袁珂：《山海经校注》，第445页。

中，音乐的形态已有了极大进步，五十或二十五弦琴已具备演奏旋律的性能，音乐所传递的悲伤已是人类对音乐情感性特征的概括，因此"素女鼓琴瑟"的记载，反映出我国古代音乐发展已有显著飞跃，完成了从原始艺术到文明时期艺术的转化。历史文献中的记载，将"鸾鸟之音"与"素女之音"，用同一个"都广之野"联系起来，也可说明古人对音乐的记忆总是与农耕文明的发展相联系，这也是我国早期艺术最显著的特征之一，即艺术的起源与发展始终以农业文明为基础。

《山海经》中描绘的乐舞图画，还有一层非常重要的内涵，即整段描写传递出我国远古时期对神农先祖"后稷"定期举行大型祭礼仪式的史实。祭祀可能是在冬夏两季举行，即"冬夏搏琴"，祭祀的仪式是化装乐舞，即"鸾鸟自歌，凤鸟自舞"。这与《尚书·益稷》中描绘的祭礼仪式乐舞有异曲同工之妙——文曰"夔曰：戛击鸣球，搏拊琴瑟以咏，祖考来格。虞宾在位，群后德让。下管鼗鼓，合止柷敔。笙镛以间，鸟兽跄跄。箫韶九成，凤凰来仪。"又，"夔曰：予击石拊石，百兽率舞，庶尹允谐"。两则文献都生动地再现了先民们在以农业为主的早期定居生活条件下，祭祀先祖的乐舞仪式场面。

（三）祭祀岷山神祖——玉石之音

岷江流域是巴蜀先民的发源地，相传蚕丛氏族由岷山东迁，进入成都平原。祭祀先祖岷山之神，成为巴蜀千年不衰的祭祀传统。《山海经·五藏山经》中有十二条祭礼用璧，其中《中山经》祭岷山有三条与乐舞有关的记载："岷山之首……婴毛一璧，干舞用兵以禳祈，璆冕舞""干舞、置鼓、婴用一璧""合巫祝两人舞，婴一璧"。①玉石璧在祭祀中的用法，有瘗（即埋在地下）和婴（"婴"为环绕之意，郭璞注《西山经》解释为"谓陈之以环祭也"，唐玄应《一切经音义》卷二一释"婴，犹缠绕也"）。"璆"即美玉。鸣球、天球之"球"，也可写作"璆"。冕即礼帽。"璆冕舞"是持玉戴帽祭祀乐舞的一种形式，属于文舞类。三条记载中的乐舞，以璧为中心，环璧而舞，璧可以敲击发出清脆的乐音，与鼓配合，清浊交汇。舞蹈形式有手持璆玉的文舞，也有持兵戈的武舞；有巫祝双人舞，也有数人圈舞，一展祭奠岷山神祖的恢宏场景。

---

① 幸晓峰：《三星堆遗址出土石璧的祭祀功能和音乐声学特征（下）》，《中华文化论坛》2005年第2期。

三星堆、金沙遗址出土玉石器数百件之多，主要用于祭祀礼仪。玉器如玉琮、玉璋、玉剑、玉戈等玉器造型精致，雕刻细腻，纹饰繁丽，有的还用朱砂涂色，说明巴蜀玉器已脱离作为生产工具和玉兵器的初期阶段，成为礼仪用器的典型器种。这一时期出土石器，也以用于祭祀礼仪为主。金沙遗址祭祀区出土石人像、石虎、石蛇、石鳖等圆雕作品22件，成为目前我国出土石雕作品最多的遗址。这些圆雕以写实性手法造型，生动逼真，有的还在眼部、嘴部涂红色[①]。成组玉石璧、石磬、玉石环等乐舞用器，制造工艺复杂先进，已出现有规律的音列和五声、七声音阶结构。《山海经》记载与三星堆、金沙遗址出土文物相互印证，不可置疑地证明古蜀国祭祀礼仪具有独特的地方色彩和悠久历史。

（四）祭祀农祖乐舞——子鹃鸟鸣

巴蜀原始乐舞祭祀农神先祖的仪式，从《山海经》描绘的冬夏搏琴、凤鸟化装乐舞的祭祀礼仪，一直延续后世。《华阳国志·蜀志》记载，杜宇"法尧舜禅授之义，遂禅位于开明，帝升西山隐焉。时适二月，子鹃鸟鸣，故蜀人悲子鹃鸟鸣也。巴亦化其教而力农务，迄今巴、蜀民农时先祀杜主君"。巴蜀社稷祭祀农神先祖杜宇，以化作杜鹃的神话传说表达丰富的感情。杜鹃鸟哀婉、悲鸣的叫声，包含着先民对农耕文明"鸾鸟自歌，凤鸟自舞"欢乐景象的记忆，对先祖教民务农、勤于耕作的深切怀念之情，对洪水肆虐、家毁人亡的恐惧，对"外族入侵"改朝换代的不解……子鹃鸟鸣包含的深厚感情，反映出巴蜀音乐已出现文明时期音乐艺术的情感特征。鸟类总是伴随着祭祀礼仪出现，传达出巴蜀乐舞的象征意义，而祭礼仪式乐舞的延续也反映出巴蜀艺术的稳定和持久性。

四、石音土语：巴蜀陶石乐器

陶石乐器，是人类最早发明的乐器。中国古代乐器以制造乐器的材料分类，始于周朝的"八音"之说，一直沿用至清朝，即"金、石、土、木、革、匏、丝、竹"八种不同材料制成的乐器种类。目前见于巴蜀地区考古发掘出土的陶石乐器主要有陶响器、石磬和成组玉石璧。

（一）陶响器

音乐产生于人类对声波振动的感知和利用，史前时期的拟声工具留下了人

---

① 王方：《对成都金沙遗址出土石雕作品的几点认识》，《考古与文物》2004年第3期。

类创造音乐的史迹。人类最早出现的乐器，主要是模仿鸟兽之音的吹鸣乐器，如骨哨、骨笛、牛吼器、鹿角、海螺等。陶器艺术中的陶响器、陶铃、陶鼓、陶埙等乐器的出现，反映了人类对发声艺术的认知和创造。这些早期乐器具有"混生性"特征，其用于捕猎等生产劳动的功能是第一位的，如用吹鸣之声模仿鸟类交配时节发出的乐音更容易诱惑捕捉猎物。人类在模仿鸟禽之音的过程中，不断获得的乐感，培养了人类对音乐的认知。同时，听觉艺术伴随着人类创造和发明陶石乐器的实践不断进步，原始音乐艺术逐渐成为维系社会文化的主要形式之一。1959年，巫山县大溪文化遗址（距今约6000年）出土三件陶响器，比邻的湖北京山、枣阳、黄冈等屈家岭文化遗址（距今约4500年）共出土了二十余件同类型的陶响器。这些陶响器用细泥红陶土手工捏成球体，它们不用于生产劳动，可能是最早的中国玩具，也被作为早期陶石乐器的一种。出土于巴蜀地区新石器时代巫山大溪遗址的陶响器，是目前我国发现制作最为精致的早期发声响器。它们制作精致，采用细泥红陶手工捏制而成，外表光滑润泽。两件圆球体陶响器，直径分别为5.4厘米和4.7厘米，对穿六孔，孔之间用篦点纹连成整齐的"米"字形。一件纺锤体陶响器，上大下小，高4.7厘米，直径1.6～4.7厘米，顶端穿一孔，下穿六孔，等距列两行，每行三孔，以篦点纹连成V形或三角形，顶孔至第一行之间连成四角星纹。球体中空，内装小颗粒，摇击可发声。经试吹，按住不同小孔，可发出不同的六个音高。大溪陶响器制作精美绝伦，对称"米"字纹排列均衡纹饰清晰，表现出极高的工艺水平和早期刻绘艺术的精湛。延续大溪文化发展的屈家岭文化湖北枝江关庙遗址出土的陶响器有多种形制，其中有一件哑铃状陶响器，中部是空心长柄，两端球内中空，装着颗粒，与现在儿童玩耍的摇铃形状、用法完全一样。如此看来，远古时期大溪文化遗址的祖先们制造的玩具直到今天依然流行，真是源远流长。据古人类学家考证，幼年时期人类思维与幼儿类似，人类最早制造的乐器，以发出音响为特征。长江下游河姆渡遗址出土的骨哨、巫山大溪遗址出土的陶响器，见证了新石器时代长江流域古人类创造音乐的史实。

（二）石磬

石磬是我国石制乐器的主要种类。甲骨文中的磬字，左侧像悬挂一块石头，右侧像一个人正在敲击，这种石头能够发出如金属敲击的悦耳之音。我国新石器时代至晚商时期，使用单件的石磬为主，称为"特磬"。石磬出土地集中在黄河流域地区，以形体较大的原石形状的磬为主要器物，仅能敲出一个单音，学者们称为"依材就声"，也就是说，因为这种石料能够发出"乐音"，依照石料的大小、形状，打制钻孔、悬吊敲击，以成乐器。殷墟妇好墓出土三件磬，刻有铭文，是目前我国发现的最早的编磬。目前所知长江流域出土石磬仅五件。1994年，中国社会科学院考古研究所在巫山县双堰塘晚商遗址挖掘出一件原石形状的石磬，残长约50厘米，形状如马头，顶部有圆穿，声音洪亮。湖北五峰花桥头出土的两件石磬，类似五边形，打制而成，制造工艺比较粗糙。2006年，成都金沙出土两件石磬音响性能极佳，磬体表面留下明显加工痕迹，表明其时蜀人已经熟练地掌握了调音加工技术（详见第二章）。根据商代以前石磬的出土和分布研究，学术界认同我国早期石磬具有地域特征，是黄河流域音乐文化区系的代表性乐器，晚商时期才开始传入长江流域地区。那么，从新石器时代至晚商，在长达上千余年的历史时期内，长江流域的先民们是否使用另一种石器敲击作乐呢？近年来巴蜀文化考古发现研究的最新成果，为我们找到了答案。

（三）成组玉石璧

成组玉石璧是玉石璧类型之一，广泛分布于黄河流域和长江流域地区，又以长江流域为主要分布地。新石器时代晚期的良渚文化、齐家文化，相当于二里头文化时期的陕西商洛东龙山遗址，晚商至商周之际的四川广汉三星堆、成都金沙遗址是我国出土成组玉石璧比较集中的地区，在时间上具有连续性。[①] 巴蜀地区出土成组玉石璧可以确认的有五组。1931年在广汉三星堆月亮湾遗址首次出土，时任华西协合大学博物馆馆长的美国学者David Crockett graham（汉译名葛维汉），在《华西边疆研究学会杂志》第6卷（1933～1934年）发表《汉州（广汉）发掘简报》，披露了成组玉石璧出土情况："（土坑）顶部有二十余枚石璧横卧在上，从大到小顺序排列。墓顶系一层水平敷设的石璧，墓边是两列较小的石璧垂直排放。" 该简报附有牧师董宜武绘制的出土位置示意图。[②] 根据出土简报和出土位置示意图，可将这座土坑中埋藏的玉石璧分为两组，分别为十件制和八件制成组。遗憾的是，月亮湾出土玉石器大多散失，保存下来的成组玉石璧多为残件，现藏四川大学博物馆。1987年三星堆真武仓包

---

① 幸晓峰：《成组玉石璧音乐声学性能的初步探讨》，《玉魂国魂——中国古代玉器与传统文化研讨会论文集》，燕京出版社2008年版。
② 葛维汉：《汉州（广汉）发掘简报》，沈永宁译：《葛维汉民族学考古学论著》，巴蜀书社2004年版，第176～198页。

包清理出土套钻玉石璧，较大一组A型为成组玉石璧11件，用璧芯套钻而成的B型璧暂不列入。①1987年盐亭麻秧乡蒙子村山坡的土坑中出土石璧十件，出土时按大小顺序排列，平置于坑底。②后又经多次赴绵阳市文物管理局和盐亭县文物管理所调查，十件玉石璧的出土情况得到进一步核实。③2001年成都金沙遗址出土一批玉石璧，虽然出土时已散乱，但与三星堆、盐亭出土成组玉石璧的考古学和音乐学特征基本相同。④2006年，金沙遗址祭祀区一个土坑中出土十件成组玉石璧，伴出石人、石虎塑像等。

成组玉石璧具有良好的音乐性能。成组玉石璧发声原理完全符合现代声学中板体打击乐器发声原理，通过环形圆板体振动形成音波，敲击石璧可以发出清脆的乐音。石璧的大小厚薄与音高成正比关系，越大越薄，音高越低；反之则升高。音乐声学测量，频谱图显示基音强且纯净，泛音排列规范，音强也在现代乐器标准范围内。巴蜀地区两组玉石璧即盐亭麻秧乡出10件石璧和三星堆真武仓包包出土11件石璧，排列出五声音阶和七声音阶。盐亭成组玉石璧音阶构成（实际测量7件），频率在1809.01Hz～3488.87Hz（赫兹），音强15.74dB～32.88 dB（分贝）。通过物理音高换算，排列出音阶，简谱表示为：6、7、1、2、3、6；传统阶名为：羽、（变宫）、宫、商、角、羽，音域跨两个八度，主要在小字3组和4组。广汉三星堆遗址真武仓包包成组玉石璧（实测10件），频率在1098.30 Hz ～ 4356.47 Hz，音强16.21 dB ～36.65 dB。通过物理音高换算，排列出音阶。简谱：（6、7）、6、7、1、2、3、4、5、6；传统阶名：羽、（变宫）、宫、（清商）、角、（清角）、徵、羽，音域跨三个八度，主要在小字3、4、5组。

成组玉石璧的功能，既可以作为祭祀礼仪中敲击入乐的乐器，也是我国始于虞舜时期至汉代完成的"同律度量衡"改革中的标准律器和度量衡用器。西周中期以后，广泛使用制作规范的编磬，成组玉石璧的音乐性入乐功能逐渐削

---

① 三星堆考古工作站等：《三星队遗址真武仓包包祭祀坑调查简报》，《四川考古报告集》，文物出版社1998年版，第78～91页。
② 赵殿真：《绵阳文物考古札记》；赵紫科：《盐亭出土古代石璧》，《四川文物》1991年第5期。
③ 幸晓峰、王方：《盐亭县麻秧乡出土成组石璧考古调查与音乐声学测量》，《成都文物》2008年第2期。
④ 成都市文物考古研究所、北京大学考古文博学院：《金沙淘珍》，文物出版社2002年版。

弱，在一段时期内，继续充当"同律度量衡"标准用器，三星堆、金沙遗址出土大石璧留下了"律石权"的珍贵实物[①]。

巴蜀地区史前乐器遗存，虽然种类和数量都不多，却以器物保存完好、加工技术成熟、音乐性能良好等特征，为研究巴蜀文化及古代中国礼乐文明的起源和形成提供了重要价值，也成为研究人类早期利用声学和律学成就促进经济发展和社会进步的重要考古资料。

第二节　辉煌的青铜艺术

青铜时代，是中国古代艺术快速发展和繁荣昌盛的一个时期。中国青铜时代的开始，不晚于公元前2000年，直到公元前3世纪仍有大量青铜器被使用，时间持续了1500年以上。巴蜀青铜时代大约始于距今4000余年，经历了三个发展阶段。距今4000～3200年左右的巴蜀青铜文化前期，以三星堆-金沙文化为代表，创造了高度发达的古蜀青铜文明；距今约3200～2600年，巴蜀青铜文化进入中期，以成都十二桥遗址为代表的大批遗址，相继发现大批青铜器物，证明十二桥文化是继三星堆文化之后，古蜀文明发展的又一个高峰；巴蜀青铜时代的晚期，即春秋战国时期，出现了巴蜀青铜文化发展的最后一个高峰，在新都战国木椁墓、涪陵小田漆土坑墓群等遗址，发现了蜀国和巴国王族或国王的墓葬，出土大批精美的青铜礼乐器。公元前316年秦并巴蜀，直到西汉前期，之后青铜文化在巴蜀逐渐衰落。巴蜀青铜文化的发展，以地区性青铜文化的发展为主体并与周边文化发生紧密联系，主要受到来自中原地区的夏代二里头文化、殷商文化和西周青铜文化的影响，春秋战国时期受到来自楚国和秦国青铜文化的影响，秦汉以后，巴蜀青铜文化向滇黔等地的传播情况也有所发现。

一、古蜀国大型祭礼仪式与青铜雕塑群

晚商至商周之际，巴蜀艺术的发展进入青铜艺术发展最为辉煌的时期，以广汉三星堆、成都金沙村为代表的古蜀先民创造出辉煌的青铜艺术，成为长江流域又一个独特的文化类型，展示了人类社会由原始宗教信仰向文明社会过渡

---

① 幸晓峰、王其书：《三星堆-金沙出土玉石璧的音乐声学性能研究》，《音乐探索》2006年第2期。

时期的精神历程，为人类建立起一座博大无穷的艺术丰碑。

三星堆、金沙遗址出土大批用于祭祀礼仪的器物，具有"奢侈的人工艺术制品"的重要特征，再现了商周时期古蜀先民的宗教信仰和精神活动的历程。以大型人像、人头像、人面具、金面罩为代表器物的青铜塑像群，以精湛的肖像型人塑和怪诞型面具，组成再现古蜀族举行大型祭祀礼仪的主体，带着祖先崇拜的虔诚，演绎出古人天人合一、人神合一、物我合一的宗教信仰和精神理念。众多礼仪用器再现了古蜀先民举行祭祀礼仪的整体行为和庄严氛围，表现出古蜀王国已具有比较完善的以等级为核心的礼制。乐舞仪式用器及组合反映出古蜀王国已有比较先进的音乐文化观念、技艺水平和用乐（舞）制度，揭示出古蜀的祭祀礼仪以群体乐舞活动为载体、动态行为为方式，经过完整的仪式程序寄托精神信仰，建造和谐群体意识，揭示出古蜀国祭祀礼仪活动的规范化、连续性和稳定性，对我国长江流域礼乐文明的形成产生过积极作用，也是我国黄河流域礼乐文明与长江流域礼乐文明碰撞、交流的一个融汇点。

位于岷江中上游成都盆地的广汉三星堆遗址，是距今4000年到3000年前形成的自成体系、独具特征、高度发达的一个古代文明中心。1931年，广汉月亮湾出土数百件玉石器，揭开了探寻长江流域人类文明的第一幕。著名考古学家、原华西大学博物馆长郑德坤先生在1946年出版的《四川古代文化史》一书中，对"广汉文化"作了详尽论述，他引用《山海经·五藏山经》中祭祀岷山的条文，提出了："岷山祭礼有与其他山不同者，干舞用兵以禳祈一也，璆，冕舞二也。""广汉土坑出土古玉，圭璧之外又有斧、碗圭、璋邸射，及大小石珠之属，其与干舞用兵及璆冕舞有关，极为明显。"[①]1986年广汉三星堆两个祭祀坑发掘出土，再次震惊世界。著名考古学家、四川大学教授林向先生在1992年发表的论文《蜀盾考》中，对蜀人以干舞祭山川的"干"和"戈"作了考释，与《周礼》记载中原执干戈武舞的史实作了比较，再次提出"巴蜀干舞的历史悠久，为周舞之先"[②]。还有许多学者从不同角度论述了三星堆出土文物与古蜀祭祀乐舞的联系。

（一）青铜人形塑像

三星堆出土数百件青铜器，不以生产、生活、战争中使用的器物为主，而

---

① 郑德坤：《四川古代文化史》，巴蜀书社2004年版，第48～55页。
② 林向：《蜀盾考》，《四川文物》1992年第2期。

主要是体现古蜀王朝原始宗教信仰的祭祀礼仪用器,其中数十件以写实性雕塑为基本特征的青铜人形塑像群,构成古蜀国举行重大祭祀礼仪活动的主体。他们是古蜀人自己创造出来的奢侈的人工艺术制品,是人类信仰万物有灵、信仰巫术的副产品,是与远古人类最基本需要的动机联系在一起的、具有人类不可逾越的功能。在人类无法认识的超自然力量的包围中,人类必须发现一种能够与自然界神灵们沟通的器物和方法,由此,奢侈的人工艺术制品被创造出来。这些奢侈的人工艺术制品,远远贵重于人类用于生产生活的实用性器物,它们承载着联系沟通人与自然的特殊使命:在万物有灵的宇宙中,寻找天人合一、人神合一、物我合一的途径,艺术在其中充当着重要角色。

三星堆出土大型青铜人像群,不仅是我国也是世界上发现的同一遗址中人形塑像数量最多、最豪华的遗物之一。据林向先生统计,三星堆出土的各种人物造型共有133件,有全身像、人头像、面具以及一些躯体残件。艺术手法有圆雕、浮雕及镂空雕刻等。①人形塑像是人物造型中最具特色的一类,三星堆两个祭祀坑出土人形塑像有立人全身塑像、跪式全身塑像、兽首冠人像,梳着各种发式的人头像多达57件,其中还有4件戴着金面罩的人头像。②这些塑像最显著的特征是写实性强、接近真人原型、立人像的高度与人体基本相同,属于肖像型,他们是蜀人的自我现身,是古蜀族群记忆或者古蜀王国现实中真人的"肖像"。这些被创作出来的塑像,是作为一代代古蜀人举行祭礼仪式的主体形象而存在的。中国是礼仪之邦,夏商周三代已建立起完备的礼仪制度,在这个历史时期,不同地域、不同族群或"国家"都有自己的精神信仰和表达这种精神文化的群体仪式。三星堆青铜人像群出土于两个相隔近百年的祭祀坑中,在这一百年和更早的历史时期,祭礼活动连续不断地举行,肖像也被连续不断地制造出来。这些塑像是古蜀人宗教信仰中高于制造者本身的"神圣的形象",他们不仅被作为有生命的个体参与现实生活,而且被赋予与各种神秘力量直接接触的使命。人类似乎相信只有通过这些"神圣的形象",才能够与主宰着人类命运的被神化的自然对话,从而实现自身的愿望。就像新石器时代人类相信用陶土雕塑的丰裕女神像,能够带给人类繁衍的充足食物或者农业丰

---

① 林向:《三星堆假面考——三星堆青铜艺术的人物造型研究》,《巴蜀考古论集》,四川人民出版社2004年版,第269~298页。
② 四川省文物考古研究所等编:《三星堆祭祀坑》,文物出版社1999年版。

收，就像古希腊神话中的奥林匹克众神能够决定人类战争的胜负一样，三星堆的人形塑像也代表古蜀族敬奉的精神领袖。人们相信他们是主宰、统治、决定现实社会人类命运的神祖化身，在祭礼活动中作为受祭者并代替神祖接受人们的祭献或祭享。青铜人形塑像群深邃的文化内涵，体现出远古人类精神信仰经过的一段历程，即"人神合一"的信仰阶段。

参加祭祀的群体，由人形青铜塑像记录下来，流传至今。一件高1.56米，脑后梳辫，身着左衽长襟服、后摆成燕尾的人立像，是一位主持祭祀的领袖的塑像。另一件站在圆形祭台上的人立像，似乎是出征或胜利归来时都要举行的"军礼"仪式中的古蜀国军事领袖。不同时期不同部族的领袖，以头饰作为标志，有的头上盘辫，有的头戴花冠，有的戴着蝴蝶花结，有的辫发拖在脑后。除了发型，人体的其他特征基本相同，粗眉大眼，高鼻宽嘴，大耳短颈，有的耳垂上穿孔，或挂耳珥或插花，穿戴基本相同。有的铜像上还戴着金面罩，艺术地再现了古蜀祭祀礼仪中的主体人群，同时也揭示了一个史实，即古蜀族的祭祀礼仪是一个连续的动态的过程，经过一代又一代，延续到商周之际。

金沙遗址目前尚未发现大型人立青铜塑像或者青铜人头像，却出土了大量用于祭祀的玉石礼器及一些新的器型，其中有一件木质的人形雕像，有的学者考证，认为这件雕像是西周宗庙祭祀中设"神主"形象的发端，或许古蜀人的祭祀仪式，正在发生着与后世西周礼仪相类似的一种变革。

（二）青铜面具

面具是原始艺术中常见的艺术品，它的起源可以追溯到旧石器时代，现代原始部族中依然保留着这种形式。面具主要用于乐舞仪式，或戴在脸上，或作为场景饰物装饰在柱子上面。戴在脸上的面具，一般镂空眼或嘴部，往往作为舞蹈或者戏剧的道具。面具通常不是人类熟悉的面孔，在夸张神秘的面具下，人类自身仿佛进入另一个世界，即神的世界。在原始人类眼中，面具的使用并不是一种化装术，而是一种把人的灵魂送到另一个世界中去的运载工具，面具本身就是一种神物，不能轻易让人接触。当一种仪式结束后，面具会被放置在神圣的地方，当作圣物来供奉。面具的制作充满了想象力，原始人类通过面具的制作，赋予物质以"生命"，与人合为一体，也就是"物我合一"。

我国出土史前及夏商周三代时期的面具数量较少，新石器时代的彩绘和陶塑中有些人面像，与面具特征相同，黄河中上游仰韶文化遗址和马家窑文化遗址出土的一些人面塑像，基本上具备了面具的形态特征。① 玉面具出土数量也很少，陕西神木石峁文化遗址、湖北石家河遗址出土了玉雕人神面像，有的背面似曾为圆筒状器物，可以插在柱子上，作用与面具相似。② 广汉三星堆出土面具37件，铜面具、面像和人形塑像合起来超过百件，似乎是对我国史前面具过少的一种"矫正"，也是我国考古发掘史上的一个奇迹。

三星堆遗址出土面具可分为两种类型：一种是真人大小的面具5件。其中一号坑出土人面像和人面具各一件、金面罩一件，二号坑出土金面罩两件，这几件器物的使用方法大致相同，是祭祀礼仪中扮作神的受祭者的真人塑像，应该是不同祭祀活动或是不同时期的器物。另外出土四件罩着金面罩的人头像，进一步说明在三星堆文化揭示的祭祀礼仪中，面具是一种重要的形式。直到金沙遗址又发现了金面罩，说明古蜀人祭祀礼仪用器是比较规范的并持续了相当长的时间，面具则是其中主要形式之一。

另一种是出土于二号坑的怪诞型面具，共32件。其中人面具20件，兽面具3件，兽面像9件。兽面像大小与肖像型面具大小相当，有穿孔，可戴在脸上。怪诞型人面具的形制较大，面部形象狰狞恐惧，似人、似兽，眼、耳、鼻、口夸大扭曲，人兽合一。耳垂、眼角、嘴角、眉心多处穿孔，留下二到五个孔，有的孔在耳垂、下唇，有些孔被作为嵌挂所用，而有些孔可能为插入羽毛、花朵、果实所用。有的面具出土时，眼睛、嘴唇等部位还有涂朱、描黑的痕迹。最引人注目的是三件兽面具突出的眼睛，许多人称之为"纵目"，有关它的象征意义，至今仍众说纷纭。这些特征与原始艺术中的面具特征相似，它们或者是雕塑家梦中的形象，或者是幻想中的形象，在古人的眼中，它们是神，注视着人间的行为，能够决定人类的命运。正是这些怪诞型塑像，承载着原始艺术的特征，把它们无限放大、无限夸张，成为世界上最庞大、最冷峻、最令人不可思议的面具。其实它们的作用很明确，正如许多学者所论，它们是用于布置祭祀场所的器物，在表演艺术中称为"道具"，它们的用法和表义也很明确，被固定在柱子上或其他建筑物上，创造一种神圣的氛围，增强神秘感。

从三星堆一号坑到二号坑的百年时间，面具的数量和制造水平、艺术含

---

① 王仁湘：《黄河中上游地区出土史前人形彩绘与陶塑初释》，《中国史前考古论集》，科技出版社2003年版，第402~416页。
② 杨伯达：《玉神器说》《玉巫像辩》，《巫玉之光》，上海古籍出版社2004年版，第102、109页。

量快速提高，反映出古蜀祭祀礼仪活动的不断发展和繁盛，也反映出国家宗教统治的加强。面具的起源往往与巫术信仰紧密联系在一起，当人类相信面具也是一种和神灵沟通的工具时，面具被制作出来并赋予神性，成为表现人神沟通的一种媒介。面具的使用，随着祭祀礼仪的发展而增多，当国家出现后，面具在一些地区、在一段时间内成为宗教礼仪的重要形式之一。面具的使用，在一些民族中延续了数千年，比如现存于我国的戏剧脸谱、傩戏、西部少数民族民间乐舞活动中使用的面具，还深深地带着原始面具的特征。由于我国史前时期出土面具较少，当三星堆30余件面具和60余件人形塑像同时出土时，产生了令人震撼的艺术效果，面具的使用同样证明了一个史实：祭祀礼仪是一种动态的行为，是以不同的仪式实施的宗教信仰活动。面具这种形式常常用在乐舞仪式中，因而可以推测，三星堆-金沙商周时期的祭祀礼仪伴有乐舞仪式，而用在仪式中的面具作为布置"场景"的"道具"，使三星堆-金沙文化具有了比较明显的艺术特征，即场景的出现。它的艺术价值，可与古希腊酒神庆典仪式中的场景艺术媲美。

（三）祭礼仪式

祭礼仪式（ritual）是原始部族之间实行最大交际的手段，在原始宗教范围内占有显著地位。原始人类以祭礼仪式的形式，传达和维系族群利益的宗教信仰和"宗教语言"，所有的巫术、图腾、萨满等原始活动都要通过一定的仪式才能发挥作用，对原始族群来说，祭礼仪式是一种把部族成员集结起来进行集体行动和社交活动的重要方式。祭礼仪式是人类精神需求和原始思维的产物，与人工艺术制品不同的是，它以动态的形式表现群体的活动行为，每种仪式的表现方式不同，具有鲜明的地域和族属特征。文化人类学者对原始文化研究证明祭礼仪式的出现早于神话传说，原始艺术中的绘画、雕塑、诗歌、音乐、舞蹈等视听觉艺术往往伴随着祭礼仪式产生，同时又是构成祭祀礼仪的主要形式。在世界各地的原始文化遗存中发现大量原始艺术品，比如祭礼仪式的场景描绘，如岩画、壁画上的图像；雕塑，如人像、面具、动植物塑像、玉神物等；乐舞用具，如乐器、舞具、服饰等；还有一些非物质形态的形式，如画眉、涂朱、插花等。这些珍贵的遗物，成为我们研究祭礼仪式动态活动的实物资料。三星堆-金沙遗址的祭祀性质和出土文物，与原始祭礼仪式有着太多的相似之处，但可以肯定地说，三星堆-金沙遗址揭示的祭礼礼仪性质，与以城市、青铜制品和文字为标志的国家文明的出现相适应。人类的精神，像一辆满载着原始艺术珍品的宝车，缓缓前行，经过人类无数次创造，经过历史一次次筛选，在三星堆-金沙遗址中保留下来。它们最重要的意义在于，既积淀或积累着人类原始文化遗存的元素，又展现了中国周代以前礼乐文明的最高成就，从而描绘出人类精神文化走过的一个阶段、一种类型。

1. 青铜神树

三星堆二号祭祀坑出土大型神树两件，以及小型神树的残片。Ⅰ号大型神树（k2②:94）通高396厘米，树干残高239厘米。主要特征：圆座，拱形三足连接树干，顶端残缺；三层树枝，各分三个弯曲垂柳形树杈，共九枝；树枝上有九个花朵，花朵上立九只鸟；树底干一侧有一只攀龙。Ⅱ号大型神树（k2②:194）通高193.6厘米，树干残高142厘米。主要特征：圆座，拱形三足，相间圆座的三面各起一方台，方台上各有一跪坐人像，高19厘米；由于残缺严重，其他部分可参照Ⅰ号神树分析。树的造型用写实手法，树的原型为"都广之野"的"建木"，在学术界已取得比较一致的看法，可知当时的成都平原上多见高大的树木，金沙遗址河床中深埋的残树干就是大树的原型。神树在祭祀礼仪中的作用是什么？神树是祭祀社稷神的标志性器物。古代祭祀礼仪中的地神有山川、四望、江河、湖海等，还有一种最为普及的祭祀活动，即对"社稷神"的祭祀。远古时期氏族部落祭祀社神，以各自崇拜的树木为"社树"，比如夏后氏用松树，殷人用柏树，周人用栗树，周代以后用木制或石制的"田主"替换，与"神主"相同。周礼祭祀社稷神在社稷坛举行，天子到大夫，按等级立社，祭祀的目的是"祈谷"，春秋两季举行正祭，祭祀坛上设立象征神位的"田主"。

三星堆出土神树为"建木"，也应该是古蜀人崇拜的"社树"，用在祭祀社稷的礼仪中，祈求丰收。铜树上挂满了花朵和果实，神鸟站立在中央，树枝上悬挂着铜铃、响器，伴随"鸾鸟自歌，凤鸟自舞"，传播着《山海经·大荒西经》所说的"灵寿实华，草木所聚，爰有百兽，相群爰处，是谓沃之野"的丰收喜悦。这幅春播秋收的图画，可见，古蜀人的生活和祭礼中不乏丰润、恬静、愉悦和清朗的风格。对树神祭祀的"社稷"之礼，被后人神化后又演绎出《淮南子·坠形篇》所载的"建木在都广，众帝所自上下"的神话传说。《山海经·海内西经》和《山海经·大荒西经》记载两则关于夏后启乘龙上天得《九招》，歌《九辩》《九歌》的神话传说，与祭祀礼仪中的乐舞仪式和歌名结合在一起，加上众多的乐器和舞具，无可争辩地证明古蜀王国有着发达的祭祀乐舞。由于乐舞被作为祭祀中的仪式，祭祀的规格达到最高等级。三星堆出土神树不止一棵，也应用在不止一次祭祀活动中，Ⅰ号神树无论规模和造型，都可以与立人像相比，当为蜀王亲临祭礼仪式中大型祭祀的用器，伴有乐舞仪式，神树具有了"道具"的作用。Ⅱ号神树造型与Ⅰ号神树类同，不同之处是圆形底座上的3个跪式人像。这3个人像是祭祀者，遗憾的是手臂已残，无法恢复两手平推姿态，所持器物不得而知。三星堆出土刻有祭祀乐舞图边璋上，内圈10个人像也为跪式，可作参考。

2. 场所和场景

祭祀礼仪活动，总是在一种特定的环境中进行的。比如周代的"圜丘祀天"和"方丘祭地"，都是国家的正祭，每年举行一次，由天子率百官在郊外举行仪式。天子、诸侯、士、大夫祭祀天地的地点不同，祭祀的名称、内容、形式都不相同，古人对祭祀场所的规定也是非常严格和复杂的。根据考古资料，我国祭祀礼仪的场所在仰韶文化时期已出现，半坡遗址发现一处专门用于祭祀的场地，红山文化时期发现多处祭祀场所，如东山嘴的方形祭坛，牛梁河的二十多处积石冢、坛，环绕在祭祀中心的女神庙周围。严文明先生称积石冢为"宗教的圣地和贵族的坟山"，认为"它们与后世帝王陵墓相似，积石冢的主人，离国王只有一步之遥"①，明释这些祭祀场所的宗教性质与国家礼仪的出现已很接近。凌家滩遗址的中心最高点是一座大型祭坛，坐北朝南，俯视整个氏族居住区，祭坛上的多处遗迹和出土遗物显示祭坛上经年累月举行着祭祀活动。崧泽文化遗址发现了最早的覆斗形祭坛，良渚文化时期祭坛已相当普遍，有回字形、环丘形、方形覆斗形祭坛，已形成以祭坛的规模确定墓葬和玉礼器规格的等级化分；余杭莫角山遗址发现祭祀礼仪中心，在高台上有成片的礼仪性宫室和神庙建筑。古蜀人的祭祀礼仪场所，有史前到战国时期的大石崇拜的遗迹；有兴建于晚商连续使用到战国时期的成都羊子山土台（祭台）；还有一种可以用"大型祭祀礼仪中心"称谓，标志是"场景"的出现，在三星堆遗址和金沙遗址都有明确的标志性遗迹或遗物，如神树、面具，除本身的祭祀性质外，都可以作为祭祀礼仪中布置场景的"道具"，神树上悬挂铜铃、铜牌形响器的，意在造成祭礼场景的氛围，许多人像、面具被描眉或涂上赤色，已有了化装术，说明古蜀人祭礼活动具有非常明显的表演特征。

---

① 严文明：《中国王墓的出现》，《考古与文物》1996年第1期。

金沙遗址第六次发掘出土于祭祀区的9个圆柱形土坑，位于河滩边，排列整齐，横三坑一组，竖也是三坑一组，构成正方形，据有的学者推测，可能是搭建祭台所用圆柱的坑。这9个坑非常整齐，可视为布置祭祀礼仪"场景"的遗迹，它与祭台等土建场所相比，无疑增加了更多的艺术遐想，比如它们可以悬挂面具或者乐器。尽管现在还不能确定它们的用途，但作为祭祀礼仪场景的可能性还是比较大的。场景的出现，总是与乐舞仪式联系在一起，应当是高等级祭祀礼仪的遗迹。

3. 神坛和神殿

三星堆二号坑出土的神坛和神殿，提供了古蜀国不同的祭祀礼仪场所、豪华装备、乐舞仪式、用器组合、人物造型、服饰化装等生动的艺术场景。正是这些场景，使我们联想到古埃及的法老雕像上的太阳光环和公元前1429年新王朝时期祭奠奥西立斯死而复生的舞蹈画景，也使我们联想到希腊国王与鹰的雕像以及由女祭司主持的希腊酒神庆典仪式上"狄俄尼索斯舞"的场景。①

二号祭祀坑出土大型神坛，标本K2③:。296，修复原貌。②已有许多学者对其作了诠释和解读，全器由兽形座、立人座、山形座、盝顶建筑四部分组成。表达的整体内涵是古蜀国举行大型祭祀礼仪的丰富内容和形式，其中两处即第二层、第四层，由数人排成的队列，再现祭祀乐舞仪式。第二层，即立人座，由四人组成，应当是表现"射礼"或山川四望之祭中的武舞仪式。神坛上的四个人为舞者，衣着如盔甲，紧身，头戴华丽冠帽，对称背向立，示意圆圈舞队列。舞人手执兵器舞具，两两相同，一组持弓状物，可释为祭祀武舞之弓舞；另一组双手拳握持倒挂钩形物，可释为某种兵器，如穿系丝绸倒挂的戈。此组武舞队列，再现祭祀礼仪中的武舞仪式。周朝"嘉礼"中有射礼四种，"大射"为天子选择参加祭祀礼仪入选的仪式，"宾射"为天子会见诸侯之礼，都有奏乐歌舞，包括弓矢舞和剑舞等。战国时期成都百花潭出土"宴乐武舞壶"还保存着"射礼乐舞图像"。第四层，即顶层为"盝顶建筑"。盝是古代的一种盒子，祭坛的顶层建筑为盒形，内有每一排大小、造型相同的跪坐人像，均大眼、直鼻、阔口、耳垂上有穿孔，头戴帽，身着裙，腰间系带，两臂平抬，双手呈环状，执握状。从绘图上可辨认出，正面五人，背后还有一排

---

① ［法］保尔·布尔西埃著，邢晓喻译：《西方舞蹈史》，四川人民出版社1996年版，第22页。
② 四川省文物考古研究所等编：《三星堆祭祀坑》，文物出版社1999年版，第232页。

人，也应是五人，左右各有一人，十二个舞人面部朝外、背向排成的圆圈舞队列，舞人双手拳握所持物，当为文舞用器玉璋或象牙之类。十二人跪坐舞蹈形态，与边璋乐舞图上的十二人跪座舞蹈形态相似，可见这种舞蹈形式是古蜀国祭祀乐舞仪式中文舞的主要形式，即"缪冕舞"。报告称"正中铸一鸟身人面像"，是代神祖受祭者"尸子"的形象。由此可以看出，第四层内容表现主持祭礼仪式中的一个场景。主持者是礼乐仪式中的核心人物，由专职的巫师或蜀王亲自出任。神坛全器残高53.3厘米，两组人物形象说明，乐舞是用于祭祀岷山山神和天帝、地祇、先祖时举行的主要仪式之一，而且是最重要的仪式。舞蹈的队列为圆圈舞，所用舞具不同，干舞用兵器，如弓、戈等；文舞用玉器，如环、瑗、璋等。乐器有璧、铃等。三星堆出土大型青铜神坛上完整的祭祀场所和人物塑像，展现了古蜀人举行祭祀礼仪的情景，留下了人类社会发展始终伴随着崇高精神信仰活动的见证。

二、古蜀国大型祭礼乐舞与乐舞用器

大型祭礼仪式，总是通过音乐舞蹈的形式进行的。三星堆、金沙遗址出土成组玉石璧和成组铜铃组合使用，演奏仪式音乐；大批玉石或青铜质料的戈、璋、环、瑗、戚等，每种器物数量都有数十甚至上百件之多，它们可以作为大型祭礼仪式中的舞具，双手执器而舞；青铜金箔面具，或由人佩戴，或作为装饰品与青铜神树等用作布置场景。青铜祭坛、边璋上的乐舞图，再现了大型祭礼仪式的舞蹈形态和过程。两处遗址出土祭礼仪式用器达到数千件之多，展现了三星堆-金沙文化时期，古蜀族从原始宗教乐舞仪式到国家礼乐制度建立期间高度发达的青铜文化和独具特色的青铜艺术，同时也揭示出远古时期先民举行大型祭礼仪式活动既是一种社会组织的集体行为，也是维系早期国家的一种制度。

（一）最早的金石之乐与成组铜铃

1. 成组铜铃

铜铃是我国最早的青铜乐器。三星堆二号祭祀坑出土青铜铃43件[1]，是我国晚商时期成批出土铜铃数量最多的一处。同出的一件边璋上，刻有耳垂上戴着铜铃跳舞的人。铜铃分为九种类型，其中B型铃30件，是数量最多的一种，

---

[1] 四川文物考古研究所等编：《三星堆祭祀坑》，文物出版社1999年版。

形制为直桶形，素面，有环钮。又可分成两组，一组16件，一组14件，分别埋藏在二号祭祀坑的中层和下层。通过电子声学仪器测量，换算出两组铜铃的音高，主要在小字3组和小字4组，音域跨两个八度，下层出土铜铃中有2件在小字2组，音域跨三个八度。①其中有2件铜铃的铃面上留下有意识加工的痕迹。我国河南偃师二里头出土的4件铜铃，成分为赤铜，含铜量99%，声音还不是很好听。

三星堆出土铜铃的成分，据对三星堆出土各种青铜器物（含铜铃）的检测可知，在制造时已加入铅、锡等稀有金属，音质得到很大改善。对青铜乐钟的检测和研究表明，青铜乐钟含锡量的比例在14%、含铅量2%~4%，综合性能最佳。我国青铜编钟在东周时期已经是比较成熟的旋律乐器，三星堆铜铃出现的时代在晚商时期，批量较大，分组埋藏，且可以确认它们是用于祭祀的青铜乐器。它们对我国青铜编钟中的钮形编钟的制造，会不会产生一定影响呢？这些有趣的问题，还有待于深入探讨。

2. 铜铃挂架

铜铃挂架是铜铃的配件，也是判断铜铃用法的实物。三星堆出土铜铃挂架16件，形制相同，大小不一，器物的主体为一圆环，圆环中间有一横梁，圆环的下方有2~4个套环。有的横梁上也有套环。圆环的上方是三叉提梁，提梁上有环钮，供悬挂。出土时，有的挂架上还悬挂着铜铃、铜牌形响器等器物。铜铃的悬挂式用法以及悬挂器物的选择、数量，与古蜀人的音乐观念有关，相比较同时期其他遗址出土的青铜铃，铜铃显示出古蜀人音乐文化的进步。在长期音乐实践过程中，他们或许经过无数次实验，不断探索着音乐的奥秘。特别需要提出讨论的是，铜铃挂架与铜铃伴出，说明乐舞仪式中铜铃的使用是自觉的、可以由人掌握发音的。铜铃的使用方式，一是出土时有的铜铃挂在神树树枝上，即可以靠风吹动自然发音，也可以由人操作，比如"弹击"或者戛击发出连续不断的乐音；二是把铜铃架悬挂成一排或者两排（用绳索或竹竿），再按照大小不同悬吊铜铃，可以撞击产生美妙的音乐。16件铜铃挂架的出土，也可进一步说明铜铃是成组使用的。

三星堆出土的铜铃除B型成组铜铃外，还有其他八种类型铜铃，有四件雕

---

① 幸晓峰、王其书：《三星堆成组铜铃音乐声学性能的初步探讨》，《中国音乐学》2006年第4期。

刻非常精美的铜铃，造型极为漂亮，写实性强，华美典雅，已具有较强的审美价值。鹰形铃和花蒂形铃仿实物雕刻，栩栩如生。兽面铃和兽头形铃则用夸张的手法，将铃体雕刻成狰狞的兽形。铜铃的造型反映出古蜀人高尚的审美情趣、精湛的雕刻水平和进步的音乐观念，铃舌的配置更是锦上添花。鹰形铃内腔悬挂长辣椒状铃舌，搭配铃体，表现出阳刚之美：鹰头高昂、尖喙突目，扉棱弧曲、尾翼倒钩，尖锐的辣椒形铃舌长出铃体，更显鹰之雄健威武，撞击发音清亮。花蒂形铃呈长柱体，分三层像四瓣花盛开，铃舌为圆柱体，底部做成四个花瓣，使花蒂更显圆润柔和，撞击发音更加舒扬，表现出阴柔之美。两件铃阴阳对比、锋润相应，体现出我国美学的"中和"之美。花瓣形铃与鹰形铃是否代表着不同族群的融合，也是值得研究的问题。

除铜铃外，三星堆还出土了一些其他种类的响器，如由三件或四件青铜海贝形器穿挂在一起的响器，戴在手腕或脚踝上，跳脚顿足，可以造成有节奏的响声。108件雕刻着不同纹饰的圆形或贝形响器，出土时有的与铜铃悬挂在一起，吊在高大的青铜树枝上，它们作为响器的功用也是十分明显的。总体上看，三星堆出土的铜铃和青铜响器，制作和使用方法都处在青铜乐器的早期，具有混生性特点。

金沙遗址"梅苑"祭祀区出土了一批青铜铃[①]。专家选择保存比较完整的12件做了音乐声学测量，可分出三种类型，其中一种类型（B型）与三星堆出土B型铃形制相同；另外两种类型不见于三星堆遗址，A型铃形体较大，敞口，喇叭形；C型为无舌铃，也呈大小排列，形制接近西周编钟中的钮钟。虽然这批青铜铃形制较小，但音乐声学性能却很理想，音高清晰，音色清亮，音强也符合标准。

三星堆–金沙遗址出土的青铜铃用于祭祀礼仪的功能非常明确，它们被用于享祭天地和神祖的祭祀活动中，造成音响，用于节乐。同出的16件铜铃架，大小不同，与铜铃配置而用，挂架上有2～4个小环，出土时有的挂架上挂着铜铃和同一种挂饰，这种用法直接将铜铃悬挂起来，与圆形、龟背形、扇贝形、箕形等片状青铜挂饰挂在一起，撞击发出音响，音乐效果十分明显。

青铜铃的制造，是古蜀祭祀礼仪连续发展的产物。三星堆一号祭祀坑没有铜铃出土，二号祭祀坑出土铜铃已分为九种类型，其间相距百年。而金沙遗

---

① 文物考古研究所、考研文博学院：《金沙淘珍》，文物出版社2002年版。

址出土铜铃的数量更多，其形制的发展有了明显变化，更加接近钮形编钟的形制，特别是无舌铃靠外部撞击发音的方式也更加接近编钟。与金沙遗址铜铃同时出土乐器，是两件呈纯六度自然音阶、一左一右呈曲尺状摆放在一起的大石磬，其中一件器面上留下明显调音痕迹，说明其时古蜀国已具有比较先进的音乐文化，而早期音乐舞蹈正是伴随着祭祀礼仪的需要而出现并不断进步发展起来的。

三星堆–金沙遗址出土青铜铃的制造和使用，受到中原文化影响。目前所知，考古发现年代最早的青铜铃是山西襄汾陶寺遗址出土的（原报告称"铃形小型铜器"），其由红铜铸造器，含铜量97.8%，属黄河中游龙山文化，年代约当公元前2500年～前1900年①。河南偃师二里头遗址的四个墓葬中先后出土四件铜铃，均为青铜铸造、合瓦形体、桥形纽，铃舌为玉质，年代为二里头文化二期（两件）和四期（两件）②。许多学者认为，三星堆出土铜铃、铜牌形饰，受到二里头文化影响。三星堆出土无翼青铜铃一件，形制与二里头出土铜铃十分接近。成组铜铃在殷墟遗址已有发现，"铜铃以成组出土的较多，如妇好墓出大小铜铃达18枚，殷墟西区的M701出土14枚，M1125也出铜铃十枚"。西周遗址发现的成组铜铃有：陕西扶风庄白一号窖藏西周中期成组铜铃7件；河南平顶山应国墓地95号墓出土西周晚期编铃九件③。另有河南烧沟汉墓出土六件一组编铃④，敞口，喇叭形，与金沙遗址出土A型铃形制很相似，这种现象值得研究。成组编铃的出现，是否对西周中期以后出现的钮形编钟产生过积极影响，也是值得深入研究的问题。

由此可以看出，三星堆–金沙遗址出土的青铜铃与中原地区出土的青铜铃有着密切联系，且发展进度也大体相同。三星堆–金沙遗址出土的青铜铃与其他各种类型的青铜礼器同出，把它们放在同一文化背景中加以综合分析，可以更加确切地说明，青铜乐舞用器用于古蜀国祭礼仪式的重要功能，也为研究我国早期青铜乐器的用途及我国礼乐制度的形成和发展提供了珍贵的音乐考古资料。

3. 最早的"金石之乐"

---

① 中国社会科学院考古研究所等：《1978—1980年山西襄汾陶寺墓地发掘简报》，《考古》1983年第6期。
② 孙敏、王丽芬：《洛阳古代音乐文化史迹》，文物出版社2004年版，第8～10页。
③ 王子初：《中国音乐考古学》，福建教育出版社2003年版，第171～172页。
④ 刘东升主编：《中国乐器图鉴》，山东教育出版社1992年版，第88页。

三星堆、金沙遗址出土的成组玉石璧和成组铜铃，是我国目前发现同一考古遗址内出土、具有相同音乐声学特征的铜石并用成组乐器，也是我国西周礼乐"钟磬之乐"之外的另类"金石之乐"。成组玉石璧的音乐声学特征与成组铜铃的声学特征非常接近，使用方法上也基本相同，即悬挂使用以增强共鸣和扩大传播范围，使用方法为刮击法，即《尚书》所记"戛击鸣球"之"戛击"的演奏方法。说明在三星堆、金沙时期，古蜀人已具有不同音高概念，并且能够运用音乐声学的特征自觉地加工成组玉石器或者青铜乐器，而制作成组铜铃的加工时期晚于制作成组玉石璧的时间，所以很有可能古蜀人制作成组铜铃的调音技术是建立在成组玉石璧调音经验的基础上。由此可以看出，晚商时期古蜀国创造了一种有别于中原地区钟磬组合的另一类"金石之乐"，用在大型祭祀礼仪中，发挥入乐的功能，营造一种音乐氛围以示与天地神祖沟通，激发参加仪式乐舞群体的亢奋情绪。但与中原地区已经出现的编铙和编磬比较，不论是制作工艺，还是音乐性能，都比较落后。古蜀国的"金石之乐"尚带着浓郁的原始艺术特征，印记着长江流域礼乐文明逐渐融合统一到中原礼乐文明的大格局中的发展过程。

（二）乐舞用器的组合

据《山海经·中山经》记载，蜀人岷山之祭的三条乐舞资料，可知古蜀国的祭祀乐舞分为两种形式，即文舞与武舞。文舞即"璆冕舞"，持玉器而舞；武舞即"用兵以禳""干舞"，持兵器舞。《山海经》记载祭祀岷山乐舞用器，有"璧"与"鼓"的组合。三星堆、金沙遗址出土的乐舞用器环、瑗、璋等，用于文舞仪式；戈、盾等，用于武舞仪式。这些器物的材料既有玉石，也有青铜，许多类型如环、戈、璋等，有的也可大小有序成列，应该是因材制宜，与成组乐器不同。

1. 鼓与璧

《山海经·中山经》记，祠首山神"干舞，置鼓，婴用一璧"。鼓与璧，都是用于原始祭祀乐舞中的乐器。陶鼓起源的时间很早，《礼记·明堂位》记："土鼓、蒉桴、苇籥、伊耆氏之乐也。"《世本》记："夷作鼓。"1959年，山东大汶口晚期十号墓葬出土陶鼓两件。陶鼓用于祭祀的功能十分明确，古代文献记载也比较多，《周礼》"蒉桴而土鼓，犹若可以致敬于鬼神""以雷鼓鼓神祀，以灵鼓鼓社稷，以路鼓鼓贵享"记载了祭祀天神、地祇、先祖所用的不同鼓乐。1980～1981年，青海省考古所在民和新民阳山墓地，发掘出土一批半山-马家厂文化类型的墓葬，出土三件喇叭状陶器。"它们均以泥质绘彩，陶色土红，器形中间空，两端相通，口沿呈罐状，颈部为筒状，下部逐渐扩展为喇叭状，上下口沿外侧都有两个对称的环形钮，下口沿外侧有一圆乳钉小钩和钻孔。……这一陶器应是原始鼓——陶鼓。"[1]民和地区也是齐家文化遗址出土玉石璧比较集中的地区，陶鼓和玉石璧在同一地区发现，虽然年代不同，但有承继关系，值得注意。金沙遗址博物馆展出的亚腰形立式"陶器"，中部圆柱形筒腔上有横贯穿孔，穿透两侧，显然无法装水，是否为陶鼓，还有待研究。如果能够确认是陶鼓，又在同一遗址区发现玉石璧、玉兵器舞具，以及十节玉琮上的人形列队祭祀图上的大鼓轮廓，印证《山海经》所记"干舞，置鼓，婴用一璧"，说明古蜀人祭祀岷山之神的乐舞仪式中，有玉兵器如戈与陶鼓、玉石璧等乐舞用器的组合，也进一步证明古蜀人举办祭祀礼仪仪式的规模之大，内容之丰富。依《山海经》所述，竟然达到"祠礼以百为单位。其祠之礼，太牢。瀹山神也，祠之用烛，斋百日以百牺，瘗用百瑜，烛者百草之未灰，汤其酒百樽，婴以百圭百璧"。

2. 环和瑗

环和瑗同为璧属类器物，三星堆遗址出土大量环和瑗，有玉质、石质和铜质，是用于祭祀礼器中乐舞活动的器物。一号坑出土铜瑗七十四件，玉环一件，玉瑗两件。二号坑出土铜瑗五十八件，玉璧两件，玉环一件，玉瑗七件，石璧两件，石瑗两件。[2]真武仓包包出土玉瑗8件，象牙白色，肉面上均有一长方形小穿，直径9～9.2厘米，厚0.5厘米。玉石璧中较小者，也可作为舞具，双手持环、璧，撞击发音。金沙遗址除了出土大量玉石璧外，还有不少有领璧。这类器物与三星堆同类器物的造型风格一致，用途也大抵一致。它们的形制大小基本一样，约20厘米，便于手持而舞，而且数量很多，可在祭礼仪式中作为众人而舞的舞具。专家挑选了8件有领铜璧作音响测试，有清晰的乐音，音色也比较清脆。虽然它们不是乐器，但作为舞具，可双手持"璧"，对击节奏。如果众人同乐而舞，其声势浩荡如潮，描绘出一幅古蜀人举行大型祭礼乐舞的盛况。

---

[1] 彭云：《论阳山墓地的俯身葬、圆形土坑及喇叭状陶器在原始宗教活动中的意义》，《青海考古五十年文集》，青海人民出版社1999年版，第63页。
[2] 四川省考古研究所：《三星堆祭祀坑》，文物出版社1999年版。

双手执璧环乐舞的使用方法，见于《山海经》两处记载，还见于出土的青铜舞人塑像。《山海经·海外西经》记载一则神话故事："大运山高三百仞，在灭蒙鸟北。大乐之野，夏后启（夏朝的第二个君王名叫启——引者注）于此舞九代，乘二龙，云盖三层，左手操翳，右手操环，佩玉璜。在大运山北，一曰大遗之野。"《山海经·大荒西经》记载了同一神话故事："西南海之外，赤水之南，流沙之西，有人珥两青蛇，乘两龙，名曰夏后开（即启），开上三嫔于天，得九辩与九歌以下。此天穆之野，高二千仞，开焉得始歌九招（九韶）。"神话故事不是信史，但它们也传递出早期人类活动的信息。文中说夏后启时期表演《九代》舞时，跳舞者左手拿着彩色的羽毛，右手操环而舞。《九代》舞是传说时期和夏商周时期九个帝王的乐舞，见于《尚书》《吕氏春秋》《路史·后记》等文献记载。

这种操环而舞的图像，在陕西宝鸡茹家庄西周墓出土的青铜舞人像上留下生动的表演形象。有学者认为，"西周时期另一个值得重视的文化现象，是一大批近似于巴蜀风格的青铜器出现在陕西宝鸡地区，集中表现在宝鸡茹家庄、竹园沟西周早中期弳（yù）国墓地中出土的兵器和特殊容器上"。"弳（yù）国墓地青铜器是巴蜀青铜器发展过程中的一个重要环节，这个弳氏方国，与川西蜀人有着密切关系，有可能就是古蜀人的一个重要文化分支"①。图像上生动的表演形式，留下古蜀人手持环瑗类青铜或玉石器在祭祀乐舞中的形态及舞蹈的韵律，出土于三星堆-金沙遗址的上百件环、瑗、戚型器等的用途也可以得到比较合理的解释。它们作为舞蹈用器，印证了历史文献记载：我国远古时期祭礼仪式中文舞是主要形式之一。

3. 璋与戈

璋与戈是三星堆出土祭祀乐舞用器中最多的两种类型，既有玉石制品，也有大量青铜制品。璋用于文舞，戈用于武舞。玉璋主要用于祭祀山川，在大型祭祀乐舞仪式中，作为舞者所持舞具。三星堆出土青铜持璋小型人像（K2③：325），双臂前伸、举于胸前，双手上下，拳握持璋，形象地再现了持璋的动作。二号祭祀坑出土边璋（K2③：201-4）上的舞人拳握形态，青铜大型神坛上部一排舞人拳握形态（K2③：296），Ⅱ号大型神树（K2②：194）底座上

---

① 赵殿增：《巴蜀青铜器概论》，《三星堆考古研究》，四川人民出版社2004年版，第429~430页。

的三个跪坐人像拳握形态，都与持璋者类似，可以说明持璋而舞是三星堆祭祀岷山之神的一种形式。①玉璋既是礼器，也是祭礼仪式中的乐舞用器，而且只有在举行重大乐舞仪式时，玉璋才被参加祭祀的乐舞人使用，之后便被收藏起来。三星堆出土的玉戈、铜戈数量也很多，青铜戈没有锋尖，没有边刃，呈锯齿状，不是实战兵器，而是用于仪式舞蹈的道具兵器。玉戈的功能与良渚文化的玉钺相同，青铜戈仿照玉戈制作，功能相同，都是祭礼仪式中的武舞用器。

（三）大型祭祀乐舞

三星堆、金沙时期的大型祭祀乐舞，以圆舞为主要形式，人数、用具都比较规范，出土文物上的一幕幕雕刻图像揭开了古蜀人举行乐舞仪式的生动形态。

1. 祭祀乐舞图边璋

三星堆二号祭祀坑出土一件阴刻祭祀乐舞图石边璋②。边璋两面阴刻四组相同、对称图案。图案上有22个舞人，分内外两层排列，立式舞人10人，排在外层；跪式舞人12人，排在内层。立式舞人的身材、姿势、衣着相同，头戴刺点平顶冠，耳戴铃，脚戴镯，站一字步，双手拳握。跪式舞人的身材、姿势、衣着相同，头戴雨点纹山形帽，耳戴双环，双膝跪地，双手也是拳握。每面上下两组舞人相对举舞，延长舞人队伍可排成两层圆圈舞。图面上有山形图案，对照《山海经》记载，此图表现了蜀人祭祀山神或先祖的舞蹈。舞蹈队列为双层圆圈舞，只要把22个舞人延长，以上下对称画出中轴，舞人就排列成两个圆圈，丰富舞蹈队列表演。边璋上的乐舞图案，以其生动的舞蹈形态和队列组合再现了古蜀人举行祭祀礼仪的情景，也为研究三星堆出土大批玉石和青铜器物的功能提供了背景资料。

2. 金沙玉琮刻祭礼仪式图

成都金沙遗址出土十节玉琮（2001CQJC：61）上的刻符③，整体轮廓像一个站立的人体形象，人体的各个部分同样由不同器物组合排列构成。整体图案可以看出一个站立的人形，分成三层，上部作为人的头部，图示为菱形内有圆圈纹，示意玉琮的位置；两侧似两臂平伸，图示为两条平行线展开的玉璋，中间各有一个圆圈为玉璧，示意玉璋和玉璧排列在玉琮的两侧；腰部两侧似插着

---

① 四川省文物考古研究所：《三星堆祭祀坑》，文物出版社1999年版，第361、233、220页。
② 四川省文物考古研究所：《三星堆祭祀坑》，文物出版社1999年版，第358、233页。
③ 朱章义：《玉十节长琮》，《金沙淘珍》，文物出版社2002年版，第82~83页。

的祭器，内侧为圭，外侧为戈，示意玉圭和玉戈的排列位置。正中央似人两腿叉开站立，示意大鼓在队列的中心位置上。整个仪式队列非常整齐和对称，中间上部玉琮应当是巫师所持玉器，可见此时玉琮所处中心的重要性，而两侧玉璧已经可以成组使用，玉璋、玉圭、玉戈等均为舞具。华盛顿博物馆佛利尔博物馆藏四号玉璧上（良渚玉璧）的刻符，与金沙玉琮刻图十分相似。

金沙遗址出土玉琮上还有"四十个简化的神面纹"，两两对称。如果把四十幅"神面纹"排列起来，也可以示意祭礼仪式中的队列形式，呈十个竖列，两人或四人一排。

3. 祭祀乐舞的传承和发展

古蜀人祭祀乐舞中的文舞和武舞，与良渚文化巫术仪式中的文舞和武舞，一脉相承，但乐舞用器的种类有所变化，乐舞形式更加丰富，文化内涵也更加明确，完成了从巫乐向礼乐的演化。玉石璧延用上千年，无论是巫乐仪式还是礼乐仪式，它一直都是典型用器：既是作乐用器，也是文舞舞具。①

成组玉石璧的作乐功能，一直延续到西周初期。西周中期以后，被另一种旋律乐器即编磬替代，商周之际金沙遗址发现大批玉石璧，同时发现两件石磬，揭示出演化的轨迹。良渚文化武舞用器，以玉钺为典型舞具，三星堆、金沙时期的武舞用器，以玉戈和青铜戈为典型用器。良渚玉钺出土埋藏，一座墓葬伴出一件或者两件，说明玉钺为巫师乐舞用器。而三星堆出土玉戈数量较多，说明参加武舞仪式的人数也比较多，不局限于巫师领舞。良渚文化祭祀文舞用器主要是玉琮，出土玉琮数量多，制作精美。三星堆出土玉琮数量减少，制作比较粗糙，金沙出土十节大玉琮也很可能是良渚文化的遗存。②三星堆文舞用器主要是玉璋，祭祀岷山和神祖的内涵比较明确。《山海经》记载的岷山祭祀乐舞以及三星堆、金沙遗址出土的大批乐舞用器组合，客观地展示出晚商至商周之际，三星堆-金沙遗址代表的古蜀国礼乐文明的丰富内涵和多种形式。

4. 太阳神鸟与金沙舞仪

在金沙出土的器物中，有几幅刻在器物上的图案特别引人注目。它们或许是祖先留给我们的"藏宝图"，导引着我们去寻找那庞大的祭礼仪式是如何展

---

① 黄建秋、幸晓峰：《良渚玉璧功能新探》，《东南文化》2008年第6期。
② 朱乃诚：《良渚文化玉器刻符的若干问题》，《华夏考古》1997年第3期。

开的。其中有两件雕刻凤鸟的图案，一件是四鸟绕日金饰，四只凤鸟绕着中央用旋涡形"芒纹"构成的太阳饰飞舞。还有一件是青铜有领璧形器上的三只凤鸟，璧的下端连着矩形短柄。两件器物上凤鸟的图案一样，披着长冠，钩着尖喙，飞展双翅，拖着尾翼，环绕着太阳，骄傲地舞着——我是太阳的使者，我是百鸟之王。《山海经》记载"鸾鸟自歌，凤鸟自舞"，《尚书》记载"凤凰来仪"的祭礼乐舞，似乎是在凤鸟的飞舞中展开的。上古时期的舞蹈怎样跳，早已失传。但是文献记载却告诉我们，那时的舞蹈以凤鸟为领衔主演，化装成各种鸟兽的舞者们是群舞者，却是符合人类早期舞蹈特征的。这些美丽的凤凰，就是天帝的使者，古人相信，当他们在舞蹈中忘却了自我，他们的身体就会腾空而去，进入神的世界。神鸟绕日图的雕刻具有极高的技巧，十分精美，写实性很强，具有标志性意义。金沙的凤鸟们绝无伦比、飘逸柔曼的舞姿，再一次带我们回到远古时期大型祭祀礼仪乐舞的时代。2005年8月16日，国家文物局发布了《关于启用中国文化遗产标志的公告》，"太阳神鸟图案"即发掘出土后定名为"凤鸟绕日"的金饰，被选定作为中国文化遗产标志图案。

（四）金沙石磬标志着长江、黄河两大流域礼乐文明的融合

2006年6月，金沙遗址梅苑祭祀区7606探方坑内出土两件石磬，出土时一左一右平置于夯土层中，土层表面坚硬平整。两件石磬一件较大、一件较小，出土时保存完好。较大一件磬体呈半圆形，底部直边。石磬用砂板岩打制而成，石质坚硬，灰色泛黄，表层存留黄色砂粒。该岩石原为沉积形成的砂岩，后经轻度变质（有绢云母生成），向板岩过渡，故名砂板岩。磬体加工比较复杂，打制成型后，经过琢磨，一面比较平整，另一面略有高低不平。边缘有大小不同的打凿痕迹，形成大小不同的扇形层面，应当是调音加工留下的痕迹。磬体厚重，悬挂时垂直下沉，稳定性比较强，敲击时基本无晃动。倨孔圆形，双面对钻穿孔。磬体通长107.0厘米，高58.0厘米，厚3.7厘米。较小一件磬体呈马头形，六边，倨句顶部略呈圆弧形边，右侧底边有残缺痕迹。用砂板岩打制而成，灰色略泛白，石质坚硬，器表保留加工痕迹。厚度比较均匀，倨句、股、鼓、博分明，股、鼓比例与西周晚期定型后的磬体结构比例"股二鼓三"有相似之处。倨孔圆形，双面对钻穿孔，磬体通长76.0厘米、高36.0厘米、厚3.7厘米。磬体表面有两处加工痕迹，一处位于磬体下方，呈曲尺形磬形制，倨句与原磬倨句对角，经打制琢磨，表面光滑；另一处加工痕迹是在倨句两侧阴刻两条双线平行直线，长约42.0厘米、间距12.0厘米。加工痕迹可能由调音所致，也

有可能是对石磬形制进行改良实验所留。两件石磬的音响性能极佳，经音乐声学测量，较大一件石磬室内校正频谱234.99Hz、物理音高#A3+7、音名#A1+7音分、音强17.02dB，音色圆润、清晰，泛音同响，纯六度泛音较强，余音约4~6秒钟。较小一件石磬室内校正频谱409.23Hz、物理音高#G4-34、音名#g1-34、音强36.77dB，音色圆润，清晰，泛音同响，纯六度泛音较强，余音超过10秒钟。两件石磬出土于同一地点，呈八字形放置，为古蜀人有意识摆放，音高构成纯六度音程，可作编磬使用。这是我国目前发现的早期石磬出土于祭祀遗址的唯一案例，有力证明了古蜀国举行大型祭礼仪式时以石磬作为主要乐器乃受到中原礼乐文化的影响，也为研究我国西周中期以后"钟磬之乐"的形成提供了科学可靠的考古资料。

金沙石磬出土于祭祀区，同时发现可用于祭祀乐舞的器物还有玉石璧、铜铃等，作为祭祀乐器的功能可以得到确认。特别值得注意的是，这两件石磬的出土地点正好在金沙人祭祀区域，由使用地点出土祭祀乐器的案例，在全国都尚属少见。

金沙石磬的出土，揭示了古蜀国祭礼乐舞仪式的存在，证明了早在距今3000年前，中代中国已具有比较规范的礼乐制度。中国礼乐制度的起源至少可以追溯到夏代二里头文化时期，陕西商洛东龙山夏代遗址和四川广汉三星堆真武仓包包遗址出土了四组"成组玉石璧"，与《尚书》记载虞舜时期的"戛击鸣球"，即用刮击的方法演奏成组玉质乐器相互印证。金沙时期大型祭祀区出土大小两件石磬，又可与《尚书》记载"击石拊石"互证。据汉人郑玄作注，"击"和"拊"为大击和小击两种演奏方法。几乎令人难以置信，《尚书》关于石质乐器和玉质成编乐器的记载，都在三星堆和金沙遗址出土了实物。经过三星堆文化期（从夏代真武仓包包至晚商三星堆祭祀坑），到商周之际金沙文化期，祭祀礼仪和乐舞仪式（礼乐）制度的完善，形成了我国商周之际长江流域上游礼乐制度发展的序列。

由此可以看出，金沙石磬的出土具有十分重要的意义，它为进一步确认古蜀国在商周时代已具有比较成熟的祭祀礼乐仪式提供了更有说服力的证据。更为难得的是，金沙石磬出土的发掘现场被完好保存下来，这对进一步研究中国石磬的传播、制作、功能、意义具有重要价值；对研究我国长江流域与黄河流域音乐文化的交流和融合、我国西周建立的"礼乐"制度之"乐制"的形成，也具有重要的参考价值。

石磬作为黄河流域音乐文化的一种典型器物，得到学术界认同。迄今考古发掘最早的石磬，都是黄河中上游出土的新石器时代晚期、夏商时期的标本。[①]长江流域石磬地发现仅有三处，共五件，金沙遗址是长江流域发现石磬的第三处遗址，另两处发现地在长江中游地区的湖北五峰县和重庆巫山县，共出土三件，时代均为晚商时期。五峰花桥头遗址出土两件石磬，石灰岩石片打制而成，未经琢磨，周边粗糙，两面均为水溶蚀面，高低不平，含硅量较高，顶部圆弧形，底边呈直线。其中1号磬频率为552.45赫兹，音高#c2-6；2号磬频率为559.84赫兹，音高#c2+17音分，两磬均有混响，两件磬的音高相同。[②]巫山大昌镇双堰塘出土石磬一件，黄褐色板岩打制而成，呈马头形，残长约50厘米、厚0.4厘米，其形制与金沙出土调音磬有些相似。[③]长江下游江淮地区目前没有发现石磬。由此看来，在晚商-商周之际，黄河流域的石磬传播到长江流域，可能与晚商时代华夏文化向四周的扩散有关，传播路线可能经由汉水流域南传。

　　金沙遗址出土祭礼乐舞用具，与三星堆时期有着明显的继承关系，同时又出现了新的、具有标志性意义的器物和图像，表明古蜀王国的祭礼乐舞，承载着长江流域礼乐文明的传统与黄河流域礼乐文明交流、融合，促进了中华民族礼乐文明的统一和发展。

　　三星堆-金沙遗址是目前我国发现的以祭祀礼仪为核心的大型遗址，也是世界考古史上，集中展现人类由原始文化向国家文明过渡时期保留下来的精神信仰历程的活化石，出土的大批器物展现出精神信仰在物质文化和社会发展中的重要价值，在中华文明起源研究中具有重要意义。

　　综上所述，三星堆-金沙遗址出土的大批玉石礼器和青铜器，可以用于祭祀乐舞仪式，其中成组铜铃、青铜响器，作为我国早期青铜乐器其功能非常明确。大批玉石礼器璧、璋、琮、环、瑗等，也同样可以作为乐舞用器，它们被用于祭祀礼仪仪式，除可以作为仪仗类静止摆设的器物外，更为重要的功能则是由参加祭礼仪式的人手执作乐舞用器。从整个仪式动态的行为过程考察，这些器物是被人类作为特殊的精神产品制造出来并用于宗教仪式活动的，在刻有

---

① 李纯一：《中国上古出土乐器综论》，文物出版社1996年版；王子初：《石磬的考古学断代》，《中国音乐学》2004年第2期。
② 高雷：《中国早期石磬研究》，《文物》2003年第2期。
③ 幸晓峰：《巫山出土陶响器、石埙、石磬考略》，《四川文物》2003年第2期。

乐舞图的边璋和大型青铜神坛的塑像上都留下了生动的描绘。这些器物数量多，质料有石玉、青铜、金箔等，以青铜制品最多，制作精美，出土地点集中且延续不间断，从三星堆真武村月亮湾、仓包包遗址到两个祭祀坑，直到金沙遗址，都有发现。这些器物是商周时期三星堆-金沙文化祭祀礼仪中使用面最广的器物，它们作为人类精神文化活动的产物，揭示了一个重要的文化现象，即中国商周时期最高规格的祭祀礼仪，伴有乐舞仪式，也可以称作"祭礼乐舞"。从史前时期到夏商二代，原始乐舞逐渐演化成祭礼乐舞，至周代建立起以等级为核心的帝王宗庙祭祀制度，对乐舞的用乐制度作了更为严格的规范。中国礼乐文明的起源和发展，始终兼有礼、乐，而用乐制度的规格，体现在最高等级的祭礼活动中。

三星堆、金沙时期古蜀国灿烂辉煌的青铜艺术，在巴蜀艺术发展史上，建造了第一座殿堂。大批祭礼乐舞用器文物，是人类原始艺术和中国礼乐文明起源在青铜文化时期得以再现的最为壮观、恢宏的艺术宝藏。它们在中华礼乐文明起源研究以及人类精神文化历程研究中，都具有不可替代的重要价值。近年来，对三星堆-金沙遗址考古文化的研究，越来越受到国内外专家学者们的重视，正如郭沫若先生在1937年写给林名钧先生的信中所言："西蜀（四川）文化很早就与华北、中原有文化接触。……有朝一日四川别处会有新的发现，将展现这个文化分布的广阔范围，并且肯定会出现更可靠的证据。"[1]2004年李学勤先生在《巴蜀文化的期待》一文中写道："像三星堆以及巴蜀文化这样的发现，应该和历史上特洛伊、尼尼微等等一样，列入世界考古学的史册。……考虑到巴蜀文化本身的特色，以及与中原、西部、南方各古代文化之间具有的种种关系，中国文明研究中的不少问题，恐怕必须由巴蜀文化求得解决。"[2]

第三节　先秦时期巴蜀艺术与南北艺术的交流融合

艺术的传播，历经时空的交错可延续数百年乃至上千年。先秦时期，中华艺术的起源和形成在不同地区表现出不同特点，最终形成了以中原艺术为中

---

[1] 引自葛维汉著，沈永宁译：《葛维汉民族学考古学论著》，巴蜀书社2004年版，第196~197页。
[2] 李学勤：《巴蜀文化的期待》，《中华文化论坛》2004年第4期。

心、南北艺术交相呼应的先秦艺术发展格局，为建立以汉族艺术为核心的多元一体化中华多民族艺术奠定了基础。巴蜀地区位于南北交通枢纽的特殊地理位置，因之成为南北文化艺术的交汇地，在先秦时期南北艺术不断交流融合中发挥了重要作用。巴蜀艺术与周边艺术的交流融合，主要受到来自北方秦国和来自南方楚国的影响。

一、中原礼乐文化对巴蜀艺术的影响

中原文化对巴蜀的渗透和影响，延续了相当一段长的历史时期。三星堆、金沙文化时期，蜀国是一个强大的方国，但已受到来自中原礼乐制的影响。三星堆出土镶嵌绿松石青铜牌形饰，与中原二里头遗址出土镶嵌绿松石的兽面纹铜牌饰非常接近；三星堆遗址发现一件无翼形铜铃，也与二里头出土铜铃十分接近；盐亭遗址出土成组玉石璧当中有一件大理岩质黄白色玉石璧，是巴蜀境内出土的唯一一件大理岩制作的玉石璧，其材质、色泽、形制大小都与相当于夏代二里头文化时期的陕西商洛东龙山遗址出土成组玉石璧接近。这几件艺术品的出现，说明巴蜀艺术曾受到中原二里头时期文化的影响。

中原文化与巴蜀文化在晚商至商周之际，曾发生过密切交往。三星堆、金沙遗址出土成组编铃，可以作为编磬的两件石磬与殷墟遗址出土成组铜铃与三件编磬之间，反映出三星堆、金沙礼仪中的用乐制度受到中原文化的影响。以成都十二桥为代表的巴蜀青铜礼器，以罍、尊组合，尤其列罍制度为特色，虽然有别于中原礼器组合，但其仿效中原礼器组合方式以及青铜器风格与中原商周青铜器风格相似的特点，说明至商周之时，巴蜀礼制用器也同样受到中原文化的影响。1959年，彭县竹瓦街出土青铜窖藏21件，其中两件铜觯形器内底刻铭文，一为"覃父癸"，一为"牧正父己"，徐中舒先生考证系蜀人参加武王伐纣时的战利品或周王颁赐的携获物。①李伯谦先生考证，城固出土铜器群与竹瓦街青铜窖藏有密切联系，如"覃父癸"觯与宝鸡竹园沟出土同名爵的铭文和风格相同，说明商周之际，蜀国与中原地区的交流比较频繁，中原礼乐制对巴蜀文化的发展和演变产生了重要影响。②流行于巴蜀地区的"巴渝舞"，被

---

① 徐中舒：《四川彭县出土的殷代二觯》，《考古》1981年第6期。
② 李伯谦：《城固铜器群与早期蜀文化》，《中国青铜文化结构体系研究》，科学出版社1998年版，第262页。

中原文化吸收，反映出双向交流的特征（详见后文）。

春秋战国时期，中原文化对巴蜀的渗透和影响加速扩大，秦、楚两国为争夺巴蜀为战略要地交战，在巴蜀地区形成了南北文化的交汇点。春秋中叶，开明王朝治蜀，历三百五十余年，传十一世十二王。开明之世，三星堆、金沙时期古蜀国的辉煌逐渐消弱，代之以仿效中原礼乐制的建立，逐渐纳入以中原文化为核心的多元一体化格局，其标志性事件是开明九世建礼乐制度。《华阳国志·蜀志》中明确记载："九世有开明帝，始立宗庙，以酒曰礼，乐曰荆，人尚赤，帝称王。"荆族是一支南方族团。《诗经·商颂·殷武》是商的后裔宋国贵族祭祀先祖武丁伐荆功德的诗歌，记载了荆族与商王朝的关系，诗曰："维女荆楚，居国南乡，挞彼殷武，愤伐荆楚，深入其阻，裒荆之旅。"荆族虽然遭到殷武重创，然至西周时期依然强大，与楚并存，合称"楚荆"，对周王朝时叛时服。直到西周晚期，仍然对周王朝构成威胁，如《诗·小雅·采芑》："蠢尔蛮荆，大邦为仇。"后随楚国的兴起，逐渐成为楚文化的一部分。开明九世以荆为乐，反映出巴蜀礼乐制度建立乃受到来自荆楚的深刻影响。

1980年，新都马家乡战国土坑木椁墓中出土188件青铜，多为两件或五件成组，其中有五鼎、五甗、五件编钟组合铜器。一件顶盖铭文"邵之飤鼎"。另有两枚青铜印章，其中一件印文刻图分上下两个部分，上部两侧各刻一件钟类乐器，中间刻网状纹；下部两侧各刻一人，抬中间一甗。墓葬出土礼器和乐器编钟，印章所刻纹饰又为"礼乐"组合，明确显示出礼乐制在巴蜀已经建立，此墓当为开明九世或九世以后的蜀王墓葬。蒲江县战国土坑墓出土同类印章一枚，印文由五种器物纹饰组成：矢、璧、花蒂、钟、甗，也与礼乐有关，足见战国后期，古蜀国已经施行中原乐制。

1965年，成都百花潭中学战国土坑墓十号墓出土镶嵌钟磬乐舞图铜壶，保留了西周以来钟磬之乐在巴蜀地区流行和演出盛况。[①]乐舞图分三层刻于壶体，每层用粗阳文分开，又分为左右两组。从上至下，第一层左十三人，其中八人排两列，似为"弓矢舞"表演舞姿；右十四人，居中上方一人，席地而坐，两臂前伸，似鼓瑟，其余十三人，似为"采桑舞"表演姿态。第二层左侧有"钟磬之乐"表演图像，编钟四件，编磬五件，一字形悬挂，四人站立执桴，二人击钟，二人击磬；四人跽坐，二人吹笙，二人吹排箫，相间。最左侧

---

① 四川省博物馆：《成都百花潭中学十号墓发掘记》，《文物》1976年第3期。

植建鼓，鼓下悬挂丁宁（钲），左手击鼓，右手击钲。右侧有四人执矛而干舞，一人执摇簋，另有似佩剑干舞者。第三层为水陆攻占武舞图，上为陆战，一人击建鼓丁宁；下为划船水战，船尾悬挂小鼓。另有一件在成都征集的传世战国铜壶，壶体上刻"钟磬之乐"表演图像，与此相似，均为蜀地制造。两件铜壶上的"钟磬之乐"与乐舞图像，舞姿优美，神态自然，生动地表现出周代礼乐在蜀地盛行，说明巴蜀艺术受中原礼乐影响，在战国时期已被同化，盛行中原"钟磬之乐"。

由上可以看出，春秋战国时期，巴蜀文化由于直接受到来自秦楚两个地域文化的强烈影响，最终建立起礼乐制度，巴蜀艺术的发展也进入与周边文化广泛交流融合的新阶段。

二、巴蜀青铜乐器及与周边文化的交流

青铜乐器是西周建立成熟礼乐制的主要用器，与编磬组合，称"钟磬之乐"或"金石之乐"。周朝规定了天子及各诸侯国以等级为核心的礼乐用器制度和舞列人数。《周礼·春官·大司乐》记载："正乐县之位：王宫县，诸侯轩县，卿大夫判县，士特县。"此规定为天子可享用四面之乐，诸侯则为三面之乐，卿和大夫享用两面之乐，士只允许排列一面乐器。县即悬，编钟、编磬均为悬挂演奏乐器，又以"乐悬"称代周朝乐制。舞蹈规格也有严格规定。《左传·鲁隐公五年》："天子用八，诸侯用六，大夫用四，士用二。"数字均指舞蹈队列人数"佾"，班固《白虎通·礼乐》载："天子八佾，诸侯四佾，所以别尊卑。""八佾之舞"是天子观赏舞蹈的队列人数。春秋时期，周朝国家的艺术开始下移，各诸侯国的艺术得到快速发展，出现所谓"礼崩乐坏"的局面。但正是这一时期，南北音乐文化得到广泛交流，各地域音乐文化也迅速发展起来。

巴蜀地区青铜乐器和音乐文化就是在这样的背景下，得到快速发展并与周边文化发生交流，在中国先秦时期南北文化融合中发挥了重要作用。

青铜乐器是我国青铜器物的重要类型，也是中国青铜文化中最具中华文明特征的器种。自20世纪中叶以来，许多著名考古学家对青铜乐器做过深入研究，确定了青铜乐器的类型，马承源《中国青铜器》一书记录了主要乐器分类，其书第二章第七节将青铜乐器分为九种类型：铙、钲、钟、镈、铎、铃、

钩鑃、錞于、鼓；①容庚先生《商周彝器通考》下编第四章分为八类，钲、句鑃、铎、铃、钟、钟钩、錞于和鼓；日本学者林已奈夫《殷周时代青铜器研究》分为六类：钟、镈、钲、铎、铃、錞于。《周礼·地官·鼓人》记载："鼓人掌教六鼓四金之音声，以节声乐，以和军旅，以正田教。"说明周代青铜乐器的功能，一是用于礼乐，击奏以节乐；二是用于军旅，即用于战阵，鸣乐指挥；三是用于农田耕作的节气祭礼仪式。青铜乐器主要用于礼乐的功能，在春秋战国时期达到高峰，以后逐渐衰落，但在历代王朝的雅乐演奏中一直有所保留。

巴蜀青铜乐器类型比较齐全，包含了我国青铜乐器的基本种类，展示了巴蜀青铜艺术辉煌成果的又一个侧面。巴蜀青铜乐器出土地点相对集中于川东地区古代巴人聚居地，几乎每县都有春秋战国时期青铜乐器出土，器型多与楚国青铜乐器相近，如涪陵小田溪土坑墓出土14件制编钟、錞于、钲、铎；新都战国木椁墓出土的5件制编钟，反映出巴蜀文化与楚文化的密切交往。另有阿坝州茂县出土成套编钟，反映出战国晚期巴蜀文化与秦国青铜文化的交往。巴蜀地区发现的铜鼓，有上百件之多，春秋战国时期至汉代的各种类型均可见到，还有三国时期铜鼓及清代少数民族铜鼓，主要分布在南方丝绸之路沿线，反映出巴蜀移民和文化的南传。西昌地区是巴蜀大石墓比较集中的地区，大石墓中的随葬品有铜铃、铜口哨等比较粗糙的青铜乐器，反映出汉族文化对这一地区少数民族文化的影响。②

（一）青铜钟属乐器

三星堆、金沙遗址出土各种类型的铜铃，对我国钟属乐器的形成产生了积极影响，特别是对长江流域最早出现钮形编钟的影响更为直接，如前述。

川东地区出土青铜乐器数量多、种类全。主要类型有：钟、钲、铎、錞于、铜口哨、铜鼓，展示了巴人创造青铜艺术的独特风格。青铜乐钟可分成甬钟和钮钟两种，甬钟使用时，悬挂成斜体；钮钟使用时，悬挂成直体，音列也有所不同。巴蜀地区出土和传世青铜乐钟上百件，有一种出土于古代巴人聚散地的钟，因其形制具有明显地方特征，被音乐考古学界称为"巴钟"或"扁

---

① 参见马承源：《中国青铜器》，上海古籍出版社1988年版，第21～23页。
② 本节内容主要参见：幸晓峰等：《中国音乐文物大系·四川卷》，大象出版社1996年版；幸晓峰：《巴蜀古代乐器精品图鉴》，西南师范大学出版社1996年版；幸晓峰、沈博：《积淀的艺术——巴蜀艺术文物概览》，人民日报出版社2007年版。

钟"。1972年，涪陵小田溪战国土坑墓群出土扁钟两件，有一件钟体的正鼓部刻有典型的巴蜀符号，也证明了这种编钟由巴人创制。扁钟形制与其他乐钟有所不同，钟体狭长，钟面上的乳钉枚在钟体上部，一般为九个乳钉，"三三制"排列，紧缩密集，多用绳纹饰，保持着陶器纹饰的风格。多数扁钟为甬钟，柄是空心圆柱，顶部有绳纹突圈，使用时匡住吊绳。川东各县几乎都有扁钟出土或收藏，鄂西、湘西也是扁钟出土比较集中的地区。扁钟出土时有的藏在山腰的石缝中，有的埋在地下，有的与錞于同埋，主要用于战争和祭祀等族属的大事。

1. 甬钟和钮钟

酉阳县文物管理所藏一件传世甬钟，1951年由酉阳县王勃山先生捐赠。这件钟的形制、纹饰与湖北曾侯乙墓出土甬钟一样，铭文也相同，记载了楚王56岁时到酉阳祭祀，做曾侯乙宗彝放置于酉阳。巴蜀出土和传世的钮钟也很有特色，钮的形状除环钮外，还有钱币形、兽头形等，1951年卫聚贤先生捐赠币形钮钟，钮的形制像镂空的刀币。现存宋代制造的仿古作品兽头形钟，桥形环钮的两侧底部雕刻成兽头，通体刻纹饰，正鼓部刻兽面纹，透露出古人仿古的妙趣，也传递出先秦时期巴蜀青铜乐器的流传，直到宋代依然有仿制品留世。

2. 虎钮錞于

据《周礼·地官·鼓人》："以金錞和鼓。"郑玄注："錞，錞于也。圆如碓头，大上小下，乐作鸣之，与鼓相和。"它是用于战争发出信号的乐器，主要是春秋战国时期的器物，汉代錞于也有出土。这个时期的錞于，主要用于战争，《国语·晋语》："战以錞于、丁宁，儆其民也。"《国语·吴语》："吴王夫差乃秉枹，亲就，鸣钟鼓、丁宁、錞于、振铎。"

錞于出土之地，有记载可考者多在长江流域古巴蜀境内。《南齐书·始兴王鉴传》云："广汉什邡民段祚以錞于献鉴，古礼器也。高三尺六寸六分，围二尺四寸，圆如筒，铜色黑如漆，甚薄，上有铜马，以绳系焉。"《周书·斛斯征传》云："乐有錞于者，近代绝无此器。或有自蜀得之，皆莫之识。"另据洪迈《容斋续笔·古錞于》条说，他所藏三件錞于，一件出于澧州慈利县，两件出于峡州长阳县，钮皆作虎形。澧州和峡州长阳县，都属汉代南郡，与今川东为邻，是廪君传说的发源地，秦汉时期巴族所在地。

虎钮錞于由巴人创制，而且是最能体现巴人风格的乐器。巴的早期部落有三支，即虫巴、蛇巴、虎巴三说，其实是指不同时期巴人的分支。《后汉书·巴君南郡蛮传》等文献记载了白虎巴的传说。白虎巴出自清江流域，临水而住，依船而生。相传白虎巴之祖廪君务相生于武落钟离山，山上有赤、黑两个洞穴，务相住在赤穴，另有四个男子住在黑穴，通过比武竞选君位。先比掷剑，务相夺胜；再比乘船，谁能让船浮在水面就立谁为王。唯务相用陶土作船，船浮于水面，务相被尊为君王，是为廪君。廪君死后，魂魄化为白虎，巴人因此以白虎为图腾。錞于顶部的钮雕成虎的形象，就是族属图腾的标志。

錞于的形制为圆肩式，形体较大，突肩，上部大，下部渐渐缩小，足口平，体狭长，顶部有盘面，盘面沿比较突出，虎形挂钮立于正中，透着威猛萧飒之气。錞于是部族的重物，除用于战争外，还用于"诅盟"、祭祀等部族举行大事之时。云南晋宁石寨山出土青铜器上有两幅錞于图像，錞于和铜鼓同挂在一横木上，一个男子左右手各执一槌，左手击鼓，右手击錞于。

现已收集巴蜀境内出土或传世虎钮錞于10余件，川东各县都有发现。万县出土两件大型錞于，通高分别为72厘米和68厘米。每件錞于的盘面上都刻着数量不等的图符，有鱼纹、船纹、网纹、人面纹、花蒂纹、夔龙纹、建鼓茅旗纹、虎形纹等，一些学者认为这些图语是巴蜀早期文字，目前还在研究考释。现藏四川大学博物馆的錞于，形体最大、刻图最多，共有14幅。重庆市博物馆藏一件环钮錞于，1951年由卫聚贤捐赠。錞于形制与春秋时代的早期錞于形制相同，盘面上有环钮，没有虎钮。錞于通体发出墨色光泽，腹正中用圆点纹和海波纹构成圆圈，肩部击痕发亮。錞于发音部位在肩部，声大而洪亮，亦若雷然，清响远闻。錞于的形制在魏晋南北朝时期已失传，巴蜀境内出土錞于，为后人留下了先祖的真迹。

3. 钲

古文中也称"金镯"或"丁宁"。钲也是军旅乐器的一种。形制狭长，长柄，口上柄下，手执敲击发音。巴蜀地区出土10余件铜钲，保存完好，形制纹饰都很精致。涪陵小田溪出土阴刻双"王"符号钲、四川省博物馆藏三星虎纹钲、黔江出土蚕纹钲，都是上品。双"王"符号钲和三星虎纹钲上的刻纹，也是巴蜀古族"图语"的珍贵遗存。

4. 铎

铎也是与钲同期使用的军旅乐器，形制短阔，柄中空，内装木柄，用手执柄，于口向上敲击。古代有金铎和木铎两类，金铎用于军事，木铎用于文教。《论语》"天将以夫子为木铎"，记载了孔子击木铎教学之事。奉节出土的日月铎，铎面上阴刻七星纹、四环纹，环中刻"日""月"符，很有特点。

5. 镈

镈是一种形制比较大的乐钟，性能与现在的低音乐器类似。1992年四川阿坝藏族羌族自治州茂县战国墓出土6件甬钟、4件镈。甬钟的形制和纹饰与中原地区西周中、晚期相同。镈钟4件，钟钮分别为圭形钮、双鸟桥形钮、桥形双孔钮、变形夔龙钮，精雕细镂，繁而不杂。钟体两侧有四至六个鱼尾形扉翼，通体刻满纹饰，有花瓣纹、十字纹、圆点纹、圆涡纹、芒纹、太阳纹、网状纹、夔纹等。其中3件出土同一墓葬，尺寸依次递减，或为编镈。镈钟在巴蜀地区出现，反映出西周礼乐向西北地区的传播，繁缛精美的刻绘，则反映出这一时期巴蜀青铜雕刻艺术的成熟和奇特的艺术风格。

（二）铜鼓文化与民族文化的传播

1. 铜鼓

巴蜀地区是铜鼓文化的主要传播地，现藏巴蜀铜鼓的数量近百件，各博物馆都有藏品。凉山盐源县毛家坝出土春秋时期铜鼓一件，形制为倒置的铜釜，鼓面中央饰双十字和圆圈纹，外围是牛角纹，粗犷拙朴，是巴蜀地区出土早期铜鼓的典型器物。战国至汉代是巴蜀地区铜鼓文化的盛行期，四川省博物馆、四川大学博物馆、重庆博物馆及泸州、宜宾等地藏品中有冷水冲型、冷水冲—遵义型、麻江型等，多数为战国至汉代流行的铜鼓类型，直到六朝至唐宋时期，铜鼓文化依然在巴蜀地区流行。会理罗罗冲出土的汉代铜鼓纹饰上刻六个羽人划船纹，羽人椎髻，即头发扎成发髻，髻上饰雉羽或蕉叶形带巾，留下了巴人居水生活的生动画面。成都武侯祠藏铜鼓中，有一面圆形束腰大鼓的鼓面上铸六只蹲蛙，造型生动，表现出人与自然天成和谐的美趣，具有铜鼓文化雕刻艺术风格的典型特征。巴蜀藏品中还有明清时期壮族、傣族的铜鼓，这种铜鼓形制较小，制作精致，尚可敲响。铜鼓是西南少数民族地区出土的一种乐器，巴蜀地区铜鼓文化的传承勾勒出汉族艺术吸收和保留西南少数民族艺术的传播途径。

2. 铜口哨

西昌大石墓出土发现铜口哨和铜铃，时代延续到西汉时期。铜口哨制作呈现出原始乐器的特征，哨呈管状，顶端为球形，管体上开一至四个孔，可吹鸣。大石墓是蜀人古代的一种葬俗，据《华阳国志·蜀志》记载，蜀人死，做石棺石椁葬。西昌、冕宁、越西、喜德、米易等县发现大石墓近百座，墓主为同一民族，即西南夷中的"邛都夷"。这些地区出土的音乐文物，反映出汉族艺术对西南少数民族艺术的强烈影响。

三、音乐文化的传播和交流

先秦时期巴蜀艺术与南北艺术的交流，不仅在青铜乐器的分布和传播中反映出来，在音乐文化的传播中也反映出以秦国为代表的北方文化和以楚国为代表的南方文化的影响及双向交流。秦声和楚歌是我国先秦时期的两大地方音乐，分别代表了北方音乐和南方音乐的不同风格。巴蜀音乐的风格，因地理位置而受到秦声和楚歌的影响，形成西北和东南两个区域的不同风格。

（一）华夏音乐的传入——秦豳同咏，故有夏声

《华阳国志·蜀志》记载，有周之世，巴蜀与中原地区交往频繁，秦地华夏之音开始传入蜀地。文曰："在《诗》，文王之化，被乎江汉之域，秦豳同咏，故有夏声也。"这段记载引《诗·汉广》毛传："《汉广》，德广所及也。文王之道被于南国，美化行乎江汉之域。"周朝，蜀与秦分野同属二十八星宿之东井、舆鬼，风俗相似，受到文王教化，开始习华夏风俗。秦豳指《诗经》中的《秦风》和《豳风》，都是秦地的民歌，传入蜀地带来了中原华夏音乐，也促进了蜀地音乐的发展。《吕氏春秋·音初》篇记西音，取材于商王河亶甲，迁徙西河居住，因思念故土，始作西音。周昭王时，封侯辛余靡驻守西翟山，传承西音。至秦缪公取风，实始作为秦声的故事。西音表达壮士他乡思念故土之情，风格沉雄浑厚，秦声取西音之实，风格相似。李斯在秦始皇十年（前237）上《谏逐客书》云"夫击瓮叩缶，弹筝搏髀，而歌呼呜呜快耳目者，真秦声也"，描绘出秦声的拙朴沉浑的特色。《左传》襄公二十九年，吴公子季札聘鲁观乐闻秦声，大加赞赏："为之歌《豳》，曰：'美哉，荡乎，乐而不淫，其周公之东乎。'为之歌《秦》，曰：'此之谓夏声……'"巴蜀音乐受到秦声潜移默化的影响，客观上为中原文化与南方文化的融合打下了基础。

（二）巴蜀帝王音乐的演化——东平之歌，幽魄之曲

巴蜀音乐在与华夏音乐和古楚音乐的交流融合中，不断发展，音乐表达情感的元素更加增强，产生了与祭祀乐舞不同的特点。史书记载秦惠王伐蜀的传说故事，出现了多首歌曲的名称，虽然歌词已失，不能详解词义，但却可以从传说故事和歌曲名称上看到巴蜀歌曲演化的轨迹。《华阳国志·蜀志》记载："武都有一丈夫化为女子，美而艳，盖山精也，蜀王纳为妃。不习水土，

欲去。王必留之，乃为《东平之歌》以乐之。无几，物故。蜀王哀念之，乃遣五丁之武都担土为妃作冢，盖地数亩，高七丈，上有石镜，今成都北角武担是也。后王悲悼，作《臾邪歌》《龙归之曲》……"《汉唐地理书钞》卷一〇六引扬雄《蜀王本纪》记载："武都人有善知蜀王者，将其妻女适蜀王。居蜀之后，不习水土，欲归。蜀王爱其女，留之，乃作《东平之歌》以乐之"或"乃作伊鸣之声六曲，以舞之"。《琴操》又作："秦惠王以美女迎蜀王，死，葬之石镜。王追思之，作《幽魄之曲》。"几则文献记载虽故事和曲名不尽相同，却反映出秦欲伐蜀之时，蜀国的国力已弱于秦国，秦国以风俗化蜀，最终迫使蜀国称臣。蜀王作歌曲，表达对蜀妃的爱怜、幽思之情感，也从音乐艺术本体情感因素的增强反映出巴蜀以祭礼乐舞为代表的辉煌逐渐衰落，表达怀念故土之情的秦声在巴蜀音乐中的逐渐蔓延。从歌曲名称上，可感知其风格饱含凄凉与忧愤，也与秦声风格有相似的地方。

（三）巴蜀最早的民歌"唱和"曲式——《候人兮猗》

《吕氏春秋·音初》篇记载了禹在南巡治水途中，娶涂山氏之女，三过家门不入，女乃作歌"候人兮猗"，表达对禹的思念之情。《吕氏春秋》二十六卷，由秦相吕不韦召集门下宾客纂集，《音初》篇旨在论述我国地方音乐的创始，它将东、南、西、北四方音乐的发生与古代神话或传说故事结合在一起，记载了四方音乐产生的时代、地域、内容及歌曲的音乐特点和传播，歌颂了夏商周三代时期帝王创功立业的政绩，并将音乐的创作归结为个人，尤其是帝王，体现出音乐从原始艺术向文明时期艺术过渡的特征。其二记南音："禹行功，见涂山之女。禹未之遇而巡省南土。涂山氏之女乃令其妾候禹于涂山之阳。女乃作歌，歌曰：'候人兮猗'，实始作为南音。周公几召公取风焉，以为《周南》《召南》。"后人多以这首歌曲的歌词作为曲目，宋代曾为其谱曲，遗憾的是曲谱已佚失。《候人兮猗》这首歌曲，记载了南音曲调的特点，有"唱"有"和"。"唱"为发歌句，以"候人"表达思念之情，演唱方式为领唱。"和"的含义是歌声相应，可用两种方式演唱：一是衬词"兮倚"连用，拉长声，加深含义；二是将"兮"与"猗"断开，"候人兮"为长声发歌辞，"猗"单独成辞，表赞美之意，用"和声"伴唱或帮腔。①禹南巡娶涂山氏之地在何处，历史上一直有争论。邓少琴、蒙文通等巴蜀研究前贤认为当指

---

① 幸晓峰：《试论南音之始"候人兮猗"》，《音乐探索》2001年第3期。

江州（今重庆境内）涂山，并相继作了详尽论证。①虽然作为历史问题争论，目前尚未定论，但涂山却是探讨南方音乐主要形式之一"唱和"曲式的发源地，《候人兮猗》当为见于文献记载最早产生于巴蜀地区的歌曲。"唱和"曲式在周代正统音乐的形成和发展中产生了重要影响，又被楚人吸收，成为楚声的主要形式之一。

（四）"唱和"曲式的演变——《周南》《召南》

《候人兮猗》歌颂夏禹治水，当为夏代巴蜀地区流行的"唱和"曲式。西周共和时期，即周公、召公朝政时期（前841～前826），由朝廷取风，为《周南》《召南》。在长达上千年的历史时期，以《候人兮猗》为代表的南方民歌发生了巨大变化，其音乐形式日臻完善，对《诗经》《楚辞》乃至汉代相和歌的形成产生了积极影响。我国原始时代歌曲，形式简单，仅用歌词配曲。《候人兮猗》用伴唱和帮腔突出主题、强化歌曲的音乐色彩，更好地抒发了情感。这种主歌词之后，增加乐句的形式，在"二南"中发展为"乱"的形式，一般放在歌曲尾部，成为全曲的高潮。孔子论《诗经》："师挚之始，关雎之乱，洋洋乎，盈耳哉。"《关雎》为《周南》之首，孔子所言，乐师挚始用"乱"的形式，应当是取自南方"唱和"曲式而有所改进。《候人兮猗》表达男女相悦相思之情，风格缠绵、柔丽，突出表现了南方风和雨顺，人民安居乐业、和谐美满的风土人情。"二南"风格与《候人兮猗》一脉相承，如以"关关雎鸠"雌雄相应，示男女相爱之情。《候人兮猗》由禹妻作歌，赞美帝君治水为大，妻居家室操业，待君情深意切，是为后妃操德之典范。夏商周三代以音乐教化万民，成为后世帝王统治的传统。朱熹注《诗经》，以为"《周南》《召南》凡二十五篇，先儒以为正风"②。历代王朝重视音乐的教化作用，歌颂后妃操持家室，助君成大业之美德，始于夏禹后妃之歌《候人兮猗》。

（五）"唱和"曲式的承传——下里巴人、阳春白雪

《候人兮猗》的"唱和"曲式，对楚国音乐产生了重要影响。刘向《新序·杂事》载："客有歌于郢中者，其始曰'下里'、'巴人'，国中属而和者数千人；其为'阳陵'、'采薇'，国中属而和者数百人；其为'阳春'、

---

① 邓少琴：《禹取涂山考》，《巴蜀通史》，重庆地方史资料丛书，1986年；蒙文通：《巴蜀文化的特征》，《巴蜀古史论述》，四川人民出版社1981年版，第96～100页。

② （宋）朱熹注：《诗经》，《四书五经宋元人注》影印本，中国书店1985年版。

'白雪'，国中属而和者数十人而已；引商刻角，杂以流徵，国中属而和者，不过数人；是其渠弥高者，其和弥寡。"①《文选》录《宋玉对楚王问》所记基本相同，但将"阳陵""采薇"改为"阳阿""薤露"，歌曲名称不同；将"引商刻角"改为"引商刻羽"，调式发生变化。郢为楚国都，有巴人歌曲在楚都演唱，有领唱，有和声，歌曲不同，有简单的、复杂的，更有"引商刻角，杂以流徵"这样高水平的音乐，可见巴蜀音乐形式丰富且水平发达，郢中和者达数千人之多，也足以说明巴与楚两地歌曲的广泛交流。从古文献记事时代看，《候人兮猗》的唱和曲式，到《下里巴人》众人唱和，已有了很大发展。《楚辞》多用兮、些等衬字，也与巴蜀民歌相同。《楚辞》音乐，常用"乱""少歌""倡"等形式，更为丰富和复杂，较之《周南》《召南》又有发展。由此可见，巴蜀音乐在南北音乐文化交流中所发挥的重要作用。

（六）巴渝舞为中原乐舞吸收——武王伐纣，前歌后舞

巴蜀先秦时期的舞蹈，当以"武王伐纣之歌"巴渝舞最为著名。《华阳国志·巴志》记载："巴师勇锐，歌舞以凌殷人，前徒倒戈，故世称之曰：'武王伐纣前歌后舞'也。"又载："阆中有渝水，賨民常居水左右，天性劲勇，初为汉前锋，陷阵，锐气喜舞。帝善之，曰：'此武王伐纣之歌也。'乃令乐人习学之，今所谓'巴渝舞'也。"《尚书大传》记载："武王伐纣，至于南郊，停止宿夜，士卒则欢乐歌舞以待旦。"又："惟丙午，王逮师，前师乃鼓譟，师乃临，前歌后舞。"《史记·司马相如列传》引其《上林赋》说道："巴俞宋蔡，淮南于遮"，所说巴俞，就是指巴渝舞。裴骃《集解》引郭璞曰："巴西阆中有俞水，獠人居其上，皆刚勇好舞，汉高募取以平三秦。后使乐府习之，因名巴渝舞也。"

由于年代久远，且时巴蜀语言异于中原，巴渝舞之具体表演方法以及乐曲早已不传，据《晋书·乐志上》记载，有《矛渝本歌曲》《安弩渝本歌曲》《安台本歌曲》《行辞本歌曲》共四篇，"其辞既古，莫能晓其句度"。四篇均以賨语演唱，华夏人不知其辞义。②

司马相如《上林赋》描述说："巴俞宋蔡，淮南于遮，文成颠歌，族举

---

① （西汉）刘向：《新序·杂事》卷一，上海古籍出版社1990年版。据出版说明，此本为"明翻宋刻本"影印本。
② 王宁生：《释"武王伐纣前歌后舞"》，《历史研究》1981年第4期。

递奏，金鼓迭起，铿锵铛鼙，洞心骇耳。"左思《蜀都赋》说："若乃刚悍生其方，风谣尚其武。奋之则賨旅，玩之则渝舞。锐气剽于中叶，蹻容世于乐府。"《隋书·音乐志》说巴渝舞"执杖而舞"，杖即兵杖。傅玄根据王僳改作的巴渝舞歌辞而作之《宣武舞歌》辞曰："乃作《巴俞》，肆舞士。剑弩齐列，戈矛为之始。进退疾鹰鹞，龙战而豹起。""疾逾飞电，回旋应规。武节齐声，或合或离"，"退若激，进若飞。五声协，八音谐"①，并有鼓员36人鸣鼓助乐。②气势恢宏，威武雄壮，产生出惊心动魄的艺术效果。由以上文献可以证实，巴师陷阵前歌后舞，巴渝舞乃从兵戈之中演变出来的一种战舞形式，其舞风勇武刚烈，音乐铿锵有力。

据考证，历代史籍所载周初为纪念武王伐纣而创作的"大武舞"，其动作设计就是直接取自巴渝舞。③由此可见，巴渝舞在历史上是有其重要地位的。虽然巴渝舞本身的具体形式我们已难得一见，但通过各地模仿巴渝舞或自巴渝舞改编的舞蹈形式，其对后世的影响力可窥一斑。它不仅从汉代起进入宫廷，至隋代而止，成了历代王朝朝廷的宗庙祭祀大曲，而且在民间有着强大的生命力。巴渝舞在西南地区历代相传，长久保存并予以发展，形成了诸多流派。从考古出土铜鼓上的"羽人舞"图像与文献结合考察，西南地区的僚人一直相袭巴渝舞。江南地区的"盾牌舞"，湘西地区土家族的"摆手舞"，四川盆地东部巴人后裔的"踏蹄舞"，多与巴渝舞的演变有关。

---

① 《宋书》卷二〇《乐志》。
② 《汉书》卷二〇二《礼乐志》。
③ 董其祥：《巴渝舞源流考》，《重庆师范学院学报》1984年第4期。

第二章

秦汉时期的巴蜀艺术

概述

公元前316年，秦并巴蜀，巴蜀艺术纳入以汉族艺术为主体的艺术体系，巴蜀成为汉族艺术与西南各少数民族艺术交流融合的汇集地，逐渐形成一体多元的发展格局，从两汉时期到唐至五代时期，形成巴蜀艺术发展的两次高峰。

秦代始建"乐府"，豪门贵族移居巴蜀，"箫鼓歌吹，击钟肆悬"的中原礼乐在巴蜀盛行；西部少数民族音乐舞蹈，从蜀地传入中原，巴蜀地区逐渐成为汉族艺术与少数民族艺术的传播走廊。

两汉时期，巴蜀经济文化快速发展，积淀了这一时期中国艺术的精华。巴蜀城市建筑艺术得到长足发展，汉族居所呈"庭院"式建筑格局基本定型，一直延续下来。石刻碑文和石阙铭文，不仅是考察汉史的珍贵资料，还留下汉代书法艺术的珍迹。汉代巴蜀大兴厚葬之风，东汉时期出现墓前装饰建筑物——石阙，全国现存石阙仅30处，其中巴蜀地区占有21处，可见汉代巴蜀石刻艺术的盛行。巴蜀汉代画像砖石墓位居全国前列，画像砖石上的雕刻图像，开了中国现实主义绘画雕刻之先河。

随着佛教开始传入中国，巴蜀地区出现早期佛教石窟雕塑艺术。东汉时期，中国本土宗教道教在巴蜀发源，开启了道教艺术之端，两汉时期的巴蜀，成为中国早期宗教艺术的发源地之一。巴蜀汉代画像砖石上有许多宗教传说故事，记录了早期佛教与道教艺术在巴蜀的传播。

两汉时期是中国音乐舞蹈重要发展阶段，汉乐府建立正式的音乐机构，雅乐与俗乐并行。巴蜀地区流行的乐舞，积淀了汉代乐舞的主要品类。汉乐府音乐之"相知歌"演唱形式"丝竹更相和，执节者歌"，见于巴蜀；舞曲之《巴渝舞》，起于巴人乐舞，兴于汉乐府；《鞞舞》《槃舞》《公莫舞》等来自民间、收入汉乐府的舞蹈，也流行于巴蜀；"四夷乐"之鼓吹乐等，建鼓舞等西域乐舞，汉代已传入巴蜀。"白狼歌"等少数民族乐舞经蜀地奉献朝廷，开通了汉族艺术与民族艺术交往的民族走廊。

汉代舞蹈讲究"阴柔和美"与"阴阳之和"，以长袖、细腰为特点的汉族舞蹈风格，以顿足、欢腾为特点的西域舞蹈风格，均在巴蜀流行。左思在《三都赋》中描写蜀都乐舞"羽爵执竞，丝竹乃发，巴姬弹弦，汉妇击节，起西音于促柱，歌江上之飋厉，纡长袖而屡舞，蹁跹跹以裔裔"，正是汉代至魏晋南北朝巴蜀乐舞风格的描绘写照。汉代乐舞在巴蜀地区的盛行，在巴蜀汉代画像砖石墓室墓中留下了大量珍贵雕刻，成为汉代巴蜀音乐舞蹈艺术与绘画雕刻艺术融合一体的艺术珍品，在汉代中国艺术发展史上占有重要地位。

汉代是中国说唱艺术的萌芽期，据《荀子·王霸》《史记·李斯列传》《汉书·枚皋传》等文献记载，秦汉时期出现"俳优""俳倡"艺人，以诙谐滑稽的表演为生。巴蜀各地出现说唱艺人，是中国最早见有俳优表演和说书艺术的地区之一。说唱者中有"击鼓歌唱"者，衣冠楚楚，仪态端庄，或为朝廷讲学的专业说书人，或为民间"能说书者说书"之人；也有袒胸露腹，挤眉弄眼，或击小鼓，或拍大腹，做滑稽表演的艺人。巴蜀出土汉代说唱陶俑数十件，成为艺术学界考证"说唱鼻祖"的实物资料。

两汉时期流行的"百戏"，杂糅了音乐、舞蹈、武术、幻技、杂技等多种表演形式，在巴蜀地区多见执丸、跳环、击剑、吐火、柔术等各种表演，还有中国戏剧的萌芽形式角抵戏"东海黄公"的表演。成都等地出土汉代画像砖石上的宴饮百戏表演，集中体现了汉代百戏在巴蜀地区的广为流行，也留下了考证汉代"百戏"表演的生动形态。

总体上看，两汉时期，巴蜀艺术以汉族艺术为主，兼收并蓄，形成了一体多元化的发展格局，成为汉族艺术与少数民族艺术交流融合的汇集地，也成为西南地区最繁华的文化艺术中心。这一时期的巴蜀艺术主要表现出两个突出特征：一是汉族艺术精华的积淀；二是形成了汉族艺术与各民族艺术交流的走廊。

第一节　巴蜀文化艺术融入中原文化

一、秦汉时期巴蜀艺术发展的时代背景

肥沃的土壤造就了巴蜀的富足，四周的高山屏蔽了外族的入侵。当人们在富饶的平原尽情享受着上天的给予，创造出一件件辉煌的艺术品时，中原各国却在相互的征伐中寻找着强兵富国之路。几百年过去了，东方的秦国正在秣马厉兵，准备夺取这天下最大的粮仓，巴蜀大地的统治者们依然在庄严的祭祀乐曲中膜拜

他们的青铜制品。兵器对他们而言不是御敌的工具，而是象征天神和祖先意志的王权。公元前316年，秦军取巴灭蜀。对于当时的巴蜀百姓，其苦难不言而喻，但由长远的历史观出发，秦灭巴蜀却为巴蜀地区政经文化翻开了新的篇章。自此，巴蜀由非中原系统的地方文化转而与中原文化相融合，巴蜀艺术在表现形式上虽逐渐与中原艺术统一，但仍保留了一些其特有的艺术特点。

秦统一巴蜀之后，在四川推行郡县制，初立巴郡和蜀郡，后分巴、蜀置汉中郡，共三郡三十一县。北至秦岭，东至奉节，南至黔涪，西至青衣，包括今阿坝、甘南、凉山的部分地区和鄂西北在内的广阔地区。

秦的各项政令在四川推行，使得原来并非华夏民族的巴蜀，逐渐融合、统一于中央集权的统治之下。1980年，四川青川县赫家坪秦昭王时期墓葬出土《为田律》木牍，详载阡陌制度，可见秦制已在四川推行。《史记·秦始皇本纪》载曰："昭王四年初为田，开阡陌。"惠王、昭王时期，先后有张若和李冰为蜀郡守，推动了四川经济、社会的发展。《华阳国志·蜀志》记载，李冰修都江堰，又开四川井盐之业，使四川的井盐业快速发展。"于是蜀沃野千里，号为陆海。""水旱从人，不知饥馑，时无荒年，天下谓之天府。"又记李冰"能知天文地理又识齐水（盐卤水）脉，穿广都盐井"。巴蜀是秦汉两朝治理西南各少数民族的重地，张若任蜀守期间，向南扩张，先后攻取了邛、筰等少数民族部落，统治范围达今乐山、汉源及大渡河以南的西昌。秦朝统一全国后，继续经营西南夷，修建了由宜宾通往云南昭通的五尺道和由咸阳到成都的驰道，促进了四川与中原地区以及四川与西南各族的经济文化交流。

移民是秦王朝统治巴蜀的一项重要措施，《华阳国志·蜀志》载："秦惠王、始皇克定六国，辄徙其豪侠于蜀，资我丰土。家有盐铜之利，户专山川之材，居给人足，以富相尚。"迁蜀的豪族，许多是工商之家，如临邛卓氏等，促进了巴蜀手工业和商业的发展，特别是冶铁业的发展；漆器、金器、蜀布等手工业制品，也是闻名全国、行销国外。

秦朝大批移民不仅推动了巴蜀经济的发展，还带来了先进的中原文化。巴蜀地区"民始能秦言"，逐渐接受和融入中原文化。迁徙豪族带来中原礼乐："故工商致结驷连骑，豪族服王侯美衣，娶嫁设太牢之厨膳，归女有百两之（徒）、（从）车，送葬必高坟瓦椁，祭奠而羊豕夕牲……箫鼓歌吹，击钟肆悬……"[1]

---

[1] 《华阳国志·蜀志》，刘琳校注本，巴蜀书社1984年版，第225页。

促进了巴蜀艺术的快速发展，到汉代出现了巴蜀艺术发展史上的又一次高潮。

秦朝灭亡后，汉承秦制，统一的、多民族中央集权制封建国家得到进一步发展和巩固。

汉高祖平定三秦，统一中国，巴蜀地区成为供应粮草、兵源的后方基地。汉武帝元封五年（前106）设十三州刺史部，其中益州包括今四川、云南、贵州及陕南、甘南和湖北西部地区，西汉治所无定，东汉益州治广汉郡雒县。西汉末年爆发农民起义，益州发生战乱，公孙述自立"天子"，号称"白帝"，割据益州12年（25~36）。东汉重新统一四川后，继续实行西汉时期的政策，巴蜀经济、社会、文化得到稳定发展。

两汉时期，四川经济快速发展，成为全国经济最发达的地区之一。《后汉书·公孙述传》称："蜀地沃野千里，土壤膏腴……"诸葛亮《隆中对》云："益州沃野千里，天府之土。"汉武帝时，四川人口已达到76.6万余户，人口数351.4万余口。铁器的广泛使用，都江堰水利工程建成，大大促进农业发展，水稻精耕细作，产量不断提高，巴蜀地区成为全国重要的粮食生产基地。中国饮茶起于汉代，巴蜀是最早的产茶区之一。手工业的高度发展，在全国名列前茅，尤以盐业、矿冶业、纺织业、漆器和金银器制造最为著名，"蜀布""蜀锦"，远销印度和中亚等地。

两汉时期，巴蜀成为汉朝开发少数民族以及与国外交往的枢纽和要道。汉武帝时，开发"西南夷"，使西南地区少数民族归附汉朝政府直接统辖，民族地区经济和社会文化得到开发，汉民族与西南少数民族联系更为紧密。汉武帝时，唐蒙出使越南，发现了经夜郎至广州的商道运往番禺（今广州市辖区）的蜀枸酱；其后张骞出使大夏（今阿富汗），发现了经身毒（今印度）运往大夏的蜀布和邛竹杖。

秦举巴蜀前后，巴蜀文化发生了根本变化，由地方民族色彩浓郁的土著文化，逐渐融入统一的国家文化当中，成为全国重要的文化地区之一，而具有悠久历史的巴蜀土著文化在一些地区保存下来。如果说先秦时期巴蜀在南北文化交流中，以独立的土著艺术为主体成为促进南北艺术的中介的话，那么，秦汉时期巴蜀艺术的土著特征则失去了主体性，而巴蜀也成为大一统汉族艺术在西南地区繁荣发展和传播的艺术中心，成为汉族艺术与西南少数民族艺术交流的交汇地。秦代巴蜀艺术的转型，主要在巴蜀文化融入中原文化的大环境中体现出来。

二、巴蜀文化与中原文化的同化

始皇帝平定六国之后，诸侯国豪族和秦民迁蜀，直接影响了巴蜀地方文化。这种变化，首先是语言的变化。《华阳国志》《蜀中广记》《全蜀艺文志》等文献中，都有关于秦并巴蜀、"移秦民万家以实之，民始能秦言"的记载。《文选》录左思《蜀都赋》刘逵注引《地理志》更进一步明言："秦灭巴蜀后，蜀人始通中国，言语颇与华同。"古代巴蜀语言与中原语言的同化，从秦代豪族入蜀开始，接受秦国语言，逐渐融入中原文化当中。语言的同化，成为古老的巴蜀文化融入中华民族大文化中的前提条件。

巴蜀符号或巴蜀文字的演化，也是巴蜀文化纳入中原文化的显著特征。巴蜀符号或文字，是先秦时期巴蜀文化的重要类型，据学术界统计，目前已发现的春秋战国之际至汉初的巴蜀符号在两百个左右，其中战国晚期秦入巴蜀至秦亡的符号约占62%，西汉初期约占6%。秦统治巴蜀的100余年，是巴蜀符号的高峰期。从现有资料看，成竖行出现的"巴蜀文字"，也主要见于秦入巴蜀之后，均刻在铜戈上，从其结构看，这种文字无疑是"巴蜀符号"的发展和继续。这就说明，秦入巴蜀后，并没有立刻在这里废除巴蜀文字，而是在大力推行秦文字的同时，让巴蜀符号、文字继续流行了近百年，只是到了秦统一六国后，在全国统一文字时才废除巴蜀文字。考古资料证明，即使在此后，它仍继续在民间流行，最迟在西汉中期已基本不见，但在以后陆续出现的画像石墓、画像砖墓、瓦当、崖墓雕刻等图案中，不时亦能见到一些具有"巴蜀符号"风格的内容。[①]上述研究认为"巴蜀符号"和"巴蜀文字"在器物上的刻饰可以看作是两种形式，两者的联系是一个动态的演化和进步的过程。

关于巴蜀符号或巴蜀文字的性质，一直是学术界讨论的热点和难点问题之一，目前尚无统一看法，但多数学者倾向"巴蜀文字"说，认为先秦时期巴蜀文字具有表意和象形两种形态，"秦灭蜀后，巴蜀文字仍继续流传。秦始皇推行文字统一制度，但直到汉初，巴蜀文字仍屡有所见。直到汉中叶后，作为一个文字系统，巴蜀文字才逐渐归于消失，但在民间仍有流传。汉末张陵在蜀之

---

① 罗开玉：《文化与民俗》，《四川通史》（第二册），四川大学出版社1993年版，第336~338页。

鹤鸣山所得'符书',即是巴蜀文字的孑遗"[1]。

秦汉时期是巴蜀文化的重要变革时期,中原文化对巴蜀文化的影响,在语言和文字中表现得最为突出,巴蜀符号或文字的破解,已成为目前巴蜀文化研究中有待突破的一个难点。

中原文化向巴蜀渗透,在战国晚期墓葬中已表现得比较明显。巴蜀地区出土的战国早期墓葬,时间在秦举巴蜀之前,随葬品中很少有中原因素。而战国晚期墓葬在秦举巴蜀之后,最晚至秦汉之际,出土器物以中原地区器物为主,如秦半两钱、中原式兵器和铁器等。葬制也发生变化,木椁墓渐多。而在青川等地,已发掘出土战国时期的秦墓[2]。

1979～1986年在青川县赫家坪发现战国时期的秦墓,先后三次挖掘共清理72座墓葬,均为长方形竖穴墓,无封土墓道。共出土随葬品400余件,未见兵器。漆器177件,器形多样,工艺技法成熟精湛,有的器物底部填有朱"成亭"烙印戳记,由此将"成亭"的年代上推至战国中、晚期。50号墓出土两件木牍,其中一件上见墨书文字,直书三行,127字,记载了秦国修田律等经济政策实施的过程,又据文中年月的记载,推算出墓葬的年代可能是秦昭王元年(前306)。墓葬中出土的器物还有竹、木、陶、青铜、玉器以及半两钱[3]。此墓的发现为研究蜀、秦、巴、楚文化交融,提供了珍贵资料,对秦举巴蜀的历史文献记载也是有力的补充。

战国至秦代,巴蜀地区还有一种颇具地方色彩的船棺葬,秦入巴蜀后船棺形状的变化,反映出中原文化对巴蜀的渗透。战国早期的船棺,比较单薄,形如独木舟,这种独木舟在西南地区流行;战国中期的船棺,两舷加高,两端齐平,似水槽形状,上有棺盖;到了战国晚期,船棺的两端削尖上翘。中晚期船棺形状与中原船的形状相似,可以看出中原文化的影响。

秦代的文化遗存,在巴蜀地区发现较少。目前发掘的秦代墓葬主要有两类,一类是土坑墓,一类是石棺墓,数量都比较少。大邑县五龙乡两座秦代墓葬,于1984年5月发掘清理,两墓相距20米,均为长方形竖穴土坑墓。遗物有陶器、青铜器、铁器以及半两钱等上百件,有浓厚的秦文化特点。其中一件铜戈

---

[1] 段渝:《巴蜀文化与汉晋学术和宗教》,《中华文化论坛》1999年第1期。
[2] 本章考古资料主要参考四川省文物管理局主编:《四川文物志》,巴蜀书社2005年版。
[3] 《青川出土秦更修田律木牍》,《文物》1982年第2期。

上饰错银云气纹图案两组，形制与涪陵小田溪出土的秦始皇二十六年（前221）蜀守制造之戈极其相似。两墓的出土，对研究巴蜀与秦、楚等国的关系以及秦代墓制提供了实物资料。

秦始皇统一中国后，不仅在政治、经济上实行了一系列统一各种制度的政令，在文化艺术上也是集六国艺术之大成，开始建立了中华民族艺术体系。巴蜀地区的音乐文化，也逐渐融入中原文化，秦汉之际羌族已南迁至巴蜀地区，羌人艺术纳入中原艺术，必经巴蜀地区融合。1976年，在秦始皇陵区出土一件乐钟，钟体上嵌错篆书铭文"乐府"，由此补充修正了《汉书·礼乐志》载"至武帝定郊祀之礼，乃立乐府"的误释。中华民族统一的音乐、舞蹈以及各种艺术，从秦代开始至两汉时期，在巴蜀地区繁荣发展，巴蜀艺术进入一个全新的发展阶段，巴蜀地区逐渐成为西南地区的文化艺术中心。

三、汉代巴蜀地区成为西南地区文化艺术中心，出现了巴蜀艺术发展的又一次高潮

汉代是中国艺术发展史上的一个重要转折期，也是中国现实主义艺术风格形成的起始时期。两汉时期，延续400年中央集权国家的统一和强大，为艺术的长足发展奠定了坚实基础。两汉时期统治阶级对艺术的追求，成为艺术发展的催化剂。汉高祖七年（前200）用鲁国儒士制定朝仪礼乐，此后各朝代多有增补，如宣帝时期，益州刺史王襄命王褒作《中和颂》，令冑子作《鹿鸣》之声，歌颂汉宣帝政治和平，丰富了汉代朝仪礼乐。① "高祖乐楚声"②，武帝置乐府，"采诗夜诵"，第一次广泛采集各地民歌，配乐演奏，还自创词曲，丰富了汉代音乐舞蹈艺术，突破了秦代以前，以宗庙之乐、祭礼乐舞为主体的格局，雅乐与俗乐并驾齐驱，以欣赏、娱乐为功能的艺术，逐渐改变了艺术仅仅为宗教祭祀礼仪服务的单一功能。武帝建元三年（前138），张骞出使西域，开辟"丝绸之路"，开启了华夏艺术与西域艺术交流、融合的局面，西域乐舞传入中原，带来了汉代艺术的繁荣，乐舞百戏第一次呈现出五彩缤纷、百花齐放的繁荣景象。两汉时期，本土道教"仙乐"和佛教音乐、造像艺术萌芽、发展，开魏晋时期快速发展的宗教艺术之先。

---

① 《华阳国志·蜀志》。
② 《史记·高祖本纪》。

两汉时期，巴蜀文化取得辉煌成就，在教育、文学、艺术、经学和哲学、语言文字学、科学技术、建筑、宗教以及丧葬习俗等方面，形成了既能够代表汉朝文化水平，又具有地方特色的巴蜀文化，在许多领域涌现出著名学者和专业人才，出现历史上巴蜀文化繁荣发展的又一次高峰，成为全国文化最发达的地区之一。巴蜀艺术的繁荣发展，凝缩着汉代中国艺术的博大精深和绚丽多姿，巴蜀地区成为汉代西南地区文化艺术中心。城市建筑艺术成为新型的艺术形式，在城镇建设和道路建设方面长足发展，碑刻和石阙体现了巴蜀建筑的艺术追求。随着佛教开始传入中国，在四川出现佛教早期艺术；东汉时期，中国本土宗教道教在四川发源，开启了道教艺术之端，巴蜀地区成为中国早期宗教艺术的发源地之一。

两汉时期巴蜀地区崇尚厚葬之风，许多用于葬礼的碑文、石阙石刻、画像砖石、陶俑等艺术种类，展现出汉代巴蜀雕塑艺术的繁荣发展。这些珍贵的艺术品不仅有着精湛的雕塑技艺，而且生动地描绘出汉代巴蜀经济、社会、文化、思想的各个方面。汉代巴蜀绘画、漆画、蜀锦等艺术也有长足发展，取得了许多杰出成果。两汉时期巴蜀雕塑、绘画等艺术作品的创作风格，在内容上以写实性为主，但也有许多通过浪漫主义幻想、联想甚至怪诞手法编制的图画，特别是反映当时宗教思想的神话传说故事，在雕塑绘画作品中留下了珍贵的印记。

巴蜀特殊的地理位置和由多民族积聚所形成的人文生态，使秦汉时期的巴蜀地区成为汉代中国艺术发展的中心区域之一，巴蜀艺术集南北文化于一体，融合各民族、宗教艺术，呈现出五颜六色、姹紫嫣红的美丽与娇艳，遗存在古代文献记载和考古文化中。巴蜀艺术以它特有的魅力，积淀着中华民族艺术的精华，给人类留下一段难忘的记忆。

第二节　宗教艺术

一、道教起源与道教艺术

两汉时期，中国逐渐形成了本土民族的宗教——道教，四川是道教的发源地。汉顺帝（126~144）时期，沛国丰县（今江苏境内）人张陵来到蜀中，学道于鹤鸣山（在今大邑县西北），造作道书，创立宗教组织，自称"正一道"，又称"无上三天无极大道"。因为张陵自称"天师"，世人又称为"天师道"，因入道的人要交五斗米，故又称为"五斗米道"，统治者则称其"鬼道""米巫""米贼"。天师道即道教的本原。张陵死后，子张衡行其道，称"嗣师"；张衡死，子张鲁又传其业，称"系师"（"系"通"继"），合称"三师"。天师道奉老子为教主，称为"太上老君"。"其来学道者，初皆名'鬼卒'。受本道已信，号'祭酒'。各领部众，多者为治头大祭酒。""祭酒主以《老子》五千文，使都习，号为奸令。为鬼吏，主为病者请祷。请祷之法，书病人姓名，说服罪之意。作三通，共一上之天，著山上，其一埋之地，其一沉之水，谓之三官手书。"①

为了管理教民，张陵还建立了"二十四治"，相当于二十四个教区。每个"治"以一座山命名，如阳平治、鹿堂治、鹤鸣治等。二十四治当中有十八治在蜀、广汉、犍为三郡，只有一治在巴郡，可见张陵传教范围主要在川西地区，后张衡、张鲁又增设了几十个治。

五斗米道把天地间善恶的斗争说成是"三天道气（正气）"与"六天故气"（邪气）的斗争，认为"六天故气"和它所化生的各种恶鬼是人间一切灾难的根源；而"三天正气"及其化生的诸神给人们带来幸福。所以五斗米道把请神驱鬼、禳灾祈福作为它的主要宗教活动，由此而被称为"鬼道"。它的这一教义曲折地反映了饱受灾难和痛苦的人民要求摆脱苦难的愿望，得到不少群众的崇信，成为劳苦群众反对压迫的思想武器。卢山县汉末《樊敏碑》文："季汉不祥，米巫凶虐，陷附者众"，说明了这一点。

汉灵帝光和年间（178~183），五斗米道首领张修在巴郡、汉中一带利用传教组织人民起义。这一带除了汉族外，又是賨人（板楯蛮）的聚居地。賨人深受压迫，相信巫鬼，很容易接受了五斗米道的教义。中平元年（184），张修在巴郡发动起义响应黄巾军，很快被镇压下去。后张鲁和张修投靠刘焉，攻占汉中，张鲁在汉中建立了一个政教合一的政权。汉献帝建安二十年（215），张鲁投靠曹操。此时东方的"太平道"随黄巾起义失败而销声匿迹，五斗米道乘机向全国发展，成为这个道教中占统治地位的教派。

据曹学佺《蜀中名胜记》引《碑目》记载："张道陵碑在洪雅之易俗乡（今漕鱼滩九斗观）。"今洪雅县中堡乡竹清岩尚存"张陵降妖线刻"，拓片存洪雅县文化馆。《道家金石录》据《隶续》卷三收入，全文67字，记汉灵帝熹平二年（173）米巫立此碑，碑文"捡受微经十二卷。祭酒约：施天师道，法

---

① 《三国志·张鲁传》裴注引《典略》。

无极耳"。指所传之道为"天师道",所法之道为"无极"阴道,所授之经为《微经》,并记由上清、茅山分出神霄清微派正祖承于此。

二、道教音乐

巴蜀不仅是道教文化的发源地,也是道教艺术发展最为繁荣的地区之一。道教音乐是我国宗教艺术中具有鲜明特色的乐种,道教音乐的起源可能源于秦汉时期宫廷演奏的"仙乐",秦汉两代皇帝崇尚仙术,喜好仙乐,追求长生不老。清人窦光鼎、朱筠奉命编纂《国朝宫室》,据朱彝尊著《日下旧闻》增补整理而成,其中有"天球仙乐汉玉璧磬一架"。魏晋南北朝时期尚见"璧磬"的记载,《晋书》中有"幄中有悬璧,本自荆山球";南陈后主《刘生》诗有"击钟薄璧磬,鸣弦杨叶弓"。据笔者考证,"璧磬"应当指构成五声音阶或七声音阶,可以像编磬那样悬挂起来演奏的成组玉璧,或称为"球""天球""荆山球",均为商周时期"鸣球"之别称。《尚书·禹贡》有"厥贡惟球琳、琅玕",《尚书·顾命》有"大玉、夷玉、天球、河图在东序";马王堆出土西汉帛画上有鳞物悬璧图像,东汉画像砖和汉阙石刻图像上多见"璧悬"图;六朝诗中用"璧磬"称谓,说明历史上确曾有过用"璧磬"演奏音乐的玉质旋律乐器,在汉代至魏晋南北朝时期或许还能见到,或者是历代文人们沿用前人记载,使"璧磬"的称谓得以流传至今。三星堆、金沙遗址出土的成组玉石璧具有良好的音乐性能,已构成五声或七声音阶,使商周之"鸣球"、汉代之"璧磬"的文献记载得到了实物印证。[①]其作为乐器的演奏功能,是否在"仙乐"中保存下来并隐入道教音乐,是值得考证的有趣的问题,有待今后深入研究。

第三节 石刻碑文和石阙艺术

一、石刻碑文

碑文是指镌刻在碑石上的文字。我国商代已有石刻文字出现,河南安阳

[①] 参见幸晓峰、王其书《三星堆-金沙出土玉石璧的音乐声学性能研究》,《音乐探索》2006年第2期。幸晓峰《成组玉石璧音乐声学性能的初步探讨》,《玉魂国魂——中国古代玉器与传统文化研讨会论文集(第三届)》,燕京出版社2008年版。

殷墟出土三件石磬上刻有铭文。春秋到秦代刻石文字越来越多，技巧也日趋成熟。汉代刻石成风，一直延续到清代。碑文石刻源于汉代，桓、灵之际，号称极盛。现存汉碑极少，历代研究碑文金石镌刻学者，往往穷尽毕生精力，多方探求。碑文具有存史、补史、鉴史的作用，颇为史学家看重。石刻艺术是我国书法艺术中较早出现的一个种类，汉代碑刻艺术具有独特风格。

汉代巴蜀的石刻碑志，有的刻在墓门上，有的刻在石阙上，还有崖墓题刻以及记载水利、道路工程和宗教等方面内容的碑刻，具有很高的历史价值和艺术价值，如：都江堰市汉代治道题刻碑（石）两种，其中《蚕崖碑》29字，记载了汉代由成都通松潘之要道开凿于"建平五年六月"等内容。郫县出土的《东汉簿书碑》记载了一个小乡二十多户人家的田产、楼舍及奴、畜的数目。另一块东汉《王孝渊碑》记载了墓主的先祖由关中迁徙郡陴县"建宅处业"之事。成都出土的《东汉吕后（雉）族人铭刻》记载吕氏族人获罪徙蜀汶山之事，未见于其他文献记载，对历史研究作了有益补充。

四川汉阙居全国之最，汉阙铭文十余种，极具史料和艺术价值。其中已见宋人著录的《汉王稚子阙》（成都）、《汉冯焕阙》（渠县）、《高颐阙》（雅安）等，可供后人研究、观赏。乐山是汉代崖墓比较集中的地区，在崖墓上发现石刻题字七处，有的字数多达45字。另，在新津、彭山、青神等地也发现不同风格的崖墓题刻。

佛教、道教石刻在全川各地都有，洪雅县收藏的汉代《米巫祭酒张普题字》碑，记录了五斗米道在蜀中的传授。后世所见庙宇、道观题刻、碑文更多，影响深远。

巴蜀地区的汉代碑志石刻文字，许多具有很高的书法艺术价值，由于其年代早，在书法艺术发展史上占有十分重要的地位。如汉代荥经县《尊楗阁刻石》，书法方劲，是东汉隶书中的佳品。简阳市东汉《会仙友题字》，刻于顺帝汉安元年（142），碑文12字，隶书。清人孙承泽在《庚子消夏记》中评曰："（此石）书法妙甚，非汉人手笔不能也。"此石出土时风化严重，后全毁，今传拓片甚为珍贵。芦山县汉樊敏碑，刻于汉建安十年（205），通高2.93米，嵌峙于巨石龟背上，碑首刻二蟠螭交曲环拱于圭首，形态生动。额题大篆体"汉故领校巴郡太守樊府君碑"，字迹完整清晰。碑身刻汉隶八分书，22行，每行29字。此碑于北宋发现，赵明诚《金石录》、王象之《蜀碑记》、明人杨升庵《金石古文》、清人顾炎武《金石文字》、李调元《蜀碑记补考》、今人郭沫若等名家，均有著录或考释，以今人任乃强考释最详。樊敏碑的艺术价值极高，布局精巧，造型别致，形态生动，字法醇古，堪为石刻艺术之上品。

二、石阙艺术

石阙建筑由来已早，至汉代极为盛行。现存的四川汉阙是东汉时期墓前的装饰建筑物，即"神道"前的大门，它们显示了主人的社会地位和威仪，又是古代厚葬意识的产物。石阙是我国现存时代最早的地面建筑物，全国现存石阙仅30处，其中巴蜀地区占有21处，可谓巴蜀古建筑中的一个奇迹。

巴蜀地区的石阙，用石材制成仿木建筑结构，配以装饰雕刻后层层垒砌而成。大的结构有台基、阙身、楼部和顶盖四个部分。阙身构件刻出立柱、栏额、斗拱以及瓦当、脊饰等，构造精细，表现出中国"东方式骨架结构建筑"在东汉时期已臻于全面成熟阶段。石阙构造极其讲究装饰艺术，阙前有圆雕石兽，阙体有透雕角神，浮雕内容以社会、历史、生活场面以及神话传说、仙禽异兽为主，减地平雕车骑仪仗、图案花纹，并刻有铭文。石阙上的铭文详细记载了墓主人的生平履历，既是考察墓主历史的珍贵资料，也保存了当时许多史实资料，具有重要历史价值。石阙上的各种图案，保留了东汉时期天文、地理等科学技术的珍贵资料，也保留了音乐舞蹈百戏等艺术的珍贵资料。比如雅安高颐阙上有"师旷鼓琴"的音乐故事图，渠县现存东汉石阙六件，保存完好，阙身上刻有"青龙白虎衔璧图""仙人图"以及西王母神话传说故事等图案，都是考释汉代社会生活、风俗民情的珍贵资料。

著名石阙如雅安高颐阙，绵阳平阳府君阙，渠县沈府君阙、冯焕阙，夹江杨公阙，芦山樊敏阙，梓潼李业阙，以及一些无名阙等，经历代金石学、历史学等著名学者考释、研究，留下了历史的记忆，成为巴蜀考古文化艺术中的一朵奇葩。

第四节　工艺美术品和绘画雕刻艺术

一、陶瓷工艺品

巴蜀地区古陶瓷艺术自成体系，特色鲜明，具有极高的观赏和收藏价值。巴蜀陶器的生产早在新石器时代已经出现，战国秦汉时期巴蜀制陶业快速发展，种类丰富，制造精湛。汉代巴蜀陶器，最为突出的是陶俑和画像砖。

汉代巴蜀陶俑多用作陪葬品，俑的种类十分丰富，有乐俑、舞俑、文俑、武士俑、庖厨俑、执锄俑、执箕俑等人物塑像，以及各种动物塑像。其中，最为精湛的是各种乐舞俑（后详）。俑的陶质多为细泥红陶和细泥灰陶，火候不高，但制造工艺先进，多为模制，把圆雕、浅浮雕、线条三种方法结合起来。陶俑造型丰富，以写实特征为主，也有的比较夸张，形态生动，尤以脸部雕刻最为生动。陶俑造型是汉代现实社会中人群的再现，反映了社会生活的各个方面，具有极高的历史价值。汉代墓葬中随葬的陶器中还有陶灯、陶楼、摇钱树树座、陶瓦当等器型，或为墓主人生前用品，或为仿生前用品制作的明器。

曲俑和镇墓俑　1969年，新津县堡子山东汉崖墓出土了多件陶俑，其中有一件曲俑通高99厘米，俑头部饰巾，身着短衣，带钩横穿，带下悬挂削刀，另在腰部束带，悬挂环首大刀。该俑原饰彩绘，大部分剥蚀，衣领处尚存红色彩绘痕迹。部曲是古代军队的编制单位，后演变为豪门大族的私人武装。这件曲俑说明了墓主人生前是一位有着部曲私兵的贵族。该俑造型，形体特大，身材匀称，雕刻精细，面部神态丰满英俊，衣物搭配协调，整个作品具有强烈的现实主义风格和审美价值，在出土的大量汉俑中，是罕见的珍品。

堡子山崖墓另有一件镇墓陶俑，通高60厘米，一手持剑，一手持蛇，蛇首向上曲卷于俑身旁，造型极为特殊，表现了汉人以蛇为鬼，执剑擒蛇，化凶辟邪，以镇墓。

青衣瓦当　1979年，宝兴县城关镇发现一处汉代聚落遗址，出土了大量陶器，其中有两件青衣瓦当非常别致。瓦当为圆形，泥质灰陶，直径13厘米，面上有廓，分成四格，每格模印隶书一字，反旋方向释读为"青衣瓦当"四字，正中有一个直径4厘米的乳突。此物应为青衣羌人遗物，价值不菲。

陶灯　汉代的灯形态多样，构造复杂，陶灯一般出土于墓葬，是陪葬品。1989年，三台县新德乡一座单室崖墓中出土40余件陶器。其中有一件西王母台灯，高24厘米，合模制成，西王母端坐于龙虎座上，西王母和龙、虎头顶各顶一灯，另座下四个人体神兽中有两人头顶小圆灯，两人执棍守护天门。此灯共有五灯，为豪华灯饰。同墓还出土龙虎辟邪陶灯两件，摇钱树座陶灯一件，造型生动，雕刻精美，都是汉代陶器中的精品。

摇钱树座　摇钱树座也是常见于墓葬中的陶器，出土数量也比较多。形制一般为锥体，底平口小，可插入摇钱树。树座上雕刻图案，多取材于神话传说故事。芦县出土的树座造型像一只熊头，有学者认为，雕刻取材于鲧化黄熊的神话传说。

大型陶马 1965年，成都西郊出土一件大型陶马，高122厘米、长96厘米，马体中空，烧结程度较好。马的造型比例准确，形态逼真，具有熟练的雕刻技巧和写实风格，也是一件艺术珍品。乐山、绵阳、遂宁等地都有陶马出土，可见马也是汉代雕塑常用的动物题材。

陶水井 1959年，成都市天回镇1号汉墓出土一件陶水井，通高62.5厘米，井为圆筒状，有井架，上有辘轳，井的构造完整，各个部件都清晰地雕塑出来。最为生动的是方形井口右侧有一唇口，下放一圆腹平底小罐，清凉的井水仿佛正从这里流出。

汉代陪葬器物当中有许多生活器具的写实性雕塑，其精致程度如上述井架上的滑轮、吊绳都刻画出来，不仅具有观赏价值，还是研究汉代科学技术的实物资料。东汉时期，巴蜀已有瓷器，最早的瓷是一种比较原始的青瓷，具有南方青瓷的特征，釉色有青绿、绿色，肩部饰纹，纹饰有弦纹或夹水波纹等。出土的碗、钵等器物的内底支痕有八至十个，四横系外增加二竖系；而长江中下游地区发现的内底支痕一般是三个，多为四横系，说明巴蜀瓷器已具有地方特色。

1973年，大邑县五龙汉墓出土两件青瓷罐，墓砖上刻有汉献帝"建安元年"年号。其中一件为青瓷六系罐，即有六个对称横系。通高30.4厘米，直口丰肩，灰白色胎，质地坚硬细腻，火候较高，器身满饰压印小方格麻布纹，肩部有两道凹弦纹。青釉厚薄不均，浓淡不一。另外一件略同，剥蚀很严重。两件瓷器均为原始瓷器，说明汉代在四川已有瓷器，对于研究青瓷的发展史具有重要参考价值。

二、绘画、漆画和蜀锦

汉代巴蜀地区官吏士大夫好绘画，据晋人张华《博物志》（卷一〇）记载：桓帝时蜀太守刘褒，画鸟鹊酷似，绘《云汉图》《北风图》，人见感同身受。《后汉书·西南夷列传》记载：东汉初期巴蜀地区"郡尉府舍皆有雕饰，画山神、海灵、奇禽、异兽，以炫耀之，夷人以畏惮焉"。东汉晚期，益州刺史张牧在成都石室壁间画盘古、三皇、五帝、三代君臣与仲尼七十二弟子。汉代巴蜀尤重厚葬，在死者的墓葬中，普遍采用石雕崖刻、画像石、画像砖等艺术形式，来反映墓主的生平事迹、理想追求。2002年，中江塔子梁东汉壁画崖墓群出土，它是我国发现的第一座彩绘壁画崖墓，内容有太阳鸟、门人、青龙、鱼凫、舂米等，壁画色彩鲜艳，有红、黄、黑、白、绿、青等，墓主宴饮图壁画和150余字的隶书榜题，记录了墓主的身份家世，其中一幅壁画上描绘了胡人舞蹈。

漆画是秦汉时期巴蜀艺术的瑰宝之一，漆画作者有一般漆匠和专业画师之分，工官作坊的漆画，一般由专业画师承担，达到了较高的艺术水平。秦朝漆画流行在漆器上描绘动、植物图案，成都羊子山172墓出土的圆形漆盘上，在黑漆底上朱绘龙的图案。青川秦墓出土漆器177件，少数保存较好，色泽如新，绘图技法有彩绘、雕绘、镶嵌和针刻等，纹饰有龙、凤、鸟、兽、鱼、云纹、花草及各种几何图案。西汉绘画图案复杂，纹饰繁缛。常见有朱雀、云纹、波浪纹、双禽纹、卷纹、变形兽纹、变形夔龙纹、菱形纹等十余种。东汉时期以素器为主，漆画纹饰趋于简化，见有神仙、神树、西王母、龙、虎、鹿等。秦汉时期巴蜀漆画行销全国，远近闻名。

蜀锦既是秦汉时期巴蜀的手工业品，也体现出巴蜀绘制艺术的精湛水平。蜀锦不仅是贡品，同时也行销海内外。长沙马王堆、湖北云梦等西汉遗址出土古锦织品，考古学界普遍认为产地在西蜀，成都是蜀锦制造中心，又称"锦城""锦官城"。蜀锦色彩鲜艳，色泽光亮，织色多达四五种，还夹金、银丝绣，具有浓郁的地方特色。扬雄《蜀都赋》赞曰："若挥锦布绣，望芒兮无福。尔乃其人，自造奇锦……发文扬采，转代无穷。"

第五节 画像砖石与音乐歌舞

中国汉代画像砖石主要分布在巴蜀地区和河南、山东、陕西、江苏等地。巴蜀地区出土的汉代画像砖石，数量多，题材广，内容丰富，技法多样，在全国同类出土文物中名列前茅。在巴蜀文化艺术门类中，汉代画像砖石也是最具有地方特色的精品，它以现实主义的创作风格奠定了中国艺术创作发展的基础，具有不可替代的艺术价值。[①]

从其题材和表现形式来看，巴蜀汉代画像砖石具有内容丰富多样的特点。雕刻题材以反映时人生活为主，表现了农作、井盐、酿酒、铸造等生产活动；讲经、考绩、宴饮等社会生活；天体、星象、星辰、星座等天文学和其他科学

---

① 参见高文、王锦生编著：《汉代画像砖大全》，国际港澳出版社2002年版。

技术；乡村、田园、市井、庭院、楼阁和佛像、佛塔等建筑；西王母、伏羲、女娲、仙人等神话传说故事；荆轲刺秦王、东海黄公等历史故事；内容最多的是反映贵族生活的车马、仪仗、出行、娱乐、宴饮、乐舞等；还有一类画像砖以图案为主，有的刻有纪年。林林总总，洋洋大观，囊括了汉代经济生产、社会生活、哲学思想、文化娱乐等各个方面，成为研究汉代历史的一部图像大典。

从其表现手法来说，巴蜀汉代画像砖艺术精湛、技法纯熟。汉代画像砖石图像，继承了我国先秦时代雕刻、绘画艺术的传统，技法更加成熟。更为重要的是，汉代文化艺术突破了先秦时代为宗教服务，主要用于祭祀礼仪的活动或为贵族阶层服务，用于表现特定精神文化的功能而逐渐市民化、生活化、通俗化，形成了现实主义创作风格和特色，奠定了我国文化艺术发展的基调，这条现实主义创作道路一直延续到清代。雕刻和绘画的风格技巧，直接开拓了魏晋之风，特别是对佛教雕塑艺术的影响，从魏晋到唐宋时期，不断繁荣发展。

另外，它还具有再现物质、精神生活的特点。汉代画像砖石艺术的出现，是汉代精神追求的产物和积淀。汉人相信灵魂不死，崇尚厚葬之风，如《论衡·薄葬篇》所云："闵死独葬，魂孤无副，丘墓闭藏，谷物乏匮，故作偶人以侍尸柩，多藏食物，以歆精魂……重死不顾生，竭财以事神，空家以送终。"汉代崇礼教、重孝道，又以厚葬显示世家威仪和门第富豪，以至影响到整个民风。如《盐铁论·散不足》云："今生不能致其爱敬，死以奢侈相高，虽无哀戚之心，而厚葬重币者则称以为孝，显名立于世，光荣著于俗。"豪华的墓葬品和画像砖石，留住两千年前祖先物质生活的缩影，传递着汉代精神思想和道德观念，描绘出汉代巴蜀社会、经济、文化生活的画卷，为我们提供了一部直观巴蜀历史的教科书。

在种类繁多的汉代画像砖中，尤以乐舞种类广收并蓄、融合众技，特别是民俗乐舞得到显著发展。巴蜀出土大量汉代画像砖石，生动地再现了汉代乐舞百戏流行的盛况，画像砖上的图像摹印而成，饰彩绘，多数出土时彩绘剥落，砖面为正方形或长方形，边长30～50厘米，画像石的图像刻于石棺或墓室壁，图幅较大，场面更为丰富。其中有许多是汉代乐舞的精湛雕绘图像，有的乐舞图像与古文献记载相互印证，有极高的研究价值。

一、说唱乐舞陶俑[①]

汉代巴蜀表演类艺术主要保留在画像砖、石图像和陶塑艺术品中，它们几乎保留下汉代可见于文献记载的各种乐舞、百戏，艺术风格以精美、细腻著称。它们不仅是研究巴蜀文化艺术的珍贵资料，也为中国艺术史的研究提供了弥足珍贵的实物资料。

（一）说唱俑

巴蜀出土陶俑中有薅秧劳作、庖厨、侍仆、说唱乐舞等，又以说唱乐舞俑最具风采。乐舞俑用红陶或灰陶制成，通高13～60厘米，雕刻精湛，神态活泼，表现出巴蜀民风淳朴、闲适，巴蜀民俗诙谐、幽默，巴蜀民众豁达、开朗的地方特征。

汉代说唱俑是古代说唱艺术最早的表演者俳优的造型。先秦时期文献中已有记载，《荀子·王霸》："俳优、侏儒、妇女三请谒以悖之。"《史记·李斯列传》中记载了："是时二世在甘泉，方做角抵、俳优之观。"《汉书·枚皋传》称这种表演者"诙笑类俳倡"，《汉书·霍光传》则描写"乐人击鼓歌唱，作俳倡"。可见俳优这种职业演员，在战国时期已经出现，盛行于汉代。出土的说唱俑造型夸张，赤膊大腹、挤眉弄眼，有的敲小鼓，有的拍大腹，形态虽然不同，却都透着灵性的笑容。

成都天回山、羊子山出土的说唱俑。20世纪50年代，修建宝成铁路时，在成都天回山、羊子山等地出土一批汉代文物，其中有两件说唱俑鉴定为国家一级文物，闻名全国，漂洋过海，游历世界。这两件说唱俑的出土，引起音乐学者的高度重视，经过数年的研究讨论，将其定名为"说唱俑"，成为我国说唱艺术的鼻祖。尔后，"说唱俑"的名称就成为同类器物的共名。1963年郫县宋家林东汉墓出土一件说唱俑，短胖、袒胸、大腹丰凸、双腿曲立，很是逗人喜欢。绵阳出土的说唱俑，到1989年才重见天日，其中一件俑头戴花瓣饰，双腿弓立，双手拍着突出的大肚皮，眯缝着小眼，笑弯了眉，让人越看越喜欢；另一件俑光着头，挺着露出肚脐的大腹，右手抱着头顶，左手拍着肚皮，抿着

[①] 有关艺术文物的整理编撰，主要参考幸晓峰等编著：《中国音乐文物大系·四川卷》，大象出版社1996年版；幸晓峰：《巴蜀古代乐器精品图鉴》，西南师范大学出版社1996年版；幸晓峰等：《巴蜀古代乐舞戏曲图像》，西南师范大学出版社1999年版。

嘴，眯着眼，似睡似醒，似醉似晃，让人久看不厌。

说唱俑中还有一类，与一般的说唱俑造型风格不同，衣着整齐，跽座端庄，小鼓放在面前，手握槌击鼓，一手拍击鼓面，扬着头，张着嘴，边说边唱，生动地演示了汉代说唱艺人的风貌。有的学者把这些衣着整齐的乐俑称作"说书俑"，以便与俳优形象区分，有一定道理。《墨子》中有两句话："能说书者说书，能谈辩者谈辩"，这是见于史书记载最早的"说书"记载，它的含义和后世的说书不同。春秋战国时期"书"专指四书五经中的《尚书》，说书的人原指在帝王府中讲解经书的人，后来才把在民间说唱历史故事的人称作说书人。汉代出土的这些说书俑数量较多，应该是民间说书者的造型了。1951年资阳东汉墓出土的一件说书俑，头戴小方帽，身穿右衽宽袖长服，席地而坐，小鼓置膝间，右手拳握，手中本来握着鼓槌，出土时脱落，左手拍击鼓面，扬着头，张着口。1981年乐山市九峰乡东岳庙东汉墓出土说唱俑。高53厘米，泥质粗砂灰陶。头着灰帻，圆领内衫，外罩右衽广袖长服，腰间束带，悬环柄小刀。双膝盘坐，间置一鼓，左手抚鼓，右手握槌高举，面带笑容。1982年重庆鹅岭公园两江亭出土说唱俑，伴出拱手持扇立俑。俑高15厘米，鼓槌长2.5厘米，鼓径4.1厘米，红陶质。头戴平巾帻，席地盘坐，置鼓于膝间，右臂曲至胸前，右手握槌，鼓槌头为蛋圆体，左手抚鼓面，面带笑容。不过目前学术界对我国说唱艺术的起源暂还定在唐代，我们姑且把这些"说书人"当作雏形吧。

（二）乐俑

巴蜀出土汉代乐俑有吹埙、吹管、吹笛、吹箫、吹篪、吹竽、吹笙、吹排箫等吹鸣乐器俑，弹琴、鼓瑟等弹拨乐器俑，还有歌唱、跳舞俑。

吹鸣乐器俑的数量远远多于弹拨乐器俑，说明汉代巴蜀地区的演奏以吹鸣乐器为主。乐俑吹的管状乐器有四种：一种是细长的管，竖吹，就是现在还在使用的箫；一种是短粗的管，竖吹，唐代以后称为管子，也可以称作篴；大多数管的形制相同，比较短，我们统称为笛。汉代还没有横吹的笛子，文献上记载的笛，是指这种竖吹的管乐器；还有一种，由于管的底部比较尖，可称为"篪"。篪是汉代出现的一种新的乐器，开始用竹叶卷起来吹，后来有了用木管削成的篪。巴蜀地区出土的鼓吹乐画像砖上也有篪的图像。

1. 吹埙俑

1989年，修建巫山巫福公路时出土一件吹埙俑，头戴小尖顶帽，跽坐，双手捧着一个圆球体的埙在吹,很形象地表现出当时吹埙艺人的表演方式。这是巴蜀地区目前发现的唯一一件吹埙俑,在全国也比较少见。

2. 吹竽吹笙俑

汉代的竽和笙是两种乐器,竽和笙的区别主要是管子的多少不同,竽管较少,一般13~18根,笙管一般36根,笙斗呈方形,分作三层,下大上小。巴蜀乐俑中的笙的图像都是抱在左肩,未见吹奏中的形象,因为现在还在使用笙这种乐器,形制变化也不大,也就不遗憾了。倒是吹竽的图像比较珍贵。资阳南市乡出土一件吹竽俑,跽坐,双手捧着竽斗,双唇含着吹管顶端,非常真实地表现出吹竽者的形象。成都郊区出土一件画像砖,砖高25厘米,宽29厘米,室内三人。左侧一人残缺,两人相对跽坐,身着右衽广袖长服,腰间束带。左者头绾高髻,左手抚耳;右者头着帻巾,双手捧竽吹管部,置于口中吹奏。竽斗圆柱形,上插三根竽管,吹管长柱形,较长,保留了吹竽的原始形态,也有学者们称其为"笙歌"。新都出土鼓吹乐画像砖上也有吹竽图像,竽这种乐器在唐代以后统称为笙,其名称也少见于文献了。

3. 抚琴鼓瑟俑

巴蜀出土的汉代抚琴俑数量较多,造型基本一样。抚琴者席地而坐,琴置膝上,右手弹拨,左手抚弦。有的俑张着口,好像在歌唱。鼓瑟乐俑数量较少。琴和瑟的区别,在图像上不容易分开,一般我们以是否有明显的弦柱做标准。另外瑟的形体比较大,鼓瑟的手形也略有区别。1977年,峨眉双福出土的鼓瑟石俑,通高57厘米,面带笑容,头略侧仰,口微微张开,双手按在弦上,瑟面上的丝弦有七根,是较小的瑟。瑟有七弦、十三弦、二十五弦等规格。资阳出土的鼓瑟俑,造型也很生动,双手拨弦,侧头仰面高歌。"八音"中的丝类乐器,主要指琴和瑟。

4. 歌唱俑

四川出土的乐俑中还有一类,即歌唱俑。虽然出土数量最少,但是她们的神态乖巧可人。你看她们唱歌的姿态:有的婀娜而立,细腰宽袖,双手放左前身,自然交叉;有的一手抚掩着耳朵,一手略向后摆,面对着伴奏的琴师。汉代民歌称为相和歌,《晋书·乐志》:"相和,汉旧歌也,丝竹更相和,执节者歌。"是指配乐演唱,也称作"倚歌"。1957年,遂宁东汉墓出土一座套楼,楼内有三人在表演,楼上层一人跽坐正中抚琴,旁边一女伎,抚耳歌唱,可知汉代已有了专门从事歌唱的女歌伎和倚歌的表演。

5. 舞俑

汉代舞蹈丰富多彩，舞俑和画像砖图像上乐舞表演逼真动人，绵阳、新都、重庆等地都有舞俑出土。舞俑有两种形态，多数为女性，头绾高髻或者绾成花卷形，身穿宽袖坠地大摆长裙，袖口和裙边都绣着花边，细腰紧束。舞者柳眉细眼，樱桃小口，面带微笑，右跨足，左提裙，翩翩起舞。另有一种"击缶舞"俑，有男舞和女舞。缶是一种陶罐，春秋战国时期秦国的音乐"击缶"而歌，汉代流行击缶舞。1975年重庆江北东汉墓出土击缶女舞俑，高60厘米，头上戴三朵花，身着广袖长裙，袖口和裙沿都绣着花边，两足间平放平底罐，扬袖扭胯起舞翩翩。新都出土击缶男舞俑，左手提着长襟下摆，右手略抬，面带笑容，别有风味。

二、天籁之音

巴蜀汉代图像砖、画像石上雕刻大量乐舞图像，生动真实地反映了汉代巴蜀地富民丰、歌舞升平的景象。四川出土的乐舞图像与其他地区相比，题材内容更丰富，雕刻技术更精细，人物更生动，演奏和舞蹈动作更清晰，表现出巴蜀艺术细腻、柔软、飘逸、精致的风格特征。

画像砖图像中的音乐演奏图像，再现了汉代乐器的组合及演奏方式，最引人注目的是稀有乐器的珍迹和那些神话传说中的音乐故事。当我们凝视这些图像时，仿佛隐约听到远古时代的天籁之音。

（一）西王母神兽乐舞

我国神话传说中有许多音乐故事，有些被刻成图像遗传下来。1975年彭山县出土的一块画像砖上，有一幅表现西王母与音乐的传说故事。图分上下两组，西王母坐在上面看自己心爱的神兽表演，中间仙兽翩翩起舞，左侧九尾狐捧竽，右侧黑熊抚琴。

（二）"陔鼓"之乐

"陔鼓"是汉代专门演奏夏朝古乐《九夏》中的一支曲子《陔夏》时，使用的乐器。《陔夏》是一首送宾曲，用在酒席上，劝宾客喝酒要节制，不要醉酒，不要失去礼节。演奏时，一人击陔鼓，一人唱歌。陔鼓是一面小扁鼓，平放在地面，击鼓者手持"牍"击鼓。"牍"是先秦时期的一种乐器，用竹片制成，长约1米，面上绘彩图。由上往下击鼓的方式，古人称作"舂"，大概因为动作像舂米，后世又有人把"牍"解释为"杵"。从唐代开始，误把演奏的动作"舂"与"牍"连用，又有了以"舂牍""舂杵"当作乐器名称的记载，直到今天还在沿用。陔鼓之乐可谓一支最古老的曲子，虽然它的曲调已经无法复制，但它的演奏方式却被保留下来，让我们可以从节奏的鼓点声中，感受到古代礼乐的音韵。

彭县陔鼓之乐画像砖在1955年于彭县征集。砖高26厘米、宽48厘米，室内帷幔高悬，四人宴饮作乐，左侧两人，女子头绾髻戴饰，男子戴冠，相向跽坐，划拳对饮；右侧两男子，高冠长服，右者躬身右向立，左手执牍，向下击置于膝上之鼓，左者跽坐面向击鼓者，似拍手击节，和鼓歌唱。此砖图像一人奏陔鼓，一人和乐歌唱，两人对饮，当为汉代陔鼓之乐的生动表现，其乐先于周礼。使用乐器为牍，长形牍片，演奏方式为向下击，即"舂"。

（三）"鼗牢"和琵琶

"鼗牢"又名"秦琵琶"，它的音箱是圆形，直柄，较长，只有两个轸子，与宋代的三弦很相似。"鼗牢"的演奏方式也刻在图像上，左手按弦，右手弹拨。全国出土文物中，保存了"鼗牢"图像的文物，非常稀有，弥足珍贵。它印证了文献记载的汉代已有"中国琵琶"这一史实，比西域传入我国的琵琶早了几百年。乐山东汉崖墓墓门的上方刻有五幅图像，其中有"吹笛伎乐"和"琵琶伎乐"，图中的琵琶形制也与"鼗牢"相似，圆盘直柄，但是音箱已接近梨形，柄也缩短了。六朝时期，琵琶的形制已有多种，俗称秦汉、秦汉子、阮咸等。西域传入我国的琵琶，形制与现在使用的琵琶基本相同，梨形音箱，柄较短，有四个轸子。唐代还有曲颈琵琶、凤首琵琶等，装饰更加富丽华贵。

（四）师旷鼓琴

雅安高颐阙右阙上刻着一幅鼓琴图像，这幅图像是记载我国战国时期著名音乐家师旷音乐故事的唯一一幅珍迹。据《韩非子》《史记》等文献记载，战国时期晋国音乐家师旷的琴声能呼风唤雨，招徕鸟禽。有一次，晋平公听弹琴，师旷先弹了清商调，晋平公问："清商调是不是最悲伤的？"师旷回答："不如清徵。"公曰："你能不能弹给我听听？"师旷曰："不可，古时候听清徵的人，都是有德有义的君王。如今我君德浅，还不能够听这样的曲子。"平公又说："我的嗜好是听音乐，特别爱听新曲，你一定要弹给我听。"师旷无奈，拨弦抚琴。奏第一章，飞来"二八"一十六只仙鹤，从南方来，停集在廊门外。奏到

第二章，仙鹤排好队列。三奏之，仙鹤伸长脖颈，仰天长鸣；舒展双翼，飘然起舞。音乐舒缓飘逸，袅袅而去。师旷停下琴，平公坚持要他继续下去。师旷不得已又奏响琴声，随着激越跌宕的旋律，仙鹤腾空而舞，狂风大作，横扫亭阁，琴声戛然而止（原文参见《韩非子·十过》）。雅安高颐阙位于雅安市东八公里的姚桥乡，石阙上的雕刻图像就是根据这个故事创意而作。画面上两人：师旷凝神弹琴，晋平公掩面而泣，生动感人。师旷所奏之琴，是"鱼头琴"，形状很像一条鱼。鱼头琴的记载见于文献，已无存品，图像自然更加珍贵。

（五）鼓吹乐

鼓吹乐是汉代盛行的主要演奏形式之一，它以打击乐器和吹奏乐器演奏为主，使用的乐器主要有鼓、铙、箫、竽、笛、筋、角等，也有歌唱。鼓吹乐源于西北少数民族，汉初引入宫廷。《乐府诗集》一卷一六引《定军礼》曰："鼓吹未知其始也，汉班一雄朔野而有之矣。鸣笳以和箫声，非八音也。"汉武帝时乐师李延年根据西域音乐《摩阿兜勒》改创横吹曲。汉代鼓吹乐根据其作用不同又分为多种：黄门鼓吹，天子用于殿庭以宴乐群臣或作仪仗；骑吹，随帝王出行车马奏乐作仪仗；短箫铙歌，据《宋书·乐志》："鼓吹盖短箫铙歌，蔡邕曰军乐也。"用于社庙、郊祀、狩猎等盛大活动；横吹，随军演奏，横吹为后起形式。《乐府诗集》卷二一，横吹曲："其始未知鼓吹，马上奏之，盖军中之乐也。……其后分为二部，有箫、筋为鼓吹，用之朝会道路……有鼓角为横吹，用之军中，马上所奏者是也。"鼓吹随时代的变化，后也用于伴奏歌舞，且有女乐。巴蜀出土鼓吹乐画像砖四件，提供了生动的图像。

成都东乡青杠坡鼓吹画像砖，1952年于成都东乡青杠坡三号东汉墓出土。砖高38.5厘米、宽41.6厘米，两排六骑皆裹带结尾，鞍附障泥。前排第一人吹筋，筋的图像与重庆南岸吹筋陶俑相似，马上树旌旗；第二人击提鼓，鼓贯于曲木，立马鬃上方。《周礼·下官》"师帅止鼓"，郑注："如摄提之提，谓马上鼓，有曲木提持。鼓立马鬃之上者，故谓之提。"第三人吹排箫；后排第一人击铙，左手持铙右手持槌；第二人吹筋；第三人吹排箫。

成都羊子山鼓吹画像砖，1954年于成都羊子山一号东汉墓出土。砖高38.8厘米、宽36.3厘米，两排六骑，头戴圆顶冠，自上而下，前排第一骑，马背立旌旗，第二人击铙，第三人吹排箫；后排第一人击提鼓，支柱上端，羽葆为饰，第二人击铙，第三人吹排箫。

新都鼓吹画像砖两件，1978年新都出土。两砖尺寸相同，高36厘米、宽

42厘米。其一砖，三骑，裹带结尾，鞍附障泥。三骑斜列，头戴圆顶冠。前后两骑吏，高鼻深目，握竽置唇边吹奏，乐器图像与成都吹竽画像砖上的图像相似，中间一人双手执排箫。其二砖，一人骑骆驼击鼓，驼峰间附鞍，鞍上置兽座，鼓座两端兽头上翘，挂帛饰，垂至骆驼首尾。座中央树建鼓，支柱上端垂羽葆。鼓两侧各有一人，头戴高冠，高鼻大眼，挥双臂击鼓，舞姿健美。鼓为扁圆体，较大，当为建鼓。新都出土两砖图像也是汉代鼓吹乐的正规图像。骆驼和胡人形象，反映了汉代西域音乐已引入宫廷。

画像砖图像中的演奏乐器组合还有吹笛、抚琴等，常与舞蹈、百戏刻在一幅画面上，特别是画像石上的图像，内容极为丰富。

三、砖上舞蹈

巴蜀舞蹈文物图像，主要遗存在汉代画像砖石雕刻中。见于文献记载的汉代舞蹈种类，几乎都有图像比照。山东、河南出土的舞蹈图像，以男舞伎表演宫廷集体舞蹈为主，雕刻线条粗犷；巴蜀舞蹈以单人、双人舞蹈为主，且女舞伎为多，表演技巧和舞姿刻画细腻传神，表现了巴蜀民间乐舞的风采。西域等少数民族舞蹈图像也出现在画像砖上。汉代画像上的主要舞蹈有：籥翟舞、盘鼓舞、建鼓舞、长袖舞、灵星舞、鼗舞、剑舞、巾舞、属舞等。

（一）籥翟舞

这是一种西周时期流传下来的舞蹈，据《周礼·春官》中记载，这种舞蹈用籥和羽作道具。《诗经·邶风·简兮》中描写舞师领舞时："左手执籥，右手秉翟。"籥是一种吹管乐器，管子较短，只有三个孔，翟是稚鸟的羽毛。绵阳三台金钟山一号东汉墓墓室门石壁上有一幅"舞师"图像，左手举一只籥管，右手拿着羽毛，身着盘领宽袖长衫，头戴平顶冠，表演神态非常生动。在我国出土文物中，表现远古时期音乐舞蹈的图像已经极为少见，多数保留在汉代画像砖图像上，足见汉代"乐府"采集民间乐舞实在是功不可没。

（二）盘鼓舞

盘鼓舞是汉代最流行的舞蹈之一，诗文中多有描写，画像上也留下珍迹。山东、河南出土画像砖上的盘鼓舞，由数个男舞伎，排成竖列踏鼓，其气势可观。彭县征集的盘鼓舞画像砖上的图像，是一个女舞伎单人舞，另有两人作杂技表演。女舞者脚踏六盘、二鼓，头挽高髻，身着束腰宽袖短衣，灯笼裤，双手甩长巾，舞姿飘逸婉转，表现出汉代舞蹈的高超技巧。

（三）长袖舞

长袖舞也是汉代最流行的舞种，舞者以长袖作舞，挥洒自如，忽如天马行空，忽如林间乳燕，行云流水，变化无穷，以节奏和线条表达了创作者的神思与情怀。汉代舞服有多种样式的长袖，其中有上下同宽，狭窄而长的袖式，有宽袖齐腕，袖内再延伸出一段狭长袖管。长袖舞在汉代用于各种场合，后世一直流传下来，我国戏剧中的"水袖"也吸收了这种表演方式。舞蹈多由女伎表演，也有男女双人对舞。1954年成都羊子山出土乐舞百戏画像砖，图面六人，女伎舞长袖，男伎击鼓伴舞；另有一人鼓瑟，一人伴唱；观赏的两人一男一女，看来这是一场家庭宴乐舞会。1957年成都西郊东汉墓出土一画像砖，砖高40厘米、宽48厘米，图面六人。图右下方一女舞者，着高冠长袖舞服，正掀袖拧身起舞，长袍拂地；对面一高冠长服者，正躬身击鼓拍节，以和舞势。左上方二人，男者鼓瑟伴奏，女子抚耳歌唱；右上方跽坐一男一女，观舞。1982年新都县东汉墓出土一画像砖，砖高3.9厘米、宽48厘米，图面四人。图左二舞者，男舞者头上着帻，上穿长袖舞衣，下着宽角长裤，腰间束带，正跨步向前，举臂抬腿，拧身回视；女舞者头绾高髻，穿右衽广袖舞服，细腰束带，长袖曳地，似正旋转。图右二人席地跽坐，男者鼓瑟伴奏，女子头绾高髻，着广袖长裙，腰间束带，右手似击鼓，左手抚耳，和瑟声为舞者伴唱。

（四）巾舞

巾舞也是汉代的一种常见舞蹈。见于画像砖上的巾舞图像有两种：一种为执棒甩巾，另一种为双手持巾。舞者运用手臂手腕力量的大小，用力方位的不同，带动长巾在空中飘荡，由长巾舞出变幻莫测的各式绸花，线条流动舒展优美，如云如烟，似梦似幻，更显技艺高超。巾舞一说"公莫舞"，取材于汉代著名历史故事鸿门宴。项羽设宴鸿门，欲借机杀刘邦，其间项庄拔剑起舞，项伯舞以袖相阻，后以舞巾模拟项伯袖舞，故称公莫舞，晋改为巾舞。主要用于宴饮乐舞。1985年3月于彭县义和乡征集到一件巾舞画像砖，砖面高8厘米、宽25厘米。图像为汉砖的一个端面，图面三人，右侧一人残，中者舞女伎，宽袖长裙曳地，两手执长巾，左手仰甩，右手平舞，长巾垂地，左一人观舞。见于汉代画像砖石图像上的巾舞有两种：一种将长巾拴在木棒上，舞者持棒舞巾；另一种双手持巾而舞。巾舞常与其他表演同台，相互呼应。广汉出土画像砖图像上三人表演，左者女伎在七层叠案上倒立柔术，中者男伎蹲式跳丸，三丸抛向空中，右者女伎踏鼓甩巾舞，与男伎配合。

（五）建鼓舞

建鼓舞因鼓而得名。舞者动作变换，形成各种舞姿。四川新都出土"骆驼载乐"图是一非常珍贵的胡人击建鼓舞蹈图像。舞蹈由两个男子跪在骆驼峰背上，对击建鼓，鼓槌上系着巾带。与建鼓舞同时出土的有一幅六骑鼓吹乐图像和其他仪仗队图像，说明建鼓也是鼓吹乐中的一种乐器。四川省博物馆藏的一幅建鼓舞图上，刻一个女伎击建鼓舞蹈，双手握鼓槌，身着束腰长裙，站在庙宇门前。

（六）鼗舞

鼗舞是汉代出现的一种"鼓舞"，用乐器鼗做舞具。"鼗"即现在的拨浪鼓，摇鼗节奏伴舞。成都羊子山出土乐舞百戏画像砖图像中有鼗舞图，一男伎执鼗表演，口中吐火，非常生动。《释名》中解释："鞉，导也，以导作乐也。""鞉"即"鼗"。彭县出土画像砖图像上三人舞，左为摇鼗舞伎，中间一甩袖女舞伎，右一人舞剑踏鼓舞。摇鼗舞伎面向另外两人，左呼右应，表现了鼗舞者摇鼗导乐的表演场面。

（七）剑舞

剑舞是一种舞剑的表演性舞蹈，源于远古时代的武舞。《论语》记载了一段故事，说的是孔子的学生子路有一次穿着武士的服装，谒见孔子，为孔子表演了舞剑技艺，很得孔子赏识。汉代也很流行剑舞，表演者以男性为多，动作刚健有力。到了唐代，剑舞更加流行，又名"剑器舞"；另有与西域浑脱舞结合在一起的"浑脱剑器"，唐代诗赋中有精彩的描写。女舞伎表演的剑舞刚柔并济，1976年金堂出土剑舞画像砖图像表现了飒爽英姿的女舞伎。她头绾双髻，着紧身舞服，细腰束带，昂胸跨步双剑齐舞，造型优美，是一幅难得的舞蹈图像，特别是女舞伎舞剑更少见。

（八）属舞

属舞是汉代贵族士大夫阶层流行的娱乐性舞蹈，因舞蹈形式为以舞相属，即主人先起舞，舞到某人面前，邀请对方共舞，而名"属舞"，取其相属之意。汉景帝时，窦婴、灌夫与宰相田蚡勾心斗角，相互倾轧。有一次，在窦婴的宴会上，灌夫起舞邀请田蚡，田蚡傲然拒绝，灌夫大怒，恶语相加，一席舞宴变成一场争执，不欢而散。东汉末年，蔡邕因受到诬陷，被朝廷流放到五原，获赦后返回家园。临行前，五原太守王智宴请蔡邕，酒酣，王智起舞属蔡邕，蔡邕藐视王智，不应邀起舞。王智在宾客面前大丢脸面，破口大骂蔡邕：

"你是流犯，竟敢轻视我。"蔡邕拂袖而去。王智从此怀恨在心，设计陷害，诬告蔡邕对流放不满，诽谤朝廷。皇帝听信谗言，迫使蔡邕"亡命江海，远迹吴会"。1955年彭县文馆所征集到一块画像砖，砖上有属舞图像，一男一女，盛装打扮，相对而舞，优美和谐，决无争斗之气。

（九）灵星舞

灵星舞是汉代祭祀先帝后稷，歌颂农业丰收的组舞。据《后汉书·祭祀志》记载，汉初八年（前199），汉高帝继承周朝祭祀传统，将后稷的祭名命为灵星，星指天田星。此后，就排演了灵星舞，在祭祀后稷的礼仪中表演。舞蹈有六种：艾除、耕作、芸耨、驱雀、获刈、舂簸。四川出土的画像砖图像中，有六种农作舞蹈图像，应该是对汉代灵星舞的写照。德阳出土六人艾草舞图，动作整齐划一，舞姿健美，反映了汉代人民殷实富裕的生活。新都出土驱雀舞图，图像上二人看守粮垛，四五只鸟雀在粮垛上空，二人一立一蹲，手持弹弓，形象生动逼真。

（十）队列舞蹈

1980年开县文馆所征集到东汉队列舞蹈图像画像砖，分上下两层刻两组四幅图，其中有一组刻九个女舞伎，身着大摆长裙，如同18世纪法国贵妇人装扮。九人排成一横列排，一人做翻跃状，一人领舞。领舞者处于中心地位，两侧各四个舞蹈者，为群舞演员。在舞人上方有一组图案，应该是舞谱，表明队列怎样变换。

（十一）联袂踏歌舞

联袂踏歌舞是一种集体舞蹈，最显著特点是舞者手牵着手共舞。我国黄河流域上游新石器时代齐家文化遗址出土的彩陶上已有联袂舞蹈图像，到了汉代，这种联袂舞蹈更具有欣赏价值，有的学者认为齐家文化的舞蹈图像，表现的是远古时代的羌族舞蹈。四川出土的汉代画像砖石上留存的联袂舞蹈图，也应当是羌族舞蹈的遗存。重庆市綦江县二墩岩横山乡东汉墓出土两件联袂踏歌舞蹈图像石刻，每幅图上刻七个乐舞伎，七人中有两个男伎，为伴奏乐人，吹管或吹箫；另五个女伎，手拉手，举过肩，最边上一人持鼗鼓，十分生动地表现了汉代巴蜀地区已流行踏歌舞蹈的表演形式。唐宋竹枝词中，还有许多记载巴蜀民间踏歌活动的词句。2000年后的今天，在四川少数民族乐舞中，踏歌依然是藏族、彝族、羌族等民族乐舞中，最具特色的一种舞蹈，各民族舞蹈的表现方式又有所不同，多彩多姿。

（十二）胡舞

胡人，指汉代西域少数民族。从我国历代出土的胡舞图像看，主要有胡旋舞和胡腾舞两种。2002年，中江塔子梁东汉壁画崖墓群3号墓壁上发现了彩绘的"胡人舞蹈图"。图面舞伎五人，均为男性，高鼻深目，络腮胡须，头戴尖顶小帽，着红色，身着短装，长裤，高筒靴。舞者一手插腰，一手与另一舞者或搭肩、或联袂作踏歌舞。这是目前我国出土文物中年代最早的表现胡人舞蹈的图像。

（十三）舞谱

舞谱是用来记录或者说是表示舞蹈队列和动作提示的一种专用图。敦煌发现的二卷唐人舞谱，是目前确认最早的舞谱。据分析，刻在开县东汉九个女舞伎队列舞蹈图上的一幅图，是一幅提示九个舞伎队列变换的舞谱。两侧各三个菱形图符，示意队列呈菱形移动；中间的两个八字形内叉图符，示意队列八字形穿插；最内侧三个联体图符，示意队列按联体图形进行，也可能还表示三个人，分别交叉牵手。图符分左右两侧，明确指示出九个舞人，中间一人为领舞者，两侧各四人，围绕领舞者进行三种队列变换。由此可见汉代已有舞谱。

据《华阳国志·蜀志》载，汉安帝时，有掸国（今缅甸）的艺人，向朝廷献演西域的音乐、舞蹈和魔术、幻术、柔术等杂技表演。四川出土的画像砖石上刻有丰富的百戏图像，让我们一览汉代中国艺术博大精深、海纳百川的气派和泱泱大国的风采。

四、大型百戏

汉代乐舞艺术与杂技、幻术、俳优等多种艺术形式融为一体，出现了规模宏大、内容丰富、技艺高难精湛的综合性表演，泛称百戏。表演时分成若干个独立的节目，按顺序轮流演出。巴蜀出土画像砖石上的图像，生动地反映了汉代百戏流行的盛况。画像石图像场面宏大，甚为壮观；画像砖图像雕刻细腻，人物传神，艺术特征鲜明。汉代的假面舞、歌舞戏等在图像上也有珍存。

成都羊子山乐舞百戏画像石，1954年成都羊子山1号东汉墓出土。墓长13米，分前、中、后三室。乐舞百戏画像石，在中室左壁下腰部，长520厘米、宽47厘米，图面刻厅室，室内帷幔高悬，左侧一人着高冠长服，系主人，跽坐于方席之上，举手指挥。身后一侍婢，执扇为其纳凉。左上四人席地而坐，似宾客观伎，饮酒高谈，右侧立一侍童。右侧长席上，五乐伎跽坐，吹笙、抚琴、歌唱。中部为舞蹈百戏表演。上排左起第一位跳丸伎,曲膝抬腿,仰身跳弄三丸;第二为鼓舞伎,左手环抱一鼓,右手向后伸展,正昂首跳跃,舞姿矫健;第三为反弓伎;第四为倒立伎。下排左起第一人似为领队,头绾双髻,面向主人跽坐,长服曳地;第二位长袖舞伎,着广袖舞衣,腰间束带,长袖拂地,舞姿雍容典雅;第三为倒立伎;第四为旋盘伎;第五为飞剑伎;第六为盘古舞伎,地上倒覆舞盘,其间置一鼓,舞者抛长巾,正向盘鼓上腾跃;右侧一俳优伎,赤膊蹲行,作滑稽表演,与其配合,并一伎着长服,正击鼓,为舞者击节和伴唱。整幅画面上有汉代最流行的长袖舞、盘鼓舞、巾舞;有跳丸伎、旋盘伎、反弓伎、倒立伎、飞剑伎、俳优伎等杂技表演;还有五人乐队,席地而坐,吹笙抚琴,击鼓伴歌的乐队,令人眼花缭乱,目不暇接,故以百戏冠名。

《汉书·西域传》中载,汉代有漫衍鱼龙、角抵之戏的表演。漫衍鱼龙,是指戴着面具表演,也就是现代的假面舞,汉代叫"象人"。有的表演有故事情节,称为角抵戏,已具有戏曲的元素。戏中有人扮兽象的,就叫"象人奇戏"。四川出土的画像砖、画像石石刻上,留下了极为珍贵的图像。1972年郫县出土的石棺画像,刻的是讲述"东海黄公"故事的角抵戏。张衡在《西京赋》里,记载了这个故事以及他的表演形式。黄公住在东海,从小精通武术,能翻江倒海、降龙伏虎。他不论到哪里,都佩带赤金做成的刀,驾着云彩,坐着山河,呼风唤雨,日行万里。到了老年,因饮酒过度,体力衰退,武术也大不如前。秦朝末年,有白虎在东海一带出没,黄公又像过去一样,提着赤金刀去降伏白虎,终因力不从心,被白虎咬死。图中有戴假面的黄公,有龙虎象人,还有熊面、豹面象人等,甚为生动。

郫县百戏画像石两幅,1972年郫县竹瓦铺1号东汉墓出土石棺画像。画面高86.0厘米、长230厘米,棺首刻双阙,棺尾刻伏羲女娲,棺右刻乐舞百戏,棺左刻漫衍角抵和水嬉,石棺左图为假面舞、歌舞戏、水嬉画像。图分上下两排,上排共七人,均赤足,多为假面舞、"象人"。左起第一人似猴面兽爪,左手执一物,右手举长柄兵器;第二人似猪面,侧身伸颈,背负有坛形器,作跨奔状;第三人头椎髻,两眼圆睁,为有串脸胡大力士,双手正用力拖着;第四人所坐的龙虎之尾,向左跨进,第四人头上竖五髻,戴熊面,两臂伸张,腰悬钺,跨于龙虎背上,大有降龙伏虎之势;第五人戴笠,右手持盾于头上方,左手执一长枪,头向后回顾;第六人须髯怒张,似豹面,双手展立,作提物状,最后一人头上着帻,右手举棍,左手提物似灯,其上羽饰飘垂,正拧身跨步,作前驱状。此图有"东海皇宫""傩舞""象人奇戏"诸说。图面的下层为水嬉画像,左为莲池,小舟上立一鹤,有两人摇桨,一人展力叉鱼;池内有鹤、鱼、蟾蜍及莲等;中部左起第一人执伞站立,可能为侍者,身前五人,中者高冠长服,手捧乐器站立,旁四人捧盾躬身作迎候状;右侧树旗,旗间四人并列,四肢着地,背朝上似作比赛状;身后一人执建鼓,上有华盖,身微向前,举手欲击建鼓以助兴。石棺右图正中一座四阿式楼房,楼上有回廊置栏,其上横放兵器,悬挂盾和弩,厅堂右有歇山式望楼,一女子伫立于窗前眺望;楼右侧庖厨,厨丁们正烹饪美味佳肴;厨下方一辆辎车正驶来赴宴,车上坐一贵妇,前有御者扶辕,后有侍婢尾随。楼下店堂宽敞,内设长席,宾主五人踞坐饮酒观伎。演艺伎六人:图左上方广场上二人席地而坐,一女伎双手鼓瑟,瑟一端置于腿上,一端置于地上,一伎伴唱;中间一女伎,头绾双髻,正在九层叠案上表演柔术;其右为旋盘伎,伎人昂首盘腿而坐,额上顶长竿,竿顶一盘,正旋转;左下方二舞伎,着广袖舞衣,腰间束带,舒巾起舞,其中左者举袖折腰,踏鼓而舞,右者单脚立于鼓上,俯身展袖,舞姿别致。

汉代杂技表演图像,在四川有许多精雕细刻的珍品传世。广汉飞剑、跳丸、踢瓶画像砖,德阳叠案、舞环、飞剑画像砖上的图像,以简洁的刻工,寥寥数笔,刻绘出表演者的身段、技巧、神态,跃然砖上,优美的动作、高超的技术、险象环生的场景,令人赞叹不已。

宜宾柏溪杂技、幻术画像石,1981年宜宾市柏溪弓字山东汉墓出土。画高50厘米、长120厘米,图上殿堂内帷幔高悬,有八伎正在表演百戏,均着紧身舞衣,腰间束带。上排一伎蹲跪于地,正挥槌击鼓,右侧一女伎,头绾双髻,四肢反弓于地,口吐七颗圆形物,排做一线,似幻术表演。下排左起第一为飞剑伎,正昂首侧身抛三剑于空中;第二为倒立伎;第三为跳丸伎,双臂伸张,昂首舞弄四丸于空中;第四、第五为冲环伎,一伎手持圆环,一伎正侧身引臂向圈中钻去。另有一排优伎,四肢伸张作跳跃状。

长宁七个洞飞剑、跳丸画像石,1981年长宁县飞泉乡七个洞第七号东汉崖墓内有石函左壁画像。棺长185厘米、高65厘米,画面占据三分之二。图左一朱雀,中间一座四阿式顶的干栏式建筑。房侧旷地有二伎,左伎头戴帻巾,弓腿前倾身,双手执弹丸;右伎双手掷飞剑,腾跃于空中。

广汉飞剑、跳丸、踢瓶画像砖,砖高27厘米、宽44.5厘米。图面三伎,头戴花帻,赤膊露腹,着宽角裤。左侧飞剑伎,跨步张臂,飞舞三剑于空中。中者跳丸伎，双手抛三丸于空中。右侧踢瓶伎，翘臀跨右腿，平展右臂，尖底瓶旋于臂上。

德阳叠案、舞环、飞剑画像砖，1952年德阳市黄浒镇发现。砖高13.7厘米、宽41.7厘米，图面四人。左六案相叠，案上一伎，穿紧身衣，正表演倒立柔术，案旁一人头上有纹饰，身着长衣及膝，腰间束带，弓步向前，双手前伸扶案；图右长席上二伎，头上有纹饰，着紧身衣，腰间束带，左边一人躬身，屈膝，跨腿，双手舞弄圆环，右边一人昂首跪蹲，抬臂伸掌，两掌合飞舞一剑，口中含一短棒，棒上飞舞一剑。整个图像抓住了表演高潮的一瞬，扶案人的神态传神，显得紧张惊险，扣人心弦。

汉代已出现专业演出场所，现存忠县三国墓出土一座演出陶楼，是目前所知巴蜀地区遗存下来时代最早的演出场所，保留着汉代演出风格。出土陶楼为庑殿式顶，檐下有斗拱。楼台上下两层共有六个伎乐俑，有抚琴俑、击鼓俑、歌唱俑和跳舞俑，其造型风格和汉代乐舞俑一样。

第六节　少数民族艺术与汉族艺术的交流和发展

巴蜀地区自古以来就是少数民族集聚的地区，历史上几次重要的民族迁徙和文化交流，形成了巴蜀地区在汉族与西南少数民族交流融合中的特殊地位。少数民族艺术传入巴蜀，与汉族艺术并存发展；巴蜀艺术向少数民族地区传播，带去了先进的汉族艺术。经过各民族艺术的多次碰撞，丰富了巴蜀艺术的种类和形式，培育出汉族艺术与少数民族艺术嫁接的"奇葩"，多民族艺术的交流形成百花争艳、姹紫嫣红的格局，巴蜀地区也成为中原艺术与西南边陲地区各民族艺术交流的枢纽。

一、独具特色的巴蜀墓葬文化

中原文化在西南少数民族文化中广泛传播。汉武帝开西南夷以后，西南少数民族文化接受和融入中原文化，得到快速发展，石棺葬和大石墓文化所体现出的艺术价值，就是珍贵的历史见证，也成为巴蜀地区特有的考古学文化类型。

石棺葬文化于1951年由冯汉骥先生首次提出。因其用石板砌成棺室，故名。墓葬主要分布在岷江上游及其支流地区，大渡河、金沙江、雅砻江流域以及云南西北地区也有发现。它的主要文化特征是石棺结构有盖无底，墓主遗体和殉葬品直接置于土上。陪葬的典型器物主要有，陶器中的双耳陶罐、金属器中的铜柄铁剑，偏晚的遗物中还出土了西汉的半两钱。年代上起自战国初期，下可延至东汉前期。石棺葬的族属，可能与《史记》《汉书》所记冉駹有关，据《后汉书·冉駹夷传》记载，宣帝之后，在冉駹夷地区，"六夷七羌九氐，各有部落"，《华阳国志·蜀志》则云"其王侯颇知文书"。在茂县出土的器物上，还发现一些文字、符号，有些与汉字颇为相似。在甘孜县、巴塘县、理塘县以及雅安等地也发现石棺葬，它们的文化特征与岷江上游石棺葬十分相似，有可能为同一文化，或者是笮都夷属和其他民族的文化遗留。

1976年在昭觉发掘石板墓20座，墓葬以石板铺底，四周竖立石板，而无盖板，与岷江流域有盖无底的墓葬不同，时代在西汉武帝以前，墓主人可能与僚族有关。

还有一类大石墓，用未加工的巨大石块砌成，主要分布在凉山彝族自治州的安宁河流域及其支流地区，时代从战国至西汉，也有学者认为可追溯到春秋时期。关于大石墓的族属问题，有几种不同看法，涉及秦汉时期西南地区的濮、僚、越、氐羌以及缯（普迷族）等少数民族。秦汉时期考古文化中墓葬的发现和研究，成为研究历史文献中记载巴蜀文化史的重要补充。墓葬的结构、葬式、出土器物等，以实物的方式记载了巴蜀文化在这一时期的表现形态，特别是少数民族墓葬的发现，对于研究多民族文化艺术的融合和交流，有着重要价值。秦汉时期的巴蜀墓葬最为突出的特色是，它生动地记载了巴蜀文化与中原文化的融合，以及巴蜀文化在中华民族多元文化形成中的重要地位。在一些墓葬中出土的稀有文物，对于各类专门史的研究，也有重要价值。

除了墓葬文化外，汉代《白狼夷歌》以文字和艺术的形式，留下了民族文化与汉文化交往的记载。据《后汉书·笮都夷传》，明帝永平二年（59），白狼王唐菆向汉朝称臣，献《白狼夷歌》，经犍为郡掾田恭译成汉文，原文及汉字译音保留在《后汉书·笮都夷传》中，颂歌三章为《远夷乐德歌》《远夷慕德歌》《远夷怀德歌》，表达对汉朝归顺之意。《白狼夷歌》是两汉时期少数民族艺术的杰出代表作，其他许多少数民族史诗、民歌也保留着各个民族与汉朝交好的历史。

《华阳国志·巴志》记载，东汉时广都人巴郡太守朱辰"甚著德惠"，"辰卒官，郡獽民北送及墓，獽蜑鼓刀辟踊，感动路人，于是葬所草木顷许皆仿之曲折"。巴郡獽民葬俗中号歌鼓刀也是汉代少数民族民俗艺术与汉族艺术融合的一个例证。獽蜑是汉代居住于巴郡的少数民族,学术界一种观点认为其属于壮侗语族系统;另一观点认为属苗瑶语族先民一类。①《华阳国志·巴志》云:"其民质直好义,土风敦厚,有先民之流。"又:"其属有濮、賨、苴、共、奴、獽、夷蜑之蛮。"《隋书·地理志》:"梁州又有獽、蜑、蛮、賨,其居处风俗,衣服饮食,颇同于獠。"《寰宇记》卷一二〇《黔州彭水县》云:"武溪蛮皆槃瓠子孙……古谓之蛮蜑聚落。"汉代巴郡少数民族,可能是远古时期各民族迁徙后杂居一地,形成了不同于蜀地的风俗习惯,其民风古朴,遗留着先民印记。据《夔府图经》载:"巴氏祭其祖,击鼓为祭,白虎之后也。"又:"夷事道,蛮事鬼,初丧戮鼓以道哀,其歌必号虎,其众必跳,此乃槃瓠白虎之勇也。"巴郡民族善歌好舞,自古延续,形成特殊葬俗。朱辰为蜀地广都之大姓人士,任巴郡太守后,深得民心,为其卒官送葬的郡獽之民,以本族习俗号歌顿足,鼓刀辟俑,竟感动草木,顷刻曲折。说明汉代中国民族艺术的发展,已呈现多民族融合的趋势,巴蜀艺术由多民族融合,形成多元化的鲜明地域特征,在汉代已见端倪。

二、西域艺术与巴蜀葬俗新特征

西域艺术传入巴蜀,是汉代巴蜀形成多民族艺术交流的新特征。据《汉书·西域传》和《后汉书·西域传》记载,西汉时期西域乐舞、幻术等杂技传入我国。四川出土汉代画像砖、石上留下了许多珍贵图像。2002年,中江塔子梁东汉壁画崖墓群出土,它是我国发现的第一座彩绘壁画崖墓,壁画中有五个男性"胡人舞蹈图",是目前我国发现的最早的胡人舞蹈的崖墓壁画图像。胡人高鼻深目,络腮胡须,头戴尖顶小帽,联袂踏舞。

鼓吹乐是汉初从西域传入的一种音乐形式,最突出的特点是骑在马上奏乐,作为帝王出行的仪仗乐或是军乐。汉代鼓吹乐的图像在四川发现四幅,1952年成都出土两件鼓吹乐画像砖,均为六人骑马奏乐。新都出土两件鼓吹乐画像砖,其中一件有胡人骑在骆驼上,双手执槌,击奏建鼓图像,全国仅此藏品,弥足珍贵。百戏是汉代出现的规模宏大、内容丰富、技艺精湛的综合性艺术表演,如杂技、魔术、幻术等,有的来自西域,有的来自民间。令人眼花缭乱,目不暇接。

---

① 蒙默等:《四川古代史稿》,四川人民出版社1989年版,第94页。

《汉书·西域传》中还记有漫衍鱼龙、角抵之戏的表演。漫衍鱼龙，是指戴着面具表演，也就是现代的假面舞，汉代叫"象人"。有的表演有故事情节，称为角抵戏，已具有戏曲的元素。戏中有人扮兽象的，就叫"象人奇戏"，也见于四川画像石刻。

铜鼓是西南少数民族地区出土的一种乐器，巴蜀地区铜鼓文化的传承，勾勒出汉族艺术吸收和保留西南少数民族艺术的传播途径。巴蜀地区是铜鼓文化的主要传播地，现藏巴蜀铜鼓的数量近百件，各博物馆都有藏品。凉山盐源县毛家坝出土春秋时期铜鼓一件，形制为倒置的铜釜，鼓面中央饰双十字和圆圈纹，外围是牛角纹，粗犷拙朴，是巴蜀地区出土早期铜鼓的典型器物。战国至汉代是巴蜀地区铜鼓文化的盛行期，四川省博物馆、四川大学博物馆、重庆博物馆及泸州、宜宾等地藏品，有冷水冲型、冷水冲–遵义型、麻江型等，多数为战国至汉代流行的铜鼓类型，直到六朝至唐宋时期，铜鼓文化依然在巴蜀地区流行。会理罗罗冲出土的汉代铜鼓纹饰上刻六个羽人划船纹，羽人椎髻，即头发扎成发髻，髻上饰雉羽或蕉叶形带巾，留下了巴人居水生活的生动画面。成都武侯祠藏铜鼓中，有一面圆形束腰大鼓的鼓面上铸六只蹲蛙，造型生动地表现出人与自然天成和谐的美趣，具有铜鼓文化雕刻艺术风格的典型特征。

西昌大石墓出土发现铜口哨，时代为西汉时期。铜口哨制作呈现出原始乐器的特征，哨呈管状，顶端为球形，管体上开一至四个孔，可吹鸣。大石墓是蜀人古代的一种葬俗。据《华阳国志·蜀志》记载，蜀人死，做石棺石椁葬。西昌、冕宁、越西、喜德、米易等县发现大石墓近百座，墓主为同一民族，即西南夷中的"邛都夷"。这些地区出土的音乐文物，反映出汉族艺术对西南少数民族艺术的强烈影响。

综观秦汉时期巴蜀艺术的发展，主要发生了两个显著变化：先秦时期以土著艺术为主体相对独立的巴蜀艺术，逐渐纳入以中原艺术为主体的汉族艺术之中；巴蜀逐渐成为南北艺术的交流中心以及西南地区汉族艺术与少数民族艺术的汇集地。巴蜀艺术积淀着秦汉时期汉族艺术的精华和多民族艺术交流融合的成果。

第三章 魏晋南北朝、隋唐五代时期的巴蜀艺术

概述

魏晋南北朝时期，巴蜀社会经济文化发展出现低潮，巴蜀艺术也远不如两汉时期繁荣，但也出现了一些新的变化，石窟艺术的兴起最为突出，南北音乐文化的交流也取得新的进展，民谣在战乱中成为一种独特的艺术形式。

隋唐时期，巴蜀地区在中央王朝统治下，社会稳定，经济发达，文化繁荣。隋唐五代时期，是巴蜀历史上社会经济文化发展的又一个高潮期。隋末和唐末，两次农民大起义都未波及巴蜀地区。前后蜀时期，巴蜀社会也较稳定，为巴蜀经济文化的繁荣创造了有利条件。唐代巴蜀经济发展已进入全国前列，有"扬一益二"之称。唐玄宗避"安史之乱"，唐僖宗在黄巢大军攻占长安后，先后入蜀避难，成都两次成为唐王朝的临时都府。唐末五代，中原混战，衣冠士族和民众纷纷入蜀定居，视其为乐土。

巴蜀艺术的发展和繁荣，在隋唐五代时期出现了两汉之后的又一次高潮。隋唐宫廷乐舞得以在巴蜀保留，各民族民间乐舞也流入巴蜀，出现了歌舞升平的景象。陈子昂、李白、杜甫、刘禹锡等唐代大诗人们在不朽诗篇中描绘记载了巴蜀艺术的繁荣。巴蜀古琴艺术居全国之首，雷氏古琴流传至今；城市、民居、民族建筑艺术形成巴蜀特有风格，石窟艺术、宗教艺术得到快速发展；说唱变文最早在巴蜀流行。巴蜀绘画艺术开流派之先，产生了刁光胤、孙位、黄筌等著名画家，吴道子也在巴蜀留下杰出的画作。五代时期，西蜀和南唐成为全国两大绘画中心。少数民族艺术与汉族艺术在巴蜀地区汇集，形成了兼收并蓄、多元一体的发展格局。

第一节 绘画艺术的崛起

一、巴蜀绘画艺术的兴起①

汉代以前,绘画艺术与雕刻艺术杂糅一体,巴蜀画像砖石上的雕刻艺术,已显示出巴蜀绘画精致细腻的特点。巴蜀本土绘画艺术的兴起,肇自唐玄宗时期。现存日本的天文体图卷,是由蜀人梁令瓒于开元九年(721)考制浑天仪和黄道仪,并作五星和二十八宿神形图卷,清朝人安仪周将该画评为妙品。武后时,有"画人神品"之称的薛稷,曾在成都、通泉(今射洪境内)等地留下了多幅名画。唐玄宗、僖宗两个皇帝入蜀避难,一批画家由长安入蜀,江南地区一些画家也流寓巴蜀。长安和江南地区都是全国的绘画中心,代表当时绘画的最高水平,大批画家入蜀,带来了各画派的绘画精品,促进巴蜀本地绘画艺术的兴起和快速发展,一批本土画家相继出现,至五代时期,巴蜀已成为全国的绘画中心。宋人郭若虚《图画见闻志》卷二《纪艺上》记载,唐末的著名画家有27人,其中巴蜀画家7人,流寓巴蜀的画家12人,总计19人,超过总数的70%。可见巴蜀地区已成为唐末全国绘画最兴盛的地区之一,尤以成都最盛,故宋人李之纯说:"举天下之言唐画者,莫如成都之多。"②

入蜀画家中,以玄宗时"画圣"吴道子最为出名。吴道子两次入蜀,写貌山水,开创了山水画派,代表作品即描绘巴蜀山水之作,如他赴蜀回京城后,一日内在大同殿挥毫画壁,描绘出"嘉陵江三百余里"的无限风光,气势恢宏,为天下之壮观。"安史之乱"后,入蜀画家人数众多,宋人黄休复在《益州名画录》中记下的重要画家有:"当代名流,咸伏其妙"的卢楞伽;"思高格远,妙列上品"的韦偃;擅长画佛教人物的辛澄;"名高当代,时无筹伦"的赵公祐;描绘山水"笔精墨妙"的孙位;画佛像经变、人物故事及画火达到"冠绝今古"的张南本等。

---

① 主要参照蒙默等著《四川古代史稿》第四章(唐光沛执笔)第六节编撰,四川人民出版社1989年版。
② 《成都文类》卷四五李之纯《大圣慈寺画记》。

二、巴蜀画家作画风格[①]

黄休复在《益州名画录》中，把唐代巴蜀画家分为逸、神、妙、能四格，孙位为逸格画家代表人物，本东越人，随僖宗避难入蜀，在蜀中应天、昭觉、福海等寺院画过不少壁画。其作画追求笔墨形具，得之自然，作品皆笔粘墨妙，雄壮奔放；创新山水，跌宕起伏，号为神逸。

赵公祐和范琼为神格画家代表人物，神格画派追求"思与神合，创意立体，妙合化权"。赵公祐是长安人，敬宗宝历年间（825~826）寓居成都，攻画人物，尤善佛像、天王和神鬼。范琼是在文宗开成年间（836~840）入蜀，善画人物、佛像、天王、神鬼、罗汉，曾与陈皓、彭坚二人合作，在各寺庙完成众多佛像画。

妙格作画"笔精墨妙……自心付手，曲尽玄微"，分为上、中、下三品。上品七人：陈皓、彭坚在文宗开成年间与范琼一同入蜀；张腾在文宗大和年间（827~835）入蜀，善画佛像；卢楞伽在玄宗天宝末年入蜀，以善画高僧著称；赵温奇、赵德齐父子是赵公祐子孙；道士张素卿是巴蜀简州人。妙格中品十人中，巴蜀画家共有五人，其余五人皆为流寓入蜀的画家。其中左全专攻杂画；高道兴触类皆长，尤善佛像、高僧；房从真攻画甲马、人物、鬼神，冠绝当时；黄筌则是开创黄家花鸟画派的创始人。妙格下品十一人，巴蜀人士有八人，随父辈入蜀定居者二人，另刁光胤在天复年间（901~904）流寓入蜀。其中有号称"小李将军"的山水画大家李昇，"攻画女郎，笔踪妍丽，兼善写真"的阮知诲等。

能格指作画已可达到"形象生动"，亦分为上、中、下三品，共二十七人，主要为巴蜀本地画家。其中上品十五人，巴蜀画家有十三人；中品五人，巴蜀画家四人；下品七人，巴蜀画家五人。能格画家或随师学画如孔尚、蒲延昌等；或模仿名家笔法，但却难以创新、突破，如石恪、麻居礼学张南本笔法，杜措学李昇山水，陈若愚、李寿仪学张素卿笔法；或子承父业却未能超越者，如杜敬安、阮惟德、张景思、杨元真等人。也有的画家以专攻某一类题材为主，如周行通、杜弘义、杜子环、赵才、程承辩、丘文播、僧楚安、宋艺等

[①] 参见李敬洵撰：《西晋南北朝和隋唐时期的巴蜀》，《巴蜀文化史》，四川人民出版社2012年版，第126~127页。

以攻画人物、佛像和山水为主。

三、巴蜀绘画流派的初步形成

唐至五代时期，巴蜀画家人数多，作品多，根据作画题材，亦可划分出山水画派、人物画派和花鸟画派。流派通常指同一时期，具有相同绘画题材、绘画风格和代表人物的一群作家及其作品。唐代巴蜀作家的绘画已具有流派分类的特征。

（一）山水画派

首推成都人李昇，他以巴蜀山水为题材入画，如《青城山图》《峨嵋山图》《出峡图》《汉州三学山图》《彭州至德山图》等，可与金碧山水画家李思训媲美。黄筌师法李昇，与其子皆精画山水，《青城山图》《峨嵋山图》《秋山图》等，名重一时。

（二）人物画派

所画人物题材广泛，大凡僧道鬼神、帝王将相、士女以及各种人物肖像，无不入画。其中代表作如赵德齐、高道兴画西平王（即王建）旌旆、车辂、法物等，及朝贡殿上的皇姑帝戚、后妃嫔御一百堵，陵庙神鬼人马及车辂仪仗、宫寝嫔御一百余堵；房从真画《宁王射猎图》；贯休画的水墨罗汉十六尊，并一佛二力士；阮知海画的王衍、孟知祥肖像等。

（三）花鸟画派

花鸟画派画家作画各有特征，如腾昌祐工画花鸟，"笔迹轻利，傅彩鲜泽"[①]，尤善画鹅、蝉、蝶。刁光胤善画湖石、花竹、猫兔、鸟雀，尤以画雀为佳，曾在大慈寺画《四时雀竹》，"体制精艳"[②]。黄筌早年从刁光胤学竹石花鸟，向孙位学松石墨竹，向李昇学山水竹，兼有诸家之长，成就超过诸师，所画山水、花卉、杂禽、狐兔、鸳鸟，以及人物、龙水、佛道等题材甚广，尤以花鸟画最为精湛。他在后蜀偏殿上绘六只白鹤，形态各异，栩栩如生，黄休复赞曰："精彩态体，更愈于生，往往生鹤，立于画侧。"[③]他在八卦殿画的四时花卉、雉雀，招引各地所贡的白鹰误以为真，竟然以爪扑击。黄

---

① （宋）郭若虚：《图画闻见志》卷二。
② （宋）黄休复：《益州名画录》卷中。
③ （宋）黄休复：《益州名画录》卷上。

筌少子居寀，画艺敏赡，花卉鸟雀之画，与父齐名。黄筌父子在蜀中绘画达40余年，在殿庭墙壁、门帷、画幛上作画不计其数，时人得其作品，视同拱璧，加以珍藏。

唐至五代时期，巴蜀绘画还以壁画闻名全国，画家除在绢纸上作画外，还常在各地寺观内做壁画，其时大慈寺壁画已居全国前列。据李之纯《大圣慈寺画记》统计，寺内诸佛，如如来、菩萨、帝释、梵王、罗汉、祖僧、天王、明王、大神将等，以及佛传经变、变相等，多达139996件。

唐至五代时期，巴蜀著名画家孙位、李昇、黄筌父子等的杰出成就，为蜀中画派的崛起作出杰出贡献，巴蜀地区也因一批著名画家的成长和数量众多且画艺精湛的绘画作品，成为全国绘画中心。

"安史之乱"后，大批画家避乱入蜀，被前蜀宫廷召入宫中，前蜀后主王衍仿效汉代宫廷设立"尚画工"，仿效唐代翰林院体制在宫廷设置图画院，命黄筌"权院事"，安置画家，称"待诏""祗候""供奉"。明德二年（935），后主孟昶在成都正式设立"翰林图画院"，黄筌继续主院事，并赐紫金龟袋。画院通过考试，录用人才，并按照技艺高低，分别设待诏、祗候、艺学、供奉、画学正、画学生等。画院有严格培训制度，特别重视画工技巧训练，提倡"形似""格法"，以黄筌及其画派的花鸟画为最高标准，称为"院体画"。

西蜀翰林图画院是我国历史上设立的第一座宫廷画院，也形成了我国有文献记载的第一个绘画流派——院体画派，又称"西蜀画派"。

第二节　石窟摩崖造像艺术的快速发展

巴蜀地区盆地周边山崖上镌刻着约200处石窟摩崖造像，每一处造像由几个到上百个龛窟构成。大窟深十余米，小龛方尺余。造像总数达上万躯之多，以佛教造像、道教造像为主，也有儒释道三教合一造像。造像内容有佛经镌刻、经变故事或佛传故事，还有许多讲唱经变的变相以及数十种乐器演奏图像。摩崖造像布局巧妙，规模宏大，凿刻精致，大有鬼斧神工之妙，仙佛化境之趣，展现了巴蜀摩崖石窟造像艺术的辉煌成就和雕刻艺术的发展历史。

一、佛教造像艺术

西汉末东汉初佛教传入中国，石窟摩崖造像艺术逐渐兴起。东汉时期巴蜀地区的崖墓中已有各种雕刻画像及题刻，上万幅人物故事、建筑楼阙、飞禽走兽皆是精工佳作。乐山市的东汉麻浩崖墓门阙上的浮雕"佛陀像"和"大鹏含蛇图"，是目前巴蜀地区已发现的最早佛教造像。目前巴蜀现存魏晋南北朝时期的佛教造像近百件，主像已出现释迦牟尼、观音菩萨、无量寿佛、弥勒佛、阿育王等。其中24件有铭文和纪年，如北魏"延昌四年"题名的广元圆雕释迦牟尼造像，梁朝"普通四年（523）"题名的成都万佛寺圆雕造像等，茂县南齐无量寿佛龛现存造像15躯，5处题记。巴蜀地区北部摩崖石窟造像风格主要受到我国北方石窟艺术影响；西南佛龛带有印度、缅甸等造像艺术风格特征；大邑、安岳等地佛龛地方特色比较明显。

成都万佛寺是成都著名古刹，毁于明末，现存南朝至唐朝佛像多躯，其中有12躯刻有年号，如其中5件刻有南朝梁普通四年（523）至太清二年（548）间铭文石刻造像，还有隋文帝开皇、唐玄宗开元等年号。这批造像从形制上有立体圆雕、高碑双面刻、长方形石块上面刻龛等。大体可分两类：一类为小型的碑龛式造像，适用于民间善男信女朝拜敬奉；另一类为大型造像，应是寺庙内大殿供奉的神像。从内容上看，主要是对无量寿佛和弥勒佛的信仰，与当时南方信徒尊奉佛祖相同。另有观世音菩萨造像，开了当时南方观音菩萨为主像供奉的先河。在艺术特色上，万佛寺造像继承了我国碑碣适宜于画像、造像、题名、刻字的传统，将民族形式与佛教内容有机结合，题材丰富、布局完整、雕凿精美，使碑龛式造像成为巴蜀雕刻艺术发展的又一个高峰。特别是造像上多纪年或题记，成为万佛寺造像的一个鲜明特征。造像中有"礼佛图""说法图"等变相图刻，如梁大同三年（537）观音菩萨造像龛前下排还刻有乐伎八人，为吹贝、击羯鼓、吹横笛、吹排箫、击铜钹、弹五弦琵琶演奏乐器伎和两个舞伎，是典型龟兹乐演奏。另有刘宋文帝元嘉二年（425）《西方净土变》变相，是目前巴蜀地区已知的最早经变石刻。《魏书·胡叟传》载，刘宋时期"时蜀沙门法成，鸠率僧旅，几于千人，铸丈六金像"，亦说明这一时期巴蜀佛教造像艺术盛行。

隋唐时期，巴蜀的佛教造像十分兴盛，至今在49个县尚有遗存，主要分布在三个地区：一是位于四川盆地北部的广元、旺苍、南江、巴中、通江等县；

二是位于四川盆地中部丘陵地区的简阳、资阳、资中、内江、乐至、安岳、大足、遂宁、潼南、合川等县；三是位于四川盆地西南的邛崃、蒲江、洪雅、丹棱、夹江等县。其他如茂汶县较场坝（点将台）唐太宗贞观四年（630）的造像；昭觉博什瓦黑石刻，是南诏、大理政权在今巴蜀境内最大的佛教造像群等，也各具特色。

隋唐时期造像连在一起比较集中的有：广元市千佛崖北魏及隋唐造像、皇泽寺隋唐造像；巴中市区的西龛、南龛隋唐摩崖造像；安岳千佛寨隋唐造像；广安冲相寺；蒲县长秋乡鸡公树山隋唐造像；等。

广元千佛崖造像，现存400余龛窟，约有佛像7000躯，自北魏至明朝，因武则天生于广元，故此处唐朝造像最多。大佛洞北魏造像年代最早，侧立菩萨头上双髻，披肩搭交于胸前；大云洞唐武周造像丰满秀丽，展示出北魏到唐代石刻造像风格由拙朴向华丽的转变。

西龛隋朝造像位于城西城守乡村，现存造像五十七尊。从三处题记比较分析，该龛的"大隋大业五年"是经考察后确定的纪年。西龛中主尊佛像已风化，两侧有二弟子、菩萨和天龙八部像二十余尊，窟外有二天王、二力士雕像，还有高浮雕龙、镂空菩提树、忍冬、狮子及乐舞伎等图案。乐舞伎共十躯，乐伎六人坐奏，四舞伎身披霞帔，手执彩带，静中律动，呈现完美的乐舞表演，是目前我国发现的隋朝乐舞图像的珍品。该窟龛楣上有"雷电"图，与敦煌壁画249、285号西魏窟顶部所画电神，十分相似，提供了北方石窟造像艺术南传的例证。南龛位于城南一公里处，现存造像156龛窟，造像2100余躯，始凿于梁、陈时期，现存造像为隋唐时期，多数是唐代造像，还有少数宋至民国时期造像。造像内容丰富，有法身佛、三世佛、释迦佛、阿弥陀佛、毗卢遮那佛、地藏菩萨、圣观音、如意观音、鬼母子等，还有释迦说法图、西方净土变及佛传故事变相等。其中105号窟隋朝造像为释迦说法，主尊释迦，左右两侧为迦叶、阿难，另有菩萨、天王、飞天等造像，佛座台基上刻有伎乐五身，弹古筝、箜篌、吹叶等。116号窟为西方净土变，初唐造像。主佛阿弥陀佛，还有菩萨、天王、力士、飞天等，共九十六身造像，此窟的净土变，用一佛、二菩萨、二天王、二力士形式演绎。此窟伎乐造像共十六身，其中基座壁上十伎乐，外室门楣刻六伎乐，乐器有横笛、古筝、笙、铃、箫、箜篌、琵琶等，还有盛唐石窟多龛。特别值得注意的是，南龛石窟飞天造像，镌刻数量多，形象写实生动，与敦煌唐代壁画所绘飞天极为相似。造像中的飞天与女伎乐身披霞帔，轻柔飘逸，是初唐造像的明显特征。北龛位于城区东南玉堂乡，现存造像24龛窟，近300躯，主要为盛唐时期凿刻。其中7号龛为盛唐造像释迦说法图，内窟楣刻六伎乐，乐器有琵琶、鼓、笛、腰鼓、碰铃、古筝等。表演伎乐出现在巴中多处摩崖石刻造像中，从隋至盛唐，说明隋唐时期巴蜀地区盛行说唱变文艺术。

唐代巴蜀地区石窟摩崖造像艺术，还以石刻大佛最具特色。石刻大佛在乐山、合川、资阳、仁寿、安岳等地都有遗存，由人工凿刻在山边、水畔、深谷之间。其中乐山弥勒大佛坐像高达71米，远远望去，山是一尊佛，佛是一座山；其他如荣县释迦佛坐像高36.67米；屏山释迦立佛高32米；安岳卧佛身长23米；资阳弥勒坐佛高21.4米；南部释迦立佛高17.5米；还有10座佛像高度超过10米。

乐山大佛背靠凌云山，位于岷江、青衣江、大渡河三江汇流处，江水湍急，拍打佛趾，气势磅礴。大佛为整岩凿造高达71米的巨型弥勒佛坐像，始凿于唐开元初年，海通和尚募款设计凿山镇妖，前后90年，历玄、肃、代、德四帝，至韦皋镇蜀时完成。大佛体形魁伟，头顶螺髻1021个，方颐垂耳，坐垂双脚于莲花座上，双手抚膝，端庄慈祥。佛颈肩壁随衣纹而下巧凿排水渠道，匠心巧计，令人惊叹。它是我国最大的佛像，也是世界最大佛像之一。

唐代巴蜀佛教造像经变内容，前期以"佛说法图"为主要题材的三尊龛、五尊龛、七尊龛、九尊龛最为普遍，其主像均为释迦牟尼，如广元皇泽寺的1号龛的"释迦多宝说法图"等。自南北朝以来就在巴蜀地区流行的《西方净土变》，是主要的经变造像题材，其中唐太宗贞观八年（634）建造的梓潼县千佛崖1号龛，是目前所知的唐代最早的《西方净土变》造像。表现东方净土的造像，即药师及药师变，也在巴蜀出现，安岳县千佛崖24号龛的右下壁就有一则题记："药师琉璃光佛一龛……天宝四载九月二十三日"，说明唐玄宗时期，巴蜀地区已有药师佛的造像。中唐以后，经变造像多有说唱伎乐，如仁寿牛角寨中唐3号龛刻有拍板、琵琶演奏伎乐；仁寿长虹17号龛窟刻《东方药师净土变》，造像54躯，其中有伎乐16人，均为女伎，有歌伎、舞伎和演奏乐器伎，乐器有箜篌、叶、琴、琵琶、排箫、羯鼓、毛员鼓、铜钹、铃等，是典型的说唱变文群像，提供了唐代说唱变文的生动形态。仁寿能仁寺15号龛造像99躯，组成佛传故事画卷，其中《迎佛图》表现《庄严经》记载"迎佛还国"，京城百姓出城40里迎接释迦牟尼时的一个场景，伎乐11人，另有一象一马。伎乐皆天竺人像，满腮胡须，面目庄严，舞伎四人，提腿扭腰；乐伎有吹角、击都昙鼓、手鼓等，骑象老者手举一杖，似指挥状。唐代后期，观音和西方三圣（阿弥陀佛和胁侍的观音、大势至）的造像，逐渐取代"佛说法图"，成为巴蜀地区佛教造像的主要题材，除《净土变》外，还有《阿弥陀经》，如邛崃石笋山4号龛石刻；《观无量寿佛经》，如大足北山215号龛等；《维摩诘经变》题材也在许多造像中出现。

唐代后期，密宗造像在巴蜀也相当盛行，有颇具印度风格的孔雀明王、摩利支天、毗卢佛等，最常见的是毗沙门天王和千手观音。唐玄宗天宝七年（748），敕诸道于城楼西北隅置天王像。自此以后，巴蜀各地屡造天王像。千手观音又称千手千眼观世音，唐代巴蜀的千手观音造像较多，代表作为大足北山9号龛。

唐末，地藏菩萨的造像逐渐兴起，往往与阿弥陀佛、观世音菩萨组合成龛，其中地藏与观音合造在一龛的情况，最为常见，其代表为大足县北山58号龛。随着《佛说十王经》的流传，解救六道众生出地狱的地藏菩萨造像，又与地狱十王等题材联系起来。如资中县唐昭宗光化年间（898～901）所造西岩85号龛，主像为地藏，左右两侧各雕五王，合为十大冥王，是巴蜀地区有确切纪年最早的地藏与十王造像。

二、道教石刻造像

道教原来尊崇无形之"道"，故无造像之事。南北朝时期，在佛教的影响下，道教也开始凿刻造像。《佛祖通载》卷一五《佛道论衡》就说："梁魏已上，未闻道有仪形。周齐已下，弘诱开于氓俗，是则拟佛陶化，终诈饰于昏蒙。"巴蜀地区的道教造像，基本上是在北周时期才开始的。入隋以后，已经相当兴盛，唐人卢照邻《益州至真观主黎君碑》就说，隋文帝开皇二年（582）在益州建造的至真观，"有天尊、真人石像，大小万余区"[①]。唐朝道教造像更加兴盛，隋代巴蜀道教造像，主像均为天尊。入唐以后，由于老君地位提高，遂出现天尊、老君并列的造像，甚至单独供奉老君；唐代后期，以元始天尊、灵宝天尊、太上老君为主像的"三清"造像开始出现，但是数量极少。

巴蜀现存道教造像30余处，其中许多刻有年号、碑文或存有遗迹。如绵阳玉女泉造像有隋朝题刻；剑阁鹤鸣山造像有崔仙姑题记；青城山天师洞天师像有隋朝大业年号，历代天师朝宗于张陵，张陵墓地有汉银杏树；道教祖师王方

---

① 《全唐文》卷一六七。

平开创的鹤鸣神山太上治，初址与青城天国山相连；丹棱县鹄鸣山有多龛道教造像，如女冠成无为修炼处、唐朝种松碑等。蒲江有女冠杨正见修炼处；仁寿牛角寨有精美的道教巨窟；成都龙泉山有道教窟，并有《周文王碑》与《三教道场文碑》。可见巴蜀的道教造像确是全国分布最广、造像最早的地区之一。

道教造像与佛教造像合龛，最早见于龙泉驿石佛寺藏北周闵帝元年（557）《强独乐建周王文佛道造像碑》，刻记"立佛道二尊像"；安岳玄妙观也保存有佛道合宗的唐碑。佛、道合龛造像，最常见的是释迦牟尼和太上老君合龛，较为典型的是成都龙泉驿石佛寺摩崖造像第34号龛。该龛主像为释迦牟尼和太上老君，均结跏趺坐在一平台上，释迦牟尼在左，右手施无畏印，左手作与愿印，背后为深浮雕的迦叶、阿难二弟子，佛像左右为大势至和观世音二菩萨；太上老君在右，左手执团扇当胸，右手抚三脚轼几，背后为深浮雕的一垂发少女、一短髻妇人，老君左右为二真人，着束发冠，褒衣博带，双手当胸捧笏；在龛口的左右龛角上，各有一武士，握长柄大斧着地。此龛不失为巴蜀地区佛、道合龛造像的代表作。除佛道合龛造像外，巴蜀地区还有一些儒释道三教合一的造像，主要出现在宋代以后。

近年来，随着宗教文化研究不断深入，研究巴蜀摩崖石窟造像艺术的专著也相继出版，如《中国美术全集·雕塑编》大量收入巴蜀摩崖石刻造像；《四川石窟雕塑》一书于1988年由人民出版社出版。另，《四川文物志》专设《石窟摩崖造像卷》，对巴蜀石窟摩崖造像做了比较全面、规范、准确的介绍，也是本书撰写的主要依据。①总体上看，巴蜀地区石窟摩崖造像艺术的研究已经全面开展，取得了巨大成就，但还有许多问题值得探讨，如对巴蜀造像艺术传播途径及总体风格的研究和唐代以前佛、道造像合龛、佛教与道教"仙佛合宗"的研究等，仍需深入探究。

第三节 音乐舞蹈的繁荣与戏曲艺术的萌芽

魏晋南北朝时期，是我国中原音乐与少数民族音乐快速融合的时期，巴蜀地区音乐文化的发展也表现出这一特点。隋唐时期是我国古代音乐舞蹈快速

---

① 四川文物管理局编：《四川文物志（中册）·石窟摩崖造像卷》，巴蜀书社2005年版，第956～1045页。

发展并达到鼎盛的历史时期，巴蜀地区作为该时期西南地区重要的经济中心之一，"士多自闲，聚会宴饮，尤足意钱之戏"①，承继了汉代以来巴蜀音乐舞蹈的繁荣景象。杜甫赋诗《赠花卿》《成都府》②，盛赞唐代成都的音乐："锦城丝管日纷纷，半入江风半入云。此曲只应天上有，人间难得几回闻"，"喧然名都会，吹箫间笙簧"。唐人卢求在《成都记·序》中更认为巴蜀："江山之秀，罗锦之丽，管弦之多，使巧百工之富，扬不足以侔其半。"五代时期，前后蜀宫廷乐舞昌盛，尽显隋唐宫廷乐舞之精华。

一、宫廷乐舞

隋唐宫廷乐舞，全面继承前代乐舞传统，进一步吸收融合少数民族及周边国家乐舞之精华，兼有礼仪性、艺术性和娱乐性，包括声乐、器乐、百戏、歌舞，创造了中国乐舞发展的又一个高峰。四川所处地理及人文环境，形成了有利于保存历代艺术精品的积淀性特征。中唐之后战乱四起，因"安史之乱"，唐玄宗于公元755年入蜀避难，一百年之后唐僖宗又因黄巢起义避祸蜀中。由于蜀中封闭的地理优势，大量逃避战乱的文人雅士、乐工舞伎也进入蜀地，唐代宫廷乐舞，得以在四川延续和保存。

（一）《南诏奉圣乐》

唐初宫廷雅乐立十部乐，继隋九部乐，略有损益。唐高宗时期起，又仿先秦雅乐堂上乐、堂下乐之分，设"坐部伎"和"立部伎"，演奏歌颂唐历代帝王的宴享乐舞，至唐玄宗时，坐、立两部伎制度最为完备。唐代宫廷雅乐的演出形式及乐舞曲，成为唐代乐舞的典范，也成就了中国古代乐舞发展的鼎盛，一直延续至五代时期。《新唐书·礼乐志十二》载："贞元中，南诏异牟寻遣使诣剑南西川节度使韦皋，言欲献夷中歌曲，且令骠国进乐。皋乃作《南诏奉圣乐》，用黄钟之均，舞六成，工六十四人，赞引二人，序曲二十八叠，执羽而舞'南诏奉圣乐'字，曲将终，雷鼓作于四隅，舞者皆拜，金声作而起，执羽稽首，以象朝觐。"又《新唐书·列传一四七下》载："贞元中，王雍羌闻南诏归唐，有内附心，异牟寻遣使杨加明诣西川节度使韦皋请献夷中歌曲，且令骠国进乐人。于是韦皋作《南诏奉圣乐》，用正律黄钟之均。宫、徵一变，

---

① 《隋书》卷二九《地理志》。
② 《全唐诗》卷七〇三。

象西南顺也；角、羽终变，象戎夷革心也。舞六成，工六十四人，赞引二人，序曲二十八叠，舞'南诏奉圣乐'字。"唐贞元十六年（800），剑南西川节度使韦皋在成都完成《南诏奉圣乐》，送到长安，唐德宗在麟德殿亲自观看后，即令太常府演习，"自是殿庭宴则立奏，宫中则坐奏。"《南诏奉圣乐》成为中唐以后坐部乐和立部乐共演乐舞。《南诏奉圣乐》是大型舞字乐舞，以唐代宫廷雅乐为主旋、黄钟为律，又吸收了西南少数民族歌曲舞蹈之精华，规模宏大，内容丰富，色彩华丽，是唐代宫廷乐舞杰出作品之一。《南诏奉圣乐》最终创作完成于成都，展现出唐代宫廷乐舞在巴蜀地区的延续和盛况，也显示出巴蜀乐舞在中原文化与西南少数民族文化交流融合过程中的重要地位。

唐代宫廷乐舞的延续，在四川最具代表性的遗迹是五代前蜀皇帝王建墓室棺壁上的二十四伎乐石刻图像和文献记载前蜀后主王衍在山水之间表演的大型《蓬莱采莲舞》，前者积淀着唐代宫廷室内乐舞演出的缩影，后者展现出唐代以来宫廷乐舞室外演出的盛大景况。

（二）二十四伎乐

二十四伎乐图像布置在王建棺座腰部，正面四幅，两侧各十幅，共计二十四幅，每一幅图上都有一名乐伎，正在演奏或起舞。乐工们聚精会神地操弄管弦交响，金鼓齐鸣，场面十分宏大。各种乐器进退有致，搭配得体，既有周秦以来华夏传统乐器笙、箫、筝、笛，也有隋唐时期边疆各少数民族的羯鼓、筚篥、腰鼓、吹叶，甚至还有西域传来的琵琶、箜篌、铜钹等，汇聚古今中外乐器于一堂。二十四名乐伎，从棺座西面左侧图像排列顺序起：第一伎击羯鼓，羯鼓原是我国西北少数民族的乐器，隋唐时期传至中原一带，使用甚广，它是一种桶状的中小型鼓，横放在特制的鼓床上，用双杖左右敲出，音色紧张高亢，素有"八音领袖"之称。第二伎击铜钹，铜钹原先是印度乐器，约在4世纪中叶传入中国，其后一直广为流传，至今形制未变。第三伎吹贝，贝俗称海螺，系外来乐器，常在宗教音乐中使用。第四伎吹笙，笙是中国传统乐器，早在殷商时期就已经有了。第五伎吹叶，叶亦称啸叶，吹震厚硬的树叶发出乐音，其中以枯叶为最好，唐诗中有"卷叶吹为玉笛声""寥亮幽音妙入神"等句子，足见其音乐之清丽悠扬。第六伎弹箜篌，箜篌原为外来乐器，约在2世纪末传入中国，在隋唐时期甚为普遍，宋元以后渐少使用，明清时已濒于绝灭。第七伎吹筚篥，筚篥是一种胡笳，音乐凄凉忧怨，故又有悲篥、悲笳之称，其形状似唢呐，但无喇叭头。第八伎弹筝，筝是中国传统乐器，一般为十三弦。第九伎吹箫，箫在隋唐五代以前，通指编管的排箫，管数无定，图像中为八管。第十伎吹篪，篪横吹，吹孔在按孔侧面，上有枣状小嘴，形像巴鸟。第十一伎拍板，拍板亦称绰板，为木制打击乐器，用若干片硬木系着上端联缀成串，下端一开一合地撞击发音。第十二、十三为舞伎，舞姿显示为唐代"软舞"，众乐萦绕之中，一对女乐翩然起舞，涌现出典雅艺术的魅力。第十四伎弹琵琶，梨形琵琶系外来乐器，约在4世纪末经丝绸之路传入中国，隋唐时期非常盛行，在乐队中常居于领奏地位。第十五伎击都昙鼓，都昙鼓是唐代腰鼓的一种，一手拍击，一手槌击。第十六伎击齐鼓，齐鼓是一种桶状鼓，一头稍大。第十七伎击腰鼓，当时的腰鼓，面大腰细，用双掌拍奏。后面依次为：第十八伎吹笛、第十九伎吹筚篥、第二十伎拍板、第二十一伎击羯鼓、第二十二伎摇鼗击鸡娄鼓（鸡娄鼓形像圆球，两端鼓面很小，鼗鼓是两旁悬有耳珠的小鼓，又称波浪鼓）、第二十三伎击答腊鼓（用手指揩击鼓面发音，故又名指鼓或揩鼓，其形状和奏法近似新疆手鼓）、第二十四伎击毛员鼓（毛员鼓是唐代腰鼓的一种，双手拍击）。①

　　王建生前宫廷乐舞的规模，仿照唐代宫廷雅乐建制。学术界关于前蜀二十四伎乐的考证有多种论述，有的学者从反映唐代"大曲"表演论述；有的学者从反映唐代十部乐之"龟兹乐"表演论述；有的学者从唐代"霓裳羽衣舞"表演论述；也有的学者用"蜀宫宴乐""巴蜀四弦"等为其冠名并加以考证和论述。不论从哪一种视角考论，二十四伎乐石刻作为五代时期前蜀皇帝的墓葬遗存，都真实地反映出唐至五代时期，巴蜀音乐的繁盛，也积淀着唐代乐舞的盛况。

　　（三）《蓬莱采莲舞》

　　王建死后，王衍即位，史称前蜀后主。王衍荒淫无道，最终亡国，但其音乐的造诣却是青出于蓝而胜于蓝，他爱好并且精通音乐，往往亲自参与词谱创作，以至于"蜀主王衍颇有宫戏"；室外乐舞表演更是登峰造极，"结缯为山，及宫殿楼观于其上，或为风雨所败，则更以新者易之。或乐饮缯山，涉旬不下。山前穿渠通禁中，或乘船夜归，令宫女秉蜡烛千余居前船，却立照之，

---

① 刘再生：《中国古代音乐史简述》，人民音乐出版社1989年版，第281～288页；幸晓峰等编著：《中国音乐文物大系·四川卷》，大象出版社1996年版；幸晓峰等编著：《巴蜀乐舞戏曲图像》，西南师范大学出版社1999年版，第43～47页（附图）。

水面如昼。或酣饮禁中，鼓吹沸腾，以至达旦，以是为常"。其中最著名是《蓬莱采莲舞》（又称《折红莲队》）的大型乐舞。在王衍时期创作了众多宫廷乐舞，据记载："王建子偕嗣于蜀，侈荡无节。庭为山楼，以彩为之，作蓬莱山。尽绿罗为水纹地衣。其间作水兽菱荷之类，作《折红莲队》。盛集缎者，于山内鼓囊，以长籥引于地，地衣下吹其水纹鼓荡，若波涛之起。复以杂彩为二舟，辘轳转动，自山门洞出，载伎女二百二十人，发棹行舟，周游于地衣之上。采所板莲，列阶前，出舟致辞，长歌，复入，周回山洞。俄而唐庄宗遣使李严入蜀，复作此舞以誇之。"①《蓬莱采莲舞》是大型队列乐舞，融音乐、舞蹈、歌唱于一体，构成多段体乐舞套曲形式，是唐代"大曲"的延续和继承。其舞美设计奇妙，以丝绸彩缎布置的蓬莱仙境，装扮假山、假水、假船；在后台用机械设备，鼓囊吹气，气流穿过布设在地衣下的管子，掀动地衣，若波浪之起伏。曲调结构严谨，变化丰富；舞蹈以采莲为动态，队列整齐，华丽典雅；长歌伴以致辞，讲述故事。《蓬莱采莲舞》上承唐代宫廷乐舞之华美，下启宋代宫廷乐舞"队舞"之规范，再显唐至五代时期巴蜀音乐舞蹈之繁盛。采莲队舞表演形态，在今四川华蓥县安丙家族幕壁留下了珍贵而稀有的图像。

前蜀王建统治初期，任用唐代大文学家韦庄为相，制定了"开国制度、号令、行政、礼乐"②。其中教坊为宫廷教习和管理演出的专门机构，仿唐教坊设置。唐代朝廷音乐机构有大乐署、鼓吹署、教坊和梨园，教坊是管理教习乐舞并管理艺人的机构。后蜀延续教坊设置，仍以专业艺人为宫廷演出，花蕊夫人有宫词曰"离宫别院绕宫城，金版轻敲合凤笙。夜夜月明花树底，傍池常有按歌声""舞头皆作画罗衣，唱得新翻御制词。每日内庭闻教队，乐声飞出到龙池"。③

二、民族、民间音乐舞蹈

魏晋南北朝时期，是我国南北少数民族艺术与中原地区汉族艺术交流融合的重要时期，为隋唐音乐舞蹈发展巅峰期的到来打下了基础。这一时期巴蜀地区的

---

① 《蜀梼杌》引田况《儒林公议》。
② 《十国春秋》卷四〇《前蜀·韦庄冯涓列传》。
③ 转引自四川音乐舞蹈研究所：《巴蜀舞蹈史》，四川美术出版社2004年版，第189页。

民族、民间乐舞也得到广泛交流，西域乐舞经中原传入巴蜀，西南少数民族音乐舞蹈也经由巴蜀传入中原，巴蜀地区成为南北艺术交融、汉族艺术与少数民族艺术交流的汇集地，也促使唐至五代时期巴蜀音乐舞蹈发展形成又一次高峰。

唐代以"软舞"和"键舞"分类[①]，区别舞蹈的风格特征，中唐以后，"软舞"和"键舞"中的代表作品，大多流于民间而得以保存和传播。唐代许多大诗人到过四川，留下了描绘民间乐舞的诗篇。

（一）剑器舞

杜甫《观公孙大娘弟子舞剑器行并序》，是描绘唐代"键舞"之一剑器舞的名篇，作于唐大历二年（767），序曰："大历二年十月十九日，夔府别驾元持宅，见临颍李十二娘舞剑器，壮其蔚跂，问其所师，曰：'余公孙大娘弟子也。'"杜甫不由回忆起五十二年前在河南郾城观看公孙氏舞《剑器浑脱》的情景，从而诗云："昔有佳人公孙氏，一舞剑器动四方。观者如山色沮丧，天地为之久低昂。耀如羿射九日落，矫如群帝骖龙翔。来如雷霆收震怒，罢如江海凝清光。"据《明皇杂录》记载："上（唐玄宗——引者注）素晓音律，时有公孙大娘者，善舞剑，能为《邻里曲》《裴将军满堂势》《西河剑器浑脱》，遗妍妙，皆冠绝于时。""西河剑器"是源于西河地区（西河两说，一为今甘肃西北部，一为今河南安阳）的一种民间武术舞蹈；"浑脱"是西域传入的风俗舞蹈。唐武则天末年，"剑器入浑脱，为犯声之始"。将两种不同调式的乐曲与两种不同风格的舞蹈结合在一起，称为"剑器浑脱"。公孙氏的高超舞技影响极大，其弟子李十二娘在夔府表演，可知唐代键舞已流行于巴蜀。剑器舞有单人舞和双人舞，汉代巴蜀地区已有单人剑舞表演，观其舞姿，可知剑器舞表演形态。

（二）柘枝舞

柘枝舞是唐代"键舞"中的著名舞蹈，原是中亚一带的民间舞，从石国（位于中亚塔什干地区）传入中原，大约在唐僖宗入蜀避难时传入蜀中。著名舞伎灼灼即僖宗时期最著名的柘枝伎，后老贫死于成都酒肆。五代时期在蜀宫宴乐中还有柘枝舞表演，花蕊夫人在宫词中描写了演出中的变化："玉箫改调筝移柱，催换红罗绣舞筵。末著柘枝花帽子，两行宫监在帘前。"柘枝舞的表演见于其他诗人的描写，各有不同，或"柘枝初出鼓声招，花钿罗衫耸细腰"

[①] 参见（唐）崔令钦《教坊记》；（宋）郭茂倩《乐府诗集》。

（章孝标《柘枝》），或"舞停歌罢鼓连催，软骨仙娥暂起来。旁收拍拍金铃摆，却踏声声锦䄂催"（张祐《观杭州柘枝》），或"紫罗衫宛蹲身处，红锦靴柔踏节时。微动翠娥抛旧态，缓遮檀口唱新词"（张祐《观杨瑗柘枝》）。节奏鲜明、气氛热烈、健朗明快的风格是柘枝舞的主要特征，蜀中柘枝舞以箫和筝起乐，风格柔曼，与柘枝舞传入中原后与汉族轻柔舒缓的传统乐舞结合产生的《屈柘枝》风格相同，成为唐代"软舞"在蜀中的传承。①软舞的表演形态，在前蜀王建墓二十四伎乐南面正中两舞伎雕刻上体现出来。

（三）西域舞

五代时期，巴蜀流行的西域舞蹈，还有回鹘舞。据《资治通鉴》卷二七四记载："同光三年十一月，丙申，蜀主（王衍）至成都，百官及后宫迎于七里亭。蜀主妃嫔中作《回鹘队》入宫。"回鹘即回纥，唐代建立回纥政权，于唐贞元四年（788），改回纥为回鹘，主要分布在今鄂尔浑河流域。回鹘舞是唐代西域乐舞的一种代表性舞蹈，以旋转轻快、舞步轻盈为显著特征。蜀宫妃嫔作回鹘队，是一种旋转的队舞形式，以轻盈飘逸旋转的舞风迎接蜀主，足见前蜀宫廷乐舞的多样性。

（四）巴渝舞

巴渝舞原本是板盾蛮的舞蹈，因其粗犷雄健，富于战斗精神，汉初被纳入乐府。魏文帝黄初三年（222），改名为昭武舞，晋代又改昭武舞为宣武舞，西晋武帝咸宁元年（275），停宣武、宣文二舞。东晋南迁时，将巴渝舞带到江南，使之成为南朝清乐的组成部分。梁武帝复置巴渝舞，不过它已失去刚健粗犷的武舞风貌。隋文帝忌讳南朝的清乐，认为是亡国之音，遂废止了一批清乐曲，巴渝舞即在其中。自隋代以后，巴渝舞已不再作为祭祀舞曲，但是南朝旧乐巴渝舞的绰约风姿，却依然为隋朝贵族所欣赏。因此，到武则天时代整理清乐旧曲时，巴渝舞之辞仍得以保存如故，只是"其声与其辞皆讹失，十不传其一二"②。唐以后，巴渝舞已不见史载，但这种由古代板盾蛮所创造的舞蹈在民间仍广泛流传，其流风遗响在湘、鄂、川三省交壤的少数民族地区的舞蹈中，仍可寻到踪迹。

---

① 参见彭松、于平主编：《中国古代舞蹈史纲》，内部发行，北京舞蹈学院印刷于1989年，第85~87页。
② 《新唐书》卷二二《礼乐志》。

（五）文人歌曲

曲子是隋唐民间新兴的一种歌曲形式，节奏鲜明，曲体比较规范，常以拍板节奏。唐代文人创作与民间音乐结合，按照不同的民间音乐填写歌词，歌词多为长短句，称为曲子词。李白所作《清平调》《清平乐》被学术界公认为文人根据民间曲子最早创作的词作。刘禹锡《竹枝词九首并引》描绘了流行于巴渝地区东部民间歌舞的表演，并自创竹枝词，将巴蜀民间乐舞与文人创作结合起来。文曰："岁正月，余来建平，里中儿联歌竹枝，吹短笛，击鼓以赴节。歌者扬袂睢舞，以曲多为贤，聆其音，中黄钟之羽，卒章激汧如吴声，虽伦仃不可分，而含思宛转，有《淇奥》之艳音。"又："昔屈原居沅湘间，其民迎神，词多鄙陋，乃作《九歌》，到于今荆楚歌舞之。故余亦作《竹枝词》九篇，俾善歌舞者飏之，附于末。后之聆巴歈，知变风之自焉。"①建平在巫山县，属夔州。此外，万州、开州、通州、梁州等地亦流行竹枝歌舞，巴童巫女皆能唱。每到祭神之时，"邪巫击鼓以为淫祀，男女皆唱竹枝歌"②。刘禹锡根据民间竹枝歌的曲式新作《竹枝词》，后纳入教坊曲，成为唐代乐府名曲。竹枝的声调，大体可以分为三个时期：初唐的歌调，凄凉幽怨；中唐时期，歌声始则舒缓，继而高昂，尾声激汧；晚唐以后，逐渐趋于柔靡谐婉。

竹枝歌舞的表演，以联袂和踏歌为特征，伴青山绿水同乐。刘禹锡词作了生动描绘："山头红花满上头，蜀江春水拍山流。花红易衰似郎意，水流无限似侬愁。杨柳青青江水平，闻郎江上踏歌声。东边日出西边雨，道是无晴却有晴。"白居易在《郡中春宴》中的"蛮鼓声坎坎，巴女舞蹲蹲"③一句，描写了巴渝民间舞女的舞姿。联袂踏歌民间歌舞在汉代已流行于巴渝地区，重庆市綦江二墩岩横山乡出土两幅石刻，保留了生动的乐舞形象。④

（六）少数民族音乐

巴蜀少数民族的音乐，具有鲜明的民族特色。僚人"不解丝竹，唯坎铜鼓"⑤。位于川西高原的吐谷浑部落，以游牧为业，多骑马奏乐，称为马上

---

① 《全唐诗》卷三六五。
② 《太平寰宇记》卷一三七《山南西道·开州》。
③ 《全唐诗》卷三六五。
④ 幸晓峰：《巴蜀古代乐舞戏曲图像》，西南师范大学出版社1999年版。
⑤ 《太平寰宇记》卷一三六《山南西道·渝州》。

乐。党项"有琵琶、横吹,击缶为节"①。琵琶指曲项琵琶,四弦四柱,横放,拨弹,这种琵琶起源于波斯,后经西域传入我国。"今曲项琵琶、竖头箜篌之徒,并出自西域,非华夏旧器。"②横吹,分为大横吹和小横吹,"并以竹为之,簧之类也"③。党项所用的缶,是指胡缶,据"古者西戎用缶以为乐,党项因亦击缶焉"④。

(七)节日乐舞表演

唐代巴蜀民间节日期间的乐舞活动繁盛,热闹非凡。元宵节,又称上元节,放灯、观灯伴随着群众性歌舞表演,规模宏大,有时多达数千人。据元费著撰《岁华纪丽谱》记载,唐代成都已在上元节放灯,是现在所知文献记载中最早的上元放灯活动。文曰:"上元节放灯。旧记称:'唐明皇上元京师放灯,灯甚盛,叶法善奏曰:'成都灯亦盛。'……咸通十年正月二日,街坊点灯张乐,昼夜喧阗。"又:"唐时放灯不独上元也。蜀王孟昶,间亦放灯,率无定日。"放灯期间,有歌舞表演,后称"花灯""龙灯""牛牛灯""马马灯"等。

(八)祭祀乐舞

唐代巴蜀民间还保留着祭祀乐舞活动。据《四川通志·荣县志》记载,唐乾符元年(874),县境内舞龙山上树一块"祷雨碑",记载其时民间舞龙求雨灵验之事(现碑无存)。"端公舞""巫舞"等民间祭祀乐舞,在川西北、川东地区也曾流行。

三、说唱变文与宗教音乐

唐代出现的说唱变文,称为"转变",最早见于巴蜀地区。变文是唐代脱胎于宗教宣传的俗讲活动,并世俗化而形成的一种曲艺形式。变文指用以演唱的文学脚本即曲本,"转"是唱的意思。表演者有说有唱,变文中散体文用于说,韵文是唱词。变文内容有两种:一种是"僧变",讲唱经文或演绎佛教故事,如维摩诘经变文、药师经变文等;还有一种变文的题材和内容日趋世俗化,称为"俗变",说唱历史故事、民间传说、英雄故事或现实故事,如王昭

---

① 《隋书》卷八三《党项传》。
② 《隋书》卷一五《音乐志》。
③ 《文献通考》卷一三八《乐考·竹之属胡部》。
④ 《文献通考》卷一三五《乐考·土之属胡部》。

君变文等。①

唐代巴蜀流行说唱变文，既有讲唱"僧变"，又有说唱"俗变"，不仅在寺院开讲，在民间也很盛行。已知现存历史文献中记载唐代最早的"转变"，出现在剑南道。唐玄宗年间（712~755），杨国忠为剑南招募使，令各郡县征夫赴泸南，因地僻路险，郡县无以应命，"乃设诡计，诈令僧设斋，或于路转变，其中有单贫者，即缚之……急道赴役"②。唐武宗会昌元年（841），剑南道太清宫内供奉矩令费，应皇帝之命，赴长安玄真观参加佛、道俗讲大会，并开讲。③唐末僧人贯休在《蜀王入大慈寺听讲》一诗中，描写了蜀主王建率官民到成都大慈寺听俗讲的热烈场面："玉带金珂香似雪，水晶宫殿步裴回。只缘支遁谈经妙，所以许询都讲来。帝释镜中遥仰止，魔军殿上动崔巍。木铎声中天降福，景星光里地无灾。百姓民拥听经座，始见重天社稷才。"唐末吉师老的诗《看蜀女转昭君变》记载了说唱女艺人的表演："妖姬未着石榴裙，自道家连锦水濆。檀口解知千载事，清词堪叹九秋文。翠眉颦处楚边月，画卷开时塞外云。说尽绮罗当日恨，昭君传意向文君。"④有学者认为，敦煌变文中的《王昭君变文》就是蜀女所唱文本。

五代时期，说唱变文在巴蜀地区依然盛行。现藏于法国巴黎图书馆《维摩诘经讲经文》卷二〇末题记记载了后蜀广政十年（947）八月九日，普贤院主比丘靖通在西川静真禅院，写此卷后的题记以及记载48岁时在州中开讲时极是温热的情景："伪蜀广都县三圣院僧辞远，姓李氏，薄有文学，多记诵。其师曰：'思鉴，愚夫也。'辞远多鄙。其师云：'可惜。'辞远作此僧弟子。行坐念《后土夫人变》。师止之，愈甚，全五资礼。或一日大叫转变次空中，有人掌其耳，逐聩。"⑤

两晋南北朝至隋唐时期，佛教音乐传入内地，在巴蜀地区留下了许多珍贵的造像石刻。成都万佛寺有四幅石刻留下乐伎表演图像，如梁大同年间（535~546）观音造像的龛座正面刻八伎乐，其中二男伎踏步起舞，其他六伎乐吹贝、击羯鼓、吹横笛、吹排箫、击铜钹、弹琵琶。唐代吹笛女伎乐石刻，

---

① 参见幸晓峰等：《中国曲艺志·四川卷》，中国ISBN中心出版2003年版。
② （唐）胡琚：《谭宾录》。
③ 日僧圆仁《入唐求法巡礼行记》。
④ 《全唐诗》卷一六五。
⑤ （宋）黄休复：《茅亭客话》。

背靠飘浮的化带，轻纱宝冠，横握笛吹奏，潇洒自然；反弹琵琶伎乐，左手握柄，右手弹拨，神情专注，姿态优美。巴中古称巴州，是跨越米仓山通往汉中的要道，巴中石窟造像起自隋朝，盛于中唐，主要保存在西龛16号、53号窟，南龛116号窟和北龛7号窟。乐舞伎石刻数十躯，演奏乐器有：箜篌、琵琶、排箫、横笛、筚篥、笙、琴、铃、羯鼓等，手持乐器，身披华彩，展现了初唐至中唐表演风格。仁寿牛角寨唐代石刻，有拍板、琵琶、箜篌等伎乐演奏图像。石窟造像中还有演唱佛经故事《迎佛图》《东方药师净土变》《西方净土变》的石刻群，表演伎乐最多达16躯，生动地记载了佛教音乐和讲唱变文在巴蜀的昌行。

四、巴蜀戏曲艺术的萌芽

唐代巴蜀乐舞的发展，促进了戏剧艺术的萌芽。任半塘先生在《唐戏弄》一书中把唐五代成都地区的乐舞评价为"蜀戏冠天下"，并指出"天下所无蜀中有，天下所有蜀中精"。这时的"蜀戏"，还以乐舞表演为主体，出现了故事、道白等戏曲元素，代表作品《刘辟责实》《麦秀两岐》，反映出中国戏剧与音乐舞蹈交融一体的综合性特征及演变过程，《灌口神队》则保留着歌舞戏的演出特征。

《刘辟责实》是一部未能演出的早期蜀戏作品，作于唐宪宗时期。据《旧唐书》卷一四〇《刘辟传》、宋王谠《唐语林·政事门》卷一记载，作品中的人物刘辟，于805年反抗朝廷，自封为西川节度使。次年皇帝派高崇文带兵讨伐刘辟，获胜后举行酒宴庆功，"俳优请为《刘辟责实》戏，崇文曰：'辟是大臣，谋反，非鼠窃狗盗，国家自有刑法，安得下人辄为戏弄。'杖优者，皆令戍边"。《刘辟责实》是带有故事情节的表演，描写刘辟将公家货物定高价，用残酷手段逼迫百姓购买。"戏弄"指唐代出现的带有故事情节的表演。任半塘在《唐戏弄》中，分析了中国戏剧艺术的发展，将唐代戏弄作为一个阶段："近世戏剧成分，特重歌唱，故曰'戏曲'。戏曲之前，唐有'戏弄'；戏弄之前，汉有'戏象'；戏象之前，周有'戏礼'——相次为伦，顺里成章，史实确信如此，并非人为安排。若将我国戏剧史压缩简化，使之具体而微，当可稳于此四目中而无憾。"《刘辟责实》虽然未能演出，但其以故事为主体的表演形式，却奠定了中国戏剧艺术的基础。唐戏弄出现在巴蜀，并非偶然，汉代之戏象，也在巴蜀汉代《东海黄公》画像砖上留下了生动的表演图像，由此可以证明巴蜀乐舞的发展不断创新，在中国音乐舞蹈与戏曲艺术的融合和演变中发挥了重要作用。

《麦秀两岐》是出现在五代后梁时期，西蜀演出的一出剧目。原为汉代渔阳地区流行的一首民间歌曲，歌颂渔阳太守张堪带民耕作致富，歌词为："桑无附枝，麦秀两岐。张君为政，乐不可支。"这首歌曲流传到唐代，重填新词，广为流传。在西蜀演出时，乐工们改变了歌曲的表演方式，增添了许多戏曲元素，使其成为一出边演边唱的表演性剧目。据《太平广记》卷二五七引《王氏见闻录》记载，后梁朝廷封舜卿出使西蜀，他最爱听当时京都流行的歌曲《麦秀两岐》，西蜀乐工作了精心准备，专门为他表演了参军戏和《麦秀两岐》。《麦秀两岐》的表演已具有道具、场景和角色，一改歌曲演唱方式。演出时，堂前摆着割麦子的农具，演员们装扮成农民，穿着破衣，拿着筐子、笼子，拖男带女，一面表演拾麦，一面唱着歌，各自述说自己的穷苦生活，曲调哀伤，演唱悲凄。西蜀《麦秀两岐》的表演方式，反映出民间歌曲的演唱方式与戏剧艺术的结合，由单纯的演唱向人物角色和道具配置的戏剧表演方式的演变。

《灌口神队》是根据李冰治水和二郎神的传说故事创作的一出歌舞戏，后蜀孟昶时期在蜀宫表演。表演以传说故事为题材创作，表述二郎神率天兵天将，协助李冰治水，降服二孽龙。据《宋代蜀文辑存》卷一三辑张唐英《元祐初建二郎庙记》："李冰去水患，庙食于蜀之离堆，其子二郎以灵化显圣。"《朱子语类》卷三记："蜀中灌口二郎庙，当是因李冰开离堆立庙，今来现许多灵怪，乃是他的第二儿子。"《蜀中名胜记》卷六引《古今集记》："李冰使其子二郎作三石人以镇湔江、五石犀以压水怪，凿离堆山以避沫水之害，穿三十六江，灌溉川西南十数州县稻田。"其他文献、杂记也有二郎神助李冰治水的传说，今人也有许多研究文章，现灌口存二郎庙，足见其传说流传深远。表演中有神队，有二龙相斗之势，有二郎降龙武打之功，表演风格威武雄壮，歌颂了战胜灾难的英雄，充满浪漫色彩。龙舞表演形式源于汉代百戏，有《东海黄公》作鱼龙漫衍。隋炀帝时有《黄龙变》百戏节目。唐五代时期依然流行龙舞类表演，延续而有发展，吸收戏曲表演形式，学术界一般将《灌口神队》作为唐代"蜀戏"剧目，然而其歌舞占主导，已见戏曲元素，演出歌舞兼具故事情节和人物形象，是唐代歌舞戏的显著特征。

弄假妇人，亦称假妇戏，即由男子扮演妇人。段安节《乐府杂录·俳优》记载："弄假妇人，大中以来有孙乾、刘璃瓶，近有郭外春、孙有熊。僖宗幸蜀时，戏中有刘真者，尤能。后乃随驾入京，籍于教坊。"刘真为蜀中俳优中的佼佼者，被僖宗带到京城入教坊供职，说明蜀地演出假妇戏非常频繁，造就了优秀演员。

傀儡戏，即木偶戏，傀儡指木头做的人像，演出时由人操纵木偶，配以道白、音乐、歌唱、动作来演绎故事。南北朝至唐代一直在民间流行，列入散乐。唐杜佑《通典》云："窟礧子，亦曰傀礧子，作偶人以戏，善歌舞；本丧乐也，汉末始用于嘉会。"① 巴蜀有傀儡戏，见于《北梦琐言·崔侍中省刑狱》记载，唐崔安潜任西川节度使时，"频于宅使堂前弄傀儡子，军人百姓穿宅观看，一无禁止"。

五、雷氏古琴与蜀派琴曲

唐代是中国古琴艺术盛行的时期，也是制琴业得到长足发展的历史时期。巴蜀斫琴技艺精湛，蜀派琴曲独具一格，享有盛名。据说隋代蜀王杨秀镇蜀时，曾经"造千面琴，散在人间"②。唐代首屈一指的斫琴大师是雅州灵关村的雷氏家族，黄延矩说："琴最盛于蜀，制研者数家，惟雷氏而已。又云：雷氏之琴，不必尽善，有瑟瑟徽者为最上，金玉者为次，螺蚌者亦又次焉。所以为异者，岳虽高而弦低，虽低而不拍面，按之，若指下无弦，吟振之，则有余韵，非雷氏者，筝声绝无琴韵也。"③ 雷氏家族活动的时期在唐开元至开成年间（713~840），主要在绵阳、成都、邛崃、峨眉一带活动。雷氏家族中斫琴者多人：雷宵、雷俨、雷威、雷珏、雷文、雷会、雷迅等，其中技艺最高、名气最大的是雷威。雷氏家族制作的琴被称为雷琴，也称雷氏琴、雷公琴。历代好琴之士，把雷琴视为珍宝收藏。传说雷威得到神人指点，又传说他常在大风雪天去深山老林，以听风吹树木的声响，从中辨取造琴良材。雷氏所斫之琴在大历（766~779）中被称为"雷公琴"，据记载："其岳不容指，而弦不先文；其声出于两池间。其背微隆，若薤叶然。声欲出而溢，徘徊不去，乃有余韵，其精妙如此。"④ 贞元年间（785~805），成都雷氏所造之琴"弹者之众"。出自名手古琴，历代好琴之士均视为传世之珍，少量唐琴珍品保存至

---

① （唐）杜佑：《通典》，第735~812页。
② （宋）黄修复：《茅亭客话》卷一〇《黄处士》。
③ （宋）黄修复：《茅亭客话》卷一〇《黄处士》。
④ （宋）苏轼：《杂书琴事》。

今，盛唐雷氏所制之"九宵环佩"琴（现藏北京故宫博物院），不仅是传世七弦琴中最古一件，也是唐琴最卓越的代表。"来凰"古琴是传世之宝，其制作人正是唐朝最负名望的古琴工匠世家雷氏家族的雷霄，至今世上还流传着"唐琴第一推雷公，蜀中九雷独称雄"的说法。"天蠁"古琴也为雷氏所斫，这张古琴琴体的龙池上有玉筋篆"天蠁"二字，下有"万几永宝"印文，铭文如下：式如玉，式如金，恰我情，绘我心，东樵铭。这张古琴传为唐代大诗人韦应物所有。此琴流落过程一直未见披露，仅知在清嘉庆年间（1796~1820）一位姓石的秀才以千金购归岭南。清代广东南海人叶应铨《六如琐记》中有这样的记载：天蠁琴闻本是昭烈帝（南明）内府之物，明末流落民间，道光间先君子曾用五百金典来，偶因不戒失手，琴腰中微断，幸其声音无恙，不过略为久亮耳。后典者赎回，复闻入潘德畬家，筑天蠁琴馆藏之。今潘氏籍没，此琴又不知如何矣。

现巴蜀地区各博物馆收藏的巴蜀古琴多达数十件，从唐至清代的各式古琴都有藏品，许多保存完好，可以奏乐。各朝代古琴的形制、髹漆、纹饰清晰可辨，琴底部多刻有铭文，也是珍贵的书法艺术遗存。[①]私人古琴藏品在今成都、重庆等琴家和收藏家手中，也有不少精品。

除了斫琴以外，蜀中的古琴曲也别具一格，自成一派，史称"蜀派古琴"或"川派古琴"。蜀派古琴并非自唐而始，实际上古琴艺术在四川至少有2000年历史，汉代的司马相如与卓文君以琴艺为纽带，结为伉俪。入唐以后，蜀中琴风最盛，得到了"人家多种橘，风土爱弹琴"[②]的评价。诗仙李白在其诗歌《听蜀僧濬弹琴》中描绘道："为我一挥手，如听万壑松。"[③]初唐琴家赵耶利也曾评价蜀派古琴曲的艺术风格为"蜀声躁急，若急浪奔雷"。不过，蜀派虽有躁急的特色，但并非涵盖了所有的蜀派琴曲，蜀琴曲具有深刻的艺术表现力，写景抒情非常生动，感人至深。代表作品如《流水》《醉渔唱晚》《孔子读易》等。唐代蜀派古琴曲的艺术特色很多唐诗中都有描述和评价。如岑参在《秋夕听罗山人弹三峡流泉》中描写道："此曲弹未半，高堂如空山。石林何飕飗，忽在窗户间。绕指弄呜咽，青丝激潺湲。演漾怨楚云，虚徐韵秋烟。疑

---

① 幸晓峰：《巴蜀古代乐器精品图鉴》，西南师范大学出版社1998年版。
② （唐）徐晶：《送友人尉蜀中》，《全唐诗》卷七五。
③ 《全唐诗》卷一八三。

兼阳台雨，似杂巫山猿。幽引鬼神听，净令耳目便。"①让我们体会到蜀派古琴低沉婉转的风格。再如韦庄在诗歌《赠峨嵋山弹琴李处士》中，这样写道："一弹猛雨随手来，再弹白雪连天起。凄凄清清松上风，咽咽幽幽陇头水。吟蜂绕树去不来，别鹤引雏飞又止。锦麟不动惟侧头，白马仰听空竖耳。"②展现了李处士琴曲中既有猛雨的急切，又有白雪连天的宏伟，还有小溪缓流的悠扬等多种艺术风格。又如李宣古在诗歌《听蜀道士琴歌》中描述："初排口面蹶轻响，似掷细珠鸣玉上。忽挥素爪画七弦，苍崖劈裂迸碎泉。愤声高，怨声咽，屈原叫天两妃绝。朝雉飞，双鹤离，属玉夜啼独鹜悲。吹我神飞碧霄里，牵我心灵入秋水。"③唐代诗人对蜀派琴曲的描绘，表现了唐代蜀派琴曲的多种风格，成为唐代巴蜀艺术的一支精品。

六、巴蜀艺人

唐代巴蜀艺人有姓名见于文献记载者，并非少数，其中有乐工、音声人、俳优杂剧丈夫等，都是专职表演的艺人。乐工和音声人，指由宫廷供奉受过专门训练的艺人，泛称也指所有从事音乐演奏、歌唱者。唐代后期，京师长安动乱，乐工及音声人相继入蜀避乱，促进了巴蜀音乐的快速发展。据《茅亭客话》记载，眉州人黄延矩自称"家习正声，自唐以来，待诏金门，父随僖宗入蜀，至某四世矣"④。唐人段安节在《乐府杂录·箜篌》中记载，懿宗咸通年间（860～873），太常第一部的张小子，善引箜篌，"弹弄冠于今古，今在西蜀"。宋人孙光宪《北梦琐言》记载，弹琵琶的乐工石众，号称石司马，也是"乱后入蜀，不隶乐籍，多游诸大官家，皆以宾客待之"⑤的乐工。此外，还有"蜀王殿上毕筵开，五云歌从天上来"的著名音声人金五云等。⑥

"俳优"或"俳儿"，指演出滑稽说唱的演员。据唐人段成式《酉阳杂俎·支诺皋》记载，成都"尝有贴卫俳儿干满川、白迦、叶珪、张美、张翱等五人为伙"结伴演出，"后数日，监军院宴，满川等为戏，以求衣粮"。据

---

① 《全唐诗》卷一九八。
② 《全唐诗》卷七〇〇。
③ 《全唐诗》卷五五二。
④ （宋）黄修复：《茅亭客话》卷一〇《黄处士》。
⑤ （唐）孙光宪：《北梦琐言》卷六《乐工关小红服石众》。
⑥ 刘再生：《中国古代音乐史简述》，人民音乐出版社1989年版，第259页。

《太平广记》记载："唐乾符中，绵竹王徘优者有巨力，每遇府中犒军宴客，先呈百戏，王生腰背一船，船中载十二人，舞《河传》一曲，略无困乏。"①

"杂剧丈夫"指唐代戏剧演出的男演员，据文献记载，唐太和三年（829），南诏入侵西川，剑南西川节度使李德裕于太和四年向朝廷呈报的奏折中称："蛮共掠九千人，成都、华阳两县，只有八十人。其中一人是子女锦锦，杂剧丈夫两人，医眼大秦僧一人，余并是寻常百姓。"②被南诏入侵所俘虏的九千多蜀人当中，有女艺伎锦锦、杂剧丈夫二人，与百姓区别，可见当时杂剧已成为专业演出，为朝廷及各地官府专职列出。

巴蜀各地出土唐代墓葬中的乐舞陶、瓷俑，如万县驸马坟出土仪仗队列瓷俑中，弹拨琵琶女乐伎，头梳高髻，着圆领紧身长裙，横抱四弦琵琶拨弦；中江文馆所藏唐代琵琶乐伎，头绾高髻，着交领宽带长裙，竖持四弦琵琶弹奏；女乐伎端庄丰腴，细眉凤眼，生动地展现出唐代巴蜀伎乐的风姿。凤笙演奏图像，见于南宋安丙家族墓出土壁画，是巴蜀地区五代至宋朝流行的一种三十六管的笙③。

七、曲子词和《花间集》

唐末五代最高水平的词作集——《花间集》出现在巴蜀一带，由后蜀一位文人赵崇祚汇集。《花间集》的词风对宋词的影响颇大，尤其是宋初词人的写作风格，很多都沿袭了《花间集》之风，一时间写闺情、写艳词成为宋初诸多词人所走的路子，西蜀《花间集》在宋词当中的地位也就不言而喻了。难怪宋人对《花间集》评价颇高，"把它视为词体之宗祖"④。词与乐和，词的发达必然促进乐的发达。虽然这些曲谱已经散佚在历史长河之中，但优美的词句、精心的用词，无不蕴含着音乐之美。这种句式长短不一，加有衬字的配曲文字，唐五代人称为"曲子词"。

"曲子"是一种使用多种类节奏乐器、节拍鲜明、曲度固定的艺术歌曲。

---

① 《太平广记》卷一《王徘优》。
② 《旧唐书》卷一七四《李德裕传》；《全唐文》卷七〇三、《李文饶文集》卷一〇等文献也有相同记载。
③ 幸晓峰等编纂：《中国音乐文物大系·四川卷》，大象出版社1996年版；幸晓峰：《巴蜀古代乐舞戏曲图像》，西南师范大学出版社1999年版。
④ 岳继东：《小议〈花间集〉的"诗客曲子词"特性》，《四川师范大学学报》1996年第4期。

和曲子而歌的词，称为曲子词。曲子词是我国词艺术的源头，曲子词产生于民间，因此具有鲜明的民间色彩，这与后来文人词有明显的区别。

词的名称很多，由于它是入乐的，被称为乐府；由于它句子长短不齐，被称为长短句；由于它是乐歌的歌辞，被称为词（辞）；由于它和乐歌是并存并行的，也被合称为曲子；由于文人认为是以作诗的余力随便写的，还被称为诗余；等等。其中大概以曲子的称呼为最早，到唐代以后，词的称呼才逐渐普遍起来。

西川俗乐民歌的发达，带来了曲子词的辉煌，以至于文人也投身其中。《花间集》便是民歌曲子向文字词转变的最好例证。不过文人词与民间曲子词还是有区别的：文人之词是依词牌而填，而民歌曲子却是和乐而歌的，与曲不能分离，更能体现曲子词与民歌的关系；文人词在音乐方面略显得薄弱了一些，毕竟后期的文人词都是只提供阅读之美，而缺乏和乐的功能，故而相对于曲子词，文人词颇有缺憾；曲子词的作者大部分是没有很高文学修养的乐工、歌伎、僧侣等，作品也以通俗为主要特点，娱乐的成分较突出，曲子词的主要用途是供人欣赏，这种欣赏包括对演唱者情态的观赏和演唱者歌声的欣赏，而不仅仅是供人阅读。可惜曲子词的乐谱现在已经无法知晓，仅留下曲子词，让我们借此窥见曲子词的艺术特色。曲子词最为突出的艺术特色就是民间性，民间性贯穿于曲子词题材、创作过程以及艺术形式之中。这是因为曲子词所面对的观众乃是广大平民百姓，只有在创作内容、艺术形式等方面符合大众的口味，方能有存在和发展的空间。

曲子词由民间文人创作，故而民间性必然是它的最大特色。作者的生活周遭是其创作的源泉，故曲子词的题材大多是来自民间。而身为乐工、歌伎、僧侣的作者，在创作的时候所表现出来的艺术特色必然烙上民间的韵味。他们所使用的表达手法自然也脱离不了民间性这一特色。

曲子词的这种民间性特色正是它与文人词的清晰界限。巴蜀曲子词在攫取了民间的营养之后形成了自己民间文化的丰富特色，并为此受到了文人的关注，催生出诸如《花间集》这类优秀的文人仿照之作。经由《花间集》，曲子词对后来的文人词产生了深远影响，因此，有人认为"《花间集》在唐末及五代的文人'长短句之诗'与民间曲子词之间独标一格，成为后世文人'倚声填词之祖'，并对文人词的发展产生了决定性的影响"[①]。追根溯源，词的艺术源头乃是生生不息的民间艺术。

---

① 岳继东：《小议〈花间集〉的"诗客曲子词"特性》，《四川师范大学学报》1996年第4期。

第四章 宋元时期的巴蜀艺术

概述

公元960年，后周大将赵匡胤在陈桥驿发动兵变，建立宋朝，史称北宋。公元965年，北宋灭后蜀，巴蜀归入北宋版图。宋代的四川版图，基本沿袭唐代旧制，形成了"成都府路。府一：成都。州十二：眉，蜀，彭，绵，汉，嘉，邛，简，黎，雅，茂，威。军二：永康，石泉。监一：仙井。县五十八"①的格局。宋代是四川经济高速发展的时期，丝织、茶叶、盐业、酿酒、造纸、陶瓷等行业都较前代大为发展。经济的积累为休闲娱乐的发展提供了良好的基础。同时，随着宫廷音乐的逐步衰微，音乐进入民间。瓦肆勾栏成为宋代音乐艺术的最大舞台，市民音乐艺术的兴起以及休闲娱乐艺术的发展也随之繁盛。巴蜀地区的休闲娱乐活动更为盛大，古代文献记录了这些郊游休闲的壮观场面。"其所获多为遨游之费，踏青、药市之集尤盛焉，动至连月。好音乐，少愁苦，尚奢靡，性轻扬，喜虚称。"②当时的方志记载了二月二踏青节的盛况，略可窥见蜀地游乐场面，也可为上一引文的一个注解。"风俗旧以二月二日为踏青节，都人士女络绎游赏，缇幕歌酒，散在四郊。历政郡守虑有强暴之虞，乃分遣戍兵于岗阜破塚之上，立马张旗卓望之。公曰：'虑有他与，不若聚之为乐。'乃于是日自万里桥，以锦绣器皿结彩舫十数只，与郡僚属官分乘之，妓乐数舡，歌吹前导，命曰游江。于是郡人士女骈集于八九里间，纵观如堵，抵宝历寺桥，出醮于寺内。寺前创一蚕市，纵民交易。嬉游乐饮，复倍于往年。薄暮方回，公于马上做歌，其略曰：'我身岂比狂游辈，蜀地重来治凋瘵。见人非理则伤嗟，见人欢乐生慈爱。'"③这与元费《岁华纪丽谱》所载之情形相映成趣，勾勒出巴蜀宋元时期休闲娱乐的实际状况。休闲娱乐业的发达，自然推动了音乐、舞蹈、戏剧等艺术的发展。在"孟氏既平，声教攸暨，

---

① （元）脱脱：《宋史》卷八九，中华书局1977年版，第2210页。
② （元）脱脱：《宋史》卷八九，中华书局1977年版，第2230页。
③ 马蓉、陈抗、钟文、栾贵明、张忱石：《永乐大典方志辑佚》，中华书局2004年版，第3117页。

文学之士，彬彬辈出焉"①的宋代，巴蜀的文化艺术迎来了蓬勃发展的时期。

宋元时期的巴蜀地区可谓与众不同，在中原战乱纷飞之时，偏于西南的巴蜀之国，独得地理之庇护，躲过了唐末的兵火战乱。唐末随唐王一起幸蜀的诸多艺术家最后留在巴蜀，这为宋元巴蜀艺术的蓬勃发展储备了人才资源。五代，前后蜀偏安中国西南隅，不与中原相纷争。避开乱世的西蜀建立教坊培养音乐、舞蹈及戏曲等艺术人才；前后蜀偏安小朝廷还建立画院延揽绘画人才。官方艺术在五代割据政权的推崇之下格外发达。从唐末开始的社会世俗化倾向愈发浓厚，随着唐王朝的瓦解以及唐代制度的崩溃，整个中国社会走向世俗化的脚步越来越迅速。宵禁制度取消，为瓦肆勾栏的建立打开了政策之门。唐朝陨落，致使教坊等艺术机构也随之土崩瓦解，流落民间的官方艺术家参与民间艺术的创作，有力地推动了民间艺术的发展，二者的结合使巴蜀艺术更具生命力。正是官方艺术和民间艺术的合奏，才将宋元巴蜀地区文化艺术的繁盛推到了一个新的高度。人才的聚集、文化底蕴的培护，这些都将巴蜀艺术水准提升到了一个崭新的平台，不仅成就了巴蜀地区艺术的典范，即便就同一时期的全国范围来看，诸多艺术种类也是数一数二的。

音乐方面来说，曲子词是巴蜀民间音乐在宋元时期取得的最高成就之一。由文人仿作的曲子词集《花间集》，虽然已经加入了文人化色彩，但是较之后来的文人词又更近民间化，我们可以透过《花间集》窥探出当时民间词曲的一些元素。巴蜀地区的宫廷和民间的舞蹈演出都相当热闹，创作出了留名千古的宫廷大型舞蹈《采红莲队》，这支舞蹈从舞台布景到演出人数之巨，都创下了舞蹈演出之最，成为当时蜀国迎接来使的演出剧目。同时民间的《采莲舞》也随之兴起，在泸县宋墓中，刻有该舞蹈的石刻与武士、花朵等图案一起装点着墓室。可知在五代及宋，不仅宫廷中上演着采莲大戏，民间亦有采莲舞在娱悦普通百姓。戏剧方面，无论是深具讽刺色彩的《麦秀两岐》，还是孝行可嘉的《目连戏》，都相当精彩，足以使身在海外的道隆法师时常忆起那"一棚川杂戏"。

音乐、舞蹈、戏剧的演出都需要场地，而瓦舍勾栏的蓬勃兴起，为演出提供了舞台。这些舞台的社会化，也使观众面扩大，娱乐不再是少部分人的事情，整个社会都参与其中。平民百姓的娱乐要求成为艺人们创作的原动力，于

---

① （元）脱脱：《宋史》卷八九，中华书局1977年版，第2230页。

是，更多的艺术作品带上了"世俗化"烙印。为民众表演这些歌舞戏剧的人们，在宫廷的统称为乐工，而活跃在瓦舍勾栏的演员却另有名头。宋代的伎艺人，供应内廷者虽各有分别，但活动于民间的"瓦舍"艺人，却另具称谓。他们的总名，一般都叫"路岐人"。亦有学者根据《武林旧事》卷六之记载认为路岐人则是不进入瓦舍勾栏的艺人，称为路岐人。"或有路岐人，不入勾栏，只在耍闹宽阔之处做场者，谓之'打野呵'。此又艺之次者。"① 这种流动的演出队各地皆有，他们走乡串寨，将曲艺艺术送到大江南北。他们虽没有固定的演出场所，仍不失为南宋时期一支重要的演出力量。

巴蜀"在唐、五代时期，社会秩序比较安定，经济得到一定的发展，割据四川的封建军阀，在那里大兴宫殿庙宇。并以翰林待诏等官职收罗一批画家，蜀画逐渐繁荣"②。《四川成都府志》卷四四《蜀名画记》载曰："蜀多画工，而胜于王孟僭伪之时。盖其割制一方，耽玩画以自娱，故工聚焉。"③

画院收罗的画家中，以黄氏父子名望最大，他们的成就主要是后人称为的院体画。黄筌一派的巴蜀花鸟画派，是以黄筌为代表，其子黄居宝、黄居寀共同组成的一个画派。他们供职于画院，长期为皇帝作画，所画内容皆为宫廷中的奇花怪石、珍禽瑞鸟。所用画法，乃是以细淡墨线勾出物体形状，然后填色，以着色为主，整个画面给人以富丽工巧之感。黄氏父子所开创的巴蜀花鸟画派，统领宋代花鸟画坛很多年。

与黄氏父子画风完全不同的文人画派，北宋时期也在巴蜀大地兴起，其首当推文同。文同以墨画竹名世。他追求所画之竹不仅在形象上与实物相似，更追求其精神上的相通。由此引发的文人画派掀起的画风转变，反映在巴蜀画家中，苏轼可以说是这一画派的代表人物之一。苏轼更将画论提升一步，他认为评论画的好坏，形似不再是标准，他说"论画以形似，见与儿童邻"。虽不重形似，但对绘画技巧的要求并不减弱。因此，苏轼十分强调对绘画技巧的锻炼。可以说文同与苏轼是文人画理论的提出及实践者。他们让画不仅仅停留在神似的层次，更重要的是让心灵参与绘画创作过程，而观画人与画家的交流方式也不仅仅局限在画面构图、色彩等僵死的绘画元素之中，而是要让画者与

---

① （宋）四水潜夫：《武林旧事》，西湖书社1981年版，第93页。
② （宋）黄修复：《益州名画录·简介》，人民美术出版社1964年版，第1页。
③ 《四川成都府志》卷四四。

观者通过心灵来交流，画者以心绘画，心在画中；观者以心观画，以求心心相通。文人画的兴起，是中国绘画史上有着重要意义的事件；文人画的出现，深刻改变了绘画内涵。绘画不仅只为模仿某些事物，更成为画家内心世界的抒发途径，同时也有效地打通了绘画家与观赏者之间心灵的交流。因此，文人画对于中国绘画的意义不可估量，而在这个转变之中，巴蜀地区的画家成为这一重要事件的领军人物，可见巴蜀绘画在中国绘画史上的重要意义。

文人画可以说是宋代巴蜀绘画的点睛之笔，但是传统画法和画派在五代及宋元并未因此消失，他们依然活跃在画坛。以传统的释道画为例，巴蜀宋元释道画是相当发达的，名满全国的大慈寺中的壁画，当时堪称一绝，众多游人皆往观之，就连苏轼兄弟亦曾到此观画。蜀中亦有以画释道而名者，如孙知微就是其中一位。"知微多客寓寺观，精黄老、瞿昙之学，故画道释益工，而蜀中寺观尤多笔迹焉。"①孙知微的画之美妙，"岂俗画所能到也"②。据《宣和画谱》记载，孙知微有多幅绘画作品收入宫廷。

泸县宋墓石刻所反映出来的民间性和世俗性与各画派之间的绘画特点迥然不同。从内容到绘画技巧，泸县宋墓的石刻与大足、安岳石刻相比，少了些许宗教气氛，增添了更多的生活气息。大足石刻"牧牛图"以禅修为主旨，图画反映了宋代生活场景，但毕竟是在宗教主题下穿插进来的生活形象。泸县宋墓石刻可以说是将世俗理想固化在殉葬场地的特殊艺术表现，因此，完全是世俗生活的一幅幅生动画面。

绵竹年画亦是巴蜀民间生活的写照，亦是中国民间艺术精华。今依据北宋赵抃所著的《成都古今记》记载，"正月灯市、十月酒市、十一月梅市、十二月桃符市"，可推知宋代四川地区已经有了年画，绵竹年画或源于此。对这一推测的结果目前尚无其他佐证材料加以证明，从现在保存下来的年画作品来看，多是清末民初之作，因此，对绵竹年画的讨论，我们将放到明清章节，这样比较切合实际情况。

将中国石刻艺术史向后延续了四百年的大足、安岳石刻，可谓中国石刻的最后一个艺术高峰。在这一石雕群中，诸多精品让人眼花缭乱，如有人称"媚态观音"的数珠观音造像，反映宋代生活场景的"牧牛图"，还有充满农家生

---

① （宋）黄修复：《益州名画录》卷上，人民美术出版社1964年版，第17页。
② 岳仁译注：《宣和画谱》卷四，湖南美术出版社2010年版，第84页。

活意趣的"养鸡女入地狱图"等，都展现出巴蜀地区宋代石刻雕凿的艺术水平之精。而密宗主题雕塑，不仅刻画了宗教题材，也通过对宗教人物的塑造，看出石刻工匠的技巧之高超。一尊尊神仙菩萨，本似高高在上，然而透过工匠的雕凿却又缩短了人神之间的距离，使得观众与佛像雕塑之间又是如此贴近。通过衣饰的线条、璎珞的装点，肌理、质感的准确，这些雕像的体态之美、肌肤之柔，尽在其中。大足、安岳石刻的艺术成就可谓当世一绝，凸显出巴蜀石雕精湛的雕琢工艺，其中表现的世俗生活也令人耳目一新。

总之，宋元时期的巴蜀艺术取得了辉煌的成就，从"扬一益二"的话语之中，我们亦能体味出，宋元时期巴蜀地区不仅经济上可与东部苏杭扬相媲美，巴蜀艺术在此时也不落下风。

第一节　音乐

宋代是中国古代社会一个重要的转型时期，其社会的政治、经济、思想、文化等各方面都呈现出划时代的变化，这个转型最主要的表现是市民阶层的崛起。宋代市民阶层的崛起，引发了宋代人审美观念的变化，一个从雅到俗的转变："经五代之变，彻底扫荡了门第意识，都是出自平民。"[1]反映下层庶民百姓思想意识、生活情趣、审美爱好和艺术欣赏的俗文化成为这个时代的审美取向。

造成宋代社会及其文化发生如此巨大转型的内在原因，大略有三：首先，宋代取消了盛唐时所实行的城市市坊制，且废除夜禁，夜市延长，这一变革促使封闭的社会瓦解，推动了城市贸易的发展，活跃了城市经济，工商业日益兴盛。各大城市呈现出"八荒争凑，万国咸通。集四海之珍奇，皆归市易。会寰区之异味，悉在庖厨"[2]的繁荣景象。其次，两宋经济的发展使得中小商业主、工匠艺人、手工业者、俳优、伶人等各类人群集中到城市，形成并壮大了市民阶层。壮大了的市民阶层强烈要求破除固有的封建等级制度，旧有的社会结构和习俗被打破，财富成为衡量人们身份地位的主要标志之一，市民阶层极力冲破门阀观念。在这一社会背景下，原有的一些审美情趣、审美取向、生活

---

[1] 徐复观：《中国艺术精神》，春风文艺出版社1987年版，第264页。
[2] （宋）孟元老：《东京梦华录·序》，中华书局1982年版，第4页。

态度、社会习俗都随着新兴的市民阶层崛起而改变。再次，市民阶层集中到各大中城市，促进了商品经济的发展及社会消费的扩大，进一步刺激了新贵们追求休闲娱乐的生活方式。"辇毂之下，奔竞侈靡……比比纷纷，日益滋甚"①，自贵胄至众庶莫不以安享生活为追求，毫无疑问，这种娱乐的生活方式进一步推动了城市文化的发展，为宋代文化发展注入了新的力量，以至于有宋一代的文化为之转型，并深深地烙上了市民阶层的文化徽记。

在这样的历史大背景下巴蜀亦不例外，自隋唐五代以来，中原兵火连连，而巴蜀地处西南偏于一隅，躲过战火，其繁华更胜他处。谭篆在《送吏部尚书张公帅成都诗·序》中就描述了当时成都的繁华，并略呈其因："成都，西南大都会，承平分阃之重，与河东、北等。元祐初，文潞公平章军国重事，三省议其目，而成都除帅预焉。艰难以来，独此方兵祸不作，封陲自固。东捍秦，南蔽吴楚。"②巴蜀独得天时地利之便，避开战争，自守西南，到宋代其繁华可谓壮观。《钤辖厅东园记》中描述了当时成都的繁华，以此管窥当时巴蜀之盛。其文曰成都："素号繁丽。万井云错，百货川委。高车大马决骤乎通逵，层楼复阁荡摩乎半空。绮縠昼容，弦索夜声。倡优歌舞，娥媌靡曼，裾联袂属。奇物异产，瑰琦错落，列肆而班市。黄尘涨天，东西冥冥，穷朝极夕，颠迷醉昏。此成都所有也。跂而望山林泉石，不啻楚越之隔，曾得而梦见之哉！"③

宋代工商业的进一步发展，使都市更加繁荣，城市规模较唐代更大，市民艺术随着城市的扩容而崛起。瓦肆勾栏的出现，为市民艺术的繁荣提供了重要的沃土，诸多艺术形式都在宋代的瓦肆勾栏中进行演出，诸如：小说、话本、银字儿、诸宫调、唱赚、鼓子词、道情、陶真等艺术形式都登上瓦肆勾栏的舞台，热闹非凡，场场爆满。市民对文化艺术消费的热情，又反过来促进了文化艺术的进一步发展。巴蜀地区则呈现出"绮縠昼容，弦索夜声。倡优歌舞，娥媌靡曼，裾联袂属"的热闹景象。虽然已经无法回到宋代去一睹瓦肆勾栏的喧嚣，但我们今天还可以在墓葬艺术中略窥其妙。华蓥安丙三号墓（编号M3）墓内左右壁总共装饰有20个乐伎。左壁10个乐伎由前至后依次为：击鼓伎、弹二

---

① （元）脱脱等撰：《宋史》，中华书局1977年版，第3577页。
② 刘琳、王晓波点校：《全蜀艺文志》，线装书局2003年版，第579页。（以下所用《全蜀艺文志》均为此版本，再引只著书名和页数）
③ 《全蜀艺文志》，第940页。

弦伎、吹横笛伎、吹排箫伎、舞旋伎两个、吹笙伎、乐伎、吹奏乐伎、吹排箫伎。右壁10个乐伎由外至内分别为：拍板伎、击鼓伎、吹奏乐伎、吹笙伎、舞旋伎两个、吹横笛伎、拍板伎、吹笙伎、击鼓伎[①]。安丙四号墓中亦有18个类似的乐伎装饰其中，左壁由外至内依次为：击鼓伎两个、吹排箫伎、舞旋伎两个、吹笙伎、吹横笛伎、吹埙伎、拍板伎，右壁由外至内分别为：拍板伎、吹笙篥伎、击鼓伎、舞旋伎两个、吹横笛伎两个、吹排箫伎、击鼓伎[②]。安丙墓石刻的这些乐伎石雕，反映出南宋时期巴蜀地区音乐舞蹈艺术之发达，已经浸入人们的生活，成为日常娱乐的一部分，并且进入墓葬之中成为墓葬装饰不可或缺的一种艺术形式，其印迹之深，由此可见。透过这些长眠地下的石刻，我们能够想象并感受到当时音乐舞蹈艺术在巴蜀大地的风行程度。

一、曲子填词

在中国古代，音乐分为雅乐和俗乐两类。雅乐大约产生于我国西周时期，主要是在帝王祭祀天地、祖先以及朝贺、庆功、宴会等国家重大活动之时使用的音乐。宋代之前音乐的中心是宫廷，音乐作为享乐之事，被禁囿于宫廷之中，且民间也无开展音乐活动的场所，故音乐的重点是在皇家。自宋代起，音乐中心从宫廷转向民间，这与瓦肆勾栏的兴起、市民阶层的崛起、文化消费的扩大不无关系。于是与雅乐相对的"俗乐"在宋代就变得十分活跃了。在我国诗歌传统之中，民歌一直占有重要的地位，民间创作诗歌的传统代代相传。朱熹《诗集传·序》即曰："凡《诗》之所谓风者，多出于里巷歌谣之作，所谓男女相与咏歌，各言其情者也。惟《周南》《召南》，亲被文王之化以成德，而人皆有以得其性情之正，故其发于言者，乐而不过于淫，哀而不及于伤，是以二篇独为风之正经。自邶而下，则其国之治乱不同，人之贤否亦异，其所感而发者，有邪正是非之不齐，而所谓先王之风者，于此焉变矣。若夫《雅》《颂》之篇，则皆成周之世，朝廷郊庙乐歌之辞，其语和而庄，其义宽而密，其作者往往圣人之徒，固所以为万世法程而不可易也。至于《雅》之变者，亦皆一时贤人君子，闵时病俗之所为。而圣人取之，其忠厚恻怛之心，陈善闭邪

---

① 四川文物考古研究院、广安市文物管理所、华蓥市文物管理所编著：《华蓥安丙墓》，文物出版社2008年版，第92~94页。
② 四川文物考古研究院、广安市文物管理所、华蓥市文物管理所编著：《华蓥安丙墓》，文物出版社2008年版，第104~109页。

之意，尤非后世能言之士所能及之。此诗之为经，所以人事浃于下，天道备于上，而无一理之不具也。"①虽然文中朱熹一再强调《雅》《颂》之乐的正统性，但就是在《诗经》之中，也是《风》占一半有多，更何况世易时移的宋代，民歌已然成为一种时代风尚。

巴蜀人民喜欢歌舞之风早已有之，《华阳国志》中记载的"巴渝歌舞"即巴蜀地方最早的俗乐民歌。之后的巴蜀之地歌声不断，而引得唐代著名诗人刘禹锡等竞相仿作的"竹枝词"更是声名远播，诸多地方皆以"竹枝"为民歌，仿作之人亦不乏文人雅士。进入五代，巴蜀地区地处西南隅，避开中原战火，在前后蜀政权的领导之下蜀中独得安宁。这一片宁静为巴蜀带来独有的繁华，蜀中领导者在此时也不忘享乐："梨园弟子簇池头，小乐携来候宴游。试炙银笙先按拍，海棠花下合《梁州》。"②正是这样的社会之风，蜀中民歌曲子风行一时。

进入宋代，音乐活动与文学、戏剧的互动关系明显加强，显示出了较强的艺术综合性并发展出形式多样的音乐曲艺形式。如宋代依乐填词合乐而歌的曲子词、宋词等文学形式都与音乐有着密不可分的关系，它们的蓬勃兴起也从一个侧面说明了宋代音乐发展的欣欣向荣。

和雅乐相对的民间音乐称为俗乐，是各种民间音乐的泛称。在宫廷中使用的俗乐则称为"燕乐"，也称"宴乐"。燕乐不仅可以在皇宫中演奏，也常在市井之中演出。这种受到各阶层喜欢的音乐，便具有了强大的生命力。从王建墓中所留下的二十四幅乐伎图即可看出当时燕乐之盛，图中所使用的乐器有正鼓、齐鼓、和鼓、羯鼓、靴鼓、大筚篥、篪、排箫、笛子、吹叶、笙、筝、拍板等，根据冯汉骥先生的研究，"从它的乐器的性质看，这一部乐队无疑地是属于燕乐系统的，特别是中国化了的龟兹系统，但其中掺杂有清乐系统的乐器"③。蜀王之爱燕乐可见一斑，同时也反映出燕乐在当时社会的流行。至宋初，"平荆南，得乐工三十二人；平西川，得一百三十九人；平江南，得十六人；平太原，得十九人；余藩臣所贡者八十三人；又太宗藩邸有七十一人。由是，四方执艺之精者皆在籍中"④。仅从乐工数量这个方面来说，巴蜀地区音

---

① （宋）朱熹注，王华宝整理：《诗集传》，凤凰出版社2007年版，第2页。
② 《全蜀艺文志》，第148页。
③ 冯汉骥：《前蜀王建墓内石刻伎乐考》，见《四川大学学报》1957年第1期。
④ （元）脱脱等撰：《宋史》卷一四二，中华书局1977年版，第3347~3348页。

乐之盛，冠绝一时。乐工的数量也在一定程度上体现了音乐的繁荣，说明巴蜀音乐在当时的中国具有引领地位。数量众多的乐工，成为巴蜀地区音乐整体水平的一个体现，这也为形成独具巴蜀风格的音乐提供了客观条件。

二、说唱艺术

说唱艺术是多种艺术形式的总称。其中包括唱赚、诸宫调、鼓子词等具体的艺术形式。巴蜀地区说唱艺术早已有之，近年来在四川成都、新都、金堂、乐山、遂宁及重庆等地均有东汉时期说唱俑出土，说明巴蜀地区的说唱艺术产生较早。其中较为著名的出土文物，就有成都天回山崖墓的说唱俑。"抚琴俑，头上着帻，身着长袍，席地而坐。琴斜置于漆几上，双手操琴挥弦，含笑露齿，情态幽逸……南一室的一件最完整，身高36，琴长40厘米。"[1]另有"击鼓俑，头上着巾，戴笄，额前有花饰。大腹丰凸，赤膊上有缨络珠饰。其左臂环抱一鼓，右臂向前平伸，手中握一鼓槌欲击，下身着长裤，赤足，右足前伸，左足曲蜷于圆榻上。面部表情幽默风生，额前皱纹数道，张口露齿，是一个典型的丑角形象。高56厘米"[2]。在这些与说唱艺术有关的陶俑中，最为著名的当数成都郫都区宋家林汉墓出土的"说唱俑"了（现存国家博物馆内）。该俑高66.5厘米，情态生动幽默，身躯为模制，其他部位为手塑，头顶作椎髻，双目微闭，歪嘴吐舌，两臂上耸，左臂戴佩饰。左手托小鼓，右手执槌欲击。上身赤裸，双乳垂至腰际。鼓腹，臀部后翘。宽肥的长裤垂落至臀，似有继续下落之势。说唱俑塑造的是汉代四川民间说书人的形象，也是"舞乐百戏"表演中的小丑。该俑以大幅度的肢体动作、夸张幽默的面部表情极为传神地刻画了汉代说书艺人表演中情感高潮的瞬间，具有强烈的艺术感染力，是炉火纯青的汉代陶俑塑造艺术的代表。在天回山崖墓中不仅有表演者，还有观众。这演出与观赏的互动都被陶俑艺术深刻地记录下来了，"听琴俑，头上双髻戴笄，脑后结带，身着长袍，腰间束带，席地而坐。其右手掩于耳后，头略偏，作静听状。此俑出土位置大多在抚琴俑附近"[3]。说明在东汉时代，巴蜀地区的说唱艺术就已经相当普遍。

---

[1] 刘志远：《成都天回山崖墓清理记》，《考古学报》1958年第1期。
[2] 刘志远：《成都天回山崖墓清理记》，《考古学报》1958年第1期。
[3] 刘志远：《成都天回山崖墓清理记》，《考古学报》1958年第1期。

至宋代，巴蜀地区的说唱艺术开始勃兴，主要原因有二：一是唐宋五代梨园教坊在社会动荡之中解散，众多乐工散落民间，客观上促进了民间音乐的发展；二是勾栏瓦肆的兴起，为说唱艺术提供了演出场地，也为其勃兴注入了必要的元素。除以上两点外，巴蜀地区还因未受战乱影响，大批艺人在五代时来蜀中避乱，从而使巴蜀说唱艺术与其他艺术一起在宋代蓬勃发展起来。

两宋经济迅猛发展，城市规模扩大，人口增加，可从《东京梦华录》《梦粱录》等书窥见两宋时期城市的繁华程度。随着市民阶层的兴起和壮大，他们对通俗性文艺的需求量也越来越大，传统的说唱技艺在此基础上不断兴盛。兴起的瓦舍勾栏为艺人提供了专业的演出场所，日渐扩大的表演空间使各种新的说唱技艺不断产生并形成新的表演类型，满足日益增长的市民文化娱乐需求。

宋代巴蜀的说唱艺术底本，现在已经不可能找到，宋元说唱艺术文本本身已经难以辨别，但是从现存描述巴蜀说唱艺术的诗文来看，巴蜀宋元时期的说唱艺术已经相当繁荣。如张咏的《悼蜀诗》中就有描绘成都歌舞繁华的诗句："蜀国富且庶，风俗矜浮薄。奢僭极珠贝，狂佚务娱乐。虹桥吐飞泉，烟柳闭朱阁。烛影逐星沉，歌声和月落。斗鸡破百万，呼卢纵大噱。游女白玉珰，骄马黄金络。酒肆夜不扃，花市春渐作……"①

宋代何耕所著《录二叟语》中对立春日成都热闹境况的记载，从另一个侧面反映出巴蜀地区节日丰富的娱乐生活，以及说唱艺术在这一地区的盛行程度："成都大都会，自尹而下，茗、漕二使者之治所在焉。将春前一日，有司具旗旄金鼓、俳优侏儒、百伎之戏，迎所谓芒儿土牛，以献于二使者。"②

巴蜀人喜好宴游，遨乐之时，歌舞说唱之娱乐必不可少。宋人田况知成都时作了《成都遨乐诗》及《序》记载了成都游乐的盛况，其中有些诗歌也记载了成都曲艺说唱艺术之盛。《序》文中，田况说明了写作的目的："四方咸传蜀人好游娱无时，予始亦信然之，逮悉命守益，栀轩踰月，即及春游，每与民共乐，则作一诗以纪其事。自岁元徂景至，止得古律、长调、短韵共二十一章。其间上元灯夕、清明、重九、七夕、岁至之类，又皆天下之所共，岂曰无时哉！传之者过矣。蜀之士君子欲予诗闻于四方，使知其俗，故序以见

---

① 《全蜀艺文志》，第113页。
② 《全蜀艺文志》，第1516页。

怀。"①

田况这二十一首诗记录蜀中的风土人情、民风民俗，同时也记载了当时巴蜀遨乐之风，其中有诗就体现了当时曲艺也相当发达。而且，曲艺表演并不仅仅局限在城中瓦舍、勾栏，就是成都郊外也是一片歌舞，说唱艺术遍及蜀中大地，由此可见。如《寒食出城》曰："郊外融和景，浓于城市中。歌声留客醉，花意尽春红。游人一何乐，归驭莫匆匆。"②

而城中繁华之处歌舞喧天的场景，更胜郊外。诗歌《四月十九日汎浣花溪》就描述了这样的图景："浣花溪上春风后，节物正宜行乐时。十里绮罗青盖密，万家歌吹绿杨垂。画船叠鼓临芳溆，彩阁凌波汎羽卮。霞景渐曛归櫂促，满城欢醉待旌旗。"③

元代费著的《岁华纪丽谱》一一地记录了成都每个重要日子的宴游情形。在这些重要的日子里，说唱及其他艺术形式都在一个个宴集之处展开，可见巴蜀宋元说唱艺术之盛。"成都游赏之盛甲于西蜀，盖地大物繁而俗好娱乐。凡太守岁时宴集，骑从杂沓。车服鲜华，倡优鼓吹，出入拥导。"④

诗歌的记载毕竟有限，留下遗憾不少，只能靠艺术想象去弥补文字的不足。直到诸多宋代墓葬的发掘出土，宋代说唱艺术的具体形象才得以再次展现。

如果说大足石刻的精美中饱含着崇高的宗教精神的话，墓葬石刻却与之有着不同的创作目的。有学者基于视觉艺术的角度认为，墓葬艺术与其他艺术有着不同的创作目的，与佛教石刻艺术的创作理念也大相径庭。"实际上，足够的证据说明古人在创造佛教艺术和墓葬艺术时所遵循的恰恰不是'视觉'这个概念。检阅敦煌的功德记，造窟者所强调的是'制作'而非'观看'，因为只有通过制作他们才能积累功德。而墓室从先秦就被称为'藏'，藏的意义是'欲人之弗得见也'。"⑤藏于地下的墓室，虽然将精美的艺术紧锁在暗无天日的地下，但这些艺术也需要另一种"欣赏"。因为"每一座坟墓实际上都是

---

① 《全蜀艺文志》，第429~430页。
② 《全蜀艺文志》，第432页。
③ 《全蜀艺文志》，第434页。
④ 《全蜀艺文志》，第1708页。
⑤ 巫鸿：《美术史十议》，生活·读书·新知三联书店2008年版，第11页。

家或居室的翻版"①。墓室的"欣赏者"就是那位长眠于地下的墓主人，在他墓室中所展现的艺术无外乎两个部分，一个是现实生活的延续，一个则是对天国的幻想。

1996年抢救性发掘的华蓥市安丙墓群，虽然都曾被人为损坏或盗掘过，但它们还是为我们留下了珍贵的宋代音乐及说唱艺术石刻和陶俑的实物资料。安丙家族陵园，安葬着四川宋代名臣安丙及其家人，"由五座墓葬（均位于墓地东部，坐东向西，从北至南依次排列，墓葬编号依次为M1、M2、M4、M3、M5）及墓前拜台、享堂、护坎等地面建筑遗迹组成"②。五座墓葬都不同程度地受到人为损坏，故而墓葬保存都不完整。从保存的遗物来看，只有墓葬M5没有留下音乐和说唱艺术的实物。

在M1墓葬的中、后室过道两侧，"上部均为云纹图案；下部均为乐伎图案一组，每组六人，分前后两排站立，每排三人。左壁前排由外至内分别为吹横笛伎、拍板伎、舞伎，后排由外至内分别为腰鼓伎、吹觱篥伎、击鼓伎；右壁前排由外至内分别为吹洞箫伎、弹阮伎、舞伎，后排由外至内分别为拍板伎、吹笙伎、渔鼓伎"③。M1墓葬中的这些石雕艺人究竟在表演什么说唱内容，我们已经无从知晓，但他们的存在有力地证明了宋代四川地区的说唱艺术相当盛行，就连安丙这样一位四川重要官员的墓葬装饰也不忘将其刻入，说明这一艺术形式在当时已经深入生活。

在M2墓葬中则出土了"女乐舞俑12件，均残。头发系结于头顶，两鬓及头顶正中各有一个半圆形饰物。身着窄袖对襟长衣，双手屈伸向胸前，作持物状，足尖微露，站于底板上"④。这些残缺的女乐舞俑，传递出宋代说唱艺术的优美。优美的艺术从来都不缺少观众，承袭早期四川墓葬艺术的传统，到宋代我们依然能够看到"听琴俑"的存在，这种跨越近千年、对艺术执着追求的艺术形式，真实地反映了巴蜀地区艺术血脉的内在张力。2007年8月，四川彭山

---

① ［法］米歇尔·拉贡著，刘和平、郭美艳译：《地下幽深处——幽冥国度的追问》，作家出版社2005年版，第29页。
② 四川文物考古研究院、广安市文物管理所、华蓥市文物管理所编著：《华蓥安丙墓》，文物出版社2008年版，第5页。
③ 四川文物考古研究院、广安市文物管理所、华蓥市文物管理所编著：《华蓥安丙墓》，文物出版社2008年版，第30页。
④ 四川文物考古研究院、广安市文物管理所、华蓥市文物管理所编著：《华蓥安丙墓》，文物出版社2008年版，第69页。

县江渎乡正华村八组村民在架设供电线路时发现了一座北宋墓葬。在两个墓室中出土了"伏听俑""坐听俑"①等观众性陶俑，这是对早期巴蜀墓葬陶俑艺术的一个呼应，也从一个侧面反映出巴蜀地区说唱艺术的兴盛，"观众"从未缺席且占有重要地位。

说唱艺术，不仅是音乐艺术，也是一种表演的艺术。华蓥安丙墓中的出土文物为我们展现了当时说唱艺术音乐方面的一些实物材料，但是演员的面部表情、形体姿态又是如何呢？从现有的一些宋墓出土的陶俑文物来看，我们大概可以见到与说唱艺术表情和形体有关的陶俑，虽然不一定就是说唱俑，但是其制作想必受到了说唱艺术的启发。比如，四川广汉县雒城镇宋墓中的"握物仰视俑"和"牵物行进俑"就颇具说唱表演色彩。"握物仰视俑一件（M1:39）。头戴尖顶风帽，后披搭肩。身着圆领落地长服，胸束带，两端下垂，中间打结；腰系宽带，脚蹬靴。外套对襟敞衣，宽袖下垂。方脸阔腮，浓眉大眼连鬓短胡，仰头上视。曲伸双手于身前两侧，半握拳，作握物状。高28厘米。"②虽不知他手中所握为何物，但其形体状态，已经活脱脱将一个说唱演员所应该具备的体态展现出来。我们再来看同墓室一起出土的另一陶俑："牵物行进俑一件（M1:48）。头戴幞头，内着圆领短衣，外套紧袖长服，腰束带。套衣前、后往上卷起卡于腰带处。下穿长裤，裤脚上卷起折。脚蹬便履，踏于椭圆形底座上。面部丰满，眉粗大眼，瞪目前视。右手侧举，右脚向前迈出，左手握拳于身后，作牵物行进状。俑高31.5，座长15、宽12、高2，通高33.5厘米。"③无论这个俑是否属说唱表演俑，其形体以及夸张的眼神都传递出来表演的意味。借此，观者亦可以联想宋元之时说唱表演艺术之美。

宋元时期，巴蜀说唱艺术之盛，虽然我们不能通过艺人的底本得出精确的图景，但通过文人墨客的一篇篇诗词歌赋，亦可拼接出巴蜀宋元说唱艺术盛况的细枝末节，通过遥想足以使我们触摸到历史上巴蜀说唱艺术的精彩瞬间。遥想歌声依依，这些说唱曾经划过巴蜀的天空，这些艺术形式也随着历史浸入巴蜀的文化，为后来艺术的产生注入灵魂和生机。

---

① 刘志岩：《四川彭山正华村宋墓发掘取得重要收获》，《四川文物》2008年第4期。
② 四川文物考古研究所、广汉县文物管理所：《四川广汉县雒城镇宋墓清理简报》，《考古》1990年第2期。
③ 四川文物考古研究所、广汉县文物管理所：《四川广汉县雒城镇宋墓清理简报》，《考古》1990年第2期。

三、三弦唱赚

在宋人的音乐艺术里，大曲、唱赚已是相当普及，国内各地都有表演，已然成为当时的潮流。

大曲兴起于唐代，唐代的大曲结构庞大，宋代吸收了唐代留下的大曲，但对其形制有所改革，对长达几十段的唐代大曲进行了压缩，因此宋人的大曲短小得多。如讲述西施故事的《薄媚》"西子词"就只有十段，有的则更少，如《采莲》中的"寿乡词"则只有八段。一套完整的大曲包括配乐、舞蹈和唱词，缺一则不成为大曲。歌词和曲谱在一些古代典籍中保存下来，只有演唱的过程、演员的舞蹈等形体艺术，可惜以当时的科技条件难以完好保存下来。

1974年11月至1980年1月，四川省广元市在基建中相继在南山、东坝乡、下西火车站和上西山乡罗家桥等处发现宋墓四座。这些宋墓出土的石刻"浮雕人物，刀法娴熟圆润，尤其是武士像的雕刻，往往敦实浑厚、面形丰满，保留了唐代佛教造像石刻的风格，是研究宋代美术史的宝贵资料。石刻伎乐图为研究南宋曲艺、歌舞、戏剧的发展提供了不可多得的形象资料"①。

幸得这一批四川广元宋墓出土的石刻，宋代大曲的形体艺术才得以部分保存，让我们有机会一窥古代大曲之美。

1976年4月，四川省广元县（现为市）上西公社罗家桥大队村民在进行农田水利基本建设时发现两座南宋墓。两墓并列，相距1.5米，皆为双室墓，墓门东向。从墓中出土了"宣和通宝"和"淳熙元宝"数十枚，墓中最珍贵的出土文物要数大曲图。两墓共出石浮雕大曲图三幅：

第一图，石长1.69米、高0.55米，石上所刻共八人，且全为女伎。"其中奏乐七人，皆梳高冠髻，着褙子，内着抹胸。中有一人褙子较短，且着双重，内着长裙，有一人下部残缺，另五人褙子长至足面。这是南宋妇女服装的特点。"这七人各有所持，"自左至右为：拍板、笛、腰鼓、手鼓、架子鼓、笛、拍板"。唯舞者装束与众人不同，"裹展脚幞头，着圆领窄袖袍服，以手绞袖，腰束带，正曲膝挥袖作舞"②。

---

① 盛伟：《四川广元宋墓石刻》，《文物》1986年第12期。
② 廖奔：《广元南宋墓杂剧、大曲石刻考》，《文物》1986年第12期。

第二图，石长1.69米、高0.6米，惜已残为两段。石上所刻共八人，亦全为女会，其中有七人在奏乐。这七人中，三人头梳双环髻，三人梳高冠髻，一人头部残损。所着衣物似皆为褙子，然而前襟收短且腰中束带，与褙子之常规不同，颇为怪异。其人从左至右所持分别为：三弦、三弦、拍板、笛子（右吹）、笛子（左吹）、拍板、手鼓。舞者一人，正扭腰扬手作舞，她着裹脚幞头，着交领窄袖袍服，以手绞袖，腰束带。

第三图，石长1.7米、高0.49米，亦残为两段，浮雕中刻画了八人，均为男性。右面所站立五位在演奏，头戴各式头巾。南宋头巾式样颇多，据《云麓漫钞》所载："巾之制，有圆顶、方顶、砖头、琴顶。"①着圆领窄袖袍服，下露足，腰系绦带。带穗或垂于腹前，或者挽于腰中。手执乐器，从右到左分别是：笛子、拍板、觱篥、手鼓、腰鼓（残缺）。另三人立于左面，一人裹幞头、着圆领短衫，衫角掖入腰带，下着裤子，手中捧有方形器物一件。另二人乃道人打扮，束发不冠，皆着交领袍服，腰束有带，左者立侍，右者有胡须，抄手立，背负囊状物，似某种乐器。

对以上三块浮雕，亦有异说，认为石刻所表现的是宋代流行的唱赚艺术。②唱赚在北宋时期已经流行，唱赚的伴奏乐器以鼓、板和笛为主，唱赚的情形如何，在《笑林广记》一书中留下了珍贵的资料以供研究。

从曲式上来说，唱赚主要由缠达和缠令两种曲式组成。

缠达，又叫转踏、传踏。由引子开始，引子后用两个轮流重复演唱的曲调构成。

缠令，则由多个曲调连接而成，前面有引子，后面有尾声。有时候作者会在曲名里标明缠令以明其曲调之特征，如《古本董解元西厢记》中就有《厅前柳缠令》。南宋绍兴年间（1131~1162），艺人张五牛根据当时民间艺术"鼓板"的一种歌唱形式里的《太平令》，创造出一种歌曲形式。这种歌曲形式与一般的散板和有板歌曲都有所不同，据《都城纪胜》"瓦舍众伎"条记载："中兴后，张五牛大夫因听动鼓板中又有四片《太平令》或《赚鼓板》——即今拍板大筛扬处也——遂撰为'赚'。赚者，误赚之意也；令人正堪美听，

---

① （宋）赵彦卫撰：《云麓漫钞》，中华书局1996年版，第63页。
② 参见《音乐探索》1985年第1期《四川省广元县罗家桥一、二号墓伎乐石雕的研究》一文。

不觉已至尾声；是不宜为片序也。"①从节奏上来说，"这种歌曲的节奏，的确有些特别。在节奏形式上，它是散板与定板交错混合应用的一种曲式"②。"赚"这种曲牌虽然产生于缠令之后，但是产生以后就被缠令吸收，成为缠令的一个部分，当然也不是所有的缠令都必须采用赚这一曲调形式。

广元石刻如此丰富的曲艺材料，说明宋代戏曲艺术已经深入四川各地，而在宋代，能够将文学艺术传播开来的重要艺术群体是时称"路岐人"的一些艺人。"路岐人"是宋元时对各种民间流动艺人的俗称。

"路岐人"中"路岐"一词，最初是指流落他乡之意。唐罗隐所著的《奉使宛陵别二、三从事》诗："梁王雪里有深知，偶别家乡隔路岐。"这大概是"路岐"一词的最早出处。宋元之际，"路岐"一词的使用范围有了一定的变化，后形成一个新的词汇曰"路岐人"，专指流动的艺人。故宋代曾三异的《同话录》记载曰："散乐出《周礼》注，云'野人之能乐舞者'，今乃谓之路岐人。"这说明了路岐人音乐的民间性。而宋元之际的戏曲《宦门子弟错立身》的文辞则曰"在家牙队子，出路路岐人"，又"路岐岐路两悠悠，不到天涯不肯休"，这两组词反映了路岐人的流动性。路岐人是艺人，这是毋庸置疑的。苏轼的《次韵周开祖长官见寄》诗有："俯仰东西阅数州，老于歧路岂伶优！"元代杂剧《蓝采和》中有"俺将这古本相传，路岐体面，习行院"，透露了路岐人乃艺人的这一信息。或有学者认为，路岐除了流动性之外，乃是不入勾栏的一个演艺群体。这主要是根据《武林旧事》卷六的记载："或有路岐人，不入勾栏，只在要闹宽阔之处做场者，谓之打野呵。此又艺之次者。"③耐得翁的《都城纪胜》亦云："执政府墙下空地——旧名南仓前，诸色路岐人，在此作场，尤为喧阗。"④不仅如此，到南宋时，已经出现较为著名的路岐人了。《梦粱录》记载下了当时一些著名路岐人的姓名："若唱嘌耍令，今者如路岐人王双莲、吕大夫，唱得音律端正耳。"《梦粱录》记录了路岐人的名字，而广元石刻则记录下了路岐人的形象。

广元石刻所表现画面无论是大曲还是唱赚，通过这一石刻我们都可以看到，南宋时期，巴蜀地区的歌舞戏曲表演已十分发达，其文化已经传播到离中

---

① （宋）耐得翁：《都城纪胜》"瓦舍众伎"条。
② 柳荫浏：《中国古代音乐史稿》，人民音乐出版社1981年版，第307页。
③ （宋）四水潜夫：《武林旧事》，西湖书社1981年版，第93页。
④ （宋）耐得翁著：《都城纪胜》，《东京梦华录》（外四种），文学出版社1957年，第9页。

心城市成都、重庆等较远的广元等地区，已经进入墓葬文化，这是宋代经济文化发达的一个标志。这其中当然也少不了路岐人的努力，是他们将民众喜闻乐见的各种艺术形式从文化较为集中的文化中心向其边缘地区传播。可见在人们日常生活中，戏曲表演在文化传播中所扮演的重要角色。

四、瓦肆勾栏

宋代大都市，商铺邸店遍街，酒楼茶肆林立并出现了繁华夜市，打破了唐代的宵禁制度，也突破了唐代坊市分隔的状态，商贸交易自由。市民生活水平普遍提高，出现了城市经济的繁荣景况。经济的繁荣带来了文化的发展，而宋代文化发达的标志要数瓦舍勾栏。瓦舍是随着宋代市民阶层的形成在城市里兴起的一种大型的商业与游乐集散场所，又称瓦市、瓦肆、瓦子，或简称为瓦。为何称为瓦舍，南宋时期就已经不是很清楚了。吴自牧和耐得翁对瓦舍之名的来历做了一些猜想："瓦舍者，谓其'来时瓦合，去时瓦解'之义，易聚易散也。"①又："瓦者，野合易散之意也，不知起于何时。"②勾栏，又作句阑、拘栏、钩栏、拘栏等，在北宋以前的汉族文献中，是栏杆的意思。以上的猜测和考证似乎并未说清楚瓦舍勾栏之出处，仍有疑云未得消除。因此，学界对此考证并未停止，故而后代有些学者也对古人的猜测产生质疑，并给出了自己的推想。如周贻白先生认为，瓦舍"实则所指为旷场或原有瓦舍而被夷为平地，故名瓦子，也就是瓦砾场的意思"③。这样的解释似乎亦不太符合逻辑。据今人康保成教授研究认为：瓦舍一词之本意来自佛教，而宋代人借为游艺场所。瓦舍勾栏在宋代开始兴盛起来，据《武林旧事》记载，当时的都城杭州就勾栏众多。"如北瓦羊棚等谓之游棚，外又有勾栏甚多，北瓦勾栏十三座最盛。"并举其有名者如："南瓦、中瓦、大瓦、北瓦、浦桥瓦、便门瓦、候潮瓦、小堰瓦、新门瓦、荐桥门瓦、菜市瓦、钱湖门瓦、赤山瓦、行春桥瓦、北郭瓦、米市桥瓦、旧瓦、嘉会门瓦、北阙门瓦、艮山门瓦、羊坊桥瓦、王家桥瓦、龙山瓦。"这一解释基本厘清了瓦舍一词的源流和来龙去脉，有助于我们认识瓦舍的原本含义。至于"勾栏"一词，康保成教授认为，勾栏一词本汉族语言，

---

① （南宋）吴自牧：《梦粱录》卷一九。
② （宋）耐得翁著：《都城纪胜》《东方梦华录》（外四种），古典文学出版社1957年版，第95页。
③ 周贻白著：《中国戏曲发展史纲要》，上海古籍出版社1979年版，第72页。

虽被借为演出场地，却与佛教有一定的关系。"勾栏"是佛教所谓夜摩天上的娱乐场所，勾栏被用于娱乐场所之命名，便不言而喻了。由此，康保成教授总结道："'瓦舍'、'勾栏'，从名称到内涵，都反映出佛教对我国戏剧文化的巨大影响。南宋以来的戏文、杂剧剧本，近代以来的城市戏曲演出，很难想象宗教与戏曲的密切关系。"①康教授之语道出了戏曲与寺庙的渊源，同时也让我们明白了为什么成都大慈寺的娱乐演艺如此发达。

大慈寺，又称为大圣慈寺，成都最为著名的寺庙之一。据宋代普济所著《五灯会元》所载印度僧人宝掌"魏、晋间东游此土，入蜀礼普贤，留大慈"②一语，有学者认为成都大慈寺肇始于魏晋之际。当然这一说法可供参考的资料并不多，倒是唐代以后，有关成都大慈寺的记载才渐次多了起来。唐天宝十五年（756）安禄山攻陷长安，唐玄宗逃往成都，同年七月太子即位，史称"肃宗"，尊唐玄宗为太上皇。玄宗的到来，促成了大慈寺的繁荣。宋人志磐所著的《佛祖统记》卷四〇曰："上皇驻跸成都，内侍高力士奏，城南市有僧英干，于广衢施粥以救贫馁。愿国运再清复克疆土。欲于府东立寺为国崇福。上皇悦，御书'大圣慈寺'额，赐田一千亩，敕新罗金禅师为立规制，凡九十六院八千五百区。"其时僧众有两千余人。后又扩建普贤阁，凿解玉溪流经寺前，寺院环境更为优美，故有"震旦第一丛林"之称。据说唐代高僧悟达国师于此讲经，日有听众万人。唐会昌灭佛，大圣慈寺因有玄宗御题匾额，故不在毁除之列，使得当时成都最大的佛寺得以保存下来。大慈寺最为人所称道的是它丰富多彩的壁画，壁画内容既包含佛、菩萨、罗汉以及各种经变画等宗教壁画，也有花鸟、山水等非宗教绘画。当时著名画家如吴道子的高足卢楞伽、蜀中著名画家黄筌父子以及著名的释道画家孙知微等都曾在大慈寺壁间留下了他们的墨宝。自唐代以后，大慈寺成了成都人生活休闲的中心，经商、设宴、娱乐交游等活动频繁展开。据段玉明教授归纳，成都各界人士到大慈寺游乐主要有以下几个方面的休闲事项：（一）听经礼佛；（二）游寺观画；（三）买物看戏；（四）聚餐饮酒；（五）品茶闲话；（六）观灯赏月；（七）登楼高望；（八）纳凉避暑。③由此可以看出，宋元时期大慈寺

---

① 参见《文学遗产》1999年第5期康保成文：《"瓦舍""勾栏"新解》。
② （宋）普济：《五灯会元》，中华书局1984年版，第124页。
③ 段玉明：《唐宋大慈寺与成都社会》，《宗教学研究》2009年第2期。

在成都有着巨大的凝聚力。而如此多的人聚集到大慈寺，除了这里有交易买卖之外，还有戏曲可以欣赏，在瓦舍勾栏之间听曲畅游才是一般庶人云集大慈寺的主要目的。田况的《九日大慈寺前蚕市》隐约透露出了大慈寺作为娱乐中心的情况："高阁长廊门四开，新晴市井绝纤埃。老农肯信忧民意，又见笙歌入寺来。"①巴蜀是我国重要的蚕桑业重镇，其地养蚕的历史由来已久，蚕市主要交易与蚕桑有关的产品。田况诗的最后一句"又见笙歌入寺来"，道出了巴蜀蚕市除了交易亦有娱乐的特点。由此推知，在大慈寺所举行的各类活动皆少不了曲艺艺术的加入。大慈寺瓦舍勾栏的规模如若不是足够大，又如何能够容纳来自四方的宾客共舞于此呢？据田况的《成都遨乐诗》和元费著的《岁华纪丽谱》可知，宋元时期，在大慈寺举办的各类游乐之事不可胜数，必皆有曲艺戏剧之陪衬，而大慈寺周围的瓦舍勾栏之盛必居巴蜀之冠。从《岁华纪丽谱》中有关一年郊游宴乐的记载，可以看出大慈寺在成都人日常娱乐中占有重要地位。

正月元日，郡人晓持小彩幡游安福寺塔，粘之盈柱，若鳞次然，以为厌禳，惩咸平之乱也。塔上燃灯，梵呗交作，僧徒骈集。太守诣塔前张宴，晚登塔眺望焉。

二日，出东郊，早宴移忠寺（旧名牌楼院），晚宴大慈寺。……
…………
上元节放灯。……十四、十五、十六三日，皆早宴大慈寺，晚宴五门楼。……

二十三日，圣寿寺前蚕市。……太守先诣寺之都安王词奠献，然后就宴。旧出万里桥，登乐俗园亭，今则早宴祥符寺，晚宴信相院。

二十八日，俗传为保寿侯诞日，出笮桥门，即侯祠奠拜；次诣净众寺邠国杜丞相祠奠拜，毕事会食，晚宴大智院。

二月二日，踏青节。……晚宴于宝历寺。……
八日，观街药市。早宴大慈寺之设厅，晚宴金绳院。
…………
三月九日，现街药市。早晚宴如二月八日。

---

① 《全蜀艺文志》，第433页。

二十一日，出大东门，宴海云山鸿庆寺……灵智禅师以是日归寂，邦人敬之，入山游礼，因而成俗。……晚宴于大慈寺之设厅。

二十七日，大西门睿圣夫人庙前蚕市。……宴于净众寺，晚宴大智院。

寒食，出大东门。早宴移忠院，晚宴大慈寺设厅。……

四月十九日，浣花佑圣夫人诞日也。太守出笮桥门，至梵安寺谒夫人祠，就宴于寺之设厅。……

五月五日，宴大慈寺设厅。……

六月初伏日，会监司；中伏日，会职官以上；末伏日，会府县官。皆就江渎庙设厅。……早宴罢，泛丹池中；复出，就厅晚宴。……

七月七日，晚宴大慈寺设厅。暮登寺门楼观锦江。夜市乞巧之物皆备焉。

十八日，大慈寺散盂兰盆，宴于寺之设厅。宴已，就华严阁下散盆。……

八月十五日，中秋玩月。旧宴于西楼，望月于锦亭，今宴于大慈寺。

…………

冬至节，宴于大慈寺；后一日，早宴金绳寺，晚宴大慈寺。……①

从以上的引文我们不难看出，大慈寺在宋元时期的民众日常节庆娱乐生活中扮演着相当重要的角色，已经成为成都重要节庆聚集娱乐之所。

大慈寺的瓦舍、勾栏已随时间湮灭在历史之中，其勾栏之形制亦无法窥见。幸有泸县宋墓之出土文物，方可考见宋代巴蜀地区瓦舍勾栏的面貌。泸县宋墓出土有勾栏表演石刻两块：其编号为"2001SQM1：24"的石刻"出自泸县石桥镇新屋嘴村一号墓。石刻宽1.62米，高0.55～0.78米。石刻表现宋代勾栏乐舞表演情景"②。石刻中刻画有演员六人，均为女性，且都盛装打扮。头戴软脚花冠，上身穿交领广袖襦，下身着长裙束于襦外，戴有流苏装饰的云肩，披长帛。站在中间的两人正在表演，右边演员，双腿微曲，披帛中段搭在身前，双手各持自身后垂下的长帛一端，右臂稍微弯曲，略微抬起。身子略倾斜，似乎在与另一位舞伴作交流状。左边一人，披帛自胸前交叉，双手各持一端，左臂曲肘向左边略微抬起，身体向左边微俯身，意与右边表演者相交流。其余四

---

① 《全蜀艺文志》，第1709～1712页。
② 四川文物考古研究所、成都市文物考古研究所、泸州市博物馆、泸县文物管理所编著：《泸县宋墓》，文物出版社2004年版，第137页。

人为乐手，分别站于表演者两侧。左边二位一位手持扁鼓，另一位手持齐鼓；右边两位，一位吹着横笛，另一位则手打拍板。六人共同在勾栏上表演。另外一个勾栏石刻编号为"2001SQM1:22"，"出土于泸县石桥镇新屋嘴村一号墓。石刻画面宽1.63米、高0.70米，石刻题材表现了宋代勾栏舞台戏剧表演的情景"①。勾栏右端站有一位女性演员，面部残损，头饰不详，身着交领广袖长袍，腰间束有带，身子前倾，面对勾栏另一头的人站立，双手置于胸前，作行礼状。勾栏左端站立男性演员一名，"其额捺有花饰，此人面部方圆，面带微笑，身着交领广袖长袍，束腰带，带头垂至袍服下沿，左臂下垂，右手伸出袖外并用食指与中指指向左端之人"②。

而大足龙水镇明光村磨儿坡宋墓石刻的情景更为生动，不仅刻画了表演者，观众的情态也被雕刻师们捕捉下来，一起留在宋墓之中。"两侧壁龛前均有一牌楼，高160厘米、宽134厘米，牌楼无顶，后置于壁龛顶部，由两八楞柱支撑，柱高106厘米，每面宽5厘米，两柱间距70厘米。……牌楼上边栏两端各立六楞柱。边栏内刻有圆雕人像。右面牌楼内有五像，皆身着圆领大袖袍服。由内至外序：一像鼓乐师方脸型头戴官帽，右胁挟持手鼓，带挂在颈上手拍鼓面；二像头戴官帽，双手握六页拍板，亦作张合之状；三像头戴软巾，双手横握笛在吹奏；四像头戴官帽，双手竖握竿篥，亦在吹奏；五像头戴官帽，身右侧置一鼓，两手各持一鼓槌，左手槌击鼓面，右手持槌上举（槌均被推断）。此五像肩连肩，胸以下隐入边栏内，高15厘米、宽12厘米、长8厘米。从两侧牌楼上的人物形象看，右牌楼五像持不同乐器演奏，每个乐师演出的情形聚精会神、十分逼真。博得对面（左上）观者如痴如醉，尤其是第三像在乐师们演奏高潮时，吹口哨作喝彩状。古代匠师们摄取了乐师演奏中最典型的乐人形象，确有'此时无声胜有声'的感召力。古代匠师以大刀阔斧的手法，让每个乐师、乐器展现得栩栩如生。"③演员在勾栏里认真地演出，听书看戏的观众表情又是如何的呢？在这一墓葬中也刻画了观众的形象："左面牌楼有四像（图

---

① 四川文物考古研究所、成都市文物考古研究所、泸州市博物馆、泸县文物管理所编著：《泸县宋墓》，文物出版社2004年版，第142页。
② 四川文物考古研究所、成都市文物考古研究所、泸州市博物馆、泸县文物管理所编著：《泸县宋墓》，文物出版社2004年版，第143页。
③ 重庆大足石刻艺术博物馆：《重庆大足龙水镇明光村磨儿坡宋墓清理简报》，《四川文物》2002年第5期。

十五），由内至外序：一像老妪，身着交领袍服，左手臂下垂，右手拄杖于右肩侧，杖上端齐头顶似乎在凝神地倾听乐奏；二像为女像，正襟端坐，头梳瓜瓣形、挽高髻于头顶，两臂下垂，身着开领袍服，一派贵妇气质，表情十分专注，似乎陶醉在音乐节奏中；三像头戴官帽，倚伏于边栏上，身着圆领大袖袍服，左手握右大袖，右肘伏戏楼栏上，袖掉栏外，右手拇指与食指置于口中，作吹哨之状，高兴至极，样子十分滑稽，其手腕戴钏；四像头戴官帽，身着圆领袍服，左手于左胸前握朝笏，右手臂下垂，端坐肃目。此四像相距12厘米，所展示的胸以上高13厘米，肩宽11厘米，头长7厘米，四像为欣赏对面演奏的观众，此组造像惟妙惟肖地刻画了人物的各自特征、年龄及其观看演奏所反映的心理活动，可以说淋漓尽致。"[1]石刻艺术留下的不仅仅是石刻本身的魅力。从石刻艺术材料中，我们可以看到，勾栏曲艺艺术在当时的影响以及观众的观看表情、心理等，说明当时这些演出已经达到较高的艺术水准，否则难以激起观众如此强烈的观后反应。从对观众刻画这个方面来说，大足宋墓继承了汉代巴蜀"听琴俑"等对观众也进行刻画的艺术思路，很好地体现了巴蜀艺术一脉相承的前后关系。

宋墓石刻的完整保存，为我们了解古代勾栏的结构留下了宝贵的遗产，使我们对勾栏的具体形状、构造等有了具象的了解。同时，泸县宋墓石刻，也为我们了解宋代巴蜀地区的曲艺艺术发展、艺术形式、艺术表现留下了珍贵的实物材料。大圣慈寺门前瓦舍勾栏的歌舞曲艺，在某种程度上又在宋墓的石刻中保存下来，为历史留下了真实记载。

第二节 戏曲

一、巴蜀市民社会的艺术

经过唐末五代的相对安定，到宋代，四川经济得到了长足的发展，"宋代是四川历史上经济高度繁荣的时期，四川也是宋代经济发达的地区之一"[2]。

---

[1] 重庆大足石刻艺术博物馆：《重庆大足龙水镇明光村磨儿坡宋墓清理简报》，《四川文物》2002年第5期。

[2] 贾大全主编：《四川通史》第四册，四川大学出版社1994年版，第155页。

成都作为四川的经济文化中心，不仅农业、手工业发达，商业亦很发达，"成都府在战国时期就是全国著名的六大都市之一，唐代更有'扬一益二'之称，'唐以降，号为国家的天府之藏'。入宋以后成都作为商业都会的地位得到进一步巩固"①。四川本省巨大的人口基数，加之来往商户，巴蜀之内人口之巨，称雄一时。经济的发展和人口的集中，带动了娱乐业的兴盛，"两宋时期成都游乐之风尚之盛，不仅'甲于四蜀'，而且还以游娱无时，动至连月，并在活动中形成了若干不容更改的'常法'，地方官员竞相带头倡导游乐等特点，在全国名噪一时，颇有影响"②。在这样的社会环境影响之下，巴蜀戏曲发展也相当迅猛。

戏剧在漫长的历史中渐渐成熟起来，上古之时"但以歌舞及戏谑为事。自汉以后，则间演故事；而和歌舞以演一事者，实始于北齐。顾其事至简，与其谓之戏，不若谓之舞之为当也。然后世戏剧之源实自此始"③。发展到唐代有"所谓歌舞戏者，始多概见。有本于前代者，有出新撰者"④。将歌舞音乐及其戏文合而为一的做法始于唐代，"乐舞和戏剧，本来截然两途。但因中国戏剧实际发生于歌舞，直到现在，还偏重这方面。唐代，便是这种表演形式的戏剧的发扬时期。虽然许多事物，仍当有其各自的来源，并非唐代特创"⑤。来源或许肇自上古，或许远道而来，这都不能阻碍在文化大融合的唐代，将各类元素熔于一炉，创造出全新的文化艺术形式。

宋代，兴起了所谓"杂剧"的艺术形式，杂剧主要由俳优演出，"宋代的戏剧既呈相当进展，俳优这一行业，自当随而发达。尤其是民间事物的抬头，俳优们在各方面都显出活跃的姿态。诙谐取笑，已为其固有作风，其于扮演杂剧，乃大有领袖群伦之概"⑥。俳优受到重视，这与杂剧地位的提升关系密切。《梦粱录》"伎乐"条记载："散乐传学教坊十三部，唯以杂剧为正色。"⑦可见杂剧在宋代已经异军突起，成为戏曲艺术中的一种主要艺术形式

---

① 吴擎华：《试论宋代四川市场》，《中华文化论坛》2005年第4期。
② 陈世松：《宋代成都游乐之风的历史考察》，《四川文物》1998年第3期。
③ 王国维：《宋元戏曲史》，上海古籍出版社1998年版，第6～7页。
④ 王国维：《宋元戏曲史》，上海古籍出版社1998年版，第8页。
⑤ 周贻白：《中国戏剧史长编》，人民文学出版社1960年版，第37页。
⑥ 周贻白：《中国戏剧史长编》，人民文学出版社1960年版，第75页。
⑦ （南宋）吴自牧：《梦粱录》卷二〇，知不足斋刻本。

而流传开来。"中国的戏剧,在未形成一项独立艺术之前,即已混杂在散乐里面,到唐代虽渐成为另一部门,但仍未脱离'乐部'。宋代的杂剧,形式更臻完备而可以单独做弄,但逢'百戏杂呈'的时候,还是掺杂在其他伎艺里面。"①因此,宋代的杂剧却并非元明所谓之杂剧。"宋辽金三朝之滑稽剧,其见于载籍者略具于此。此种滑稽剧,宋人亦谓之杂剧,或谓之杂戏。吕本中《童蒙训》曰:'作杂剧者,打猛诨入,却打猛诨出。'吴自牧《梦粱录》亦云:'杂剧全用故事,务在滑稽。'孟元老《东京梦华录》云:'圣节内殿杂戏,为有使人预宴,不敢深作谐谑。'则无使人时可知。是宋人杂剧,固纯以诙谐为主,与唐之滑稽剧无异。但其中脚色,较为著明,而布置亦稍复杂;然不能被以歌舞,其去真正戏剧尚远。"②

虽然与后来所谓的杂剧尚有距离,然作为较为普遍的戏曲艺术形式,在全国范围内杂剧已经广泛流传。四川地区的戏剧表演也相当繁荣,"两宋时期,四川地区大凡官府宴会、岁时节令以及一些公共娱乐场所,都有戏剧表演"③。在演出氛围如此浓烈的巴蜀地区,有诸多著名的演员和曲目曾经流传于此。今天我们只有借助某些记载去遥想当年这些戏曲艺术留下的精彩片段了。《齐东野语》卷一三"优语"之下载有与巴蜀杂剧有关的材料,一条是记载巴蜀地区著名演员者:"有袁三者,名尤著。有从官姓袁,制蜀,颇乏廉声。群优四人,分主酒色财气,各夸张其好尚之乐,而余者互讥诮之。至袁优,则曰:'吾所好者财也。'因极言财之美利,众亦讥诮之不已。徐以手自指曰:'任你讥笑,其如袁丈好此何?'"④以杂剧的形式针砭时弊,鞭挞官员贪污腐败,可见当时巴蜀演员针对时事敢言敢演的精神。

蜀中演员多能够涉猎经史、借古讽今,宋人文献颇有记载。《齐东野语》曰:"蜀优尤能涉猎古今,援引经史,以佐口吻资笑谈。"⑤《桯史》亦有载曰:"蜀伶多能文,俳语率杂以经史,凡制帅幕府之燕集,多用之。"⑥蜀中伶优出入幕府,为官宦燕集游乐常邀之人,蜀中伶优在当时可谓相当红火。

---

① 周贻白:《中国戏剧史长编》,人民文学出版社1960年版,第88页。
② 王国维:《宋元戏曲史》,上海古籍出版社1998年版,第27页。
③ 贾大全主编:《四川通史》第四册,四川大学出版社1994年版,第155页。
④ (宋)周密:《齐东野语》卷一三,中华书局1983年版,第246页。
⑤ (宋)周密:《齐东野语》卷一三,中华书局1983年版,第245页。
⑥ (宋)岳珂:《桯史》卷一三,中华书局1981年版,第156页。

蜀中伶优借着对古代经史的自由阐发，或者说是"其离析文义，可谓侮圣言"，但他们褒贬时事的态度确实值得称道。《齐东野语》和《桯史》都有这样一则记载："当史丞相弥远用事，选人改官，多出其门。制阃大宴，有优为衣冠者数辈，皆称为孔门弟子，相与言，吾侪皆选人，遂各言其姓曰：吾为常从事，吾为于从政，吾为吾将仕，吾为路文学。别有二人出曰：'吾宰予也。夫子曰：于予予改。可谓侥幸。'其一曰：'吾颜回也。夫子曰：回也不改，吾为四科之首而不改，汝何为独改？'曰：'吾钻故改，汝何不钻？'回曰：'吾非不钻，而钻弥坚耳？'曰：'汝之不改宜也，何不钻弥远乎？'"①吴畏斋统领成都军队之时，从行者多选人，而选取之人多是钻营之辈，于是蜀中伶人便离析《论语》之语句创作了这段杂剧，以讽刺吴畏斋用人之弊。

宋代杂剧虽然不是真正意义上的杂剧，但是从艺术形式上来说，其高度融合古代各种艺术形式的角度也是一种创新。而巴蜀地区，由于有唐末五代的相对安定和喜好游乐的民风，更催生了众多的著名演员和有名的戏段，成就了"川杂剧"辉煌之笔。

二、"戏出一棚川杂戏"

南宋之时，生于现在重庆市涪州（今重庆涪陵）、后来出家的道隆法师，曾在其著《大觉禅师语录》卷下《颂古》一诗中专记巴蜀杂剧之盛况。诗曰："戏出一棚川杂剧，神头鬼面几多般。夜深灯火阑珊甚，应是无人笑倚栏。"这位在理宗淳祐六年（1246）率中国第一个禅宗代表团东渡日本传法，主持日本国相模州常乐禅寺的禅宗大师，在异国他乡仍然能够忆起四川这一棚的杂剧，可想当时巴蜀地区的戏剧之发达。唐代的"蜀戏天下之冠"的说法，用于此亦不为过。这与当时巴蜀地区游乐之风及官府在岁时节令举行各类庆祝活动有关。宋代何耕著的《录二叟语》就有记载立春之日成都欢庆热闹之景象："成都大都会，自尹而下，茗、漕二使者之治所在焉。将春前一日，有司具旗旄金鼓、俳优侏儒、百伎之戏，迎所谓芒儿土牛，以献于二使者。"②官府准备之丰富由此可见。而"空一府之人以观"的盛况，又有宋人吴中复《游海云寺唱和诗》序云："成都风俗，岁以三月二十一日游城东海云寺，摸石于池

---

① （宋）周密：《齐东野语》卷一三，中华书局1983年版，第245～246页。
② 《全蜀艺文志》，第1516页。

中,以为求子之祥。太守出郊,建高旗,鸣笳鼓,作驰骑之戏,大宴宾从,以主民乐。观者夹道百重,飞盖蔽山野,欢讴嬉笑之声,虽田野间如市井,其盛如此。渤海吴公下车暮月,简肃无事,从俗高会于海云。酒既中,顾谓寮属:'一觞一咏,古人之乐事也。'首作七言诗以写胜赏。席客亦有以诗献者,更相酬和,得一十三篇。乃命幕下吏会稽王霁为之序。霁菲薄不能文,恐愧,勉从公命。夫俳倡弦竹,其乐外也;吟咏性情,其乐内也。充诸内,则能遗外之乐,流于外,则内有所丧。今公既推内之乐以乐宾,又尽外之乐以乐民,可谓得其乐矣。"①蜀中官民同乐之风盛行,而娱乐的主要内容不外乎宴席、歌曲和戏剧之类。如张晋的诗歌《踏碛》中就有如是描写:"夔国先年有旧风,来看踏碛莫匆匆。只缘岁稔民康乐,才到初春气郁葱。生怕背篮挨舞袖,不妨腰鼓闹歌钟。元戎小队临江浒,要与遗黎一笑同。"②蜀中人喜好游乐又有官员提倡,并同乐之,故歌舞戏曲之发达自是必然。

元代费著的《岁华纪丽谱》亦云:"成都游赏之盛甲于西蜀,盖地大物繁而俗好娱乐。凡太守岁时宴集,骑从杂沓。车服鲜华,倡优鼓吹,出入拥导,四方奇技,幻怪百变,序进于前,以从民乐。岁率有期,谓之故事。及期,则士女栉比,轻裘袨服,扶老携幼,阗道嬉游。或以坐具列于广庭,以待观者,谓之遨床,而谓太守为遨头。"③由此,成都游乐可见一斑,倡优鼓吹之类,必有杂剧曲艺间于其中。而娱乐的元素却随处可见,即使是药市,娱乐之事亦不见少。宋人京镗作《洞仙歌·重阳药市》记载了成都重阳节药市的盛况,其中亦有歌舞戏剧。成都的娱乐无处不在。且看其词曰:"三年锦里,见重阳药市,车马喧阗管弦沸。笑篱边孤寂,台上疏狂,挣得似、此日西南都会。痴儿官事了,乐与民同,况值高秋好天气。□不羞短发,不照衰颜,聊满插、黄花一醉。道物外高人时有来时,问混杂龙蛇,个中谁是?"④重阳药市每年一次,西南都会虽然是药市,亦不减娱乐成分,依然是"阗管弦沸"。成都戏曲艺术之发达,与每年岁时节庆的诸多演出机会有关。仅《成都遨乐诗》就有二十一首,除去"乾元节"专有两首诗歌描述之外,其余的均是一个节气一首诗歌。黄休复《茅亭客话》卷一的记载也印证了巴蜀节庆之际,喜欢演出

---

① 《全蜀艺文志》,第441页。
② 《全蜀艺文志》,第444页。
③ 《全蜀艺文志》,第1708页。
④ 《全蜀艺文志》,第661页。

戏曲杂剧之类的娱乐节目。"圣宋戊申岁，帝奉元符礼行泰岳。是时雨露之恩遍加率土，应天下悉赐大酺。其年冬十月，知州枢密直学士任公中正，于衙南楼前盛张妓乐杂戏，以宴耆老，遵诏旨也。大酺之盛，蜀氏虽眉庞齿齨，未曾见之，可谓荣观尔。"也即是说，每年至少有二十次官民同乐的集会，而这些集会除去一定的商贸经济功能之外，又都与娱乐关系密切，成都戏曲艺术的发达因此自是理所当然了。除此之外，民众家中的红白喜事也少不了"杂剧"演出。《夷坚志·丙志》"魏秀才"条有这样一条记载："成都双流县宇文氏，大族也。即僧寺为书堂，招广都士人魏君诲其群从子弟。它日，家有姻礼。张乐命伎。优伶之戏甚盛。诸生皆往观。至暮，僮仆数辈亦委去。"①总的来说，宋代巴蜀地区的音乐曲艺形式已经相当繁盛，从所引的这些记载来看，乐器的使用也很丰富，这不仅极大地拓宽了曲艺的表现形式，在某种程度上也推动了"川杂戏"与音乐的进一步结合，促生了这种新型的戏剧形式。

各个节庆岁时的表演，那是日常的演出，对于宋代的巴蜀戏剧界，还有更为隆重的日子，那就是每年初春之时，在成都西园举行的戏剧比赛，而道隆诗中提到的"一棚"也在这个时候体现出来。《鸡肋编》卷上记载了当时比赛的盛况："初开园日，酒坊两户各求优人之善者，较艺于府会。以骰子置于合子中撼之，视数多者得先，谓之'撼雷'。自旦至暮，唯杂戏一色。坐于阅武场，环庭皆府官宅看棚。棚外始作高橙，……众皆噱者，始以青红小旗各插于垫上为记。至晚，较旗多者为胜。若上下不同小者，不以为数也。"②西园杂戏院，作为蜀中较早的曲艺演出场所，还于每年春日举行比赛，推动了蜀中曲艺杂戏演出的发展，观众的阵阵笑声洋溢在戏棚左右，因此方才有道隆法师所谓的"戏出一棚川杂戏"。而西园这种杂戏演出也初具后世戏场之雏形，其中有舞台、有观众席，甚至有"包厢"，如山的观众，这一切都成为蜀中戏曲发展的重要推动力，为后来蜀中戏剧的进一步完善提供了良好的基础。蜀中这种官民同乐的形式更为戏曲艺术的成长与发展注入了活力，使娱乐演艺等事业从民俗转变为半官方意义的趋乐之事，这也是促进川杂戏发展的重要因素。

三、宋代采红莲舞的发展

---

① （宋）洪迈著，何卓点校：《夷坚志》，中华书局1981年版，第373页。
② （宋）庄绰撰：《鸡肋编》，中华书局1983年版，第21页。

五代流传在宫廷中的《采红莲队》，可以说是宋代舞蹈艺术的一个先导，之后宋代宫廷及其民间开始流行队舞。据《宋史·乐志》记载，宋代的队舞又分成"小儿队舞""女弟子队舞"等不同的表演形式且形成了一定的规制。"队舞之制，其名各十。小儿队凡七十二人：一曰柘枝队，衣五色绣罗宽袍，戴胡帽，系银带；二曰剑器队，衣五色绣罗襦，裹交脚幞头，红罗绣抹额，带器仗；三曰婆罗门队，紫罗僧衣，绯挂子，执锡镮拄杖；四曰醉胡腾队，衣红锦襦，系银蜊舌鞢，戴毡帽；五曰诨臣万岁乐队，衣紫绯绿罗宽衫，诨裹簇花幞头；六曰儿童感圣乐队，衣青罗生色衫，系勒帛，总两角；七曰玉兔浑脱队，四色绣罗襦，系银带，冠玉兔冠；八曰异域朝天队，衣锦袄，系银束带，冠夷冠，执宝盘；九曰儿童解红队，衣紫绯绣襦，系银带，冠花砌凤冠，绶带；十曰射雕回鹘队，衣盘雕锦襦，系银蜊舌鞢，射雕盘。女弟子队凡一百五十三人：一曰菩萨蛮队，衣绯生色窄砌衣，冠卷云冠；二曰感化乐队，衣青罗生色通衣，背梳髻，系绶带；三曰抛球乐队，衣四色绣罗宽衫，系银带，奉绣球；四曰佳人剪牡丹队，衣红生色砌衣，戴金冠，剪牡丹花；五曰拂霓裳队，衣红仙砌衣，碧霞帔，戴仙冠，红绣抹额；六曰采莲队，衣红罗生色绰子，系晕裙，戴云鬟髻，乘彩船，执莲花；七曰凤迎乐队，衣红仙砌衣，戴云鬟凤髻；八曰菩萨献香花队，衣生色窄砌衣，戴宝冠，执香花盘；九曰彩云仙队，衣黄生色道衣，紫霞帔，冠仙冠，执旌节、鹤扇；十曰打球乐队，衣四色窄绣罗襦，系银带，裹顺风脚簇花幞头，执球杖。大抵若此，而复从宜变易。"①宋代宫廷中的队舞规制相当严格，从着装到饰品、从冠带到鞋帽都有明确规定。队舞不仅在宫廷中流行，在宋代民间亦非常流行。可以看到曾经的墓道石刻上，一位位歌舞者跃跃如生讲述着宋代采红莲队的美丽。这些石刻艺术的发现，也证明了曾经流行在宫廷中的《采红莲队》到了宋代，已在民间传播开来且形成了较大的影响，否则墓葬里面怎么会出现《采红莲队》的石刻作品呢？以泸县宋墓为例，我们在其中发现了两处《采红莲队》石刻。第一处石刻共有四幅浮雕，保存完整，存于同一墓室之中。编号分别是：2001SQM1:10、2001SQM1:11、2001SQM1:3和2001SQM1:4。这四块石刻都出土于泸县石桥新屋嘴村一号墓。四块石刻的形制略有差异，2001SQM1:10，宽0.55米，高1.08米；2001SQM1:11，宽0.57米，高1.08米；2001SQM1:3，宽0.56米，高1.16米；

---

① 《宋史·乐志》，中华书局1977年版，第3350页。

2001SQM1:4，宽0.56米，高1.16米。每块石刻雕有女性舞蹈者一名，均手持荷叶、荷花、蒲草及弯曲状饰物扎成的舞具，两腿微曲立于荷叶之上；"头戴软角花冠；身着圆领窄袖上衣，衣外罩云形肩罩。圆领上露出内衣衣领。下穿及地长裙，跷尖鞋。系腰带，束腰袱。"①石刻人物面部雕刻圆润，相貌端庄，表情含蓄，舞姿婀娜，画面具有舞动感，宛如身临舞台，置身采红莲队演出现场一般。第二处石刻出土于"泸县石桥镇新屋嘴村二号墓。石刻画面宽1.19米，高0.71米，雕刻采用了减地和局部留地相结合的手法，使人物浮雕更具立体感"②。六人头部均有残损，从保留较好的石雕推测，六人发饰似多为梳髻。六人中四人面部特征不甚明了，余下二人面部表情端庄。六人中，唯有最左端者，内着抹胸，外罩对襟旋袄，系有叶状围裙，裙下露出双腿宽裤。其余五人均着圆领袍衫，系腰带，袍下露出双腿宽裤。这五名演员均将荷花荷叶组成的舞具扛于肩上，身体均有一定的弯曲舞动，呈表演状。泸县石刻的遗存较为完整地保存了《采红莲队》表演的情景，使得这一舞蹈艺术的形体之美，能够在将近千年之后重现世间。泸县宋墓出土也从一个侧面反映出，宋代巴蜀地区《采红莲队》这个舞蹈普及程度之高，已经深入寻常百姓的生活之中。同时，我们也可以推断，《采红莲队》这个舞蹈在艺术形式上已经相当完善，否则不太可能在民间有如此大影响力。就是离开了人世间的人，依然需要这个舞蹈的陪伴，要将其铭刻于石带入地下。

四、《麦秀两岐》

隋、唐以后，诸如参军戏、踏摇舞等都归入散乐。"《散乐》的具体内容，依据时代而不同，伸缩性极大。但它却常是民间音乐新兴因素的托身之所。《散乐》又名《百戏》。在隋、唐、五代时期，它包括各种杂技，也包括各种戏剧……民间歌舞戏，如《参军戏》《踏摇舞》等，都是属于《散乐》一类的。"③巴蜀地区宋代流传的《麦秀两岐》就是秉承了隋唐"散乐"血脉的曲艺艺术，而《麦秀两岐》这个故事历史也相当久远。

---

① 四川文物考古研究所、成都市文物考古研究所、泸州市博物馆、泸县文物管理所编著：《泸县宋墓》，文物出版社2004年版，第140页。
② 四川文物考古研究所、成都市文物考古研究所、泸州市博物馆、泸县文物管理所编著：《泸县宋墓》，文物出版社2004年版，第141页。
③ 杨荫浏：《中国古代音乐史稿》，人民音乐出版社1981年版，第227~228页。

翻开《后汉书·张堪传》，我们找到了《麦秀两岐》的最初原型。"张堪字君游，南阳宛人也，为郡族姓。堪早孤，让先父余财数百万与兄子。年十六，受业长安，志美行厉，诸儒号曰'圣童'。"①就是这位"圣童"当年攻下成都，而"捡阅库藏，收其珍宝，悉条列上言，秋毫无私。慰抚吏民"②。因其秉公办事，抚慰吏民，所以深受蜀中人民之喜爱。后来这位廉吏又"领骠骑将军杜茂营，击破匈奴于高柳，拜渔阳太守。捕击奸猾，赏罚必信，吏民皆乐为用"③。张堪在为渔阳太守之时，曾打败入侵的匈奴军队，于是渔阳边界遂得安宁。张堪还组织开稻田八千余顷，劝民耕种，人民殷实富裕。于是百姓有作民谣以歌颂他的功德，曰："桑无附枝，麦穗两岐。张君为政，乐不可支。"④这首歌颂张堪功绩的民歌在历史上流传开来。自此，"麦秀两岐"亦作为成语进入人民的日常用语，其意为：一株麦子长出两个穗子，为丰收之兆，多用来称颂吏治成绩卓著。

隋唐之时，《麦秀两岐》被填上新词，流传于教坊之间。"戏剧中的《麦秀两岐》产生于五代后梁时候（907～923），是用这个歌曲的曲调，又配上了新的歌词，而编成歌舞剧中乐曲的。"⑤

五代时期，《麦秀两岐》剧本、歌词之类的东西已经散佚，我们今天之所以还能够知道宋代曾经有这样的戏剧在传唱，全赖《太平广记》和《碧鸡漫志》⑥记载的一则故事。这是讲五代后梁政府派封舜卿出使西蜀所发生的故事。据《旧五代史》记载，封舜卿"世居渤海蓨县。舜卿，字赞圣，父敖，字硕夫，户部尚书、渤海县男"⑦。后来封舜卿在后梁做官，官至礼部侍郎并知贡举。封氏才思拙涩，因此有记载"开平三年，奉使幽州，以门生郑致雍从行，复命之日，又与致雍同受命入翰林为学士。致雍有俊才，舜卿虽有文辞，才思拙涩，及试五题，不胜困弊，因托致雍秉笔，当时讥者以为座主辱门

---

① （宋）范晔《后汉书》卷三一，中华书局1965年版，第1100页。
② （宋）范晔《后汉书》卷三一，中华书局1965年版，第1100页。
③ （宋）范晔《后汉书》卷三一，中华书局1965年版，第1100页。
④ （宋）范晔《后汉书》卷三一，中华书局1965年版，第1100页。其中"麦穗两岐"也写作"麦秀两岐"。如《艺文类聚》卷一九引《东观汉记》："张堪为渔阳太守，开田八千余顷，劝民耕种，以致殷富。百姓歌曰：桑无附枝，麦秀两岐，张君为政，乐不可欺。"
⑤ 杨荫浏：《中国古代音乐史稿》，人民音乐出版社1981年版，第231页。
⑥ 两书记载故事内容基本相同，唯字句略有差异。
⑦ 《旧五代史》卷六八，中华书局1976年版，第902页。

生"①。封舜卿的文才匮缺，颇为当时人所鄙，《北梦琐言》亦有如是记载。除去文才之事，就是他好听《麦秀两岐》，也为时人所诟。据《太平广记》载曰：封舜卿"梁祖使聘于蜀"，当时岐、梁之间矛盾，阻塞道路，于是封舜卿走水路，溯汉江而上，其出发地在全州。全州将帅全朝宗，在全州为其举行了宴会。在宴席之上，封舜卿"率多轻薄"，以大方之使，藐视全州穷乡僻壤，而全州人士又不敢得罪于封氏。于是颇为傲慢的他，命令乐工演出当时京城流行的《麦秀两岐》，却不知全州乐工未曾演奏过，无人能演。《太平广记》文曰："及执斝索令，曰：'《麦秀两岐》。'伶人愕然相顾：'未尝闻之，且以他曲相同者代之。'封摆头曰：'不可。'又曰：'《麦秀两岐》。'复无以措手。主人耻而复恶，杖其乐将。停盏移时，逡巡，盏在手，又曰：'《麦秀两岐》。'既不获之，呼伶人前曰：'汝虽是山民，亦合闻大朝音律乎！'全人大以为耻。"②封舜卿不但为难了全州的演员们，还搞得为其接风洗尘的官员们相当难堪，演员们也为此遭到了惩罚。于是这件事情不胫而走，传到了他达到的下一站汉中。封氏依然要演员表演《麦秀两岐》，虽已知道全州的不快之事，但依然没有人会演《麦秀两岐》。幸好有个乐工比较聪明，请封氏先唱，乐工们学唱，会了之后接着唱下去。"次至汉中，伶人已知全州事，忧之。及饮会，又曰：'《麦秀两岐》，'亦如全之筵，三呼不能应。有乐将王新殿前曰：'略乞侍郎唱一遍。'封唱之未遍，已入乐工之指下矣。由是大喜，吹此曲，讫席不易之。"③全州、汉中两处遭受如此尴尬，演员们也有了计划，将《麦秀两岐》之曲谱出，并将封氏全、汉二州的行径一并书之，报与西蜀。封氏到达西蜀，"弄参军后，长吹《麦秀两岐》于殿前，施芟麦之具，引数十辈贫儿，褴缕衣裳，携男抱女，挈筐笼而拾麦，仍合声唱，其词凄楚，及其贫苦之意，不喜人闻。封顾之，面如土色，卒无一词。惭恨而返，乃复命。历梁汉安康等道，不敢更言两岐字。蜀人嗤之"④。

封氏之所作所为，确实让人不齿，但从这个侧面仍可见《麦秀两岐》在五代宋初的大梁之地是比较流行的。《太平广记》中有曰："此是大梁新翻，西

---

① 《旧五代史》卷六八，中华书局1976年版，第903页。
② （宋）李昉：《太平广记》卷二五七，中华书局1961年版，第2004页。
③ （宋）李昉：《太平广记》卷二五七，中华书局1961年版，第2004页。
④ （宋）李昉：《太平广记》卷二五七，中华书局1961年版，第2004页。

蜀亦未尝有之。"①乐曲通过官员封舜卿而流传到蜀地,但是蜀地的演出内容却有了创造性的翻新。以曲配以凄楚之词和衣衫褴褛、携儿抱女、挈筐笼拾麦穗等表演,反其道以用《麦秀两岐》的意义,借以讽刺封氏等,这些都是西蜀之地对《麦秀两岐》的重新诠释和演绎,提升了戏剧的艺术效果和艺术内涵,可见蜀中伶优的艺术创造力,非同小可。

检索《旧五代史》及其中小注可见,"考《薛史本纪》及《通鉴》俱不载封舜卿使蜀事"②。或许《太平广记》中的记载,出于杜撰;或者是人们对廉官怀念、对贪官憎恨;或者是人们对封舜卿"恃其聪俊,率多轻薄"的讽刺。无论《太平广记》的记载真实与否,也不论这一记载的情况是否属实,可见记载中反映出当时西蜀之地的曲艺艺术相当发达,而对《麦秀两岐》的反其意创作,则体现了巴蜀艺术家对讽刺艺术的娴熟运用。其中参军戏的元素也表露无遗,对参军戏诙谐讽刺的运用可谓衣钵相承。这种曲调与演出相结合的形式,类似诸宫调的演出方式,又为后来川杂剧的形成奠定了基础。

五、元代巴蜀杂剧的式微

鉴于环境、素养、气质等方面的不同,传统作家们的发展方向在元代也有了不同。南方文人刘辰翁、谢枋得、谢翱、郑思肖、林景熙、汪元量等人,采用传统的诗文形式,以饱含悲怆感情的文字写下流传千古的诗文。而在北方沦入社会下层的文人则与艺人结合组成书会,在大都有御京书会(一作"玉京书会"),在保定、汴梁等北方地区亦有地区性书会。参加书会的人,一般称为"书会才人"或"书会先生"。这些文人采用新兴的文艺形式——杂剧,从事艺术创作,借以谋生和抒发心中愤懑。知识分子与戏剧的结合为戏剧的繁荣奠定了人才基础。恰逢其时,宋、金以来的戏曲、舞蹈、音乐等各种表演艺术也日臻成熟。说白和歌曲分工而导致的曲白结合的表演形式已经形成,构成戏曲艺术的各种因素,到这时经过长期的酝酿趋于一体,融合形成新的艺术形式戏曲。南方的南戏在元代也有了新的发展,因此,我们这里所说的元杂剧,"应当包括元代流行的小令、散套、北曲杂剧、南曲戏文,也就是包括散曲和剧曲

---

① (宋)李昉:《太平广记》卷二五七,中华书局1961年版,第2004页。
② 《旧五代史》卷六八,中华书局1976年版,第903页。

两大类，前两种属于散曲，后两种属于剧曲"①。

元代巴蜀由于处在战乱之中，长时间作战造成巴蜀地区政治经济文化皆受到极大重创。元代四川戏剧的史料记载确实匮乏，故而有学者认为："元代四川无戏。"但也有学者不同意这一观点。张永安指出："史料上的短缺，在客观上造成了对四川戏剧活动以及戏曲音乐发展研究的困难。没有大量的戏剧活动资料，并不能简单地定义'元代四川无戏'。仅就当时的戏剧歌舞演出的只言片语而言，也能说明当时的戏剧活动情况。"②以费著《岁华纪丽谱》推断，"费著属元惠宗皇帝（顺帝）在世时期的官人，而惠宗皇帝在位年，正值元朝晚年时期（1333～1368），费著在重庆为官，遭明玉珍攻击，而逃到了川西犍为一地。此时的他有时间坐下来修书立说。《岁华纪丽谱》可能就是这一时期的作品。《岁华纪丽谱》所记之戏剧艺术活动属于元代中晚期的可能性很大。从以上引文可见，巴蜀戏剧以及音乐表现在元代的活动是有一定规模的"③。与北方元杂剧欣欣向荣的局面相比，巴蜀元代的杂剧确实相对较弱。就是与巴蜀的唐宋五代相较，元代巴蜀戏剧艺术也显得相对冷清。

第三节　美术

一、"清雄奇富，变态无穷"的宋元巴蜀绘画艺术

宋元时期，院体山水画和花鸟画达到了全盛时期，在继承五代画风传统的基础之上有所发展，使院体画达到了一个新的高度。苏轼总结了这一时期巴蜀绘画的特点："画以人物为神，花竹禽鱼为妙，宫室器用为巧，山水为胜。而山水以清雄奇富，变态无穷为难。"④这一时期，宋代绘画在主题内容和表现技法方面产生了重要变化。

傅抱石在《中国的人物画和山水画》一文中说："从中国绘画的主题内容看，大致是：五代以前，以人物为主，元代以后，以山水为主，宋代是人物、山水的并盛时期。从中国绘画表现的形式和技法看，五代以前，以色彩为主，

---

① 徐扶明：《元代杂剧艺术》，上海文艺出版社1981年版，第2页。
② 张永安：《巴渝戏剧舞乐》，重庆出版集团2004年版，第42页。
③ 张永安：《巴渝戏剧舞乐》，重庆出版集团2004年版，第43页。
④ 俞剑华编著：《中国古代画论精读》，人民美术出版社2011年版，第273页。

元代以后，以水墨为主，宋代是色彩、水墨的交辉时期。"①宋元时期绘画的这一转型也与中国文化的转向同步。自隋代开始的科举制度经过唐代的完善到宋代已经相当成熟，科举制度的成熟为文化的下移客观上创造了条件，使得文化的普及程度远超前代，这也推动了绘画艺术的发展。文化的普及推动了绘画的欣赏收藏，反过来也对绘画艺术提出了更高的要求。米芾在《画史》中讥讽赵昌、王友之画可用来"装堂嫁女"，从一个侧面反映出绘画已经进入文人的日常生活，成为生活中的一个部分。

宋元市井文化的兴起，也对宋元画风的转变形成了一定的助推之力，表现在绘画上则是绘画内容呈现多样化。唐以前，绘画的内容多与宗教有关，而山水花鸟并不具备主流审美意趣。至宋代，经济发展，商业繁荣，市民阶层崛起，审美意识和审美意趣发生了一定的转变，以前关注颇多的宗教类题材绘画数量相对减少，山水花鸟题材的画进入绘画主流。

文化的发达使培养出的画家数量也较前代增多，大批画家的涌现繁荣了宋代的绘画艺术。《画继》描述了这一盛况："自昔妙悟精能取重于世者，必恺之、探微、摩诘、道子等辈，彼庸工俗隶车载斗量，何敢望其青云后尘耶！"②"始建五岳观，大集天下名手。应诏者数百人，咸使图之，多不称旨。"③从文中所谓"车载斗量""应诏者数百人"等词可以看出宋代画工之众，非前代可比。王伯敏总结为："宋代杰出的画家，对于绘画艺术有了进一步的理解，画家的视野扩大，并对各种题材进行了专门化的研究和创作。反映现实的风俗画、肖像画，描写古代事迹的历史画，描绘祖国壮丽河山的山水画和富丽堂皇的花鸟画，都如百花开放，欣欣向荣。"④

皇帝对绘画艺术的推崇也是宋代绘画得到极大发展的不可小视的重要因素。宋徽宗崇宁三年（1104），国子监增设画学一门，乃是当时国家培养画家的最高学府。画学分六科：佛道、人物、山水、鸟兽、花竹、屋木。国家建立学府教授绘画，这必然对当时的绘画艺术产生影响，从客观上推动了绘画艺术的发展。

画论的发展也是促进绘画繁荣的一个重要因素，北宋时期，画坛品画的标

---

① 傅抱石：《中国绘画史纲》，江苏文艺出版社2006年版，第155页。
② （宋）郭若虚：《图画见闻志·画继》，湖南美术出版社2000年版，第260页。
③ （宋）郭若虚：《图画见闻志·画继》，湖南美术出版社2000年版，第269页。
④ 王伯敏：《中国绘画通史》（上册），生活·读书·新知三联书店2008年版，第325页。

准从"理""真"到"意""趣"的转变,代表着宋代审美情趣的转变。审美情趣的转变也引起了绘画风格的转变,"宋代绘画正是在逐渐摆脱客体物象的约束,寻找主体'意''趣'、表现'意''趣'的过程中,将主体性情推向了很高的地位"①。

宋元时期的巴蜀画坛可谓一派繁荣,这一景象之始可追溯到唐末五代。唐皇两度幸蜀,众多文人画家也随之汇集成都,"四川地方接受了更多的关中、中原等地在盛唐已经发展起来的文化艺术影响"②。进入五代,蜀中社会相对稳定,文化经济都有所发展。而割据蜀中的王孟小朝廷,一边兴修宫殿庙宇,一边以翰林待诏等官职笼络画家,为巴蜀绘画艺术的繁荣招徕了人才资源。

著名寺庙宫殿的修建也为画家的创作提供了绝佳的场所,聚集起一批有名的画家共同创作。当时的大慈寺等寺庙就是这样一个地方,许多著名画家都曾参与大慈寺壁画的创作。著名寺庙还成为各地文化的交流之所,这也为巴蜀绘画的交流发展提供了便利。《益州名画录》中就有这样的记载:"竹虔者,雍京人也。攻画人物佛像,闻成都创起大圣慈寺,欲将吴道玄地狱变相于寺画焉。广明年随驾到蜀,左全在多宝塔下画竟,遂与华严阁下后壁西畔画丈六天花瑞像一堵。"③文人画家到大慈寺不仅作画,也观画、题跋,这既学习了绘画,也相互切磋提高画技,促进了蜀中绘画的繁荣。

二、文人写意画与文同、苏轼的创派

高居翰在他的《中国绘画史》中对文人画有如下总结:"文人画家所持的绘画理论反映了他们的儒家背景。在儒家著作中,诗、书、画早就被认为是寄情寓兴的工具,是用来传达性情的。在书法中,这种任务由抽象方式,例如线条和形式的表现作用,笔法的兴味和特性来完成。衍生自'逸品'的怪异新风格也利用同样的方法来表现,也就替绘画开启了一种类似的寄情寓兴的作用。文人画家认为,作品的品质反映了画家本人的品质;表现内容来自画家的心灵,画家或观画人对被描绘的物形有什么看法或感觉,并不一定和表现内容本身有什么关系。图画的价值并不在于它画得像什么自然界的物体。作为原始

---

① 王韶华:《宋代绘画本质论的变迁》,《内蒙古大学学报》2002年第3期。
② (宋)黄休复:《益州名画录·简介》,人民美术出版社1964年版,第1页。
③ (宋)黄休复:《益州名画录》卷中,人民美术出版社1964年版,第40页。

材料的自然形状一定要转型成艺术语言。转型的方式，以及由毛笔画出的特殊线条和形式，都透露了画家一部分自己，透露了他正在创作时的情绪。"①高居翰的这一说法，基本可以看作是古代画论的现代表述，明代练安作《子宁论画》时已基本表达了这个意思："苏文忠公，论画一位人禽宫室器用，皆有常形，至于山石竹木水波烟云，虽无常形而有常理。常形之失，人皆知之，常理不当，虽晓画者有不知。余取以为观画之说焉。画之为艺，世之专门名家者，多能曲尽其形似，而至其意态情性之所聚，天机之所寓，悠然不可探索者，非雅人胜士。超然有见乎尘俗之外者，莫之能至。"②这里不仅说明了文人作画，不求形似，以求神似，更注重画家心理情态活动的特色；也提出了画家修养方面的问题，非文才超拔的画家是很难画出出色画卷的。

巴蜀地区，"在唐、五代时期，社会秩序比较安定，经济得到一定的发展，割据四川的封建军阀，在那里大兴宫殿庙宇。并以翰林待诏等官职收罗一批画家，蜀画逐渐繁荣。加以四川地方接受了更多的关中、中原等地在盛唐已经发展起来的文化艺术影响"③，四川地区的绘画水平明显提高。五代及宋元时期，巴蜀地区的南北宗绘画风格都得到了长足的进步。从五代开始就供职于画院的黄氏父子，以其富丽堂皇的绘画风格成为巴蜀地区花鸟画的代表人物，而文人画派的代表，当推文同与苏轼了。

文同，北宋时期四川梓潼永泰（今四川盐亭）人，字与可，称石室先生，又自号笑笑先生、锦江道人，进士及第，历任秘阁校理知陵州（今四川仁寿县）、洋州（今陕西洋县），元丰（1078~1085）初年，任知湖州（今浙江绍兴），未及到任而卒，后世遂称之为文湖州。他多才多艺，诗、词、书、画俱备，著有文集《丹渊集》。其所画之竹当世有名。中国文人爱竹传统悠久，苏轼就曾有名言："可使食无肉，不可居无竹；无肉令人瘦，无竹令人俗。"足见文人爱竹之情。"关于最早的竹画，传说有三：后汉关羽始画竹；唐王维始画竹，开元间有刻石；五代十国时，蜀李夫人月夜独坐南轩，轩外竹影婆娑，映在窗纸上，夫人用笔就窗纸摹写竹影，觉得'生意具足'，这是墨笔画竹的

---

① ［美］高居翰著，李渝翻译：《中国绘画史》，台湾雄狮图书股份有限公司1989年版，第81页。
② 俞剑华编著：《中国古代画论精读》，人民美术出版社2011年版，第41页。
③ （宋）黄休复：《益州名画录·简介》，人民美术出版社1964年版，第1页。

开始。"①元代张退公所著的《张退公墨竹记》略述了墨竹发展的历史，"夫墨竹者，肇自明皇，后传萧悦，因观竹影而得意，故写墨君以左右"②。至于画竹在中国绘画史上的起源，各家论者颇有不同之论，但是墨竹作为中国画一个绘画门类的确立，文同却是功不可没的。"有云五代李氏描窗上月影，创写墨竹。考孙位、张立墨竹已擅名于唐代，自不始于五代。山谷云：'吴道子画竹，不加丹青，已极形似。'意墨竹始于道子。二者则唐人兼善之，至文湖州出，始专写墨，真不异杲日当空，爝火俱息。师承其法，历代有人，即东坡同时，犹北面事之。其时是湖州者，并师东坡，一灯分焰照耀古今。"③画竹发展到宋代逐渐成为单独的一个门类墨竹，这"标志着此时的绘画，不仅内容愈加丰富，题材也愈加专门化"④。

后世论画者，在论及墨竹一科时，无不对文同之墨竹推崇有加。《宣和画谱》论及文同，有曰："善画墨竹，知名于时，凡于翰墨之间，托物寓兴，则见于水墨之戏。"⑤文同之所以善画竹与其怀才不遇颇有关系，"意有所不适，而无所遣之，故一发于墨竹"⑥，通过描绘竹子以寄托自己志不得伸，宏才大略不得展的心情。这从文同自题诗中也有体现，"竹，竹。森寒，洁绿。湘江边，渭水曲。帷幔翠锦，戈矛苍玉。虚心异众草，劲节逾凡木。化龙杖入仙陂，呼风律鸣神谷。月娥巾帔净冉冉，风女笙竽清肃肃。林间饮酒碎影摇金，石上围棋清阴覆局。屈大夫逐去徒悦椒兰，陶先生归来但寻松菊。若檀栾之操则无敌于君，图潇洒之姿亦莫贤于仆"⑦。诗中文同将自己所爱之竹，与屈原所描写的椒兰和陶渊明笔下的松菊作比较，更突出文同心中墨竹的高洁之处。虽在说墨竹，实则是在说文同自己。

为了画好竹子，文同"顷守洋州，于篔筜谷构亭其上，为朝夕游处之地，故于画竹愈工。至于月落亭孤，檀栾飘发之姿，疑风可动，不笋而成，盖亦近于妙者也"⑧。朝夕与竹相伴，"隐乎崇山之阳，庐乎修竹之林，视听漠然，

---

① 伍蠡甫：《中国画论研究》，北京大学出版社1983年版，第69~70页。
② 俞剑华编著：《中国古代画论精读》，人民美术出版社2011年版，第455页。
③ 俞剑华编著：《中国古代画论精读》，人民美术出版社2011年版，第478页。
④ 王伯敏：《中国绘画通史》）（上册），生活·读书·新知三联书店2008年版，第408页。
⑤ 《宣和画谱》卷二〇，湖南美术出版社1999年版，第407页。
⑥ （宋）苏轼撰：《东坡题跋》卷五，商务印书馆1936年版，第94页。
⑦ 于安澜编：《图画见闻志》，《画史丛书》，上海人民美术出版社1963年版，第37页。
⑧ 《宣和画谱》卷二十，湖南美术出版社1999年版，第407页。

无概乎予心。朝与竹乎为游，莫与竹乎为朋，饮食乎竹间，偃息乎竹阴，观竹之变多矣"①。文同的生活与竹子已经融为一体，无竹无生活。正是这样全方位地与竹同憩，才铸就了："与可工于墨竹之画，非天资颖异而胸中有渭川千亩，气压十万丈夫，何以至于此哉？"②

文同出神入化的墨竹，首次将竹子作为一种绘画题材引入中国绘画的领域之中，并在他的带动下，"苏轼亦善画竹，文同的妻侄黄斌老、黄彝，外甥张嗣昌等都以画竹名世"③。古代论画者认为，苏轼画竹，乃为文同教授。"文湖州授东坡诀云：'竹之始生，一寸之萌耳，而节叶具焉。自蜩腹蛇蚹，至于剑拔十寻者，生而有之也。今画竹者乃节节而为之，叶叶而累之，岂复有竹乎。故画竹必先成竹于胸中，执笔熟视，乃见其所欲画者，急起从之，振笔直遂，以追其所见，如兔起鹘落，稍纵即逝。'"④这段话不仅说明苏轼与文同之间有师承关系，还阐述了文同自己的画竹理论。

文同的墨竹对后起的苏轼等影响颇大，苏轼亦是文同之同道，都对竹画情有独钟。其后，苏轼为文同的画作题跋颇多。宋代书画家米芾也是文同画作的题跋者之一。苏轼与米芾总结文同竹画有四个特点："（1）作为艺术家的文同，有四绝：一诗，二楚词，三草书，四画；特别是构通诗画，相互诱发，'与可所至，诗在口，竹在手'。（2）他在画面上综合表现竹、木、石，特别发展了墨竹一科。（3）他的墨竹的特点是：善画成林竹；首创竹叶的处理，以深墨为叶面，墨淡为叶背。（4）更重要的是，他总结了画竹的基本原则：'必得成竹于胸'，苏轼并用诗的语言解释这个原则：'与可画竹时，见竹不见人'，'其身与竹化，无穷出清新'。"⑤再看苏轼《书与可墨竹并序》对文同的评价与追思："亡友文与可有四绝：诗一、楚词二、草书三、画四。与可尝云：世无知我者，惟子瞻，一见识吾妙处。既没七年，睹其遗迹，而作是诗。笔与子皆逝，诗今谁为新？空遗运斤质，却弔断弦人。"⑥

苏轼在《题文与可墨竹并序》之中又再次道出其与文同之间的相互倾慕：

---

① （宋）苏辙：《栾城集》卷一七，上海古籍出版社1987年版，第416页。
② 《宣和画谱》卷二〇，湖南美术出版社1999年版，第407页。
③ 贾大泉：《宋代四川绘画》，《四川文物》1986年第2期。
④ 俞剑华编著：《中国古代画论精读》，人民美术出版社2011年版，第450～451页。
⑤ 伍蠡甫：《中国画论研究》，北京大学出版社1983年版，第72页。
⑥ 《补续全蜀艺文志》卷一二，《续修四库全书》第1667册，上海古籍出版社2002年版，第73页。

故人文与可为道师王执中作墨竹，且谓执中勿使他人书字，待苏子瞻来，令作诗其侧。既没八年而轼始还朝见之乃赋一首。

斯人定何人，游戏得自在。诗鸣草圣余，兼入住三昧。时时出木石，荒怪轶象外。举世知珍之，赏会独予最。知音古难合，奄忽不少待。谁云死生隔，相见如龚隗。①

苏轼胞弟苏辙在《题与可墨君堂》一诗中，对文同与可墨君堂做了仔细的描述。虽然是在描述墨君堂，但是其中对竹的描述，亦可看作是对文同墨竹的艺术成就映射。"虚堂竹丛间，那复压竹远。风庭响交戛，月牖散凌乱。尚恐昼掩关，婵娟不长见。中堂开素壁，萧飒起霜干。随宜赋生意，落笔皆葱茜。根茎杂土石，枝叶互长短。依依露下绿，冉冉风中展。开门视丛薄，与此终何辨。"②

文同虽因画墨竹而知名于时，但文同不仅能画墨竹，亦擅长山水画，同时也作壁画。《图画见闻志》卷三载曰："复爱于素屏高壁，状枯槎老柿，风格简重，识者珍爱。"③文同的这个爱好，其水平还是相当高的，《绘画宝鉴》有评论曰："或戏作古槎老柿，淡墨一扫，虽丹青极豪楮之妙者，形容所不能及也。亦善山水。"④由文同为发端，其间有如苏轼等这类照耀古今的文化巨人，由此在巴蜀聚集起一批画竹的画家并形成了历史上所谓的"川派"。《绘画宝鉴》卷三，在论及赵士安时，提出了墨竹川派之说。"赵士安，宋宗室。长于墨竹，不尊川派，好作笙竹，殊秀润。"⑤《绘画宝鉴》中所谓的川派墨竹，有后人称之为湖州竹派。但是，文同并未就任湖州，且文同墨竹画风的形成也与湖州无关系，称为湖州竹派似有不妥，称为川派墨竹更为妥帖。以文同为魁首的川派墨竹在画坛成为一个重要的派别，至明代，释莲儒作《竹派》一书，明确了这一派别的人物，并从中可以看出，文同在中国画坛上的影响甚大。"湖州《竹派》一卷，旧题明释莲儒撰，记文同画竹之派凡二十人。"⑥虽然其中画家的传记皆抄自他书，但莲儒且将散落他处的画竹风格上与文同有

---

① 《补续全蜀艺文志》卷一二，《续修四库全书》第1667册，上海古籍出版社2002年版，第73页。
② 《补续全蜀艺文志》卷一二，《续修四库全书》第1667册，上海古籍出版社2002年版，第73页。
③ 于安澜编：《图画见闻志》，《画史丛书》第一册，上海人民美术出版社1963年版，第36页。
④ 于安澜编：《绘画宝鉴》，《画史丛书》第二册，上海人民美术出版社1963年版，第59页。
⑤ 于安澜编：《绘画宝鉴》，《画史丛书》第二册，上海人民美术出版社1963年版，第71页。
⑥ 于安澜编：《竹派》，《画史丛书》第五册，上海人民美术出版社1963年版，第1页。

相承、相近关系的重要画家集中起来，对于研究川派墨竹起到了一定作用。书中所录画家并不完全出身蜀中，但其画风、画法确有对文同技艺的继承，故此算作川派墨竹的继承者理所应当。在这个以画墨竹相号召的派别里面，有几位重要成员皆是文同的亲友。如文同之女，她不仅继承了父亲画竹的技法，还作为一个川派重要的传承人，将川派画法传承给其子张昌嗣，造就了川派墨竹的著名画家张昌嗣。"文氏，湖州第三女，张昌嗣之母也，居郫。湖州始作《黄楼嶂》欲寄东坡，未行而湖州谢世，遂为文氏奁具。文氏死，复归湖州孙，因此二家成讼。文氏尝手临此图于屋壁，暮年尽以手诀传昌嗣，今昌嗣已名世矣。"①文同妻侄子黄斌老、黄彝等也师承文同，学习文同画竹的技法。"黄斌老，不记名，潼州府安泰人。文湖州之妻侄也。登科尝任戎倅，适山谷贬戎州，与定交且通谱。善画竹，山谷有咏其横竹诗。又谢斌老送墨竹十二韵：'吾子学湖州，师逸功已倍，预知更入神，后出遂无对。'黄彝，字子舟，斌老之弟。其名字初非彝与子舟也，山谷以其尚气，故取二器以规之，自后折节，遂为粹君子。举八行，终朝郎君倅。山谷用赠斌老韵谢子舟为余作《风雨竹》两篇，前篇云：'岁寒十三本，与可可追配。'后篇云：'森削一山竹，牝牡十三辈，谁言湖州没，笔力今尚在。'而与可每言所作不及子舟。"②从文同自己和山谷对黄彝的肯定来看，黄彝所作墨竹深得文同之精髓，故而才有"谁言湖州没，笔力今尚在"的评论，也因此才有"与可每言所作不及子舟"的自谦和夸赞。无论如何，我们在黄氏兄弟所画的墨竹之中，看到了川派墨竹精髓的传承。文同墨竹技法并不止传于亲属之中，他也有入室弟子程堂。"程堂，字公明，眉人。举进士，为驾部郎中。善画墨竹，宗派湖州，出湖州之门者，独公明入室也。好画凤毛竹，其稍（梢）极重，作回之势，而枝叶不失向背。又登峨眉山，见菩萨竹，有结花于节外之枝者，茸密如裘，即写其形于中峰乾明寺僧堂壁间，俨如生也。又象耳山有《苦竹》《紫竹》《风竹》《雨竹》，好事者已刻之石。成都笮桥观音院亦有所画竹，且题绝句云：'无姓无名逼夜来，院僧根问苦相猜；携灯笑指屏间竹，记得当年手自栽。'有作园蔬，尝见《紫芬》《紫茄》二轴，夺真也。"③文同所创立的墨竹派别，后

---

① 于安澜编：《竹派》，《画史丛书》第五册，上海人民美术出版社1963年版，第2页。
② 于安澜编：《竹派》，《画史丛书》第五册，上海人民美术出版社1963年版，第1页。
③ 于安澜编：《竹派》，《画史丛书》第五册，上海人民美术出版社1963年版，第2～3页。

来还超越了地域的局限，一时间成为当时文人相互学习的一种风格，就是宋朝宗室亦有学习之人。"赵令庇，宋宗室。善画墨竹，宗文同，凡落笔，潇洒可爱。官至衡州防御使。"①而吴兴的俞澂、山阴的刘仲淮、台州的柯九思、燕人乔达等皆以文同为宗师，法其墨竹画法，成为中国宋元文人画坛一支重要的画派。这个由巴蜀著名画家文同所创立、以其家族及弟子为主力的深刻影响中国文人画坛的川派墨竹，为我国画坛留下了众多优秀作品。

宋代诗、词、歌、赋、书画全才的苏轼，可以说是中国历史上少有的人物，他在所涉足的领域都独领风骚，自成一派，其画亦然。

苏轼，字子瞻，又字和仲，号"东坡居士"，世人称其为"苏东坡"，眉州眉山人。《画继》称之为"高名大节，照映今古"②。他以画怪石、枯木、墨竹最为有名。可惜其画作未能流传下来，只能通过文字记载以观其概："所作枯木枝干，虬屈无端倪。石皴亦奇怪，如其胸中盘郁也。作墨竹，从地一直起至顶。"③苏轼画竹上承文同，可谓尽得与可之法。

苏轼很强调绘画技巧的学习，并着重论述了"心""手"关系，"予不能然也，而心识其所以然。夫既心识其所以然而不能然者，内外不一，心手不相应，不学之过也"④。同时，苏轼还强调对艺术的实践，学习不能仅仅停留在理论上。"有道而不艺，则物虽物形于心，不形于手。"⑤而苏轼对绘画理论和绘画水平给予的最大贡献在于，他所提倡绘画在于"神似"而非"形似"。苏轼对画的形似问题论如："论画以形似，见与儿童邻。"⑥这一论述，充分体现出文人画的最主要特色，追求"作品的品质反映了画家本人的品质；表现内容来自画家的心灵"⑦，这才是文人画所要表达的深意。"西方至迟19世纪才出现这类想法。"⑧苏轼有时候又以颇有禅机的文字论述这种绘画理论：

---

① 于安澜编：《竹派》，《画史丛书》第五册，上海人民美术出版社1963年版，第3页。
② 于安澜编：《画继》卷三，《画史丛书》第一册，上海人民美术出版社1963年版，第11页。
③ 于安澜编：《画继》卷三，《画史丛书》第一册，上海人民美术出版社1963年版，第11页。
④ （宋）苏轼：《苏东坡集》（卷三十二）第六册，商务印书馆1930年版，第35页。
⑤ （宋）苏轼：《苏东坡集》（卷二十三）第五册，商务印书馆1930年版，第32页。
⑥ （宋）苏轼：《苏东坡集》（卷十六）第四册，商务印书馆1930年版，第63页。
⑦ ［美］高居翰著，李渝翻译：《中国绘画史》，台湾雄狮图书股份有限公司1989年版，第79页。
⑧ ［美］高居翰著，李渝翻译：《中国绘画史》，台湾雄狮图书股份有限公司1989年版，第80页。

"画日者常疑饼，非忘日也。醉中不以鼻饮，梦中不以趾捉，天机之所合，不强而自记也。居士之在山也，不留于一物，故其神与万物交，其智与百工通。虽然有道有艺，有道而不艺，则物虽形于心，不形于手，吾尝见居士作华严相，皆以意造而与佛合。佛菩萨言之，居士画之，若出一人，况自画其所见者乎？"①在这一段颇富有禅机的心手、心物的论述中，再次阐述了人文画家的美学理论，与过往画家之不同，已然超越了物与心同的层次，而更加强调心与物同，不过苏轼同时强调了技艺要能跟上心的表达。

站在人文画家的角度，苏轼还讨论了真实之物与书画之境对人的影响。先从人与物的关系论述起，"君子可以寓意于物，而不可以留意于物。寓意于物，虽微物足以为了，虽尤物不足以为病；留意于物，虽微物足以为病，虽尤物不足以为乐。……凡物之可喜，足以悦人不足以移人者，莫若书与画；然至其留意而不释，则其祸有不可胜言者"②。人文画家在注重心灵深处的舒服之时，并不抛弃对现实世界的观察，因此，苏轼认为作画不是画家自己想象出来的，而应该是认真观察生活的结果，这在他的两篇论述中表达得相当清楚。一是对他的前辈黄筌画雀，苏轼论曰："黄筌画飞鸟，颈足皆展。或曰：'飞鸟缩颈则展足，无两展者。'验之信然，乃知观物不审者，虽画师且不能，况其大者乎？君子是以务学而好问也。"③这是苏轼对黄筌画雀不注重自然规律的一个批评。苏轼也对另一画家画牛而不观察牛的习性作了评论："蜀中有杜处士好书画，所宝以百数，有戴嵩牛一轴，尤所爱，锦囊玉轴，常以自随。一日曝书画，有一牧童见之，拊掌大笑曰：'此画斗牛也，斗牛力在角，尾搐入两股间，今乃掉尾而斗，谬矣。'处士笑而然之。古语有云：'耕当问奴，织当问婢。'不可改也。"④在"论画以形似，见与儿童邻"的论述下，有人认为人文画家，只管抒发心中意境，而不顾真实环境。苏轼的这两段论述，打破了这一成见，无论画家要表达什么样的高远意境，真性情与天理自然相遇时，天理自然是一个画者不能违背的基本原则。

苏轼站在文人的角度对人物、花鸟、山水等不同画种做了一个品评和品格上的分类，以表达他对这些画的区别："画以人物为神，花竹禽鱼为妙，宫

---

① 俞剑华编著：《中国古代画论精读》，人民美术出版社2011年版，第273页。
② 俞剑华编著：《中国古代画论精读》，人民美术出版社2011年版，第21页。
③ 俞剑华编著：《中国古代画论精读》，人民美术出版社2011年版，第441页。
④ 俞剑华编著：《中国古代画论精读》，人民美术出版社2011年版，第441页。

室器用为巧，山水为胜。而山水以清雄奇富，变态无穷为难。"①因此，我们去欣赏文人画的时候，不是去寻求所画之物与自然之物究竟有几分相似，或者"我们并不会觉得'如在其身'或者'如历其境'；但是我们感到好像和画家面对面相遇了"②，这才是文人画为观众带来的艺术魅力。

文同与苏轼是这一理论的提出及实践者，他们带来完全不同于院派的绘画风格和理论，让画不仅仅停留在形似的层次，更重要的是让心灵参与审美过程，完成物我的同一、心手的合一，使画家与观众不单单是通过色彩、构图来进行交流，而是将交流的层次提升到心灵的高度，这是绘画理论的一次飞跃。

文人画派自宋代开始成为中国画的审美主流，在中国画史上占据了主要地位，以至于今天我们在谈到中国画时，文人画仍为大家探讨的重点。但同时，高居翰等人认为，研究中国画，应以画风为主，而不应以画体论高低。文同、苏轼等巴蜀画家在开创文人画的道路上所作出的贡献，为宋以后中国画的发展奠定了良好的基础。巴蜀地区宋代绘画的重要地位，亦因有了这两位画坛巨匠，而显得尤为重要。

三、巴蜀宋墓石刻艺术

2002年中国十大考古发现之一的泸县宋墓，分布于四川南部泸州地区泸县的24个乡镇中的19个乡镇，规模之大，世所罕见，初步估计约有百多座。因其分布集中、数量巨大，2006年5月被国务院列为全国重点文物保护单位。泸县宋墓与乐山大佛、荣县大佛、安岳石刻、大足石刻等石刻艺术宝库相连成片，形成了一个巨大的巴蜀地区石刻艺术"博物馆"。据已经出土的墓志铭等碑刻，我们可知泸县宋墓的墓主，多是官绅和地方富贾。2002年9月14日至10月27日，考古工作者对泸县青龙镇菩桥村、奇峰镇红光村和喻寺镇南坳村的宋代石室墓进行了抢救性发掘清理，历时43天。"发掘清理出的165幅宋代石刻"③成为众多研究者关注的重点。泸县宋墓是巴蜀地区宋代墓葬文化的一个集中代表，其中有很多墓葬的石刻艺术表现出了很高的艺术水平。

巴蜀对墓葬之重视有着深厚的传统。从著名的东汉麻浩墓到大大小小各

---

① 俞剑华编著：《中国古代画论精读》，人民美术出版社2011年版，第273页。
② [美]高居翰著，李渝翻译：《中国绘画史》，台湾雄狮图书股份有限公司1989年版，第83页。
③ 《泸县宋墓考古发掘工作取得重大收获》，《四川文物》2003年第1期，第72页。

种墓室出土的画像砖都足以证明，早在汉代，巴蜀地区墓室中的各种画像砖及其陪葬品就相当丰富。而这些出土文物约有以下几类：（一）与日常生活紧密相关的各种生活必需品以及生活劳动场景的再现，诸如：灶台、房屋、家畜、盐井画像砖等；（二）娱乐类的陪葬品，如：各种乐俑、六博、舞乐之类的娱乐性墓室装饰；（三）宗教类墓室构图，如：西王母画像砖、伏羲女娲图、佛像等；（四）保卫墓室安全的侍卫，如：力士、武士；等等。这些墓室装饰内容一直延续下来，在不同时代，可能画面的具体表现形式会有区别，然而主要内容却不曾改变。包括割据巴蜀的王建安葬之地——永陵，亦未能超越这些内容。从墓室装饰这方面来说，巴蜀石刻艺术有着浓厚的墓葬文化积淀。

从石刻方面说，巴蜀可以说是石刻艺术的宝库。自东汉麻浩墓的石棺阴刻伏羲女娲开始，直至历朝历代的各类石刻，大到著名的乐山大佛，小到散见各处的卷草花纹，无不昭示着巴蜀石刻艺术的魅力所在。而将中国石刻艺术延续到宋代的安岳、大足石刻，更是石刻中的精品，成为众多艺术研究者的宝库。石刻艺术的沉淀，对泸县南宋墓中石刻的影响不可小视。

泸县南宋石刻内容丰富、造型生动、技法娴熟，充分体现了四川地区南宋时期精湛的石刻艺术成就，可以说是生长在营养丰富的巴蜀文化上的又一朵奇葩。前文已经对舞蹈曲艺的石刻有过介绍，此处将重点介绍武士、四神、飞天等石刻艺术。

泸县出土的这些墓室在形制上颇有差异，虽然抢救性发掘的六座墓室均为合葬墓，但是"或为同一坟圹内分别营建两个并列的墓室（同坟同穴异室），或在两个不同的墓圹内分别营建墓室（同坟异室）"[1]。墓的尺寸一般长是5.5米、宽3米、高2.5米左右，规格相对比较统一。泸县宋墓都由墓道、墓门、墓室几部分组成。墓室是仿木结构的石头建筑，内有多种精美雕刻和仿木构建，墓顶一般采用盝顶、藻井顶和穹隆顶这三种结构。

泸县南宋石室墓所雕刻的内容：大约有武士、四神、伎乐、侍仆、综合等种类，基本上承袭了巴蜀地区墓葬内饰所刻内容，但又有所突破，娱乐成分在泸县宋墓的石刻中加大了，石刻内容极富生活气息。

墓门门柱内侧一般雕刻着武士。而武士像中的"女性武士"雕像极为引

---

[1] 四川文物考古研究所、成都市文物考古研究所、泸州市博物馆、泸县文物管理所编著：《泸县宋墓》，文物出版社2004年版，第5页。（下引版本同此）

人注目，这在石刻造型艺术史上是极为少见的。女武士雕像共有四块，出土报告编为C型武士。"C型武士为戴兜鍪、着铠甲、执兵器的女武士。"①独具特色。墓室男武士造型也不完全统一，约可分为两类：一类为"着铠甲、穿罩袍服、戴交脚幞头、手执骨朵的男武士，与其他几种型式的武士有较大的区别"②；另一类为"身披甲胄、手执兵器的男武士"③。这些武士雕像都是刻在宽0.45~069米、高1.02~1.95米的石头之上，一般采用高浮雕和浅浮雕的雕刻手法。"整体上，泸县宋墓武士石刻除注重人物神态的威严肃穆外，还注重线条的疏密有致、动静结合。"④宋墓中武士形象的动态，主要是通过身上的飘带和宽口大袖来体现的。"泸县宋墓武士石刻在人物形象的塑造上充分利用了这一点，夸张了袖口的造型，强化了线条的流畅性，在形式上更注重节奏和韵律，袖子曲直有致，飘逸轻灵"⑤，使武士造像在静中充满动感，动静完美地结合于石刻之中。

将武士形象雕刻于墓室之中，乃是宋代巴蜀墓葬的一个传统习俗。不仅在泸县宋墓中有这类石刻，在其他墓葬中亦能看到这类形象，如叙永天池宋墓中也有此类石刻。"左侧门柱武士，剔地起突。头戴尖顶圆盔帽。盔帽顶部以一圆箍总束三缕缨饰。盔帽底缘缀对卷条带饰。武士双目圆睁，直准，方颐，神情肃穆。颈部束带。肩披护项。胸甲、披膊为鱼鳞甲，采用下排甲片压上排甲片的编缀方式，附有绳索状缘边，下衬厚实甲衬。披膊下露阔袖。双手握一长刀。长刀刀头刃部前锐后斜阔，刀背有两倒钩，上一倒钩缀圆形饰件（铃铛？），下一倒钩穿圆环，圆鐏，长柄，柄末装镈。腰束宽带。甲裙及膝，由四排甲札编缀而成，下衬甲衬。第二、三排甲片之间加一道绳索缘边。甲裙之间并垂双带绦。绦带末挽一横'8'字形。甲裙下着战裙。足蹬靴，踏于方座之上。高1.44米。"⑥如此繁复精美的雕刻，工匠们以精湛的技艺再现了当时武士的穿着，一丝一毫都那么仔细，让人惊叹！

---

① 《泸县宋墓》，文物出版社2004年版，第111页。
② 《泸县宋墓》，文物出版社2004年版，第111页。
③ 《泸县宋墓》，文物出版社2004年版，第100页。
④ 朱晓丽：《泸县宋墓武士石刻的意境美》，《文艺研究》2009年第8期，第149页。
⑤ 朱晓丽：《泸县宋墓武士石刻的意境美》，《文艺研究》2009年第8期，第149页。
⑥ 四川文物考古研究院、泸州市博物馆、叙永县文物管理所：《四川叙永天池宋墓清理简报》，《四川文物》2010年第2期。

中国传统的四方神兽，又称四灵的朱雀、玄武、青龙、白虎是泸县宋墓中常见的石刻题材。青龙"或呈行走状，或呈飞奔状，或是二龙戏珠。其造型生动，想象丰富，雕刻细腻，均为剔地起突的高浮雕作品"[1]。线刻式的青龙作品，亦相当优美，"是以线造形的杰作……整个石兽造型宏大，张口突目，流畅的线勾勒出神兽的形迹，'S'形的动态造形，夸张生动，优美而有力的线传引在形态之间，彰显出线的阳刚之美"[2]。泸县墓葬中的朱雀形象也十分值得注意，朱雀本中华民间信仰之神兽，然泸县出土的朱雀形象与早先出土的朱雀外形颇多不同，与汉代出现的南方神鸟朱雀形制也基本不同。经王家祐先生比较研究认为："其与佛教大鹏金翅鸟颇有渊源"[3]，泸县这只"朱雀"不再是从前那只单纯的四方神兽，而是中外文化融合的结晶，虽然它的位置依然是在南方，名字还是叫朱雀，但文化融合的痕迹明明白白地刻在了它的身上，刻在了泸县宋墓的石棺上，可见中外文化交流之深入、佛教文化在中国之普及。

现实生活的反映也是墓室雕刻的一个重要题材，泸县宋墓也不例外。"各种日常生活用品，凡人生衣食住行象征之物皆可纳入墓葬之中，如象征生前生活的各种楼阁、仓房、灶、井，以及鸡、鸭、猪、狗等模型器物。从墓葬形制的随葬器物变化发展的总趋势看，都是更加仿效或贴近现实人生。"[4]死后的生活就是在世的继续，这种思想已经在麻浩墓中有所反映，乐山麻浩墓中出土了多种日常生活器物。可以看出，泸县宋墓也延续着这种思想，只是在世俗思想更为浓烈的宋元时期，生活的气息更加浓厚，娱乐的成分也较以前的墓葬有所加强。如：对乐舞、乐器演奏、牡丹、莲花、菊花的刻画表现出宋代世俗生活的娱乐性在不断增强，当然，墓主人生活的优越安逸也在所雕刻的画卷中得以保存。"泸县宋墓石刻的题材大多取自世俗生活，其构图巧妙、形象生动、主题鲜明、雕刻技艺精湛，在不同程度上反映了南宋时期四川地区的社会经济、民风民俗、建筑风格以及丧葬文化面貌。泸县宋墓与中国其他地区所发现的宋辽金时期的砖雕墓、壁画墓相比更具有浓郁的地方特色，其精美的浮雕石

---

[1] 《泸县宋墓》，文物出版社2004年版，第116页。
[2] 冯东东：《四川南部南宋墓葬二度空间的石刻造型艺术研究》，重庆大学2009年硕士论文，第17页。
[3] 王家祐：《泸县宋墓"朱雀"初释》，《四川文物》2005年第2期。
[4] 冯东东：《四川南部南宋墓葬二度空间的石刻造型艺术研究》，重庆大学2009年硕士论文，第26页。

刻，从某种意义上讲是对四川地区石刻艺术的历史传承。"①泸县宋墓的发现丰富了巴蜀石刻艺术宝库，展现了巴蜀石刻艺术的魅力，是不可多得的研究宋代石刻艺术的珍品。

与泸县宋墓在时间上大体同期的华蓥安丙墓也具有较高的石刻艺术水平。泸县宋墓为地方乡绅墓葬群，而安丙墓乃家族墓群，且安丙是南宋四川地区的重臣，因此其墓葬石刻艺术的精美程度较泸县宋墓更胜一等。"从泸县宋墓中出土的墓志铭来看，墓主人大都是南宋中期一般的地方官绅，其墓葬规模和墓内雕刻的精美程度与南宋后期地位显赫的安丙墓、虞公著夫妇墓尚存在一定的差距。"②唯惜华蓥安丙墓人为损坏较泸县宋墓严重，故而保存下来的文物多有残缺。安丙家族墓地共有五座墓葬，分别编号为：M1、M2、M3、M4、M5。M1的墓主人为福国夫人李氏；M2的墓主人为安丙；M3的墓主人可能为安丙长子安癸仲的生母；M4的墓主人乃宜人郑氏；M5的墓主人是安丙孙女安宝孙。"安丙家族墓地的五座墓葬，共有三种等级：M1、M2墓葬形制相同，等级最高；M3、M4墓葬形制相同，等级次之；M5上部结构已毁，从残存部分来看，其等级亦低于M1、M2。"③

安丙墓葬石刻内容丰富，其中音乐及其舞蹈类已于前文详述，不再赘述。而安丙墓中的M1、M2又都是"前、中、后三室并置侧龛、后龛的仿木结构石室券顶墓，且后龛为三重龛结构"④的豪华大墓。墓室内部雕刻内容极为丰富，"雕刻大量人物、动物、花卉及仿木结构建筑图案，均施彩绘"⑤。单从"均施彩绘"这一艺术细节来说，安丙墓主人所追求的审美艺术效果就已经与泸县宋墓等地方官绅相去甚远。对于艺术细节精美化的追求，也体现出安丙墓主人的地位相对较高。如此众多的精美石刻不可能都一一介绍，我们将撮其要者略述之。

甬道武士，是墓葬中必不可少的雕刻作品。在泸县宋墓中即各墓葬皆有，安丙墓亦不例外。安丙墓葬M2的甬道武士雕刻颇具气势，"左侧壁武士高1.865

---

① 《泸县宋墓》，文物出版社2004年版，第179页。
② 《泸县宋墓》，文物出版社2004年版，第179页。
③ 四川文物考古研究院等编著：《华蓥安丙墓》，文物出版社2008年版，第145页。（下引版本同此）
④ 《华蓥安丙墓》，文物出版社2008年版，第145页。
⑤ 《华蓥安丙墓》，文物出版社2008年版，第18页。

米,头略向左偏。双手持上虎头钺柄中下部,钺刃向外侧。腰系飘带,飘带在腰正中打结,飘带下垂至足旁。双足分离,足尖外撇呈八字形,足下踏长方形石条,石条上刻连弧状卷草纹"①。右侧武士形制与之类似。从雕刻的手法上来说,安丙墓的武士雕像更为威武,石刻线条更为灵动流畅,衣纹线条更为优美自然,较之泸县宋墓的武士雕像来说艺术效果更为鲜活。

四灵,是中国古代传说中镇守四方的神兽,在泸县宋墓和安丙墓中都有雕刻,但其二者又有不同。最为不同者当数玄武。泸县宋墓"玄武石刻标本共有五件,一般都雕刻在墓室的横梁部位,玄武图案在石刻面积上仅占三分之一的位置。其基本特征是龟身缠绕蛇身形象,形式单一"②。安丙M2墓中的玄武雕刻形象却不相同。"顶部横梁外侧玄武大帝图案。玄武大帝光头,褒衣博带,前胸裸露,腰系带状物,半跏趺坐。左手箕张按于左膝上。右手持剑,剑柄置于右膝上,剑身倾斜左上方,剑尖圆。双足赤,左足屈,右足踏龟背,龟头向右上举。龟身后有一蛇。蛇身向右伸,蛇头后转,吐信以向之。"③玄武本为北方神兽,其"信仰之兴盛和玄武神地位之提高始于宋代"④。宋代官方还多次敕封玄武大帝封号,可以将官方的敕封看作玄武大帝进入宋代官方崇拜体系的一个标志。可以认为,安丙墓的玄武造像更具官方性,而泸县宋墓的玄武形象更接近玄武的早期形象。安丙墓中的玄武大帝雕像,线条简洁明快,以脚踏龟蛇形象简明地勾勒出了玄武大帝的身份。

四灵中的朱雀,在泸县宋墓和安丙墓中的形象亦有差别。泸县宋墓的朱雀据王家祐考证受到佛教大鹏金翅鸟的影响,安丙M1墓中的朱雀却与之不同,"朱雀头向左偏,冠分三支,双翅斜向上展,尾部箕张,尾端雕刻于第一道横梁上承之半圆形横梁底面。双爪各三趾。除头、尾、爪及双翅尾端外,其他部位均雕刻成鳞甲状"⑤。

安丙M2墓内的须弥座台基束腰内刻有戏鹿图、戏狮图、驯象图、驯熊图和驯麒麟图。这类石刻题材在泸县宋墓中没有出现。这类石刻内容反映了宋代杂技艺术的鲜活一面。无论是戏鹿图、戏狮图还是驯象图,都是生活中杂耍艺术的体

---

① 《华蓥安丙墓》,文物出版社2008年版,第52页。
② 《泸县宋墓》,文物出版社2004年版,第133页。
③ 《华蓥安丙墓》,文物出版社2008年版,第55页。
④ 卿希泰主编:《中国道教》(第三卷),知识出版社1994年版,第31页。
⑤ 《华蓥安丙墓》,文物出版社2008年版,第27页。

现。驯麒麟图，乃是生活与想象的结合，其内容和形式都耐人寻味。然此类石刻多有损毁，唯有戏鹿图和戏狮图稍微完整。此引戏狮图文字描述，可窥见一斑。"双狮戏绣球，外侧狮子头向内，右前腿上举按压在另一狮子腿上，左腿斜伸向前按压在绣球上，后腿跪于地上，颈部系带铃项套，驯狮人立于狮身前，双手持绳于头左侧，用力后拖狮子；内侧狮子身体向外侧，头扭向后，怒目以对驯狮人，右前腿屈伸抓住系绣球之绳带，左前腿与另一只狮子前腿相交，后肢蹲于地上，尾上翘，颈部细带套铃，驯狮人立于狮后，双手持绳于身前，左腿前伸，右腿后蹬，用力向后拖绳。"① 一个生动的戏狮场景，经由宋代能工巧匠雕琢在石头之上，穿越历史光阴，向我们传递出一幅活灵活现的宋代杂戏图。我们不得不深深佩服安丙墓的石刻艺人高超的石刻技艺、丰富的表现手法以及敏锐的艺术捕捉能力。

安丙墓石刻还有众多的卷草、荷叶、花卉、侍女、男侍等艺术形象，无论是雕刻工艺，还是艺术造型，均较泸县宋墓精致、流畅。墓中出土的大量陶俑，更是形态各异、姿态优美。

总的来说，"1996年，华蓥市市郊昷然山发现了安丙及家族墓群。宏伟壮观的墓区，精美的墓室雕刻艺术和出土珍贵文物，使考古界、史学界刮目相看，填补了南宋考古空白，被专家誉为'13世纪中国文物之精粹'；评为'96全国十大重要考古新发现'"②。安丙墓的艺术价值，为巴蜀地区已发现的墓葬艺术之首。"安丙家族墓地以其规模宏大的陵园布局、精美绝伦的雕刻技艺冠绝一时。"③

泸县宋墓和华蓥安丙墓可以说代表了四川地区宋墓的最高艺术成就，它们保存下来的鲜活资料不仅仅是石刻艺术的，同时也是音乐、曲艺等艺术形式的珍贵材料。巴蜀地区除了这两座墓葬之外的诸多宋代墓，虽然在艺术成就上不及此二者，但它们依然有着自己独特并且闪光的一面，比如，四川安岳县老鸹山南宋墓，即是一例。安岳与毗邻的重庆大足共同构成了巴蜀石刻中心。仅看墓室之中的雕刻布置就已经美不胜收："墓室顶部是四方形藻井顶，藻井四壁分别刻有凤凰、牡丹、鹿、人物、雄狮等浅浮雕图案。藻井是在两侧壁及墓

---

① 《华蓥安丙墓》，文物出版社2008年版，第59~60页。
② 刘敏：《安丙评述》，《中华文化论坛》2001年第1期。
③ 《华蓥安丙墓》，文物出版社2008年版，第146页。

室顶部前后用四块长方形雕有浮雕图案的条石围砌而成,其上原盖有一块方形巨石封顶,方形巨石底面内凹,中央刻有一朵双层花瓣的高浮雕莲花,花心中空,花径约70厘米。"①

除此之外,巴蜀地区出土的宋墓中还有大批的陶俑,也有很高的艺术水准,体现出一种独特的艺术风格。出土的陶俑大约可以分为墓主人俑、武士俑、文官俑、生肖俑、动物俑等。据学者考证,成都王建墓中的石刻像就是王建本人,而制作墓主本人石刻像和陶像放入墓中,是唐宋时期的一种风俗,在巴蜀众多宋代出土陶俑中,也有一些这样的墓主陶俑像,如成都二仙桥南宋墓中就有这样的陶俑,"男墓主人像1件(M1:9)。泥质褐陶。整个身体蹲坐于圆形空心底座上。头盘发髻,顶呈六瓣瓜状,身穿交领落地长衫,双手抱握于胸前。两眼圆睁,正视前方,鼻高宽,面部微显瘦。底座径14厘米、通高21厘米。女墓主人像1件(M1:54)。泥质灰黑陶。整个身体蹲坐于圆形空心底座上。头绾发髻,身穿交领落地长袍,双手相抱握于胸前。面部丰满温和,双耳直立,两眼正视前方,略带微笑。底座径14厘米、通高21厘米"②。文武俑的数量算是已出土宋墓陶俑中较为丰富的文武俑了,形态丰富万千,表情生动可爱,形象鲜活。如1995年成都石羊场工业园区宋墓中就出土了一批文武陶俑。"武俑2件(左:1,左:2),形制、大小相同,手略残。头戴绿色褐边兜鍪顶,鍪顶着褐色焰状缨饰,侧面有突起的绿色护耳,身着绿色黄边鳞状甲袍,胸勒绿色带,腰腹间围绿色抱肚并系涤带,甲内衬褐色宽袖长袍,袍襟微露,腿着黄色长裤,脚着褐色靴,竖眉怒目,双手握于腹前,两手间有一孔,手中应持一物。俑身立于椭圆形座上,座中部两侧各有一圆形镂孔,孔径3.5厘米,座和俑身相交处也有一镂孔,孔径7.1厘米,通高98.5厘米、座高22厘米。文官俑1件(左:11),头戴绿色进贤冠,身着绿色广袖交领长袍,下裾过膝,裾以下为圆筒形座,靴微露。两目平视,神态安详,双手抱于胸前,腰系革带,胸以下施以褐釉,裾以下未施釉,通高23厘米。"③在仁寿挖掘的另一墓葬里,也有彩色武俑和文吏俑多件。"武士俑4件,基本相同。通高72厘米,红陶施三彩釉,立

---

① 王玉:《四川安岳县老鸹山南宋墓清理简报》,《考古与文物》2009年第1期。
② 成都市文物考古所,成都市文物考古队:《成都市二仙桥南宋墓发掘简报》,《考古》2004年第5期。
③ 成都市文物考古工作队:《成都市石羊乡新加坡工业园区宋墓发掘简报》,《四川文物》1999年第3期。

于高17厘米的椭圆形座上，身高55厘米，头戴'兜鍪'，身着铠甲，双手持物于前腰，器物完整。文吏俑29件，大小基本相同。均为男性，分四个一组放置小龛内，大部分完整，个别有伤、残。红陶施三彩釉，身高21厘米，头戴绿幞巾，身着大袖长袍、曲领，双手合于胸前，面部丰满。"①

狗是人类最忠实的朋友，据考证人类最早驯化的动物就是狗，于是狗不仅在阳世为我们看家护院，就是到了阴间，狗依然是墓主人喜爱的动物之一，并成为宋墓陶俑的一个重要角色。而它们在每个墓中的形态又不一样，这不仅刻画出了墓主人心中狗的形象，为巴蜀艺术增添了千姿百态、栩栩如生的狗俑艺术品，而且传递出宋代巴蜀地区人与动物之间的关系。威远永利皇坟坝宋墓等诸多墓中都有狗俑出土："犬俑1件。犬体瘦长、曲卧，筋骨明晰，四肢平伏，尾向下卷。闭嘴，双目圆睁，两耳耷拉，脖上用带系铃。犬踪腐视之状。犬体高0.11米、长0.16米。"②在广汉雒城镇宋墓中能工巧匠们描绘了一只惊觉的狗，其形态生动，富有生活气息。"狗俑1件（M1:21）。引颈昂首，卷耳盘尾，瞪目前视，竖卧于楼房左侧，作惊觉守卫状。长17.8厘米、高10.1厘米。"③成都市二仙桥南宋墓中的狗俑则是一只蹲着的狗："狗一件（M1:44）。泥质褐陶。蹲坐式，下有圆形空心底座。昂头，两眼圆睁，正视前方；双耳耷立，颈部系铃；前肢直撑，后肢曲立于左前；尾上翘，体略前倾，背脊略凸。通高17.2厘米、底座径9.6厘米。"④

生肖俑形态变化各异，有的猪首人身，有的则是生肖动物蹲在帽子上以代表生肖属相。如：四川安岳县老鸦山南宋墓的生肖俑就是猪首人身，"生肖俑两件。猪首施绿釉，人形体施黄褐釉。标本M2:9，头戴平冠，身着圆领广袖大衣，双手拱于胸前。俑高24.5厘米、肩宽7厘米。标本M：10，无冠，其余与前者同，俑高20厘米、肩宽6厘米"⑤。与之有着类似形象的生肖俑还有彭山凤鸣乡宋墓出土的一个猪首人身像。"猪首人身俑个件。头戴冠，猪面人耳。着圆

---

① 莫洪贵：《仁寿县古佛乡宋墓清理简报》，《四川文物》1992年第5期。
② 威远县文管所、内江市文管所：《威远永利皇坟坝宋墓》，《四川文物》1993年第2期。
③ 四川文物考古研究所、广汉县文物管理所：《四川广汉县雒城镇宋墓清理简报》，《考古》1990年第2期。
④ 成都市文物考古所、成都文物考古队：《成都市二仙桥南宋墓发掘简报》，《考古》2004年第5期。
⑤ 王玉：《四川安岳县老鸦山南宋墓清理简报》，《考古与文物》2009年第1期。

领广袖长服,双手拱于胸,作站立状。通高29厘米。"①广汉雒城镇宋墓的生肖俑则是通过帽上的动物来表示不同的生肖,"陶生肖俑三件。头戴平顶冠,素面五彩。标本M2:3,冠顶卧狗,粗眉大眼,瞪目前视。头高11.2厘米;标本M2:4,冠顶卧鼠,络腮胡,怒目而视。头高11厘米;标本M2:5,冠顶盘蛇,面部丰满,凝神注视前方。头高8.7厘米"②。而成都二仙桥南宋墓的生肖俑则是另外一番形状,还戴上了帽子。"生肖俑两件。M1:50,头戴三梁进贤冠,身着圆领宽袖落地长袍,腰束革带,两手一上一下握于胸部,握处中空,似握有扁状物,靴微露。牛头,双眼外突,正视前方,嘴部外突,双耳下垂。高32.5厘米。"③鸡是重要的家禽,也是墓葬陶俑表现的一个主要题材,各墓葬的表现形式也各有特色。"鸡俑两件,左:8,立于圆筒形座上,引颈昂首,体健羽丰,短冠,爪侧抓于座上。高19.2厘米。"④巴蜀地区丰富的墓葬陶俑遗存,让我们领略到巴蜀艺术的另外一番美景。这些陶俑,或写实,或想象,皆源自生活而又有提高,有的面部表情生动,有的形体语言丰富,传达出泥塑艺人对生活细节的捕捉和独特的感悟。

从雕刻的手法来说,巴蜀墓葬石刻的早期作品多为线刻和潜浮雕,如东汉麻浩墓等。随着巴蜀地区石刻技艺的不断发展,佛道教石刻的繁荣,墓葬石刻的技艺也从简单的线刻、浅浮雕慢慢发展出了深浮雕,甚至是半圆雕石刻作品,这就大大增加了石刻的表现力,增强了石刻表现效果,使得石刻作品更加取材多样,栩栩如生。

四、巴蜀花鸟工笔画

唐末五代,是巴蜀画风转变的一个重要时期,五代之画,取材用笔,多受宗教影响,多以人物佛道画为主,而山水花鸟画则相对较弱。"入宋以后,因玩赏绘图之风下盛,致花鸟画并山水画益复向荣。"⑤《宣和画谱》曰:"大

---

① 方明:《彭山凤鸣乡发现宋墓》,《四川文物》1992年第5期。
② 四川文物考古研究所、广汉县文物管理所:《四川广汉县雒城镇宋墓清理简报》,《考古》1990年第2期。
③ 成都市文物考古所、成都市文物考古队:《成都市二仙桥南宋墓发掘简报》,《考古》2004年第5期。
④ 成都市文物考古工作队:《成都市石羊乡新加坡工业园区宋墓发掘简报》,《四川文物》1999年第3期。
⑤ 郑午昌编著:《中国画学全史》,上海书画出版社1985年版,第212页。

抵两蜀丹青之学尤盛,而工人物道释者为多,自刁光处士入蜀,而始以其学授黄筌,而花竹禽鸟学者,因以专门。"①"五代因中国之分裂,绘画之趋势亦随地而异,如吴越之偏重道释人物,而西蜀南唐则花鸟画颇盛行。"②巴蜀一地的花鸟山水画由此开始盛行起来。以黄筌为首的巴蜀花鸟画与江南的徐熙所代表的画风别为一派,成为当时花鸟画两大派。巴蜀花鸟画派是以黄筌为代表,其子黄居宝、黄居寀共同组成的一个画派。黄氏父子长期在宫廷供职,为皇家作画,所画大都是宫廷的奇花怪石、珍禽瑞鸟。画法用细淡的墨线勾画出物体轮廓,然后填色,以着色为主,给人以工巧富丽的感觉。黄氏父子所用技法,成为巴蜀花鸟画的重要技法,深刻地影响着巴蜀画坛。

黄筌(903~965),字要叔,成都人,先后师法刁处士、李昇、孙位等当时名士。"花竹师滕昌祐,鸟雀师刁光(胤),山水师李昇,鹤师薛稷,人物龙水师孙位;资诸家之善,而兼有之,无不臻妙。"③黄筌擅长从画家那里学习绘画技巧,因此他的画"既兼宗孙、李,学力因是博赡,损益刁格,遂超师之艺"④。前蜀王衍授黄筌翰林待诏,并赐紫金鱼袋,时年黄筌十七岁,可见黄筌画技之高,至后蜀,孟昶追其检校少府监等职。"黄筌不但长于鸟雀,而且也善人物。尤以画鹤,最享大名。他的花鸟不但在宋初有影响,直至政、宣时,据米芾《画史》所说,'今院中(指画院)作屏画用筌格。'"⑤从这一记载来看,黄筌所创的绘画风格影响很大。当时巴蜀乃至全国所谓大家者,无不作山水或花鸟,足见巴蜀绘画在当时中国画坛的影响和地位。

据记载,时人对黄筌的画技是相当佩服推崇,当时黄派技法为画院中的标准,足以冠冕诸家。因此黄派为院体画式一派,徐派"轻淡远逸",成院外一派。"淮南通聘,信币中有生鹤数只,蜀主命筌写鹤于偏殿之壁,警露者、啄苔者、理毛者、整羽者、唳天者、翘足者,精彩态体,更愈于生。往往生鹤立于画侧,蜀主叹赏……皆传薛少保画鹤为奇,筌写此鹤之后,贵族豪家竟将厚礼请画鹤图。"⑥《图画见闻志》卷五,有"画鹤"条,专记黄筌所画鹤形态

---

① 于安澜编:《宣和画谱》,《画史丛书》第二册,上海人民出版社1963年版,第96页。
② 王玉:《四川安岳县老鸦山南宋墓清理简报》,《考古与文物》2009年第1期。
③ 于安澜编:《图绘宝鉴》,《画史丛书》第二册,上海人民美术出版社1963年版,第36页。
④ (宋)黄休复:《益州名画录》卷上,人民美术出版社1964年版,第21~22页。
⑤ 王伯敏:《中国绘画通史》(上册),生活·读书·新知三联书店2008年版,第310页。
⑥ (宋)黄休复:《益州名画录》卷上,人民美术出版社1964年版,第22页。

之美。"黄筌写六鹤，其一曰唳天，举首张喙而鸣。其二曰警露，回首引颈上望。其三曰啄苔，垂首下喙于地。其四曰舞风，乘风振翼而舞。其五曰疏翎，转项毸其翎羽。其六曰顾步，行而回首下顾。"①黄筌画了这六鹤在殿上，这殿也因此改名"六鹤殿"。"孟蜀后主广政甲辰岁，淮南驰聘，副以六鹤，蜀主遂命筌写六鹤于便坐之殿，因名六鹤殿。由是蜀之豪贵请为图轴者接迹。时人谚云：'黄筌画鹤，薛稷减价。'"②可见黄筌之画栩栩如生之势，已跃然纸上。更有人以为黄筌所画动物为活物的说法："筌于四壁画四时花竹、兔雉鸟雀，其年冬，五坊使于此殿前呈雄武军近者白鹰，误认殿上画雉为生。"③黄筌所画花鸟最终成为学画后辈的典范，"后辈丹青则而象之"④，为此蜀主命后蜀翰林学士欧阳炯作《壁画奇异记》以赞黄筌画之美。《宣和画谱》中说黄筌之画是"兼有众体之妙，故前无古人，后无来者。今筌于画得之，凡山花野草，幽禽异兽，溪岸江岛，钓艇古槎，莫不精绝"⑤。元代汤垕总结黄筌绘画为："唐人花鸟，边鸾最为驰誉，大抵精于设色，秾艳如生。其他画者虽多，互有得失。历五代而得黄筌，资集诸家之善。山水师李昇，鹤师薛稷，龙水师孙位，至于花竹翎毛超出众史。"⑥黄筌在汤垕的论述中是一位绘画题材、绘画技巧全面的画家，同时，汤垕也指出，他的"花竹翎毛超出众史"。

黄氏一脉，除了父亲黄筌之外，其子黄居宝、黄居实、黄居寀亦是名冠当时的画家。可惜黄居宝英年早逝。《益州名画录》载："黄居宝，字辞玉，筌之次子也。"因其"画性最高，风姿俊爽"⑦，故而"与其父同事蜀为待诏，后累迁水部员外。亦工画花鸟松石"⑧。黄居宝不仅画闻名当时，他的书法也堪称一绝。"喜作字，当时以八分书知名。"⑨《宣和画谱》卷一六对他的书画作出了这样的评论："书画本出一体，盖虫鱼鸟迹之书皆画也，故自科斗而后，书画始分，是以夏商鼎彝间，尚及见其典刑焉，宜居宝之以书画名于

---

① 于安澜编：《图画见闻志》，《画史丛书》第一册，上海人民出版社1963年版，第69页。
② 于安澜编：《图画见闻志》，《画史丛书》第一册，上海人民美术出版社1963年版，第27页。
③ （宋）黄休复：《益州名画录》卷上，人民美术出版社，1964年版，第22页。
④ 于安澜编：《图画见闻志》，《画史丛书》第一册，上海人民美术出版社1963年版，第69页。
⑤ 于安澜编：《宣和画谱》，《画史丛书》第二册，上海人民美术出版社1963年版，第176页。
⑥ 俞剑华编：《中国古代画论精读》，人民美术出版社2011年版，第456页。
⑦ （宋）黄休复：《益州名画录》卷中，人民美术出版社1964年版，第33页。
⑧ 于安澜编：《图画见闻志》，《画史丛书》第一册，上海人民美术出版社1963年版，第28页。
⑨ 于安澜编：《宣和画谱》，《画史丛书》第二册，上海人民美术出版社1963年版，第184页。

世也。"①他作画能够突破前人之规,"前辈画太湖石,皆以浅深墨淡嵌空而已,居宝以笔端揿撩,文理纵横,夹杂砂石,棱角峭硬,如虬虎将踊。厥状非一也,其有画松竹花雀,变态旧规,皆如太湖石之类"②。可惜天妒英才,黄居宝年未四十而卒,宋代皇家御府藏有其画41幅,多为花鸟画。

黄居寀为黄筌的少子。"黄居寀,字柏鸾,蜀人,筌之季子,初仕孟蜀为翰林待诏。"③画技和画名都"不让于父"④,其画风承袭了家族特色,他"能世其家学,作花竹翎毛,皆妙得其真"⑤。画怪石山景之类,"往往过其父远甚"⑥,他书或曰,"居寀状太湖石尤过乃父"⑦。前后蜀时期,黄氏父子在蜀皇宫作画四十余年,"殿庭墙壁,门帏屏障,图画之数不可记录"⑧。可见巴蜀地方政权对黄氏父子画作的宠爱。孟蜀时徐光溥曾作诗赞叹黄居寀的画,"学士徐光溥尝献《秋山图歌》以美之"⑨。入宋,黄居寀赴京,颇受翰林长陶尚书礼遇,随后受宋朝翰林待诏、大夫寺丞上柱国,赐紫金鱼袋。"在宋初画院中,由于他的影响,巩固了'黄体'的地位。"⑩淳化四年(993),黄居寀充成都府一路送衣袄使。宋帝对他尊崇有加,命其搜访天下名画,由其评定等级,"宋太宗朝授光禄丞,委之搜访名画。诠定品目"⑪,"一时等辈,莫不敛衽"⑫。黄氏父子遂成为京师画院首领。从宋初以后,黄筌、黄居寀的画艺和风格为诸多画家迎合,其在京师画院占据高地。"当时较艺者,视黄氏体制为优劣去取。"⑬这种状况,直到北宗神宋时期著名画家崔白、崔壳在京师画院任职,宫廷画院花鸟画的风格才发生了变化。黄氏画风垄断官家画坛,几乎达一个世纪之久。"黄家画法的特点是以极细的墨线勾出轮廓,然后填彩,

---

① 于安澜编:《宣和画谱》,《画史丛书》第二册,上海人民美术出版社1963年版,第184页。
② (宋)黄休复:《益州名画录》卷中,人民美术出版社1964年版,第34页。
③ 于安澜编:《图绘宝鉴》,《画史丛书》第二册,上海人民美术出版社1963年版,第55页。
④ (宋)黄休复:《益州名画录》卷中,人民美术出版社1964年版,第34页。
⑤ 于安澜编:《图绘宝鉴》,《画史丛书》第二册,上海人民美术出版社1963年版,第55页。
⑥ 于安澜编:《宣和画谱》,《画史丛书》第二册,上海人民美术出版社1963年版,第196页。
⑦ 于安澜编:《图画见闻志》,《画史丛书》第一册,上海人民美术出版社1963年版,第56页。
⑧ (宋)黄休复:《益州名画录》卷中,人民美术出版社1964年版,第34页。
⑨ 于安澜编:《图画见闻志》,《画史丛书》第一册,上海人民美术出版社1963年版,第56页。
⑩ 王伯敏著:《中国绘画通史》(上册),三联书店2008年版,第396页。
⑪ 于安澜编:《图绘宝鉴》,《画史丛书》第二册,上海人民美术出版社1963年版,第55页。
⑫ 于安澜编:《宣和画谱》卷一六,江苏美术出版社2007年版,第361页。
⑬ 于安澜编:《图绘宝鉴》,《画史丛书》第二册,上海人民美术出版社1963年版,第55页。

往往把墨线隐去，即未隐去，墨线也不显露。这种'勾勒填彩，旨趣浓艳'的作风，自宋初一直持续了九十多年，及到熙宁时，杰出的花鸟画家崔白与其弟崔悫及吴元瑜等出来，创造了新的画格，才转变了画院只是'重黄'的风气。"①

黄氏法脉也不仅仅是家族传承，黄筌也曾收过弟子。夏侯延祐乃黄筌之徒，延祐字景休。"工画花竹翎毛，师黄筌粗得其要，始事孟蜀为翰林待诏，既归朝拜真命，为图画院艺学，各有图轴传于世。"②黄氏父子，皆是宫廷画家，因此，他们的作品多有富贵之气，少有自然之风。黄氏家族，还有一位花鸟画家，其不及居寀和居宝，很多画史之书皆不载其名，故而很少有著述者论述。"黄居实，绍兴秘阁中有《绘禽图》一，而著书不载其名。筌有五子，不审其为第几人。"③

在当时，与黄氏父子齐名的有江南处士徐熙。郭若虚论述了二位的异同，其中即可看出，黄筌父子的特色是："多写禁御所有珍禽瑞鸟，奇花怪石。今传世桃花鹰鹘，纯白雉兔，金盆鹁鸽，孔雀龟鹤之类是也。又翎毛骨气尚丰满而天水分色。"④由此论当知，黄筌绘画内容多以禁中珍稀之物为多，并不是常见之花鸟虫鱼。这与处士徐熙绘画之内容大有不同。"徐熙江南处士，志节高迈，放达不羁。多状江湖所汀花野竹，水鸟渊鱼。今传世凫雁鹭鹚，蒲藻虾鱼，丛艳折枝，园蔬药苗之类是也。又翎毛形骨贵轻秀而天水通色。"⑤在与徐熙绘画风格对比中，可以看出黄筌所绘花鸟画以皇家富贵之气为其特色，与徐熙山野自然之气，大相径庭。风格不同，在画法上亦有差异，沈括论及二位的画风时曰："国初江南布衣徐熙，伪蜀翰林待诏黄筌，皆善画著名，尤长于画花竹。蜀平，黄筌并二子居宝、居实□□□弟唯亮皆隶翰林图画院，擅名一时。其后江南平，徐熙至京师，送图画院品其画格。诸黄画花，妙在赋色，用笔极新细，殆不见墨迹，但以轻色染成谓之写生。徐熙以墨笔画之，殊草草，略施丹粉而已，神气迥出，别有生动之意。"⑥虽二位风格不同，但各自

---

① 王伯敏编：《中国绘画通史》（上册），三联书店2008年版，第310页。
② 于安澜编：《图画见闻志》，《画史丛书》第一册，上海人民美术出版社1963年版，第56页。
③ 于安澜编：《图绘宝鉴》，《画史丛书》第二册，上海人民美术出版社1963年版，第36页。
④ 俞剑华编著：《中国古代画论精读》，人民美术出版社2011年版，第441页。
⑤ 俞剑华编著：《中国古代画论精读》，人民美术出版社2011年版，第441页。
⑥ 俞剑华编著：《中国古代画论精读》，人民美术出版社2011年版，第440页。

皆在艺术上达到了极高的造诣，因此郭若虚论曰："跂望徐生与二黄，犹山水之有《正经》也。"①

自黄氏父子之后，宋代四川花鸟画、山水画的画家辈出，如善于画竹木禽鸟鱼蟹的宋永锡也是蜀中著名画家。《宣和画谱》曰："花竹禽鸟学者，因以专门，然终不能望筌之兼能也。永锡亦后来之秀，遂能以名家。"②《图绘宝鉴》曰："宋永锡，蜀人。画花竹禽鸟鱼蟹，学梁广善傅色。"③宋代皇家藏府藏有宋永锡绘画四幅，即写生荷花图两幅、鱼蟹图两幅。从《宣和画谱》的评论来看，宋永锡的出现，代表着巴蜀花鸟画已经成为一个成熟的绘画派别在巴蜀画坛流传。巴蜀画坛上还有赵昌等较为著名的花鸟画家。在《宣和画谱》卷一八中有关于他的记载："赵昌字昌之，广汉人。善画花果，名重一时。"④赵昌之师乃黄巢起义时随唐僖宗入蜀的著名画家滕昌祐，"初师滕昌祐，后过其义"⑤。宋朝的皇家藏府中收藏赵昌154幅绘画作品，赵昌所作之花多为折枝花，"作折枝极有生意。傅色尤造其妙"⑥。他还擅长创作草虫之类的作品，当然他最好的作品还是集中在花鸟上，故有画论曰："全朱折枝，多从定本，惟于傅彩，旷代无双，古所谓失于妙而后精者也。"⑦宋代，赵昌的画在市面上已难得一见。"盖晚年自喜其所得，往往深藏而不市，既流落，则复自购以归之，故昌之画，世所难得。"⑧赵昌的绘画影响亦颇大，其时长沙画家易元吉看到他的画深为叹服。"易元吉，字庆之，长沙人。灵机深敏，画制优长，花鸟蜂蝉，动臻精奥。始以花果专门，及见赵昌之迹叹服焉。后志欲以古人所未到者驰其名，遂写獐猿。"⑨从易元吉改画獐猿一事，可知赵昌所画花鸟之精妙。巴蜀从滕昌祐画法的画家还不少，赵昌之外还有丘庆余亦是。"丘庆余，蜀人，文播之子。善画花禽，兼长于草虫，凡设色者，已逼于动植。至其草虫，独以墨之浅深映发，亦极形似之妙，风韵高雅，为世所推。

---

① 于安澜编：《图画见闻志》，《画史丛书》第一册，上海人民美术出版社1963年版，第13页。
② 于安澜编：《宣和画谱》，《画史丛书》第二册，上海人民美术出版社1963年版，第96页。
③ 于安澜编：《图绘宝鉴》，《画史丛书》第二册，上海人民美术出版社1963年版，第47页。
④ 于安澜编：《宣和画谱》，《画史丛书》第二册，上海人民美术出版社1963年版，第217页。
⑤ 于安澜编：《图绘宝鉴》，《画史丛书》第二册，上海人民美术出版社1963年版，第56页。
⑥ 于安澜编：《图绘宝鉴》，《画史丛书》第二册，上海人民美术出版社1963年版，第56页。
⑦ 于安澜编：《图画见闻志》，《图画见闻志》第一册，上海人民美术出版社1963年版，第58页。
⑧ 于安澜编：《宣和画谱》，《画史丛书》第二册，上海人民美术出版社1963年版，第217页。
⑨ 于安澜编：《图画见闻志》，《图画见闻志》第一册，上海人民美术出版社1963年版，第59页。

初师滕昌祐，及晚年，遂过之。"①他有"《四时花鸟》《蜂蝉》《竹枝》等传于世"②。又有画家"周纯，字忘机，成都华阳人，后久留荆楚，亦自称楚人。画山水师李思训，衣冠师顾恺之，佛像师李伯时，又尤善画花鸟松竹牛马，一一清绝"③。

善画花鸟龙水的刘赞，"蜀人。工画花竹翎毛，兼长龙水，迹意兼美，名播蜀川"④。自黄氏父子开蜀画气象之后，蜀中画家可谓人才辈出，画坛一派繁荣之象。因此也不乏以黄氏为师者，如夏侯延祐即是如此（见前）。夏侯延祐学黄氏，虽都说其粗得其要，但后人之中亦有将其与黄氏看作一脉，作为老师学习模仿他们画风的。"李怀衮，蜀郡人。工画花竹翎毛，学黄氏与夏侯延祐，不相上下。"⑤黄氏入主画院之后，他们的画风成为当世之标准，因此学习他们作画的人，不局限于巴蜀，亦有其他地区的画家学习黄氏画法。如"李吉，开封人，尝为画院学艺。工花鸟，学黄氏"⑥。这位李吉既是黄氏的同事，又是黄氏画法的学习者，这说明黄氏画法在宋代的影响相当之大。

巴蜀宋元时期的花鸟画可以分为两条艺术线索来研究，主线是黄氏父子及其追随者，所画内容皆是禁中之珍禽异兽，他们的画风富丽堂皇，成为宋代画院之正宗，是诸多画家争相学习和模仿的对象，是巴蜀画派在中国画坛上影响较大的画派，深刻影响了中国花鸟画的发展进程，是对宋代中国花鸟画派起着决定作用的一支重要力量。其"勾勒填彩，风致富丽"的画法，画工精细、色彩鲜艳、富丽堂皇，一度成为皇室最为青睐的花鸟画风，把持着官方花鸟绘画的兴趣指向。因此，以黄筌为代表的这派绘画风格成为将近一个世纪的绘画审美情趣，牢牢占据着中国花鸟画坛的霸主地位。

另一派则是以生活中的花果为主要绘画对象，其画法以天真自然为主，在黄氏画派占主导地位的宋代，这一画派虽非主流，但巴蜀画坛还是出现了一些重要的画家，影响亦超出了巴蜀地域，得到诸多画家的推崇。总的来说，宋代巴蜀花鸟画相当兴盛，无论是以富丽堂皇为主的黄派画，还是以天真意趣为主

---

① 于安澜编：《图绘宝鉴》，《画史丛书》第二册，上海人民美术出版社1963年版，第55页。
② 于安澜编：《图画见闻志》，《图画见闻志》第一册，上海人民美术出版社1963年版，第56页。
③ 于安澜编：《图绘宝鉴》，《画史丛书》第二册，上海人民美术出版社1963年版，第71~72页。
④ 于安澜编：《图画见闻志》，《图画见闻志》第一册，上海人民美术出版社1963年版，第56页。
⑤ 于安澜编：《图画见闻志》，《图画见闻志》第一册，上海人民美术出版社1963年版，第58页。
⑥ 于安澜编：《图绘宝鉴》，《画史丛书》第二册，上海人民美术出版社1963年版，第68页。

的徐派画，在这一时期都取得了卓越的成就，对中国画坛产生了深远的影响。"到南宋，黄派已渐与徐派融合，其势与山水同，是殆时会使然也。"①

五、巴蜀山水水墨画

中华民族是一个寄情山水的民族，无论是放浪形骸的隐士道人，还是天人合一的儒者学人，无不与山水为伍。从画史上看，早期对山水的理解是将其作为神仙真人的背景材料来描绘的："所画出的自然景物仍然是不以描绘为目的的富于装饰味的象征性背景，更多地从属于宗教的目的，是为画中道教人物的活动服务的。"②这个时候，画家的目的不是在描绘真山真水，而是为了追求心中的神仙仙境，因此"艺术家的目的不在于对真实山水的再现，而在于将神仙世界与抽象自然的叠加、结合，那种象征的、概念性的绘画方法已足以达到预期的目的。而且，这种不以再现为目的的绘画，正是服务于宗教目的的艺术家们为准确传达宗教的理念所需要的，它传达的不是对真实事物的摹写，而是宗教人物的非凡和宗教世界的神秘莫测"③。

这是从山水画与宗教关系的角度来论述中国山水画兴起的过程，如果从绘画史的发展历史来看，则又有另外一番理解。"据古书所记载三代绘画、皆属写实。如《韩非子》所引客有为齐君画者，问之画孰难？曰：'狗马最难。''孰易？'曰：'鬼魅最易。''狗马人所知也，旦暮于前，不可类之，故难。鬼魅无形，无形者不可观，故易。'其说明写实与想象之区别，亦即当时绘画之趋向。至东汉'刘褒画《云汉图》，人见之觉热；又画《北风图》，人见之觉凉'。则此时绘画已进至布置景物，配合色调，颇具感染之力矣。南北朝时宗炳画所游名山于壁间，以作卧游，又扩大至摹写自然。及至唐明皇令吴道子与李思训同画嘉陵江山水于大同殿壁，王维自画其山庄《辋川图》，欣赏山水之美者，日益众矣。"④由这个叙述基本上可以看出中国画家对山水画的认识是逐渐的、是慢慢形成的，"到了第9世纪，艺术家开始把对人的兴趣转移到自然上；这种转移在11世纪大功告成，从此以后便不再回转过

---

① 郑午昌编著：《中国画学全史》，上海书画出版社1985年版，第213页。
② 于安澜编：《图画见闻志》，《图画见闻志》第一册，上海人民美术出版社1963年版，第58页。
③ 叶青：《写实：山水画勃兴的契机——宋代绘画研究之三》，《江西社会科学》1994年第1期。
④ 于安澜编：《画史丛书·前言》，上海人民美术出版社1963年版，第3页。

来。后来证明了，在整个绘画传统中，最独特最辉煌的成就正是山水画"①。

随着浓厚的宗教气氛在世俗生活中的减弱，山水作为宗教画背景的色彩也逐渐减少。自唐代中晚期，回归现实山水之风渐渐兴起。从宗教向摹写现实山水的转变，其中原因可能很多，然而社会的变迁，政治的动荡，无不是重要的因素之一。因此，高居翰认为："迫使明皇流亡至蜀的叛乱（安史之乱）虽然没有成功，却使这一中国历史上最灿烂的朝代衰败下来，曾经洋溢在唐画中的安全感也同时告终。继起的画家开始把注意力从人间事物转移出来，因为人间这一范畴内的缺点如今已明显到使人再也无法珍惜原来的信仰了。对寻求绝对价值的人来说，大自然就是在它最令人敬畏，最深不可测的层次——10世纪和11世纪的山水画家比唐代前人更深刻意识到了这一层次——终究证明了还是比较值得探索的。"②画家经过有唐一代的积累，写实山水的技艺不断提高。到了五代"我们应该承认他们（画家——引者注）对于自然的体现，在隋唐的基础上又积累了许多宝贵的经验和掌握了若干实际可行的表现方法，大体说，是比较成熟的"③。在五代向宋代过渡的这一时期，画家致力于在山水画中减少色彩的运用，而增加水墨的成分。"五代和宋初山水画家追求的是画面的统一。朝向此目标迈进的第一步，是减少颜色的重要性或者完全不用色。"④进入宋代以后，"士大夫以自然为遣兴之所的自然观迅速得到了市民阶层的接受，笼罩于自然之上的神秘色彩日渐淡薄，山水之乐已成为整个社会的自然观主流"⑤。这一风气理所当然地推动了山水画的技法和理论向纵深方向发展，为宋代山水画达到全盛时代营造了良好的社会文化氛围。因此宋代出现了诸多著名画家，创作了许多流芳千古的作品，被后人不断地模仿学习。在山水画大家辈出的宋代，巴蜀之地亦是人才济济。

山水画历来被画坛公认为画家十三科之首，宋代巴蜀出现了众多山水画名家，与其有丰厚肥沃的山水画土壤有关。早在唐代至五代时期，巴蜀就有人称"小李将军"的李昇，"李昇者，成都人也，小字锦奴，年才弱冠，志攻

---

① ［美］高居翰著，李渝译：《中国绘画史》，台湾雄狮图书股份有限公司1989年版，第27页。
② ［美］高居翰著，李渝译：《中国绘画史》，台湾雄狮图书股份有限公司1989年版，第29页。
③ 傅抱石：《中国绘画史纲》，江苏文艺出版社2006年版，第190页。
④ ［美］高居翰著，李渝译：《中国绘画史》，台湾雄狮图书股份有限公司1989年版，第31页。
⑤ 叶青：《写实：山水画勃兴的契机——宋代绘画研究之三》，《江西社会科学》1994年第1期。

山水，天纵生知，不从师学"①。有人称其所画之山水并非他处之山水，乃蜀中自己的山水，故云："工画蜀川山水。"②从《图画见闻志》所载李昇的作品来看，堪称一位忠实的巴蜀山水记录者，"有《武陵溪》《青城》《峨嵋》《二十四化》等图传于世"③。他"初得张藻员外山水一轴，玩之数日。云：'未尽妙矣。'遂出意写蜀境山川平远，心思造化，意出先贤，数年之中，创成一家之能……明皇朝有李将军，擅名山水，蜀人皆呼昇为小李将军，盖其技艺相匹尔"④。有人认为他的画颇得王维画的神韵，"李昇……善画人物，尤善山水，笔意幽闲，人有得其画，往往误称王右丞者焉"⑤。除李昇之外，还有如李文才者，"华阳人也，攻画人物、屋木、山水。善写真，罕及。周昉之亚也"⑥。以及上文提到的黄筌父子等，也都是山水画之行家里手，他们为巴蜀宋代山水画的繁盛，贡献斐然。

宋代巴蜀山水画家中最为著名者当数苏轼，然其已于文人画一节论之，此不赘述。除去这位诗书画全才的文化巨人之外，宋代巴蜀的山水画家亦不少。

具有家学渊源的苏氏一脉，出现了著名于时的山水画家苏过，其画风虽然师其父，但又能出新意。苏过"字叔党，坡公之季子也。元祐中，公知杭州，叔党年十九，预计偕。七年，公为兵部尚书，任承务郎，后公谪黄州，贬儋州，移廉、永二州，叔党皆侍行。叔父栾城公每称其孝。平生禁锢近三一年，晚除中山倅而卒"⑦。苏过最为擅长画山水画，"善作怪石、丛篠，咄咄逼翁。又画山水，远水多纹，依岩多屋木，皆人迹绝处，并以焦墨为之，此出奇也"⑧。山水之外，苏过的木石竹梅也很有特色，"坡有观过所作木石竹三绝，以为'老可能为竹写真，小坡解与竹传神'者是也"⑨。"苏过，字

---

① （宋）黄休复：《益州名画录》卷中，人民美术出版社1964年版，第28页。
② 于安澜编：《图画见闻志》，《画史丛书》第一册，上海人民美术出版社1963年版，第26页。
③ 于安澜编：《图画见闻志》，《画史丛书》第一册，上海人民美术出版社1963年版，第26页。
④ （宋）黄休复：《益州名画录》卷中，人民美术出版社1964年版，第28页。
⑤ 于安澜编：《图绘宝鉴》，《画史丛书》第二册，上海人民美术出版社1963年版，第32页。
⑥ （宋）黄休复：《益州名画录》卷中，人民美术出版社1964年版，第37页。
⑦ 于安澜编：《画史丛书》第一册，邓椿著《画继》卷三，上海人民美术出版社1963年版，第16~17页。
⑧ 于安澜编：《图绘宝鉴》，《画史丛书》第二册，上海人民美术出版社1963年版，第71页。
⑨ 于安澜编：《画史丛书》第一册，邓椿著《画继》卷三，上海人民美术出版社1963年版，第16~17页。

叔党，坡公季子也。能墨梅。"①时人在为苏过所作的墓志铭上评论其画曰："晁以道志其墓，亦云：'书画之胜，亦克肖似其先人。'又时出新意作山水。"②

如果苏过的成功可以看作家学的延续，那么刘泾就可以说是生长在具有丰富绘画传统的巴蜀之地的一位鬼才。"刘泾，字巨济，简州人，熙宁六年进士中第，王安石荐为经学所检讨。历太学博士，因讲诗为诸生所服。后罢，诸生乞留，不报，终职方郎中。"③他常出新意于蜀中，"善作林石槎竹。竹以圈笔为叶"④。刘泾乃米芾之书画友人，"泾，米元章之书画友也"⑤。刘泾绘画风格狂放，笔墨飘逸，构思奇巧，"笔墨狂逸，体制拔俗。极有奇思"⑥。《画继》作者邓椿家中还藏有刘泾的绘画，且当时成都大智院法堂还保存了他的壁画。"予家藏其幅纸，所作竹叶，几逼钟郭。今成都大智院法堂壁间有松竹窠植二，惜其岁久将磨灭也。"⑦

在巴蜀山水画坛上享有盛名者，还有李时雍、蒲永升等画家。李时雍所画之竹，堪与文同相比肩。"文臣李时雍，字致尧，成都人。天章阁待制大临之孙，朝奉大夫鹭之子也。自大临至时雍，三世皆以书名于时。时雍读书刻意翰墨，初从事举子，屡以行艺中乡里选，终不第，遂以祖荫补入仕。崇宁中，以书名藉甚，方建书学，首擢为书学谕，因献颂迁博士。喜作诗，或寓意丹青间皆不凡，作墨竹尤高，遂将与文同并驰。官至承议郎、殿中丞。"⑧蒲永升的山水画别有特色，"蒲永升，成都人，性嗜酒放浪。善画水"⑨。苏东坡对他所画之水也相当推崇："苏子瞻内翰尝得永升画二十四幅，每观之则阴风袭人，毛发为立。子瞻在黄州临皋亭，乘兴书数百言，寄成都僧惟简，具述其

---

① 于安澜编：《画史丛书》第五册，《墨梅人名录》，上海人民美术出版社1963年版，第3页。
② 于安澜编：《画史丛书》第一册，邓椿著《画继》卷三，上海人民美术出版社1963年版，第16~17页。
③ 于安澜编：《画史丛书》第一册，邓椿著《画继》卷三，上海美术出版社1963年版，第17页。
④ 于安澜编：《图绘宝鉴》，《画史丛书》第二册，上海人民美术出版社1963年版，第71页。
⑤ 于安澜编：《画史丛书》第一册，邓椿著《画继》卷三，上海人民美术出版社1963年版，第17页。
⑥ 于安澜编：《图绘宝鉴》，《画史丛书》第二册，上海人民美术出版社1963年版，第71页。
⑦ 于安澜编：《画史丛书》第一册，邓椿著《画继》卷三，上海人民美术出版社1963年版，第17页。
⑧ 《宣和画谱》卷一二，江苏美术出版社2007年版，第271页。
⑨ 于安澜编：《图绘宝鉴》，《画史丛书》第二册，上海人民美术出版社1963年版，第71页。

妙，谓董戚之流为死水耳。"①

以隋唐为发端、两宋为高峰的山水画，突破了前人之规。因此，"山水画的发展反映了自然观表现精神的突破历程，新的技巧表现表达了新的审美精神，不断变革的理念与技法在内因上互动、往复循环"②。宋代巴蜀山水画在题材、笔法、画法诸方面亦在推动着山水画的发展，虽然画论家评论"画山水唯营丘李成，长安关仝，华原范宽，智妙入神，才高出类。三家鼎峙，百代标程"③，但巴蜀山水画家亦能自成一体，名重当时，成果丰富。山水画的繁荣得益于此地山峦叠嶂，自然造化、仙山楼阁、长江万里均入画中，天地万象成为四川绘画繁荣的有机组成部分。这与唐末五代四川社会相对安定、中原画家入蜀等良好的文化氛围有重要关系。"据邓椿的《画继》和夏文彦的《图绘宝鉴》记载统计，两宋蜀中画家达七十人之多，其中北宋六十五人，南宋五人。身跨两朝的黄筌等人和众多的民间画工还不在其数内。"④而且巴蜀画家还很多能，黄筌父子这样的既能画花鸟又能画山水的画家在巴蜀画家之中还有很多，比如孙知微就是一位。"孙太古《湖滩水石图》在浙石民瞻家，双幅长轴，中画一石高数尺，湍流激注，飞涛走雪，听之似觉有声，笔法甚老，黄筌不能过也。"⑤孙太古的山水画，我们今天已经无法见到，但古人描述孙太古山水画的文字却保留下来，且看《孙知微观水图》的文字描述："观水有术，必观其澜，则污池潢潦，渟滀涓溜，果可胜而寄心赏邪？孙生为此图，甚哉壮观者也。初为平漫横洑，汪洋淳瀇，依山占石，鱼龙出没，至于滂狭大山，前直冲飙，卒风暴雨，横发水势，落而陇起。想其般礴解衣，虽雷霆之震，无所骇其视听，放乎天机者也。岂区区吮笔涂墨求索形似者同年而语哉！"⑥

山水画的勃兴不是单独的事件，它必须是众多画法、画技兴盛的产物，巴蜀画派的优秀传统也带动了巴蜀山水画在两宋时期的兴盛，可谓"群山竞秀，万壑争流"。有如苏过、刘泾等名著当时的山水画家，还有如李时雍、蒲永升

---

① 于安澜编：《图画见闻志》，《画史丛书》第一册，上海人民美术出版社1963年版，第65页。
② 丘挺：《两宋山水画之衍变》，《新美术》2006年第5期。
③ 于安澜编：《画史丛书》第一册，郭若虚《图画见闻志》卷一，上海美术出版社1963年版，第12页。
④ 贾大泉：《宋代四川绘画》，《四川文物》1986年第2期。
⑤ 俞剑华编：《中国古代画论精读》，人民美术出版社2011年版，第298页。
⑥ 俞剑华编：《中国古代画论精读》，人民美术出版社2011年版，第284页。

等风格独特的画家，一时间巴蜀山水画家形成了一个群体，以名家蔚起的方式出现在中国画坛，虽然他们的画作侧重各有偏好，各自的风格又有所不同，但是作为同一个地域、同一个文化根源生长起来的画家，又都在共同创造着巴蜀的山水，无论是画青城还是峨眉，都不乏巴蜀山水的神韵。而且，从巴蜀画的师承关系上来看，他们同出一脉，在绘画风格、绘画笔法甚至意趣上皆有趋同。元代汤垕论曰："蜀人山水、人物，皆以孙位为师。龙水尤孙位所长者也。"①古人也注意到了这种地域画风的形成与差别，清代范玑《过云庐论画山水》一文的结尾就对当时国内几大山水画派的风格总结如下："宗派各异，南北攸分。方隅之见，非无区别。川、蜀奇险，秦、陇雄壮，荆、湘旷阔，幽、冀惨洌。金陵之派重厚，浙、闽之派深刻。"②巴蜀山水画风明显受到巴蜀地区山水险要的地理影响，因此，"奇险"成为巴蜀山水画派的一个重要特色，也是宋代山水画派引人瞩目之处。宋代巴蜀山水画可谓"法备而艺精"，为后代画论家和批评家所关注。

第四节　石刻艺术

一、石刻之乡：宋代巴蜀石刻艺术的繁荣

巴蜀石刻起源甚早，从汉代就有作品流传。大型石刻自隋唐起就已较为丰富，以川北为例："广元和巴中石窟曾受到中原造像较多的影响。它的形制和造像格局基本上仍属中原北方系统。"③川北的石刻由于时间相对较早，受北方雕刻技术和风格的影响相对较为明显。从佛教图形图像来看也属北方风格，《中国石窟雕塑全集》认为，"四川、重庆早期佛教及其图像似应由北方、中原传入"④。因此，可以说"蜀中由川北到川中、川西，地方化、世俗化越强。越靠北，受中原影响就大"⑤。巴蜀石刻的这个空间走向特点，也是巴蜀石刻时间变化特点。"从北宋初年到南宋末年，四川、重庆石窟造像一直很兴

---

① 俞剑华编著：《中国古代画论精读》，人民美术出版社2011年版，第208页。
② 俞剑华编著：《中国古代画论精读》，人民美术出版社2011年版，第401页。
③ 国家文物局教育处主编：《佛教石窟考古概要》，文物出版社1993年版，第156页。
④ 丁明夷：《中国石窟雕塑全集》第8卷，重庆出版社1999年版，第3页。
⑤ 李良：《四川石窟、摩崖造像综述》，《四川文物》2001年第4期。

盛。不过,川北和川西两地区石窟自唐末五代后已渐凋零,入宋后,四川、重庆石窟造像最兴旺发达的地区是安岳和大足。"①

唐宋时期发展起来的川中石刻(主要是安岳和大足石刻)与川北、川西的石刻风格就有所不同了。"大足、安岳宋代佛教龛窟中佛、菩萨像的面型,既没有云冈石窟造像形象的印度或西域面相,也不同于龙门石窟造像形象的丰满脸型,而是地地道道的中国人形象。"②宋代安岳大足石刻是"四川、重庆石窟自成体系和造像鼎盛期,不仅表现在题材内容多样化和地方性,以及神像的世俗化倾向,而且体现出以四川安岳文氏工匠和重庆大足伏氏工匠等为代表的雕刻艺术风格的独特性"③。中国石刻史上,留下姓名的石刻工匠并不多,唯有巴蜀地区留下了一批石刻工匠的姓名。"迄今为止,全国各地石刻造像都很少发现镌匠留名,惟宋代大足石刻比较特殊,已发现镌匠留名近三十人,堪称我国石窟史上稀有的珍闻和不可多得的珍贵资料。"④宋代大足石刻工匠留名者共计29人,其中一人名漫漶不辨,能够识读者共计28人,以文氏、伏氏为主。他们分别是:"文昌、文惟简、文惟一、文居政、文居礼、文居用、文居安、文居道(以上北宋时期)、文仲璋、伏元俊、伏元信、伏世能(以上南北宋交接时期)、文琇、文珆、文冲(原作文珠)、文凯、文玠、文孟周、文孟通、文艺、伏小六、伏小八、伏忠靖(原作伏麟)、蹇忠进、罗复明、胥安、吴完明、周童(以上南宋时期)。以年代分,北宋8人,南北宋交接时期4人,南宋16人。以姓氏分,文姓17人,伏姓6人,其他蹇、罗、胥、吴、周5姓各1人。"⑤正是这些巴蜀石刻艺人的精心雕刻,才留下了如此优美的巴蜀石刻艺术。

由于地方偏远,四川安岳、大足石刻到1945年才引起人们关注,"由著名学者杨家骆、马衡、顾颉刚等先生组成'大足石刻考察团'对大足石窟进行了实地考察。他们主要对大足的北山、宝顶石窟进行了鉴定、命名、记述、摩拓、绘制、摄影、丈量、统计、登记编号等工作"⑥。安岳、大足石刻沉睡多年不被国人所知,"故历凡论及中国石窟艺术建设史时,多以'唐盛宋衰'

---

① 丁明夷:《中国石窟雕塑全集》第8卷,重庆出版社1999年版,第20页。
② 胡文和:《安岳大足佛雕》,文物出版社2008年版,第32页。
③ 丁明夷:《中国石窟雕塑全集》第8卷,重庆出版社1999年版,第25页。
④ 重庆大足石刻研究会等编著:《大足石刻研究文选》(内部资料),第207页。
⑤ 重庆大足石刻研究会等编著:《大足石刻研究文选》(内部资料),第208页。
⑥ 胡文和:《安岳大足佛雕》,文物出版社2008年版,第6页。

一言以蔽之。如清乾隆进士王兰泉在《北朝诸碑总论》中断言'造像始于北魏,迄于唐之中叶'"①。在安岳、大足石刻不为人知时,仅以北方石刻状况而言。因为北方石刻在唐代以后就已衰落,隋唐五代巴蜀地区的安定,为后来巴蜀石刻艺术的繁盛创造了良好的艺术环境。巴蜀石刻在其发展的漫长时期里形成了各朝代不同的风格样式。诸多论者,在论及巴蜀石刻时也都注意到了各朝代巴蜀石刻风格的问题。如汪毅在论述安岳石刻时就论述了各朝代安岳石刻的特征:"安岳石刻创凿于南北朝时期,也是我国石窟艺术的高峰期,而盛唐至北宋的近四百年则是其鼎盛时期,最后延续到石窟艺术的衰落时期。造像有独特的艺术风格:或呈秀骨清相、婉雅俊逸的南北朝遗风;或为体态健美、面颐丰满的唐代风韵(大量的);也有雕工细腻、璎珞缀身、装饰华美的宋代特征。"②

各朝代石刻的特征也是所讨论的关注点,既师古而传之,又有巧夺天工的石匠注入新的时代风尚。"佛湾由南向北可分为三段:南段多为晚唐和五代的作品;北、中段多为两宋时期的作品。这些历时二百余年的雕像,各具有自己时代的不同风格和特征:唐代造像端庄丰满,气质浑厚,衣饰简朴,薄衣轻快,多用浮雕和印刻手法;五代造像体态多变,神情潇洒,小巧玲珑;宋代造像身段窈窕,情态温柔,衣饰富丽,表现手法较强调块面,体积感增强,富于装饰美。"③代表巴蜀宋代石刻艺术最高水平的石窟主要集中在安岳和大足两地。这些作品在不同时期所表现的不同艺术特征,正是当时审美情趣在石刻艺术上的一个映射。巴蜀石刻艺术,雕凿技艺娴熟,将石雕艺术的美感寓于看似不经意的各种雕凿细节之中,使其艺术魅力呈现于观赏者观赏的瞬间。这种对石头、造像和雕刻技法游刃有余的创造体现了巴蜀石刻匠人的独具匠心。

安岳古属普州治,自北周建县,于今已1400多年。安岳位于巴蜀中东部,东临大足,西靠乐至县,南连内江,北接遂宁,乃成渝古道之要冲,县境内有丰富的石刻造像,自古有"石秀"之美称,与眉山的"山秀"和阆中的"水秀"合称"巴蜀三秀"。据刘长久先生考证,安岳石刻最早发端于唐代,宋代达到繁盛。"从窟龛形制、造像艺术风格、最早镌记等判断,得出安岳石窟始

---

① 陈明光:《初探大足石刻是宋史研究的实物史料宝库》,《社会科学研究》1994年第2期。
② 汪毅:《安岳石刻造像初探》,《文史杂志》1986年第3期。
③ 刘长久、胡文和、李永翘编著:《大足石刻研究》,四川省社会科学院出版社1985年版,第11~12页。

凿于唐，而盛于宋"①的结论。安岳"全县共有石刻造像105处，造像数量超过10万躯"②。这10万躯石雕造像主要分布在：卧佛院、千佛寨、圆觉洞、毗卢洞、华严洞、茗山寺、玄妙观等处。安岳石窟造像的开凿经历了盛唐、中晚唐、前蜀、后蜀、北宋和南宋，凡五百余年。其"开创时代在初唐，现存最早的造像题记为'开元十一年'（723）"③。安岳石刻的宋代作品基本集中在县东的毗卢洞、华严洞、茗山寺等处。

安岳唯一的全国重点文物保护单位卧佛院和主要以道教内容为创作题材的玄妙观等处，则大部分属于唐代作品。因上一章未有论及，此处略作介绍。

卧佛院，位于安岳县城北面25公里的卧佛沟。造像呈"几"字形分布在长约500米的南北山崖之上，共凿有"大小龛窟139个，造像1613尊，经文40余万字"④，多为唐、五代石刻作品。最为壮观者当数编号为北岩摩崖4号窟"释迦牟尼涅槃图"，该龛宽31米、高10米、进深2米。整个龛窟展现了两部分内容："一是《释迦临终说法图》，一是《释迦涅槃图》。"⑤

《释迦临终说法图》在卧佛前半身的上方。图中共有21尊造像，释迦牟尼位居整个构图之中央，像高2.1米。其雕像形态各异，释迦弟子像姿态各异，作沉痛哀悼状，形象栩栩如生，相当生动。《释迦涅槃图》主像为卧佛，佛像全长23米，仅头部就长3.1米。卧佛肩宽与身长配合略有不当。因此，整个卧佛形象带有北朝造像那种"秀骨清像"的风格。

卧佛院之南岩主要以石刻佛经为主，共刻经文70余部，其经文约有40万字，分列于南岩的16个洞窟之内。石经主要由楷书和行书两种书体书写，字体大小为4至6分。值得一提的是第73号经窟所刻的《檀三藏经》乃中国现存佛经中的绝版，其价值弥足珍贵。其他如《金刚经》《大般若波罗蜜多经》和《阿弥陀经》等保存也相当完整。这些作品具有盛唐书法之气象，是研究中国书法艺术不可多得的宝藏，也是佛经校勘学的宝贵遗产。

玄妙观，位于县城北面20公里的鸳大镇黄桷乡玄妙村集圣山腰。此处原有一座七重大殿道观，后被毁，仅剩雕刻石窟的平顶巨石立于原道观正院外。石

---

① 刘长久：《中国西南石窟艺术》，四川人民出版社1998年版，第20页。
② 金勖琪：《漫话安岳石刻》，《文史杂志》2003年第3期。
③ 胡文和：《安岳大足佛雕》，文物出版社2008年版，第6页。
④ 廖顺勇：《安岳石刻综述》，《丝绸之路》2004年第1期。
⑤ 胡文和：《安岳大足佛雕》，文物出版社2008年版，第8页。

窟分布于巨石四周，巨石高6米、周长43米，于此石上共刻有大小石窟79个、造像1293尊，并存唐碑四通，其中两通已经完全风化，无法辨认。另外两通为：6号龛内的《启大唐御立集圣山玄妙观胜景碑》，此碑高2.4米、宽1.3米，系"大唐天宝七载"（748）刊刻，据碑文可知，玄妙观道教造像始于"开元十八年"（730）；72号龛内保存有邑人李玄迷书刻的《般若波罗蜜多心经》碑。

玄妙观石刻造像"以道教题材为主，兼刻有佛、道合龛及少量佛教造像，保存完好。主要造像有老君释迦并坐，真人、十二时神、金刚力士、九头鸟、观音、势至等，不论雕刻的道教造像还是佛教造像，均生动优美，仪态万千，错落有致，十分和谐"[1]。如此代表盛唐气象的玄妙观道教造像，在"文化大革命"受到严重破坏。但是总的来说，"玄妙观道教造像在全国范围内实属罕见，是研究道教发展史和佛道合流的重要资料"[2]。以上是对安岳石刻唐代作品的简单介绍，其宋代石刻我们将在后面有专题论述。

将中国石刻艺术史往后延续了400多年的大足石刻，亦有一部分作品的雕刻年代始于唐代。在此将着重论述一下大足石刻的唐代作品。大足石刻包括北山、宝顶山、南山、石篆山、石门山、妙高山、舒成岩、佛安桥、玉滩、七拱桥、尖子山等石窟。其中，北山、宝顶山、南山、石篆山等四石窟最具代表性。而在如此众多的大足石刻之中，北山石刻始刻于唐代，余者多为宋代之作。

北山，古名龙岗山。位于大足县城西北2.5公里处，海拔350米。北山石窟肇端于晚唐昭宗景福元年（892）。此窟可分为三段，"南段多为晚唐和五代作品，北段中段为两宋时期作品。唐代雕像端庄丰满，气质浑厚，衣饰简单，多用浮雕阴刻手法；五代雕像体态多变，神情潇洒，小巧玲珑；宋代雕像身段窈窕，神态温柔，衣饰富丽，表现手法强调块面，体积感强"[3]。北山石窟之开凿者，为唐代四川都指挥使兼端南军节度使韦君靖，其雕刻历经唐、五代、北宋至南宋绍兴（1131～1162）止，历时250多年，方成就今天的规模。

宋元时代，巴蜀宗教石刻之所以如此兴盛，这与佛教道教的广泛传播和高度繁荣分不开，安岳和大足的佛道教石刻即最好的见证。佛道教文化的发达，除为我们留下安岳大足石刻艺术外，也在一些宗教场所遗址发掘中出土了陶制

---

[1] 廖顺勇：《安岳石刻综述》，《丝绸之路》2004年第1期。
[2] 廖顺勇：《安岳石刻综述》，《丝绸之路》2004年第1期。
[3] 李咸：《大足石窟石刻艺术》，《石材》1994年第4期。

佛教头像，这批陶制佛教头像，在某种程度上呼应了巴蜀宋代石刻艺术。

清嘉庆二十三年（1818）甘肃武威人张澍任大足县令，他在游览了大足北山石刻后，撰写了十多篇有关大足石刻的文章，加上现存的《大足金石录》《蜀典》等书，成为现存的研究大足北山石刻的最早文献。

直至近代，大足石刻的研究才得以展开，大足石窟也从20世纪80年代以来随着旅游、宣传、研究工作的开展，蜚声中外。

2002年四川通江县若江镇在原洪恩寺遗址发现了一批宋代彩陶头像，其中佛头像一尊，罗汉头像八尊。后经鉴定，九件彩陶头像均属宋代遗物。遗址所在地，唐代时名洪恩寺，宋代改名严华寺，寺庙毁于清初。彩釉佛头像为二级文物，高10.3厘米，中空，螺发高髻，面型长方，端正俊秀，大耳，眉如弯月，双目微俯，鼻梁尖挺，神态祥和，耳孔、鼻孔、鼻沟较深，颈下有一圆孔与头顶相连，通体施褐色釉，大部分剥落。除了这尊唯一的佛头像之外，另外八尊均为罗汉，虽都是罗汉却各自形象不同。有眉清目秀者，"彩釉陶罗汉像一件，高8.2厘米，中空光头，面型长方，端正俊秀，眉如弯月，双目微俯，鼻梁尖挺，神态祥和，耳孔、鼻孔、鼻沟较深，唇线分明，颈下有一圆孔与头部相连。头顶与后颈施黑釉，点绿彩，面部施黑色釉"；有立眉怒目者，"彩釉陶罗汉头像一件，高8.9厘米，光头，头顶正中有一宽凸棱，面型长方，大耳，眉骨高凸，立眉怒目，眼珠外凸靠近鼻梁，鼻梁坚挺，下嘴唇较长，抿着上嘴唇，耳孔、鼻孔、鼻沟较深。眼珠、眉及头施黑绿相间釉，面部施豆绿青釉"；又有面颊丰润者，"彩釉陶罗汉头像一件，高8.2厘米，中空，光头微尖，面部较长，两颊丰圆，眉如弯月，双目微俯，鼻梁尖挺，下嘴唇长于上嘴唇，耳孔、鼻孔、鼻沟较深，唇线分明，颈下有一圆孔与头部相连。眼珠及头顶施黑釉，头顶点绿彩，面部施酱色釉"；有嘴小并且闭着者，"彩釉陶罗汉头像1件，高7.1厘米，中空，光头，面型长方，大耳，眉骨凸起，双目微俯，鼻梁尖挺，嘴小紧合，唇线分明，耳孔、鼻孔、鼻沟较深，颈下有一圆孔与头部相连。后颈施绿黑相间釉，面部施短青釉"；与小口相对，又有大口者，"彩釉陶罗汉头像一件，高7.4厘米，中空，光头，面型较圆，眉如弯月，双目微俯，鼻梁挺直，口闭合较宽，耳孔、鼻孔、鼻沟较深，颈下有一圆孔与头部相连。头顶与后颈施黑釉，点绿彩，面部施豆青釉"；也有面貌服饰与众不同者，"彩釉陶罗汉头像一件，高9厘米，头戴风帽，面相圆润，端正俊秀，眉如弯月，眼睑下垂，鼻梁挺直，唇线分明，鼻孔、鼻沟较深，风帽底层施黑釉，面上薄施绿釉，绿釉中间露黑釉，面部施黑釉"；或者是脸型造型不同，"彩釉陶罗汉头像一件，高7.9厘米，中空，光头，面型长方，大耳，眉骨高凸，眼窝下陷，眼珠凸出，双目凝视前方，鼻梁尖挺，耳孔、鼻孔较深，颈下有一圆孔与头部相连。头顶施绿黑相间釉，眉骨施绿釉，面部施淡黄釉"；或有眉如弯月者，"彩釉陶罗汉头像一件，高7.7厘米，中空，头戴风帽，面型长方，端正俊秀，眉如弯月，鼻梁尖挺，无鼻孔，鼻沟较深，颈下有一圆孔与头部相连。风帽施绿釉，面部施酱色釉"①。这八尊罗汉像虽仅存头像，但通过其面部表情、服饰等刻画，将他们的不同一一展现出来，说明宋代泥塑艺术表现力已经相当丰富，而石刻和泥塑这两种立体艺术能够在巴蜀同时获得较高的艺术水准，其间相互影响之处，隐约可见。

二、大足"三清古洞"与道教石刻艺术

我们之所以选择巴蜀大足南山"三清古洞"与山西太原龙山石刻相比较，那是因为，在中国现存的石窟遗址中，"除巴蜀地区的，其他的龛窟内容几乎都是关于佛教的（虽然敦煌莫高窟中有东王公、西王母的壁画，但与佛教的相比，只能算是九牛一毛）。巴蜀是中国道教的发源地，而现存的石窟遗址中，道教题材（包括纯道教，道佛合一，道、佛、儒合一）的龛窟数量，尚不及佛教的十分之一"②。因此，在同一地区，能够产生兼具南北风格，并且雕刻年代都是宋元时期的大量石刻是相当不容易的，一南一北雕刻风格之差异，也为我们比较提供了较好的切入点。

大足南山，古名光华山，位于县城东南2.5公里处。山顶原有古道观，名玉皇观。南山最早的道教石刻，是现编为3号的"后土三圣母"和第4号窟③ "三清古洞"。南山"三清古洞"的开凿年代，据胡文和先生通过功德主身份考证可知，"三清古洞的功德主系何正言，卒于绍兴二十四年（1154），显然，三清古洞凿于其卒年之前"④。当然南山的石刻作品自南宋始，明清时期亦有增刻作品。南山石刻造像（包括石碑九通在内）共编为15号。

---

① 以上皆出自李白练：《四川通江出土宋代彩釉陶佛头像》，《四川文物》2009年第6期。
② 胡文和：《中国道教石刻艺术史》，高等教育出版社2004年版，第1页。
③ 注：胡文和先生所著文章"三清古洞"之编号皆为4号，唯李小强著《大足南山道教醮坛造像》一文所用的"三清古洞"编号为5号。兹从胡先生之说。
④ 胡文和：《大足南山三清古洞和石门山三皇洞再识》，《四川文物》1990年第4期。

第1号，真武大帝龛，刻于明代正德十六年（1521）；……第15号，龙洞窟，窟正壁可见一龙，"全长712厘米。龙的左角、四爪及龙尾部分残"①，其开凿年代当不晚于宋代。

南山石刻1956年被列为省级文物保护单位，1996年归入全国重点文物保护单位北山石窟造像区。

山西太原西南20公里的龙山石刻，自20世纪20年代发现以来，作为北方"唯一的道教石窟，吸引了海内外学者的注目"②。在龙山顶上原有著名的"昊天观"，现已不存。龙山石窟分布在一块突兀的石崖之上，共有九个窟，其中七窟有道教造像，共65尊。余两窟，并无雕像。

自20世纪20年代起，国内外学者纷至沓来，对龙山石窟进行了研究，由于没有统一研究编号等问题，造成了学者间所述内容略有杂乱，胡文和先生在其《中国道教石刻艺术史》③著作中对这一混乱进行了有序的梳理，比对了研究者之间所述内容，清除了一些混乱造成的疑惑。

龙山石窟的开凿人是全真派弟子宋德芳。宋德芳，道号披云，莱州掖城（今山东掖县）人，先后师事刘处玄、丘处机。曾经跟随丘处机西过大漠流沙到中亚谒见元太祖。据胡文和先生考证，宋德芳开凿龙山石窟的时间，亦是其遵从丘处机遗志，广搜各地道经，在山西平阳观、玄都观与李志全和弟子秦志安等人编纂道藏之时，其时间约是在1237~1244年之间。因其编纂多达7800余卷的《玄都宝藏》共耗时八年，这部道藏也是道教史上唯一一部，以一个道派之力编纂的。可知当时宋德芳之不易，在如此百忙之中，又抽出时间开凿石窟，更可想见其中艰难。可惜，在20世纪20年代之后，龙山石窟遭到了严重的盗割，人为破坏严重，以致现在的某些研究不得不依靠日本学者常盘大定20世纪20年代所拍的照片。龙山石窟有着明显的全真派特色，这与南山石刻不同。例如，龙门石刻专列一窟，以雕凿对全真派开创和发展都功不可没的"全真七子"。唯有全真一派的道观才有这一传统，由此可见龙山石窟的全真特色。

南山石刻和龙山石刻，最可以对比的就是三清雕像了，同为道教，抛开派别之间的差异，各个道派都尊"三清"为道教最高尊神，因此在这两处石刻

---

① 胡文和：《中国道教石刻艺术史》，高等教育出版社2004年版，第116页。
② 胡文和：《中国道教石刻艺术史》，高等教育出版社2004年版，第322页。
③ 胡文和：《中国道教石刻艺术史》，高等教育出版社2004年版，第322~328页。

中都雕刻有"三清神"。而南山"三清古洞"的三清石刻时间上稍早于龙山石刻。"从历史的角度上看，这是现存在世的较早的三清组像，因此价值重大，是珍贵的道教文物。"①

南山"三清古洞"，为"平顶窟，窟内底面呈回字形。窟高391厘米、宽508厘米、深558厘米"②。在距离窟门170厘米处有中心柱，尺寸为340厘米×259厘米×157厘米。中心柱正面龛中造像可分为两层。上层为道教尊神"三清"，均面南，三清盘腿坐于束腰的玉基之上。龛左右壁中各有一御，端坐于龙头椅上。下层东西二壁共刻四尊造像，靠里一方，左右各有一御。靠外一侧，则各雕有元君像一尊。中心柱左侧有二图，上图为"玉帝巡游图"，下图为"春龙起蛰图"。全窟的左、右及后壁上有三百六十应感天尊，分列六层，每像高46厘米。这是"三清古洞"的基本结构。有关"三清四御"和"三清六御"之考证，学者已经做了比较深入的研究③。据李远国先生研究，三清尊神作为道教最高神的格局在唐代已经形成。"三清"即元始天尊、灵宝天尊和道德天尊。"四御"或"六御"则晚至宋代方才形成。所谓"御"，是指诸天上帝所居之"御筵"。"四御"者，为昊天上帝、救苦天尊、北极大帝、天皇大帝④；或玉皇上帝、紫微天皇大帝、紫微北极大帝、后土皇地祇⑤。"四御""三清"，道教又称为"七宝"⑥。"六御"者，指玉皇大天帝、紫微天皇大帝、紫微北极大帝、后土皇地祇、圣祖天尊大帝、元天大圣后⑦；或昊天至尊金阙玉皇上帝、紫微中天北极大帝、紫微上宫天皇大帝、东极救苦青玄上帝、神霄真王长生大帝、承天效法后土皇地祇。⑧

龙山石刻，胡文和先生编为2号的龛窟的雕刻主题亦为三清。石窟坐南

---

① 李远国：《大足石刻道教造像渊源初探》，《四川文物》1986年石刻研究专辑。
② 胡文和：《中国道教石刻艺术史》，高等教育出版社2004年版，第262页。
③ 参见胡文和《中国道教石刻艺术史》、李远国《大足石刻道教造像渊源初探》、胡文和《大足南山三清古洞和石门山三皇洞再识》、石衍丰《试释大足南山"三清古洞"石刻造像》等文。
④ 见甯全真《上清灵宝大法》卷一〇。
⑤ 见吕元素《道门定制》卷二。
⑥ 见《道德会元》卷三，《道藏》第28册，第683页。
⑦ 见贾善翔《太上出家傳度》。此"六禦"中，圣祖天尊大帝乃赵室始祖，元天大圣后乃赵室圣祖母。
⑧ 参见李远国《关于道教神真图的考辨：以清代"道正宗师"图为例证》，《三元集》，四川大学出版社2014年版。

朝北，窟门略呈拱形。石窟"高184厘米、宽136厘米、深（平均）约35厘米"①。石窟正面刻有盘腿坐像三尊，即三清。左右二壁各有三尊真人像，且真人像中间有站立女侍者像，据胡文和先生考证此六真人当为全真七子中的男性，即不包括"清净散人"孙不二这位女性真人在内的六位全真教高真②。

从整个石窟造像情况来看，很显然大足南山造像内容相对丰富得多，无论从构图还是从所雕刻的造像数量上来说。

然而从道教神仙的刻画上来说，地处北方的山西龙山石刻相对要质朴一些，而大足南山石刻的雕刻及其装饰都要繁复一些，艺术表现更加丰富。南山石窟后壁上装饰有亭台楼阁及飞天等配饰浮雕，而龙山石窟虽然少了些许装饰，但更显出一种大气、朴质。

同为三清龛窟但陪侍却有不同，这体现出道教派别特色，派别的形成不仅会烙上当时社会民众的思想意识，还跟地域有关。从这个角度去看，研究道教造像对理解当时社会的民众生活及其地域文化都有极大的帮助，当然不同阶层和地域表现出的艺术形象又有很大差异。

值得注意的是，三清古洞石刻是作为一个斋醮法坛修建的。据《大足南山道教醮坛造像》一文考证："三清古洞中心柱窟的设置是与道教斋醮仪式相符合的。"③道教斋醮仪式源自早期五斗米道，早期的斋醮活动都是在露天举行，并专门建有斋坛，供施行道教仪式使用。五斗米时期的斋坛形制如何，已不可考。现存较早的有关醮坛形制的记载，可见陆修静的《洞玄灵宝五感文》："法坛露地立坛，广三丈二尺，栏篡四面开四角为用各一门，又于坛内立重坛，广二丈四尺，开四角上下为十门，各有榜题。"④随着道教斋醮仪式的发展演变，道教斋醮科仪的举行场所从露天转为了室内或露天皆可的情况。五代时期的道书《玄坛刊误论》论述有曰："国家诸坛，祭享有时，雨沾失容，其礼既废。今之宫观，本为众人，或力辩修建，遇雨而废，即于斋主，岂不重劳？但能精诚上通，何患重簷所障。露之与盖，两不相妨。"⑤这就为后来的斋醮仪式在室内举行打下了根基。故后来的斋坛亦有建立在室内者，然南

---

① 胡文和：《中国道教石刻艺术史》，高等教育出版社2004年版，第335页。
② 胡文和：《中国道教石刻艺术史》，高等教育出版社2004年版，第381页。
③ 李小强：《大足南山道教醮坛造像》，《中国道教》2003年第1期。
④ 《道藏》第32册，第620页。
⑤ 《道藏》第32册，第627页。

山这种以整个石窟为醮坛者，世所鲜有。从这一点来说，南山石刻的研究价值确实不可低估。

建立醮坛并非一件随意的事情，据《上清灵宝大法》记载："当择吉地，建立要在洞天福地，名山靖庐，玄坛宫观，不经兵阵战场，屠坊刑狱，生产冢墓，坊圈秽恶之地乃为吉地。"①三清古洞的修建，亦符合这些要求。

石刻中雕塑的三清尊神、天尊赴会等作品，更是道经记载的具象化。有关神仙于法会之上，身着霞帔的场景描写比比皆是，这些描写可以认为是道教石刻的文字资源之一。举若《度人经》之开篇，就有："道言昔于始青天中碧落空歌大浮黎土，受元始度人无量上品，元始天尊当说是经，周回十过，以召十方始当诣座天真大神上圣高尊妙行真人，无鞅数众乘空而来。飞云丹霄，绿舆琼轮，羽盖垂荫，流精玉光五色郁勃，洞焕太空。七日七夜诸天日月星宿，璇玑玉衡，一时停轮。"②又如《元始天尊说变化空洞妙经》，亦有类似的描述："元始天尊迁驾于西那天郁察山浮罗之岳，丹玄之阿，坐七宝琼林骞木之下，身佩九色离罗之帔，飞森之袍，巾须臾百变之冠，带晨光日铃育延之剑。"③此种描述在道经中相当丰富。据此丰富的文字描写，三清古洞创造出了"玉帝巡游图""春龙起蛰图"等充满道教色彩的石刻艺术，这是在中国石刻艺术史上独具道教艺术审美价值的石刻作品。在佛教石窟艺术占据石窟艺术大半江山的情况下，大足南山的道教石刻依然具有其独特石刻史、艺术史的价值和意义。

大足南山石刻是宋代巴蜀艺术石刻中唯一的全道教题材石刻，其他道教石刻都是以三教合一的形式出现的。上文我们已经通过比较南山三清古洞与龙山石刻勾勒出巴蜀道教石刻的独特艺术风格，在此将进一步分析大足地区三教合一龛中的道教石刻来充分认识巴蜀石刻艺术的魅力。石门山三教石刻就是一个富含三教石刻内容的石刻造像群。石门山石刻位于大足县"东二十五里，石刻所在，名圣府洞，杂造仙佛三皇、山王土地等像，殊为混淆"④。石门山佛道教石刻共有13编号，石刻造像四百余躯。"开凿年代大约在北宋后期的绍圣元

---

① 《道藏》第30册，第937页。
② 《道藏》第1册，第1页。
③ 《道藏》第1册，第845页。
④ 刘长久、胡文和、李永翘编著：《大足石刻研究》，四川省社会科学院出版社1985年版，第29页。

年（1094）至南宋的绍兴二十一年（1151）之间。"①石门山道教石刻有第2号玉皇大帝龛、第10号三皇洞、第11号东岳大生宝忏经变龛等处，其中第10号龛乃大足最大的道教石窟，"平面为矩形，宽3.90m，高3.01m，深7.80m"②。石刻正壁和左壁造像基本完好，右壁造像有损坏。三皇洞主像究系道教何神，学者有不同的认识，或认为是道教的天皇、地皇和人皇，亦有学者认为是伏羲、神农、轩辕等儒家尊圣。近来还有学者认为三皇洞主像乃道教天地水三官等道教尊神。③不过多数著作还是认为，三皇洞的主像是三皇。"正壁造'三皇像'，中为天皇，左为地皇，右为人皇，皆面南端坐龙椅上。三皇皆戴通天冠，两耳侧垂靽纩，身穿宽袖大袍，腰悬绶带，脚蹬靴踏几上，双手捧玉圭于胸前，天、地皇年少英俊，人皇方脸蓄须。天皇顶上凿三个小圆龛，分别造三清像。地皇左侧上方立一宰官，戴冠穿袍，捧笏肃立。人皇右侧下方立一宫女，头梳高髻，两目清秀，双手捧一筒状物。"④三皇洞左侧下部有造像七躯，其中五躯为文官造像。"脸形长方，眉眼口鼻的造型与三皇的相同。前三个（从右往左数）头戴进贤冠，冠顶上装饰有珠形物，上身内着中单和宽袖大袍，下身着裙，项下佩方心曲领，束革带并系蔽膝和垂帛（有的为组条），双足着舄，手捧笏。第四个形象头上戴的是朝天幞头，第五个头上戴的是直角幞头。这两个形象造型和其他服饰都与前面三个的完全相同。这五个形象的服饰与宋代亲王或高级官员，如三师、三公、枢密使的服饰形制大体相符合。又，三皇洞左壁上部第二、三（从右往左数以后的男性神像）形象造型（面部六多风化）和服饰也是头戴进贤冠，上身着宽袖大袍、下身着裙，束革带系蔽膝，双手捧笏面立。"⑤从石刻服饰来看，石门山石刻造像的服装基本是宋代服饰，这说明大足石刻道教造像的诸多元素均来自世俗社会，即使是神圣的神像，其装束依然与世俗官员相类似，艺术创造依然离不开现实生活。

石门山左右转角处刻有道教著名元帅天蓬和天猷，其形象乃武官形象。"皆全身披甲、三头六臂，手执剑、斧、矛、弓等兵器，腿侧均有一龙。"⑥

---

① 李凇：《以大足为中心的四川宋代道教雕塑》，《雕塑》2010年第1期。
② 李凇：《以大足为中心的四川宋代道教雕塑》，《雕塑》2010年第1期。
③ 李凇：《以大足为中心的四川宋代道教雕塑》，《雕塑》2010年第1期。
④ 李巳生主编：《中国石窟雕塑全集》卷七，重庆出版社1999年版，第41页。
⑤ 胡文和：《四川道教佛教石窟艺术》，四川人民出版社1994年版，第134页。
⑥ 李巳生主编：《中国石窟雕塑全集》卷七，重庆出版社1999年版，第41页。

石门山的天蓬、天猷武官装束也与宋代武官铠甲体制一致。"护法神的形象和甲饰：脸形略呈长方形，竖目狮鼻阔嘴，作怖畏相；胸甲和后背在双肩上用扣神连接起来，颇与唐代的两当甲相似，胸前各有一圆护，有护腰和护肚（即圆护），用革带勒住；腿裙（即吊腿）之间有长鹘尾护住下身；披膊和腿裙与唐代的不太相同，披膊边沿外翻；身甲，披膊，腿裙，鹘尾上有皮革或铁制作的小札。这些与《武经总要》上的宋代铠甲图完全相符合。"① 石门山右壁上部刻有28尊小像，一般认为是二十八宿，造像男女皆有，其中最值得注意的是两尊女性雕像。"翟冠，上身着宽袖罗衫，下身着裙，束革带系蔽膝，双足着舄，捧笏呈站姿。这种服饰，大体上也应是属于翟衣一类的形制。"② 可惜两尊雕像的冠帽受到腐蚀，已无法辨认其冠帽形制。

　　二十八宿下层刻有五躯石刻，研究者据《枕中书》和《元始天真众仙记》的记载考证，五像自内而外依次应为：太昊氏、颛顼氏、祝融氏、轩辕氏、金天氏神像。10号窟对面的11号窟"炳灵公夫妇龛"也是石门山石刻中重要的道教石刻，《游石门山记》云："三皇洞外左右石壁镌炳灵殿，炳灵太子位居中，旁有七十五司，纱帽笼头，眼光四射，似欲窥人隐者。下刻地狱变相，鬼怪纷沓，靡不活现。岩间复寻故道出，摸左壁，刻昌南诏从事邓桂纪行诗三十韵，隶书，四百五十字，笔法枯劲中饶清润之概。"③ 从文中的记载可以看出这一龛窟，所塑造的人物形象丰富，"是石门山面积最大、人物最多的造像龛。龛高2.40m，宽3.64m，深0.66"④。有学者经过将洞窟主雕像与道教经典比对，认为该窟所雕刻的主像不是"炳灵公夫妇"而是"东岳大帝夫妇"，故而这一窟现已更名为"东岳大帝龛"。"主像为东岳夫妇，居龛中央。东岳头戴翘角幞头，身穿圆领朝服。夫人居右，凤冠霞帔，身着命服，外罩对襟长袍。夫妇均端坐龙椅上。椅后立一屏风，两侧各立一拱揖侍童。"⑤

　　该窟最为壮观的雕刻是排在主像周围的七十多躯石刻："龛内上下围绕着主像有五排共七十余尊男像，下端略大、上端略小，似乎形成近大远小的空

---

① 胡文和：《四川道教佛教石窟艺术》，四川人民出版社1994年版，第137页。
② 胡文和：《四川道教佛教石窟艺术》，四川人民出版社1994年版，第136页。
③ 刘长久、胡文和、李永翘编著：《大足石刻研究》，四川省社会科学院出版社1985年版，第337页。
④ 李凇：《以大足为中心的四川宋代道教雕塑》，《雕塑》2010年第1期。
⑤ 李巳生主编：《中国石窟雕塑全集》卷七，重庆出版社1999年版，第42页。

间错觉。"①大足石刻所运用的手法多样，圆雕、浮雕结合使用，空间视觉交错呈现，体现了宋代巴蜀石刻的艺术已臻成熟，对于石刻技法的掌握和运用已经相当纯熟，表现出来的艺术效果也更为完美。从信仰的角度来说，石门山道教石刻不止刻画各类重要的道教尊神，也雕凿位阶相对较低的一些道教神祇。石门山第13窟山王、地母龛，主要塑造的就是道教山王和地母形象。该龛"由上下两小龛合成。上龛刻地母像，下龛刻山王像。造像被后人改刻而受损。龛右有原造像题记，文中有'乙亥绍圣二年二月二十四日，清明节造'，'镌作匠人文居道'；'绍圣元年甲戌岁五月五日记'，'岳阳文惟一手镌'等内容"②。第13窟从形制规模来说都比较小，而且还受到一定程度的损改，但是其出现正说明了中国民众信仰的多元化和包容性，这也是大足石刻之所以具有如此众多神祇且部分教别不论宗派都能雕凿在一起的原因。这也为艺术的多元化、开放化创造了机遇，正如邓桎在《邓桎纪行诗碑》中阐述的那样："像无定刻，或仙或释、或诸鬼神，千变万化，混为一区。"③

舒成岩也是大足石刻中重要的道教石刻，其中造像均为道教内容。"舒成岩又名半边庙和云从岩，在县城之西，相距约十公里。"④舒成岩石刻共有"五窟：一玉皇；二三清；三不知名；四东岳；五淑明皇后。第五窟所刻略类狸猫换太子故事。据题记，为绍兴十二年至二十二年伏元俊所雕"⑤。舒成岩五窟道教石刻均刻在一块巨石之上，以三清龛为其中心。"其左为玉皇龛，其右为紫微（？）龛、东岳大帝和淑明皇后龛。"⑥舒成岩的三清窟"龛高一点八六米，宽二点六六米，深〇点九三米。龛内并排刻三清像，正中为玉清元始天尊，脸方额广，蓄五绺长须，盘腿坐于三足夹轼之中。左为上清灵宝天尊，面颊清瘦，蓄三绺长须，左手持如意，盘腿而坐。右为太清道德天尊，面容饱满，蓄挂腮髯，须眉皆白，右手持扇。三像身后皆有火焰形背光，皆着大袖长

---

① 李淞：《以大足为中心的四川宋代道教雕塑》，《雕塑》2010年第1期。
② 李巳生主编：《中国石窟雕塑全集》卷七，重庆出版社1999年版，第42页。
③ 刘长久、胡文和、李永翘编著：《大足石刻研究》，四川省社会科学院出版社1985年版，第338页。
④ 李巳生主编：《中国石窟雕塑全集》卷七，重庆出版社1999年版，第38页。
⑤ 刘长久、胡文和、李永翘编著：《大足石刻研究》，四川省社会科学院出版社1985年版，第28页。
⑥ 李淞：《以大足为中心的四川宋代道教雕塑》，《雕塑》2010年第1期，第54页。

袍，下摆罩于方形束腰座上"①。

巴蜀地区三清造像并不少见，每个朝代还形成了不同的造像风格，胡文和先生总结了巴蜀地区宋代三清造像的特色："三清的形象造型，面容清癯，颏下有三绺长须，而不是像唐代那样呈山羊似的胡须或浓髯，发上拢成半高髻，束以莲花冠；其所着的服饰，身内着交领衫，外着宽袖衣（袍），下身着裳（裙），再着褙子，胸腹下系垂帛，均呈盘膝坐姿。三清像的区别特征：三像呈一字形横排，中像是元始天尊、胸前有三脚夹轼，其右边的道德天尊（即太上老君）手执宝扇，其左边的灵宝天尊手执如意。"②三清像造型在巴蜀地区的石刻雕塑中基本定型，这说明道教最高神信仰在道教教义中已经形成，故而石刻、雕塑等的形象都已经具有了固定形象。

玉皇大帝作为宋代形成的重要道教尊神，由于封建体制的完备，对世俗生活的尊崇，玉皇大帝神像均以帝王相出现在道教典籍和雕塑之中，造玉皇像时就连他的座椅等都与宋代帝王的款式风格一致。"神像的宝座，式样类同南薰殿旧藏历代帝王画像中宋代皇帝的座椅。"③而石刻上他的冠冕以及侍从都与帝王相类似。"正壁中央刻玉皇像，头戴冠冕两侧垂靴纩，身穿袍服，手捧玉圭，端坐椅上。面目英俊，表情严而不怒。两侧各立一秀美宫女，举日月宝扇于帝身后。帝左一男侍，捧笏而立，右一女侍捧印而立，二者皆衣着华丽。左右壁各刻一头戴进贤冠，身着宽袖大袍，手捧笏于胸前，端坐椅上的一老一少辅臣。"④

这种以帝王形象出现在道教石刻雕塑中的道教尊神还不少。如舒成岩的紫微大帝造像也是以帝王相雕凿："紫微大帝龛，龛高一点九三米，宽二点八〇米，深一点五一米。正壁中央刻紫微大帝，着帝王冠服，端坐龙椅之上。大帝左右各立一神将，左者六臂，右者四臂，手握剑、斧等各种法器。皆竖眉怒目，顶盔贯甲，威武逼人，腿侧均伏一龙。左右壁各刻一男一女侍者，恭肃而立。"⑤凡是神名有"大帝"二字的道教尊神，基本都是以帝王形象雕刻，且雕刻形制大都相类似。"东岳大帝龛凿于绍兴二十二年（1152），主像位于正

---

① 李巳生主编：《中国石窟雕塑全集》卷七，重庆出版社1999年版，第39页。
② 胡文和：《四川道教佛教石窟艺术》，四川人民出版社1994年版，第134页。
③ 胡文和：《四川道教佛教石窟艺术》，四川人民出版社1994年版，第137页。
④ 李巳生主编：《中国石窟雕塑全集》卷七，重庆出版社1999年版，第39页。
⑤ 李巳生主编：《中国石窟雕塑全集》卷七，重庆出版社1999年版，第39页。

壁，头戴冕旒冠，服饰动作与玉皇大帝同。左右亦有侍者举扇捧印。右侧壁有一坐者，头戴方形高冠，身着圆领服，足着云头鞋，双手持笏。"①艺术是对生活的一种创造性反映，无论道经将不同的大帝描写得如何生动，当石刻艺人将他们刻画出来的时候，不约而同地都以帝王相将其呈现。这只能说明，在那个时代，人们向往的尊贵、富丽堂皇，一切能够加诸神尊的崇敬，不外乎是帝王形象的一种艺术升华。

大足石篆山是一个颇为典型的"三教合一"龛，"摩崖造像儒、释、道三教题材俱有，共二〇〇余身，龛窟编有一〇号，沿岩一直排列，全系北宋元丰五年（1082）至绍圣三年（1096）所造。其中六号孔子及十哲龛，七号三身佛龛，八号老君龛，三龛按儒释道依次排列，龛形相同，是同地点，同时代，同施主，同镌匠的'三教'造像典型"②。道教虽为张陵所创，但又尊老子为教主，故此在三教合一龛中，一般以老子作为道教教主来塑造。无论是三教合一龛还是单独塑造老子像，在中国道教造像史上都是有传统的。自老君作为三清之一之后，老君的造像明显受到了三清造像风格的影响，三尊神的塑造趋同化越来越明显，区别三尊神的主要标志乃是他们手执的法器和位置的不同，单独雕凿的老君像因此也具有了较为固定的造像形式。大足石篆山的老君像虽是三教合一的老君像，但也基本符合这个规制。"该窟系平顶窟，高1.70米，宽3.43米，深1.92米。窟正壁上的主像老君面南盘膝端坐于一束腰四方形宝座上，宝座四周浅刻有云朵，中雕一青牛（略残），其下为一方形台座。老君坐身高0.80米，头戴莲花冠，脸形长圆，颏下有大胡须，身着圆领宽袖大袍，胸前有一三脚夹轼，其左手扶轼上，右手于胸前执一宝扇（柄残）。"③石篆山老君造像，是众多宗教类老君造像的一个典型缩影，与此类似。

三官信仰是道教早期信仰之核心，据《魏书》引《典略》记载，道教早期就以三官手书的方法给人治病。此法是将病人的姓名及其罪过书于三通文书之上，一通埋在山上，上达天官；一通埋之于地，通达地官；一通沉入水中，送达水官。表示病人愿意服罪，祈求三官赦罪解厄，能够病去人愈。这一信仰逐渐成为具有人格意义的三官信仰，故后来的诸多道教宫观皆供奉三官像，大

---

① 李淞：《以大足为中心的四川宋代道教雕塑》，《雕塑》2010年第1期。
② 李巳生主编：《中国石窟雕塑全集》卷七，重庆出版社1999年版，第39页。
③ 胡文和：《四川道教佛教石窟艺术》，四川人民出版社1994年版，第192页。

足峰山寺石刻亦有三官造像。峰山寺位于大足县城西北18公里处，有佛道造像两百余躯，其中编号为11号的石窟，就是著名的三官龛。"龛高二点四米，宽三点八米，深一点三米。正壁刻三官像，皆头戴皇冠，身穿宽袖大袍，面颊丰腴，表情庄严，身躯魁梧，双手捧笏，垂足端坐台上。"①

大足石刻中只有南山石刻是纯粹的道教石刻，除此之外的道教石刻都与儒释二教共存，比起数量庞大的佛教石刻来说，大足的道教石刻相对较少，但这并不影响它成为中国道教艺术史上的一个重要艺术宝库。李淞教授认为，"宋代的道教美术遗存主要集中在南方的重庆、四川和北方的山西，北方为泥塑，南方为石刻"②。因此，大足石刻当之无愧地成为中国宋代道教石刻艺术的典范之作，成为艺术研究和学习的重镇。

三、十王信仰与目连救母

宗教之所以能够约束人们的行为、规范世人的道德，说到底是因为宗教给了人类以彼岸的希望和地狱的绝苦。宗教希望通过彼岸的美好引领我们道德趋向完善，同时又用地狱的苦楚震慑企图越界的心灵。然而完美太难，犯错太易，所以在宗教典籍中，对于天国的书写总是相同，对地狱的描述却不尽相同。通过艺术的形式将地狱的痛苦一一表现出来，无疑对引人向善和投入宗教有着巨大的帮助。

以佛教"轮回学说"为核心建立起来的地狱轮回、因果报应观念在中国及其东南亚一带形成了极大的影响。以佛弟子目犍连见其母罪入饿鬼道，口不得食，其状甚苦，遂求佛陀，佛陀告诉目连如何解救现世父母及七世父母为题材的故事，亦遍及中国大地。这大概是目连救母戏最早的雏形。目连救母的故事在后来影响范围越发扩大，与民众的生活也越来越紧密。"11～13世纪，七月节使社会各阶层聚集于佛寺与市场，市场中出售各种令人眼花缭乱的商品。多数地区将供物置于竹盆内，有些饰有目连救母画像。"③可见目连救母的故事已经家喻户晓。

唐以后，目连救母故事的中国元素愈来愈浓厚，"《盂兰盆经》的注疏

---

① 李巳生主编：《中国石窟雕塑全集》卷七，重庆出版社1999年版，第42页。
② 李淞：《以大足为中心的四川宋代道教雕塑》，《雕塑》2010年第1期。
③ ［美］太史文著，侯旭东译：《幽灵的节日》，浙江人民出版社1999年版，第96页。

很多,在11世纪以前至少有六种,各种注疏中也讨论了子嗣对双亲的责任及长辈(特别是母亲)对晚辈的恩情。一些注家以文雅的笔触对经文做了贴切的诠释,而其他人(如著名的宗密780~841)则充分利用各种中国传统文献来说明鬼节以何种方式实现了中国宗教的根本理想"①。如此广泛影响中国思想史的目连故事,必然又返回去影响宗教经典。于是,在成都府大圣慈寺沙门藏川的妙笔之下,出现了一部融合中国古代文化和佛教轮回思想的著名经典《佛说十王经》。藏川编撰的"《十王经》,不仅对后世佛、道二教影响甚远,就是在唐代也影响甚大"②。《十王经》中的冥界众神包括佛教、道教,甚至民间宗教的各类神祇,诸如阎罗王、泰山府君等地狱十王以及牛头马面等狱卒,而地狱刑具又可以看作是人间世界在地狱中的一个投影。《十王经》的组成"有的出自佛经,有的是由道教及民间宗教信仰转变而来的,有的恐怕就是藏川本人自创的"③。无论构成《十王经》的元素是远道而来,还是土生土长,都为《十王经》在以后的岁月里影响中国思想史提供了足够的思想底蕴,并成为"众多戏曲、善书与宝卷创作的题材,所有这些为前近代中国的民间娱乐提供了新形式"④。

《十王经》的造作者藏川乃成都大圣慈寺沙门,因此十王信仰及十王中的内容必然会影响到巴蜀石刻的内容。我们在巴蜀著名的安岳石刻和大足石刻中都可以找到深受《十王经》影响的石刻作品。

安岳圆觉洞石刻编号为56、60、84等的龛窟,深具十王信仰的元素。首先我们来看保存较为完好的84号龛窟,"该龛系平顶长方形龛,高200、宽280、深90厘米"⑤。龛窟正壁中部雕刻头戴帔风,作半跏趺坐的地藏王菩萨像,像之左右有狗一对蜷伏。在地藏王像下方又刻有一个大圆圈,表示"业镜"。"业镜"中显示逝者生前所犯下的种种罪业,如同电影一般,一一重现其中。雕刻在84号窟的"业镜"中的内容是一妇人正在屠杀猪、羊。"业镜"之外的左边则是一地狱小吏手捧案卷,右边是鬼卒揪住妇人头发作殴打状。龛窟中的雕刻作品是综合了《佛说盂兰盆经》《佛说十王经》和《目连缘起》变文等内

---

① [美]太史文著,侯旭东译:《幽灵的节日》,浙江人民出版社1999年版,第5页。
② 胡文和:《安岳大足佛雕》,文物出版社2008年版,第20页。
③ 胡文和:《安岳大足佛雕》,文物出版社2008年版,第20页。
④ [美]太史文著,侯旭东译:《幽灵的节日》,浙江人民出版社1999年版,第5页。
⑤ 胡文和:《安岳大足佛雕》,文物出版社2008年版,第18页。

容创作而成的。安岳石刻的这种将多部佛教经典及其文学作品糅合在一起的方式，为后来四川广泛流传的目连戏提供了丰富的创作源泉。因此我们才能看到"川剧的花目连内容最为丰富，同正目连一起演出20多本是非常普遍的，演到48本或更多也经常之事"①。安岳石刻圆觉洞84号窟，从一个侧面反映出目连戏有着深广的历史渊源和群众基础。

56号窟亦是依据《佛说十王经》的内容刊刻的。龛中正壁主像为地藏菩萨，左右两侧为地府十大冥王，可惜群像头像皆被毁坏，身体部分风化严重，十王审判和罪人受罚之场景皆已风化。右边有狱卒揪住罪犯头发，持棍棒作敲打状。在这些图形之下有标示"业镜"的圆圈，其中有罪人生前所犯罪业之场景——阳间杀生。浮雕之左右刻有铁狗几只，意喻罪人将堕入阿鼻地狱。

60号龛窟所雕刻的内容与56号颇为相似，亦有风化和损毁。

总的来说，安岳石刻中依据《佛说十王经》《佛说盂兰盆经》等佛教经典和《目连缘起》变文开凿的龛窟，在细节和内容上都是对这些文献的丰富，完全可以看作是后来目连戏与早期经典之间的过渡，特别是有助于了解原始经典是如何演进发展成为明清时期目连戏的过程。

大足石刻宝顶第20号龛窟亦秉承了安岳石刻十王地狱的思想内容，不过刻画更为细致、内容更加丰富，还增加了对地狱的描绘。这一创作极大地丰富了十王信仰及目连戏的内容，弥补了文字描写的不足，为世人展现了鲜活的地狱场景，虽然雕刻者是为了达到其宗教目的，但另一方面却创作了一幅幅艺术精品，透过荒诞的地狱反映现实的疾苦，通过石刻的形式为当时及后世之人展现生活百态。

大足宝顶20号龛，"该龛平顶（原毁，现修复），高1380、宽1940厘米"②。仅就龛窟的造作尺寸来说，已是安岳龛窟所不能比拟的了。该龛共分为四层，一、二层雕刻有中央跏趺而坐的幽冥教主地藏王菩萨。地藏王菩萨成为整个石刻构图的中心，突出了地藏菩萨的重要地位。第一层两边分别刻有十尊佛像，跏趺坐于圆形的龛窟之中；第二层左右各五位冥司之王。第三层分别刻画了：刀山地狱、镬汤地狱、寒冰地狱、建树地狱、拔舌地狱、毒蛇地狱、剉碓地狱、锯解地狱、铁床地狱、黑暗地狱；第四层描绘的图像是：截膝地

---

① 杜建华：《四川目连戏剧本的流变及特色》，《戏曲文艺》1992年第3期。
② 胡文和：《安岳大足佛雕》，文物出版社2008年版，第20页。

狱、铁围山阿鼻地狱、恶鬼地狱、塔与赵智凤像、铁轮地狱、镬汤地狱、矛戟地狱、粪秽地狱、父母喂儿饭故事图。

大足石刻雕刻内容上比安岳石刻越发丰富，地狱及其狱卒和罪人的形象较之更加丰满。不仅如此，石刻的世俗化倾向也愈加浓烈，如养鸡女入地狱图、劝戒酒图等实是宋代民间劳作及其风俗的再现。这些石刻虽然出现在这以宗教内容为主的场景之中，却无法抹去那浓厚的民风民俗，人物肖像的刻画上也更具鲜活的市井气息。这些石刻场景可以说是冲淡了宗教内容的肃穆，突破了宗教题材缺乏生活气息的刻板一面，这是大足石刻对宗教题材创作方向的一个发展，丰富了宗教艺术的表现形式和手段。

从艺术来源于生活这个角度来说，这一时期的目连传说也较之安岳石刻时期更加丰富和完善，这为明清时期巴蜀蓬勃兴起的目连戏提供了肥沃的艺术土壤。以儒家"孝"观念渗入佛道宗教教义之中，衍生出了如目连戏之类的剧目。石刻艺术也是如此。当佛教传入以后，中国人也以自己已有的观念去找寻佛教这个外来宗教与之契合的方面。因此在大足石刻中形成了《父母恩重经变》的石刻，以体现佛教中"孝"的观念。无论是以地狱的形式来宣扬孝，还是以父母生养之恩来传播孝，都可以看作是佛教在传入中国以后，对中国原有的儒家观念的一个重新发掘和再度阐释。

大足宝顶山大、小佛湾各有一组《父母恩重经变》石刻，小佛湾石刻已风化殆尽。大佛湾保存较为完好，其编号为大佛湾15号窟。"此龛中高浮雕着一铺佛说父母恩重经变相，画面宏伟，内容清楚，是全国未曾多见的佳作。"① 该龛高6.90米，宽14.95米，系平顶龛，全龛造像分为三层。第一层雕刻有七尊半身佛像，像皆螺髻，不见头顶。佛像身着双领下垂式袈裟，脑后刻有项光，雕像形态姿势雷同，唯所结手印不同。据学者比对甘肃省博物馆所藏绢画可知，这七佛分别是"毗婆尸佛，尸弃佛，毗舍浮佛，拘留孙佛，拘那含佛，迦叶佛，释迦牟尼佛"②。石刻的中层是整个群雕的主体，共计有石刻11组。胡文和先生认为"投佛祈求嗣息图"乃是全图的序幕，图刻"一对夫妇在佛前相

---

① 孙修身：《大足宝顶与敦煌莫高窟佛说父母恩重经变相的比较研究》，《敦煌研究》1997年第1期。
② 孙修身：《大足宝顶与敦煌莫高窟佛说父母恩重经变相的比较研究》，《敦煌研究》1997年第1期。

对而立,男捧香炉,女在香炉内上香,二者表情虔诚地向佛求子"①。此图成为这一石刻的中心,其余十组图画,以单双序号排列于"投佛祈求嗣息图"的左右两侧。大足石刻父母恩重经变相,不仅雕刻有图画,还有题刻文字,说明浮雕之内容。石刻的十幅图画,深深地刻画了父母对儿女的种种恩情。这十幅图分别为:

怀胎守护恩。画中坐有一孕妇,双眉紧锁,左边一侍女捧茶侍奉此孕妇。上有题刻:"第一怀担守护恩。禅师颂曰:慈母怀担□,全身重□□。□黄如有病,动转亦□□。"

临产受苦恩。石刻作临产妇女双脚叉开站立状,右手护住腹部,左手下垂,面部表情痛苦,身后站有一侍女,双手扶住产妇两胁。一接生婆单腿跪于产妇前面,衣袖挽起,作接生状。接生婆身后站立产妇之夫,手执书卷,神情焦虑。题刻曰:"第二□□□恩。慈觉颂曰:□□慈亲苦,□人眼泪流。知恩□□□,□取出胎时,□□闻将在,□惶不自持,□生都来□,□目皱双□。"

生子忘忧恩。妇女左手抱婴儿,面带笑容,其夫相对站立,丈夫左手把住妻子手臂,眉开眼笑,表现他们得子之后的快乐。题刻曰:"□□□□忘忧恩。慈觉颂曰:初见婴儿面,双亲笑点头。从前忧苦□,到此一时休。"

咽苦吐甘恩。孩子母亲坐着,母亲以左手扶着小孩坐于大腿上,小孩手执饼,举止其母胸前,作喂母状。题刻曰:"第四□苦吐甘恩。慈觉颂曰:□□儿子□,□□自家□。不世知恩少,他时报德难。"

推干就湿恩。母亲侧卧于床上,于床边以双手把住婴儿臀部作施尿状,儿仰卧酣睡,头枕于其母右臂上。题刻曰:"第五推干就湿恩。慈觉颂曰:干处让儿卧,□□□□□。抑谁□□□,诸佛亦何偏。"

哺乳养育恩。其母衣襟敞开,双乳袒露坐着,小儿紧贴母亲胸部站立,左手把在母亲左肩,右手放在母亲右乳上,口含左乳吮吸母乳。题刻曰:"第六□□□□恩。慈觉禅师馈颂曰:□哺无时节,□中岂暂离。不愁脂肉尽,惟恐小儿饥。"

洗濯不尽恩。小孩的母亲坐着洗衣,其父抱着小孩站于母亲肩上玩耍,右侧一个稍大小孩,手持玩具逗引小孩。题刻曰:"第七□□□□。慈觉大师

---

① 胡文和:《大足宝顶〈父母恩重经变〉研究》,《敦煌研究》1992年第2期。

颂曰：□儿□□□，□□□时干。儿身多□□，洗□□□□。"

为造恶业恩。石刻以一席桌为中心，席桌中左右三人，中为一少年，一侧为一老年男子，另一侧是一中年男子。桌子左前侧站有一男一女，男子作持棒追打状，女子挽袖帮忙，其前有猪一头、盆一个、尖刀一把。此图所表达的乃是杀牲办宴席的过程。题刻曰："第八为造恶业恩。古德颂云：养儿方长大，婚嫁是寻常。筵会多杀害，罪业使谁当。"

远行忆念恩。即将远行的儿子与其父母离别，父母面带忧虑，正向儿子谆谆嘱咐。题刻曰："第九远行忆念恩。□□颂曰：□下为儿日，三年岂离后。□你千里□，出必□□□。恐依门□□，归来莫太迟。"

究竟怜悯恩。一对老年夫妇并排而坐，大儿跪于双亲前，老父右手指着小儿教诲。上有题刻曰："第十究竟怜悯恩。颂曰：百岁惟忧八十儿，不舍作鬼也忧之。观喜怒，常不犯慈颜，非容易，从来谓色难。"[1]

《父母恩重经变》截取生活图画，以简要的手法再现父母从怀胎、养育到教育、远行、嘱咐等的艰辛和担忧。石刻内容虽然是宗教的，但是画面却是生活化的。而石刻匠人精于选择场景和刻画人物的艺术手法，在这个石刻群雕中得到了精彩的表现。石刻的第三层则是两幅惨烈的地狱画。其一是阿鼻地狱画卷：恶鬼手执一瓢，向堕入地狱之囚口中灌入铜汁，囚徒推拒反抗之；旁边又有一囚，身戴刑具，囚徒身旁刻有火蛇两条，口吐火焰，烧灼身披刑具的罪犯。其二，在图右侧刻一人被压于巨石之下，仅露其首，且其头部还有一火狗，正喷出烈火烧灼其头。第三层所刻画的是不孝子堕入地狱之后所受的种种惩罚，以警示世间不孝子。有研究者认为，"这是此佛说父母恩重经变相最具特点的部分，亦是其他变相所无的"[2]。正是巴蜀地区石刻的能工巧匠，创作出与其他地区不同的《父母恩重经变》石刻群像，使其成为独具特色的石刻艺术。这种独特的石刻艺术，是在大足自己的文化氛围中独立产生出来的，"大足此变相是有地域性的，依据的经文虽相同，但对其讲解则不同，大足不是在敦煌影响下才出现此经和经变相的"[3]。研究者认为的这种地域性，正是大足

---

[1] 以上引自胡文和：《大足宝顶〈父母恩重经变〉研究》，《敦煌研究》1992年第2期。
[2] 孙修身：《大足宝顶与敦煌莫高窟佛说父母恩重经变相的比较研究》，《敦煌研究》1997年第1期。
[3] 孙修身：《大足宝顶与敦煌莫高窟佛说父母恩重经变相的比较研究》，《敦煌研究》1997年第1期。

石刻独具的思想、艺术风格的体现。对同一种经文的不同阐述，体现出各地域之间的文化艺术差异，这在《父母恩重经变》石刻中也很好地体现出来。

四、大慈大悲观世音群像

安岳、大足石刻是以宗教题材为主的石刻艺术，尤以佛教石刻占据主要地位。就佛教自身来说，题材可谓相当丰富。"从文献记载和现存实物看，历史上我国佛教崇奉的造像题材十分繁多，据初步统计，常见的造像题材约有200种之多。这些题材可分为佛、菩萨、明王、罗汉、护法五种类别。"[1]单说大乘佛教的菩萨信仰，就有"四大菩萨""八大菩萨""十二圆觉菩萨"等。其中"四大菩萨"在中国民间可谓家喻户晓：四位菩萨分别是：文殊菩萨、观音菩萨、普贤菩萨和地藏菩萨。而在中国，观音菩萨信仰又位列四大菩萨之首。"在我国对观音的信仰非常普遍，至迟在宋代已有'家家观世音'的说法"[2]。

"菩萨"一词是"菩提萨埵"之简称，本义为"觉有情"，即觉悟一切众生之意。最早菩萨一词"本来是指乔达摩佛在圆成佛道之前的多生修行阶段，其义为'以圆满智慧为体者'或'决定要成正觉的众生'"[3]。后来佛教教理认为"菩萨名号通于果位和因位，如果按照佛教大乘修行的要求去实践即可以称为菩萨"[4]。因此，"铃木大拙解释菩萨是一位深信菩提（意为'智慧'，即法身'或称佛性'反映在人类'心灵'上的影像），并且为了众生的缘故，以全部精神力量为悟证和发展菩提而奋斗的人"[5]。这种凡俗与神圣距离的拉近，造成了菩萨信仰成为大乘佛教的重要信仰之一并在民众中广泛流传。

观音菩萨是中国信仰最为广泛的佛教神尊，不仅如此，观音信仰还跨越国界，在亚洲的多个国家和地区拥有广泛的群众信仰基础。其实在早期的造像和图像之中，观音菩萨是以男身呈现的。虽然也有些文献记载观世音菩萨偶为女身示现于众人面前，但作为供奉偶像至少在唐代以前，观世音菩萨都还是被塑造为男身形象。"第七世纪时，地婆诃罗翻译《佛说七俱胝佛母心大准提陀罗

---

[1] 黄春和：《佛教造像艺术》，河北佛学院教材（内部印刷品），第145页。
[2] 邢莉：《观音信仰》，学苑出版社1996年版，第6页。
[3] 郑僧一著，郑振煌译：《观音：半个亚洲的信仰》，华宇出版社1993年版，第243页。
[4] 黄春和：《佛教造像艺术》，河北佛学院教材（内部印刷品），第163页。
[5] 郑僧一著，郑振煌译：《观音：半个亚洲的信仰》，华宇出版社1993年版，第243页。

尼经》，女性的观音才以准提观音被称为［七俱胝（大数，通常以千万代表一俱胝）诸佛之母'］的形象，在中国立定了脚跟。"①我们在大足和安岳石刻中看到的观音像皆为女性形象的观音造像。

在佛教经典中，观世音菩萨形象可以说有很多种。在《妙法莲花经》之《观世音菩萨普门品》中观世音菩萨就根据被度化人的需要和因缘，化现不同的人物形象。因此有学者说："翻开中国民间神谱，没有一个神祇像观音这样有这么多造像，而且更令人惊异的是，呈现在人们面前的观音造像不像其他神祇那样固定化、程式化，而是百样千样，各显其态，各具丰采。"②从佛教经典的记载、流传的绘画作品和海外记载来看，观音所展现的形象也是丰富多彩的。"鸠摩罗什译本所列举的三十三种示现，绝不是完整无缺的，竺法护提到的二十二种示现，现存的梵文本十六种，根据格西旺格说藏文本也有十六种；相对的是，楞严经有三十二种，大乘庄严宝王经有二十种。清朝一张画显示观音现公牛身度一位屠夫；在日本，观音则甚至被认为曾经应身供奉在伊势的天照大神。"③这就难怪大足、安岳石刻有如此众多姿态各异、形象不同的观音造像。

佛教造像有很严格的造像规则，各派佛像、菩萨像、罗汉像等有着严格的区别。信徒和鉴赏者通过造像的不同，即可判断造像属于哪一类佛教神祇。相比而言，佛的造像有着更为相似的一般规矩，"佛的形象为比丘相，头饰螺发，身穿袈裟，顶现肉髻，大耳垂肩，额有白毫，胸有卍字，具备'三十二相'和'八十种好'，妙相庄严，气度超凡。所有佛的相貌都是一致的，佛佛一如，唯以所结不同印契为各佛的形象标志。"④而菩萨造像，则完全是另外一番相貌："菩萨的形象为在家居士像，头戴花冠，身饰璎珞，手贯环钏，衣曳飘带，相好庄严，雍容华贵。"⑤相比佛像，菩萨造像的衣服及其饰品要复杂得多，能够加入的艺术元素自然也就丰富得多了。

安岳、大足石刻观世音菩萨早已有之，至宋代形成了其独特的造像和刻画方式，尤其是服饰有着独特的风格。"菩萨身上的服饰，或内着短衫，外着

---

① 郑僧一著，郑振煌译：《观音：半个亚洲的信仰》，华宇出版社1993年版，第243页。
② 邢莉：《观音信仰》，学苑出版社1996年版，第25页。
③ 郑僧一著，郑振煌译：《观音：半个亚洲的信仰》，华宇出版社1993年版，第250页。
④ 黄春和：《佛教造像艺术》，河北佛学院教材（内部印刷品），第146页。
⑤ 黄春和：《佛教造像艺术》，河北佛学院教材（内部印刷品），第163页。

大袖罗衣，下身着裙，腰腹部系垂帛（有的为组条）；或内着短衫（抹胸或裹肚），在胸部束勒帛，外着对襟褙子（式样颇与宋代妇女所着的长褙子相类）。下身着裙，腰腹部也系垂帛；胸部和衫、裙上繁饰璎珞，周身上下披帛飘拂，衣纹褶襞很深，横断面呈V字形。"①为了将菩萨身着的这些服饰表现得更加完美，宋代大足石刻的工匠们采用了很多手法体现菩萨衣饰的优美，同时也展现出宋代异于唐代的审美情趣。"宋代佛、菩萨的衣饰完全不同于唐代。佛、菩萨的身躯几乎被厚重的衣饰全部裹住，再也没有唐代那种薄纱覆体的风格。另外，为了表现佛、菩萨所著衣饰质料的高贵，雕刻师对像的双肩采用圆刀雕刻，雕像所著的衣衫显得非常平滑而没有皱褶。衣或裙的下裾再自然下落堆积在佛、菩萨的宝座上（或下部），目的是为了要说明这种质料的衣饰，不是那时社会中一般人们所著的麻布织品，而是模拟绸缎一类的织品。佛、菩萨像的服饰，应是采自宋代社会中高级僧侣、皇室、贵族妇女所着的服饰的形制。"②雕刻神像服饰的变化，也体现出宋代日常穿着服饰的潮流趋势已与唐代不同，虽然神像服饰是模拟宋代贵富之家的穿着，但其中已可看出，宋代的审美观点已经不同于唐代开放的风格，而开始趋于保守，轻纱覆体已经变成了绸缎裹身，这些变化再次说明，即使是刻画神佛菩萨依然反映着社会审美取向的流转变化。

  大足、安岳石刻中的观音菩萨像可谓多不胜数，且造型也呈现多样化，尤其是手执的法器等大有不同。"宋代的观音，手中象征法器不太统一，多为净瓶、数珠，花冠正中有一个呈站姿或跏趺坐姿的小阿弥陀佛像。"③限于篇幅不可能一一都做介绍，唯有举其最具代表性者述之。大足众多的观音造像，众多学者往往均举大足北山第125号龛的数珠观音像为例。此像高仅97厘米，却有"北山石刻之冠"的盛誉。造像头部微微颔首，身躯稍微前倾，所着衣物似薄纱，质轻且柔，有遇风则动之感。这尊"数珠手观音不是雕成普遍的立像，而是斜倚身体，'吴带当风'，分明天仙下凡的姿态"④。衣服之美足以扫去一切装饰之繁，为了保持这种韵味，这尊观音像"没有装饰豪华的宝冠璎珞，没

---

① 胡文和：《四川道教佛教石窟艺术》，四川人民出版社1994年版，第162页。
② 胡文和：《四川道教佛教石窟艺术》，四川人民出版社1994年版，第162~165页。
③ 胡文和：《四川道教佛教石窟艺术》，四川人民出版社1994年版，第221页。
④ 胡有源：《宋代大足石刻的魅力》，《文史杂志》2000年第2期。

有对比鲜艳的浓厚彩绘"①。造像全身由一个椭圆背光相衬，"在布局上构成一幅无比调和、无比优美的画面"②，造像形态美妙动人、婀娜多姿，故这一雕像为"媚态观音"。

北山第133号窟主像为水月观音像，其像面朝西北，观音像呈游戏坐姿，右膝弯曲放于金刚座上，右手置于右膝之上。衣帔锦代有飘动之状，落于像之四周，头戴有宝冠。菩萨面相自然恬淡、愉悦安逸，观者有安宁轻松之感。"宋代，不仅石窟雕刻中，就是在单铺的画或雕像中，这种水月观音的造型几乎成为一种规范的模式。"③

千手千眼观音是中国佛教密宗较为流行的题材之一。"将《千手千眼观音经》和《千手千眼观音仪轨经》以视觉化形式表现出来，中国画史上称之为'千手千眼大悲变相'，简称'千手经变'。该经变中的主像即千手千眼观音。"④在佛教造像中有如此重要地位的雕像，安岳和大足亦有之且不止一尊。盛唐时期就有如"安岳卧佛院第45号龛窟。中晚唐、五代这种题材造像相当流行，例如：安岳千佛寨、圆觉洞、庵堂寺，大足北山佛湾、观音坡……宋代还仍有这种题材的大型作品出现，例如大足宝顶山佛湾，安岳佛惠洞"⑤。在这众多的千手千眼观音石刻中，大足宝顶山佛湾的观音石刻可谓精品中的精品。此造像在大足宝顶山佛湾8号龛，龛高7.20米，像宽12.50米。观音面北结跏趺坐于莲台之上。莲台下为金刚座，金刚座由两位天王托起。观音头戴宝冠，冠上刻有超过五十二面的佛像，雕刻之精细实属罕见。观音像的正大手，雕刻超过四十只且各具形态，无有雷同。正面有双手合十、双手结印、双手扶膝，头顶有双手捧佛。侧面的正大手则各执法器，不尽相同。造像周围布满了1007只小手，每一手心中具有一眼。如此繁复的构造，在雕塑家的刻刀之下能有条不紊地表现出来，流畅的线条，庄严的塑像，一一展现，可谓是宋代雕塑作品之精华。

---

① 胡文和：《安岳大足佛雕》，文物出版社2008年版，第34页。
② 胡文和：《安岳大足佛雕》，文物出版社2008年版，第34页。
③ 胡文和：《安岳大足佛雕》，文物出版社2008年版，第34页。
④ 胡文和：《四川与敦煌石窟中的"千手千眼大悲变相"的比较研究》，《佛学研究中心学报》1998年第3期。
⑤ 胡文和：《四川与敦煌石窟中的"千手千眼大悲变相"的比较研究》，《佛学研究中心学报》1998年第3期。

安岳毗卢洞中编号19的龛窟中亦雕有中外闻名的水月观音造像。该窟"宽7.5米、高5米、进深3.5米。主尊水月观音高3米，游戏坐，头戴花冠，脸丰颐，双目微闭，面带微笑，胸前饰有T形璎珞，身着U形短袖袈裟，只脚踩莲朵"①。主像左右雕刻有四幅观音救难图，所以，主像也称为"八难观音"。整个主像体态优美、舒展，配饰雍容，线条流畅，是不可多得的石刻艺术精品。

如意轮观音也是安岳大足石刻中的重要题材。如意轮观音的造像是手持如意珠宝，以代表满足众生祈愿；或手持轮宝，表示转法轮，故而名如意轮观音。大足北山编号为50、121、149号的龛窟皆是如意轮观音造像，其中149号窟乃宋代时期作品。该窟为平顶窟，中壁刻有三观音像，坐于莲台之上，皆为一头二臂。"中像持莲花，右像持如意，左像持宝瓶，皆戴冠袒胸，胸缀珠钏，下出三花，衣带下垂，薄覆莲瓣，若隐若现，背后各有火焰形背光，顶上各有宝盖。"②

不空羂索观音造像在巴蜀地区较多。资中西岩罗汉洞和大足北山都有多尊造像，不过有些造像开凿于唐及五代时期，大足北山第119号窟为宋代开凿。该窟为穹拱形顶龛，"高1.77米，宽1.27米，深1.03米，凿于宋代。龛中的不空羂索观音善跏趺坐于金刚座上，足踏两朵并蒂莲花，头戴品字形花冠，项后有宝珠形火焰纹背光，头顶上方有莲瓣装饰的七宝盖，胸膝部繁饰璎珞。观音的脸部为慈面，一头，身有六臂；上举双手手心内各升起一朵云，云中有一小坐佛；中左手持羂索，中右手持剑；胸前双手，左手捧钵，右手持柳枝"③。

安岳毗卢洞中的紫竹观音造像，散发着美的气息，是一尊不可多得的佳作。小像被著名美学家王朝闻先生称为东方的"阿芙罗狄德（维纳斯）"。"紫竹观音，利用自然光线的投射，映衬着她严肃的容貌，丰腴匀称的体态、华美而不紊乱的服饰，使人感到好像生命的活力蕴藏在里边似的。其型体设计叫人叹为观止：一是身体并非完全浮雕，右手臂、荷花、荷叶，甚至五指和细小巾带，皆取镂空雕技；二是所坐莲台与脚踏的莲蕊间，镂出了大量空间，再以肩搭的帔巾相连接，既减轻了巨石的重力，也给人镂空美的艺术享受，使美

---

① 曹德仁：《四川安岳石窟的年代与分期》，《四川文物》2001年第2期。
② 刘长久、胡文和、李永翘编著：《大足石刻研究》，四川省社会科学院出版社1985年版，第225页。
③ 胡文和：《四川道教佛教石窟艺术》，四川人民出版社1994年版，第221页。

学和力学的和谐达到最佳程度。"①

巴蜀的宋代石刻造像的精美,不仅仅表现在观音像上,在此仅为举其要者而言之。巴蜀石刻的宋代作品中,还有很多优美的菩萨石刻未能一一介绍。探究巴蜀石刻中为什么能有这么多菩萨,而这些菩萨造像能够各具风采,姿态万千,恐怕与宋代之风尚颇有联系。

"两宋时代,因为'重文抑武'的国策,导致了整个社会'文气十足',时代审美崇尚着文静典雅、蕴藉恬淡、闲逸清隽、萧散深婉之'阴柔'之美。"②这种崇尚"阴柔"之风与呈现女性相貌的菩萨像一经结合,便雕刻出了如清水芙蓉般的巴蜀石刻菩萨像,这是属于宋代这个时期的完美雕刻,也是巴蜀雕塑家为世界献上的卓绝艺术。同时,巴蜀石刻还蕴含着人性之美。巴蜀石刻虽大都是宗教石刻作品,但正如汪毅在《美神赋——紫竹观音写意》一文中赞美的那样:"我猜想紫竹观音的雕刻者一定是与娇妻分离了好长一段时间,他用他全部的思念,用他全部的爱,甚至用他的全部的生命来塑造了一个血肉丰盈、温柔潇洒、可敬可亲可爱的光彩照人的少妇形象,以此表达对情人的爱恋。因此,我们面对紫竹观音时,才觉得她娇而不妖,美而不邪。她显然是现实人性(娇娃)与理想佛性(菩萨)自然天成的融合,一种升华了的世俗美或者是一种世俗化了的宗教美的杰作。"③正因为巴蜀石刻这种人性与神性的自然合一,才使得巴蜀石刻在审美上获得了极大的成功。巴蜀宗教石刻也因此没有高高在上、不食人间烟火的异质感。即便表现宗教教义,也多以人的角度考虑宗教与人的关系。巴蜀石刻的美是源自人性深处的美,就算时光流转依然能够勾起人们心灵深处的共鸣。这种没有因为时光流逝而消逝的美,这种能够从人性最深处引发的美,是巴蜀石刻特殊的美学意蕴。

五、柳本尊密宗道场石刻艺术

大足和安岳两地石刻的内容和题材,"都是以佛教造像为主,兼有道教造像,佛、道德(德字疑为衍字——引者注)龛,以及儒、道合一的造像,而且有不少佛教造像的仪轨均出自同一佛教经典,只是在艺术表现方面略有不同"④。

---

① 汪毅:《安岳石刻造像初探》,《文史杂志》1986年第3期。
② 龙红:《大足石刻艺术雕刻技法手段》,《民族艺术研究》2008年第4期。
③ 汪毅:《美神赋——紫竹观音写意》,《文史杂志》2003年第1期。
④ 胡文和:《安岳大足佛雕》,文物出版社2008年版,第6页。

而在众多的佛教龛窟中，最为瞩目的就是以柳本尊为主题开凿的密宗道教石窟。①这些密宗石刻主要分布在大足大、小佛湾和安岳毗卢洞中。在大足石刻被人"发现"之前，中国内地的密宗历史仅书写到唐代，自其东传日本之后，中国内地就没有密宗法脉的传承了。但在大足石刻"重现"之后，有关中国内地佛教密宗的历史恐怕就得改写了。"大足石刻为汉地佛教密宗史增添了新页，把密宗史往后延续了近400年，从而可填补晚唐至宋末密教史的空白。"②

有关柳本尊的历史文献相对较少，因此对柳本尊的生平行迹，我们仅能参考南宋绍兴十年（1140）眉州青神中岩寺华严祖觉禅师（1087～1150）根据几本民间传写的传记而编写的《唐柳居士传》。宋代开凿小佛湾时，将之勒之于石，今尤可见，有关柳本尊的生平，皆赖此文得知。柳本尊，嘉州（今乐山）人，生于唐代大中九年（855），卒于后晋天福七年（942）。柳氏应为一弃婴，长大之后成为佛教居士。自光启二年（886）盟誓于佛，遂在峨眉、成都、新都、广汉一带，弘扬佛教密宗，称为"唐瑜伽部主总持王"。曾在新都弥牟镇创立圣寿寺，他及其门徒曾得到蜀王的赏赐和封号。据考证，"柳本尊教派的传承以及宗教活动的鼎盛时期大致是在五代、北宋前期"③。

以柳本尊修行及其宗教思想为主题的大足、安岳石刻，并不是柳本尊本人或嫡系门徒所开凿，而是由时隔两百多年的赵智凤所凿。据明代洪熙元年（1425）刘畋人撰《重修宝顶山圣寿院记碑记》所载："宋高宗绍兴二十九年七月十有四日，有曰赵智凤者，始生于米粮里沙溪，年甫五岁，靡尚华饰，以所居近旧有古佛岩，遂落发剪爪入其中为僧。年十六，西往弥牟云游，三昼既还，首建圣寿本尊殿，因名其山曰'宝顶'。发弘誓愿，普施法水，御灾捍患，德洽远近，莫不皈依。凡山之前岩后洞，琢诸佛像，建无量功德。"④由此可知，赵智凤所传习之法脉，乃是云游弥牟所得，源于柳本尊，但并非亲授于柳氏，毕竟阴阳相隔，时空阻断。

赵智凤从弥牟回到大足以后，他"清苦七十余年，有计划地建成一座大型

---

① 亦有学者认为，将大足安岳石刻中密宗道场的存在，作为纯正密宗曾在四川地区流传的铁证似为不妥。其认为柳本尊一系的密宗应该称为"四川密宗"。参见胡文和《安岳大足佛雕》第25页。本文采用主流观点，仍将此石刻视为密宗道场，并未做更为细化的区分。
② 陈明光：《初探大足石刻是宋史研究的实物史料宝库》，《社会科学研究》1994年第2期。
③ 胡文和：《四川道教佛教石窟艺术》，四川人民出版社1994年版，第334页。
④ 龙显昭主编：《巴蜀佛教碑文集成》，巴蜀书社2004年版，第231页。

石窟道场"①。当然，如此巨大的工程是否完全由赵智凤一人完成尚需考证。②但从大小佛湾的石刻内容来看，有它的完整性，且"大佛湾……全长约五百米全部造像无一完全重复，内容前后辉映，表现形式图文并茂，颇似刻在石崖上一幅幅连环画长卷。从南崖中部进入大佛湾，造像的序列是护法神像、六道轮回图、广大宝楼阁、华严三圣像、千手观音、释迦涅槃圣迹图、释迦降生图、孔雀明王经变像、毗卢道场、父母恩重经变像、云雷音图、大方便佛报恩经变像、观经变像、六耗图、地狱变像、柳本尊行化十炼图、十大明王像、柳本尊正觉像、圆觉洞、牧牛图等"③。从构图的一贯性来说，即使不是一个人自始至终监督完成，也应该是主事者早已谋划全局、后继者按照计划完成。有学者认为，"大佛湾全部造像经过统筹安排，先雕刻小佛湾为蓝图，然后再大佛湾扩大雕造，这是异于其他石窟群的一个显著特点"④。

安岳和大足石刻的密宗石刻，皆无龛窟纪年造像和乞佛人或工匠师的姓名，因此大小佛湾及安岳毗卢洞柳本尊"十炼图"刊刻年代及孰先孰后一直是学术界争论的问题。姑且不论先后问题，仅就石刻的艺术手法和雕刻技艺来说，也是大足、安岳石刻当中的精品。

安岳毗卢洞《柳本尊十炼窟》"呈长方形敞口，面北……窟宽14米，深4.50米，高6.60米。窟檐中央开五个圆龛，直径0.80米，每龛内刻一佛合为五佛"⑤。《十炼窟》内中央刻有主像毗卢遮那佛，头螺髻上饰有宝冠，身着双领下垂大衣，双手施大日如来剑印，跏坐于莲台之上，像高2.90米，有左右半身力士托起台座。柳本尊十炼图分为两层，上六下四，下层排列在主像之左右两侧。十炼图从左至右分别是：炼指、立雪、炼踝、剜眼、割耳、炼心、炼顶、舍臂、炼阴、炼膝，每图下方有一横长方形碑，碑文内容为关于柳本尊的活动事迹。

大足宝顶第21号窟《十炼窟》，所刻内容与安岳《十炼窟》基本相同。大

---

① 陈明光：《试述大足石刻与安岳石刻的关系》，《四川文物》1986年石刻研究专辑。
② 传说宝顶山大、小佛湾的造像雕凿都是由赵智凤一手在南宋淳熙年间（1174～1189）主持开凿的，但现在无任何文献资料证明，这是一个非常值得认真探讨的难题。参见胡文和《安岳大足佛雕》第26页。
③ 陈明光：《试述大足石刻与安岳石刻的关系》，《四川文物》1986年石刻研究专辑。
④ 刘长久、胡文和、李永翘编著：《大足石刻研究》，四川省社会科学院出版社1985年版，第16页。
⑤ 傅成金：《安岳石刻〈柳居士十炼窟〉内容初探》，《四川文物》1996年第4期。

足宝顶21号窟"平顶,全高1460、宽2486厘米。窟正壁上半部分柳氏十炼图,下部为十大明王。十炼图的主像为柳本尊"①。十炼图之下皆有长方形石碑,碑文所述内容与安岳石刻基本相同,个别字句略有差异。

有学者对安岳和大足《十炼窟》进行了比对,认为它们的差异是:"大足的龛额上,除五佛外,还增加了四菩萨,上层十炼图第1图多一作证菩萨像;第4图改男侍为女侍;第6图无塔;第8、9图皆无官吏像;在主像柳本尊的左右无丘绍夫妇,代之以文殊、普贤;在下层弟子、官吏像中,减少了二吏目,增加女弟子5人,男弟子4人。"②

虽然二龛内容差别不大,然而主像却有差异,安岳之主像为毗卢遮那佛,大足宝顶的主像为柳本尊,据此有学者认为:"然赵智凤造宝顶十炼图的正中主像是赵本尊的先师柳居士像,顶印中呈现毗卢佛,意思是柳思毗卢佛显灵的凡身。石羊毗卢洞十炼图正中主像却是毗卢佛,佛顶塔内坐的是头着鬃发的行者像,形似宝顶赵智凤无二,意为毗卢佛显示的凡身是承柳教的赵智凤了。"③基于以上判断,陈明光先生认为安岳毗卢洞《十炼窟》应该是仿造大足《十炼窟》创作的,"石羊的年轻比丘借重师誉,效法其师,行化造像,开凿了四处与宝顶石刻内容大同的石窟"④。当然,也有学者持相反的论断,首先是认为鬃发者不是赵智凤,"在宝顶,人们大都以为卷曲发像为赵智凤。胡昭曦教授指出:宝顶小佛湾'经目塔'上,第一层正面圆龛中鬃发人像,可能就是柳本尊。这一看法(鬃发人是西人柳本尊),在安岳得到证实"⑤。对某些具体像的认定不同,故而对于谁先谁后的认定可能就会不同。因此,有学者认为"大足十炼图在安岳十炼图的基础上,根据《唐柳本尊传》作了个别的调整、增补、变化。安岳十炼图以毗卢佛为中心,即毗卢佛为柳本尊的法身像"⑥。

无论谁仿照了谁,安岳和大足的密宗石刻艺术都为我们展现了一幅幅深入人心且惊醒世人的宗教图画,这是不可多得的。而大、小佛湾"在方圆五里内

---

① 胡文和:《安岳大足佛雕》,文物出版社2008年版,第24页。
② 胡文和:《四川道教佛教石窟艺术》,四川人民出版社1994年版,第330页。
③ 陈明光、邓金之:《试述大足石刻与安岳石刻的关系》,《四川文物》1986年石刻研究专辑。
④ 陈明光、邓金之:《试述大足石刻与安岳石刻的关系》,《四川文物》1986年石刻研究专辑。
⑤ 刘长久、胡文和、李永翘编著:《大足石刻研究》,四川省社会科学院出版社1985年版,第172页。
⑥ 胡文和:《四川道教佛教石窟艺术》,四川人民出版社1994年版,第330页。

的古道旁凿造结界像，题材不重复，内容相互辉映，始之以'六趣唯心'，终之以'齐证圆觉'柳本尊苦行成佛，有教有理，有行有果，完备而别具一格的密教道场，为密教史上所罕见"[1]。

虽大小佛湾皆为密宗道场，但却不乏鲜活的生活气息。如著名的《牧牛图》等，虽然主旨是以训牛以喻修心，但这牧童、这场景，活脱脱宋代民间生活之写照。我们不仅可以看出，艺术与生活关系之密切，无论艺术所表现之主题是宗教还是其他，都阻挡不了生活对艺术的影响。因此，该图又成为社会学家研究宋代生活的一幅画卷。还由此可以看出，大足、安岳石刻的艺术表现力，在时过境迁的今天依然魅力不减，这独具风格的艺术精品为巴蜀文化的繁荣昌盛做出了贡献。

---

[1] 陈明光：《初探大足石刻是宋史研究的实物史料宝库》，《社会科学研究》1994年第2期。

第五章

明代巴蜀艺术

概述

明洪武四年（1371），明军入川，推翻了大夏政权。七月，曹国公李文忠奉命入蜀，开始了明王朝对巴蜀地区的统治时期。朱元璋提出"各安其生"的政策。明初洪武、永乐、宣德等朝，秉承这一执政政策，国家政治较为清明，人民安居乐业。巴蜀地区，亦不例外。从洪武至永乐，都有勤政爱民、与民休息、清正廉明的地方官员，吏治清明，故而明初国泰民安，社会稳定。这为治愈战争创伤，恢复社会文化、经济、政治都起到了不可忽视的作用。但是，明朝是一个中央集权相对严重的王朝。朱元璋称帝以后，便开始怀疑农民将领对他不忠，担心元代降官、地主和文人不会臣服于他的王权，于是采取了废除宰相、设立内阁大臣的制度，废除行省而改设总督、巡抚等措施，把全国的军政大权都集中到皇帝一人身上，这就大大加强了封建专制主义中央集权的统治，其集权程度远超前代。同时，明王朝还建立了强大的特务机构——锦衣卫，对政府官员暗中实施侦查监视，滥行猜忌诛杀，使建国不久的新王朝日夜笼罩在高度集权的白色恐怖之中。这种极端专制的皇权政治，严重地压制了各类人才的自由发展，也导致了政治的腐败。高度中央集权的政策和恐怖的情势严重钳制了明代文化艺术的发展，极端专制主义的残酷压制令明代的艺术成就较之唐宋，大为逊色。

明前期、中期，四川发生了三次较大规模的农民起义：赵铎起义、正德川中起义、蔡伯贯起义，这是川中积淀已久的社会矛盾的总爆发。整个来看，明代的政治趋于保守，文化发展受到一定程度的限制。无论是文学、音乐、曲艺还是绘画，都不及唐宋。加之四川地区自元初兵祸、明代农民起义等都极大地打击了巴蜀艺术的发展。

一直占据巴蜀艺术史主体地位的文人诗书画等艺术形式在明代发展式微，而民间艺术在这一时期却显得相对活跃。明代社会世俗化倾向越来越浓，且在某些地区形成了资本主义萌芽，劳动力从土地中解放出来，出现了大批新兴城镇。在明代的城镇兴起大潮中，四川各地的城镇也迅速形成。有的学者就明代至清代四川地区城镇的增加做了一个比较性统计,"威远县明时有场镇十二个,至乾隆时增到二十五个;金堂县清初仅有四镇,嘉庆年间增为十六个;达县在乾隆时有场镇三十六个,至嘉庆时增为四十三个;彭县在康熙时仅有场镇一个,而乾隆时增为十个。清末成都所辖成都、华阳两县场镇之多,计有苏坡桥、望仙场、崇义桥、太和场、两路口、青龙场、三河场、洞子口、犀浦场、土桥场、龙场、天回镇、中和场、石羊场、石板滩、龙潭寺、青羊宫、三洞桥、红牌楼、白家场、复兴场、高饭店、胡家滩、双华场、牛市口、大面铺、高店子、两河场、新店子、窑子坝、土主庙、倒石桥、大林场、蓝家店、三星场、白沙坡、和江场、中兴场、清和场、秦皇寺、簇桥、苏码头、顺河场、公兴场、白马滩、黄龙溪、傅家坝、万兴场、赖家店等近五十个场镇。"[1]场镇的迅速发展,娱乐消费也随之增加。为适应这种趋势,巴蜀已有的某些艺术形式与城镇发展带来的文化需求相结合,形成并发展出新的艺术形式和新的审美取向。

商品的流通促成人员的流动,艺术传播与交流也随之加快。因此,民间艺术在这个时期抓住了发展的好时机,巴蜀一地的民间艺术呈现欣欣之势。以往这类民间作品很少纳入艺术史的写作范畴,但是,随着人文社科研究方法的改变和视野的扩大,民间艺术也都进入艺术史研究的范围。诚如巫鸿所言:"美术史近二三十年来发展的一个最大特点,是在它研究对象、研究目的和研究角度各个方面的迅速扩张,其结果既是这个学科影响力的增长和对一般性人文科学和社会科学的积极介入,也是它不断模糊的面貌和日益尖锐的身份危机。当所有的视觉形象——不但是'精英'的绘画和雕塑,而且是报纸杂志上的图片和街头巷尾什物——都登上了美术史的殿堂,当学者从形式分析和图像辨认等专业技巧中脱逸而出,开始在社会、思想、政治、文化、宗教、经济等广阔层面上求索图像和视觉的意义,以艺术家和风格为主要概念的传统美术史就被自我结构了。"[2]朱元璋崛起于民间,明代200多年来,艺术形态复杂多样,既有明承宋制一脉,也有受文学化影响的特点,同时其民间化、宗教化特点更为凸显。明代时期巴蜀绘画艺术的重点之一为宗教艺术,以宗教壁画、宗教水陆画为其艺术创作的重心,为后世留下了诸多艺术精品。脱胎于宗教艺术的年画,

---

[1] 段玉明:《中国市井文化与传统曲艺》,吉林教育出版社1992年版,第233~234页。
[2] 巫鸿:《美术史十议》,生活·读书·新知三联书店2008年版,第56页。

在巴蜀大地也开出了艳丽之花。绵竹年画，以其鲜明的特点成为中国四大年画产地之一。绵竹年画以木雕出轮廓然后填色为主要特色，有着较强的绘画性，尤其是"填水脚"画法更是绵竹年画与众不同的一个技法。明代及其清前期的移民对巴蜀艺术的影响是显而易见的。全国各地的移民纷至沓来，移民带来的不仅是人口的充盈，还带来了当地的文化艺术，这些外来艺术丰富了巴蜀艺术，同时在与本土艺术融合之下还产生了新的艺术形式。

曲艺方面虽然比元末之时有所发展，但整个文学的艺术水准相对较低。文人作品唯有杨慎的《二十一史弹词》算是佳作；民间戏曲发展势头不错，出现了令人瞩目的目连戏，这是巴蜀宗教文化与曲艺共同培育的一朵奇葩。在这个佛、道教都很发达的省份，出现目连戏这样宗教意义浓厚的戏剧并不稀奇。目连戏也因此烙上了巴蜀元素。各兄弟省份曲艺艺术经由各种渠道进入四川，为清代川剧的最后形成提供了充足的艺术养料。

美术方面，相对于唐宋五代的辉煌，可以说明代的巴蜀画坛相对萧条。没有名震画坛的著名画家，亦没有绝世的文人佳作流传后世。战乱之后的巴蜀美术处谷底之中。整个明代巴蜀画坛，民间壁画成为主角。宗教壁画一直是巴蜀绘画的一支重要力量，曾经一度为著名画家创作的主要阵地，其中灿烂辉煌的大慈寺壁画，光耀千古。自宋代文人画兴起之后，文人的主要力量转为创作人文画，宗教壁画主要由民间画家继续创作，但这丝毫没有影响到四川壁画的质量。明代四川壁画就留下了名垂千古的新津观音寺壁画，让后人赞叹不已。

承袭敦煌石刻的余绪，唐宋五代巴蜀石刻可谓一颗耀眼的明珠，元代一划而过，几乎没有留下什么作品。明代巴蜀地区石刻作品佳作也不多，唯有安岳大成山十王殿、安岳三教合一窟、元始天尊像，算是这一时期的代表之作。从整个巴蜀石刻的发展趋势来看，虽然巴蜀一地在清代和民国还有石刻作品，且存世之作颇多，然而就艺术水准来说远不及前代。因此，明代可以看作巴蜀石刻艺术发展的终结点。

第一节　戏曲、音乐

一、元杂剧、明传奇在巴蜀

元杂剧是在宋杂剧和金代院本的基础上，融合了北方流行的音乐、说唱、舞蹈等艺术样态之后形成的一种独具特色的戏剧形式。元杂剧的形成，将中国戏曲艺术带进了一个前所未有的时期，有学者称之为"中国戏曲的黄金时代"。

元杂剧的产生并不是偶然的，从其与金代院本艺术的比照中我们发现："金院本名目中有三十几种与元杂剧的剧目名称或题材相同……诸宫调把这些北方少数民族的乐曲和其他北方曲调依其音律高低归隶各种宫调，这就形成了一个严整的北曲系统。金院本有些剧目逐渐用这个北曲系统演唱，进而每本用四种宫调的四套曲词成为一种习惯，于是元杂剧便形成了。"① 乐曲方面，元杂剧流淌着金院本及其北方乐曲的血脉。

从文学艺术角度说，元杂剧剧本的创作与当时的社会环境有着千丝万缕的关系。首先是元朝统治期间，仅举行过一次科举考试。再则，科举考试"仍将蒙古及色目人与汉人南人分为两榜，考取授官时，蒙古人比色目人高一级，色目人又比汉人南人高一级"②。如此的人文环境之下，文人不得不抛弃以往的"学而优则仕"道路，另觅生存之道。"元代知识分子地位的急剧变化造就了一大批杂剧作家，这也是元杂剧繁荣兴盛的一个重要原因。"③ 这些被迫放弃科举仕途之路的文人进入生活以后，更能体会到生活之不易和人们之困苦。"以其知识文化与群众的创造力相结合，便促进了艺术的发展。"④ "这些落魄文人得与杂剧艺人成为亲密合作的艺术伴侣。他们中的许多人，受过深厚的传统文化的修养，历尽沧桑，洞察世情，有丰富的社会经验，也是艺术的行家……正是由于有了关汉卿等众多作家参与创作，才大大提高了杂剧艺术的美学层次，使其乍登舞台，便已达到了一个崭新的高度。"⑤ 诸多因素的合流，最终将元曲艺术推向了一个高峰，因此，"人们历来把元曲看作一代文学的标志。'汉文、唐诗、宋词、元曲各绝一时'"⑥。

元曲虽然从诸宫调中来，但与诸宫调等又有区别。"诸宫调不分出目，此则通例四折，虽纪君祥之《赵氏孤儿》统计五折，张时起之《赛花月秋千记》统计六折，顾不多见也。诸宫调不分角目，总以一人弹唱，与后世平话

---

① 许金榜：《中国戏曲文学史》，中国文学出版社1994年版，第54~55页。
② 周贻白：《中国戏剧史长编》，人民文学出版社1960年版，第176页。
③ 许金榜：《中国戏曲文学史》，中国文学出版社1994年版，第59页。
④ 周贻白：《中国戏剧史长编》，人民文学出版社1960年版，第176页。
⑤ 颜长珂：《中国戏曲文化》，新华出版社1993年版，第42页。
⑥ 颜长珂：《中国戏曲文化》，新华出版社1993年版，第42页。

略同，此则分末、旦、外、丑等著目，而以末、旦为主，元人所谓旦、末双全也。"①然而，元曲这种四折一楔子的结构却成为后来制约其发展的缺陷，导致了元曲的衰微。"杂剧创作要考虑这四套曲子的安排，就要更加注意熔炼和剪裁。这种把音乐结构与戏剧结构统一起来的形式，在当时是最完整的。当然，一个戏剧故事只能纳入四折的范围，也是对创作的一种束缚。"②而且，元杂剧发展到后期，其"中心南移，呈现出衰颓之势，很多杂剧作家活跃在以杭州为中心的江浙地区。他们中的许多人，或流连山水，或埋首经典，失却了前期作家的勇气和精神，只有少数作家取得较高的成就"③。剧作家的这一转变，也在戏剧的创作内容上表现出来。"元代后期，统治者逐渐加强了对思想文化的控制。杂剧作家队伍的成分、境遇、心态有了很大变化。当年的剧坛宿将渐渐老去。新染指杂剧的文人既无前辈们的坚韧老辣、落拓不羁，又无'骨鲠在喉，不吐不快'的压抑感和紧迫感。他们往往不是从现实生活出发，而是到历史故事中去寻找题材。不是通过历史来宣扬爱国主义精神、民族意识和反抗情绪；而是借历史表彰、赞美孝夫节妇、忠臣义士、圣主贤臣。爱情婚姻剧的数目也还不少，但多半是描写才子佳人的风流韵事，反封建礼教的主题大大减弱了。与此同时，前期已初露端倪的山林隐逸、神仙道化剧增多了。内在生命力的空疏枯萎导致外部形态的僵化凝滞。元末以后的杂剧，不可避免地染上了因袭模仿、雕琢矫饰之病。"④失去了鲜活的生活内容、深入生活低层的文化体验，以及元杂剧结构的固化等诸多因素的制约，致使元杂剧在经历了其辉煌时代之后，亦走上了式微之路。巴蜀杂剧可供研究的资料并不多，相对于唐宋巴蜀繁华的戏剧艺术来说，元代巴蜀戏剧确实默默无闻。明代巴蜀戏剧亦可称之为积蓄期，直到清代川剧的兴起和繁荣，巴蜀戏剧艺术才又迎来了戏剧艺术的又一个春天。

明初的文化禁锢限制了文人们的思想自由，"明代的文化上和艺术上的发展，都不免受到一些限制。尤其是戏剧的撰作，有些作品居然显示出和做'八股文'一样，谈忠说孝，旨在劝惩"⑤。同时，科举制度的重新开放，又将文

---

① 吴梅：《中国戏曲概论》卷上，上海古籍出版社2000年版，第141页。
② 颜长珂：《中国戏曲文化》，新华出版社1993年版，第40页。
③ 周传家：《中国古代戏曲》，商务印书馆1996年版，第56页。
④ 周传家：《中国古代戏曲》，商务印书馆1996年版，第103页。
⑤ 周贻白：《中国戏剧史长编》，人民文学出版社1960年版，第250页。

人的大部分精力吸引过去,"求取功名做官上进的路是读书人的'正道',一旦走通,剧坛对他们的吸引力自然也就小了。这时,知名作家不多,纵或留下姓氏,生平事迹也难以详考;还有一些作品甚至连作者的名字也没有留下,多半出自所谓'村儒'、'俗优'手笔"①。明初这一段时期,可以说是明代戏剧发展的第一阶段。有学者将其归纳为,"从明初到明嘉靖、隆庆年间,约200年光景,传奇继承宋元和明初戏文,逐步确立了自己的体制"②。而这个确立起来的体制,已然不是元杂剧的继续,而是早诞生在元杂剧之先的南戏。"南戏在元剧的全盛时代,既未尝全被抑落,已不啻告诉我们,这一形式的戏剧,只是因地域上的分别,暂时为北方杂剧的繁兴所掩。"③当被掩盖的南戏在元杂剧衰落以后,"南戏(传奇)却在民间逐渐发展。……南戏在明初演变为以上四种声腔(四种声腔分别是:海盐腔、余姚腔、弋阳腔、昆山腔——引者注),足迹遍及全国,可见得到了迅速发展"④。这种被重新发掘出来的戏剧与元杂剧有着一定的区别,从语言运用上来说,"杂剧以白描为工,是谓元人本色,非若明清传奇之绯丽典则。而杂剧唱白,其真率之处,独能化通俗为雅文。取以比较,反觉绮语艳词之近酸腐。故超越古今,称一代绝作"⑤。从戏剧结构上来说,"元人杂剧以四折为限,视若一定不易之规。(其后吴昌龄作《西游记》,虽多至二十余折,乃不得不以本分之。每本之中,仍四折焉。)而所演故事,虽至离奇曲折,亦必以四折尽之。每苦不易发挥……然传奇之不善作者,又每多生枝节,或添增闲场,以求符二三十出之数,胶柱鼓瑟,其失惟均焉"⑥。结构的死板是元杂剧最为让人诟病之处,然而语言的鲜活及口语化,又是元杂剧取得如此辉煌成就的亮点。任何艺术的成功,都无法脱离生活。在经历了明初相对沉寂之后,到明中叶(明成化至隆庆间)传奇取得了长足的发展。"传奇的兴盛使我国古典戏曲进入一个新的发展阶段,出现了戏曲发展史上的第二个高峰。"⑦所以有学者认为:"戏剧虽无总大成,按之实

---

① 颜长珂:《中国戏曲文化》,新华出版社1993年版,第65页。
② 周传家:《中国古代戏曲》,商务印书馆1996年版,第118页。
③ 周贻白:《中国戏剧史长编》,人民文学出版社1960年版,第251页。
④ 许金榜:《中国戏曲文学史》,中国文学出版社1994年版,第215页。
⑤ 徐慕云:《中国戏剧史》,上海古籍出版社2001年版,第52页。
⑥ 徐慕云:《中国戏剧史》,上海古籍出版社2001年版,第53页。
⑦ 周传家:《中国古代戏曲》,商务印书馆1996年版,第118页。

际，必至明乃称完美。以明代传奇，其曲文华赡典丽，诚不若元曲率直而具天籁之可爱。至其编制与演法，与元曲相比较，则固有显著突飞之进步。所以然者，则南戏盛行，而传奇繁多，浸夺杂戏之席焉。"①从明中叶开始，南戏在全国戏坛取得了主导性地位，元杂剧逐渐退出了历史舞台，即使还有人在创作杂剧剧本，但已是寥若星辰，已非主流戏剧形式了。学者称这一阶段为传奇发展的第二阶段。这一阶段"昆、弋争胜局面带来传奇创作的全面繁荣，出现了汤显祖那样杰出的剧作家和《临川四梦》那样优秀的作品"②。可见第二阶段是明传奇发展最为辉煌的时期。"第三阶段，为明末清初之际，昆山腔和传奇创作进入调整、总结阶段，以李玉为首的'苏州作家群'和戏曲理论家李渔是这一阶段的健将；第四阶段，从康熙末年到乾隆末年，大约80多年时间。昆曲由盛而衰，然而却矗起'南洪北孔'两块丰碑。"③

之所以说传奇创作集中的明代是我国戏剧的重要历史时期，乃是因为明拥有数量可观的传奇剧本，这是在明传奇发展的400年里，剧作家留给人间的一笔宝贵财富。"明人传奇，多不胜纪，余箧中所有，不下二百余种。"④仅吴梅一人所藏就有200余种，可见明传奇剧本数量之巨、明传奇创作之丰富。

明传奇的繁盛除了剧本之外，另一体现在于它吸收地方声腔熔铸一炉的艺术风格，开创了许多流传广泛的声腔形式。"明清传奇包括众多声腔。经过相互吸收融合，发展变化，有的已消失。……流传最广，影响最为深远的，主要有昆山腔和弋阳诸腔。"⑤这些流传广泛的声腔对我国戏剧的影响极大，而这些腔调与地方声腔的结合又影响着地方戏曲的发展。"（弋阳腔）每流传到一处，即可结合当地乡音和乐曲，衍变为地方化的声腔。"⑥从弋阳高腔对川剧的影响来看，再次证明了这一点，说明明传奇对后世戏剧的影响可谓深远。因此有学者说，"它（明传奇）不仅影响了清代的戏曲，甚至对今天的戏曲也具有深刻的影响"⑦。明传奇的繁盛，不仅在文学上，而且在声腔上都深刻地影

---

① 徐慕云：《中国戏剧史》，上海古籍出版社2001年版，第60页。
② 周传家：《中国古代戏曲》，商务印书馆1996年版，第118页。
③ 周传家：《中国古代戏曲》，商务印书馆1996年版，第118~119页。
④ 吴梅：《中国戏曲概论》卷中，上海古籍出版社2000年版，第159页。
⑤ 颜长珂：《中国戏曲文化》，新华出版社1993年版，第70页。
⑥ 颜长珂：《中国戏曲文化》，新华出版社1993年版，第70~71页。
⑦ 许金榜：《中国戏曲文学史》，中国文学出版社1994年版，第233页。

响着中国的戏曲发展，也给明清时期发展起来的巴蜀川剧烙上了深刻的印迹。

二、四川目连戏

目连戏起源自佛教，一般认为构成目连戏思想基础的佛经"《盂兰盆经》和《报恩奉盆经》两经或出于4、5世纪，6世纪起被纳入中国佛教大藏经"[①]。《盂兰盆经》出自六朝的佛教经典，"有人怀疑它是一部汉文伪经"[②]。其中包含"孝"的思想，与中国儒家本有的忠孝思想多有融通之处。于是，这部以孝及慈悲为主题的佛教经典，在中国文化的历史长河中被一次一次搬演，而主角目连也因此成为中国历史上著名的文化角色之一，家喻户晓，声名远播。《盂兰盆经》在中国佛教界也受到了极大的关注，在"6—10世纪间，中国僧人写了六种注疏"[③]，可见佛教僧人对这部经典的重视程度。而将目连救母故事从佛经变为戏文的关键，乃是出现于公元800年前后的敦煌抄本《目连救母变文》。到宋代，出现了《目连救母》杂剧，据《东京梦华录》记载，宋代的《目连救母》杂剧在中元时节演出，且一演就是八天，目连戏在宋代就俨然是一部大戏，这为后来目连戏的发展奠定了坚实基础。

四川地区的目连戏更具有自己独有的特色，早在唐代开凿的安岳石窟，就有地狱变相。"变相图是综合《佛说盂兰盆经》《佛说十王经》以及《目连缘起》变文等内容而制作的。"[④]四川目连戏来源的多元化，为后来目连戏的发展中采取兼容并蓄的风格埋下了最初的因子。"四川的目连戏内涵丰富、形式独特、功能奇异，是巴蜀文化史上出现的一个奇观。它之奇不仅仅在于传奇的连台故事、精彩的表演绝技，更多的是它那不同于一般戏剧演出的宗教、戏剧、民俗三位一体的艺术形态和社会功能，由于它所具有的这种独特性，使它在四川人民的精神生活中占有特殊的地位。"[⑤]

四川近代目连戏的主要源头可以上溯到明代，"郑之珍的《目连救母劝善戏文》演变为川剧的'金本目连'——在四川影响最大、流传最广的一个版本。清末民初，在川西、川南和川东的大部分地区所搬演的目连戏中，占主要

---

① ［美］太史文著，侯旭东译：《幽灵的节日》，浙江人民出版社1999年版，第41页。
② 江玉祥：《清代四川皮影戏中的"十殿"戏》，《四川戏剧》1994年第2期。
③ ［美］太史文著，侯旭东译：《幽灵的节日》，浙江人民出版社1999年版，第41页。
④ 胡文和：《安岳大足佛雕》，文物出版社2008年版，第20页。
⑤ 杜建华：《巴蜀目连戏剧文化概论》，文化艺术出版社1993年版，第2页。

地位的即是'金本目连'。这个被视为正宗川剧《目连传》的剧本"①。郑之珍撰《目连救母劝善戏文》共三卷，上卷三十二出，中卷和下卷各三十四出，全文共计一百出。从这里开始，目连戏发展壮大，成为四川戏剧的一朵奇葩，奇香满园。

目连戏作为主题的戏剧形式是多种多样的，除了川剧搬演目连戏剧之外，四川皮影戏也演出目连戏。

四川的目连戏分为正目连、花目连和大目连。"通常有正目连7本，花目连24本，大目连48本之说。所谓一本，也就是一台的意思。搬目连一般一天只演一本目连戏，其余的戏则叫垫台戏、酒戏。"②七本的正目连从"《接刘氏四娘》开始，到变金毛狮犬结束，中间有会《缘桥赏贫》《筑台盟誓》《开五荤》《火爆葵花》《刘氏回煞》《担经担母》《十殿寻母》等重头戏"③。为了增加目连戏的内容和长度，旧时在目连戏的前面还加有所谓"目连前传"——《梁传》。"这是因为目连的祖父傅天斗为梁武帝的押粮官，梁武帝被困台城，傅天斗押粮救驾，但他没能尽职尽忠。梁武帝困死台城之后他便押着十万皇饷回了家，故而他家十分有钱，均系不义之财，会缘桥赏贫，有赎罪之意。《梁传》一般可演3本。"④既然有目连前传，必然有目连后传。后传的演出接在正目连之后，名叫《黄巢》。该剧主要讲述了，目连破铁围城救出生母之后放走了八百万恶鬼，因此，目连被罚投胎转世黄巢，要尽数收回他所放出的八百万恶鬼之后，方能引渡升天，《黄巢》一剧共有九本。而且巴蜀各地的目连前后传还有些差异，有些地方加入的前后传是《观音传》和《佛儿卷》等。除了这些前后传及其正目连之外，目连戏还可以加入《岳传》等。"同目连传所表达的思想主旨相通，如《岳传》《水浒》《封神榜》《西游记》等，它们所包含的思想内涵大多离不开忠孝节义、因果报应或神道神仙道化，与目连戏的教化功能可推荐相得益彰的效果。"⑤而这些与目连戏相得益彰的戏剧，数量是相当巨大的，据"重庆市艺术研究所收藏的川剧老艺人李树

---

① 杜建华：《四川目连戏剧本的流变及特色》，《戏剧艺术》1992年第3期。
② 杜建华：《论川剧目连戏演出的规制和习俗》，《戏剧艺术》1992年第3期。
③ 杜建华：《四川目连戏剧本的流变及特色》，《戏剧艺术》1992年第3期。
④ 杜建华：《四川目连戏剧本的流变及特色》，《戏剧艺术》1992年第3期。
⑤ 王定欧：《试析四川目连戏的形态特征》，《戏剧》1995年第4期。

成先生抄录的四川48本目连《连台本场次》"①的记载来看，这些加入目连戏的戏剧范围是相当广泛的。包括"《大发猖》1本9出，《佛儿卷》1本20出，《西游记》4本97出，《观音》3本74出，《封神》12本283出，《东宫》12本293出，《台城》3本65出"②。加上《目连》12本251出，这样这个大目连总共能够上演48天，可见其规模之大，非一般戏剧可以比拟。甚至还有极端的情况，"据成都群生川剧团严树培先生讲，民国十八到十九年间叙府（宜宾）的那次搬目连最为丰富多彩，主要剧目有：《汉江海》《封神榜》《洪江渡》《西游记》《观音得道》《雪山成圣》《耿氏上吊》《红鸾配》《目连传》《瓦岗寨》、东周列国故事等，这些剧目大多又是自成体系的连台本戏，再加上以宣扬忠孝节义为主旨的'江湖18本'以及若干垫台戏，这次搬目连的时间竟长达一年之久"③。将目连戏拉长来演的手法，被各演出团体广泛运用，以《观音》这个戏剧为例，"都只能演出三五天，为适应营业生存，'条纲'乱塞进一些完全与正戏无干的内容，行话叫'卡条子'，也类似于今天电视连续剧的'掺水'"④。如此扩大后的目连戏，不仅仅是围绕目连主题，而是将诸多与之有类似主题的戏剧都一并搬演，这种结构在其他戏剧里是不多见的，唯有目连戏，能够统摄众戏，将其熔于一炉。在清代目连戏又称为"大戏"，可见其所谓"大"字，所蕴含的恐怕就是这能够融合多种戏剧内容于一身的事实了。《芙蓉话旧录》记载了清代成都演出目连戏的情况："成都谓《目连救母》全部戏剧曰'大戏'，又曰'打叉戏'。每岁例于二月中旬后，在北门外成都县城隍庙前，以巨木扎台演唱。如从略，则十余日毕；从详，则有演至一月余者。"⑤看来目连戏从来都有详略不同的演出方式，是目连戏一贯采用的演出方式，而延长目连戏的演出时间则成为当时某些戏班维持生存的一种手段，"晚饭前做法事，晚饭后搬目连，一演就是十天半月，以此度过生活上的一段艰难岁月。目连戏真是成了艺人们的'衣饭碗'。由于目连戏具有这样特殊的作用，因而只要遇到搬目连的机会，艺人们总是要翻箱倒柜，把自己能演的剧目尽可能地纳入目连戏的剧目，这样，就自然促成了系列连台剧目体制的

---

① 王定欧：《试析四川目连戏的形态特征》，《戏剧》1995年第4期。
② 王定欧：《试析四川目连戏的形态特征》，《戏剧》1995年第4期。
③ 杜建华：《四川目连戏剧本的流变及特色》，《戏剧艺术》1992年第3期。
④ 欧阳平：《旧重庆目连戏揭秘》，《红岩春秋》1997年第4期。
⑤ （清）周询：《芙蓉话旧录》，四川人民出版社1987年版，第63页。

形成和发展"①。这样的"掺水"大戏，在过去的年月里却受到成都人的热烈追捧。"戏台左、右扎有看楼无数，城中士女排日往观。"他们所观者，当然也是这类以目连戏为中心，加入诸多戏剧的所谓"大目连"。"每日早戏及下半本，仍演普通戏，惟正本演《目连救母》。其节目蝉联前日而下，戏台外扎有游台，阔数尺，正本每一幕毕，必以数人持锣鼓沿游台，且击且走，循行一周后，次幕始出。"②这样的演出形式可以说是目连戏的定制，这样的演出形式也为民俗渗入戏剧创造了契机。如刘氏"哭嫁"一段，就是这类形式的民俗化再现，"哭嫁的内容和形式也完全沿袭民间的习俗，即采取一唱众和的'坐歌堂'的形式，由新娘在上轿之前，同父母、兄妹、亲朋、好友等一一话别"③。而《捉寒林》一出更具有不同的表现形式，如重庆地区的"捉寒林，由一个龙套着便装进餐馆，要酒要菜大吃摆阔，酒刚及半，突涌进一拨也是吼搬（川剧后台伴唱）、龙套扮成的鬼卒，手持铁链、钢叉逮了他就走，他就是'寒林'，所吃酒菜不但不付钱，鬼卒们还顺手牵羊把残余'打包'而去"④。如此等等，不一而足。

目连戏的主题除了孝亲之外，劝善这一主题也相当突出，因此，清代以后目连戏的另一个源头是"清代乾隆年间张照奉命改编的《劝善金科》剧本……张照的《劝善金科》在《目连救母劝善戏文》的基础上作了较多修改，变为煌煌十本240出。……它与郑本相比，增加了许多神道说教、劝善惩恶的内容，而有违善行之报应的场面更是随处可见"⑤。明清之时，劝善思潮相当流行。自宋代《太上感应篇》行世以来，劝善书、功过格等劝人为善的宗教书籍便日益增多，至明清之际，劝善俨然成为一种风尚，渗透到文化的诸多方面。作为具有良好可塑性的目连戏，便也与这劝善联系起来，用戏曲艺术展现了地狱的凄苦、刘氏的悲惨。以此警醒依然为非作歹之徒，能够早日金盆洗手，同修善道。

目连戏是一个极具生命力的戏剧，因此，当目连戏与民俗结合之后，各个地方的目连戏就表现出各自不同的艺术特色。"在四川，目连戏的流播载体已

---

① 王定欧：《试析四川目连戏的形态特征》，《戏剧》1995年第4期。
② （清）周询：《芙蓉话旧录》，四川人民出版社1987年版，第63页。
③ 王定欧：《试论四川目连戏剧本的平民意识》（下），《戏曲艺术》1995年第2期。
④ 欧阳平：《旧重庆目连戏揭秘》，《红岩春秋》1997年第4期。
⑤ 杜建华：《四川目连戏剧本的流变及特色》，《戏剧艺术》1992年第3期。

是多种多样的。它们在搬演目连戏的过程中，由于受诸种内外因素的制约，其演出的路子也有差异。这样就使四川的目连戏从剧本到演出都形成了多元发展的千姿百态的格局。"①

巴蜀目连戏，这个独具巴蜀民俗风情，集戏曲艺术、宗教巫术、劝善行善、梨园行规于一身的戏种，在巴蜀大地上繁衍开花，形成了不同的曲艺形式，川剧、皮影戏、木偶戏等都演出该剧。与各地方特色相结合，又形成了各地方独具的目连戏剧本，使巴蜀目连戏之内容蔚为壮观。从这一剧目之所以如此鲜活来看，艺术能够常青的秘诀在于不断地创新，而创新的源泉来自民间。目连戏在巴蜀的几百年里，虽然外在形式在不断嬗变，但却常演常新，成为观众喜闻乐见的戏剧之一。目连戏这一特例，可谓戏曲艺术中一个值得研究的典型例子。

三、杨升庵《二十一史弹词》

杨慎（1488～1559），字用修，号升庵，四川新都人，是明代著名宰相杨少师廷和之子。杨慎24岁时，举正德六年（1511）殿试第一，状元及第，授翰林修撰。明世宗即位后，朝廷里掀起了所谓的"大礼议"，在这次政治斗争中，"帝震怒，命执首事八人下诏狱。于是慎及检讨王元正等撼门大哭，声彻殿廷。帝益怒，悉下诏狱，廷杖之。阅十日，有言前此朝罢，群臣已散，慎、元正及给事中刘济、安磐、张汉卿、张原，御史王时柯实纠众伏哭。乃再杖七人于廷。慎、元正、济并谪戍，余削籍。慎得云南永昌卫"②。杨慎时年37岁，自此后的35年，杨慎都是在流放中度过。

杨慎一生著述丰厚，《明史》杨慎传曰："明世记诵之博，著作之富，推慎第一。"③古人亦将杨慎之才情与李白、苏轼相提，"余尝与天下士论古今真大才子，得三人：一曰唐太白，一曰宋东坡，三曰明升庵，才皆天纵，殆文苑中之生知安行者。是以天骨开张，横纵自如，冠绝当代。此外诸家，虽多雕龙绣虎，炼石补天，然皆借人工学力而成，并非天才"④。足见杨升庵在古人心中的文学才情，堪称绝代。据统计杨慎"著述多达四百余种"⑤。在这四百

---

① 杜建华：《四川目连戏剧本的流变及特色》，《戏剧艺术》1992年第3期。
② 《明史》卷一九二，中华书局1974年版，第5082页。
③ 《明史》卷一九二，中华书局1974年版，第5083页。
④ 《全蜀艺文志·序》，第13页。
⑤ 《全蜀艺文志·前言》，第2页。

余种著作之中，就有杨慎著名的《二十一史弹词》。《二十一史弹词》，又名《历代史略十段锦词话》《历朝史说》《历朝史记》等，是一部雅俗共赏的历史通俗读物。有学者认为，"最早的弹词首推明代蜀人杨慎的《二十一史弹词》。振铎的弹词目即以杨著为首"①。这篇弹词全文三万多字，每段之首必以《临江仙》等曲开篇，"后有'诗曰'数段，然后入本文。本文为散文的叙述，都是历史的记载，其次才为唱文三首"②。但说这篇弹词之名，可能知道的人并不多，然而说到《三国演义》开篇词《临江仙》，可谓妇孺皆知，无人不晓。自从清代毛宗岗翻刻《三国演义》，将那一首"滚滚长江东逝水，浪花淘尽英雄。是非成败转头空。青山依旧在，几度夕阳红。白发渔樵江渚上，惯看秋月春风。一壶浊酒喜相逢。古今多少事，都付笑谈中"收入《三国演义》之后，这首脍炙人口的词作便成为一个标杆，为后来书写历史的文人建立了一个范本。这首词既让我们体味到杜甫的"无边落木萧萧下，不尽长江滚滚来"的苍凉雄浑，又不乏苏东坡的"大江东去，浪淘尽"的豪迈。

弹词，乃是流行于南方的讲唱文学形式。弹词"约可分为文词与唱词两类。文词即案头的读物，所谓'of the woman, by the woman, and for the woman'者，如《天雨花》《安邦定国志》《再生缘》《玉钏缘》之类。此类书多'表'（即第三人称说白）而少'白'（即第一人称扮角的说白，与戏剧同），与唱词多'白'而少'表'者不同；至唱句则为七字句或攒十字（三三四），与唱词无异"③。从音乐的节奏来说，弹词的音乐远可追溯到战国时代，因此"近年来，不少学者认为《荀子·成相篇》是说唱艺术中韵文唱词的滥觞。清代乾隆年间为《荀子》校订新版本的谢墉也说过：'审此篇音节，即后世弹词之祖。'"④从其文词和形式上来说，弹词继承了唐代变文的诸多因素，众多学者皆已对此作出考证。郑振铎在《中国俗文学史》中就说："弹词的开始，也和鼓词一般，是从'变文'蜕化而出的。其句法的组织，到今日还和'变文'相差不远。其唱词以七字句为主，而间有加以'三音'的衬字的，也有将七字句变化成为两句的三言的。"⑤赵景深在其著《曲艺丛

---

① 赵景深：《曲艺丛谈》，中国曲艺出版社1982年版，第42页。
② 郑振铎：《中国俗文学史》（下册），上海书店1984年复印商务书局1938年本，第350页。
③ 赵景深：《曲艺丛谈》，中国曲艺出版社1982年版，第58页。
④ 中国艺术研究院曲艺研究所：《说唱艺术简史》，文化艺术出版社1988年版，第4页。
⑤ 郑振铎：《中国俗文学史》（下册），上海书店1984年复印商务书局1938年本，第348~349页。

谈》中亦云："弹词的起源或谓起于唐代的变文，这只是为了迄今可见的最早的连说带唱的故事，是唐代的变文而已。"①变文可以说是中国讲唱文学之祖，后代的诸多讲唱文学形式，是由此衍生出来的。变文是唐代兴起的一种讲唱文学，多用韵文和散文交错组成，内容原为佛经故事，后来范围扩大，包括历史故事、民间传说等。"'变文'是'讲唱'的，讲的部分用散文；唱的部分用韵文。这样的文体在中国是崭新的，未之前有的。"②变文的发现，对于我们更清楚地认识中国文学史及曲艺源流有着重要的意义。"在敦煌所发现的许多重要的中国文书里，最重要的要算是'变文'了。在'变文'没有发现以前，我们简直不知道'平话'怎么会突然在宋代产生出来？'诸宫调'的来历是怎么样的？盛行于明清二代的宝卷、弹词及鼓词，到底是近代的产物呢？还是'古已有之'的？许多文学史上的重要问题，都成为疑案而难于有确定的答案。但自从三十年前（1900年，该书写作于20世纪30年代，故有此说——引者注）史坦因把敦煌宝库打开了而发现了变文的一种文体之后，一切的疑问，我们才渐渐的可以得到解决了。"③变文的发现，有助于我们了解艺术的脉络流向，同时，也看清楚了变文作为后代讲唱文学以及后来衍生出来的曲艺艺术的母体，包含着这类艺术的最初因子，成为诸多艺术形式的共同源头。不过，追溯到变文这个源头，并不能真正说清弹词演变的具体情况。于是，赵景深先生又说："我以为弹词直接的渊源该是宋金元的诸宫调。弹词是变文的侄儿侄女，但他却是诸宫调嫡亲的儿女。"④如果从宋元诸宫调亦出自变文的角度来说，弹词恐怕属于变文的孙子辈更为贴切，与诸宫调的亲缘关系更近一层。

从音乐的角度说，弹词继承了更多"陶真"的元素。《说唱艺术简史》探讨了这一情况，"历来学者们都以为陶真就是弹词的前身，它们同是江浙的伎艺，同是七言诗赞体，同是以弦乐或琵琶伴奏，故弹词必源于陶真无疑。又，弹词得名来自'弹唱词话'，弹词演出形式也是有说有唱"⑤。杨荫浏的《中国古代音乐史稿》亦云："弹词有着久远的历史，它可能是从宋代的《陶真》

---

① 赵景深：《曲艺丛谈》，中国曲艺出版社1982年版，第40页。
② 郑振铎：《中国俗文学史》（上册），上海书店1984年复印商务书局1938年本，第190页。
③ 郑振铎：《中国俗文学史》（上册），上海书店1984年复印商务书局1938年本，第180页。
④ 赵景深：《曲艺丛谈》，中国曲艺出版社1982年版，第40页。
⑤ 中国艺术研究院曲艺研究所：《说唱艺术简史》，文化艺术出版社1988年版，第99~100页。

发展而来。在较早时期，它的名称比较混乱。有时用《陶真》的名称。"①由宋代"陶真"艺术发展而来的弹词，至明清两代成为主要的曲艺形式，在大众中广泛传播开来。

在杨升庵创作了《二十一史弹词》之后，以历史故事为题材的弹词便开始受到创作者的重视，其后出现了如明嘉靖间（1522~1566）人梁辰鱼所作的《江东二十一史弹词》，明末清初人陈忱作的《续二十一史弹词》等历史题材的弹词作品。由杨慎开启的历史题材弹词，由此也在妇孺间传播开来。明季《三风十愆记》记常熟丐户中草头娘"熟二十一史，精弹词"。可见杨升庵《二十一史弹词》对历史故事的挖掘创造，深刻地影响了当时曲艺艺术的创造。

与众多弹词颇有不同的是，杨升庵选取了历史故事作为创作题材，这似乎与他的政治境遇颇有关系，于是我们在《二十一史弹词》上自开天辟地、下至元代的漫长历史中，可读到儒者建功立业的情怀："携酒上吟亭，满目江山列画屏。赚得英雄头似霉，功名。虎啸龙吟几战争。"也可从词中听到抒发道家隐逸的超然之美，如："雨汗淋漓赴选场，秀才落得甚干忙。白发渔樵诸事懒，萧散。闲谈今古论兴亡。"更有诸多词句表露了一种万事到头总为空的悲凉，如："个个轰轰烈烈，人人扰扰匆匆。荣华富贵转头空，恰似南柯一梦。"这些词句，并非消极的逃避，而是对被贬谪的控诉。透过道家超然洒脱的言语，以一种宽广的胸怀直视了朝代兴亡的历史现实。

据赵景深先生统计，古代流传至今的弹词约有300种。其中大部分是清代的作品。②这些弹词又可以分为土音弹词和国音弹词，土音弹词即以方言表演的弹词，国音弹词则是用北京语言所表演的弹词。"土音《弹词》的唱本，几乎全是以爱情为题材……国音《弹词》的唱本，较多是描写历史故事，反映政治斗争，一般仅被用作案头读物，很少被表演的机会。"③虽然我们无法追究杨慎之《二十一史弹词》究系土音，抑或国音，但不难发现，国音"弹词"的书写内容有似秉承了杨慎的创作理路，且又发扬光大。

赵景深先生认为，杨慎之"《二十一史弹词》虽是最早，究竟韵味与后

---

① 杨荫浏：《中国古代音乐史稿》，人民音乐出版社1981年版，第813页。
② 赵景深：《曲艺丛谈》，中国曲艺出版社1982年版，第40~57页。
③ 杨荫浏：《中国古代音乐史稿》，人民音乐出版社1981年版，第814页。

来的弹词不类，倒与归庄的《万古愁曲》有些相近"①。郑振铎先生亦认为《二十一史弹词》"那唱文，全部是十字句，和鼓词极相近，而和一般的弹词不甚同"②。虽然有某些特点与我们后来的弹词颇为不一样，但毕竟无法抹去《二十一史弹词》作为最早弹词的事实，"杨慎写二十一史弹词，其体裁和今日所见的弹词已很相近"③。

第二节 美术

一、明代巴蜀书画艺术的特色

经历了元代战火，明代的巴蜀文化受到严重打击，诸多文化艺术创作都有不同程度的萎缩。绘画艺术与巴蜀前期璀璨成就相比衰落之势尤其明显，可谓一落千丈。

追溯巴蜀地区绘画艺术发展之初，西汉时期的壁画及画像砖曾经辉煌，考古出土文物留下了早期巴蜀绘画艺术的神韵。东汉益州太守陈留、高联在培修玉堂石室的时候，就曾请画家在新建的周公礼殿墙壁上绘有盘古、老子、孔子及门人，以及历代帝王的画像。惜乎，皆已湮没于历史之中。

唐代，巴蜀地区的绘画艺术相当发达，著名画家吴道子的弟子卢楞伽，从长安到四川，并在当时著名的大圣慈寺创作了好几幅"高僧图"的壁画，著名书法家颜真卿亦有画赞书于壁画上，当时人们称此为"二绝"。有唐一代，成都大圣慈寺的壁画是名震当时的，诸多名人都曾到此作画，留下了很多佳作。宋代苏轼兄弟都曾到此观画学习，足见大慈寺壁画之美。

进入五代，巴蜀地区的绘画更加繁荣。中原避乱入蜀的诸多画家一起构筑了五代巴蜀地区绘画的辉煌时代。画家方面有著名的黄氏父子以及著名的释道画家孙之微等，孟氏开创的画院又在政策上促进了绘画的发展，诸多条件的重合，促成了五代巴蜀绘画事业的繁盛。

进入宋代，文人画兴起，巴蜀地区的文人画亦相当发达，最为著名的当

---

① 赵景深：《曲艺丛谈》，中国曲艺出版社1982年版，第42页。
② 郑振铎：《中国俗文学史》（下册），上海书店1984年复印商务书局1938年本，第350页。
③ 郑振铎：《中国俗文学史》（下册），上海书店1984年复印商务书局1938年本，第350页。

是文同及其创立的"湖州竹派"。他们的出现，将巴蜀地区的文人画推向了高峰。此后，宋末元初的战乱，不仅摧毁了巴蜀地区文化的基础，战乱带来的人口减少、人才流失等问题，也造成了文化艺术的萧条。而绘画艺术，是受冲击最为严重的艺术之一。同时，整个中国明代绘画，因为明朝的高压政策，现实主义艺术传统遭受挫折，独有山水画花鸟画的发展到了一个高峰。而山水画的中心阵地主要集中在江浙一带并形成了以戴近为首的"浙派"，文同、戴迁为代表的两画派成为明代画派的两座高峰，闪耀在明代画坛。

相对于江浙吴地画坛的喧嚣，明代巴蜀画坛相对沉寂，比不过吴地文人画的兴盛，亦没有往日巴蜀本地的辉煌。不过巴蜀毕竟是文化大省，在艺术环境相对困难的明代，有些画家还是留下了他们的画名。民国期间刊行的《蜀画史稿》一书汇聚了明代巴蜀地区有名的画家11位，兹录其小传于此，以备学人查验。

张一魁，一魁，会理州人。画山水、人物，俱臻至神妙。蜀献王延至成都，为写《新月图》，境象澄清，厚资金帛而还。

徐贲，贲，字幼文，自蜀徙苏州，明初官河南左藩。画法董源，其山水、林石，遒丽清润，濯濯可爱。

杨基，基，字孟载，祖蜀人，仕江左，因生吴中。洪武中，官晋臬，与高启、张羽、徐贲齐名。雅善墨竹，得洋州、彭成之法。

王璲，璲，字汝玉，以字行，号青城山人。其先蜀之遂宁人，从父宦游，占籍吴中。永乐间翰林检讨、直内阁，书画兼长。

曹学，学，字行之，号太狂，蜀人。嘉靖初，客游滇西，精画、能诗，草书遒劲。

苏致中，致中，蜀人。由制科官部郎。山水师郭熙、马远，行笔如流，清雅高迈，略不经意，天趣坌溢，人不能及。

雷济民，济民，宣宗时人。杜琼题其画云："书中有雷济民，天机之精如有神。远追顾陆得深趣，近于马夏尤相亲。"

吕潜，潜，字孔昭，遂宁人。崇祯间进士，甲申后不仕，花草放纵，不越矩矱。

卓小仙，小仙，蜀人。善画，好吟咏，举止异常。嘉靖间寓鄱阳时，饮连盏吞，复吐出，或纳片石于口，须臾成银，以给贫人，一日别众去，不知所之。

释敏行，敏行，彭州人，攻佛画。

释日章，日章，号锦峰，成都人。画山水学唐子华。①

相较成就不高的文人画，巴蜀民间壁画却留下一些经典，能够让我们追忆精美的明代巴蜀艺术。然而，明代的壁画与唐五代之壁画又有不同。唐五代壁画多为名家所作，而明代著名的画家都去作文人山水画去了，留下壁画这一创作空间，多为民间艺人所占领。

二、明代巴蜀壁画

明代山水画以吴地为兴盛，"出现了沈周、文徵明的吴门派，戴近的浙派等"②。全国的人物画发展相当缓慢，巴蜀之地亦未走出著名的人物画家。写意花鸟画以及墨竹、墨梅等画比较繁盛，但画派中心亦在巴蜀之外。故有明一代，巴蜀之地的绘画精彩之处，不在文人画，而在民间绘画，尤在壁画，它们基本上是释道壁画。从宗教的角度讲，其目的是阐扬教义，将人世间百般事物视为自身之净镜、觉悟之机缘。明代壁画之风兴盛，又促进了明代绘画的多样化与民间化。巴蜀地区现存明代壁画主要有剑阁觉苑寺壁画、广汉龙居寺壁画、新繁龙藏寺壁画、蓬溪宝梵寺壁画，以及著名的新津观音寺壁画等。

觉苑寺位于四川省剑阁县西南的武连镇。《剑阁县续志》卷九载有清代保宁府郡守徐芝铭所撰的《重修觉苑寺记》，大略记载了觉苑寺的历史。"寺肇始于唐贞观，至宋元丰，始赐名觉苑。有敕牒可稽。南宋绍定时，僧发昌创修大藏经阁，梯桥阶级皆筑石为之。元末，寺毁坏，明天顺初，僧静智及其徒道芳，驻锡于此。重新殿宇，奉佛祖像，并绘释迦年谱于壁。"③又有唐代石制灯台出土于寺，其有题记曰："弘济寺新制石灯台"，正文则刻有："灯明暗破，即正法除疑，信建兹台为德者，曷能俦欤？""华灯照耀，高殿峥嵘……唐元和十（三年）六月十日题。"④寺中香炉铭文较为详细地记载了寺庙的兴建、衰败、重兴等历史。"伏闻佛法广大，偏聪三界十方，誓原宏深，普济思恩三友在在处处，三教兴扬，古代梵刹万载留存。殿宇虽颓，基址依然，有师

---

① 罗元黼：《蜀画史稿》，四川人民出版社1983年版，第69~74页。
② 王伯敏：《中国绘画通史》（下册），三联书店2008年第二版，第4页。
③ 《剑阁县续志》卷九，《四川府县志辑》第19册，巴蜀书社1992年版，第969页。
④ 转引自黄邦红《觉苑寺壁画及塑像》，《四川文物》1985年第2期。

静智天顺年间云越蜀川，睹礼峨山，复回至此。蒙被檀那各捨资粮，请师焚修，竖立宝殿，庄严圣像。功欲将完，师辞归逝。贻徒道芳主持……"①

据此记载，我们可知，觉苑寺始建于唐代，时名弘济寺。北宋时，皇帝赐名觉苑寺，并有敕牒。元末毁于战火，明天顺初年（1457）住持僧静智法师及其徒弟道和尚主持觉苑寺重建，并于大雄宝殿四壁及后壁绘有共计16铺、200多幅壁画，计160多平方米。《剑阁县续志》中所说的"释迦年谱"画，有殿曰："阅今数百年，犹须眉可指数"若有神灵呵护焉。②

这些壁画形象地描绘了通常所谓的佛本生故事。"从释迦牟尼母亲摩耶夫人夜梦能仁菩萨化乘白象来就母胎开始，题为《摩耶讲梦》。于伽毗罗卫国（今尼泊尔境内）二十四年（前565）四月初八日，在京城岚比尼园菩提树下诞生了一个婴儿，起名悉达多·乔达摩，画题为《树下诞生》。摩耶夫人分娩之后，因身受十月怀胎之苦，刚七天就离开了人间，在襁褓中的悉达多就由佗的《姨母养育》。他七岁时开始《习学书数》《讲演武艺》。青年时期《游观务农》，二十多岁时，已懂得文学、哲学、数学，又是一个骑射剑击的能手。他天资聪慧，博学多才。二十九岁时出游京城四门，体察到百姓生、老、病、死之苦。为了解脱人间疾苦，悉达多不顾父亲净饭王的阻拦，半夜走出京城，《金刀落发》，毅然出家修行，法名'菩提萨埵'，缩称'菩萨'。在修行林中禅坐菩提树下，风雨不起，熬过了《六年苦行》。六年间帝释命牧羊女取乳糜，盛金钵，《牧女献糜》，《帝释献衣》，终于成佛。三十五岁在鹿野苑（今波罗奈城）初转法轮，讲经说法，《普度众生》。释迦于公元前468年涅槃，终年八十岁。众僧徒扶柩致哀，《造塔法式》藏佛遗骨。古伽毗罗卫国虔诚信仰'菩提萨埵'教义的释迦族老百姓，尊称他为'释迦牟尼'。"③

觉苑寺壁画沥粉贴金彩绘，人物生动，画面结构优美，色彩鲜艳，是现存的古代壁画妙品，其历史价值、宗教价值和艺术价值不可估量。每幅壁画皆有墨书四字标题，此壁画继承了吴道子释道画之遗风，同时又加入鲜明的巴蜀地方特色。整个壁画"整体构图严谨，前后一气呵成。幅幅之间仅以山、水、云、树、屋宇、梦幻相隔为界，上连下接，环环相扣，故事性强，堪称是一部

---

① 转引自周成《对剑阁觉苑寺大雄宝殿建筑、雕塑和壁画的再认识》，《四川文物》1993年第4期；郑午昌：《中国画学全史》，上海古籍出版社2011年版，第194页。
② 《剑阁县续志》卷九，《四川府县志辑》第19册，巴蜀书社1992年版，第969页。
③ 黄邦红：《觉苑寺壁画及塑像》，《四川文物》1985年第2期。

古典的连环图画"①。觉苑寺壁画是现存的明代佛本生壁画中保存较为完好的作品之一，它在构图巧妙、造型生动方面凸显了宗教艺术的审美价值。

如此精美的壁画，能够从明代保存到今天，历代僧人的护持确不可少。《重修觉苑寺记》中，详细记载了觉苑寺在清代的一次修复过程，并道出寺僧对觉苑寺历来的精心保护。清代这次重修，有郡守徐芝铭的记载，因此尤其详细。"至嘉庆三年以后，渐就颓废。寺僧长慧，延其师，三台万寿寺僧住持斯寺，事积二十余年之苦诣孤行，殿阁之朽坏者振之；神像之剥落者戢之；碑碣之倾扑者植之；徒众之皈依者律之；往来游脚之挂单者赡之'更出寺中历来苦积资就前法轮僧所创观音殿，而宏大之，开罗汉田；修石成堰；凿西崖养生池。"②该文更透露出，觉苑寺不仅有明代壁画，更有"寺藏《郭景纯种松碑》为苏轼书；颜平原逍遥楼三大字，书于大理三年元日；明卢雍书陆放翁诗并其和韵石刻；又明杨瞻石碣已就剥蚀"③。

四川蓬溪县宝梵乡境内的宝梵寺，体现了"道禅合一"的宗教艺术特色。"邑西二十里，有寺名宝梵，峰峦结顾，林木盘错，景致冠一方。"④其始建于宋代，原名为罗汉院，宋英宗治平元年（1064）改敕名为宝梵寺。陈祖仁《宋宝梵寺碑记》记载了蓬溪宝梵寺宋代的历史："院之兴，先因罗汉名，以佛法重也；后得宝梵名，以君赐重也。"⑤经历元代战火，至明代，该寺衰落。"按寺，古为罗汉院，宋英宗治平元年敕改今名。前此篆烟炉火，朝鼓暮钟者，又不知几越岁矣。国朝以来，草莽芜没，气象不振。"⑥自明正统二年（1437），僧人海舟到此任住持时，开始了对宝梵寺的漫长培修工程。"正统丁巳，僧海舟率徒数人，开山住扎，建大雄殿、观音阁，妆塑金人丈六者三。成化丙戌，僧清澄、徒净元，再建经楼、左右廊庑、山门。昆仲净煊、净勋、净印等染塑诸罗汉，图画《西方镜》并赎请四大部《经》，积习日月，浣还旧美。"⑦现存大雄宝殿为景泰元年（1450）所建，或是景泰间又曾培修。成化二年（1466），"僧

---

① 黄邦红：《觉苑寺壁画及塑像》，《四川文物》1985年第2期。
② 《剑阁县续志》卷九，《四川府县志辑》第19册，巴蜀书社1992年版，第969页。
③ 《剑阁县续志》卷九，《四川府县志辑》第19册，巴蜀书社1992年版，第969页。
④ 《宝梵寺修造记》，《蓬溪县志·寺观》（刻本）卷五。
⑤ 龙显昭：《巴蜀碑文集成》，巴蜀书社2004年版，第199页。
⑥ 《宝梵寺修造记》，《蓬溪县志·寺观》（刻本）卷五。
⑦ 《宝梵寺修造记》，《蓬溪县志·寺观》（刻本）卷五。

人清澄偕徒净元等扩建佛寺，图画《西方境》，塑罗汉像。至此以宝刹的宗文化艺术享誉蜀中，尊为蓬溪县第一丛林"①。

寺原有大殿五重，唯大雄殿保存较为完好。"大雄殿气宇轩昂，外形精美，为木结构单檐歇山式顶，三间四架椽抬梁式营造，占地纵横均为15.3米，通高8.5米，檐下置斗拱18朵，前、后施补间铺作2朵，两山墙各1朵。斗拱制作为七铺作单抄双下昂，出昂作枇竹状，昂嘴伸出很长，昂尾直抵下平槫。屋面复碧瓦，砖雕龙脊、剑鳌、仙台、卫士及朱雀、玄武、青龙、白虎四卦象，四角飞甍系铁马。"②

该寺壁画集中在大雄宝殿之内，"大雄殿共有壁画栱兼眼十二处，均供作画"③，但是明代画家并未作满十二幅画，余有两堵未有绘制。"大雄宝殿四壁绘壁画十幅，北壁绘佛像等，东西壁绘菩萨、尊者、护法、供养人像等，南壁为清代补绘的道教人物。"④今存的十幅壁画依次是："一至四幅，布于大雄宝殿西壁，即入殿的左侧。第五幅，布于北壁西侧，即入殿对面的左底壁。第六幅，布于南壁东侧，即入殿殿门后的右底壁。七至十幅，布于大雄殿东壁，即入殿右侧。壁画二至三幅与八至九幅为大卷，其上开大栱眼；壁画一、四、七、十为小卷，其上开小栱眼；壁画五、六两幅为次小卷，其上开次小栱眼；壁画四、五两幅的栱眼被损；北壁东侧的次小栱眼与画壁均为作画。"⑤此十幅壁画所绘制的内容为：

《议赴佛会》。"主绘法像二人，左为第六罗汉跋陀罗（Bhadra），右为第十罗汉半托迦（Panthaka）。左上配绘第十天大辩才天，二十天阎摩罗王捧笏。左下配绘第六天西方广目天王（Virūpāksa）持长剑，一侍卫执白旄。右上及正中空间，配绘比丘僧五人，共计造像十一位。故事内容是：佛祖寿期逼近，两罗汉共议朝佛贡品，跋陀罗手托青螺聚宝杯示之，半托迦含蓄默许。阎摩、大辩履云而至，比丘僧待命，广目横剑护法。"⑥该幅画卷长3.60米、宽2.06米，在宝梵寺壁画中，此画尺寸略小，又称为小卷。

---

① 刘新尧：《宝梵寺古建筑及壁画初考》，《四川文物》1993年第6期。
② 刘新尧：《宝梵寺古建筑及壁画初考》《蓬溪文史资料》1984年第16辑，第5页。
③ 刘新尧：《宝梵寺古建筑及壁画初考》，《四川文物》1993年第6期。
④ 曾繁森：《四川明代佛寺壁画》，《美术》1992年第4期。
⑤ 刘新尧：《宝梵寺古建筑及壁画初考》，《四川文物》1993年第6期。
⑥ 刘新尧：《宝梵寺古建筑及壁画初考》，《蓬溪文史资料》1984年第16辑，第9页。

《地藏说法》。"此图民称《罗汉穿针》或《罗汉补衲》均欠妥帖，应以正中法像赋名为是。主绘法像三人，中为地藏（Ksitigarbha），中国称目连法师。按《梵典》记载：地藏与目犍连（即目连）是互不相同的菩萨，故不能通替。左为第十二罗汉那迦犀那（Nāgasena），右为第八罗汉阀阇罗弗多罗（Vajraputra）。左上配绘第十六天摩利支天，第七天金刚密迹；右上配绘第九天散脂大将，环绕比丘僧五人，共计造像十一位。故事内容是：地藏菩萨手拈舍利珠宝，正在讲说《楞严》第五，此时此刻正说到精辟之处难以收结。左、右两尊罗汉却暗暗好笑，心想：明天是如来寿辰，诸仙诸佛皆要会集于大宝雷音寺中恭聆佛祖法音，难道你都忘了？那伽犀那等待得无聊，见饲虎卧于侧，乃以手额为遣，虎昂首竖尾，哮而近之，故中国称此罗汉为伏虎尊者；阀阇罗弗多罗却不以为然，他左手护衲，右手拈针补钉袈裟，意在把自己的穿戴弄整齐，才有脸面去朝拜如来，这时他正在侧目用齿去咬断线头，做已经补完二十七孔钉巴的收针样子。这一造像，紧扣男人学做女工的笨拙，用神情、手势及细而不精的钉巴针路来表现，表达了艺术真实，迫使瞻仰者无不叹为观止。……此图题笺有三：其一，左侧题笺的文字剥落，无考。其二，右侧题笺文曰：'清己卯年本山释子叩化'，笺文提示此图为清代当地僧人或信众再次妆彩的画卷。据考：清代己卯年有四次，即康熙三十八年（1699），乾隆二十四年（1759），嘉庆二十四年（1819），光绪五年（1879），其中应属哪一次的己卯年，则很费解。据当地寿人称：'乾隆皇帝时，宝梵壁画补过彩'，权以此话为据，暂订此幅壁画于1759年再次妆彩。其三，右下侧题笺文曰：'喜舍信士冉立雄、冉立功、冉立宗、杨存宗、青邹良、刘孟洪各施金资彩画伐阇罗尊者，各祈宗桃育秀者。'"①此画长3.60米、宽3.18米，是为大卷。

《雷音供奉》。"主绘法像三人，中为第四罗汉苏频陀（Supinda），左为第七罗汉迦里迦（Kārika），右为第二罗汉迦诺迦伐蹉（Kanakavātsa）。左上配绘道家女仙子太元圣母，一女侍者随伴；右上配绘第二天帝释尊天和道家女仙子九天玄女。环绕比丘僧五人。蛮奴二人，一个牵象，一个随后。共计造像十四位。故事内容是：三位罗汉到了雷音寺，正在休息。苏频陀坐着，右手握珍锦盒，左手抱如意一柄。迦里迦侧身仰面，以指甲剔牙。迦诺迦伐蹉脱履正侧就座，安闲自若。环绕比丘僧，以躬身恭候上人，喜形于表，倾听并畅谈佛寿盛

---

① 刘新尧：《宝梵寺古建筑及壁画初考》，《蓬溪文史资料》1984年第16辑，第10页。

况,蛮奴二人驱宝象入寺朝觐。诸天履云,冉冉而至,誉极乐世界于丹青之中。此图题笺有二:其一,正中题笺文曰:'奉佛,舍财入学生员罗增,谢氏一家等喜施资财妆彩苏频陀尊者一位,祈保官星高照,禄位高迁,子孙昌盛矣'。其二,左侧题笺文曰:'奉佛,喜舍信士罗旭、杜氏,男罗正端、罗正魁一家等,舍资妆彩迦诺迦尊者,更祈子孙荣贵者矣。'"①壁画长3.60米、宽3.17米。

《达摩朝贡》。该卷绘画主绘:菩提达摩,又称达摩祖师。达摩结跏趺坐于画面正中。"左上配绘道家女仙子碧霞元君,她袒胸臂,手托芭蕉宝扇;右上配绘道家女仙子慧感夫人,造型为俊容美姿三头九眼六臂。右下配绘第三天北方多闻天王(Dhanada),左手执朝天戟,右手托玲珑塔。身侧绘侍者举罗伞。环绕比丘僧一人引梅花鹿献瑞草。共计造像六位。故事内容是:达摩率众恭聆如来《经》课。此图题笺有二:其一,正中题笺文曰:'奉佛,喜舍功德信士青福泰、室人赵氏,男青用春、青惠春、青迎春一家等,喜舍金资彩绘达摩祖师一位,更祈见存者福乐百年,已生者承接九品者谨题。'其二,右侧题笺文曰:'喜舍功德信士青胜、李氏,男青林国、青亿春舍资彩画多闻天王一尊,祈保福禄曾荣者。'"②该画属小卷,仅宽2.12米、长3.60米。

《准提接引》。画面主绘阿弥陀佛,又称接引佛,是佛教"净土"宗的信仰对象。阿弥陀佛有十三种讳称,"准提"为其一也,故而画卷名称《准提接引》。准提画像"左右两侧配绘功曹十四人,每侧七人,均自女功曹起,由上而下竖排,对称相中呼应,合十朝觐准提。共计造像一十五位。故事内容是:准提率众来到雷音寺,趺坐莲台,右手托宝盂,左手出莲花掌做接引超度众生诀势,并如来同享尊荣。此图题笺附于左侧,文曰:'信士青茂春、时春、玄春各施资财彩画准提佛一尊,祈保家门青(清)吉'。"③该卷宽2.06米、长3.55米。

《南天仙子西游》。本卷风格迥异于他图,学者据此推测,此幅乃清人补作,或是乾隆年间修缮时所补。该画"主绘法像一人,王冠衮服具天子仪表,是道家所奉的北斗星君是也。右侧配绘雷部四神,即:雷公、雷师、雷王、雷星。北斗身旁配绘侍妾二人,侍官一人,共计造像八位。经考:改图据《重修纬书集成》卷六中的《河洛始开图》记载:'黄帝名轩辕,北斗神也,以雷精

---

① 刘新尧:《宝梵寺古建筑及壁画初考》,《蓬溪文史资料》1984年第16辑,第11页。
② 刘新尧:《宝梵寺古建筑及壁画初考》,《蓬溪文史资料》1984年第16辑,第12页。
③ 刘新尧:《宝梵寺古建筑及壁画初考》,《蓬溪文史资料》1984年第16辑,第12页。

起'；又，卷四中的《春秋合诚图》记载：'轩辕星，主雷雨之神'等作画。以文献证图，完全一致。故事内容是：北斗率雷部及侍者西天朝佛，车辇备于丹墀之下，顷刻出发"①。壁画长3.55米、宽2.10米。

《长眉问难》。"长眉罗汉为十六罗汉之首，此图绘于东壁，正是以佛殿面向分左右，坐化人实以此图作为第一图。此图曾有人命题为《讲经都发》，不知有何根据？暂不足信，仍按仁慈订称解释。主绘法像二人，左为第一罗汉宾度罗跋罗惰阇（Pindolabhāradvāja），中国称长眉罗汉；右为第十五罗汉阿氏（Ajita），中国称桂枝罗汉，但其造像并非俊容少年，如另有所指，则失'长眉对桂枝'的中国佛教的罗汉排比。右上配绘第八天摩醯首罗和第十九天裟竭龙王。照此排比，上述第一图，刚刚是以佛殿面向分左右，交错排比的第二图。因为第一图《议赴佛会》的二十天阎摩罗王直与裟竭龙王相称呼应，排号相联。右下配绘第五天南方增长天王（Virūdhaka），双手护羽箭，侧绘一侍者托红幡。环绕比丘僧三人。共计造像九位。故事内容是：如来在说法之时，众罗汉似有不解之处，长眉罗汉手扶竹杖，老气横秋地与桂枝探诘佛课，就难者提出异议。身后比丘僧潜听其所论，窃窃作私议。此卷也是备受名家称赞的作品。此图题笺有二：其一，右侧题笺文曰：'喜舍信士牟永常、敖氏合心舍资财妆彩阿氏多尊者一位，祈保清吉者矣。'其二，左侧题笺字已蚀去，无考。"②壁画长3.61米、宽2.11米。

《罗汉聆经》。壁画"主绘法像三人，中为第九罗汉戍博迦（Supāka），左为第十三罗汉因揭陀（Ingata），右为第十一罗汉罗怙罗（Káhula）。（注：罗怙罗又称罗睺罗，梵文是Ráhula。）右上配绘第十五天鬼子母神，造型为凶貌伟躯三头六眼六臂；并绘第十七天日宫天子，造型为王者姿。环绕比丘僧二人，蛮奴一人。共计造像八位，此图被选入《中国绘画史》卷首插图第八图。故事是：众罗汉恭聆妙品，戍博迦正坐侧身，左手捻珠，右手挽诀，作虔诚状。因揭陀听兴大发，凝眉俯首运动三昧，煞时云龙腾空，天地为之震撼，故中国称此罗汉为降龙尊者。罗怙罗返右手于左肩，托吐焰宝盂，眩其法力无边。比丘僧、蛮奴，则殷勤侍候。此图题笺有三：其一，正中题笺文曰：'奉佛，喜施信士杨宗继、杨宗续、杨宗敏、杨宗经、杨修爵、杨修齐各舍资

---

① 刘新尧：《宝梵寺古建筑及壁画初考》《蓬溪文史资料》，1984年第16辑，第13页。
② 刘新尧：《宝梵寺古建筑及壁画初考》《蓬溪文史资料》，1984年第16辑，第14页。

财妆彩戌博迦尊者一位，专祈福禄重茂，福慧双修，严俱备者。'其二，右侧题笺文曰：'奉佛，舍财信士杜中□、杜守船、室人冉氏、徐氏喜施资财妆彩罗怙罗尊者一位，祈夫中□，远子嗣蔡昌，二六时中吉祥如意。'其三，右上题笺文曰：'林雷氏、□□□、妆彩日宫天子一位，祈保夫妇寿比南山者矣。'"①壁画长3.68米、宽3.09米。

《罗汉聆经二》。壁画主要绘有法像三人，中间为"第三罗汉迦诺跋厘惰阁（Kanakā bhā radvā ja），左为第十四罗汉伐那婆斯（Vanavā sin），右为第五罗汉汉诺讵罗（Nakula）。左上配绘第十八天月宫天子和道家女仙子斗姥（又称：斗姆），以三头六眼六臂造型；右上配绘道家女仙子天后和第十二天韦驮天神（Skanda）。环绕比丘僧三人，法僧二人。共计造像十二位。故事内容是：如来说法正在得意之时，兀地天花乱坠，宝雨缤纷，迦诺迦跋厘袒胸正坐，凝神听法，可是背后两比丘却在开小会。伐那婆斯以正侧面坐竹椅，似听非听。正中地面青狮蜷伏欲睡。诺讵罗左手拂扇，将芒鞋褪于座前，似乎感到如来讲的《经》课太玄了，于是貌合神离驰魂于梦境。但诸天护法却是不可失职的，因此他们精神抖擞地竚立云端。此图题笺有二：其一，正中题笺文曰：'奉佛，舍财信士杨永厚、杨氏（注：信士是同姓联姻的夫妻），男杨昶、杨乡览、杨博喜施资财妆彩迦诺迦跋厘尊者一位，祈福添寿。'其二，右侧题笺文曰：'诺距罗尊者一位，福蒙门清畅，人誉安和者矣'。"②壁画长3.62米、宽3.13米。

《功德园清》。"壁画主要描绘法像一人，即第十六罗汉荼半托迦，中国称布袋罗汉、大肚罗汉、笑头罗汉、米勒佛等，他是罗汉序列的最后一名。勿论中国的十八罗汉编制或西方十六罗汉编制，在塑像或作画方面，其他罗汉可以打乱序列，独这尊罗汉不能变动其尾居地位。并且，往往以佛殿面向的左边结束。其尾居意图，可能是以喜庆欢腾誉佛国于人间罢了。右上配绘道家女仙子麻姑和第十四天菩提树神；左下配绘第四天东方持国天王（Dhrtarā stra），持长矛，侧绘一侍者持宝幢随护。环绕比丘僧三人，法僧一人牵四不象。共计造像九位。故事内容是：如来讲毕《经》课，布袋罗汉敞口大笑，诸菩萨、诸天、诸仙、诸神齐声称颂：'圣寿无疆！''南无阿弥陀佛！'须臾，瑞云霭

---

① 刘新尧：《宝梵寺古建筑及壁画初考》，《蓬溪文史资料》1984年第16辑，第15页。
② 刘新尧：《宝梵寺古建筑及壁画初考》，《蓬溪文史资料》1984年第16辑，第16页。

霭,香尘满地,琼花堆锦,灵禽起舞,凤管鸾箫齐鸣,结束整个《西方镜》壁画故事。此图中有一题笺,但字剥蚀无考。"①壁画长3.63米、宽2.47米。

几乎所有的寺庙佛道画都宗吴道子为师,故宝梵寺壁画的创作亦有与吴道子有关的神话传说,不过仅为传说而已。但是,画风上受到吴道子的影响当是必然。宝梵寺壁画气韵灵动,人物形象鲜活,具有浓郁的生活气息。技法上深得工笔画之神韵,线条流畅舒展,色彩鲜艳,配搭悦目,是明代巴蜀壁画中的又一佳作。

龙藏寺坐落于成都市新都区新繁镇蟆水河畔,四周苍松古柏,环境清幽。寺始建于唐朝,初名慈惠庵,于唐贞观三年(629)由僧仰惠创建。据《民国新繁县志》记载:"新繁为成都属邑,士厚民淳,即古沃野之区。去城西五里许,有龙藏寺,乃唐明皇西幸时驻跸地。"②"龙藏寺,在治城西八里,清渠环绕,林树阴森,殿宇廊庑气象宏敞,精庐之胜地也。初名慈惠菴。唐贞观三年,僧仰惠创建。宋祥符元年,僧觉善开大为寺,更名'龙藏'。元末毁于兵火,明洪武四年僧洪铭,据旧址重建。明末复毁,清康熙六年,知县张人瑞暨寺僧大朗重加修葺,乾隆五十七年,僧慧道重建藏经楼。道光三十年僧含澈扩而大之,庋藏经一部于其上。"③明代樊景麟撰有《龙藏寺碑记》记载了龙藏寺的历史沿革:"县西七里许,龙藏寺者,考诸图志,其来远矣。肇造为菴,名曰慈惠,则唐贞观三年,僧仰惠者,浚其源也。开大为寺,更名曰龙藏。则宋祥符元年,僧觉善者,导其流也。元末糜沸兵燹不存,据旧址而益宏其规,则我国朝洪武四年,僧洪铭者,扬其波也。"④李悭所撰的《重修龙藏寺碑记》亦对龙藏寺的历史有较为详细的记载,并对明皇幸蜀是否到过龙藏寺进行了辨析。"繁之西,有龙藏寺,肇于贞观三年,曰慈惠菴。宋祥符元年,始有龙藏之名,或曰唐玄宗幸蜀,故名。夫玄宗幸蜀,不应至此,亦非隐遁也。其为附会无疑。"⑤

虽然龙藏寺于明末被毁,又经过清代多次修复,幸运的是绘有明代壁画的大雄殿历经劫难却保存完好。"惟大雄宝殿为明成化时遗构,有名人画壁,

---

① 刘新尧:《宝梵寺古建筑及壁画初考》,《蓬溪文史资料》1984年第16辑,第17页。
② 《民国新繁县志》,《四川府县志辑》第12册,巴蜀书社1992年版,第26页。
③ 《民国新繁县志》,《四川府县志辑》第12册,巴蜀书社1992年版,第32页。
④ 《民国新繁县志》,《四川府县志辑》第12册,巴蜀书社1992年版,第33页。
⑤ 《民国新繁县志》,《四川府县志辑》第12册,巴蜀书社1992年版,第33页。

今尚完好。"①清代的修复和扩修进一步扩大了龙藏寺的范围。"云坞和尚住持此寺者，三十二年，先是寺有田二百九十亩。嘉庆末，主僧以田贷钱债增而租减，寺之剥落甚矣。今则寺址纵横百余亩，前后殿左右各寮房及之蔚然深秀，隐隐一大丛林。……余曰：旧田二百九十亩，今田若干。澈曰：新田五百余亩。曰檀越之所施耶？师抑有术耶？澈曰：师无他术，亦非募而致。盖辛勤节缩而后有此。"②在清代寺僧的大力维护下，才将龙藏寺扩建成新繁一处胜景，成为清代文人游览之胜地，诸多文人在此留下诗歌，赞美龙藏寺之美景。

龙藏寺大雄宝殿建于明成化元年（1465），单檐歇山顶，顶覆琉璃瓦，檐下置斗拱。大殿宽16.2米，分为五开间。中间三间宽度均为3.9米，余下的两间宽度稍窄，为2.4米。大殿进深12.6米。殿中原有一横壁。横壁前塑有佛之法、报、化三身。惜雕像毁于"文化大革命"期间，仅存莲台及金光灿灿之佛背光。横壁后原有明代铸铁接引佛一尊，据说高约2米，现已毁。接引佛两侧余下明代泥塑释迦牟尼十大弟子像。

在大雄宝殿的左壁、右壁和横壁上分布着壁画九铺，总面积为114.3平方米。左右对称各有壁画三铺，尺寸不等，前后两铺的高度为2.8米，宽2米。中间一铺稍大，高2.5米，宽7.6米。横壁上三铺大小相等，均为高4.7米，宽3.5米。右壁下部因有土蜂打洞，画面破坏严重。

壁画所绘全为佛教内容，冯修齐先生将其归纳为五类。③ 1. 左、右壁的前铺，画的是天龙八部。2. 左、右壁的中铺和后铺，画的是善财童子五十三参故事。3. 横壁的右铺，画的是佛传故事。4. 横壁的中铺，画的是二十四诸天护卫三世佛。5. 横壁的左铺，画的是华严世界。

此外，大殿内柱子上，有彩塑的月宫童子、日宫童子等，他们腾驾云端，塑画交融；在梁坊、栏额之间，饰以彩色云纹、如意纹等，更使整个殿堂庄严华丽。龙藏寺壁画，绘制精美，可谓明代四川壁画之代表作。

时至今日，四川遗存的壁画中，"保存之完好，技艺之精妙，则首推新津观音寺"④。新津观音寺壁画，乃是中国现存明代壁画中的珍贵遗存。

观音寺，位于四川省成都市新津县城南，约7.5公里的龙泉山脉西段之九莲

---

① 《民国新繁县志》，《四川府县志辑》第12册，巴蜀书社1992年版，第32页。
② 《民国新繁县志》，《四川府县志辑》第12册，巴蜀书社1992年版，第33页。
③ 参见冯修齐《新繁龙藏寺的明代壁画》，《大慈》2008年第2期。
④ 颜开明、杨在东：《新津观音寺：纪念梁思成先生诞辰105周年》，《文化》2006年第4期。

山麓。"这儿面向邛水,背负群山,苍松翠柏,清水环绕,山如九峰拱卫,状若莲花。"①此地古为道教二十四治之平盖治,据道书《三洞珠囊》卷二三,《正一炁治品》载:"太上汉安二年正月七日日中时,下二十四治,上八、中八、下八,应天二十四炁,和二十八宿,付天师张道陵奉行布化。"②平盖治乃中八治中的第八治。《云笈七籤》卷二八载:"山在蜀州新津县,去成都八十里。前山下有玉人,身长一丈三尺。昔吴郡崔孝通于此山学道得飞仙。山西有大江,南有长山,北有平川,中有龙门,治应娄宿。"③可见九莲山本风水宝地,无论佛道皆乐而好之。

观音寺,正是在古平盖治的基础上建立起来的。《道光新津县志》记载:"观音寺,县南二十四里,九莲山。宋淳熙辛亥年创修。明景泰间,僧碧峰福宾与其徒圆彻、圆纲重修。成化时增殿宇至十二重。康熙五年,知县常九经,率众重修,乾隆五十年培修。道光元年复修。观音正殿明蜀王颁经一藏,今大半残缺。"④据《九莲山平盖治观音禅寺重修记》碑文载,"新津九莲山平盖治观音寺,距城三十里许,宋淳熙辛丑创建,断碑犹存"⑤。寺"惜毁于元季之兵燹,未有复者"⑥。直到明代中叶,方才由碧峰禅师重修。碑文中记载了重修情况:"迨入圣朝,华夷一统,天下平治,崇尚三宝。寺僧海金,讳碧峰禅师,掬水闻香,知其胜概,遂憩于此,依治修庵。"⑦这次重修,将观音寺扩大成一个大型佛教圣地。"明弘治三年(1490)竣工的十二重殿。"⑧四川省内现存的一般大型寺院,"其中轴线上的殿堂,大多不过五重至七重"⑨,可以想见,十二重大殿的观音寺,建筑气魄是何等的雄伟。明末观音寺再遭劫难,十二重大殿仅存"观音、毗卢、天王三重殿宇。后经清康熙、乾隆、道光年间修葺,为川西著名寺院之一"⑩。十年内乱中,观音寺再历苦难。至"文

---

① 颜开明:《道教平盖治与新津观音寺》,《宗教学研究》1993年第Z1期,第21页。
② 《道藏》第25册,文物出版社、上海书店、天津古籍出版社1988年版,第64页。
③ 《道藏》第22册,文物出版社、上海书店、天津古籍出版社1988年版,第207页。
④ 《道光新津县志》,《四川府县志辑》第12册,巴蜀书社1992年版,第596页。
⑤ 颜开明:《道教平盖治与新津观音寺》,《宗教学研究》1993年第Z1期,第21页。
⑥ 颜开明:《道教平盖治与新津观音寺》,《宗教学研究》1993年第Z1期,第21页。
⑦ 颜开明:《道教平盖治与新津观音寺》,《宗教学研究》1993年第Z1期,第21页。
⑧ 庄裕光:《观音寺史略》,《四川建筑》19卷2期(1995年5月)。
⑨ 庄裕光:《观音寺史略》,《四川建筑》19卷2期(1995年5月)。
⑩ 颜开明、杨在东:《新津观音寺:纪念梁思成先生诞辰105周年》,《文化》2006年第4期。

化大革命"结束，观音寺仅存"明代遗构毗卢、观音两殿，清代建造的山门、弥勒殿、接引殿都成残垣断壁"①。毗卢、观音两殿，集中了该寺壁画艺术和雕塑艺术的精华，能保存至今真是历尽万劫，因此更显珍贵。

毗卢殿建于明代天顺六年（1462），为原十二重大殿之第五重。该殿设计独特，整个殿面宽10.8米，然而当心间宽却为6.1米，次间仅有2.35米。"当心间的面阔是次间阔的2.6倍，所以当心间便显得十分宽敞。"②殿中的采光相当不错，这为观赏壁画提供了良好的光线条件，建筑设计者真可谓匠心独运。殿中塑有释迦牟尼法、报、化三身佛像，彩绘有壁画七铺共100多平方米。"根据题记，殿内第一铺壁画为'佛贤善首菩萨星官雷神尊天'和'普觉佛菩萨日宫尊天阎摩罗王'。第二铺题记一处字迹不清，另一尊为'辩音菩萨鬼子母摩醯首尊天'。第三铺为'金刚藏菩萨增天长多闻尊天'和'普贤法王大菩萨大辨帝释天'。左壁第一铺为'圆觉菩萨紧拉婆迦尊天'和'净孽障菩萨功德大无尊天'。第二铺是'威德自在佛菩萨提诃利尊天'和'弥勒佛菩萨韦陀尊天'。第三铺为'普眼菩萨持圆广日尊天'和一披纱文殊菩萨（题记已不可见）。九位供养人也分别有题记。"③壁画可谓《大方广圆觉修多罗了义经》的"经变"画，画中所描述的就是《大方广圆觉修多罗了义经》的主要内容。该经主要讲述了以文殊菩萨为首的十二圆觉菩萨请问佛在末法时代众生如何修行，佛因问而答，遂成此经。

壁画风格上接唐宋之风，采用工笔重彩画法，以天然矿物质为原料，色彩保存时间较为长久。其画法勾勒填彩，装饰剪裁各有尺度。线条柔顺畅达，用笔变化多端。画面呈现豪华浓艳、庄重华丽的整体效果。"所绘菩萨身材匀称适度，脸庞面润，凤目下垂，樱唇略闭；上身着短袖天衣，袒胸露肘，璎珞杂饰；下着长裙，褶纹飘逸，极有风韵。"④观音寺画家对壁画的艺术表现把握准确，将菩萨这种佛教的精神偶像表现得栩栩如生而又不失庄严华贵，如"观音脸、手、足采用珠粉肉色晕染，朱色游细描勾勒，很好地表现出女性细腻的皮肤质感和慈祥、庄重的气质。观音的衣服、飘带用兰叶描等勾画，给人以轻

---

① 庄裕光：《观音寺史略》，《四川建筑》19卷2期（1995年5月）。
② 颜开明、杨在东：《新津观音寺：纪念梁思成先生诞辰105周年》，《文化》2006年第4期。
③ 赵树同：《对新津观音寺壁画雕塑的探索》，《四川文物》1985年第2期。
④ 颜开明、杨在东：《新津观音寺：纪念梁思成先生诞辰105周年》，《文化》2006年第4期。

盈、飘浮的感觉"①。而供养人的画像却显得生活气息浓厚，画像更贴近世俗样貌生活。壁画的画面结构安排，也显示出画家们的精心构思和设计。

寺中的观音殿，亦藏有中国艺术的珍品。观音殿建成于明成化年间（1465~1487），约宽20米、深16米。殿中现存塑像共600余尊。主要由殿中的文殊、观音、普贤三大士、五百罗汉，以及分布在殿内两侧的与真人等高的四十六尊罗汉坐像和悬空的二十四个飞天童子雕像组成。在主像的背壁上还塑有著名的"东方维纳斯——南海观音"。

观音殿的南海观音雕塑精美绝伦且深具生活气息，总高2米多，仿佛在波涛万顷的南海之上，御风而行，彩带飞扬。海水波浪，如闻其声，犹如身在其境，水涛阵阵，整个画面有身历其境之妙。观音塑像的色彩处理"艳而不俗，轻而不浮；用色单纯而不显单调；遍施色彩而体积突出。色质均用石色和贴金，越五百余年，色泽犹新"②。最值得称道的是这尊塑像的构造，2米多高的菩萨像就站在浮游在海水中的一个鳌头上，而鳌头之中是个木方子，这根木方子与建筑的后壁相连。这样的设计既稳定了观音像，同时又丰富了画面构图。这个雕塑历经五百年依然岿然不动，古代工匠的高超技艺，让人叹服。

罗汉塑像则散发出浓郁的生活气息，四十六尊坐像罗汉"充满了浓厚的生活气息，有托腮沉思，参禅打坐，嬉笑剃度，闭目养神，谈玄说法等，可谓造型优美，形态各异，栩栩如生，令人百看不厌"③。而五百罗汉的雕塑手法，更显艺术功力，毕竟要将五百个形象塑造得各具生命力，除了对生活的细心体味之外，别无他法。"这些罗汉，脸型多样，个性鲜明，动作、衣饰无一雷同。在人物的整体布局，老、少、文武的分布，高、矮、起、伏的变化，构图疏密，节奏安排上，也均较成功。突破了有些罗汉堂一律单人独坐，零乱的、公式化的塑法，显得既整体又富变化。"④绕在柱上的二十四童子，更是可爱儿童的再创造，艺术地表现了儿童天真稚气的形象。

新津观音寺壁画和雕塑是中国明代壁画和雕塑的一个典型代表，其艺术成就不仅在巴蜀地区现存的明代壁画中最高，就是在全国，观音寺的壁画也代表了当时最高的艺术水准。

---

① 赵树同：《对新津观音寺壁画雕塑的探索》，《四川文物》1985年第2期。
② 赵树同：《对新津观音寺壁画雕塑的探索》，《四川文物》1985年第2期。
③ 颜开明：《略谈新津观音寺的塑像及其它》，《宗教学研究》1992年第3~4期。
④ 赵树同：《对新津观音寺壁画雕塑的探索》，《四川文物》1985年第2期。

三、明代巴蜀石刻艺术

北方石刻艺术在唐代后逐渐衰落，继起的安岳大足石刻为中国石刻在宋代的辉煌创造了闪亮的一笔，然而，终究无法挽回石刻艺术的颓势。"宋代以降，石刻的类型基本保留了唐代形成的各种形制，其使用范围在唐代的基础上有了更广泛的普及。民间的各种应用石刻日益增多，石刻文字的字数、篇幅、内容都有所增加。然而石刻的书法及雕刻纹饰越来越呆板僵化，缺乏唐代及唐代以前石刻的勃勃生机。"[①]明代巴蜀石刻亦未能逃脱这一趋势，整个明代石刻创新较少，纹饰线条等逐渐趋于刻板，数量上来说也较唐宋时期大幅减少。"拿安岳石刻来说，由于蒙古军队的入侵，才使安岳石窟造像活动突然沉寂，到明清时虽又有零星造像活动，但已构不成声势，远非昔日可比了。"[②]总的来说，四川石刻艺术走到明代，颇有所谓繁华不再之感。虽然如此，明代安岳石刻依然有几个亮点值得我们关注。从艺术角度来说，虽然其艺术成就已不能与前朝相提并论，但明代石刻依然有不可替代的地位，值得我们去深挖其中的审美意蕴。

明代安岳石刻中，唯位于安岳县城38公里处的高升乡洞库村彭家坡大成山腰的"三仙洞"有其鲜明特色值得一述。三仙洞造像，共刻有龛窟25个。上排一字排开刻有6个窟，分别雕刻着儒释道三教合一像、三清像、元始天尊像及佛教三身像等。下排龛窟刻有十殿阎罗变相图等。25个龛窟中共刻有造像252尊，明代题记5处，该处石窟均坐北朝南。此处石刻最为突出的特点就是三教合一。自佛教传入、道教创立，三教之间的关系就很微妙，而"三教合一思想的形成，不是一蹴而就的，它经历了一个长期的历史发展过程"[③]。从魏晋时期，三教合一就已开始有了前奏之曲。南北朝之后三教合一思想初显端倪。唐宋时期三教合一的思想可谓全面铺开。自"明中叶以来呈衰落态势的道教，但其三教合一的思想却来得比以往任何时候都更为完善和深刻"[④]。三教合一思想的发展历程，也部分地映射到巴蜀石刻之上。"在四川，从北周开始出现佛道合龛现象，唐代这种规模更大，直到五代。"[⑤]随着三教合一思想的进一步

---

① 赵超：《中国古代石刻概论》，文物出版社1997年版，第107页。
② 曾德仁：《四川安岳石窟的年代与分期》，《四川文物》2001年第2期。
③ 唐大潮：《明清之际道教三教合一思想论》，宗教文化出版社2000年版，第95页。
④ 唐大潮：《明清之际道教三教合一思想论》，宗教文化出版社2000年版，第95页。
⑤ 国家文物局教育处编著：《佛教石窟考古》，文物出版社1993年版，第161页。

深入，石窟的雕刻形式也发生着深刻的变化。"宋代，又出现了一种新情况，从北宋开始，不仅是佛、道同龛，新出现儒、释、道三教合一造像。"①从石窟的雕凿情况来看，三教合一的情形确实在进一步向纵深方向发展。这也促成了四川三教合一石窟的发展，"目前所知国内最早和规模最大的三教合一石窟也在四川省"②。在这众多的三教合一石窟中，大体可以分为两类，"一是三教同处一窟。如大足高妙山第二窟，是南宋绍兴年间开凿，主尊为释迦，左雕孔子，右雕老君。大足佛安桥第12窟造像布局：正中是毗卢遮那佛，一壁为道教，另一壁为孔子。另一是三教同处一处石窟，如大足石篆山，一窟为文宣王和孔子的十大门生；一窟雕刻老君像；另外一窟雕文殊、普贤、地藏十王。合起来还是三教合一"③。开凿于南宋的安岳大般若洞，从其名称来看，就知这一石刻是以佛教为主，统摄儒道的三教合一石刻。"大般若洞正壁高2.3米的释迦牟尼佛像，头临洞顶，结迦趺坐于仰莲座上，双手结禅定印，座下有供奉石台并接地，突出了其主体地位，展示了佛性的光辉。释迦牟尼佛的两侧有对称的刻像，共分三层，上层（洞正壁顶部）左右分别刻药师佛、阿弥陀佛、十大弟子像；中层左右龛分别刻老子（道教创始人）坐像和孔子（儒家创始人，后为儒教）坐像，各高约0.8米；下层左右分别刻佛、观音像。"④

在三教合一思想进入全面而深刻的明代，巴蜀大地上的石刻艺术也随之表现出与当时社会思想相一致的趋向。立于"三仙洞"6号窟外明天启元年（1621）的造像碑就描述了当时三仙洞三教合一的情况："高阜广阔，俨若堂构然。中镌老君圣像，左右儒释正像，两傍列天神罗汉、雷霆、仙侣，无不备具。盖融会三教为一天。"⑤而借鉴自大足宝鼎山的十王信仰也出现在"三仙洞"中，"洞之底更建十王殿寝，而判官、鬼卒森森布列，宛乎地府景像焉"⑥。在道教石刻中不仅雕刻了释迦牟尼佛，还雕刻了文殊、普贤等菩萨，说明三教合一的层次较前期更进一步。造像的内容不只停留在教主层面，而且

---

① 国家文物局教育处编著：《佛教石窟考古》，文物出版社1993年版，第161页。
② 国家文物局教育处编著：《佛教石窟考古》，文物出版社1993年版，第161页。
③ 国家文物局教育处编著：《佛教石窟考古》，文物出版社1993年版，第161页。
④ 汪毅：《从安岳大般若洞三教合一造像论其思想性和文化意义》，《中华文化论坛》2005年第1期。
⑤ 胡文和：《中国道教石刻艺术史》（下册），高等教育出版社2004年版，第73页。
⑥ 胡文和：《中国道教石刻艺术史》（下册），高等教育出版社2004年版，第73页。

更为深入并纳入涉及菩萨真人等宗教信仰神像，这一时期的三教合一深广程度已非前代可比。

三仙洞依岩所凿的六个窟均雕刻于明代，1号窟"窟高261厘米、宽472厘米、深414厘米，窟底面呈矩形。该窟内造像全毁"①。

2号窟所刻七尊雕像均为佛教造像，"窟高294厘米、宽452厘米、深468厘米"②。其主像为三身佛，即佛的法身、报身和化身。三身佛的两旁分别雕刻了文殊菩萨、普贤菩萨、观音菩萨、大势至菩萨。三身佛坐像高154厘米，身体最厚处约25厘米。四尊菩萨像均坐高151厘米。这七尊像之台座通高112厘米。七尊像的头部都于20世纪60年代被毁，20世纪80年代当地村民重续其头，并以油漆涂抹之。

3号窟，一般认为是道教三清像，因其像头部为村民修补，并饰以油漆，所以无法准确辨认。"该窟高270厘米、宽336厘米、深338厘米。"③正壁上雕刻三尊神像，坐姿。神像连台通高258厘米，厚20厘米。"三像均身着双领下垂并右衽的道袍，露出内衣交接的绅带。"④

4号窟，为空窟，窟内无任何造像。

5号窟，雕刻元始天尊造像一尊。窟高356厘米、宽424厘米、深362厘米。"窟正壁中央雕刻一呈跌坐姿的元始天尊，天尊像高227厘米、体厚41厘米、宝座高118厘米。"⑤与宋代时期的巴蜀石刻相比，该石刻线条已趋于刻板，造像面部表情也呈现呆滞之状。宋代时刻的飘逸和流畅感逐渐消失，代之以拘谨和呆板之感。元始天尊坐像背光，乃是巴蜀地区明代石刻背光雕刻的通用手法——镂空桃形状。这尊造像是明代巴蜀道教造像的一个代表，从其体量来说，一尊像通高345厘米，这在明代道教石刻中算是一个巨制。从其采用了巴蜀明代惯用的雕刻装饰手段来说，亦是明代造像的一个标志。

6号窟，是一个三教合一最为典型的龛窟。窟高450厘米、宽102厘米、深620厘米，窟中正壁雕刻有大像七尊。"正中三尊主像坐身高320厘米，其下的

---

① 胡文和：《中国道教石刻艺术史》（下册），高等教育出版社2004年版，第74页。
② 胡文和：《中国道教石刻艺术史》（下册），高等教育出版社2004年版，第74页。
③ 胡文和：《中国道教石刻艺术史》（下册），高等教育出版社2004年版，第74页。
④ 胡文和：《中国道教石刻艺术史》（下册），高等教育出版社2004年版，第74页。
⑤ 胡文和：《中国道教石刻艺术史》（下册），高等教育出版社2004年版，第74页。

台座高160厘米，三主像两旁的造像站高420厘米。"①三尊坐姿主像，居中者为太上老君，右边为孔子，左边是释迦牟尼。站像为佛教的四大菩萨，右边是文殊菩萨和大势至菩萨，左边是观音菩萨和普贤菩萨。这样的排列阵型出现在道教石窟之中，颇值得玩味，除主像为三教教主之外，陪侍均为佛教菩萨造像，说明道教不仅在义理上吸收佛教的内容，在造像上亦对佛教内容大加吸取，这种兼容并蓄的文化态度，在世界各宗教中确实少见。

在六窟之下是一字排开的大小相同的十个龛，每龛均高162厘米、宽171厘米、深55厘米。十个龛分别展现了十殿阎罗，故称"十王殿"。十王殿的构图分为上下两部分，上半部分为十王之半身像，下半部分为森森地狱情状之再现。十王左右配有陪侍各一。十王殿之龛窟，几乎都没损毁或风蚀斑驳之处，保存情况理想。从雕刻技艺来说明显不如大足宝鼎山地狱石刻。该石刻缺少鲜活生动的画面。整个构图中规中矩，缺少创造性，艺术吸引力相对较弱。所雕刻的地狱虽与大足石刻中的十个地狱有所不同，不过，思想精神基本一致。从东至西依次是：1. 拔舌、剖腹地狱；2. 阿鼻地狱；3. 刀山地狱；4. 铁磨地狱；5. 锉碓地狱；6. 不详；7. 锯解地狱；8. 火床地狱；9. 镬汤地狱；10. 转轮地狱。整个画面构成，基本未能超出依据《佛说十王经》的地狱变相所构筑的内容，而艺术成就却大不如开凿时间较早的安岳圆觉洞和大足宝鼎山的地狱变相图了。

在石刻艺术式微的明代，三仙洞石刻可以说是整个巴蜀地区石刻的代表。它们不仅在规模上具有其他明代石刻不可比拟之处，而且在艺术上亦堪称明代石刻之明珠。较之唐宋石刻，明代巴蜀石刻虽然已难以创新，但作为艺术史中的一个历史时期，明代石刻亦有其特定的时代审美价值。明代以后，巴蜀地区仍有石刻作品存世，但相对于辉煌的时期已是残山剩水，基本没有什么佳作出现。而且，雕凿的形制越发狭小，造像的题材和内容，大多也是重复前代的创作，基本没有任何新意可言。因此，明代巴蜀石刻可以看作是唐宋石刻高峰急转直下的一个拐点。自明代之后，巴蜀石刻艺术的生命即走到了尽头。

---

① 胡文和：《中国道教石刻艺术史》（下册），高等教育出版社2004年版，第74页。

第六章 清代巴蜀艺术

概述

　　明末，统治阶级奢侈腐化，土地大量集中，赋役繁重，灾荒连年。自崇祯三年（1630），张献忠陕西米脂十八寨起义后，四次入川，攻克多处，杀官兵无数，四川民变四起。1644年，张献忠攻克成都后，建农民政权，国号大西，造新历为通天历，以成都为西京。大西政权建立了一套完整的中央政权，府、州、县等各级地方组织也相应成立。1646年春清军深入陕西西南部，巴蜀地区安全受到严重威胁，同年7月，张献忠带领军队，抗击清军。1647年1月16日，张献忠在抗击清军的战斗中去世。随后，跟随张献忠的"四将军"继续抗清战斗。清朝政府为了控制全川，对四川首府成都进行了争夺战。从1646年起至1659年，清军五次攻打成都，到1660年，"四川巡抚佟凤彩开始在成都建立官署、孔庙等，成都城市建设起步恢复。直到康熙四年（1665），原设保宁的四川政府机构才全部迁往成都"[1]。康熙初年，投靠清廷的吴三桂又在云南起兵反清，"按照吴三桂的作战部署，四川为其与清军作战之西线主战场"[2]。

　　连年征战，加之瘟疫流行，四川的经济、文化、商业、交通、人口等等都受到重创，出现了"数千里，城郭无烟。荆棘之所丛，狐狸豺虎之所游"[3]、"成都所属州、县，人烟断绝千里，内冢白骨无一存"[4]的悲惨局面。四川人口锐减，"清初四川人口从明后期的600万减少到50万"[5]，人口的突然减少，严重打击了四川的农工商业，赋税收入也受到严重影响。故而"在清朝统治者的特许下，四川开始了空前规模的移民活动"[6]，出现了著名的"湖广填四川"的移民热潮。大量移民源源不断地来到四川，"带来了原住地艺术，与四

---

[1] 陈世松、贾大泉主编：《四川通史》第五册，四川人民出版社1993年版，第54页。
[2] 陈世松、贾大泉主编：《四川通史》第五册，四川人民出版社1993年版，第55页。
[3] 光绪《富顺县志》卷二。
[4] 孙锑：《蜀破镜》卷五。
[5] 张勇、严奇岩：《浅析四川移民的两大族群及其文化类型》，《中华文化论坛》2009年第1期。
[6] 陈世松、贾大泉主编：《四川通史》第五册，四川人民出版社1993年版，第177页。

川民间艺术的交流和融合，范围之广、种类之多、渗透之深，前所未有"①。虽说我们一般都说"湖广填四川"，其实移民者不仅来自"湖广"，还有一些来自"河南、山东、陕西、云南、贵州、江西、安徽、江苏、浙江、广东、广西、福建、山西、甘肃等"②省份。来源如此广泛的移民，带来的不仅是人口，还有全国各地艺术在巴蜀大地上的一次碰撞。移民的到来，开启了别具特色的清代巴蜀艺术。

由于清世主多尚文艺，对文学、美术、戏曲等文艺样式也多有提倡，使得清代艺术得以从容发展。特别是清中期以前，绘画戏曲艺术呈灿烂之势，巴蜀地区也不例外。而其中最具巴蜀特色的是以市民为主导的"市民艺术"。"在中国古代史的后期，戏曲活动成为人们社会生活的重要构成方式，戏曲成为当时极其繁盛的士大夫文化和民俗文化的集中代表，它因此也成为社会民众最为倾心瞩目的艺术样式。"③

清代巴蜀艺术最为耀眼的明珠就是川剧。无论有关川剧的起源时间争论如何，但无可否认的是，清代是川剧得到巨大发展的关键时期，川剧也一举成为中国重要的地方戏之一。巴蜀各地兴建的戏楼，为川剧的发展提供了舞台。移民带来的不同声腔也在巴蜀的戏剧舞台上演，其中最重要的因素当是"五腔共和"。巴蜀大地，地域广泛，不同的地域民风不同、习俗不同，因此，形成了不同的川剧流派，一般我们称为"河道"，川剧中最为著名的有四个河道："西坝、川北河、资阳河、下川东。"这四个河道，代表着四种不同艺术风格的川剧演出形式。一个鲜活的戏剧艺术要不断有好的剧作家出现，为川剧提供源源不断的剧本资源以及与之相适应的戏剧理论之作。黄吉安等就是彪炳史册的著名川剧作家，而李调元则是出类拔萃的川剧理论家。最具改革意义、深刻影响着川剧发展的川剧组织，在辛亥革命后蓬勃兴起了。三庆会的出现，打破了从前的很多梨园规矩，并为川剧的改良注入了一股新生力量。

民间曲艺的空前发展，也是这一时期巴蜀艺术的一个特点，出现了多种曲艺艺术。清音、荷叶、扬琴、金钱板、竹琴、相书、车车灯、被单戏、评书、灯戏等数不胜数，以成都为中心的皮影戏和来自陕西的皮影戏共同辉耀在巴蜀

---

① 幸小峰：《移民入川与四川曲艺的成熟和发展》，《四川戏剧》2008年第1期。
② 张勇、严奇岩：《浅析四川移民的两大族群及其文化类型》，《中华文化论坛》2009年第1期。
③ 廖奔：《中华戏曲审美精神》，《光明日报》2010年8月26日第10版。

大地，流传久远的傩戏与移民带来的楚地傩戏融合发展产生了清代巴蜀傩戏，这个新起的傩戏逐渐被人们关注。

绘画方面，清代全国绘画的中心依然是江浙吴地，但是跟随全国文人画的兴盛，巴蜀画坛也出现了文人山水画和花鸟画的兴盛。不过值得说明的是，巴蜀这时的绘画作品，已无法跟五代、宋时的巴蜀相媲美，毕竟艺术中心已经东移。民间画坛却相对兴盛，水陆画的繁荣为后世留下了诸多作品，至今我们仍然可以欣赏其艺术魅力。绵竹年画作为中国四大著名年画之一，闪耀在中国的西部，它不仅丰富了西南地区民间生活，甚至跨越国界，影响了越南等东南亚国家的民间艺术。

第一节　花部戏的兴起与川剧的勃兴

一、川剧的出现及其艺术特色

川剧是以四川为中心覆盖西南地区的地方戏种，川剧的产生经历了漫长的历史过程，早在宋代，就已出现"川杂剧"这一名称。明代时，已有以"川戏"之名演出的艺人远赴金陵（今南京）演出的记载。昆曲、弋阳腔也在明代传入巴蜀之地。清代雍正、乾隆年间，具有"花部"之称的地方戏，开始代替时称"雅部"的昆曲，活跃在戏曲舞台之上，继而梆子腔、皮黄腔等也相继传入巴蜀。乾隆中叶，四川秦腔艺人魏长生进入北京，开创了戏曲表演的新风尚，创造了一系列舞台表演的新技巧，带给弋阳腔（京腔）剧烈冲击并一度压倒了已雅化的弋阳腔（京腔）。他的表演可谓"名动京师"，一时间，各戏曲之间相对封闭的传统被打开，各剧种相互吸收、取长补短之风蔚然形成。

在川剧发展过程中，从省外传来的诸腔逐渐被四川方言及民间曲调所同化，形成了川剧昆腔、高腔、胡琴和弹戏，后来渗入川北灯戏，逐渐形成了使用同一种方言、共用同一套打击乐器伴奏，五种声腔并存、演出风格统一的近代四川地方剧种——"川剧"。1912年，各路声腔戏班的艺人在成都组成"三庆会"剧社，集五种声腔的剧目于一班，正式形成了五腔同台的演出形式。

川剧是我国地方戏曲中水平高、影响大的著名剧种之一，其主要特色有：

一是自川剧形成之初，便有若干著名的文人学士参与川剧的编剧和剧本创作。因此，川剧题材广泛，文学性强，剧本文字雅俗共赏，妙趣横生，独树一帜。这些川剧的早期剧作家有：杨潮观、李调元、黄吉安、赵熙、林山腴、冉樵子等。

二是有一批著名的表演艺术家，如康子林、肖楷臣、周慕莲、唐荫甫、唐广体、贾培之等。他们表演手法丰富多彩，表演技艺精湛，具有浓厚的现实主义传统和生活气息，且不乏幽默感，表演程式十分精湛并自成体系。

三是川剧"绝活"多。唱腔上，川剧有所谓的帮腔，即幕后伴唱，这是川剧唱腔绝活之一。技法上，川剧具有吐火藏刀、滚灯、踢慧眼、钻火圈、衫子功等特技，更有名震戏剧界的变脸绝活。这些戏曲技法，丰富了戏剧的表现形式，同时增加了剧情的紧张、神奇、幽默等色彩，强化了川剧的艺术感染力。

在川剧形成以前，源于当地傩坛戏的四川花灯戏一直广泛流传，而傩坛戏又是由巴蜀古老的巫傩歌舞演变而来。川剧曲牌纷繁复杂，堪称中国戏曲声腔艺术的活化石。川剧剧目丰富，有"唐三千，宋八百，数不完的三列国"①之说。关于川剧剧种的形成年代，学术界有不同观点。中国戏剧出版社《川剧词典》的说法是这样的："川剧的历史发展约可分为：早年各个外地人入川戏班的分别流布时期，本世纪初出现高昆胡弹灯同台演出及至传统川剧（川戏）时期。"②这就把川剧产生时间定位在了清末。但另一些学者提出不同意见，邓运佳先生认为：川剧诞生于明代，并在明代已走出四川；清代乾嘉年间是川剧艺术的高峰期，呈现"诸腔杂呈"的局面，高腔、弹戏、胡琴的西皮腔、灯调皆源出本土，并非外省传入，但"由昆、高、胡、弹、灯五种不同声腔构成的一个联邦体制的川剧，则是在晚清完成的"③。

安民先生也认同川剧诞生于明代，提出明代初期至中叶是川剧的萌芽期。川剧"源出蜀土，流汇昆弋"，这一时期出现了川戏的名称、腔调、剧本、舞台以及班社；清代康熙、雍正、乾隆、嘉庆时期是川剧的成长期，这一时期，各种入川的声腔通过与四川本土的灯调、山歌、秧歌、号子等融合发展，"总体来说，清初康、雍、乾、嘉之际……特别是昆、高、胡、弹、灯五种声腔已基本形成，因而川剧得以日益成熟"④。

蒋维民先生则认为川剧诞生于清代，在乾隆后期已形成风格统一的川剧剧

---

① 王棨野：《近代戏曲史事杂考》，《苏州科技学院学报》（社会科学版）2008年第4期。
② 胡度等：《川剧词典》，中国戏剧出版社1987年版，第5页。
③ 邓运佳：《中国川剧通史》，四川大学出版社1993年版，第253页。
④ 安民：《川剧简史》，天地出版社1997年版，第201页。

种，可以将乾隆四十八年（1783）定为川剧剧种诞生的年代。他的观点是：高腔与丝弦戏（胡琴、弹戏）合流，则标志着川剧形成。川剧中四大声腔合流的状况在清乾隆年间已经形成[①]，川剧多种声腔合流的历史，至少可以前推到乾隆年间。

杜建华先生持"清代说"，认为川剧可以雍正二年，高腔艺人进入成都并成立庆华班之时间，作为川剧诞生的一个标志性时间，"民国十三年《蜀伶杂志·班目·庆华班》记载'雍正二年，有二十余人，由沪来省，住棉花街之药师殿，招聚生徒教授，因成立庆华班，注重高腔，继舒颐班而别树一帜，名亦相等，今之名角康子林乃庆华班之再传弟子也'。这是目前有文字记载的最早的川剧高腔戏班。这个庆华班在川西、川南活动达百余年之久，为川剧的发展做出了重大的贡献"[②]。

川剧形成的年代，总的来看可以概括为"明代说"和"清代说"两种。持明代说者，多从名称、腔调、剧目、舞台、班社方面考据；而"清代说"，则大多以多种声腔的合流及戏班的诞生为据。秦华生、刘文峰主编的《清代戏曲发展史》认为川剧的形成是渐进式的，"外省流入四川的昆腔、高腔、皮黄腔和梆子腔逐渐'川化'，并与四川本土原有的高腔和灯调汇为一体，由比形成的剧种为川剧。……但川剧作为一个独立剧种的具体时间不易确定。……它们的'川化'都是渐进式的，而且互不平衡，五种声腔的汇拢也是渐次完成的。因而川剧的形成并非在某一时刻一蹴而就"[③]。同时，"高腔既有四川本土的，也有省外传来的。……外来高腔的'川化'应该最早，而且完成得最彻底。从留存下来的川剧高腔看，其语音全用四川方音（以成都话为标准），其腔调也大部分与四川其他民间音乐打成一片，与外省高腔已很难找到腔调上的相似之处了"[④]。

检索史料，明代的确已有将"川戏"作为剧种名称出现的记载。明代"乐王"、散曲大家陈铎的小令《朝天子·川戏》[⑤]以及他的套曲《北耍孩儿·嘲川戏》，从曲名中便可见到关于"川戏"的记载。

[①] 蒋维民：《三合班与三同步》，《四川戏剧》2007年第2期。
[②] 杜建华：《川剧的文化价值与生态环境》，《四川戏剧》2011年第6期。
[③] 秦华生、刘文峰主编：《清代戏曲发展史》，旅游教育出版社2006年版，第825页。
[④] 秦华生、刘文峰主编：《清代戏曲发展史》，旅游教育出版社2006年版，第828页。
[⑤] 任半塘：《唐戏弄》，上海古籍出版社1984年版，第189页。

明代嘉靖《阆中县志》和《洪雅县志》等地方志中记有关于明代"川戏"出川到南京演出的记载。明代嘉靖丙寅（1566）《阆中县志》载："五月十五日瘟祖会，旧在城隍庙，后移太清观。此会较诸会为甚。醮天之夕，锣锣箫鼓，响遏云河。演灯戏十日。"从中可见每晚要演10个灯戏剧目，盛况空前。又据明代嘉靖四十一年（1562）《洪雅县志》记载："元日，具香烛拜先庙。……元夕，张灯放花，结彩棚，聚歌儿，演戏剧。""嘉靖初年，元夕演戏剧，结彩棚，箫鼓常达旦。……盖其时家给人足，民不愁苦，故糜费不惜也。"从这里描写的"戏剧"来看，"元夕"所演不只灯戏，"结彩棚，箫鼓常达旦"，应该还有其他川戏，比如川剧高腔。①

明代散曲大家陈铎称川戏为"蜀戏"。《北耍孩儿·嘲川戏》写道："说川子每办得来标，乐人每不甚喜。《刘文斌》可不强似《金钗记》……一壁厢省钱粮翻夸蜀戏妆的来巧，一壁厢赶衣饭却恨官身散得来迟……"②陈铎戏说蜀戏的《刘文斌》比南戏的《金钗记》还好看，演员们也比南戏的标致。

邓运佳先生认为："在有明一代，有'川戏'、'蜀戏'、'灯戏'、'戏剧'等不同的文献记载，其中的'川戏'、'蜀戏'，便是四川本土的土戏，灯戏乃是明代川剧的声腔之一。明代的'川调'就是川剧高腔。"③邓运佳先生引明人王世贞评论杨升庵的戏曲和散曲："杨状元慎，才情盖世。所著有《洞天元记》《陶情乐府》《续情乐府》。流脍人口，而不为当行所许。盖杨本蜀人，故多川调，不甚谐南北本腔也。"④这个曾引发李调元大怒的"川调"，邓先生认为是川戏的别名，并用作川戏起于明代的佐证。其考据，明人王城德在《曲律·论腔调》中说："乐之筐格在曲，而色泽在唱。古四方之音不同，而为声亦异。于是有秦声、有赵曲、有燕歌、有吴歈、有越唱、有楚调、有蜀音、有蔡讴。"可见其中的"蜀音"，可与"楚调"对应，也可称之为"川调"。

关于"川调"，清同治年间（1862~1874）重修的四川《巴县志》也有记载："'川调'，呼日高腔。伶人曼声抗喉，后场之人就其尾声从而和之，

---

① 以上参见邓运佳《关于川剧形成于明代的论争》，见《中华戏曲》2008年第1期。
② 陈铎：《秋碧轩稿》，见谢伯阳编《全明散曲》（一），齐鲁书社1994年版，第619~621页。
③ 邓运佳：《川剧昆腔琐谈》，见《戏曲研究》2009年第1期。
④ 王世贞：《艺苑卮言》卷六。

间以锣鼓……"①认为"川调"就是"高腔"。川剧作家尹仲扬的《龙舟会序》中也有"川调"之称，把"川调"作为川剧的代称，甚至把"川调"定为"高腔"，故成都竹枝词有"川人总是爱高腔"，又"高腔从古重川班"之说。②"省外移民带来的南北声腔与本土遗民劫后余存的乐舞——薅秧歌、打夯歌、八仙鼓、川江号子、机匠歌、巫戏、歌舞花灯、佛道乐曲、打十番锣鼓、锁呐及边沿地区的藏、彝、苗羌及满族文化相互交流，又受巴蜀地理、语言、人文环境的审美需求的影响，声腔发生了变易和异化。正如古话所说：橘种江南不逾淮，逾淮而为积。于是昆曲衍变为川昆，陕梆子衍变为弹戏、徽调，汉调催生了川胡琴，弋阳腔演进为川剧高腔。"③

"如果将川剧高腔与古弋阳腔作一对照，即可发现其血缘关系：汤显祖说弋阳腔'其节以鼓，其调喧'；李调元说弋阳腔'一人唱而众和之'；王正祥说弋阳腔有'唱'、'滚'、'叹'等等，这些都与川剧高腔有共同之处。但是，较之古弋阳腔，川剧高腔还有其独特之处。川剧高腔中的'哝'腔、'啊'腔，来自四川民间的薅秧歌。川剧特有的打击乐，则是借取四川祭祀的庙堂锣鼓，经过川剧前辈艺人的加工创造，乳水交融地结合在唱腔与帮腔之中，资阳河谓之'套打'。唱腔高亢，韵板严格，行腔吐字'三'、'山'有别，'四'、'事'分明，尖音与团音区分得很清楚。很显然，弋阳腔一经传入四川，便与当地民间音乐和地方语言融合，逐渐衍变成为资阳河高腔。"④

川昆，从剧目渊源及在四川的流传过程来看，唱腔中夹有昆腔曲牌的剧目，极有可能出自早年入川的昆曲对川剧声腔音乐唱腔的渗透，常见的形式有：在高腔曲牌中，用昆腔做"头子"。在其他声腔中插入昆腔曲牌，多见于高腔，但胡琴、弹戏也有表现，如胡琴戏《刺梁》、弹戏《做文章》《西川图》中都穿插有昆腔曲牌；某些特定场面或人物有专用的昆曲曲牌等。由于昆腔演唱难度大，有较高的技巧性，在演唱中加上几句，恰如在表演中出现的特技、绝活。受封建正统观念影响，川昆曲也有"正声""雅音"之分。在与四川地域文化融合过程中，艺人根据自身条件或观众的喜好，逐步改用了高腔、

---

① 胡涂：《蜀伶杂志》，民国十三年。
② 刘师亮：《师亮诗草》初集，民国十七年；《成都竹枝词》，四川人民出版社1982年版，第101页。
③ 蒋维明：《三合班与三同步》，《四川戏剧》2007年第2期。
④ 陈国福：《天府之花》，重庆出版社1983年版，第41页。

胡琴、弹戏等声腔，只在其中保留了少量的昆腔曲牌。昆曲演变为川昆后，有的曲牌改用富于四川地方色彩的唢呐伴奏。唢呐源出四川民间艺术，用唢呐伴奏的昆曲音乐也大都用于表现喜庆、宴乐、摆阵、升帐或悲伤的情绪、场面。此外，川剧中的佛、道、神、仙或一些英雄人物的登场也都有专用的昆腔音乐曲牌，这可能与这些曲牌的旋律特色有关，也和昆腔与四川地域特点的结合有关。与苏昆相比，川昆语言典雅，文学性强，曲调悠扬，节奏缓慢，明顾起元在《客座赘语》中形容苏昆"一字之长，延至数息"，在川昆中同样承袭了这样的风格。

川剧的题材多为表现惩恶扬善、伦理道德、礼义廉耻的故事，以王侯将相、才子佳人、市井小民为写作对象，也有神话故事。明代曲家陈铎在小令《朝天子·川戏》和散曲《嘲川戏》中对当时川剧的情况作了一些记载。

据《中国戏曲曲艺辞典》《中国历代作家小传》等辞书载，陈铎，字大声，又署"秋碧轩主人"，原籍江苏邳县人。生于1488年，卒于1521年。他出生于大官宦家庭，祖父陈政曾官中府都督，博学能文，百家九流，尤精音律，擅长制曲，著有杂剧三种，今存《纳锦郎》等两种。所作散曲有《秋碧乐府》《滑稽余韵》和《梨云寄傲》等，大多供青楼人物侑酒演唱，一时被梨园子弟奉为"乐王"。

陈铎在《朝天子·川戏》中作了如下描述："顽皮脸不羞，一落腔强扭，散言语胡屑辏，描眉补鬓逞风流，要好不能够。躲重投轻，寻争觅斗，使闲钱嘛冷酒，生成的骨头，学成的咀口，至死也难医救。"

在《秋碧乐府》中写了一组《嘲川戏》，对当时的"川戏"有更多的描绘。

《北耍孩儿》：身长力壮无生意，办磣的谁人似你，三三五五厮追陪，不看家四散求食。生来一种骨头，磨抢多遭脸脑皮，攘动了妆南戏，把张打油篇章记念，《花桑树》腔调攻习。

《八煞》：靳广儿那一班，韩五儿这一起，桩桩脚色都标致，一个妆兴等地梳斜了鬓，一个爱晃平空绞细了眉，一个快刀儿把髭髯剃，又不是官司差遣，又不是刑法临逼。

《七煞》：黄昏头唱到明，早晨间唱到黑，穷言杂语诸般记，把那骨牌名尽数说一遍，生药名从头数一回，有会家又把花名对。称呼也称呼的改样，礼数也礼数的跷蹊。

《六煞》：《刘文斌》改了头，《辛文秀》改了尾，《刘电光》掺和着

《崔君瑞》，一声蛮了一声奋，一句高来一句低。异样的丧声气，妆生的道将自去长街上看黄宣张挂，妆旦的说手打马房门叫保子跟随。

《五煞》：提起东忘了西，说着张诌到李，是个不南不北乔杂剧。一声唱聒的耳挣。重敷衍一句话，缠的头红不捕移，一会家夹着声施展喉咙，细草字儿念了又念，正关提也休提。

《四煞》：士夫人见了羞，村浊人见了喜，正是村里鼓儿村里擂，这等人专供市井歪衣饭，罕见官员大酒席。也弄的些歪乐器，筝口儿乱弹乱砑，笙笛儿胡捏胡吹。

从以上所录来看，当时川剧尚处于萌芽阶段，戏剧风格尚未形成，题材较窄，大多为"专供市井歪衣饭，罕见官员大酒席"之物；在艺术上则有"不南不北乔杂剧"之说。但"从文中'妆南戏'一语来看，倒使我们知道了他笔下的'川戏'是属于南戏系统的一种地方戏；从'村里鼓儿村里擂'一语，又使我们知道它是一种乡下的土戏，所以'士夫人见了羞，村浊人见了喜'。但已不是一般的乡村小戏，已形成了有组织的戏班，陈铎已然看到'靳广儿那一班，韩五儿这一起'，并且有了'妆生的'、'妆旦的'角色分工；还要'梳鬓'、'绞眉'进行化妆；并且能演出《刘文斌》《辛文秀》《刘电光》，掺和着《崔君瑞》等整本大戏，而且对这些戏进行过头尾整改；在演技上还会数唱的'贯口活'，能唱'骨牌名''生药名'和'花名'。唱腔又是有高有低，有时又能'夹着声施展喉咙'，也就是说能唱一种'高长声'，直如弋阳腔帮唱中使用的高腔。而且还有筝、笙、笛等伴奏。通过这套曲子，把当时的'川戏'艺术特色都记录了下来，这是值得我们珍视的。与此同时，它还给我们留下了不少剧目名称，《辛文秀》《刘文斌》《刘电光》这些剧目，至今也不曾见于各书著录。至如《崔君瑞》一剧，当是本于《南词叙录》所著录的《崔君瑞江天暮雪》，而又与《刘电光》掺和着来搬演，这也正好说明了明朝的川戏，也已开始以创造性的劳动来丰富当时的传统剧了。尽管它是'士夫人见了羞'，很被看不起，但是'村浊人见了喜'，这更足证它在当时就是广大农民所喜爱的剧种。""陈铎这两首（套）咏'川戏'的散曲，在很大程度上填补了这一时期戏曲史料的空白，弥足珍贵。虽然我们还不能臆断他所说的'川戏'就是今天的川剧，但二者之间有密切渊源，则是毋庸置疑的。从陈铎的这两首（套）散曲不难看出，他所咏的'川戏'乃弋阳腔系统的高腔，其表现形式与今天在川剧五大声腔中占主要地位的高腔十分相似，二者之间的传承关系不言自明。今人多认为高腔传入四川，乃明末或清初事。而陈铎的《滑稽余韵》与《秋碧乐府》皆为其中青年时期之作，那么高腔传入四川的时间下限，就该提前到成化、正德年间，即明中叶前期，而川剧的形成时间也就大大提前了。"① 郭沫若先生少年时代看过川剧《情探》，成名之后尤不能忘怀。他在为关良所作《情探》画题词中写道："川剧重心理描写，情节动作均刻画入情入微，为各种地方剧乃至平剧所不及。即此《情探》一幕便非常动人。焦桂英之柔情，王魁之负义，均几经波折宛（婉）转始让鬼神出场。"

川剧高腔源于四川民歌小曲"竹枝"、秧歌，与弋阳腔应为兄弟剧种。其形式，大多无曲调，一人唱，众人和之。具有"帮""打""唱"三者的高度统一。在四川，"一唱众和"的形式古已有之，宋玉《对楚王问》就说到"客有歌于郢中者，其始曰《下里巴人》，国中属而和者数百人"。此处巴人与《山海经·海内经》"西南有巴国"相符，应为古代四川东部之"巴"地。司马相如《上林赋》中描写的"千人唱，万人和"的场面也是由来已久，船夫号子、秧歌、插田歌、渔歌等，在古代四川蔚为大观。明《益部谈资》还记有其中长腰鼓击节的情景，"农夫皆击此复杂以巴渝之曲"。正因为此，李调元称兼具"帮、打、唱"特征的高腔为"秧腔"。

二、会馆与戏楼

四川地区最早出现的有记载的戏曲舞台，是称为戏棚的临时性表演场所，直到明以后才出现比较正式的戏台——庙宇戏台。戏台主要作用是用于酬神和祭祀。以后戏台逐渐出现在市井中，但仍大多和寺庙结合使用，直至清初大量的移民入川和会馆的建立，会馆戏台才成为表演戏曲的主要场所。如川南泸州县，明代有戏台四十余座，清代迅速增加到三百余处理想的戏剧观演场所。"四川现存各种清代会馆约一千四百座，是全国会馆最多的省份。"② 四川戏曲的繁荣与明代戏台万年台的大量修建有关，比较典型的明代戏台如犍为县罗城镇戏台，为广场式过街楼戏台，代表了当时较高的建筑水平，在建筑史上具有独特的存在价值。万年台也是会馆的重要建筑，"会馆建筑风格虽有差异，但有一样却是必不可少的，这便是万年台，也就是戏台。即使会馆再小，也要

---

① 王染野：《近世戏曲史事杂考》，《苏州科技学院学报》（社会科学版）2008年第4期。
② 崔陇鹏、黄旭升：《清代巴蜀会馆戏场建筑探析》，《四川建筑》2004年第4期。

留戏台。会馆戏场的大量出现，极大促进影响了川剧的发展和变革"①。

会馆最初是同乡聚集商议事务的场所，"最初的乡人联谊并不拘形式，同乡聚集较多的省份率先建立起会馆，目的在于聚集同乡商议事务。在成都，山西人捷足先登，早在康熙二年（1663）就建立了会馆。随后有江南馆、贵州馆、湖广馆、山西馆、两湖公所分布于成都各区，成都周围的乡镇也建立了不少会馆"②。不过还是省城的会馆相对集中一些。"省城为官商云集之地，昔时异籍而仕，凡宦川者，皆为外省人士，又萃居于省城，故各省会馆皆备，藉以联乡情也。直隶、山东、奉天合为一馆，最初名'燕鲁公所'，故其街也名燕鲁公所街，系官帮建设，后改名'旗奉直东会馆'。每岁春初，大吏团拜必在此。"③《芙蓉话旧录》记载了清代成都著名会馆的分布，大致如下："江南会馆在江南会馆街，系官商会建。浙江会馆及广西会馆均在三道会馆街，浙江系官商合建，广西则为商建。广东会馆，在东糠市街，亦商建。后两广宦川人士另在南门三巷子建两广会馆。陕西会馆在梨花街，系商建。陕、甘两省宦川者，则在北门另建有陕甘公所。湖广会馆在棉花街，即湖北会馆，系商建。两湖宦川者，则在南门建有两湖公所。福建会馆在总府街，系官商合建。江西会馆在棉花街口，系官商合建。河南会馆，一在南门状元街；一在布后街，亦官商合建。山西会馆在山西会馆街，亦官商合建。安徽公所在北门，则为皖省宦川者所建，又名'皖江公所'。云南会馆在北门双眼井福堂街。贵州会馆在东玉沙街，右旁一院曰'黔南公所'，均官商合建。各会馆公所，以福建为最壮阔，以河南会馆为最狭小。基金以福建、山西、浙江、陕西为最富，其余规模亦多宽广美备者。"④川内的会馆戏台不仅省城兴盛，就是省内一些小镇亦有戏台等建筑的修建。以罗城镇为例，镇子依山顶地形而建，中间宽，两头窄，为船形街镇，戏台横在船中截，街中央，楼下过路，楼上演戏，戏台正对街头灵官庙。不长的街镇，神道合一。这一时期，除庙台之外，乐楼或草台也作为主要的演出场所，此外还有堂会、家班的演出。这些会馆和戏台，成为川剧上演的主要场所。"会馆戏台也是表演各地戏曲最主要的地方，有的会馆甚

---

① 崔陇鹏、黄旭升：《清代巴蜀会馆戏场建筑探析》，《四川建筑》2004年第4期。
② 王日根：《漫谈"移民乡井"之四川会馆》，《文史杂志》2008年第5期。
③ （清）周询：《芙蓉话旧录》，四川人民出版社1987年版，第15~16页。
④ （清）周询：《芙蓉话旧录》，四川人民出版社1987年版，第16页。

至建有几个戏台,这也为戏曲的演出流动提供了方便。"①

各地会馆通常在节庆之日安排演出。"节日期间演戏以装点娱乐气氛,也吸引了大批的土客前来观摩。在四川,'各庙每年各有会期,临期各有首事安排庆祝'(民国《万源县志》卷五《礼俗》)。每年六祖和天后的祭日是闽粤人演戏欢娱的重要节日。史载:'八月初三日为六祖会,粤省人演剧庆祝,十月初一日为牛王诞期,农民演剧庆祝。'(嘉庆《彭山县志》卷三《风俗》)天全州'三月二十三日天上圣母会,演戏,各神祠祈禳春福'(咸丰《天全州志》卷二《祠庙》)。在有些地方,每至会馆的会期,'演戏多至半月,各街骑街搭台演唱秋报之戏,自八月起至十月下旬止,城外大小两河各街亦于十一月起至腊月底止,凡唱演秋报戏文,每日必有酒席,衣冠文物,共乐太平,美酒言欢'(民国《新修合川县志》卷三五《风俗》)。在金堂县,'清以来各庙会馆,赛神必演戏,任人观览'(民国《金堂县续志》卷四《礼俗》)。"②在省城的会馆中,官办会馆和宦川者所开公所等演出相对较少,"由官建者,则只每年春初,同乡之宦川者团拜演剧一次而已"③。商人所建之会馆,则是另外一番情形。"凡由商建者,会戏特多,如福建、湖广、陕西等会馆,在太平全盛时,无日不演剧,且有一馆数台同日皆演者。"④可见,会馆戏台的建设,为演出者提供了演出的舞台,同时也为川剧的产生和融合提供了平台。因此,有学者说"会馆亦被称作川剧艺术的摇篮"⑤。

三、五种声腔熔于一炉

"湖广填四川"这次移民迁徙,成为四川地区规模最为庞大、持续时间最长的移民活动。这次移民不仅给四川带来百万之巨的人口,还带来全国各地的曲艺艺术因子。"南北声腔剧种也相继流播四川各地,并且在长期的发展衍变中与四川方言土语、民风民俗、民间音乐、舞蹈、说唱曲艺、民歌小调的融

---

① 崔陇鹏、钱强:《四川会馆中的"五腔同台"和"五腔一体"现象研究(二)》,《中华建筑》2009年第12期。
② 王日根:《漫谈"移民乡井"之四川会馆》,《文史杂志》2008年第5期。
③ (清)周询:《芙蓉话旧录》,四川人民出版社1987年版,第16页。
④ (清)周询:《芙蓉话旧录》,四川人民出版社1987年版,第16页。
⑤ 崔陇鹏、钱强:《四川会馆中的"五腔同台"和"五腔一体"现象研究(一)》,《中华建筑》2009年第12期。

合，逐渐形成具有四川特色的声腔艺术和地方戏曲剧种——川剧，也正因为如此，川剧才成为我国西南地区最大的地方剧种，其多元化声腔也就包含昆腔、高腔、胡琴腔、弹戏和四川民间灯戏五种声腔艺术。"①

川剧昆腔源于苏昆，后又受北昆影响，故川昆兼有南北昆曲之特色和风格。昆腔大约出现在明代弘治年间（1488～1505），据载约于清代康熙年间（1662～1722）传入四川："乾隆年间，四川诸腔并存，而昆曲亦盛行起来。"②昆曲曲调清柔、曲折、婉转，明人顾起元在其《客座赘语》中说："今又有昆山，较盐海又为清柔而婉折；一字之长，延至数息。"③川昆延续了昆曲这一特色，可以说昆曲音乐的这种特色"同它的语言的典雅是相适应的，或者弥补了语言唱词不易理解的缺憾"④。

从使用的乐器来说，川昆有自己的特点。川昆加进了川剧的小鼓、板、大锣、钹、堂鼓、马锣、铰子、小锣等打击乐器。当然，昆曲本来的主要乐器——笛子，在川昆中依然占有重要地位。

昆曲和川昆最明显的区别恐怕就是语言了，川昆采用的是四川方言。"不过，川昆还是不太适宜采用过多的四川方音和土音。尤其是地点方言的发音更应避免。按川剧的演唱，一般都以成都语音为准，凡属舌音字，都开口出音；齿音字，都是齐口出音；平音字，都是撮口音；喉音字，都是合口出音。"⑤全部用昆曲演出的川剧并不多，"但昆腔的运用，在川剧中却灵活广泛。整本中插入一场昆腔或昆腔曲牌，这是极为常见的情况"⑥。昆曲之雅，莫过于其词句的华丽优美，川昆亦然，不过川昆的语言稍微通俗易懂一些。

川昆源于苏昆，并将苏昆川化，具有浓郁的四川特色。"它除了具备昆曲的本质特点外，还具有川剧的特殊品格。"⑦经过川化以后的昆曲，成为川剧里面重要声腔之一。

高腔是川剧声腔中出现较早的一种声腔。学界一般认为高腔来源于江西弋

---

① 景安东：《川剧高腔曲牌初探》，《四川戏剧》2007年第4期。
② 邓运佳编著：《川剧艺术概论》，四川省社会科学院出版社1988年版，第70页。
③ （明）顾起元：《客座赘语》卷九，中华书局1987年版，第303页。
④ 邓运佳编著：《川剧艺术概论》，四川省社会科学院出版社1988年版，第76页。
⑤ 邓运佳编著：《川剧艺术概论》，四川省社会科学院出版社1988年版，第77页。
⑥ 邓运佳编著：《川剧艺术概论》，四川省社会科学院出版社1988年版，第81页。
⑦ 邓运佳编著：《川剧艺术概论》，四川省社会科学院出版社1988年版，第81页。

阳腔，这是根据清代川剧作家李调元的《雨村剧话》卷上所云："'弋腔'始弋阳，即今高腔，所唱皆南曲。又谓'秧腔'，'秧'即'弋'之转声，京谓'京腔'，粤俗谓'高腔'，楚蜀之间谓之'清戏'。向无曲谱，只沿土俗，以一人唱而众和之，亦有紧板、慢板。"但是也有不同意见，认为"川剧高腔是以巴蜀竹枝、秧歌、劳动号子、山歌、渔歌、樵哥、民歌、小调等为基础，继承、借鉴和发展宋元南戏的艺术形式而形成的地方戏曲剧种，其产生时间比弋阳腔为早"[①]。无论高腔是源自江西，还是四川本有，这都不妨碍高腔在川剧中的广泛运用，"高腔曲牌在五种声腔的曲牌中数量最多。从曲牌名称而论，它不仅包括南北曲的曲牌名，而且还有自己独创的曲牌"[②]。

川剧高腔最为突出的艺术特点是"'一唱众和'，重在徒歌，'帮、打、唱'三者的有机结合。这虽然是早期南方戏曲的共通形式，但川剧却有着与众不同的地方特色而独树一帜。这种特色的集中反映就是多功能的帮腔"[③]。帮腔的作用在于帮助演员定调、进入角色以及刻画剧情环境、揭示角色内心活动、描写角色经行景物、帮助角色表演、控制剧情等，因此"人们说起川剧无不想起川剧高腔，甚至川剧高腔成了川剧的代名词"[④]。可见，川剧高腔在川剧中的重要性。

川剧胡琴包括"西皮"和"二黄"两个部分。二黄又含"阴调"，即"反二黄"。西皮腔"应该说是源于陕西、甘肃和川西北的'西调'，故有'西皮调'之称"[⑤]。二黄腔，"源于安徽、江西、湖北地区，不少剧种称之为'南路'。可见它是南方的产物"[⑥]。这两种声腔主要是用"小胡琴"（川胡）伴奏，故而统称胡琴。早在清代吴太初所著的《燕兰小谱》中就记载了四川胡琴腔的特色："蜀伶新出琴腔，即甘肃调，名西秦腔。其器不用笙笛，以胡琴为主，月琴副之，工尺咿唔如语。"[⑦]胡琴腔的艺术表现相对比较有特色："二黄包括正调（二黄）、阴调（反二黄）、老调三类基本腔。正调善于表现深

---

① 景安东：《川剧声腔音乐概述》，《电影评介》2006年第12期。
② 邓运佳：《川剧艺术——中国梨园一枝花》，四川人民出版社2001年版，第62页。
③ 邓运佳：《川剧艺术——中国梨园一枝花》，四川人民出版社2001年版，第41页。
④ 景安东：《川剧高腔曲牌初探》，《四川戏剧》2007年第4期。
⑤ 邓运佳：《川剧艺术——中国梨园一枝花》，四川人民出版社2001年版，第51页。
⑥ 邓运佳：《川剧艺术——中国梨园一枝花》，四川人民出版社2001年版，第52页。
⑦ 吴长元：《燕兰小谱》卷五，明文书局（台湾影印本）1985年版，第90页。

沉、严肃、委婉和轻快的情绪；反二黄宜表现苍凉、凄苦、悲愤的情绪；老调则大多用于高亢、激昂的情绪。西皮腔与二黄腔的音乐性格相反，具有明朗、潇洒、激越、简练、流畅的品格。"①

西皮腔和二黄腔是使用广泛的声腔，不仅川剧中有，京剧中亦有之。不过两者并不相同。"表面上与京剧相似，而实质上完全不同。只要熟悉川剧，或熟悉京剧，一听便知是京、是川。根本原因在于唱腔与伴奏音乐旋律完全不同。"②

四川弹戏，"远祖应为'同州梆子'，近亲则为'西安梆子'，它是陕西'东路梆子'流布四川之后的产物"③。因其来源于梆子系统，因此称为"川梆子"。弹戏主要伴奏乐器乃盖板胡琴，故而又称为"盖板子"。它是川剧的重要声腔之一，清代著名的四川戏剧家李调元在他的《雨村剧话》卷上中是这样记载弹戏的："俗传钱氏《缀白裘》外集，有'秦腔'，始于陕西，以梆为板，月琴应之，亦有紧慢，俗呼为'梆子腔'。蜀谓之'乱弹'。"

弹戏的音乐不如高腔等丰富，弹戏的曲牌也相对单纯。弹戏的曲牌不仅有男女腔之别，还有"甜皮"和"苦皮"之分。同一曲牌如果是"甜皮"，则表达喜剧的情感、欢乐、愉快；若为"苦皮"，则适合于表现悲愤、悲壮的情节和人物内心情绪。两种唱腔不是截然分开的，而是根据剧情的实际需要而混合使用，常常在剧本上表明"甜皮一字""苦皮倒板"之类。

灯戏源自四川民间迎神赛社时的歌舞表演，可以说是巴蜀传统灯会的一个产物。"属于小曲（小调）类音乐，音乐多采用巴蜀传统灯会所演唱的曲调（民歌小调、村坊小曲）。"④灯戏具有浓厚的生活气息和广泛的群众基础，"在艺术风格上，与全国各地的花灯戏、采茶戏、黄梅戏等大体相类。"⑤

据邓运佳先生的研究，灯戏的源头最早可以追溯到唐代，历代不乏灯戏的记载。如明代寓居浙江杭州的川籍人张岱在他的《陶庵梦忆》中就有"灯不演戏则灯意不酣；然无舞队横吹则灯焰不发"⑥。虽然写的是东吴一地的灯戏，

---

① 《川剧特色及其欣赏》，《音响技术》2008年第12期。
② 邓运佳：《川剧艺术——中国梨园一枝花》，四川人民出版社2001年版，第52页。
③ 邓运佳编著：《川剧艺术概论》，四川省社会科学院出版社1988年版，第119页。
④ 景安东：《川剧声腔音乐概述》，《电影评介》2006年第12期。
⑤ 邓运佳：《川剧艺术——中国梨园一枝花》，四川省人民出版社2001年版，第57页。
⑥ （明）张岱：《陶庵梦忆》卷四，上海古籍出版社1982年版，第36页。

巴蜀的灯戏，其理亦然。"事实上正是如此。有灯而无戏，看起便莫趣；有戏而无灯，观众会少去。"①灯戏的民间性使它的音乐也具有突出的民间特色，如：音乐轻快活泼、音调简朴、旋律明快、节奏鲜明、生活气息浓烈、多为生活小戏使用、乐曲短小，具有浓厚的巴蜀地方风味。

川剧这五种声腔，最初是相互独立的五种戏种。晚清川剧改良，不仅注重剧作的思想性，还重视戏曲的文学性和艺术性，同时也关注现实性。"特别是1912年，在以康芷林、肖楷成、唐广体、刘芷美、杨素兰、谭芸仙等著名的艺术家为代表组织成立了'协力三庆会'以后，将五种不同声腔正式熔于一炉，同台演出。精研技艺，培养艺徒，可以说是在晚清川剧改良运动的基础上，把川剧推向了一个新的发展高峰。"②"五腔共和"使川剧的艺术表现更加丰富了，但是演员的演出难度却加大了，要学好川剧、演好川剧并非一件容易事了。因此黄炎培先生有《游蜀百绝句》曰："川昆别调学难工，便唱皮黄亦不同。蜀曲亢音与秦近，帮腔几欲破喉咙。"

四、小地域化川剧特色与河道流派的出现

每种艺术都有其自身的艺术流派，川剧亦不例外。且艺术流派区分方法不同，结果亦不相同。"若是以艺术家划分，便有以浣花仙为开派人物的'浣派'，以唐金莲为开派人物的'唐派'，以天籁为开派人物的'天派'，以贾培之为开派人物的'贾派'，等等。若以地域而论，则有川西、川南、川北和川东等不同的'河道'。而这不同的'河道'，在过去便是不同的艺术流派。"③邓运佳先生提到五条河道，然在川剧中，最为著名的"河道"乃四条，即：西坝、川北河、资阳河、下川东。这四个艺术流派的形成有一定的地域关系，"所以，川剧流派的地域化是昔日川剧艺术流派的主体和核心"④。

西坝，又称为"川西坝"或"上坝"，这一派别以成都为中心，囊括成都周边各县。"这个流派源远流长，在整个川剧史上有特殊的地位。"⑤成都本就是巴蜀地区的中心，故而其文化、教育、艺术等皆较为发达，而成都又是川

---

① 邓运佳：《川剧艺术——中国梨园一枝花》，四川人民出版社2001年版，第57页。
② 邓运佳编著：《川剧艺术概论》，四川省社会科学院出版社1988年版，第67页。
③ 邓运佳：《川剧艺术——中国梨园一枝花》，四川省人民出版社2001年版，第216页。
④ 邓运佳：《川剧艺术——中国梨园一枝花》，四川人民出版社2001年版，第216页。
⑤ 邓运佳编著：《川剧艺术概论》，四川省社会科学院出版社1988年版，第445页。

剧之中心，故西坝河道上的川剧亦有其独具的特点：

成都占得地理上的优势，作为文化中心，西坝河道聚集了众多的优秀作家，"'川西坝'在这一点上较为突出，'五老七贤'参加川剧剧本创作，在全国也不多见"①。这些著名的剧作家，创作出众多脍炙人口的优秀剧本。著名作家有如：黄吉安、赵尧生、尹仲锡、冉樵子、刘豫波、刘师亮、王觉吾、冯函杰、李碧溪等。他们创作的著名剧目有：《三尽忠》《柴市节》《刀笔误》《永历血》《情深》《离燕哀》《胭脂记》《意外缘》《闺律嘲》《太真传》《苏武牧羊》《改良劝夫》《懦夫行》《黑奴魂》等。

有了好的剧本，还得有好的角儿，否则唱不出曲中美丑。川西坝子上的川剧名角儿辈出。据唐幼峰所著《川剧杂拾》载曰："伶人的产地，以成都为第一，盖成都为川剧之中心也。次则重庆。尝调查川伶一百九十七人籍贯，计成都六十四人，重庆十六人，富顺九人，崇庆、射洪、泸县、蓬溪各六人，邛崃、广汉、遂宁各五人，简阳、江津各四人，灌县、乐至、德阳、南充、中江、什邡、合川、安县、双流、北江、潼南、大邑各三人，绵竹、绵阳、金堂、郫县、资阳、永川、眉山、雅安、安岳、新都、彭县、宜宾、邻水、西充、贵阳各二人，阆中、渠县、涪陵、名山、芦山、岳池、武胜、三台、广安、马边、綦江、璧山、乐山、南溪、万县、安岳、隆昌各一人。"从统计看，成都一地的演员占据绝大多数，如果再加上地处川西坝子的灌县、邛崃等地的川剧艺人，川西坝子这一流派的演员数量之众可想而知。

在音乐方面，川西河道"以胡琴戏为其特色，素有'坝调'之誉"②。唐幼峰《川剧杂拾》认为，川剧之中以成都胡琴为其正宗。成都流行的胡琴主要有：《三尽忠》《绵竹关》《江油关》《闹齐廷》《霸王别姬》《二进宫》《空城计》《祭岳飞》等。川西坝河道的音乐艺术还有一个特色，那就是鼓点比较"花"。川剧起源于"坝坝戏"，所以最初用的都是大锣大鼓，进入城市，在茶楼戏台表演之后，大锣大鼓的音效就过大了。于是川剧艺术家将锣鼓都改小了，以便控制音量。变化后的锣鼓在打击上亦有了变化，"改变了以前那种'死板'、'老道'的打法"③，在保持曲牌原有的锣鼓旋律的基础上，

---

① 邓运佳编著：《川剧艺术概论》，四川省社会科学院出版社1988年版，第446页。
② 邓运佳：《川剧艺术——中国梨园一枝花》，四川人民出版社2001年版，第219页。
③ 邓运佳编著：《川剧艺术概论》，四川省社会科学院出版社1988年版，第449页。

在"垫眼"即"间隙"中增加了锣或者鼓的敲击次数,使从前较为"死板"的锣鼓声富于变化,音乐也更加悦耳动听了。

以上特色形成了川西河道川剧流派,川剧流派又以其突出的艺术特点,成为诸多流派中影响较大的一个派别。

以南充为中心的川剧流派,一般称为"川北河","它包括渠江、涪江、巴河、遂宁河等嘉陵江流域的广大地区"①。由于川北交通相对不便,因此,川北川剧相对古朴。加之与陕西的相邻,也使这一地区的川剧在一定程度上受到陕西文化的影响,展现出这一派独有的艺术特色。

本地演员多,是"川北河"的第一大特色。由于川北道路不便,相对封闭,基本没有外来演员在此演出,本地演员也很少走出去。"本地川剧艺人很不容易出山,而外地川戏班更难到山区献艺。因此,川北河的演员多为'土著'(本地人),几乎很少跨区域。"②而且川北河的演员多是业余的,一到农忙季节,便去从事农业生产,因此这些艺人的活动范围相对狭窄,一般就在本地演出。演员的相对固定,则带来了新戏的不断上演。如果演员不变,又少有外地戏班演出,曲目还一成不变,那肯定没有观众。因此,不断推出新戏,则是川北河派的另一个特点。其代表曲目有:《月下盘貂》《华容道》《水淹七军》《单刀会》《飞云剑》《打红台》《双魂极》《三祭江》《定军山》《战绵竹》《川西图》《十王庙》《夕阳楼》《古城会》《过巴州》《江油关》《痴儿配》《画中缘》《审吉平》《狼中义》《捉放曹》《游泾河》等。在音乐上,因为与陕西接壤,群众相对喜欢梆子戏,因此弹戏曲目相对较多一些。"川北河"派的曲目多用川北方言演唱,这就更具有浓郁的地方风格。

川剧中的"资阳河",实则是以资阳为中心,包括内江、自贡、泸州等地区的一个川剧艺术流派。资阳河所在,乃食盐产区。随着盐运事业而来的船只、盐工、商人络绎不绝,人口的流动,不仅为"资阳河"带来大批观众,也为"资阳河"带来异地文化,这种文化交流促进了当地文化戏曲的发展。"大盐商、大地主们这时不仅仅是玩戏班而娱乐消遣,而且还借戏班为他们赚钱。"③地域和运作方式的不同,为"资阳河"川剧独具的特殊性奠定了基础。

---

① 邓运佳:《川剧艺术——中国梨园一枝花》,四川人民出版社2001年版,第221页。
② 邓运佳:《川剧艺术——中国梨园一枝花》,四川人民出版社2001年版,第221页。
③ 邓运佳:《川剧艺术——中国梨园一枝花》,四川人民出版社2001年版,第224页。

"资阳河"地区往来人员复杂，流动人口众多，听众队伍相对复杂，"有盐商、地主、盐工、船工、挑夫、农民，包括四川人和外省人"①。由于观众来源众多且喜好有异，催生出众多的戏班以迎合不同观众的喜好。出现了大名班、文华班、元盛班、全盛班、凤仪班、舒泰班、贵林班、名胜科班等著名戏班。戏班多，竞争也就激烈，在这样的环境下也就造就了诸多名角儿。其中最为著名的有"肖老长、黄炳南、张海荣、李青山、唐金莲、游泽芳、张金安、蒲松年、张明德、刘同彬、段斌臣、董月卿、王云光、何海泉、潘云程、聂丽君、韦布云、唐彬如、张新伟、刘安民、周裕祥等人"②。因为资阳河演出多在露天，为了使观众听得清，必须增加高腔的运用，高腔运用成为资阳河的一个重要特色。

以重庆为中心的"下川东"川剧艺术流派，"包括万县、涪陵和贵州相接壤的一部分地区。东面与湖北湖南连界，南有贵州为邻。水陆交通较方便"③。下川东地处多省交界地，各地戏班经常到此演出，不同剧种的戏班在这里献艺，文化的相互融合、吸收自是必然，这就促进了各剧种之间的艺术交流。此外，"下川东"的另一个特色是"胡琴"。皆因下川东一地，观众对昆曲、弹戏、胡琴情有独钟，却不喜欢高腔，胡琴又与湖北汉剧有类似之处，故而在这里较受欢迎。不过下川东的胡琴与川西坝的胡琴有所区别，"'川西坝'唱的是'坝调'胡琴。字正腔圆，声情并茂，旋律性强，舒卷自如。……而'下川东'唱的是'京汉调'胡琴。其特点是吸收了京剧和汉剧的某些旋律，改变了原有的川剧胡琴唱腔，既带有楚调声，又具有京剧味，却又是川剧胡琴，不是汉剧或京剧，也不是二者的混合。川剧界称之为'京汉调'"④。

由于地域的差别，川剧形成了不同的艺术流派。这些艺术流派的差别，在川剧界人士看来，它们和养育人类的河流有异曲同工之妙，一方水土，养育一方艺术。"川剧称之为'河道'，窃以为比'流派'更为生动、形象和具体。若无源头活水来，水不流动，便不可能形成河道。"⑤

---

① 邓运佳：《川剧艺术——中国梨园一枝花》，四川人民出版社2001年版，第224页。
② 邓运佳：《川剧艺术——中国梨园一枝花》，四川人民出版社2001年版，第224页。
③ 邓运佳编著：《川剧艺术概论》，四川省社会科学院出版社1988年版，第449页。
④ 邓运佳编著：《川剧艺术概论》，四川省社会科学院出版社1988年版，第455页。
⑤ 邓运佳：《川剧艺术——中国梨园一枝花》，四川人民出版社2001年版，第217页。

五、文人介入创作与川剧剧本的文学化

清代文人介入川剧为一时之风尚，他们提升了川剧创作的文学品质和发展了川剧理论。

李调元，生于清雍正十二年（1734），卒于嘉庆七年（1802）。字羹堂，又字赞庵、鹤洲，号雨村，别号童山蠢翁，四川绵州罗江人。乾隆二十八年（1763）进士，"由吏部主事迁考功司员外郎。后官直隶通永道，因弹劾永平知府反遭攻讦，被发遣到伊犁。不久因老母得赎归，此后一直家居二十余年，从事著述"①。

李调元天资聪颖，"19岁以后，才气横溢，擅长文章，尤工书画，受业于涪江书院，'州院试俱第一'"②，时人誉之为"蜀中才子"。李调元著作等身且涉猎广泛，包括金石、古籍、诗词歌赋、书画、戏曲等方面。据杨懋修《李雨村先生年谱》统计，其著共有130种，"今有传本的著作凡五十三种"③。其中，《函海》是李调元编辑的一部重要书籍。"通过精卫填海般的努力，李调元终于完成了包括150种著述在内的学术总构——《函海》，并于乾隆四十九年（1784）全部刊行。这部巨著的刊行，使李调元成为学贯古今、博大精深的一代学者。时人评论他的文章，称有苏轼神韵。"④继《函海》之后，李调元还编著了《续函海》。这两部巨著"除收有四川乡贤佳作外，多数是他本人的作品。从内容看，包罗了历史、考古、诗文、戏曲、语言学、歌谣、金石、农艺、民俗学等，为蜀中文化添一宝库"⑤。

李调元在曲艺上的成就亦相当可观，他的《雨村剧话》《雨村曲话》成为戏曲史家必读之作。"随着当代地方戏曲史研究的不断深入，李调元文中一些曾经被忽略的记载，在当今的戏曲声腔研究中又重新被人们所重视，其学术、史学价值越来越引起了学界的关注。"⑥李调元为我们留下了众多宝贵的地方剧历史材料，这是当时文人看似不可做的学问，如若不是李调元做

---

① 《中国古典戏曲论著集成》（八），中国戏剧出版社1960年版，第3页。
② 张学君、张莉红：《非常之人与非常之功——李调元生平述论》，《文史杂志》2007年第4期。
③ 詹杭伦：《李调元学谱》，天地出版社1997年版，第131页。
④ 张学君、张莉红：《非常之人与非常之功——李调元生平述论》，《文史杂志》2007年第4期。
⑤ 蒋维明：《明清巴蜀人物评述》，巴蜀书社2005年版，第82页。
⑥ 杜建华：《读李调元〈雨村剧话〉札记》，《四川戏剧》2007年第1期。

了，那么今天我们对地方戏曲的很多知识会因此缺失。"《雨村曲话》主要论列散曲与戏曲中的曲子，《雨村剧话》专门论列戏剧，二书相辅相成，构成了他的戏曲理论。二书体例清楚，内容丰富，远溯散曲、戏剧的源头，论述考证了金元至乾隆时期的重要的戏曲家及其作品，对戏曲本质论、审美论、创作论、体制论等重要方面都进行了论述与考证，新见时出。"①李调元对戏剧的热爱，在于他认为戏剧有醇化世间风俗之用。"在《雨村曲话》里，李调元明确指出戏曲有'入人心脾'、'发人猛省'的社会功能，直接关系着风俗醇美、人心好坏。"②

李调元不仅留下了地方戏的历史资料，他还在当时成立了戏班，专门培训戏曲人才。"（他）回归四川老家之后，自办家班，培养伶童，还从江苏请来老师教习昆曲，其对当时戏曲、声腔了解、研究之深度，非常人所能及。"③他深入研究戏曲理论，推动了戏曲艺术的发展。在罗江城北，李调元晚年修建了一座园子名醒园。在这个有着二十多亩水面的园子里，李调元还修建了一个戏台。他常在这里排练、培训伶童，为此他还作《醒园遣兴二首》以记其事。一曰："笑对青山曲未终，倚楼闲看打渔翁。归来只在梨园坐，看破繁华总是空。"二曰："生涯酷似李空同，投老闲居杜户中。习气未除身尚健，自敲檀板课歌童。"④作为戏曲理论家的李调元还自创戏班，进一步提高了其戏曲理论的实践和运用性，所以，李调元的这些工作对四川戏剧的影响是可以想见的。除了创作戏曲理论著作之外，据传他还创作了一些弹戏剧本，如：《春秋配》《花田错》《苦节传》等曲目。"李调元，是继杨慎以后的又一位百科全书式的大学者"⑤，他在诸多方面都取得了令人瞩目的成就。而他对地方戏曲的关注，为当时的戏曲发展和后来的学者提供了可鉴之资。

黄吉安（1836~1924），名云瑞，号余僧。生于安徽寿春，后随父来蓉。为川剧创作剧本的作家一般"有较高的文学修养和丰富的历史知识，对现实又有较深的了解并有他们自己的看法，所以写起戏来得心应手，左右逢源"⑥，

---

① 郑家治：《李调元戏曲本质论初探》，《四川戏剧》2009年第1期。
② 蒋维明：《明清巴蜀人物评述》，巴蜀书社2005年版，第83页。
③ 杜建华：《读李调元〈雨村剧话〉札记》，《四川戏剧》2007年第1期。
④ （清）李调元：《童山诗集》，商务印书馆1936年版，第346页。
⑤ 张学君、张莉红：《非常之人与非常之功——李调元生平述论》，《文史杂志》2007年第4期。
⑥ 邓运佳：《川剧艺术——中国梨园一枝花》，四川人民出版社2001年版，第24页。

黄吉安正是川剧文人剧作家中的一位，而且是最为杰出的一位。"黄吉安是川剧史上首屈一指的大作家"①，他从六十多岁开始创作川剧，至1924年去世，二十年间共创作剧本一百多部，其著名者有：《柴市节》《三尽忠》《江油关》《春陵台》《审吉平》《百宝箱》《九里山》《九华宫》《闹齐廷》《闹齐宫》《三孝记》《三伐宋》《三锤钢》《诛五族》《绵竹关》《朱仙镇》《青梅案》《鞭督邮》《金甾诏》《江亭战》《迎离宫》《小商桥》《天雷报》《宋灭金》《女探母》《宰古城》等。1960年，四川人民出版社出版了《黄吉安剧本选》，选录了黄吉安脍炙人口的佳作多篇。

作为川剧的著名作家，黄吉安是一位具有崇高民族气节的剧作家，"黄吉安晚年，衰老多病，十分凄苦。为生活所迫，他不得不典卖房产，以备他生养死藏之用。但他都谢绝了外国人的高价收购，却低价卖给了同胞，这说明他有浓重的爱国思想"②。不仅如此，他还"写下了许多以歌颂民族英雄、鞭笞卖国投降为主题的历史剧，《柴市节》便是其代表作之一"③。黄吉安关心川剧的发展，参与发起成立了川剧改良组织"戏曲改良公会"："这个公会，订于每月朔望日（夏历初一、十五）集会，制定改良办法，研讨改良措施，确定'改良戏曲，辅助教育'为宗旨，以富有维新思想的文人和艺伶为骨干，采取'官督商办'的方式，组织人员到各戏园审看上演剧目，考核伶人技艺，'宣会旨、行赏罚、缕析分明'；引导劝勉戏班、戏园和伶人清楚淫靡怪诞的演唱'以正风俗'。"④

在他的倡导下，出现了诸多"改良"剧本，反响颇佳。人们一般称黄吉安所创作的剧本为"黄本"，他才华卓绝，创作出的川剧剧本成为"川剧文化的一个宝藏"⑤。

赵熙（1867～1948），字尧生，号香宋，四川荣县人。赵熙自幼好学，刻苦勤奋，清光绪庚寅（1890）考中进士，曾任翰林院国史纂修、江西道察御史等职，是晚清川剧改良的重要作家之一。光绪二十七年（1901），赵熙出任泸州经纬堂监督。相传，他在任经纬堂监督期间，曾到自贡姻亲家看说木偶戏

---

① 杜建华：《千古传颂柴市节》，《四川文学》2002年第9期。
② 唐思敏：《走进黄吉安——写在川剧作家逝世80周年之际》，《四川戏剧》2004年第3期。
③ 杜建华：《千古传颂柴市节》，《四川文学》2002年第9期。
④ 德源：《戏曲改良与三庆会》，《四川戏剧》1990年第5期。
⑤ 唐思敏：《走进黄吉安——写在川剧作家逝世80周年之际》，《四川戏剧》2004年第3期。

《活捉王魁》,认为该戏文辞粗糙,焦桂英凶相毕露,甚是遗憾。当晚赵熙挑灯奋笔疾书,一气呵成,改作了《情探》一折。《情探》文辞优美,心理描写细腻动人。如焦桂英追溯她独守空房、相思之苦的唱词,将其心境描写得入木三分。

> 梨花落,杏花开,
> 梦绕长安十二街。
> 夜间和露立苍苔,
> 到晓来辗转书斋外。
> 纸儿、笔儿、墨儿、砚儿啊!
> 件件般般都似郎君在,
> 泪洒空斋!
> 只落得望穿秋水不见一书来。

高中状元、入赘相府的王魁,虽然身居深宅大院,过着锦衣玉食的生活,但是无法摆脱他"负心汉"的心理压力。一曲《月儿高》将他这一心理,表现得淋漓尽致:

> 更阑静,夜色衰,
> 明月如水浸楼台,
> 透出了凄风一派!

《情探》一曲出来以后,由著名鼓师杨吉延精心编排曲牌,通过曲子与文句相映成趣,很好地烘托出人物的心理变化。"1905年,四川出现了由官方出面主持的戏曲改良公会,刊刻颁发了八出改良川剧范本,《情探》名列第一。"[①]

文人介入川剧创作,使得川剧语言更加优美,增强了川剧的艺术表现力,提高了川剧的可观赏性,带给观众更多审美愉悦。

---

① 杜建华、王定欧:《川剧》,浙江人民出版社2008年版,第104页。

六、三庆会戏班的成立是川剧发展史的文化路标

在川剧发展的历程里，1912年"三庆会"的成立是一个相当重要的历史事件。"1911年（辛亥）秋，因清政府出卖民办铁路修筑权，四川爆发了同志会领导的保路运动，总督赵尔丰下令枪杀请愿群众，引起学生罢课、市民罢市的抗议风潮，成都各个戏班也随即停演。复市后，省会警方为防止市民聚集生事，仍不许戏班演出，导致了大批艺人生计维艰的紧迫局面。经在蓉各戏班两次连名具呈，向警察总厅申请复业，至次年正月，始获准限于华兴正街悦来茶园一处恢复演出。……并将新班命名为'成都三庆会剧社'（此社名全称见成都市档案馆藏康子林等《为附设新剧向四川省会警察厅恳予立案》呈文印章），简称'三庆会'。"[①]川剧的改良之路，早已有之，如：光绪三十一年（1905），由热衷改良的热心人士出面，加上当时政府的支持，在成都华兴街的老庙（悦来茶园前身）正式成立了"戏曲改良工会"。

三庆会是由康芷（子）林、肖楷成、唐广体、唐德彝联络刘芷美、杨素兰、谭芸仙等君组建的，这是"艺人自己组建的最大型的川剧班社"[②]。加入三庆会戏班的川剧艺人约有三百多人，分别来自"'舒颐班'、'太洪班'、'长乐班'、'晏乐班'、'翠华班'、'桂春班'、'彩华班'、'怡乐班'"[③]等川剧班社。时任警察总监的杨莘友还为三庆会题词，曰：联合升平堂，协力三庆会。

三庆会的主要特点就是改良，虽说它是当时四川最大的戏班，但与以往的戏班相比，三庆会有其不同的特点，这些特点均来自改良。举其大要，三庆会的改良有如下："废除历来由'本家'私聘角色、自定工价（工资）的'包银制'，实现按艺术水平高低民主评订工价而论质付酬的'分账制'；又针对旧时艺人的不良习气，在成员中进行'三德'（口德、品德、戏德）教育，要求会员不说脏话，不打人骂人，重艺重戏；力倡编演'改良'剧目，净化演出内容。"[④]

三庆会聚集了当时川剧的诸多人才，可谓精英荟萃。小生有：康子林、

---

① 戴德源：《戏曲改良与三庆会》，《四川戏剧》1990年第5期。
② 邓运佳编著：《川剧艺术概论》，四川省社会科学院出版社1988年版，第479页。
③ 邓运佳编著：《川剧艺术概论》，四川省社会科学院出版社1988年版，第479页。
④ 戴德源：《戏曲改良与三庆会》，《四川戏剧》1990年第5期。

李琴生、李培生、肖楷成；旦角有：杨素兰、刘芷美、刘世照、谭芸仙、白牡丹、雷泽洪、李翠香、薛月秋；生角有：周名超、唐小田、徐德斋、游雨田、樊玉山、芮炳章；花脸有：周辅臣、刘锡侯、蒲兰亭、刘安、杨青云；丑角有：唐广体、刘育三、蒋润堂、肖子林、邬云亭、周海波等。这些名角儿都加入三庆会，成为三庆会"台柱"演员。

注重教育也是三庆会的一个重要特点。三庆会成立后次年，由康芷（子）林倡议，三庆会成立了自己的教育机构——升平堂，"由康子林、杨素兰等人到社会上去寻求资助，如尹仲锡、陈国动、王兴武等都慷慨解囊，每人捐资100个大洋"①。升平堂由萧楷臣任堂长，康子林、杨素兰、游泽芳、蒋润堂和古师李锡生任教师，学员多是艺人子女，"均以'升'字各起科名。科班对科生们精心进行培训，宣传'改良'意义，传授演唱技能，造就了后来名噪艺坛的须生糖萌甫（升春）、文武小生晋明权（升芳）、旦角白玉琼（升陵）、净角汪觐廷（升耀）和丑角黄开文（升才）等数批继艺人才"②。升平堂的教育"重文化、求艺术、讲基功、说戏理"③，培养出众多川剧艺术的接班人。

三庆会还成立了"精研会"，"积极从事戏曲改良，围绕三庆会的创作、演出和德育措施，开展一些新的艺术活动"④。精研会的主要任务就是研究戏剧，不仅研究戏剧的舞台、剧本、台词等内容，且研究人员也不局限于演员，有时候也请名人雅士、学者等参与讨论。"每天唱完戏下来，大家在一个房间里坐拢便议论刚才的演出。"⑤可见，当时演员的勤奋和对艺术的执着追求。"这种以'三庆会'自身的力量为主，借助社会名流来提高'三庆会'演职人员的文化艺术素养的做法，到现在仍有借鉴价值。"⑥

总之，三庆会对川剧的改良和提升是功不可没的，三庆会的出现是川剧发展史上的一座里程碑。"直到解放后（1950）组建'大众剧院'时（三庆会）才结束。长达40年之久的戏曲班社，在全国都是罕见的。"⑦

---

① 易征祥、古草：《梨园风骚"三庆会"》，《戏曲艺术》1993年第4期。
② 戴德源：《戏曲改良与三庆会》，《四川戏剧》1990年第5期。
③ 易征祥、古草：《梨园风骚"三庆会"》，《戏曲艺术》1993年第4期。
④ 戴德源：《戏曲改良与三庆会》，《四川戏剧》1990年第5期。
⑤ 易征祥、古草：《梨园风骚"三庆会"》，《戏曲艺术》1993年第4期。
⑥ 易征祥、古草：《梨园风骚"三庆会"》，《戏曲艺术》1993年第4期。
⑦ 邓运佳：《川剧艺术概论》，四川省社会科学院出版社1988年版，第480页。

第二节 曲艺

一、多种多样的曲艺艺术的出现与发展

作为乡土中国口传文化的一个枝蔓,曲艺是方言的艺术,也是地方的艺术。它形式自由而又有规则,既是艺术形式,又是宗教、历史、政治、社会的反映。在曲艺中,地方风情,伦理教化,乡音乡韵,无不浓郁,感染力极强。从中国曲艺的总体来看,清代的曲艺文本留存到现在的本子多是"官话"本,而"方言"本相对较少,因此地方曲艺留下来的材料相对贫乏,这给研究带来了一定的困难。又因为部分演出艺人是以游走而非定居的方式演出,所以在很大程度上促进了曲艺的流行,也使得很多曲艺形式不受地域局限发展成为很多地区共同拥有但又各具特色的曲艺艺术,如明清俗曲就形成了扬州清曲、单弦牌子曲、四川清音、陕西曲子等。同一源头与不同地方特色文化结合形成了具有地方风味的曲艺艺术,这是清代曲艺的一个特点。清中叶以后,巴蜀地区的曲艺艺术逐渐发展起来,直到民国时期,巴蜀地区的曲艺艺术都很兴盛。"四川是一个曲艺大省。清中叶以来,四川金钱板、四川扬琴、四川竹琴、四川清音、评书等等,随着该地区经济的发达,城市规模不断扩大,均有了较大发展。而进入民国以后,这些曲种的艺术均已成熟,且形成了各自的流派和众多艺术名家。"[①]

(一)清音

四川清音,过去一般叫唱小曲、唱小调;因演唱时用月琴或琵琶伴奏,故也叫"唱月琴"或"唱琵琶";还因艺人们闯荡江湖以卖唱为生,又被称为"唱海湖","盛行于乾隆年间,属明清俗曲腔系。应是以扬州为中心,沿长江传入,与四川当地的民歌小调结合发展而成"[②]。

据老艺人的回忆,至少在清光绪年间(1875~1908),巴蜀地区就已经有清音这一曲艺形式了。"约清光绪十五、六年间(一八八九、九〇年间),清音在重庆是满街满巷,几乎人人会唱清音。"[③]在泸州一带亦有俗谚曰:"大

---

① 黎源莉、吴文科:《中国曲艺史》,文化艺术出版社1998年版,第130页。
② 黎源莉、吴文科:《中国曲艺史》,文化艺术出版社1998年版,第132页。
③ 肖萌音:《四川清音调查报告》,《黄河之声》2007年第10期。

街小巷唱月琴，茶楼旅店客盈门。"清代中后期，清音作为民间音乐已在巴蜀之地传播开来。是时，清音并不叫清音，直到1938年成都成立"书词艺员协会"，下设"清音会"，自此"四川清音"正式得名。

"四川清音并非本省'特产'，而是来自长江中下游地区。比如，（麻城歌）来自湖北，（鲜花调）原系江苏民歌《茉莉花》曲调，（滩簧）（泗洲调）来自浙江，等等。"①清音本是长江流域的小曲，"移民带来乡音小曲，被四川唱曲艺人吸收，丰富了四川俗曲的唱腔的表演，康熙末年，唱曲艺人已在茶馆酒肆卖唱"②。四川清音主要流行于叙府（今宜宾地区）、泸州、成都、重庆等地，并形成了上河（成都）、中河（叙泸一带）、下河（重庆）等三种具有地域特色的声腔。"实际上它们的曲调是一样的，所不同的，主要是各个地区语言的音韵和艺人的修养，在唱腔上也有所不同，但区别不大。"③清音流行的区域大都是在有码头的城市，这与清音早期的流传有关。最初演唱清音者都是随船而来的歌伎，由乾隆年间歌伎演唱的小曲，在光绪年间发展成了唱月琴，这才形成了四川清音。20世纪30年代，四川清音发展至鼎盛，书场茶馆之中活跃着众多的清音艺人。抗日战争爆发，日本飞机对重庆等地轰炸，造成茶楼书场被毁，清音演出场所遭到破坏，艺人四处逃亡，自此四川清音艺术受到了重大打击而一蹶不振。

在漫长的发展与流传之中，四川清音与四川本地的曲艺交流吸收形成了自己的调式。四川清音分为"大调"和"小调"，大调又再分八，即所谓"八大调"：勾调、马头调、寄生调、荡调、背工调、月调、反西皮调、滩簧调。每调取一字，可简称为：勾、马、寄、荡、背、月、反、簧。除这八大调之外的，都是小调。"因其短小而独立，在清音中自成一体。"④清音的小调有："小放风筝"（小剪剪花）、"清风叶""九连环""一枚针""鲜花调""芦花调""长城调""下棋调"（北调）、"麻城调""扬州调""贵州调""十杯酒"等调式。

据有的学者统计，清音的曲牌约有以下五十六段："半边月、带帽半边月、花半边月（一）、花半边月（二）、花夺子、花半夺子、带帽夺子、快夺

---

① 宋旭峰：《四川清音的历史渊源》，《四川戏剧》2008年第1期。
② 幸小峰：《移民入川与四川曲艺的成熟和发展》，《四川戏剧》2008年第1期。
③ 肖萌音：《四川清音调查报告》，《黄河之声》2007年第10期。
④ 栾桂娟：《中国曲艺与曲艺音乐》，人民音乐出版社1998年版，第240页。

二流、慢夺二流、平板、花平板、老四平、迭断桥、半截迭断、金纽丝、银纽丝、变化银纽丝、花背工、金钱梅花落、迭落金钱、满江红、上小楼、罗江怨、反罗江怨、七句半、倒提篮（又名花迭断）、婆罗沙（一）（又名浪淘沙）、婆罗沙（二）、一串珠、哭五更、哭皇天、未调、夜捧松、魏调、渭调、凤阳歌、边关调、莲花落、沾沾板、黑相思、括地风、学生歌、进篮房、佛前灯、柳青娘、步步娇、节节高、醉花阴、西江月、迭罗汉、懒画眉、小四季、剪剪花（又名对子腔）。"①也有一些曲牌在流传过程中失传了，如："湘江怨、倒洒金钱、一朵云、反迭断、杨柳青、大北调、小北调、倒扳浆、望郎归、望春归、清平乐、渭南调、菩萨蛮、步步高、元宵歌、十把扇、小八谱、扬州梦、如梦令、钓天乐、寒衣曲、恨别离、夜沉沉、生平乐、蝶恋花、青楼梦、秀才歌、落金扇、摇金扇、喜相逢、牧羊歌、驻马听、剪秋罗。"②

从四川清音的演唱内容上来说，它既能抒情畅怀，也能讲史说事。演唱的主角一般是女性，自打鼓板，其他的角色由伴奏者兼任。清音乐器的使用也相对灵活，"以前曾用过琵琶、月琴、南湖、三弦、碗琴（是四川清音伴奏的特殊乐器，音响筒为木质，形似饭碗，故称碗琴。声音带沙）等。也有的还加上笛子、洋琴、京胡等"③。打击乐器则以碰铃、板和竹鼓等为主，主角表演时左手执板，右手击鼓，自打自唱。

四川清音在其发展过程中形成一些明显的特色：首先，四川清音以四川方言演唱，虽然四川方言属于北方语系，但四川方言的发音音调有着浓重的地方色彩；其次，四川清音独创了一种演唱技巧——"哈哈腔"，这种唱法多出现在曲目的中、低音声区，声音跌宕、跳跃，给人以俏皮动听的感受；再者，四川清音使用一种称为竹鼓的特色乐器，竹鼓用楠竹制成，声音清脆响亮、音色独特，竹鼓是四川清音的特色乐器。

清音作为流传于民间的曲艺形式，在清代城市生活内容日益丰富的社会环境之下得到长足发展，形成了具有鲜明四川地域特色的曲艺形式，深受川人喜爱且流传至今。

---

① 肖萌音：《四川清音调查报告》，《黄河之声》2007年10期。
② 肖萌音：《四川清音调查报告》，《黄河之声》2007年10期。
③ 肖萌音：《四川清音调查报告》，《黄河之声》2007年10期。

（二）荷叶

最早荷叶是从川剧中派生出来的一种四川地方曲艺形式，以清唱、演唱折子戏或片段川剧为主，唱腔和唱词均承袭自川剧。最常见的演出形式是一人手持竹签、苏铰和檀板说唱故事。荷叶之名，来自乐器苏铰。演出艺人用红绸系于苏铰之下，下垂的红绸形似荷叶之茎，而苏铰其状如荷叶，故而将这种曲艺表演形式称为"荷叶"。荷叶与川剧缘分之深由此可知，故川剧演员基本都会演唱荷叶。早期戏班到各会馆请会首点戏，也常会用荷叶先来上一段，或者将戏名编成荷叶段子，绘声绘色地介绍戏班的曲目。

荷叶在后来的发展中也出现了一些变化，如出现了被称为"书词派四川荷叶"或"曲艺派四川荷叶"的说唱故事。荷叶不再局限于仅仅演唱川剧片段，并从四川曲艺的兄弟艺术——金钱板中借鉴长篇评书与短篇小段，丰富和发展了四川荷叶的内容和形式。

荷叶的声腔来自川剧，因此，它的曲牌多沿用川剧曲牌，如："[红衲袄]、[江头桂]、[香罗带]、[梭梭岗]、[流水腔]、[富贵花]等。"①后来发展起来的"书词派四川荷叶"或"曲艺派四川荷叶"，虽内容上有所变化，但唱腔依然沿袭川剧。因此，"有人说四川荷叶是川剧直接派生出来的一个曲艺品种"②。虽然如此，荷叶作为一个曲艺品种，仍然在巴蜀大地上流传开来，直到近代仍有创作和演出活动，并随时代的变化创作出具有鲜明时代特色的四川荷叶。如：抗日战争时四川荷叶就出现了《六十年国耻》《保卫上海》《赵金标大战卢沟桥》等符合时代需要的荷叶作品。直至解放后，荷叶依然活跃于舞台，出现了如《懒汉与鸡蛋》《双枪老太婆》《助人为乐》等符合时代主旋律的四川荷叶。四川荷叶能够长时间地活跃于舞台，说明荷叶艺术有着顽强的生命力和感染性，艺术魅力经久不衰。

（三）扬琴

扬琴作为一种国际性弹拨乐器，广泛分布于亚洲、欧洲、非洲、美洲、大洋洲等十多个国家和地区。自17世纪扬琴传入我国之后，扬琴便与中国音乐融合、渗透并最终融入中国音乐体系之中，且在不同的地域形成了不同的演奏风格和技巧。"明清时期，随着说唱音乐曲种和戏曲剧种的增多与发展，扬琴

---

① 肖萍：《四川荷叶——由川剧衍生的说唱艺术》，《电影评介》2008年第10期。
② 肖萍：《四川荷叶——由川剧衍生的说唱艺术》，《电影评介》2008年第10期。

被吸收用作伴奏乐器,尤其是各地的'琴书',就是以扬琴为主要伴奏乐器而得名的。如四川扬琴、云南扬琴、广西文场、山东琴书、安徽琴书、贵州琴书等。"①在此基础上,中国扬琴艺术形成了四大体系:广东扬琴、江南丝竹扬琴、四川扬琴和东北扬琴。各大扬琴体系都有其演奏特色,浓郁的地方特色与地方曲艺结合紧密,扬琴也成为地方曲艺伴奏的主要乐器之一。

四川地区扬琴又称为"洋琴",它的成熟与发展离不开清初移民。"'湖广填四川'大规模移民运动时期,四川说唱艺术的主要曲种,如四川评书、四川竹琴、四川清音、四川洋琴等,都受到移民文化的影响,快速发展,演唱技巧逐渐成熟,演出形式基本定型,促成了四川说唱艺术的繁荣。"②据考证,清曲加扬琴伴奏的琴书形式,最早在扬州形成。扬琴进入四川以后,经历一段与四川地方曲艺磨合碰撞的过程。它曾与当地的多种曲艺合作,在形成四川扬琴的演奏体系之前,有着鲜明的阶段特色。最早扬琴在四川单独演出,但是演出难于支撑下去,于是扬琴开始了与地方曲艺的第一次"合作",形成了"荷叶扬琴"阶段。随着扬琴演奏技巧和四川曲艺的发展,"艺人们发现'荷叶'的声音过于尖锐,与琴音不和谐,尝试另一种乐器'渔鼓'来代替'荷叶'"③,从而形成了"渔鼓扬琴"。之后,又"吸收民歌与川剧唱腔,以板鼓代替渔鼓击节"④,最终形成了独具巴蜀地域风格的四川扬琴。定型后的四川扬琴的演奏体系称为"五方",即由以下五种乐器构成:扬琴、鼓板、三弦、京胡、碗琴(后改为二胡),故而称为五方。⑤乐器有"五方",演唱角色上也有分生、旦、净、末、丑,"近似于不带表演的'清唱剧',但又不尽是戏剧化的。讲究'坐地传情',叙事与抒情,说表与模拟结合在一起。'坐唱'时除主要角色而外,其余采取'一人多角'的办法,剧中交待、环境的点染、气氛的烘托,也由演员自己担任"⑥。

不仅演奏的结构固定下来,演奏的技法也逐渐产生出具有四川地方特色的演奏技巧,这也是四川扬琴演奏体系的特点所在。其技法主要有:1.咕

---

① 王珍:《扬琴流派再研究》(硕士学位论文),第1页。
② 幸小峰:《移民入川与四川曲艺的成熟和发展》,《四川戏剧》2008年第1期。
③ 王珍:《扬琴流派再研究》(硕士学位论文),第5页。
④ 张志远:《中国扬琴传统流派比较研究》,《齐鲁艺苑》2004年第3期。
⑤ 张志远:《中国扬琴传统流派比较研究》,《齐鲁艺苑》2004年第3期。
⑥ 薛宝琨:《中国的曲艺》,人民出版社1987年版,第112页。

噜音，即颤竹；2. 浪竹，连续的咕噜音就是浪竹；3. 压竹音；4. 收竹音；5. 顿音；6. 不协和音响。"其中，'浪竹'最为独特，演奏时拇指向下用力，中指和无名指向上用力，琴竹靠在左马条左边第一根琴弦上作为支撑点，使持竹子手指的力量通过支点传琴竹头，压迫琴竹头不断颤动击弦，从而发出一连串均匀而密集的音响。"①四川扬琴的演奏技法与川人豪放粗犷的性格，不无关系。四川扬琴"能打出风雨雷电、波翻浪卷等"②，亦能烘托出激昂的战斗，千军万马，争相杀敌的战争场面。从唱词上来说，四川琴书"以唱为主，兼有说白，是说唱结合的叙事性音乐体裁"③。

杨对山的《锦城竹枝词》描述了清代中期成都扬琴演出盛况："清唱洋琴赛出名，新年杂耍遍蓉城，淮书一阵莲花落，都爱廖儿《哭五更》。"④到《成都通览》"洋琴"条的记载，可以看到不长的时间中，扬琴曲目暴增数倍。该书对成都洋琴的描述是这样的："洋琴，均瞽者唱词，然有玩友能唱者，只能平时唱。不能挂灯彩时唱。每人每日价钱六百文。……洋琴戏名：九子升官，骂曹，成配谋归，横容起程，刘辰献丹，煮酒，三气周瑜，辞母乱箭，大堂上寿，荐诸葛，初顾茅庐，单刀，赶潘，五福临门，铜雀射袍，抢伞，戏窦，舌战群儒，祭江，百花比古，五怕老婆，疯僧扫秦，苦肉计，张公百忍，百里认妻，祭风追舟，何立回话，顶灯，贵妃醉酒，战虎牢，赐环拜月，小宴，大宴，戏刁，华容释曹，自恨大脚，贫富拜年，石处过关，从良配玉，骂鸡，姑娘算命，天官赐福，碎琴，抚琴，卖发，八仙上寿，木兰从军，解带封官，正德访贤，三难新郎，碧莲教子，主仆借贷，双爱官诰，活捉三郎，刺目，闹市入院，留院教哥，曲江打子，祭祖告职，元和荣归，水浸金山，经堂杀妻，认母，搜容盘真，云房观景，元宰游庵，窦老送子，书房高骂，咬哜打猎，邠州回书，雪燕刺汤，藏舟成配，香莲闹宫，捆子赔罪，怒打金枝，山伯访友，大审苏三，断机教子，父子分离，饭店认子，算粮登殿，骂坡封宫，花子闹房，嗣麟祭塔，彩楼招亲，王允搬窑，磨房，值虎瞻韩，击掌，鸿雁传书，风亭赶子，芦花装衣，王府拜寿，卸甲，游月宫，天仙送子，

---

① 邹华：《中国扬琴传统流派分析》，《音乐探索》2003年第3期。
② 张志远：《中国扬琴传统流派比较研究》，《齐鲁艺苑》2004年第3期。
③ 薛宝琨：《中国的曲艺》，人民出版社1987年版，第111页。
④ 雷梦水、潘超、孙忠铨等编：《中华竹枝词》，北京古籍出版社1997年版，第3178页。

双送贵子。"①据此记载，可见清末四川琴书之发达、演出剧目之丰富。传统的琴书曲目一般篇幅较大，"往往是一折戏或一出戏，有的连台本戏由数折组成，具有'说书'的性质，'琴书'的名称盖由此而来"②。

四川扬琴的音乐表现力较强，唱腔分为"大调"和"越调"两类。大调是板腔音乐结构，唱词乃是诗句形式，这类唱词既用于描摹景物也用于抒写人物内心活动。大调主要是通过不同的板式和不同的唱法来表达不同的感情色彩，越调则属于联曲音乐结构，其音乐性较强，曲调舒缓柔美，适合于刻画戏曲人物内心世界。四川琴书也有丰富的文学表现能力，既可以表现花前月下的婉约风格，又可表现金戈铁马、沙场征战的硬朗风格。从本子结构上来说，琴书的本子又分为"大本"与"单折"两种。《三国》《水浒》等这类长篇巨制一般都用"大本"来表现，以类似戏曲连台戏的方式连回演出；单折则是用来书写一些情节内容相对简单的故事。可惜众多的扬琴曲目都随着历史的流逝而消失，遗留下来的曲目较少。"今已整理记谱的比较有名的四川扬琴乐器曲牌有：《闹台》《将军令》《南庆宫》《大开门》《小开门》《哭皇天》《八谱》《迎送》《狗春碓》等九首。"③

在扬琴的发展过程中，出现了大批著名扬琴艺术家，如：李联升、杨竹轩、李德才、李德全、郭敬之、红凤慈、易德全、张大章、刘松柏、卓琴痴等。其中，李德才、竹琴名家贾树三和相书名家曾炳昆三人被誉为"蓉城三绝"。李德才（1903~1982）在四川扬琴界及全国曲艺界都享有很高的声誉，有人称其独有的琴书风格为"德派"。早在1934年他就应胜利唱片公司之邀，把《将军令》作为扬琴独奏曲录制成中国早期不多的音乐唱片，足见是时四川扬琴在中国音乐界的影响力。李德才的学生徐述君、刘时燕等也很有成就。刘时燕利用女声的长处，将旦角的唱腔表现得更加妩媚婉转。四川扬琴经过几代艺术家的努力，最终发展成为一种具有四川地方特色的曲艺艺术。

（四）金钱板

金钱板是明清时期巴蜀地区流行的一种说唱艺术，具体起源于何时，已不可考。大多数民间艺术的起源年代都是相当模糊的，金钱板亦不例外。金钱

---

① （清）傅崇榘编：《成都通览》，成都时代出版社2006年版，第139页。
② 薛宝琨：《中国的曲艺》，人民出版社1987年版，第111~112页。
③ 张志远：《中国扬琴传统流派比较研究》，《齐鲁艺苑》2004年第3期。

板，曾叫"金剑板"，因其主要乐器由三块竹板构成，也曾叫"三才板"，以对应天、地、人三才。金钱板的主要乐器曾经是由两块板组成，因此也曾叫"玉子板"。也有人在三块板之上再加一板，叫作"莲花板"。艺人们将铜钱嵌入板中，在演出时，板板相撞，不仅有竹板的声音，还发出金属声音，这便是"金钱板"一名的由来。

金钱板在四川曲艺中占有重要地位，是一种生动活泼的曲艺表演形式，道具轻便，场地不限，一人一台戏，走到哪里演到哪里。无论是繁华的城市，还是偏僻的乡村，金钱板都能够演出。因此，金钱板在近代受到群众的追捧，是民众热爱的民间曲艺之一。

（五）竹琴

四川竹琴，原名"道情"。道情本是道教徒布道化缘时所唱的道歌，后来逐渐发展成为一种民间说唱，唐代之时就已有道曲，《羯鼓录》的诸宫曲里就录有"御制三元道曲"之名。道教在唐代受到多位皇帝的推崇，因此，道教音乐在唐代的勃兴不足为怪，在很多有关的史书中都记载有道调、道曲之类的音乐。但究其根本，恐与后来的道情还是不同。张泽洪认为："唐代的道曲、道调，可登大雅之堂，是教坊音乐演奏的曲目。"①至唐末五代，已经有"道情"一词。见于王梵志《道情诗》，贯休和尚等也有《道情偈》四首，但这与后来道士化缘、布道的道情还是颇有区别的。学者认为作为一种单独的曲艺的道情，应该是出现在宋代。"至迟在南宋时期，已有唱道情的明确记载。"②这是从演唱的情况来看。从乐器的角度来说，宋代也为道情的产生做好了准备。"据明代郎瑛《七修类稿》所载，渔鼓简板，始于宋朝。"③这两个乐器的出现，成为道情产生的必要条件。道情的源头可以追溯到唐代，但是其真正的产生时间却是在宋代。

道情的主要伴奏乐器是渔鼓和简板。自宋代渔鼓产生以后，一些典籍就记录了渔鼓和简板的形制和制作方法。如明代王圻所著的《三才图会》就或有："截竹为筩，长三四尺，以皮冒其首，用两指系之。又有简子，以竹为之，长二尺许，阔四五分，厚半之，其末俱略反外，歌时用二片合系之以和者

---

① 张泽洪：《论道教的唱道情》，《世界宗教研究》2006年第3期。
② 张泽洪：《论道教的唱道情》，《世界宗教研究》2006年第3期。
③ 赵景深：《曲艺丛谈》，中国曲艺出版社1982年版，第227页。

也。"①

　　道情并非四川本有，"四川竹琴，据老艺人说，是从河南传去的。河南与山、陕同属中原之地，大概从东向西，这道情就逐渐传到四川去了"②。发展到四川竹琴这一艺术形式之后，所演唱的内容就已不再是道教的了，所唱者"大都是《东周列国志》《三国演义》等故事"③。这些唱词的创作相当优美，用词雅洁，四川竹琴在发展过程中形成了不同的腔调。

　　清末，竹琴"在四川很盛行"④。直到民国时期，竹琴在巴蜀依然相当流行。民国初年，四川梁山还举行过竹琴大会，通过对竹琴说书词、曲调以及所敲的竹琴简板进行评选，最后选出了"三根半竹琴"，即杜成辉、孙成德、赵高峰、梁佩然（半根）。竹琴大会的举行，说明当时竹琴在巴蜀地区相当盛行。

　　1925年前后，巴蜀地区出现了琴书的固定演出场所，成都的锦春茶楼和重庆的大观园。这一时期，对巴蜀竹琴艺术贡献较大的艺术家主要是贾树三（1894～1951），他将从前沿街卖唱的竹琴带入书场演唱，还在艺术上创新，丰富了四川竹琴。他吸收了川剧、扬琴的唱腔，丰富和完善了竹琴的演唱技巧，创造了四川竹琴的"贾派"艺术。"贾派"竹琴的特点是以四川各地方言土语刻画不同人物，在声腔声调等细节处理细腻。

　　除了以上这些能够追根溯源的民间曲艺之外，清代的巴蜀还有很多曲艺形式活跃在舞台上。只因这些民间曲艺缺少资料，我们无法观其全面，兹录《成都通览》中所记的一些曲艺形式，以管窥当时四川曲艺之盛。

　　被单戏：小儿多乐观之，一人演唱，并能动锣鼓。所演必有一段打老虎。
　　车车灯：一男子作妇人装，乘假车步行，口唱词曲。
　　胖胡琴：胡琴则俗名胖胡琴，其声甚浊。
　　打花鼓：男子花裤，抛棒击鼓，其词无谓，其形太鄙。公馆妇女多好之。
　　川北锣鼓：小儿最爱习之，先经警局禁止，其声喧阗可厌。

---

① （明）王圻：《三才图会》，《四库全书存目丛书》子部第191册，齐鲁书社1995年版，第264页。
② 赵景深：《曲艺丛谈》，中国曲艺出版社1982年版，第229页。
③ 赵景深：《曲艺丛谈》，中国曲艺出版社1982年版，第227页。
④ （清）傅崇榘编：《成都通览》，成都时代出版社2006年版，第142页。

唱书：有瞎子携胡琴者，有女子抱月琴者，有陕人弹太仓弦者，有唱小曲者，每折戏不过费钱四十文。公馆内多喜之，外则贫民沿街聚唱，亦有可听者。

莲花闹：小唱消闲之事也，乞丐多唱之。①

二、皮影戏艺术

中国皮影戏是集皮雕艺术和影剧艺术为一体的一种民间演唱艺术。至于它的起源说法莫衷一是。如果以顾颉刚所论，"影戏之性质与傀儡全同，不同者只其表现方法……其兴起虽确知当后于傀儡，然或亦在周之世也"②。后来亦有学者认为皮影戏源于傀儡戏，并引杜佑《通典》之记载以为证："窟礧子亦曰魁礧子，作偶人以戏，善歌舞，本丧家乐也。汉末始用之于嘉会，北齐后主高纬尤所好。高丽之国亦有之。今闾市盛行焉。"③傀儡戏之源甚早，流传时间也颇长，至北齐之时仍盛行于世。后文还传说，当汉初之时，汉武帝被匈奴围于平城，是陈平奇计在城楼放置了许多貌若天仙的木偶美女，使心怀妒意的匈奴单于夫人阏氏恐其夫破城后贪恋女色，才劝说丈夫解除对平城的包围。这样的传说不过是后来傀儡艺人的一个附会罢了，但是不难看出傀儡戏之渊源至少可追溯至汉代。也有一些早期的文字记载，说傀儡戏产生于周代，如：《事物纪原》卷九引《列子·说符篇》："周穆王时，巧人有偃师者，为木人，能歌舞。王与胜姬观之，舞既终，木人瞬目，以手招王左右。王怒，欲杀偃师，偃师俱，坏之，皆丹毕胶漆所为也。"④这些传说和记载为傀儡戏描绘了精彩的起源，但这些说法都太过缥缈，或可考虑周世之某些元素为中国皮影的起源因素。

或有以汉武帝请方士李少翁招来爱妃李夫人之影为其发端。《搜神记》的故事是这样的："汉武帝时，幸李夫人。夫人卒后，帝思念不已。方士齐人李少翁，言能致其神。乃夜施帷帐，明灯烛，而令帝居他帐，遥望之。见美女局帐中，如李夫人之状，还幄坐而步又不得就视。帝愈益悲感，为作诗曰：'是耶？非耶？立而望之，偏。娜娜何冉冉其来迟！'令乐府知音家弦歌之。"⑤

---

① （清）傅崇榘编：《成都通览》，成都时代出版社2006年版，第136~142页。
② 顾颉刚：《中国影戏略史及现状》，《文史》第十九辑，中华书局1983年。
③ （唐）杜佑撰，王文锦、王永兴、刘俊文等点校：《通典》，中华书局1988年版，第3730页。
④ （宋）高承撰，金园、许沛藻点校：《事物纪原》，中华书局1989年版，第493页。
⑤ （晋）干宝撰：《搜神记》卷二，中华书局1979年版，第25页。

由于有了这个美妙的故事,所以《事物纪原》卷九"影戏"条认为:"故老相承,言影戏之原,出于汉武帝,李夫人之亡,齐人少翁言能致其魂,上念天人无已,乃使致之。少翁夜为方帷,张灯烛,帝坐他帐,自帐中望见之,仿佛夫人像也,故今有影戏。"①李少翁的表演,"虽然算作影戏,但是'人影'表演,也没有情节,所以还不是真正意义上的皮影戏"②。汉代之后,有关影戏的记载阙如,直到宋代,关于影戏的记载才突然多了起来。《事物纪原》也认为,"历代无所见"。故经作者考察认为:"宋仁宗时,市人有能谈三国事者,或采其说缘饰,作影人。始为魏蜀吴三分战事之像,至今传焉。"③因此,作者高承实际上也承认影戏始于宋代。《续明道杂志》亦云:"甚好看影戏,每弄到斩关羽,辄为之泣下,嘱弄者且缓之。"④《东京梦华录》正月十六景物云:"诸门皆有官中乐棚……多设小影戏棚子,以防本坊游人小儿相失以引聚之。"⑤《武林旧事》"元夕"条曰:"以为人大影戏,儿童喧呼,终夕不绝。"⑥从以上所引宋代文献的记载来看,影戏到了宋代已经具备了戏剧的诸多要素,不再是李少翁招魂李夫人这样没有故事情节、没有完整故事构成的单一"影戏"。同时,影戏也成了宋代节庆的重要表演项目,且戏剧内容也多样化,不仅有三国戏引得大人落泪,更有儿童戏致使儿童欢呼不绝。因此,大多数学者都认为,皮影戏实际产生于宋代。到南宋周密作《武林旧事》"社会"条,已经记载有"绘革社"专事影戏演出了。"二月八日为桐川张王生辰,霍山行宫朝拜极盛,百戏竞集,如'绯绿社'杂剧、'齐云社'蹴鞠、'遏云社'唱赚、'同文社'耍词、'角觝社'相扑、'清音社'清乐、'锦标社'射弩、'锦体社'花绣、'英略社'仗棒、'雄辩社'小说、'翠锦社'行院、'绘革社'影戏……"⑦足见皮影戏自于北宋出现以来,深受人民群众的喜爱,到南宋时期,影戏已经发展成为一个重要的戏曲演出形式,深受观众的欢迎。

---

① (宋)高承撰,金园、许沛藻点校:《事物纪原》,中华书局1989年版,第495页。
② 陈晓:《皮影戏的源流》,《文史月刊》2005年第11期。
③ (宋)高承撰,金园、许沛藻点校:《事物纪原》,中华书局1989年版,第495页。
④ (宋)张耒:《续明道杂志》,《学海类编》第70册(刻本),第5页。
⑤ (元)孟元老著,邓之诚注:《东京梦华录注》卷六,中华书局1982年版,第173页。
⑥ (宋)四水潜夫:《武林旧事》,西湖书社1981年版,第31页。
⑦ (宋)四水潜夫:《武林旧事》,西湖书社1981年版,第40页。

皮影，又称为"灯影儿"或"皮灯影儿""灯影子"，如果由人操纵它们表演戏剧节目，则通称"皮影戏"；而成都俗呼"演灯影儿"或"提灯影儿"。现在流传于四川地区的皮影，主要有两个流派，这两派的形成时间大约都在明末清初。"张献忠、刘文秀等农民起义军把湖北皮影带到川北地区。康熙年间（1662~1722），云南皮影随吴三桂的军队传到四川。从东部和南部进川的外省皮影，与四川原有的皮影碰撞融合，在贫穷的川北山乡形成了一种老艺人口耳相传的北川'土灯影'。清朝乾隆（1736~1795）初年，陕西'渭南影子'从北部传入川北。川北'土灯影'和'渭南影子'在清朝嘉庆年间（1796~1820）传入川西；咸丰年间（1851~1861），川西民间艺人以川北'土灯影'为基础，吸取了陕西'渭南影子'精雕细刻的优点，创作了被外国人赞誉为'最复杂的皮影'，即成都皮影。"①经过明末清初的融合，外来的皮影戏与本土早已有之的'土灯影'相互激荡，"它成熟的艺术形态最终以川西和川北两个地区最具代表性，从而形成了四川皮影艺术的两个流派——成都灯影和川北灯影"②。这两个派别虽然都是四川皮影，但又各有特点。

川北皮影，主要流行于南充、阆中、岳池、仪陇、西充、南部、蓬安、营山等川北地区。"川北皮影，从影人的造型艺术风格、发展阶段上可分为土皮影、广皮影和王灯影三类。按其尺寸大小分大、中、小三种。大的高2尺许，俗名'大门神'。中型高1.5尺至1.8尺，叫'二门神'，小巧别致的高0.8尺，叫'小门神'。"③川北灯影的土皮影起于何时已无从考证，土灯影在与渭南传来的灯影碰撞融合之后，产生了川北皮影。"现在川北流行最广的皮影，是一种小灯影，人们习惯称'川北陕灯影'，或者叫'川北渭南影子'。"④

川北影戏与渭南的乃是同宗同脉，同属于秦晋系。它们之间最显著的区别是，川北皮影采用的是川剧唱腔，并且是自提自唱。川北皮影的制作原料为黄牛皮，这与北方皮影采用羊皮制作有所区别。操作棍方面，川北皮影使用的是竹棍，北方皮影采用的是麦秆。川北皮影的"影人高27~36厘米，全身11个关节"⑤，人物造型较高，头帽分离，头身可更换。制作影人，从选牛皮开

---

① 江玉祥：《四川皮影戏》，《文史知识》2001年第7期。
② 戴德源：《果然皮里有春秋——成都灯影戏溯考》，《四川戏剧》1992年第5期。
③ 任东：《浅析川北皮影的源流、特色及现状》，《四川教育学院学报》2008年第2期。
④ 江玉祥：《四川皮影戏》，《文史知识》2001年第7期，第98页。
⑤ 江玉祥：《四川皮影戏》，《文史知识》2001年第7期，第98页。

始，一道道工序都是相当严格的，"经选料、绷皮、发汗、去灰、揉皮、裁料、保水、雕刻、着色等工序制作而成。皮影制作工艺极其精细、讲究。影人雕刻循先难后易程序，从刻脸谱入手，首先是雕大、小眼角和眼眶。继而雕刻衣纹，用刻刀走衣纹长线条，再用各种钻子钻图案。皮影雕刻成功后，再用擂锤擦一遍，使之光滑，并夹入木板内存放，防止干燥或变形"①。

　　成都皮影则是四川皮影戏中最具地方特色、最有代表性的皮影戏。成都皮影有以下几个特征："1. 影偶高大。它以半透明的黄牛皮为原料，影人一般身高60～80厘米，最高可达1米。2. 结构复杂。一个穿戴整齐的成都灯影人由14个部件组成，比北方影人多三个部件。一是多在头帽分离，取其能甲乙互易，交替使用；二是多在手掌与手指分离，取其抓拿灵活，姿态自然。北方影人的胡须是同头面连接的皮雕硬须，成都灯影改用马尾扎成的'口条'（髯口），使影人在胡须上能做更多的动作。3. 雕刻精美。成都灯影雕刻的角色、脸谱、髯口、摆设、道具，均按川剧设计，同时汲取了蜀锦刺绣、兰印花布、四川年画等民间工艺美术的艺术成就。图案装饰，精当凝练；雕花敷彩，配搭和谐；象征寓意，变化多端；颜色鲜艳，形象生动。4. 表演传神。成都灯影戏班人员编制向有'七紧八慢九消停'之说，提手（弄影者）二三人，音乐场面四五人，各司其职，互相配合。唱腔用川剧调，昆高胡弹灯，五腔俱全。提手自提自唱，生旦净末丑，样样都会；口唱手走，婉转随意，神情毕肖。"②《成都通览》记载了成都皮影的一些情况，以及皮影演出的价格。"灯影戏，有声色调绝佳者，不亚于大戏班。省城之影尤齐全者，只万公馆及旦脚红卿，二处之物件齐完。省城凡十六班，夜戏二千五百，包天四吊。"③清代周询所著的《芙蓉话旧录》"灯影"条对成都灯影之记载亦为详尽，兹录于此，以观当时成都灯影之盛况。

　　灯影各省多有，然无如成都之精备者。演时，以木柱扎一台纵横不过丈许，以白夏布六七幅纰合作银幕，俗呼曰"亮子"。昼则内面向光明处，夜则于幕内燃灯，使之明透，故尤宜夜而不宜昼，亦灯影之名所由来也。其演具以

---

① 昊天：《一张牛皮演绎千古事——漫说川北皮影》，《今日四川》1996年第2期。
② 江玉祥：《四川皮影戏》，《文史知识》2001年第7期。
③ （清）傅崇榘编：《成都通览》，成都时代出版社2006年版，第141页。

透明之牛皮为之，冠服器具，悉雕如戏场所用者。每具帽作一段，面孔作一段，衣履又共作一段，取其能甲乙互易也。帽长二寸许，面孔亦长二寸许，衣履长一尺二三寸，合之共长一尺六七寸。手又作三段，脚作一段，此数段皆以绳维系之，取其能宛转随意也。背际加一巨曲铁丝，手际加以细铁丝，用长尺许之小竹棍，穿于背与手之铁丝上，提者便持竹棍随意作态。其余唱工及锣鼓管弦，无一不与戏剧吻合。不过提者一人，唱者又一人，彼此扣合叫应，有如双簧之理。有时提者唱者亦可一人兼之。唱者不难，提者最难，盖一举一动，均须使灯影如人之扮演者也。此外台上应有之桌、椅、灯彩，无不以皮为之。衣帽花纹，及生、旦、净、丑之面孔皆雕凿而成，浸以各种颜色，灯下视之，鲜明朗澈，悉与戏剧无异。省城有唐某者，自少至老，提灯影数十年，得心应手，熟极而化，提者推为巨擘。寻常制一全部，所费不过千金。有宋姓，豪于资，性酷嗜此，所制一部，雕染极称精致，除普通应有者外，以及神怪鸟兽，亦无奇不备，演时尤栩栩欲活，阅一、二年始制成，闻所费不下三四千金。当时雇演一夜，价约三千文，连昼则倍之。故遇寿辰喜事，力不能演剧，或须在家庆贺者，多以此娱宾。庙会中资力不及者，亦率此剧酬神，亦成都当日娱乐场中一特色也。①

清代巴蜀地区皮影戏演出之频繁，除了以上记载之外，我们亦可以找到一些竹枝词记载有巴蜀地区皮影演出的一些情况。如清代定晋岩樵叟所著的《成都竹枝词》中就有两首是描绘当时成都皮影的："灯影原宜趁夜光，如何白昼却铺张。弋阳腔调杂钲鼓，机智灯明已散场。"②"巧制㺞猊不用灯，布围高挂任纵横。十番锣鼓真奇妙，看到更深最有情。"③

更别说还有流传甚广的竹枝词："帘灯影唱高楼，宛转歌喉度曲幽。阿堵传来神毕肖，果然皮里有春秋"，这些记载都说明了清代巴蜀地区皮影戏流传之广。皮影戏所演出的内容也不仅仅只是三国、西游等传统剧目，演出的时间也并非局限在节庆之日，但逢喜事皆有演出。如，富有之家遇到红白喜事，以及寿辰圣诞，都会请来戏班，上演大家喜爱的皮影戏。各地庙会也会有皮影戏

---

① （清）周询著：《芙蓉话旧录》，四川人民出版社1987年版，第64~65页。
② 雷梦水、潘超、孙忠铨等编：《中华竹枝词》，北京古籍出版社1997年版，第3201页。
③ 雷梦水、潘超、孙忠铨等编：《中华竹枝词》，北京古籍出版社1997年版，第3202页。

班进入，增加庙会的热闹气氛，极大地丰富了古代老百姓的日常生活。

四川的皮影虽然源自外省，但影戏进入四川以后，有了一些适应四川文化及四川实际情况的转变，如就地取材，将北方羊皮皮影改为牛皮制作，使制作的原材料更易获得。而唱腔采用四川腔这一转变，更显示出四川文化对一个外来文化形式的内核转变。影戏各省都有，而之所以称为四川影戏，在于它独具四川文化的特点，那就是它高大的影偶、复杂的结构、更为逼真的胡须和特有的四川唱腔。这些文化符号的转变，标志着一种属于四川的皮影戏正式产生了，这是一种属于四川的艺术，以其不同于其他地域的艺术外形和艺术内核，成为中国皮影艺术中的一个独特艺术分支。

三、相书、评书、傩戏和灯戏

（一）相书

据江玉祥先生研究，四川相书乃是由口技发展而来。而口技的历史最远可以追溯到两千年前的战国时代。《史记·孟尝君列传》载有其详曰："齐湣王二十五年，复卒使孟尝君入秦，昭王即以孟尝君为秦相。人或说秦昭王曰：'孟尝君贤，而又齐族也，今相秦，必先齐而后秦，秦其危矣。'于是秦昭王乃止。囚孟尝君，谋欲杀之。孟尝君使人抵昭王幸姬求解。幸姬曰：'妾原得君狐白裘。'此时孟尝君有一狐白裘，直千金，天下无双，入秦献之昭王，更无他裘。孟尝君患之，遍问客，莫能对。最下坐有能为狗盗者，曰：'臣能得狐白裘。'乃夜为狗，以入秦宫臧中，取所献狐白裘至，以献秦王幸姬。幸姬为言昭王，昭王释孟尝君。孟尝君得出，即驰去，更封传，变名姓以出关。夜半至函谷关。秦昭王后悔出孟尝君，求之已去，即使人驰传逐之。孟尝君至关，关法鸡鸣而出客，孟尝君恐追至，客之居下坐者有能为鸡鸣，而鸡齐鸣，遂发传出。出如食顷，秦追果至关，已后孟尝君出，乃还。始孟尝君列此二人于宾客，宾客尽羞之，及孟尝君有秦难，卒此二人拔之。自是之后，客皆服。"[①]由此分析，口技的雏形毕竟不是艺术，仅是作为逃生时的手段，没有什么艺术美感。口技真正用于艺术成为曲艺之一，大约是在宋代。宋代口技才开始上台表演，供人欣赏，成了一门曲艺艺术。《东京梦华录》中描绘了口技表演的情况："乐未作，集英殿山楼上教坊乐人，效百禽鸣，内外肃然，止闻

---

① 《史记》，中华书局1963年版，第2354～2355页。

半空和鸣，若鸾凤翔集。"①宋代之时，口技艺术仍停留在学习各种动物鸣叫的水平，名曰"学像生"。

进入明清之后，"口技分出两种形式：一种仍然沿袭宋代'学像生'的传统，模仿鸟兽的声音，以逼真为上；另一种则为一人躲在围屏之中表演口技，这里模仿的不仅有禽兽语，而且有市声乡谈，即既有对自然万籁的模拟，也有对社会情态的模拟。前者一般称为'口技'、'象声'或'肖声'；后者一般称'口戏'或'象声戏'，又叫'隔壁戏'"②。四川的相书就是由口戏发展而来的。这种艺术有点类似说书，据明人沈德符的《万历野获编·李近楼琵琶》记载，至迟明代京师就已有之。"京师绝艺所萃，惟琵琶以李近楼为第一，故籍锦衣当袭百户，幼以瞽废，遂专心四弦，夜卧以手爪从被上按谱，被为之穴。其声能以一人兼数人，以一音兼数音，前辈纪之者甚多。先人在都时，曾于席间得闻，则作八尼僧修佛事，经呗鼓钹笙箫之属，无不毕举，酷似其声；老稚高下，各各曲尽，又不杂一男音。归邸为儿辈道之，恨余幼不及从。比余再入都，则李死已久，其艺不复传。一日，同社馆东郊外韦公庄者，邀往宴集，诧谓余，有神技可阅。既酒阑出之，亦一瞽者，以一小屏围于座隅，并琵琶不挈，但孤坐其中。初作徽人贩姜邸中，为邸主京师人所赚，因相殴投铺，铺中从隶与索钱，邸主妇私与从隶通奸，或南或北，或男或妇，其声嘈杂，而井井不乱，心已大异之。忽呈解兵马，兵马又转解巡城御史鞫问，兵马为闽人，御史为江右人，掌案书办为浙江人，反覆诘辨，种种曲肖，廷下喧哄如市，诟詈百出，忽究出铺中奸情，遂拖夹拶诸刑，纷纭争辨，各操其乡音，逾时毕事而散。余骇怪以为得未曾有，又出李近楼之上。比逾时再往寻觅，则亦不可得矣。"③

这种明代形成的艺术形式，大约在清代咸丰年间（1851~1861）传入成都。"据成都老艺人鲁国华回忆：约在清咸丰年间，隔壁戏从浙江一带传入四川。"④四川人称这种口技艺术为相书，又称"隔壁戏"。"其表演形式是一名演员在高约五尺、宽约两尺的布帐内，凭一张口，根据相书剧情使用几件简单的道具（板、折扇、铜铃、碗、碟等），模拟各种音响描绘环境，惟

---

① （宋）孟元老著，邓之诚注：《东京梦华录注》卷九，中华书局1982年版，第219页。
② 江玉祥：《从口技到口戏读书札记》，《中华文化论坛》2003年第4期。
③ （明）沈德符：《万历野获编》卷二四，中华书局1959年版，第625~626页。
④ 沈允宁：《四川相书的现状及其思考》，《寻根》2007年第2期。

妙惟肖，模拟人物对话，陈述故事。"①这种艺术形式，在当时的都城也很流行，李声振作《百戏竹枝词》中就有"口技"一首。其先有文曰："俗名'象声'，以青绫围，隐身其中，以口作多人嘈杂，或象百物声，无不逼真，亦一绝也。"这段文字描述了相书的表演情境，而其竹枝词则描绘了相书的艺术意境："围设青绫好隐身，'象声'——妙于真。谁知众口空嘈杂，绝技曾无第二人。"②

相书曾是清代成都人喜爱的民俗活动之一，形成于清代宣统年间（1909~1911）的《成都通览》就有关于"成都之民情风俗"的记载，其中写到"正月"民俗之中，有"放炮、拜年、闹年鼓、敬财神、迎喜神、装财神、飞名片、穿新衣、挂挂钱、耍龙灯、耍狮子、听洋琴、听相书、请春酒、走喜神坊"③。在正月丰富多彩的活动中，相书能够占有一席之地，可见，清代之际相书之于成都人的娱乐似乎颇为重要。在同书的"成都之游玩杂技"条内，亦有对相书的简单记载："成都只有李姓说得好，名李相书，每日工钱六百文，夜间三百文，住在东门街一瞎子耳。"④除成都外，四川的其他地区也有相书表演，"名称或有区别，如合川就把在布围里表演的口技叫做'说相声'"⑤。

四川相书对舞台要求不高，舞台布置也相对简单。"相书采取布幔演出形式，演员隐身于高约五尺，宽约二尺帐子里，凭借一张嘴和醒木、扇子一类的简单道具，描情状物、铺展故事、模拟形象，听众在和演员隔离的布帐前，通过听觉的联想和想象，进入艺术情境，体味作品的主旨和韵味。"⑥

四川相书在20世纪三四十年代，由著名相书艺术家曾炳坤将其带入一个崭新的辉煌时期，此时，"从事此业的艺人也有八九个，有四十多个传统隔壁戏段子保存下来"⑦。其中著名段子如：《霉登堂》《骗总爷》《写对杀猪》等流传颇广。

---

① 沈允宁：《四川相书的现状及其思考》，《寻根》2007年第2期。
② 《清代北京竹枝词（十三种）》，北京古籍出版社1982年版，第162页。
③ （清）傅崇榘：《成都通览》，成都时代出版社2006年版，第96页。
④ （清）傅崇榘：《成都通览》，成都时代出版社2006年版，第140页。
⑤ 江玉祥：《从口技到口戏读书札记》，《中华文化论坛》2003年第4期。
⑥ 薛宝琨：《中国的曲艺》，人民出版社1987年版，第143页。
⑦ 沈允宁：《四川相书的现状及其思考》，《寻根》2007年第2期。

四川相书之所以成为巴蜀地区流传较广的曲艺形式，其中的主要原因有：第一，四川相书不仅仅是口技，它发展了口技艺术，故四川相书不只是对环境以及自然声音的模仿，而是结合了故事铺陈、模拟形象等，已经不是最初的口技了；第二，相书传入四川以后，与四川当地文化相互碰撞，吸收了四川本地民间艺术，并以反映四川社会生活风土人情为主，故四川相书才在众多的曲艺艺术中成为特色鲜明、具有独特风格的一种四川地方曲艺。

（二）评书

评书艺术源远流长，有的学者甚至将其源头追溯到周代。认为周代"'只为庄王访贤，才然留下说书，习学三弦谈今古，解劝老幼男妇。'这些搞宣传工作的人，说起话来辙韵较多，可以配上鼓乐，这成为大鼓书的先源。鼓敲完不唱而只说的，则稍露说书苗头"①。当然这只是传说，但民间艺人讲说故事的这种艺术形式确是历代皆有的。三国魏晋时期，曹植就是一位说书爱好者。据裴松之注《三国志》引《典略》曰："诵俳优小说数千言。"②因此，有学者以此为依据判断："说书不知起于何时，但绝不晚于三国年间。"③此后有关评书的记载，以及评书底本的流传都逐渐多了起来。隋唐时期，评书发展进入一个新的时期，隋朝人将讲故事这样的职业艺人称为"说话人"。唐代各大寺院盛行一种韵、散结合的"俗讲"文艺形式，这种"俗讲"的文字底本为"变文"。但这类"俗讲"内容多是佛教的，后来在这种"俗讲"中穿插了一些历史、战争、爱情等题材的故事。而这一类故事，最终赢得了听众的喜爱，便独立出来，另立门户。到宋代，评书这种艺术形式得到进一步发展，出现了不同流派。"主要有'说经'、'讲史'和'小说'三大家。"④宋代是说书艺术大发展的时期。元代，说书发展相对缓慢。"评书界则认为元代说书是一个空白。"⑤明代章回小说的发展对说书艺术的影响巨大。清代"这种艺术形式流传极为广泛，不仅在民间讲述，而且有内廷供奉和军中说书。艺术上也有了很大的发展与提高"⑥。清末到民国，这种艺术形式的称呼随地域的不同而

---

① 春风文艺出版社编：《评书艺术论集》，春风文艺出版社1987年版，第30页。
② 《三国志》，中华书局1964年版，第603页。
③ 春风文艺出版社编：《评书艺术论集》，春风文艺出版社1987年版，第32页。
④ 赵博：《评书写作知识》，辽宁人民出版社1978年版，第3页。
⑤ 春风文艺出版社编：《评书艺术论集》，春风文艺出版社1987年版，第35页。
⑥ 赵博：《评书写作知识》，辽宁人民出版社1978年版，第4~5页。

不同,在东北称为"评词",在北京、四川等地叫"评书",在江浙、上海一地叫"平话"。

四川评书,即以四川方言讲故事。在四川评书里根据故事内容之不同,分为两类:说儿女之情、传奇之类的风情故事,称"清棚";说征战沙场、金戈铁马之类的战争故事,称"雷棚"。根据创作来源之不同又分为:"墨书"和"条书"。"墨书"一般是指由章回小说改编而成的评书,如《三国》《水浒》等。"条书"则是指由说书艺人自己创作的作品。清末,四川评书已经传遍巴蜀各地,甚至流传至云贵两省。"进入民国后,著名艺人王秉诚创作了一部以抗日战争为背景的《重庆掌故》,一时为四川评书艺人誉为评书界一大要事。"[1]这部作品也是"王秉诚的杰作,'买米书'、'心肺汤'"[2]。四川评书,以四川方言讲述人民群众喜闻乐见的历史、爱情及地方故事,受到巴蜀人民的喜爱。

(三)傩戏

傩是中国古代驱逐疫鬼的宗教仪式,现在可见的最早记载是西周的《周礼·夏官》,曰:"方相氏掌蒙熊皮、黄金四目、玄衣朱裳、执戈扬盾,帅百隶而时傩,以索室驱疫。大丧先匶及墓,入圹以戈击四隅,驱方良。"[3]由记载可知,西周之时傩不仅在宫廷举行,也会在葬礼之时举行。驱傩之仪起于周,古代一些学者早有此论。宋代高承在《事物纪原》中不仅肯定了这种观点,同时也记录了一些有关傩戏产生的神话和理性分析。"《礼纬》曰:高阳有三子,生而亡去为疫鬼,二居江水中为疟,一居人宫室区隅中,善惊小儿,于是以正岁十二月命祀官持傩以索室中而驱疫鬼。《轩辕本纪》曰:东海渡塑山有神荼、郁垒之神,以御凶鬼,为民除害,因制驱傩之神。子游岛问于雄黄曰:'今人逐疫出魁,击鼓呼噪何也?'雄黄曰:'黔首多疾,黄帝氏立巫咸,使黔首鸣鼓振铎,以动心劳形,发阴阳之气,击鼓呼噪,遂以出魁。黔首不知以为祟魅也。'或记以为驱傩之事。按《周礼》有大傩,《汉仪》有侲子,要之虽原始于黄帝,而大抵周之旧制也。《周官》岁终命方相氏率百隶索室驱疫以逐之,则驱傩之始也。"[4]

---

[1] 蔡源莉、吴文科:《中国曲艺史》,文化艺术出版社1998年版,第133页。
[2] 徐勋:《学者风度的说书人——王秉诚》,《红岩春秋》2000年第4期。
[3] 李学勤主编:《周礼注疏》卷三一,北京大学出版社1999年版,第826页。
[4] (宋)高承撰,金园、许沛藻点校:《事物纪原》,中华书局1989年版,第439~440页。

在巫风盛行的四川，自汉代起就有傩俗盛行的遗迹。1984年，"川南重镇泸州出土一口汉代石棺。石棺上刻着一幅《巫术祈祷图》，反映了古代泸州人以酒祈天、禳傩祈吉的生动情景"①。之后，四川地区遗留下来的有关傩戏的材料越来越多。而唐代著名诗人杜甫所作的《南池》更是为后世研究傩戏之人常常称引。诗曰："南有汉王祠，终朝走巫祝。歌舞散灵衣，荒哉旧风俗。高堂亦明王，魂魄犹正直。不应空陂上，缥缈亲酒食。淫祀自古昔，非惟一川渎。"四川的傩俗，由此更显得真实可靠，一招一式，一蹈一舞，犹在眼前。

从傩转为戏种的具体年代已不可考，"至迟在宋代已有傩戏出现"②。《东京梦华录》记载了宋代时的傩戏盛况："至除日，禁中呈大傩仪，并用皇城亲事官。诸班直戴假面。绣画色衣。执金枪龙旗。教坊使孟景初身品魁伟，贯全副金镀铜甲，装将军。用镇殿将军二人，亦介胄，装门神。教坊南河炭丑恶魁肥，装判官，又装钟馗、小妹、土地、灶神之类，共千余人。自禁中驱祟。出南薰门外转龙弯，谓之埋祟而罢。是夜禁中爆竹山呼，声闻于外。士庶之家，围炉团坐，达旦不寐，谓之守岁。"③宋元之时，巴蜀地区的傩戏已有记载："宋大观三年（1109），芦山县为纪念蜀汉名将平襄侯姜维，修建一座'平襄楼'。'土人祀姜伯约，有庙名曰平襄。'（《太平寰宇记》雅安芦山条）。《芦山县志》也记'姜公祠，祀蜀汉大将军平襄侯姜公伯约之神'。（《芦山县志》民国版）每年八月十五日，相传为姜维殉难日，由官府出面，在平襄楼庆坛祭祀。同日，还于城内遍搭牌楼，歌舞竞胜。涪陵一带，有种'神头鬼面'的戏剧在'棚'内演出。"④

经历了元末的战乱，巴蜀地区人口锐减，明初的政治清明，以及巴蜀天府之国得天独厚的自然环境，吸引各方外来移民。这些移民不仅为巴蜀地区带来生产发展所必需的劳动力，也带来了异乡的文化艺术、风俗习惯，"外来移民带来的楚风傩俗，亦丰富和充实了四川之傩俗活动"⑤。移民带来的傩俗与

---

① 严福昌主编：《四川傩戏志》，四川文艺出版社2004年版，第6页。
② 庹修：《中国傩学研究的回顾与展望——兼论"中国地方戏与仪式之研究"与贵州傩戏傩文化》，《汉学研究通讯》2003年2月，第1页。
③ （宋）孟元老著，邓之诚注：《东京梦华录》卷十，中华书局1982年版，第253页。
④ 严福昌主编：《四川傩戏志》，四川文艺出版社2004年版，第10页。
⑤ 严福昌主编：《四川傩戏志》，四川文艺出版社2004年版，第11页。

本土古已有之的傩风相互激荡成就了丰富多彩的巴蜀傩戏。有学者按社会功能将形式多样的四川傩戏分为三类：一是以求佑咒舞、冲傩还愿为主旨的傩戏剧种，有傩愿戏、阳戏、提阳戏、傩坛戏、童子戏；二是以祭祀礼仪，庆贺神灵为主要目的的傩戏形式——庆坛，亦包括提阳戏、傩坛戏等，它是一种祭祀神灵、娱人娱神，带有浓厚宗教色彩的古老演剧形态，分"官坛"和民间坛两类；三是属于做道场、放焰口、超度亡灵等活动的端公戏、师道戏。①虽然功能有所不同，但是表现形式却有相似之处，一般来说傩戏由以下三个方面构成：宗教性祭祀表演、戏剧性表演和杂技、巫术表演。无论是从功能还是从形式上来说，傩戏作为一种巫术、宗教色彩鲜明的剧种在巴蜀大地上分布相当广泛，有如：雅安地区的芦山庆坛、泸州合江的赵侯坛、川北庆坛、梓潼阳戏以及藏地流行的金刚舞等种类繁多的傩戏。以川北庆坛为例，一般分为正坛和耍坛两部分。正坛由一套完整的法事组成：如请水上坛、申文发牒、领牲献帛、安神礼灶、清宅扫荡、安神归位等步骤。耍坛则是以戏剧表演为主，一般分为正戏和花戏。正戏一般与正坛法事穿插进行，故而有人也将正戏归入正坛。正戏又细分为阴一堂和阳一堂。阴一堂主要铺陈的是神仙在天上的故事，而阳一堂则是叙述神仙被请到事主家以后的事情。因此又叫，阴一堂演天上32戏，阳一堂演地上32戏。天戏用木偶表演，地戏是由真人表演。正戏与花戏之间的衔接处则是由端公（男性巫师）披红巾，戴面具，穿黄褂，登草鞋，右手执擀面杖，背上背一兜，进入事主家，即兴演唱，见啥唱啥，但内容多以吉祥纳福为主。川北庆坛的正戏多是傩坛戏，花戏则多是灯戏。这样便形成了傩坛灯一体的川北庆坛，民间俗称为"灯坛两开"。

又如流行于古代巴国辖地涪陵地区酉阳、秀山一带的"傩愿戏"，也是具有浓厚巴蜀地方色彩的傩戏。傩愿戏是一种酬谢傩神的宗教仪式性质的戏剧，又称跳神，或者称作某家跳神、还傩愿等。傩愿戏要先唱正戏，酬神祭祀，有着较为严格的演出顺序："仙峰小姐，给主家开财门、扫瘟神；开山大将，手执斧头砍五方，东南西北中，驱魔逐鬼；算匠（算命先生）；师娘，左手执司刀、右手拿牛角，勾愿，了愿心等。"②正戏之后，接着上演还愿戏，还愿戏

---

① 参见于一：《四川傩戏面面观》，《中国傩戏论文选》，贵州民族出版社1989年版，第281~293页。
② 《四川灯戏四川傩戏》，《中国戏曲志·四川卷》编辑部1987年出版（内部资料），第101页。

必唱《龙王女》《庞氏女》《孟姜女》三女戏，之后才上演的其他娱乐性杂戏，又叫"堂戏"。傩愿戏因内容不同，表演时的化装亦有不同，分为面具与开脸两种。戴面具的表演主要是用于正戏之中，具有浓厚的宗教色彩。这部分表演相对朴素一些，"它的表演、台步以在舞台上绕'∞'字圈为主，很少经过加工提炼的程式化动作，粗犷和谐，残留着由原始傩仪、傩舞演化而来的痕迹"①。正戏使用的面具制作精巧，雕刻精美。而正戏所使用的音乐主要是傩调，也夹杂一些山歌调和灯调。常用曲牌有老生腔、小生腔、出场腔、赞调、悲调、平腔、高腔、夺板、平板、跪板及数板等。开脸戏是不戴面具的彩妆表演，这种表演戏剧成分增加，似有原始戏剧向成熟戏剧过渡的痕迹。傩愿戏的乐器以锣为主，锣是整个乐队的指挥。

作为娱人娱神的戏种，傩戏保存了上古时期诸多思维方式。从戏剧艺术的角度来说，傩戏更多地保存了上古时期原始思维的审美意识。这些审美意识又是通过仪式得以实现的，正是通过仪式的支撑，傩戏的各种信仰理念才得以存在。"历史上兴盛过的众多民间戏曲都如过眼烟云，衰亡了，消失了。而傩戏既没有娱乐性也没有观赏性，动作呆板，曲调单调，并从不改变，几百年来演的还是那几出戏，却并没有像其他的观赏性戏剧一样湮没。就是因为它被视为一种仪式，一种履行信仰的行为，而不是单纯的演戏。"②以审美为主要目的的戏剧随着岁月的流失，审美情趣的变迁，皆随之改变甚至湮没。然而以仪式为主体的傩戏，却经历了历史的洗涤，将远古人神同一的审美理念传递到现代，这是傩戏留给我们最为珍贵的宝藏。

（四）灯戏

四川灯戏，因流传范围较广，而各地名称有异，曾被称作灯戏、花灯、堂灯、梁山调、端公调等。无论称谓如何变化，它们都用灯调演唱，故皆属四川灯戏。至于四川灯戏形成的年代说法不一，有学者认为四川"灯戏的形成年代，当在明代"③。此种说法有《阆中县志》为证。"残存于北京博物馆的明嘉靖壬午岁（1522）《阆中县志》中查到一条关于灯戏的记载，云：'五月十五日瘟祖会，较诸会为甚，旧在城隍庙，今移太清观，醮天之夕，锣钹笛

---

① 《四川灯戏四川傩戏》，《中国戏曲志·四川卷》编辑部1987年出版（内部资料），第102页。
② 陆焱：《论傩戏仪式与结构》，《中华文化论坛》2005年第1期。
③ 于一：《四川灯戏辨析》，《四川戏剧》2001年第1期。

鼓，响遏云衢，演灯戏十日。每夜焚香如雾，火光不息，其所为灯者，亦如上元时。'"①也有学者认为，"最迟乾隆年间四川灯戏已经形成。其高峰期则出现在清同治、光绪年间"②。无论灯戏形成于何时，但清代以来，四川灯戏流传十分广泛，却是不争的事实。因其流传地域不同，演唱风格略有差别，故称呼又有不同，据统计现有"秀山花灯戏、芦山花灯戏、古蔺花灯戏、灯戏、堂灯戏、彩堂灯、梁山灯戏等名目繁多的灯戏品种，它遍及四川山乡、村舍"③等别名。

其中尤以川北灯戏最为著名。川北灯戏流行于四川北部地区，包括"今天四川省南充市全境以及遂宁市、广安市、广元市、绵阳市、巴中市、达州市所辖部分县区，及至陕西省、甘肃省的南部地区（称大筒戏、端公戏），其流传久远，有着深厚的群众基础"④。川北灯戏一般又称为"喜乐神"。川北灯戏的内容，多取材于民间传说和劳动人民的生活。用劳动人民的视角反映他们所熟悉的人和事。"不少剧本情节单一，人物一丑一旦，对对戏多。大多是笑戏、闹戏（戏剧），正戏、苦戏（悲剧）少；就是正戏、苦戏也带浓烈的戏剧色彩。"⑤表演艺术贴近生活，无固定套式。因其贴近人民生活，又常在农村场坝演出，故人们又叫它"农民戏""坝坝戏"。

灯戏艺人一般将川北灯戏分为地灯和天灯两类，称呼虽同却有两种不同的理解。第一种以演出场所为其分类：地灯是指于地室内演出，把灯点在地上，故名地灯，一般演出地点在堂屋、庭房等较为宽敞的屋内；天灯则是在室外，演出时竖有桅杆，将红灯挂在桅杆上，这是"主灯"——天灯。第二种以内容分，则是有故事情节的叫天灯，这又分为二：表演正戏和苦戏的称为正灯，表演笑戏和闹戏的称为浪浪灯；以歌舞为主兼有简单故事情节的称为地灯。无论怎么分，灯戏的灯是不能少的，而灯上一般都会写有一些吉祥的话，如"风调雨顺""国泰民安""五谷丰登""六畜兴旺"等。

从音乐上来说，"四川灯戏音乐，是在我国的民间歌曲和曲艺音乐的基

---

① 肖善生：《川北灯戏成熟于明代考》，《四川戏剧》1994年第1期。
② 彭恒礼：《弥渡花灯与四川灯戏》，《四川戏剧》2009年第3期。
③ 《四川灯戏四川傩戏》，《中国戏曲志·四川卷》编辑部1987年出版（内部资料），第6页。
④ 杜建华：《川北灯戏的源流演变与发展走向》，《四川戏剧》2006年第2期。
⑤ 四川省川剧艺术研究院、南充地区文化局编：《川北灯戏》，四川文艺出版社1986年版，第4页。

础上，逐步发展形成的。它的曲调丰富多彩，独具一格"①。因为灯戏常以胖筒胡琴为伴奏乐器，所以又称川北灯戏为"筒筒腔"，"胖筒筒"为其主要声腔。"胖筒筒"又叫灯弦腔、老灯腔、灯句子、灯戏正调，川外又称为梁山调、良善调、川调。除胖筒筒之外，还有"联八句""十字韵""苦板"等为主的灯戏正调和以"七句半""郿鄠"等川北小调为主的灯戏杂调两大唱腔。总的来说，川北灯戏的音乐结构短小、曲风淳朴、优美生动。

川北灯戏具有较为完整的表演体系，丰富的音乐曲牌和剧目覆盖了川北广大地区，成为四川地区影响最为深远的灯戏之一。而从其贴近生活、娱乐大众的这一面来说，它又是巴蜀人民喜闻乐见的一种戏曲形式，在广大川北地区深久地影响着群众的娱乐生活。

四川曲艺与中国其他地域的曲艺一样，教化、娱悦着巴蜀历史上广大目不识丁的百姓，连接、凝聚着人心，发挥着寓教于乐的功能，堪称巴蜀大众文化、通俗文化的基石。

第三节 美术

一、清代巴蜀山水画、人物画

清代作为中国最后一个封建王朝，文化艺术的发展亦有其独特之处。由于皇帝多有雅好绘画者，士人于科考功名而外，往往精研书画，多以画鸣清高，一时蔚然成风，巴蜀亦然。清代文人画家"在清初画坛的因革承变中，发挥了十分重要的作用。尽管这时的文人画家有出仕与退隐林下之别，也有宫廷化与职业化之异，但就文化取向而言，则不外集古大成与独抒个性两种"②。

清初文人画家的这种分别，对整个清代的画坛产生了广泛而深远的影响。促使清代绘画艺术形成两种截然不同的绘画取向：以"四王"③为代表的仿古山水长期占据正统派的地位，南宗画派之盛，与清代相始终。他们"主张仿效和崇尚古代大师的绘画，主要是取得绘画技能，维护传统。王鉴

---

① 《四川灯戏四川傩戏》，《中国戏曲志·四川卷》编辑部1987年出版（内部资料），第6页。
② 薛永年、杜鹃：《清代绘画史》，人民美术出版社2000年版，第5页。
③ 所谓"四王"是指，清初王时敏（1592~1680）、王鉴（1598~1677）、王翚（1632~1717）、王原祁（1642~1715）四位画家。

（1598～1677）、王时敏（1592～1680）两人是清代正统山水画派的领袖，在创作上他们维护董其昌的理论，在技法上完全拜倒在王蒙的足下，被称为'王蒙再生'"①。"四王"的这种复古思潮，曾受到强烈批判，全盘否定"四王"对正确理解中国绘画艺术史是不利的，因此有学者指出："他们的这种言行，固然有保守的成分，但是他们总结前人的传统经验，提出'古法渐湮'，不容'谬种流传'，还是有一定积极意义的。"②

另一种绘画取向则强调个性，师法自然。其中著名画家有：清初四僧、中期的扬州画派和髡残、石涛、边寿民等画家，他们以强调张扬个性、力图革新为其追求，以师法自然、用功写生为其旨归。追求个性、力图革新的这些画家"强调个性的解放，要求'陶咏乎我'，提出'借古开今'，反对陈陈相因。他们不受古人的约束，自辟蹊径，强调'古之须眉，不能生我之面目，古之肺腑，不能安入我之腹肠'"③。

清初文人画可谓盛极一时，山水画和水墨写意画法盛行，更多画家追求笔墨情趣，在艺术形式上翻新出奇，涌现出诸多不同风格的流派。更有特点者，往往"因地立派，因人成社"。全国山水画的兴盛亦影响着巴蜀大地，"清代四川绘画，以人物画和山水画成就最大"④。在巴蜀画界"二龚"以山水画名于世，"龚有融善长泼墨画。其画怪石林立，绿蕉映天，得意急救，妙如神品。龚有辉的绘画，有石田格韵，间于著色。四川华阳人，大学士卓秉恬也是一位善长山水画的高手"⑤。巴蜀还有祖孙皆以书画名世者，如张鹏翮、张问陶、张问安一系。《清史稿》载有张氏一族简略之传，尤偏重其诗才，曰："张问陶，字仲冶，遂宁人，大学士鹏翮玄孙。以诗名，书画亦俱胜。乾隆五十五年进士，由检讨改御史，复改吏部郎中。出知莱州府，忤上官意，遂乞病。游吴、越，未几，卒于苏州。始见袁枚，枚曰：'所以老而不死者，以未读君诗耳！'其钦挹之如此，著有《船山集》。兄问安，字亥白。举人。家

---

① 赵运虎：《探圭王蒙艺术风格及其清代文人画传承的摹古之风》，《美术界》2007年第6期，第56页。
② 王伯敏：《中国绘画通史》（下册），三联书店2008年第二版，第109页。
③ 王伯敏：《中国绘画通史》（下册），三联书店2008年第二版，第91页。
④ 陈世松、贾大全主编：《四川通史》（第五册），四川人民出版社1993年版，333页。
⑤ 陈世松、贾大全主编：《四川通史》（第五册），四川人民出版社1993年版，333页。

居奉母，淡于荣利。其诗才超逸，与问陶有二难之目。"①张鹏翮不仅工于书画，且是一位廉吏。张问陶不仅诗名盛于当世，其画亦是名重一时，山水、花鸟相当传神。《蜀史画稿》载曰："问陶，字仲冶，号船山，遂宁人，乾隆进士。山水深得古法，枯枝鹰鸟，苍秀得神。"②其兄书画亦很有名。书画以家族传承而在清代卓然成家者，巴蜀唯张氏一族，他们的人物山水画都很传神。

清代画坛中的复古和求新的不同艺术取向，在巴蜀画坛上亦有反映。师法古人者以唐景为代表，"景，字静荪，松江人。乾隆间孝廉，补资州通判。山水法董华亭"③。而追求个性、求新求变的巴蜀山水画家则相对要多一些，如"严怪，本名戴，性怪，山水如其名，好立奇境，兼长花鸟。……张汝珏，字信侯。性简傲，所画颇自矜贵，不肯轻作。繁令程祥栋尝请于东湖壁上作《瑞莲图》，又于龙藏寺壁画松，柯干盈丈，二图俱盘桓游衍数十日始就，观者莫不嗟赏。山水尤擅长，不规规古法，多自写其高尚萧澹之趣，世称逸品"④。

除去以上两类画家外，巴蜀山水画坛上还活跃着一些绘画个性相对柔和的画家。其画风相对来说，不如前二者鲜明，但其画亦有可圈可点之处，或苍古健实，或设色温厚，仍自成一家。如："沈烜，字丹颖，汉州人。善山水，兼工词翰。……朱鏶，字铁桥，成都人。善山水、兰竹，工白描人物。"⑤

清代巴蜀，人物画、动物画亦有擅长创作者。如："鲜与尚，江北厅人。善画牛，人得之，如获拱璧。刘道熤，永川人，字镜屏。丹青绝妙，画猿猱、螃蟹，皆栩栩欲活。……碧眼和尚，新繁章家寺僧，深目而紫眶，人遂称为'碧眼和尚'。善画龙，风云出没，灵矫如生。"⑥诗书画皆能的巴蜀画家也不少，如四川垫江县的清嘉庆二十一年（1816）举人李惺，他"性笃厚乐善，器识宏远，善书法，工诗古文辞。其著述甚丰，为垫江一代名家，主要有《西沤诗文集》《冰言》《药言》《西沤书画集》等传世"⑦。此外还有释道人物画、史实风俗人物画、工笔仕女画等，巴蜀都有擅长者。晚清之际，甚至写真

---

① 《清史稿》，中华书局1977年版，第13384页。
② 罗元黼辑：《蜀史画稿》，四川人民出版社1983年版，第75页。
③ 罗元黼辑：《蜀史画稿》，四川人民出版社1983年版，第93页。
④ 罗元黼辑：《蜀史画稿》，四川人民出版社1983年版，第77～79页。
⑤ 罗元黼辑：《蜀史画稿》，四川人民出版社1983年版，第74～75页。
⑥ 罗元黼辑：《蜀史画稿》，四川人民出版社1983年版，第79～80页。
⑦ 何介福：《巴蜀史》，西南交通大学出版社2009年版，第354页。

画能跟上全国潮流。

清代巴蜀画坛上活跃的文人画家，有与全国艺术潮流相一致之处，无论是法古之流，还是注重个性之派，在巴蜀都能找到与之同步者。同时，巴蜀画坛亦不乏其地方之特色，如张氏一族的家族传承，以及超越以上二派的独立创作者，无不深深烙上巴蜀之特色。画界公认，乾嘉之际，以山水享盛名者，张问陶之超逸为南宗之卓。

二、清代巴蜀花鸟画

在清代图画中，花鸟草虫，实为繁盛，不独承有代之遗风，且能自立新意。清代花鸟画在画法（八法）上有较为明显的创新，八法即章法、笔法、墨法、设色法、点染法、烘晕法、树石法、苔衬法。在画法中更强调韵致丰采，自然生动。"清初，除沈铨、邹一桂、蒋南沙等继承了院体画风外，又产生了恽南田的没骨写生画派，高其佩的指头写意画派。"[1]后起的石涛、八大山人、扬州八怪等画家，对后世产生了更为深远的影响。"清初、中期八大山人、石涛、扬州画派诸家的出现，将明代中、晚期以来形成的成熟的大写意花鸟画艺术继续向前推进，在绘画观念、绘画风格、绘画技巧方面，都带来了新的特点。"[2]在这些著名画家的推动之下，清代的花鸟画基本形成了"没骨写生派""院体画派""简笔写意画派""大写意画派""小写意画派""扬州画派"和"上海画派"等众多的花鸟画流派。[3]

以恽格为代表的没骨写生派，又名"恽派""常州派"。恽格（1633~1690），字寿平，又字政叔，号南田，又号白云外史，武进人。"明末清初，花鸟画法，多以沈周、陈淳、陆治、周之冕诸家为宗，及恽格出来，遂改变画风。"[4]恽格继承北宋徐崇嗣一派的没骨写生，"尤重以真花为师，反复写生，对所绘物象既不勾轮廓线，也不以墨色铺地，而是直接以各种深浅不同的颜色或粉色叠渍点染，隽秀妍雅，自然天真，神态毕肖"[5]。恽格是清代最有影响的花鸟画家之一，由其开创的"恽派"在清代影响也相当大，"传

---

[1] 任广武：《清代花鸟画流派概述》，《吉林艺术学院学报》1983年第1期。
[2] 张洪波：《明清大写意花鸟画风格演变之略考》，《国画家》2010年第2期。
[3] 参见任广武：《清代花鸟画流派概述》一文，《吉林艺术学院学报》1983年第1期。
[4] 王伯敏：《中国绘画通史》（下册），三联书店2008年第二版，第169页。
[5] 任广武：《清代花鸟画流派概述》，《吉林艺术学院学报》1983年第1期。

恽格画者，记载可查，近百人之多，足证此派传播之广与影响之深"①。

院体画派，自五代巴蜀开画院以来，画院画派的色彩富丽、运笔工整就成为该派的一大特点，且历朝皆有人传承其画风。清代，"以蒋廷锡、沈铨、邹一桂等为院体画派的代表"②。蒋廷锡（1669～1732），其画参研宋代各家画法，"以工笔重彩画为主，继承院体画传统，又有己貌"③。沈铨（1682～1761），"工画花卉翎毛，亦能走兽，取北宋黄家画法，工致精丽，敷色秾艳，并极勾染之巧"④。沈铨还曾于1731年东渡日本，其画法在日本有一定的影响。邹一桂（1689～1772），"所画花卉，有重粉点瓣，复以淡色笼染者；亦有设色清淡，晕染润滋者"⑤。

简笔写意画派，该派在清代的主要代表是朱耷。朱耷（1626～1705），号八大山人，"他的艺术比之常人带有更加强烈的感情色彩和复杂的精神内涵"⑥。因此，他的画"笔情恣纵，不规成法，苍劲圆秀，逸气横生，章法不求完整而完整"⑦。其画法对后来的"'扬州八怪'、'海派'诸家，潘天寿、齐白石、李苦禅等均有重要影响"⑧。

大写意画派，以著名画家石涛为代表。他原名朱若极，广西全州人，石涛乃是他的号。石涛是清代才情很高的职业画家，他在花鸟、山水、人物画等方面都取得了很高的成就。"石涛的花鸟画继承徐清等人的大写意传统，亦为狃抒性灵的洒脱风貌。"⑨

扬州画派的主要代表当然是"扬州八怪"，因为八怪究竟指的是哪些人还存在一些不确定，所以学界认为"'八怪'恐也不一定指哪八个人"⑩。而作为一个画派，他们擅长山水、人物、花鸟、梅竹等题材的绘画。"八怪作画尚写，阔笔写意画法尤为多家钟情。他们笔墨纵逸，不拘绳墨，大量吸收草书笔

---

① 王伯敏：《中国绘画通史》（下册），三联书店2008年第二版，第171页。
② 任广武：《清代花鸟画流派概述》，《吉林艺术学院学报》1983年第1期。
③ 任广武：《清代花鸟画流派概述》，《吉林艺术学院学报》1983年第1期。
④ 王伯敏：《中国绘画通史》（下册），三联书店2008年第二版，第177页。
⑤ 王伯敏：《中国绘画通史》（下册），三联书店2008年第二版，第175页。
⑥ 薛永年、杜鹃：《清代绘画史》，人民美术出版社2000年版，第37页。
⑦ 王伯敏：《中国绘画通史》（下册），三联书店2008年第二版，第93页。
⑧ 任广武：《清代花鸟画流派概述》，《吉林艺术学院学报》1983年第1期。
⑨ 薛永年、杜鹃：《清代绘画史》，人民美术出版社2000年版，第46页。
⑩ 徐湖平：《百花呈瑞：清代花鸟画综述》，《东南文化》2001年第2期。

法,渗入金石意味,从而使画面气势逼人;同时,又十分讲究用墨,十分注重追求墨韵墨致。"①

上海画派则是起于赵之谦、盛于吴昌硕等人的一个画派。他们"冲破了嘉、道以来画坛上一度比较沉寂冷落的局面"②。拯救了自"扬州八怪"之后逐渐衰落的花鸟画,使花鸟画在画坛重放异彩。

清代花鸟画在各画种中尤为发达,在全国花鸟画发展良好的带动下,巴蜀也出现了一些花鸟画家,"泸州人先著,以善画花鸟而名扬画坛。他如三台黄存之、中江夏仁等,都以花鸟画笔意生动而知名"③。巴蜀画坛还有几位善于花鸟的画家是:"蔡曾源,字吕桥,四川人,□□进士。写兰竹,疏快异常。严怪,本名戴,华阳人。性怪,山水如其名,好立奇境,兼长花鸟。张汝玉,字琢之,新繁人。幼颖悟,有巧思,娶妇时,自为绣练裙,见者皆叹为精妙。弟汝珏以山水擅名,汝玉专习花鸟以避汝珏,其独到处,汝珏亦有不及也。"

清代,花鸟画若论画体,殊少变化,但在画法题材、设色上则推出新意。亦随之有了新的动向,如将生活中的瓜果蔬菜纳入花鸟画的绘画之中。"这类题材大盛是在'扬州八怪'时,以后则盛而不衰。"④这个新的花鸟画动向亦影响到巴蜀地区,在巴蜀亦有画家回应。巴蜀画家也擅长这种以蔬菜为题材的花鸟画。如:"雷莲,字荣塘,井研人。工钩勒花卉,尤长画菜。"⑤

清代文人之所以专情于花鸟画,则是因为"内容丰富的花鸟画在利用比兴、题跋传达复杂情感上具有颇大的自由度,为画家开辟了一个比山水画更容易传达感情内容的天地,使得花鸟画获得长足发展。各种花鸟题材都是文人画家寄托心愿抒发胸臆的载体"⑥。巴蜀花鸟画也随之繁荣起来,笔墨、立意都丰富许多,画家为艺术而画,为情感而画,图写胜迹,抒发胸臆。

三、巴蜀特色的水陆画

宗教题材的绘画历来都是画家创作的一个主要内容。巴蜀一地因宗教氛围

---

① 徐湖平:《百花呈瑞:清代花鸟画综述》,《东南文化》2001年第2期。
② 王伯敏:《中国绘画通史》(下册),三联书店2008年第二版,第235页。
③ 陈世松主编:《四川通史》(第五册),四川大学出版社1993年版,第333页。
④ 徐湖平:《百花呈瑞:清代花鸟画综述》,《东南文化》2001年第2期。
⑤ 罗元黼辑:《蜀画史稿》,四川人民出版社1983年版,第76页。
⑥ 徐湖平:《百花呈瑞:清代花鸟画综述》,《东南文化》2001年第2期。

较浓,这类题材绘画的大量产生也成为巴蜀艺术的一个特点。

盛唐之时,大圣慈寺就曾是名震一时的壁画云集之地,诸多名人在此作画,其中不少作品不乏神仙菩萨画像。之后巴蜀地区的宗教画发展兴盛,明清时期的观音寺、宝梵寺、觉苑寺等遗存都证明了巴蜀地区的宗教绘画的盛况。宗教题材的壁画,一般都是绘在寺庙道观之中,其内容多是经变绘画和水陆画。清代巴蜀地区的寺庙壁画相对较少,现存的壁画多是对明代残缺壁画的修补,很少见到比较有代表性的作品。但清代、民国时期巴蜀的卷轴水陆画却相当盛行。

水陆法会是佛教为追荐亡魂所举行的宗教仪式,也叫"水陆道场""水陆斋""慈悲会""慈济会",又曰"七斋会",俗称"打水陆"。据宋代僧人遵式(963~1032)所作的《施食正名》上说:"水陆者,所以取诸仙致食于流水,鬼致食于净地之谓也。"①据佛教的观念,水陆法会受利益的是六道众生,因此,水陆法会是佛教中的重要法事。"一般七昼夜为期,最长可达四十九昼夜;参加的僧人少则几十人,多则上百人。"②后代僧人所著经纶,一般将水陆法会的起源追溯至梁武帝。学界则认为,这个说法不太可靠。而是以《益州名画录》中所载的蜀人张南本在成都宝历寺水陆画院绘制了一堂"水陆功德"的水陆画为据,学者推断,唐代已经有了水陆法会。"水陆仪文是唐代僧人在《黄粱忏》的基础上糅和相关密典和当代的冥道无遮大会而成的。"③据李远国考证,巴蜀地区水陆画的神仙形象大多按照川剧形象仿制,内容有巴蜀地区信仰、民间信仰、少数民族信仰。

然而,"水陆法会的盛行实际始于宋代"④。蜀中文化巨人苏轼就曾为亡妻宋氏举行过水陆法会,并撰有《水陆法像赞》16篇,称《眉山水陆》,以此为根据,蜀中水陆法会的渊源相必甚早。而宋代还形成了两部重要的水陆法会仪轨:一部是由北宋僧人宗颐在绍圣三年(1096)集校水陆斋法文本,加以增删而成的《水陆仪文》共四卷;另一部是南宋乾道九年(1173)史浩撰作疏辞,志磐法师续成的《水陆新仪》六卷。这两部宋代重要的水陆斋法仪轨,成为后世斋法所宗之作。明代著名僧人袾宏在《水陆新仪》的基础上,重新修订

---

① 《施食正名》,《大正藏》卷五七,第11~12页。
② 黄诃:《元明清水陆画浅说》(上),《佛教文化》2006年第2期。
③ 李小荣:《水陆法会源流略说》,《法音》2006年第4期。
④ 黄诃:《元明清水陆画浅说》(上),《佛教文化》2006年第2期。

了《法界圣凡水陆胜会斋仪》6卷,略称《水陆仪轨会本》。尽管清代乃至民国都对水陆法会的仪轨进行过增删,但仍可看出其渊源乃宋代之本。故此,学界一般认为水陆法会发源于唐代,盛行于宋代。

举行水陆法会,水陆画当然是少不了的。"所谓水陆画,是指佛教界举行以超度水陆众鬼、普济六道四生的水陆法会仪式时,悬挂的宗教题材的画像。"①之后,道教内容的水陆画也出现了,甚至儒家的贤臣孝子也成为水陆画的题材。水陆画成为研究当时儒释道三教合一的又一重要材料。留存至今的水陆画"主要是明清时代的,包括水陆壁画和水陆卷轴画"②。壁画我们已在明代有专门论述,故此处主要阐述卷轴水陆画的艺术情况。

卷轴水陆画的研究在国内几近空白,诸多大型博物馆都将其视为"杂画"置之仓库,藏之深阁,鲜有研究者涉足于此。仅据现有的研究成果即可看出,水陆画的研究现尚是一片处女地。兹略引一二:"现存在故宫和首都博物馆的水陆卷轴画还存放在库中,由于还未有人开始深入研究,其价值之大可想但还不好详述。"③可见水陆画的整理研究,有待进一步加强。水陆画是依宗教仪轨而作的绘画,因此,它有一定的规矩,比如水陆画的形制。依照仪轨作出的一套完整的水陆画为一堂。各时代、各地区的一堂究竟有多少幅画也有差别。"一堂水陆画的数量,从几十幅到一二百幅不等。"④画的多少无定制,尺寸上也有差异,"北京法源寺藏有纸板水陆画数十幅,这种小尺幅的水陆画,一般是用于在斋主家中做水陆法事活动时所用,因斋主家中地方所限,不易悬挂大幅水陆画所致"⑤。因为水陆法会所举办的场所不一定,故而水陆画的形制也随之变化。水陆画的内容亦随时代的变化有差异,且有的地方三教合一,儒释道画在一起,所以绘画内容就更加丰富了。佛教所绘的主要有:诸佛、诸菩萨、诸天、天王、明王、天龙八部、护法神、七曜、十二黄道、二十八宿星君、五岳大帝、四海龙王、社神后土、门神城隍、十殿阎王、忠臣烈士、阵亡将士、三贞九烈、三教九流、各孤魂野鬼等。道教所画的就是将诸佛菩萨换成三清、四御、元帅、仙人、神真等,其余的与佛教的基本相同。无论是佛教还

---

① 戴晓云:《水陆画基本情况简述》,《中国文物科学研究》2009年第1期。
② 戴晓云:《水陆画基本情况简述》,《中国文物科学研究》2009年第1期。
③ 戴晓云:《水陆画基本情况简述》,《中国文物科学研究》2009年第1期。
④ 王鹏瑞:《明代卷轴式水陆画研究》,《美术》2008年第2期。
⑤ 黄河:《元明清水陆画浅说》(中),《佛教文化》2006年第3期。

是道教的水陆法会，儒家所崇奉的忠臣烈士、贞洁烈女等一并纳入体系，这说明三教合一的思想，在明清之际已是相当深入，即使是佛教设立的水陆法会也深深烙上了三教色彩。这从明清时期水陆法会所供奉的神灵鬼怪即可看出。水陆法会一般分为上、下两堂（也有分为三堂者）。诸佛菩萨、诸声闻、缘觉、诸天、天王、明王、天龙八部、护法神等，这些神祇地位高贵，故为上堂，一般供奉在大雄宝殿内；七曜、十二黄道、二十八宿星君、五岳大帝、江河四渎、四海龙王、社神后土、门神城隍、十殿阎罗、忠臣烈士等多为道教供奉的神明则供奉在外，有时候也成为中堂；阵亡将士、三贞九烈、三教九流、孤魂野鬼等则成为下堂，供奉在配殿或回廊之中。也有将中堂和下堂合成下堂者。从其供奉诸仙佛菩萨、各路神真来看，水陆画是在三教合一思想影响下发展起来的一种宗教艺术。从现存最早的有关水陆画的记载来看，水陆画从一开始就是三教合一的。张南本在成都宝历寺所绘的水陆画共120幅，"是儒、释、道三教结合的产物，既有佛教相关的佛、菩萨、梵王帝释和弟子，也有道教的天帝和诸神，以及民间的神祇与往古圣贤、帝君。它是在佛教主尊的基础上增加佛道各类图像组合而成的，其内容与图像已大体完备"[①]。

巴蜀地区明清时期的水陆画遗存亦相当丰富，只是与全国大多数水陆画的情况一样，大部分水陆画还藏于博物馆，有一部分成为私人收藏。对巴蜀地区水陆画进行研究的文章更是凤毛麟角。水陆画未能得到有效的整理，巴蜀水陆画的艺术魅力，亟待深入研究。

现以《从水陆画看清末四川民间的十王信仰》[②]一文中公布的水陆画来一览巴蜀地区清代水陆画梗概，以图以一斑而窥全豹。

十殿信仰在巴蜀地区相当盛行，大足石刻和安岳石刻都有关于十殿信仰的石刻作品。佛教原没有救度亡魂的科仪，据萧登福先生考证，藏川《十王经》中的观念与科仪，实由受六朝太乙救苦天尊地狱救赎相关的道经影响而来。藏川在成都大慈寺出家，所以十王信仰在四川地区特别兴盛就不足为奇了。今传世两种《十王经》：《佛说地藏菩萨发心因缘十王经》及《佛说预修十王生七经》，均题为"成都府大圣慈恩寺沙门藏川述"。前者简称《地藏十王经》，

---

① 黄诃：《元明清水陆画浅说》（上），《佛教文化》2006年第2期。
② 本文所讨论的巴蜀水陆画乃以周雅非《从水陆画看清末四川民间的十王信仰》所公布的水陆画为讨论对象，该文载于《中华文化论坛》2009年第1期。

其内容偏重度亡；后者简称《预修生七经》，其内容偏重生人预修。至北宋有淡痴道士，即据此而撰《玉历至宝钞》，十王信仰逐渐浸入民众的日常生活，成为民间信仰。

水陆画中，十殿内容的画卷也相当普遍。水陆画作者的水平有高低，故此，水陆画的艺术水平也是参差不齐。今所介绍的这套十王信仰水陆画，为私人收藏。"系清末作品，作者不详，皆为手绘卷轴画，长约136cm，宽约65cm。"①画面结构分为天地二界，天界以祥云示之，绘于画面两角。地狱以殿额提示，地狱皆以殿堂审判形式绘制。十殿构图分别是：

第一幅所绘主角为秦广王，全图共有人物二十七位。左上角有三位神真及一位和尚，同立于祥云之端。秦广王坐案前，朝服帝帽，案左有玉玺。其后有荷叶屏风。两侍女持扇后立。案头有朱笔两支，公文一本。右侧有判官一名，手持卷轴文书，上书：王魁不认前妻拿在三曹对案。堂下乃一女子手持铁链，拖拽一男子，做拉扯向前状。有二鬼卒，一手持钢叉，一手持折扇，上题：严拿凶犯。并有群人怒对男子。此画所绘内容应为《王魁负桂英》。画之下部乃地狱界，有受铜芯火烙之苦，过阴阳界之门前往二殿。

第二幅的中心人物是初江王，全图共有二十三位人物。仙界神真依然立于画之左上角，有仙真三位，罗汉一位。并有雷公、电母。初江王执笔坐于案前，有两侍女立于其后。男童执卷于右。案右侧有判官，动作表情丰富。堂下鬼卒与众人扭作一团。有男子身着旗袍，其服饰及翎子乃典型的川剧服饰。武将双手持剑，砍下女子头颅，女子拉住武将腰带不放。右侧有一系有绿色腰带的女子。下有火炉油锅滚滚以及刀山等，众人被鬼卒驱逐赴刑。

第三幅是宋帝王，全图共有二十三位人物。天界之中有两位仙真、一位罗汉，立在云端。堂上有灯笼一盏，上书"清官殿"三字。宋帝王身着朝服坐于案前，身后有屏风及三婢女。右边放有玉玺。右立判官右手举一卷轴，其口仿佛念念有词。卷轴上写有：为善不昌，祖有余殃，书必昌；作恶不灭，祖有余德，书必灭。堂下有若一处戏剧，两个鬼卒立于一旁看众人道出个中原委。画卷最下部乃是鬼卒用刀制服恶鬼，恶鬼脸上流露出服刑前的恐惧。画卷中有两鬼卒正在奋力推磨，将恶鬼磨至无形。另有小鬼吊起一手脚捆绑之人，将其放入火盆，使其受炮烙之苦。

---

① 周雅非：《从水陆画看清末四川民间的十王信仰》，《中华文化论坛》2009年第1期。

第四幅的主审官是伍官王，全画共有二十六位人物。两位仙真及一罗汉依然立于画面左角云端，旁边另有一抱有净瓶的观音。殿堂之上，伍官王如同在吩咐身边的判官念判词，其背后立有四婢女。判官手中握有判词，曰：善恶到头终有报，只争来早与来迟。堂下有一妇人袒胸露乳，身中五剑，一着戏装的男子和两个孩童拉着她的腰带，貌似不让其离开，而两鬼卒怒目向妇人。画卷最下为地狱冥府，有一戴西洋帽的男子及其随从，与衣衫褴褛并夹有烟枪的男子争论。另有两人被囚于笼中，一人被捆于铜柱上，众鬼卒正准备用锯齿锯其身体。画面上方的观音菩萨用净瓶甘露，将受刑之人度化。

第五幅是阎罗王，全画共有二十四位人物。左上角有三位仙真与弥勒佛立于云端，殿堂悬有题为"清慎勤"字样的灯笼。阎罗王如怒斥堂下众人之状，其右侧立有一袒胸、大肚的判官。堂下有两位官样人物看审。有两女子中箭，另有蛇身女子被铁链锁住，小鬼将其拖向业境，观其罪业。画面最下方是受苦地狱。有文官一名手持"业秤"，称上悬挂红色、黑色文本，乃记录人间功过之功过簿。放于"业秤"称量，以判其善恶之作，裁其去处。另有一男子，被捆于铜柱之上，饱受铁钩子钩心之苦，又有一男子被捆于铜柱受剥皮之刑。

第六幅是变成王，全画共有二十六位人物。此图的仙真与罗汉是立于画之右上角的一团祥云之上。变成王身着官服，怒视堂下。其左侧有判官做执笔记录状。堂下有两男子作打斗状，其中有一名穿着川剧服饰。一旁两鬼卒面面相觑，不知所措。画卷最下为白无常与众人到新亡人家中巡视是否有摆坛持斋。另一边则绘有一道士正在超度新亡，供桌上有一灵牌写有："新逝亡人之灵席位。"周围有奏乐之人。新亡人子女跪于一侧，家中女眷披麻戴孝藏于堂后，新亡人的魂魄回到家中看望亲人。

第七幅描绘的是泰山王，全图共有三十二位人物。两位仙真与一位和尚立于画之上角的云端。泰山王伏案端详堂下，后有花鸟屏风。左侧判官手执判词：七魄当前惨向极也，三王有德法更严焉。堂下一上身赤裸男子被众人用菜刀砍，板凳砸，棍棒打，甚是狼狈。有一鬼卒及判官在一旁观看。最下是一样孤魂野鬼从桥下来，有一和尚手持法杖于前引度。另有四个魂魄在沼泽中沉浮，一鬼卒用叉棒驱赶。

第八幅乃是都市王，全图共有二十五位人物。右上角有两罗汉、两仙真，其中一人手握令旗，位于云端之上。都市王着官服，执笔坐于案前。左侧判官手举判词：尔解来时开膛调犯□，安逃于阿鼻铁网形。堂下有七人，鬼卒以铁链拉扯一女子，一男子被木枷住，头被一人踢倒在地。另有三人在一边观看。最下描绘的场景为：右侧是阿鼻狱，狱中关众鬼。左侧是三鬼魂于地下，上有一鬼卒看管。中间一座茶楼，匾额题有：清心解渴。茶楼环境幽雅，画面描述六人，上位者戴眼镜、西洋帽。有一女子为其中一人点烟枪。一孩童端上一笼馒头。另有两人在一旁烧开水。

第九幅是平等王，全图共有二十三位人物。三位仙真立于右角云端。平等王坐于案前，朝案上文书写道：杀害妻用刀，莫道之形……招举，斩。平等王左侧判官手举判词：举念者明明白白，勿欺了自己，到终处是死，曾放过□得，丝毫不穷。画面下方描绘的是地狱酷刑。有鬼卒用大锤驱赶恶人，去抱烧火的空心铜柱。

第十幅的主要人物是五道转轮王，全图共有二十八位人物。有两仙真、两罗汉立于右角云端。五道转轮王案上文书，曰：是人是畜，当前也还明白，为禽为兽，遇得仍旧糊涂。左侧判官作执笔记录状。堂下有一龙王手提自己已断之首，拉住一帝王，诉状于案前。众人围观，正在等候宣判。

水陆画的创作多是"职业画师和画工，尤其民间画工多为师徒相授，水陆画制作的粉本世代相延，在画面构图、造像形象和表现技法等方面，有一定的传统延续性"①。水陆画的民间性是一个突出的特点。在文人画已经成为我国绘画艺术的主流之际，清代水陆画的创作主要由民间画师承担，必然带有民间绘画的一些技巧和风格。而又都同属于中国画，因此，中国画的技巧亦在其中。具体到前面我们分析的巴蜀水陆画上，可知绘画采用传统的工笔画法，色彩艳丽，人物表现活灵活现，绘制精美。人物衣纹清晰可见，毫发毕见；各路神人、法器布置得当，构图匀称，这些都是水陆画的一些基本特色。巴蜀是一个宗教文化发达的地区，清代水陆画形成巴蜀艺术中一个有特殊意味的文化载体，值得关注。

四、绵竹年画

绵竹年画与天津杨柳青年画、山东潍坊年画以及苏州桃花坞年画并称为中国四大年画。绵竹年画产生于生产绵竹纸的绵竹县，故名绵竹年画。"木板年画是中国民间美术的重要组成部分，是中国民间于年节之际，用来迎新春、祈

---

① 王鹏瑞：《明代卷轴式水陆画研究》，《美术》2008年第2期。

来年的一种民俗艺术品，也是广大人民群众用来美化环境、反映社会生活、表达心里愿望的一种最为普及的艺术样式。"①据考证，"门神"是民间年画中起源最早的信仰形式，民间年画之源或可追溯到人类远古时期的自然崇拜观念和神灵信仰观念。

神灵崇拜与后来的民间年节风俗结合，进一步演化后出现了与年节风俗相一致的装饰艺术，先有画鸡于户、画虎于门，之后又出现神荼、郁垒之类的门神形象。"从应劭《风俗通义》、王充《论衡》、宗懔《荆楚岁时记》等古代典籍里，可以知道在汉代以前，就有'神荼'、'郁垒'一类'百鬼畏之'的'门神'和专食'门神'捉到的鬼的'神虎'。"②木版年画是吸收了古代宗教文化的诸多营养之后，方才作为一门独立的画种出现的。"木刻年画的产生，离不开唐宋宗教壁画的影响。在《隋朝窈窕呈倾国之芳容》一张里，有相当浓厚的释道画画风。四个美人的面貌、服饰、姿态，都和敦煌晚唐壁画中的供养人仿佛。赵飞燕一像，更是几无差异。人物的发髻、头部装饰、服装，从据传为唐代吴道子所画的《八十七神仙卷》（原名《朝元仙仗图卷》）看，也是距离不大的。甚至有完全一样的冠饰。全画的装饰意味，同样和当时释、道经帙的扉画（一般称作'引首'）同出一源。"③追根溯源，我们发现木刻版的年画，其起源受到唐宋宗教壁画的强烈影响。而木刻年画成为一种流行各地的商品，则是木刻技艺成熟之后的事情。"木版印刷技术是木版年画形成的一个重要条件。在敦煌莫高窟中，曾藏有唐代开元年间和天宝年间的版捺印佛像，说明当时的木版印刷已经达到一定的水平，但以木版印制年画还是到了宋代才开始的。"④宋代，木刻年画与宗教的关系依然十分紧密，"中国最初的木刻年画，是可能产生于宋代的宗教画家，以至宗教画的刻者之手，是他们业余的副业"⑤。经历了元代的短暂低迷，木刻年画到明代随着工商业、手工业的发展而兴盛起来，"特别是手工业的发展为年画艺术的复兴提供了技术、材料上的便利。另外，明朝小说、戏曲插图的发展对年画的发展也有所促进，

---

① 徐艺乙、陈健：《木版年画》，山东科学技术出版社1979年版，第1页。
② 阿英编著：《中国年画发展史略》，朝花美术出版社1954年版，第1页。
③ 阿英编著：《中国年画发展史略》，朝花美术出版社1954年版，第5页。
④ 潘鲁生、唐家路编著：《年画》，上海人民美术出版社1996年版，第12页。
⑤ 阿英编著：《中国年画发展史略》，朝花美术出版社1954年版，第5页。

特别是在技术上"①。现存的明代年画不多，而且明代年画并不十分繁荣，因此阿英说，"年画发展到了明代，木刻年画虽然已经逐渐成长，但还只能是一个'序曲'的时代"②。年画在清代得到了进一步的发展，"民间年画在乾隆年间有着更为突出的发展"③，这与口述的绵竹年画的产生年代一致。或可以说，绵竹年画的兴起不是一个单独的事件，而是全国年画艺术全盛下的一个地区个案。

绵竹之所以能够产生年画，纸原料的丰盛是一个重要的物质原因。绵竹地区盛产多种竹子，都是造纸的绝好的竹纸原材料。《绵竹县志·物产》就记载了绵竹出产的多种竹子。如：慈竹、斑竹、水竹、荆竹、刺竹、白痢竹、拐杖竹、观音竹、罗汉竹、棕竹、黑竹、苦竹、混竹、笼竹、花竹、芦竹、月月竹、紫竹，以及本地区的特产绵竹等。而绵竹出产的众多竹子之中，大多数都是制造竹纸的原材料。《绵竹县志·造纸法》一文载曰："竹可造纸者，出西北山，曰慈竹，曰斑竹，曰笼竹，曰绵竹，曰白痢竹，曰荆竹，曰油竹，曰苦竹，曰橡竹，曰山慈竹，曰刺竹，曰黑竹，曰黄竹，曰南天竹，曰凤尾竹，凡十五种，随时砍伐以嫩为佳。"④文中记载的可制造竹纸的原材料比物产中所载丰富得多。《造纸法》一文接着说："丹茶纸、书纸、毛纸、火纸、二标纸、京果纸等，各行销于本省及云、贵、陕、甘、湖广等处，其价贵贱不一。一厂出入钱数，大率以万数计。其力作苦工，男妇一厂约用百余人，总共西北造纸处，大约百余厂。"⑤绵竹造纸业之盛，由此可见。

《绵竹县志》卷八记载："竹纸之利，仰给者数万家犹不足，则为书籍，制为桃符，画为五彩神荼郁垒，点缀年景。"⑥竹纸的便利为绵竹年画的兴盛创造了必需的物质条件。《绵阳县乡土志·物产》载："门神画条，行销于本省及云南、贵州、湖广、陕甘等省。"⑦

绵竹年画起源于何时，现有两种观点。一种认为，绵竹年画起源于宋代，

---

① 潘鲁生、唐家路编著：《年画》，上海人民美术出版社1996年版，第20页。
② 阿英编著：《中国年画发展史略》，朝花美术出版社1954年版，第7页。
③ 潘鲁生、唐家路编著：《年画》，上海人民美术出版社1996年版，第29页。
④ 《民国绵竹县志》卷九，《四川府县志辑》第22册，巴蜀书社1992年版，第613页。
⑤ 《民国绵竹县志》卷九，《四川府县志辑》第22册，巴蜀书社1992年版，第614页。
⑥ 《绵竹县志》（刻本）卷八。
⑦ （清）田明理、黄尚毅：《绵竹县乡土志》（刻本），第27页。

所据记载是宋代御史赵抃所著的《成都古今记》，该书曰："正月灯市，十月酒市，十一月梅市，十二月桃符市。"有人以为这个桃符市就是销售年画的证明。另一说法是根据艺人口述其父辈认为，绵阳年画始于清代乾隆、嘉靖年间。无论是宋代说，还是清代说，都无有力的铁证。有学者认为到了"明末清初，绵竹年画事业发展的规模很大，可谓黄金时代，如嘉庆年间绵竹县城关和乡村的年画作坊仍有三百多家，城内最集中约九十多家。不少著名画师、刻工都聚集在这里，诸家作坊都有一批熟练的印刷艺人"[①]。

绵竹年画分为红货和黑货两大类，"红货，指彩绘年画，包括门画、方斗、画条。其中门画制作多样，做工精细的细活有明展明挂、印金、花金，粗活有常行、水墨及填水脚。画条分中堂、条屏、横推、单条等。斗方与画条，供厅室、居室走廊及牲畜圈等贴用。门画有大毛、二毛、三毛等大小之分，供大门、客厅门、睡房门、灶房门等贴用，还有门签贴门楣用。黑货，是指以烟墨或朱砂拓印木版拓片，多为山水、花鸟、神像及名人字画等，此类以中堂、条屏居多"[②]。

其中，提到的明展明挂、印金、花金、钩金、常行、落墨、填水脚、素门神等，又称为八大技法。"1．明展明挂。特点是运用二门子色，即过度灰色与白粉线，产生对比，这种对比既和谐又不刺眼，色阶的变化通过度色进行。'展'——梯染，'挂'——白粉线勾勒。使得画面精细、鲜艳、富丽、厚重。2．印金。特点是在常形基础上，再复印一次金线版，人物手脸不印，整个画面金光闪闪，既有刀味，又有木味。3．花金。特点是用金色的花纹图案装饰服袍，用木刻的单花图案像图章一样盖印需要的地方。4．钩金。特点是用泥金钩线，常用于人物的服饰。5．常行。又叫'长行'，为一般的大陆货。这是加工变换其他品种的基础。有上色歌云：'一黑二白三黄金，五颜六色穿衣裳'，'深配浅，酽配淡，深浅酽淡要相间'，'流水褶子要活套，铁线褶子要挺直'。6．落墨。特点是，以水墨为主，近似中国画的传统技法。7．填水脚。亦称'赶水货'，由于'仓促''赶水'而制，水墨淋漓，色彩单纯朴素，无形地运用了中国画的大写意的手法，这是绵竹年画中雅俗共赏的精品。8．素门神。特点是，画面不见红色，这是专门为过年时又碰上办丧事的

---

① 刘竹梅：《四川绵竹年画》，《美术研究》1987年第4期。
② 沈泓：《绵竹年画之旅》，中国画报出版社2006年版，第73页。

人家用的。"①尤其是填水脚是绵竹年画技法里最值得单独表述的一个技法。填水脚,又称填水足、赶水货、行门神等。这种年画都是旧时代年画艺人在完成了定制年画之后,用剩余的颜料绘制的,多用于赠送亲朋好友及没钱购买年画的穷人。由于时间仓促,又要赶在正月初一完成,故此,这类年画都是通过简单笔墨去勾勒所绘之主题,其风格"随意挥洒,简练泼辣,寥寥数笔,而收到气韵生动、水色淋漓,色彩单纯大方韵律感强的艺术效果"②。这种年画画风类似国画中的大写意,"正是这种随心所欲的创造,产生了绵竹年画的艺术特色。在'填水足'里,艺人们用概括有力的勾线和单纯明快的色彩和可以理解的艺术形象给人以很强的感染力。'填水足'年画是绵竹年画从'工致'向'写意'的过渡,此种创作形式只有山东高密的'扑灰'年画可与之比拟。这种年画可称之为'写意年画',在全国各地的民间年画中也只有这两地的作品有此特点"③。填水足成为绵竹年画一个鲜明的特点,是绵竹年画区别于其他年画的又一个重要标志。

这八大技法画出的绵竹年画,造就了它与众不同的特色。"绵竹年画的制作程式和特色与潍县等地木版年画不同,它是在木版墨线印完后,用手工施彩和勾线。"④不拘泥于木刻线条,手工上彩是绵竹年画创作中最有特色之处,也是绵竹年画创作中最具有鲜活色彩的地方。"绵竹年画之所以重要,是因其手工彩绘技巧十分丰富。它和我国其他地区的民间年画一样,首先要刻成线版,但在绵竹年画中线版只起到轮廓作用,最后完成几乎全靠手工彩绘。同样一张木刻版,通过不同艺人的加工,就出现了各种各样的色彩效果和不同的表现手法,开相时不受原有的木刻底线的约束,在有些透明颜色处有意不再勾线,留下木刻线,从而加强了虚实对比和繁简变化。"⑤绵竹年画在彩绘上的这一特色,构成了它一道独特的风景,成为它与其他年画最大的不同之处,而在"构图上,讲求对称、均衡、饱满、完整、主次分明并多样统一;在色彩处理上,习惯于采取对比手法,设色单纯艳丽,强调明快,构成了红火、热烈的艺术效果;在用线上,讲求洗练、流畅、刚柔结合、疏密相间,具有鲜明的节

---

① 范小平:《绵竹年画在中国美术史上的地位》,《美术》2003年第3期。
② 刘竹梅:《四川绵竹年画》,《美术研究》1987年第4期。
③ 刘竹梅:《四川绵竹年画》,《美术研究》1987年第4期。
④ 沈泓:《绵竹年画之旅》,中国画报出版社2006年版,第73页。
⑤ 刘竹梅:《四川绵竹年画》,《美术研究》1987年第4期。

奏感；在造型上，常使用夸张、变形、象征、寓意的表现手法，使塑造的艺术形象生动感人"①，又是绵竹年画能够取得成功的艺术源泉。

绵竹年画的全盛时期，是在清代乾隆嘉庆年间。是时绵竹年画不仅行销全川，还销往陕西、甘肃、云南、贵州等国内市场，且冲出国门远销海外"印度、日本、越南、缅甸等国家"②。《绵竹县志》载曰："商贩远自陕甘滇黔，裹银来市易画，仲则接踵城南，购过者遍于王道百五十里。"如此巨大的销量催生了一个庞大的年画生产组织——伏羲会。伏羲会"有年画专业创作人员900多人，大小规模不等的作坊300多家。分布在县城及城郊和板桥、孝德、清道、遵道等集镇。这些作坊每家要请5~8个工人，连同家里人共约10杆笔。平均中等货每年每人可做一万份。大约总共每年门神斗方要出一千万份货，画条二百万份货"③。产销量值巨大，可见绵竹年画深受群众欢迎。由此在绵竹也形成了两个固定的市场，专门交易绵竹年画。"绵竹久已形成城乡两大画市，称大市与小市，农历冬腊月为旺季，大画市在城内南华宫，小画市是清道乡通往县城长约十五里的街市。绵竹有民谣：'南华宫中去看画，东门河坝去看花。'每年的花市，是一年一次年画竞赛大会，盛况空前，各乡的艺人竞相将自己的作品带来应市，而来自各地的行商云集绵竹进货，由于山高路远，此种盛况自每年端阳节后便已开始。"④据学者考证，远销海外的绵竹年画，不仅为绵竹人民带来巨额收入，同时还影响着国外的民间艺术。"越南民间西湖村版画，其印制方法就可以认为是绵竹年画的翻版。"⑤

绵竹年画创造了诸多优美的作品，如著名的国家一级文物《迎春图》。《迎春图》作者黄瑞鹄，又有画家称其为"黄瑞阁"。黄瑞鹄，字翼，绵竹城郊人，生于清同治四年（1865），卒于1938年，享年73岁。《迎春图》"以连环画的形式构成，每幅长48厘米，宽150厘米，四幅组合起来构成一幅长卷，全长6米"⑥。全图采用散点式构图，把不同视角的场景有效地融入画卷，图中虽然描绘了460多人，但是杂而不乱，结构严谨，整个画面井井有条。"长卷构

---

① 侯世武：《简论绵竹年画》，《文史杂志》1990年第6期。
② 侯世武：《简论绵竹年画》，《文史杂志》1990年第6期。
③ 范小平：《绵竹年画在中国美术史上的地位》，《美术》2003年第3期。
④ 刘竹梅：《四川绵竹年画》，《美术研究》1987年第4期。
⑤ 范小平：《绵竹年画在中国美术史上的地位》，《美术》2003年第03期。
⑥ 《岁末与年初——浅谈绵竹年画〈迎春图〉》，《大众文艺》2009年第22期。

思很有章法，分为三个部分，分别表现'迎春'、'游春'和'打春'三大场景，就像一首交响乐分为三个乐章，有低徊的旋律，也有激昂的音符，回旋有度，高潮迭起。"①《迎春图》乃绵竹年画的精品巨作。

除《迎春图》之外，绵竹年画还有一些题材广受群众喜爱并且流传广泛的作品。大致有以下一些：著名的历史人物孔明、黄忠、岳飞等；小说人物，如《水浒》《西游记》《三国演义》《封神榜》等人物；吉祥图案，如竹报平安、花开富贵、百子图、麻姑献寿等；神仙图案，如财神、钟馗、灶神、罗汉等；还有根据民间传说改编的一些绘画，如老鼠嫁女、三猴烫猪、狗咬财神、春官偷酒等。

绵竹年画为我们留下了诸多具有浓厚民间生活气息的艺术作品，之所以绵竹年画能够跻身我国四大年画之一，乃因其自身独特的艺术魅力。我国年画研究者王树森先生简要地总结了中国各地年画的艺术特色。"杨柳青年画富有宫廷趣味和市民趣味；山东潍坊年画粗犷朴实、充满乡土气息；河北武强年画色彩鲜艳，粗犷中透出细腻；苏州桃花坞年画细腻工整；河南朱仙镇年画古朴稚拙，是中国历史最为悠久的年画；四川绵竹年画具有写意风韵，色彩浓艳；福建漳州年画和广东佛山年画具有浓郁的地域色彩，它们以红黑色打底，神佛类画丰富多样。"②

石涛曾在《画语录》中说："夫画，天下变通之大法也；山川形势之精英也，古今造物之陶冶也，阴阳气度之流行也。借笔墨以写天地万物而陶泳乎我也。"这段话也可看作是对书画艺术的总括。巴蜀艺术作为有数千年历史的地域性艺术形态，其递嬗演进、风格现象，与巴蜀地域的雄秀山川、文化风尚密切相关。它既古老又年轻，在各个历史时期都散发出独有的艺术魅力。

---

① 沈泓：《绵竹年画之旅》，中国画报出版社2006年版，第186页。
② 沈泓：《绵竹年画之旅》，中国画报出版社2006年版，第232页。

第七章 近代和现当代巴蜀传统艺术的转型与创新

第一节　近代时期巴蜀传统艺术的再创与转型

一、清末民国时期巴蜀传统艺术转型的总特征

近代时期巴蜀传统艺术，一方面传承着古老艺术传统的薪火，另一方面又在向近代化和现代化形态转化，呈现出两种发展趋势：一是在中国传统艺术向近现代艺术的转型过程中，以川剧为代表的传统艺术，遵循艺术自身发展规律"去其糟粕，取其精华"，经过改良运动保存并得到新的发展。二是受到辛亥革命、五四运动，特别是抗日战争的影响，四川成为中国艺术发展中心，许多当时著名的艺术家入川，促进了四川近代艺术的繁荣发展；一批有抱负、有作为的青年先后投入现实斗争中，成为艺术领域的领军人物，也有不少川籍青年，走出国门，接受西方学术、文化、艺术熏陶，在中国近代艺术转型和发展中，做出杰出贡献。

（一）继承古代传统艺术精华

民国时期，四川戏剧吸收各地方曲种声腔，丰富了各种声腔和表演手段，出现了一批具有独特演唱风格的名家，演出活动遍布全川城市乡镇，各种班社相继成立，逐渐成为中国戏曲艺术中一个重要地方剧种。辛亥革命爆发前期，中国传统艺术向近代艺术的转型，主要发生在戏曲改良运动中，四川戏剧（川剧）改良运动，走在全国前列。1905年，"四川戏剧改良工会"成立，在全国戏曲界率先开启了地方戏剧改良运动，从戏剧内容、表演形式、组织方式、经营方式等方面进行改革。后影响到陕西、广东等省地方戏剧改良运动。1911年四川爆发"保路运动"，成为辛亥革命导火索，以川剧班社"三庆会"为代表的四川戏剧界，接受民主思想，创演大批新剧，成为四川近现代戏曲新生代的标志，在川剧发展史上树立起新的里程碑。这一时期，四川地方其他剧种如"四川花灯"等也得到快速发展，逐渐形成比较完善的表演体系。

民国时期，四川曲艺各大曲种发展进入成熟阶段，成为仅次于川剧艺术的第二大表演艺术种类。受到戏剧改良运动影响，曲艺创作演出剧目也有一批新

题材内容出现，表演形式更加完善，班社活跃在全省乡镇，普遍建立起固定演出场所，涌现出承前启后的著名艺人。

民国时期，四川传统音乐舞蹈也大为发展，一部分地方小曲融入四川地方戏剧，逐渐发展成为川剧艺术表演技巧和唱腔，也有一部分发展成为以说唱为特征的四川曲艺，如四川清音、四川扬琴、荷叶、莲箫等，形成了鲜明的地方特征，并在发展中逐步规范化、程序化，成为四川音乐的主流。

民国时期，具有悠久传统的巴蜀古琴艺术发展成熟，形成"川派"古琴，成为中国近代古琴艺术著名流派之一。

民国时期，具有浓郁地域特色的四川民间歌曲、民间器乐曲、民间舞蹈发展成熟，活跃在各地民族民间节日庆典和各种宗教仪式演出中，展示出四川民族民间艺术的绚丽多姿。

（二）促进中国近代艺术的转型

辛亥革命至抗日战争爆发之前，中国艺术发展进入从传统艺术向近代艺术的转型期。由于四川特殊的地理位置和悠久的文化传统，四川近代艺术在形成和发展过程中，一批优秀的青年成为吸收引进西方学术思想、建立中国近代艺术形式和理论的杰出人物；在革命斗争中，四川艺术界成为宣传革命，建立现代艺术的急先锋。

辛亥革命之前，受到西方文化思想影响的知识分子，开始用新文体、白话文宣传革命，四川省巴县人邹容赴日本留学回国后，成为革新文体的先锋。保路运动时期，四川各地学堂率先教唱学习西方音乐，创作一些反映民主科学思想、反封建反殖民主义的新式歌曲，即"学堂歌曲"，也称"学堂乐歌"，开启了中国近现代音乐的发展序幕。

20世纪30年代，这种新的歌曲形式，在四川建立的第一个苏维埃政权和中国工农红军长征途中，广为流传于四川、贵州、云南各省，借鉴西方作曲技法创作的队列歌曲、进行曲与新填词创作的民间歌曲，成为红军、游击队以及根据地人民喜闻乐见的音乐种类，实现了中西音乐的结合，也在最大范围内实现了中国现代艺术贴近生活、贴近人民的转型。

辛亥革命到抗日战争爆发之前，四川戏剧、曲艺改革，也以宣传革命为主要内容，各地戏班创演了大批宣传抗日救国的新剧，仅川剧新剧演出剧目就有200余个。四川曲艺以其短小精干、便于演唱的特点，在宣传革命斗争中发挥了积极作用。川陕苏维埃政权建立的红军蓝山剧团，为苏区培养了一批新型曲艺表演人才，成为红军长征途中和抗日战争时期革命文艺的领军人物。总体来看，这一时期四川戏曲和曲艺艺术的变革和发展，表现出了中国传统艺术向近现代艺术的转型时期的显著变化：艺术创作题材和内容，更多地受到政治的制约和影响，反映了作家思想观念的转变；关注现实生活，宣扬时代精神，体现出艺术家强烈的爱国情怀和使命感；传统艺术的功能，被赋予以情感人、启发民智等新的内涵；艺术本体改革突破了传统艺术形式的僵化，在语言、时装、舞美等方面，更加趋向通俗化。

（三）打开面向西方艺术世界的眼光

辛亥革命至抗日战争爆发之前，一些四川籍优秀的知识青年，出国留学或留学回国之后，将西方学术思想、科学和艺术带回祖国，为中国近现代艺术发展做出新的贡献。其中最有代表性的是中国近代音乐学理论的开拓者和奠基人，四川温江人王光祈（1892～1936）；在引进话剧和戏剧改革中做出杰出贡献的四川荥经县人周文（1907～1952）；等。也有一批回国后，在四川取得重大成就的青年，对中国近代科学和艺术做出卓越贡献。如中国近代考古学奠基人之一冯汉骥（1899～1977），1937年从美国留学回国后来到四川，由他确认并首次主持发掘的成都永陵五代前蜀皇帝王建陵墓，对我国近现代考古学、古代建筑史、工艺美术史以及音乐史的建设都具有重大意义。中国著名舞蹈家、舞蹈教育家戴爱莲（1916～2006）在英国学习舞蹈艺术，1939年"第二次世界大战"爆发后回国并来到重庆，她采风于四川甘孜、川北等民族地区，首创中国"边疆舞"，并于1946年在重庆首演，成为人民热爱的艺术家，造就了她舞蹈艺术人生的第一次高峰，也为中国现当代舞蹈的发展奠定了基础。

（四）民族反侵略的救亡斗争激发民族独立、自尊的艺术意识

1937年中国全民族抗战开始后，南京国民政府迁往陪都（重庆市），国民党的党政军首脑机关也相继入川，重庆成为大后方政治、军事、经济、文化中心。以周恩来为代表的中共中央南方局在重庆成立后，高举抗日民族统一战线大旗，团结一切可以团结的力量，运用各种文艺形式宣传抗日救国，四川成为宣传抗日战争的大舞台，各类文化艺术团体和艺术家纷纷来到重庆，各种演出活跃在大街小巷，艺术为政治服务，成为组织群众、宣传群众，动员群众参加抗日的一支新型的生力军。这一时期，是中国自五四以来至中华人民共和国成立现代艺术发展时期中，具有划时代意义的一个历史阶段，中国现代艺术继续沿着五四文化思想开辟的道路，在创作内容、语言通俗化、表演形式、组织形

式及剧团性质等方面，发生了根本变革。

抗战时期，重庆成为中国文化艺术中心，话剧艺术得到国共两党支持，左翼戏剧联盟的许多著名作家亲临四川，创作演出了大量以郭沫若的话剧《屈原》为代表性标志的宣传爱国主义精神、激励民众抵御外辱团结抗战的力作，造就了中国话剧创作演出的第一个黄金时代，成为中国现代戏剧艺术发展的标志，同时对四川地方戏剧的创作演出也产生重要影响。由其他省份入川的外来剧种，为四川戏剧舞台的繁荣，注入新的力量，在与川剧艺术的交流中，不断发展并扎根四川。

四川戏曲的发展历程，证明了艺术的发展遵循本体发展规律，并受到政治、经济、文化等其他因素的影响。近现代戏剧艺术以其鲜明的时代特征和完善系统的艺术性，为当代艺术的发展奠定了基础。

抗日战争爆发后，民族危亡激发了艺术家们的民族自尊意识，适宜抗战宣传的写实美术和大众喜闻乐见的美术形式，得到空前发展。1938年，四川成为抗战大后方，在左翼运动领导和影响下，四川美术在传统绘画、新式木版画、书法、篆刻、雕塑和建筑艺术等领域不断改革创新，取得新的突破，形成了繁荣发展的局面。

川籍画家中，涌现了张大千（1899~1983）、张善孖（1882~1940）、蒋兆和（1904~1986）、冯灌父（1884~1969）、陈子庄（1913~1976）、李琼久（1908~1990）、冯建吴（1910~1989）、李斛（1915~1975）等名匠。上海及浙江地区、京津地区和中南地区的美术家、美术学校、美术机构纷纷入川、内迁。艺术家在这里交流与合作，促进了四川美术的发展，形成了20世纪四川第一个现代美术运动高潮。入川的主要画家有：齐白石、黄宾虹、徐悲鸿、李可染、傅抱石、潘天寿、刘开渠、常书鸿、关山月、丰子恺、黄君璧、吴冠中等数十人，艺术家们在吸取西部文化精髓提升自己的同时，也潜移默化地影响着四川美术的进程，为后来的四川画派能与上海、江苏、北京等画派分庭抗礼奠定了强有力的基础。

四川雕塑艺术、版画和漫画艺术，也得到快速发展，各种美术社团、报纸杂志纷纷以美术为载体，宣传革命。民间美术如绵竹年画、剪纸艺术等也发展成熟。四川再次成为绘画及美术活动的中心，中国传统美术完成了向现当代的转型，为中华人民共和国成立后美术的发展奠定了基础。

抗日战争时期，四川成为中国电影业的中心。全民族抗战的十四年，中国电影以国统区电影为主流,主要电影制片机构有"中国电影制片厂"(简称"中制")、"中央电影摄影场"(简称"中电")和西北影业公司。战争爆发后,先后随国民政府迁到武汉和重庆,在四川形成中国三大电影拍摄基地,放映了数百部抗战题材电影,令无数中国人热血沸腾、同仇敌忾,极大鼓舞了民众的抗战热情。电影成为宣传群众抗日救国的最重要的艺术形式,也成为中国近代史上引进西方艺术品种、运用新型艺术形式、表现中国现实题材、宣传动员人民参加抗日战争的有力武器。电影艺术与政治的结合,开创历史之最。

综上所述,在中国近现代艺术发展史上,四川艺术占有十分重要的地位。近代四川艺术完成了对传统艺术的改革和转型。由于特殊的地理、人文环境以及战时原因,四川再一次成为中国文化艺术中心。近代时期,四川艺术在改革中积淀古代传统艺术、在发展中创造新的时代艺术。这两个层面揭示了中国艺术在近代时期的发展趋向,为中国当代艺术的繁荣发展奠定了基础。

二、戏曲艺术

(一)辛亥革命时期戏剧改良运动中的川剧及民国时期川剧艺术的发展

清末民初,四川戏剧吸收各地曲种声腔,丰富了各种声腔和表演手段,出现了一批演唱风格独特的名家,演出活动遍布全川城市乡镇,各种班社相继成立,逐渐成为中国戏曲艺术中一个重要地方剧种,保存了中国传统戏剧的精华。

20世纪初叶,戏剧改良运动兴起,成为晚清文学革新运动以来,出现在传统艺术领域的进步潮流,由北京、上海等大城市发起并蓬勃兴起的戏剧改良运动,很快影响到地方戏种,四川也兴起戏剧改良运动。

1905年,"四川戏剧改良工会"[1]成立,在全国戏曲界率先开启了地方戏剧改良运动。"四川戏剧改良工会"由成都商务总会发起成立,得到提学使、警察局通力提倡,总督堂部批复会章应准立案,成为半官方组织。主要倡导人周孝怀,曾赴日考察两年,到四川任职后发起筹办该会,并直接领导了川剧改良运动。其时,居住成都的四川扬琴和川剧作家黄吉安[2],受聘专事"编定曲本,实行演习,其曲本成时,应视其优劣,酌予价资",成为"吃官饷"的主

---

[1] 参见郭勇《晚清四川戏剧改良的历史还原——问题索辨与改良舆论》,《四川戏剧》2008年第6期。
[2] 参见《中国戏曲志·四川卷》"黄吉安条",中国ISBN出版中心1995年版,第565页。第一节中的地方戏剧内容主要参照《中国戏曲志·四川卷》整理。

要作家。黄吉安（1836~1924）的一生，经历了鸦片战争、太平天国起义、甲午战争、戊戌变法、八国联军入侵、保路运动、护国战争、五四运动等一系列重大历史事件，二十多年创作剧目达百种以上，对四川曲艺和川剧艺术的革新和发展产生了重要影响。他的剧本以歌颂民族英雄为主要题材，如《金牌招》里的岳飞，《柴市节》里的文天祥，《林则徐》里的林则徐等。他批判揭露封建社会的黑暗，在《杜十娘》《春陵台》等作品中对备受压迫和屈辱的妇女给予深切的同情。四川保路运动爆发后，"四川戏剧改良工会"停止活动，周孝怀离开四川去上海。但是，川剧改良运动带来的影响，却对中国戏剧改良运动产生了重要意义，之后陕西秦腔"易俗社"、广东粤剧"志士班"、唐山评剧"警世戏社"、河北梆子"奎德社"等相继成立，并以演出"新编历史戏""文明新戏"促进了中国传统戏剧改良运动的发展。

　　1911年四川爆发"保路运动"，辛亥革命首先在四川爆发，四川戏剧界在民主思想推动下，在戏班艺人杨素兰、康子林等倡导下，由长乐班、翠华班、彩华班、桂春班、舒颐-太洪社、宴乐班等戏曲班社，于1912年初联合成立"三庆会"，发展了组腔和组班形式，提出了"五族可共和"的思想，融合川剧五种声腔昆、高、胡、弹、灯，完成了川剧声腔的改革。"三庆会"主张戏曲改良，摒弃陈规陋习，废戏班包银制，建分账制，设立培训、改革机构升平堂和精研社，推动新题材创作，从剧班建设和创作演出等体制，推进了川剧向近代戏剧组织形式的转变。三庆会成立后，名角云集，生旦净丑各行当都涌现出领军人物，逐渐形成成都、重庆两个川剧中心，各地川剧演出也更加兴盛。三庆会的成立，促进了川剧班社的快速发展，各地相继兴起的班社达五十余个。其时，以舞台为固定演出场所的各种班社，遍及全川，还传播到云南、贵州、湖北等省。三庆会是在戏剧改良运动中成立的，由艺人自发组成的戏曲表演团体，也被学术界作为四川现代戏曲新生代的标志，在川剧发展史上树立起新的里程碑。[①]三庆会在戏曲改革方面引领创编新戏潮流，一批新剧目如《刺恩铭》《祭邹容》《武昌光复》等，从题材、内容、唱腔、时装、舞美等方面，都开启新剧改革之先，还出现了专演时装新剧的班社，如"新民演讲团""新又新"等班社。

　　1931年日本侵华后，全国人民抵御外辱，川剧各地戏班创作上演了大批宣

---

① 周企旭：《川剧百年的形成与发展》，《四川戏剧》2001年第3期。

传抗日救国的新剧。据不完全统计，辛亥革命到抗日战争爆发的二三十年间，各类新剧演出剧目达200余个。如时称"时装泰斗"的刘怀叙（1879～1947），参加了川北戏剧改良社，以创作时装新剧目著称，他创作的剧目充满朴素的民主思想，以抨击时弊、反帝反封建为主题，艺术精湛，情节曲折、唱段精彩。他和戏班先后活跃在重庆、成都地区演出新剧，轰动剧坛。其代表剧目《哑妇与娇妻》《是谁害了她》等，揭露了妇女的悲惨命运，深深打动观众。在新剧演出的带动下，各地川剧班社以排演新剧为主流，促进了川剧艺术的改革和发展。

辛亥革命时期到抗日战争爆发，四川戏曲的革新与发展，表现出了中国传统艺术向近现代艺术的转型时期的显著变化：首先，艺术创作题材和内容，更多地受到政治的制约和影响，反映了作家思想观念的转变，他们将艺术自觉作为武器，积极参与到现实斗争中，形成了艺术创作的新潮流；其次，关注现实生活，宣扬时代精神，体现出艺术家强烈的爱国情怀和使命感。由于作家将戏剧等传统艺术形式直接作为参与时事的武器，从而使戏剧创作打破了单纯演故事、追求形式美的旧体，增强了作品表达作者思想感情的现实性与使命感，即使历史题材的作品也被赋予深刻的思想内涵和情感激愤；再次，传统艺术的功能被赋予新的内涵。中国传统艺术经过数千年的漫长发展，其基本功能是为统治阶层服务。由于辛亥革命的爆发后，中国传统艺术发挥艺术特有的以情感人、启发民智的功能，成为最普及、最切要之教育，为中国现当代艺术发挥艺术的教育功能，打下了基础；最后，戏曲艺术的通俗化，突破了传统艺术形式的僵化，艺术为现实斗争服务的需要，促进了形式的改革，戏曲语言和时装、舞美，都随剧目内容的扩大和教育民众功能的变化，在形式上更趋通俗化。

全面抗战爆发以后，四川戏剧界积极投入宣传抗日的热潮中，举行了一系列抗日演出活动，许多名人来到四川，组织抗战活动。其中影响较大的如：1938年，成都戏剧界抗敌协会在成都成立；同年9月，成都川剧、京剧、评剧各界为了支持"青年记协成都分会"慰劳在祖国前线浴血抗战将士举办的募捐游艺献金大会，参加了义演；10月，重庆川剧界和厉家班等社团，积极参与了中国戏剧界抗敌协会举办的戏剧节演出；1941年重庆成立川剧演员工会，郭沫若领导的文化工作委员会召开川剧座谈会，号召川剧界揭露日寇侵略罪行，宣传抗日救国；1943年宋庆龄主持的"少年儿童基金会"在成都开展募捐公演。国民党高级将领冯玉祥将军积极支持并直接领导了抗战公演，如1940年在成都公演募捐活动，在合川组织16个川剧俱乐部票友举行募捐公演，募集资金6000余元，支援抗日战士。

宣传抗日的戏剧创作演出成为主流，一批通俗易懂的新戏问世，如描写抗战事迹的《卢沟桥头姊妹花》《父仇》《铁血青年》《枪毙韩复榘》《台儿庄大捷》等的演出，激励起民众的爱国热情。还有一批宣传爱国主义精神的历史剧如《柴市节》《岳飞》《三尽忠》《杀家告庙》《扬州恨》等，受到民众的欢迎。一些艺术家在舞台表演中，慷慨激昂，自创台词唱段，改编剧目，抨击反动势力和汉奸的卖国罪行，批评时弊，引起群众共鸣，如萧楷成演出的《济公活佛》，自改《五台会兄》为《劝兄抗战》等剧目。一些艺人因为揭露当局的弊端和落后势力，嘲讽严重的通货膨胀等社会现象，受到国民党政权的镇压，如著名丑角刘成基因在演出《拾黄金》中嘲讽了当局的贪污腐败，被军警关押，引起文艺界轰动，在省内外各界爱国人士的声援下，才获释出狱。抗战时期，一些外地剧种、剧团来到四川，如京剧、汉剧、评剧，扩大了四川戏剧演出阵容，他们同样积极参加宣传爱国主义，鼓励人民拿起武器，团结抗敌的各种演出活动中。总体上看，抗战时期，虽然战争频仍，时局动荡，但并没有阻止四川戏剧的发展，频繁的演出活动，新创剧目的多样性，强烈的爱国主义热情，起到宣传抗日、动员民众的作用，而戏剧界抗敌协会、演员工会的成立，也使四川戏剧从社团性质、组织方式、创演剧目、培养演员等各个方面，发生了重要改革，极大地推动了川剧艺术的发展。

民国时期，演出活动的实践，关注现实生活的创作内容，促进了川剧艺术本体的改革，尤其是贾培之继任"三庆会"会长之后，创建了"永固堂""青年自治会"，改设"联席讲座"，有效地提高了社团组织能力、艺术水平，并加强对年轻人的培养。随着新剧的发展，舞台美术的改革，不断向着更为先进和科技化的方面发展。上海霞光布景公司入川后，推广舞台机械布景，京剧、川剧界先后创拍演出了以机关布景为特点的连台本戏，如《火烧红莲寺》《血滴子》《彭公案》《西游记》《天宝图》等，又从成都、重庆传播到雅安、西昌等地区，促进了戏剧艺术舞台美术的更新，及戏剧舞美现代化发展。

民国时期末，由于内战爆发，社会生产遭到更为严重的破坏，社会秩序混乱，通货膨胀严重，人民生活动荡不安，市场上充满了色情、淫秽、凶杀等内容，戏曲声腔被靡靡之音替代，演出身段让位于低俗舞蹈，四川戏剧演出舞台严重受到殖民地文化的侵蚀，面临厄运，一度进入低潮，走向衰落。

（二）抗日战争时期话剧艺术在四川的繁荣发展

话剧艺术在抗日战争时期也得到了繁荣。[①]话剧艺术是19世纪末20世纪初由日本移植到中国的外来戏剧形式。1907年由春柳社（1906年成立）创演的五幕新剧《黑奴吁天录》上演，标志着中国话剧艺术的诞生。中国话剧从诞生起，就把自身发展与民族独立、国家命运联系在一起。在近代文化启蒙和五四新文化运动中，话剧成为反帝反封建、警醒国民意识、激励民族斗志的先锋。1930年3月2日，中国左翼作家联盟在上海成立，成为20世纪30年代领导中国文化事业的主要进步团体，以鲁迅为代表的进步知识分子，成为领导中国文学艺术界推动进步事业的核心力量。四川荥经县人周文，1932年底在上海参加中国左翼作家联盟，1933年加入中国共产党，任"左联"组织部部长，从事革命文艺创作活动，抗战爆发后，任四川省文艺界特别党支部书记，1939年12月奉命调延安工作[②]。1931年3月，中国左翼戏剧家联盟在上海成立，9月通过《最近行动纲领——在现阶段对于白区戏剧运动的领导纲领》，拉开了左翼戏剧运动序幕。1937年卢沟桥事件发生后，上海上演集体创作的《保卫卢沟桥》，以及由田汉创作、洪深导演的《卢沟桥》两部大型话剧，吹响了"保卫卢沟桥！保卫华北！""一切不愿做奴隶的人们，起来！"的抗日号角。

抗日战争时期，重庆成为中国话剧艺术创作演出中心，话剧艺术进入繁荣发展的黄金时代。1937年12月31日中华全国戏剧界抗敌协会在武汉成立，下设分会，重庆分会影响最大，1938年协会迁往重庆，重庆成为大后方戏剧中心。协会确定每年10月10日为戏剧节。第一届戏剧节成立演出委员会，话剧界25个演出队，在市区、郊区巡演，在社交会堂举行了一周"五分公演"，100多人参加联合公演反映抗战题材的《全民总动员》，引起震撼。这次活动，持续两天，500余话剧和戏剧演员参加演出，一千多戏剧爱好者参加各项工作，观众10余万人。1939年元旦，为纪念协会成立一周年，戏剧界举行火炬游行，演出《自由魂》《民族公敌》等十余个大型剧目。同年10月举行的第二届戏剧节，15个话剧团体和8个戏曲（评剧、川剧、汉剧、楚剧）团体，参加演出，话剧演出剧目《中国万岁》《民族光荣》等十余部大戏。成都、广州、桂林等城市，

---

① 话剧方面的内容主要参照百度网发布的"百年戏剧文库"等资料整理编撰。
② 王波、李迎选：《晋绥风云人物·党政人物卷》"周文"条，中央文献出版社2007年版，第147页。

也开展大规模戏剧演出活动。此后话剧和戏剧演出遍布全国各大城市,宣传抗日演出活动,成为中国戏剧发展史上最繁荣的时期。国民政府办剧团"中国万岁剧团""中国电影场剧团""中央青年剧社",以及在中共中央南方局领导下的民间剧团"中华剧艺社"(1941)、"中国艺术剧社"(1943)等,时称"五中"相继在重庆成立,成为全国最有影响的剧团。一些流亡到重庆的艺人,先后以各种形式组团演出,也十分活跃。全民族十四年时期抗战,重庆的专业性剧团已达20余个,上演剧目多达240多个、150余台,被学术界公认为中国话剧艺术的黄金时代。

抗战时期,重庆上演剧目以宣传抗战、表现军民爱国意志为主题,许多著名的作品在重庆首演。如吴祖光的《凤凰城》,歌颂了东北抗日义勇军英雄苗可秀壮烈殉国的真人真事,1937年创作,1938年由国立戏剧学校师生首演。夏衍、宋之的编剧、应云卫导演的《全民总动员》,描写我特工破获日本间谍的故事,中国戏剧电影界著名演员赵丹、白杨、舒绣文、张瑞芳、魏鹤林等都参加了演出。该剧在1938年10月中国戏剧界抗敌协会举办的"戏剧节"闭幕式上首演,体现了抗战初期,全国人民团结抗日的爱国热情和戏剧界团结对敌的使命。此次演出前后,有两台以鲁迅作品改编的《阿Q正传》也被搬上舞台。1941年皖南事变发生以后,由阳翰笙编剧、应云卫导演的《天国春秋》,以太平天国领袖间发生内乱的故事,呼吁"大敌当前,我们不该自相残杀",连续演出25场,观众反映强烈。1942年由中共上海地下党组织的孩子剧团,上演了根据张天翼著名童话改编的儿童剧《猴儿大王》,孩子剧团得到周恩来、邓颖超的关心和爱护,此部儿童剧也成了中国儿童剧创作的先声。1942年春,郭沫若创作的《屈原》,由中华剧艺社在重庆公演,金山主演屈原,他朗诵的台词"你咆哮吧!""把这黑暗的宇宙,阴惨的宇宙,爆炸了吧!"在整台演出气势磅礴的氛围中,震撼人心,引起观众强烈共鸣。周恩来评价郭沫若借屈原之口,表达了自己心中的愤怒,也表达了国统区人民的愤怒之情。曹禺编剧《蜕变》在重庆连续上演,1942年末,由史东山导演,淘金、舒绣文联袂出演男女主角,反响强烈。1943年,夏衍、于伶、宋之的编剧,郑君里导演的《戏剧春秋》上演,这部剧以导演应云卫为原型,描写了话剧界同仁们为话剧艺术牺牲个人的现实生活和悲欢离合,深深感染了话剧界。

抗战时期重庆话剧界还上演了改编的世界戏剧名作,多数是莎士比亚、果戈理创作的古典名剧。如1943年初,匈牙利女作家贝拉·巴拉兹创作的《安魂曲》，由怒吼剧社搬上舞台，参演者多为青年剧社的演员。该剧描写了德国音乐家莫扎特的一生，剧本由焦菊隐翻译、张骏祥导演，曹禺亲自出演莫扎特、张瑞芳主演女主角。该剧演出，在青年中产生巨大影响，教育家陶行知时为育才学校校长，该校位于重庆郊区，陶行知看了演出后极为感动，立即组织全校师生连夜步行进城观看了最后一场演出。同年重庆还上演了《清宫外史·光绪亲政记》，这部剧作是中国话剧舞台上第一部成功改编的严肃历史剧，由中央青年剧社演出，演出连续6小时无人退场。

1944年2月至4月，广西桂林举办规模宏大的西南第一届戏剧展览，28个文艺团体演出话剧27台。抗日战争胜利后，重庆的话剧演出没有停止，影响比较大的如茅盾《清明前后》、夏衍《芳草天涯》、陈白尘《升官图》等。此外，还有大批优秀话剧在重庆创演，如曹禺《北京人》《家》，吴祖光《风雪夜归人》，夏衍《法西斯细菌》，陈白尘《大地回春》《结婚进行曲》，于伶《长夜行》，宋之的《雾重庆》，张骏祥《万世师表》，沈浮《金玉满堂》等，都是中国话剧的精品之作。

抗日战争时期，重庆地区话剧艺术的发展受到中共中央南方局的领导和支持，中国戏剧家协会在中国共产党领导下团结、引导戏剧界创作演出了大批优秀剧目，为宣传动员全国人民团结抗日发挥了重要作用。抗战时期，话剧表演逐步由重庆等大城市舞台深入民间、农村，全国各处城镇的救亡演出队，以各种灵活的形式演出独幕剧、活报剧、快板剧、街头剧等，如《放下你的鞭子》等受到广大民众欢迎。抗战时期话剧的繁荣，也促进了中国戏剧的改革和进步，为中国现代戏剧发展建立起一个新的起点。

民国时期，四川人郭沫若在话剧创作及文学、甲骨学、历史学研究中取得的成就令其成为中国近代文学艺术的开创者之一。郭沫若（1892～1978）与王光祈同年，出生在四川省乐山沙湾镇。1914年赴日本留学，由医学改从文化艺术，成为中国一代文学艺术大家，在考古学、历史学领域，也做出开拓性贡献。五四运动期间，他成为中国现代文学先锋，写出《凤凰涅槃》等诗篇，出版第一部诗集《女神》。1923年后系统接受马列主义思想，提倡无产阶级文学。北伐期间就任北伐军总政治部副主任，成为中国话剧运动的先锋，1924—1927年间，创作了历史剧《王昭君》《聂嫈》《卓文君》，后避蒋介石通缉，再赴日本，从事中国历史研究和甲骨文字学研究。抗战爆发以后回到祖国，任国民政府军事委员会政治部第三厅厅长，后改任文化工作委员会主任，团结抗日文化人士，用话剧等艺术领导宣传抗日救亡运动。1941年皖南事变后，又创作了《屈原》《虎符》《棠棣之花》《孔雀胆》《南冠草》《高渐离》等6部历史题材话剧，以及《战斗集》诗篇。1944年中国共产党整风期间，他写的《甲申三百年祭》被作为学习文件。

（三）民国时期四川各类型地方剧种的发展及外来剧种在四川扎根

四川地区的地方剧种，除川剧外，流行于民间的主要汉族剧种，还有四川灯戏、四川傩戏等；流行于少数民族地区的有德格藏戏、嘉戎藏戏、安多藏戏、康巴藏戏、四川土戏。这些地方剧种的起源，历史悠久，多与民间民俗活动联系在一起，具有明显的地区特色。清末民初，四川地方剧种快速发展，逐渐形成比较完善的表演体系。

四川灯戏。[①]四川灯戏是由民间歌舞、民间音乐、民间灯会习俗等汇集一体形成的一种民间小戏。古代文献中已有记载，来源于民间闹花灯习俗，清代在四川汉族地区广为流行。民国元年（1912），四川灯戏社团入盟"三庆会"，成为川剧五种声腔之一，灯戏剧目、表演方式、音乐锣鼓、唱腔等都被川剧吸收。但在四川广大山区乡村，灯戏仍然以独立剧种演出，受到民众欢迎。灯戏的发展主要在中华人民共和国成立以后，其剧目、唱腔、表演等都具有独立剧种的特征（详见下一节）。

民国时期，傩戏表演已形成固定程序、表演手段、演出场所、各种声腔以及各种故事，演出中插入法事，有的还插入灯戏表演。傩戏表演一般都要设祭坛、庆坛，分为正傩（坛）、耍傩（坛），正坛戏为还愿的主场戏，耍坛戏主要以娱人为主。因多数演出要戴面具而被称为"傩戏"，以区别于其他戏剧形式，有的傩戏还用提线木偶作道具。傩戏演出都有固定程序，如芦山庆坛表演程序分为十个部分：开坛、放兵、请神、破狱、土地记、仙娘记、倮倮记、二郎记、踩九州、收兵礼坛等。每种傩戏演出都有固定演出剧目，如流行于梓潼、南充等地的傩坛戏、提阳戏等都有固定的演出剧目"天上三十二戏""地上三十二戏"等。由于耍戏演出剧目以娱乐为主，演出剧目更为丰富，一般由会首或设坛主家点戏。常演剧目如《皮金滚灯》《安安送米》《翠香下书》《杨门女将》《龙王女》《三孝记》等几十个剧目。傩戏角色行当分生、旦、

[①] 四川灯戏、四川傩戏内容参照《中国戏曲志·四川卷》《四川傩戏志》整理撰写，出版情况见其他注释。

净、丑，并有面具傩戏和开脸傩戏之分。傩戏唱腔，按照种类不同设置，如傩愿戏唱腔以傩腔，即神歌腔，俗称端公腔为主，杂以灯调、民歌小调。声腔又按行当或扮演角色划分，伴奏乐器四件或五件"四方"或"五方"。

民国二十七年（1938），针对民间巫觋宣扬迷信活动一度猖獗，剑南专署曾发出训令："正值全面抗日之际，又连年灾欠，应该力行节约。对这种荒诞的迷信活动，尤宜采取有效之方法，方予矫正，善为劝阻，严厉制止，一致取缔。"①

民国时期，在今四川阿坝藏族羌族自治州、甘孜藏族自治州以及凉山彝族自治州的藏族聚居区域内流行藏戏，以不同土司管辖区或者方言区为名，主要藏戏有德格藏戏、安多藏戏、康巴藏戏和嘉戎藏戏。

四川土戏是流布于今重庆市石柱土家族自治县的土家族戏剧，据当代依然在世的土戏老艺人从师承关系上溯，康熙年间（1662～1722）已有土戏表演，民国时期得到发展。

民国时期，流布在四川各地的外来剧种主要有汉剧、评剧、豫剧、京剧、越剧等。这些剧种入川，有的是"湖广填四川"时移民带入，如汉剧，多数剧种在民国时期传入四川。这些剧种在四川演出，不少班社扎根四川，丰富了四川戏剧表演舞台，也在与川剧的交流借鉴中得到发展，成为四川地方外来戏种。如汉剧，又名"汉调二黄"等。清道光年间（1821～1850），一些陕西省演唱二黄的艺人移居川北地区，汉剧开始流行。民国初年就有陕西班社艺人活动于汉州（今广汉市）一带，20世纪30年代，又有湖北汉剧团入川演出。抗日战争时期，傅心一、吴天保等汉剧演员组成演出队，在重庆大华剧院演出宣传抗日的剧目，后又到合川、北碚一带演出。再如京剧传入四川，最早可追溯到光绪二十九年（1903），燕和京剧班到成都来演出，两年后，"四川戏剧改良工会"又聘请顺和京剧班来成都祝贺"悦来茶社"落成演出。民国时期，又有多个京剧班社来川演出。抗日战争时期，国民政府迁到重庆，一批京剧班社相继入川，如厉家班等参加了1938年10月"中国戏剧界抗敌协会"举办的戏剧节演出，一些名演员在四川长期演出，也带动了大批业余京剧票社的成立，京剧艺术成为活跃在西川剧坛最受欢迎的外来剧种。

综上，民国时期四川戏剧快速发展、繁荣兴盛。川剧逐渐成为四川地方剧

---

① 严福昌主编：《四川傩戏志》，四川文艺出版社2004年版，第16页。

种的代表,在戏剧改良运动中完成了中国古代传统戏剧向以"新剧"演出为主的近现代戏剧改革。抗日战争时期,川剧界积极参加抗战宣传,剧场演出达到空前繁荣,川剧随后又扩散到全省城镇乡村,成为最受人们欢迎的地方戏种。

三、四川曲艺①

(一)民国初年到抗日战争爆发前的四川曲艺

清末,四川曲艺发展进入成熟阶段。从民国初年到抗日战争爆发前,四川曲艺在原有基础上,进一步巩固并有了新的发展。受到戏剧改良运动影响,曲艺创作演出剧目出现了一批新题材内容,表演形式发展完善,班社活跃在全省乡镇,普遍建立起固定演出场所,各大曲种都涌现出承前启后的著名艺人。

曲艺可根据表演特点分成以说为主和以唱为主两种。四川评书、四川圣谕、相书,以说为主。民国时期,四川评书的演出活动,主要在成都、重庆、泸州、宜宾、自贡等大中型城市,专业艺人有数百人,以钟晓凡善文说,戴全如善武讲,白超脱善逗趣,杨少卿善言情,形成了"清、擂、嚷、艳"四派,其中以钟、戴两派影响最大。各派都有固定的演出场所和常演剧目,如传统剧目清派的《龙凤再生缘》、擂派的《水浒》、嚷派的《济公传》、艳派的《红楼梦》等都是长篇故事,常年演出,很受欢迎。受新思想、新文化影响,也出现了表现五四运动的新题材。各地出现许多表演社团,以剧场为基地,住、演、训练都在一处,也成为城市艺术表演中心和文化活动中心,如民国十九年(1930)建立的"重庆市说书改进社"、民国二十四年(1935)建立的"成都市通俗讲演评论会",都设有专门表演场所,这些班社也成为四川曲艺界参加改良运动的主力。

相书是清末出现的一个新曲种,民国时期逐渐流行,特别在成都、绵阳等城市,成为大众最喜欢的曲种之一。曾炳昆表演语言诙谐幽默,乐而不淫,口技以假乱真,百听不厌,深受人们欢迎。他与四川扬琴名家李德才、四川竹琴名家贾树三、四川清音名家李月秋,被时人并称为四川曲艺"四绝"。

四川圣谕在民国初期依然流行,多讲公案故事,20世纪30年代以后,逐渐衰落。

民国时期,四川曲艺中以唱为主的曲种有四川清音、四川扬琴、四川竹琴等,

---

① 参见幸晓峰、贾钟秀:《四川曲艺综述》,《中国戏曲志·四川卷》,中国ISBN中心2003年出版。

快速发展，繁荣昌盛，成为四川曲艺最重要的演出类型，遍布全川城镇乡村。

四川清音。清代中叶以后，四川各地出现各种清音班社，演出十分活跃。民国十九年即1930年9月，四川清音艺人温必禄等在重庆发起成立"清音歌曲改进会"，此后，全省演出界约定俗成，将各类以唱演为主的歌曲、小曲，统称为"清音"。不同班社相继合并或以集社形式成立，达数十家，如1931年成都成立"丝竹音乐会"。清音曲目演出更加丰富，传统曲目已有数百首，如《长生殿》《忆我郎》《尼姑下山》等。一批名家脱颖而出，家喻户晓，如李月秋、黄德君、王桂珍、曾剑秋、白凤英等。反映社会现实、反对封建意识的新曲目也开始得到观众认可，如《佃客苦》《双探妹》《十想》等新编曲目，丰富了四川清音表演内容。四川清音成为民众最喜爱的曲种之一。

四川扬琴。民国时期，四川扬琴表演经过李连升、李德才在唱腔、表演模式等方面改革，艺术造诣已发展成熟。出现了一批名家，首推李连升创〔浪眼三板〕唱腔，时人赞誉："独擅歌坛，技绝千古。"后有李德才，纳众家之长，行腔婉转流畅，风格华丽妩媚，改革"哈哈腔"润腔唱法，形成曲艺界第一个流派"德派扬琴"。其他如叶南章、洪凤慈等都很出名。民国中期四川扬琴班社相继成立，主要以唱腔技术、表演特点、风格相似结派，如"釜溪琴社""律音琴社""蓝田琴社"等。多在茶馆演唱，如成都科甲巷就是当时的主要演出扬琴的场所。成都还设立"慈惠堂"每年招收学徒，毕业生被称为"堂派"，常演曲目数百个，如《木兰从军》《五丈原》《玉莲投江》等。

四川竹琴。亦称"渔鼓道情"，是源于四川的一种独特曲种。民国初年，万县"竹琴小教主"刘宝山蹲馆行艺、收徒传艺，使万县地区成为全省的四川竹琴活动中心，并通过上百人竹琴演唱竞赛，评出优胜者四人，号称三根半（其中一人因技艺稍逊称"半根"），川东地区长期流传着"梁山英雄三根半，演讲听唱尺乓乓"，创造了四川竹琴艺术表演的鼎盛局面。20世纪20到30年代，是四川竹琴艺术发展的兴盛期，几十个竹琴班社，常年在各地演出，"万县竹琴会""自贡南音会""宜宾篁中乐竹琴社"等都是活跃的演出社团。常演传统曲目三四百个，如《三战吕布》《五台会兄》《经堂杀妻》等。

民国时期，四川曲艺的其他曲种，如四川金钱板、荷叶、四川花鼓、连箫、盘子、南坪弹唱等，都在清代曲种自身表演形式发展成熟、定型后得到较快发展。民国元年（1912）《成都时事通俗画报》登载了有关四川金钱板演出等漫画，标题为"警察驱逐金钱板"，反映了当时当局政府对这些演出的限制,但这些演出还以各种结社形式,流动演出于全省各地。民国时期,这些曲种的发展呈现出比较相似的状况:成立专业班社,更有利于曲种的生存,如四川金钱板的"金音乐"等。各曲种都涌现出深受观众欢迎的名家,如成都花鼓艺人陶家班的陶明诚,祖辈以打花鼓为生,创演了抛掷刀叉的三十六种招式,一直承传到当代。各曲种都形成了具有特征的唱腔,如荷叶唱腔[红纳袄]、[江头挂]等,积累了一批常演剧目,有的曲种还形成流派。由于曲艺主要流行在民间,特别是农村,一些艺人以表演行乞,因此观众众多,许多曲种的表演唱词家喻户晓,成为各地节庆中的活动。如莲箫表演可二三人,也可十余人,手持霸王鞭等响声舞具,边唱边耍,唱词浅而上口,如唱词"莲箫三尺三,此处更何有,行乞且长歌,柳啊柳连柳",朗朗上口,众人合唱,很是热闹。四川曲艺中一些曲种受到明清移民文化影响,与周边地区民间曲种相互交流,形成更大范围的地域特色,如"盘子"流行在四川、湖南、湖北等地,以自敲瓷盘击节为奏,通常为女演员,川东一带有不少玩友。南坪弹唱是清乾嘉年间甘肃、陕西两省移民到川北南坪、松潘一带带去的乡音,在当地移民中人人都会唱,逐渐成为四川曲种的一种。

(二)四川曲艺在革命斗争中发挥的作用

民国时期,四川地区遭受战争影响,在川陕苏维埃革命根据地建立、红军长征过四川,以及抗日战争时期,四川曲艺界在宣传革命斗争中发挥了积极作用。由于曲艺具有短小精干、便于演唱的特点,又由于曲艺艺人多以卖唱为生,生活在社会最底层,与人民大众融合在一起,因此他们对革命斗争不仅拥护,而且自觉地以演唱形式,宣传革命,动员人民参加革命,成为民国时期四川曲艺的一个重要特点,而这种宣传演出,也促进了四川曲艺本体的繁荣发展,成为具有中国特色的一大地方曲种,也成为西南地区曲艺活动中心。

1932年底,中国工农红军第四方面军战略转移经陕南到达川北,占领通江、南江、巴中三座县城,并在这些地区先后成立了赤江(通江)、红江(涪阳)、南江、清江(巴中)县以及巴中特别市委市苏维埃政府。1933年2月,中共川陕省第一次党员代表大会和川陕省第一次工农兵代表大会先后召开,组建了川陕省委,成立川陕苏维埃政府,宣告了川陕革命根据地正式建立。革命根据地的建立为四川曲艺的发展开辟了一块丰润土壤,红军蓝山剧团开办学习班,为苏区培养了一批新型曲艺表演人才,四川曲艺各曲种也涌现出编演宣传苏维埃政权,号召人民革命的新曲目,如《要翻身闹革命》《天上小星换大星》《新十把扇儿》《红色江山坐得牢》等曲目，老幼皆知，演遍城乡。今巴中市川陕革命根据地博物馆还珍藏着当年红军战士手抄的两本曲艺唱本，以及当年任巴中县青杠渡村苏维埃主席薄图泰亲手抄录的土纸线装抄本《红军歌》一本，其中有四川快板、莲箫、四川花鼓、四川金钱板等曲目50余个，如《扩大红军》《革命新闻》《海棠花》等。这些珍藏品，真实地记录了苏维埃政权和工农红军运用文艺形式宣传革命的历史史实，也保留了四川曲艺及其他艺术形式在革命斗争中发挥积极作用的真实记忆。

1934年，红军在第五次反"围剿"失败后，撤离中央苏区，战略大转移经川滇黔，开始万里长征。红军队伍在转移途中，四川曲艺成为宣传革命的主要形式。如《红军要出现》《十二月唱花灯》《红军打进遵义城》等花灯曲目，《红军是神兵》《红军拉着我的手》等四川车灯，此时流行的短小易表演的曲种如"快板"《红军是神兵》《铁腿踏遍万里云》等行军鼓动词；根据真实事件传诵的"故事"《毛委员在扎西》《毛泽东送女儿给农民》等，都起到号召民众、鼓舞斗气的宣传作用。①成立于1933年的"枫香溪红色姊妹团"由二十多名红军女战士组成，她们在湘川滇黔边区以四川清音、小曲、四川金钱板、大鼓、渔鼓道情等多种曲艺形式宣传革命，成为百姓最欢迎的红军演出队。红军长征途中，还创作了许多红军歌曲如《红军纪律歌》《红军！红军》《今日来了肖贺兵》《跟随贺龙当红军》等，游击队歌《红军为民打川南》《红军的威名远震川滇黔》等，民间小曲、歌曲如《送郎歌》《军民鱼水情》《太阳出来满山红》等。红军所到驻扎之地，常常举行军民联欢，创编演出了一些新剧目，如活报剧《红军办事处》《打土豪 闹翻身》等。战争和长征途中，红军创编的一些新曲种、新剧种，如快板鼓动词、活报剧等，虽然艺术形式简单、词语也显拙朴，但作为特殊环境中的艺术形式，发挥了传统艺术形式不宜发挥的宣传作用，也成为民国时期四川地区曲艺、话剧等艺术的一个新特点。

抗日战争时期，中华全国文艺界抗敌协会成立了以老舍先生为代表的通俗文艺工作委员会。老舍鲜明地提出："要革新曲艺，一方面要给民众以精神粮食，一方面要扫荡现存民间的陈腐物。"这一主张成为四川曲艺界行动纲领。自此，四川曲艺以全新姿态走上宣传抗日的道路。四川曲艺也率先在全国开打

---

① 四川省、云南省、贵州省文化厅联合编：《川滇黔红色武装文化史料选编》，封面题词萧克，贵州人民出版社1995年版，第240~360页。

了中国曲艺由传统艺术形态向现代艺术转化的改革与转型之路,这种转型主要表现在创作题材、内容紧跟时代精神,表演形式、语言通俗易懂且轻便灵活,这些现实主义特征令其成为大众喜闻乐见的表演种类,从而改变了旧有曲艺不登大雅之堂的状况。

老舍和同事们在重庆开办了通俗文艺讲习会,培养了一批曲艺新人。他先后创作了十篇鼓词、两篇快板、四篇坠子、一部话本、十二个相声,带动了大批曲艺工作者积极参与创作演出。创刊《大众读物丛刊》《民众文库》《抗战通俗文库》等,先后登载的曲艺作品达500余种。如老舍的鼓词《王小赶驴》《新拴娃娃》,老向(王向辰)的相声《汉奸像》、唱词《割爱锄奸》,何容的唱词《抗日保国》《游击队夜取昌平》,赵景琛的鼓词《大战平型关》,王冰洋的唱词《杏二山尽恩》等。搬上舞台的抗日曲目如四川清音《五更叹国情》《上海大战》,四川金钱板《六十年国耻》《打东洋》,四川花鼓《士兵之声》,四川竹琴《赤胆忠肝》等,在城乡演出,影响广泛。老舍亲自登台,与梁实秋合说相声《新洪洋洞》《一家六口》等。1939年王永梭创演第一台谐剧《卖膏药》,后又自编自演《赶汽车》《黄巡官》等,演出贴近现实,揭露社会黑暗,表演风格幽默诙谐,深受大众欢迎,一时风靡城乡,成为抗战时期四川出现的新曲种,同时出现了四川方言诗朗诵、四川方言相声等简短易懂的新曲种。四川曲艺界还组团参加了第一届戏剧节,演出了京韵大鼓《抗战救国》《新生活》《山药蛋》《貂蝉》(花佩秋演唱),梨花大鼓《八百壮士》《二一八空军大战》(董莲枝演唱)。四川曲艺界还参加各种剧团,赴城乡演出,深入民间。国民政府军事委员会冯玉祥将军,大力扶持曲艺宣传抗战,支持河南坠子艺人到重庆演出,为金钱板艺人周敬承出版《抗战金钱板》一书题词,亲自创作《劝君节约救国》唱词,通过演出为军队募捐。

民国时期,是四川曲艺发展走向成熟的历史阶段,四川曲艺已经跃居四川各种艺术类型行列,是仅次于戏曲之后的又一重要种类,为中华人民共和国之后的繁荣发展奠定了基础。

四、音乐舞蹈及其他表演艺术

中国传统民族音乐舞蹈,自宋代以来,大体上沿着三个途径发展,一是继承传统宫廷乐舞发展;二是保留在地方官宦豪族府上的乐舞品种;三是民间民俗乐舞活跃在各地区节庆风俗活动之中。四川地区的音乐舞蹈发展趋向相同,其中一些地方小曲融入明清时期传入四川的地方戏剧和本土出现的四川曲艺，逐渐发展成为构成川剧艺术表演技巧和唱腔的种类，也有一部分发展成为以说唱为特征的四川曲艺，如四川清音、四川扬琴、荷叶、莲箫等，形成了鲜明的地方特征。同时，依然有一些音乐和舞蹈以独立的形式保留发展。

（一）民国时期四川流行的传统音乐和民族音乐

戏曲与曲艺中的音乐。川剧音乐[①]和四川曲艺音乐[②]，依然是民国时期四川音乐的主体。川剧音乐五种声腔中高腔居于主导地位，属于"弋阳诸腔"系统，融汇了弋阳腔、青杨腔、湖北清戏以及湖南高腔的声腔音乐特点，经过四川方言的改革和地方民间音乐的融合发展，形成了以锣鼓打击乐伴奏，一唱众合（帮腔）的演唱形式。高腔音乐由帮腔、锣鼓、唱腔构成，节奏灵活，行腔自由，有叙事、咏叹兼长的半讲半唱的特点。川剧的胡琴来源于湖北的汉调、安徽的徽调、陕西汉中的二黄。西皮节奏明朗、激越高昂；二黄有正调二黄、反调二黄、平板、老调四种基本声腔。弹戏又称"盖板子""川帮子"，来源于山、陕梆子。有［甜平］、［苦平］两类曲调。昆腔明代传入四川，逐渐演变为用四川话演唱的川昆，明末昆曲剧目大多改用高腔演唱。灯戏的音乐来源于本土民间歌舞民间音乐，主要有"胖筒筒""神歌腔"和杂腔小曲，单曲式声腔演唱，民国初，纳入川剧声腔，但各地民间依然组班演出。

四川曲艺曲种唱腔，来源于本土民间音乐或省外民间歌曲、时调小曲，逐渐形成不同声腔特点的曲种。四川清音唱腔结构分为联曲体、板腔体和单曲体，有200余支曲牌，分为"大调"和"小调"。大调主要有［勾调］、［马头调］、［寄生调］、［荡调］、［背工调］、［月调］、［反西皮］、［滩簧调］。小调中一类可前后连接其他曲牌如［垛子］、［平板］，另一类为单曲体如［小桃红］、［鲜花调］。伴奏主乐器为琵琶和二胡，还有月琴、碗碗琴、三弦、檀板、竹节鼓、碰铃等小型乐队伴奏。四川扬琴唱腔有省调和州调两类。省调为成都地区唱腔，又分为"大调"和"月调"，大调为板腔体，有［一字］、［快一字］、［二流］、［三板］等板式；月调为曲牌体，有《月头》《叠断桥》等约20支曲牌。州调指成都以外地区唱腔，有［清板］、［二

---

① 参见于一、钟德富、郭勇：《四川戏曲综述》，《中国戏曲志·四川卷》，中国ISBN中心1995年出版。
② 参见幸晓峰、贾钟秀：《四川曲艺综述》，《中国戏曲志·四川卷》，中国ISBN中心2003年出版。

流]、[三板]等板式。四川扬琴一般由五个演员演唱,分五种行当,每人兼操一种乐器伴奏,主要乐器有箫、笛、磬、木鱼、三弦等。四川竹琴唱腔有流布于川东、川南、川北地区的"中和调"和仅在成都和川西地区流行的"扬琴调",均为板腔体,演奏乐器为渔鼓和筒板,一人演唱。四川金钱板、荷叶等曲种还吸收了川剧音乐,用于表演。四川花鼓、莲箫、盘子、南坪弹唱等音乐主要来自各地民间小曲和歌曲。

由此可以看出,民国时期四川的主要传统音乐种类川剧音乐和四川曲艺音乐,汇集了本土民间音乐、歌曲,融合了外来音乐歌曲,在发展中逐步规范化、程序化,成为四川音乐的主流。

巴蜀古琴艺术。巴蜀古琴艺术在中国传统音乐发展史上占有重要地位,也是汉族音乐最有特色的器乐曲。巴蜀古琴艺术历史悠久,汉代大文豪司马相如即古琴高手,司马相如与卓文君以琴声结为伉俪,留下"琴台"遗址;唐代雷氏古琴,在文人中广为流传,陈子昂、薛涛等以琴诗会友,流注"琴音"徐徐,李白、元稹等写下"琴声"诗篇;宋代苏轼父子,琴声如金戈铁马;元代耶律楚材喻琴风格"如蜀声之峻急,快人耳目";清初以后,巴蜀古琴曾一度消沉,清末民初,再度复兴。

清末民初,巴蜀古琴艺术发展成熟,形成"川派"古琴,成为中国近代古琴艺术著名流派之一,民国期间得到快速发展。川派古琴的开端与形成,与中国著名古琴家张孔山在川从事古琴艺术活动密切相关。清代咸丰年间(1851~1861),游历西蜀青城山的道士张合修(字孔山),留驻青城山中皇观,此后主要活动在四川。张孔山幼年师承冯彤云学琴,到青城山后常会集一批琴家弹琴说艺,也常游离于外,与灌县(今四川都江堰)道士杨紫东、钱绥詹等交流(后者著《钱氏十操》),其间也曾出游湖北一带,在成都、汉口等地都有不少弟子,被认为是川派琴家的主要代表。光绪初年,张孔山在唐彝铭家为清客,与唐氏一起将其多年收集的145首琴谱辑录成《天闻阁琴谱》(1876年,成都叶氏刊本)。这是明清以来收谱最多的谱集,也是流传最广的琴曲谱本。1904年,张孔山在武昌开门办学,培养许多琴学高手。如得其真传的弟子华阳人顾玉成和他的两个儿子顾隽(1879~1948)、顾荦(1881~1936),整理张孔山传世琴谱《百瓶斋琴谱》,顾氏兄弟还于1912~1914年在长沙与彭庆寿等人开办了琴社。民国时期"川派"古琴出现了一大批优秀的古琴艺术家,除张孔山外,其余如杨紫东、李子昭、吴浸阳、龙琴舫、顾玉成、顾隽、顾梅羹、夏一峰、查阜西、喻绍泽等人。张孔山传世代表琴曲有《流水》《醉渔唱晚》《孔子读易》《普庵咒》等，其中以《流水》《醉渔唱晚》等曲目最为流行，尤其受到琴界的重视。存见的其他琴谱还有：《高山》《平沙落雁》《潇湘夜雨》《化蝶》《渔樵问答》等。川派古琴艺术风格素以"激越""噪急"著称，张孔山所传"七十二滚拂"《流水》躁急奔放、气势宏伟，为近百年琴家所推崇；也有一些琴曲在演奏技法上不强调华丽、精致，更显朴实无华、简洁古拙，如《溪山琴况》所言："黜俗而归雅，舍媚而还淳，不着意于澹而澹之妙自臻"，代表曲目如《秋水》《佩兰》《高山》等。有关川派古琴的重要琴学著作如《天闻阁琴谱》《百瓶斋琴谱》等，介绍了川派古琴特色，收录川派古琴作品。四川省博物馆、重庆市博物馆、绵阳市博物馆等，收藏唐至清代古琴数十件，民间琴家也有不少藏品，琴底铭刻藏琴名家题词。

（二）西方音乐的传入与巴蜀现代音乐的形成

民国初期，受到西方文化思想影响的知识分子，开始用新文体、白话文宣传革命，四川省巴县（今重庆巴南区）人邹容，赴日本留学回国后，在上海寄居爱国学社，以"革命军中马前卒"署名，写了《革命军》一书。这本书既是一篇宣传革命的战斗檄文，也是一篇新文体范本，对以后在中国掀起的"学堂歌曲"创作，从思想、情感、语言、文体等方面都产生了积极影响。"学堂歌曲"，也称"学堂乐歌"，是在日本留学的中国学生，接受日本近代文化观念影响、学习西方音乐形式而创作的一些反映民主科学思想、反封建反殖民主义的新歌曲，主要在学堂教唱。"学堂乐歌"在内容和形式上，都与传统民间歌曲唱法不同，是近代中国音乐转型和发展的"先声"，也可以看作是中国传统音乐与中国近现代音乐的一个"分水岭"。保路运动时期，四川学堂中普遍教唱这类歌曲，许多成都学堂中的青年，正是在这种歌声中走向革命战斗，他们中间的一些人士对歌曲、音乐的感知也是从这些新歌曲开始的。

红军长征时期，创作演唱的革命歌曲，既有在传统民歌小调基础上改编的歌曲，也有借鉴西方作曲技法创作的队列歌曲、进行曲等，可以说在中国近现代歌曲艺术的发展史上，成功地融合了中西音乐的精华，加之创作主体和受体都是普通士兵和百姓，也在最广泛的范围内实现了中国现代艺术向贴近生活、贴近人民方向的转型。在四川长征路上收集到近百首革命歌曲，可分为"红军歌曲"，如《再占遵义歌》《红军处处受欢迎》《红旗的光亮在前头》等；"游击队歌曲"，如《红军游击队纪律歌》《川南游击队纪律歌》《游击革命在今朝》等；还有一些"民间歌曲"，如《送郎当红军》《太阳出来满山红》《农民个个喜洋洋》等，其中许多歌曲至今依然在舞台上演出，受到群众的欢迎，有些已成为经典歌曲，成为中华民族的记忆。

抗日战争时期，四川歌曲演唱活动成为宣传抗日救国的又一重要音乐形式，集体演唱歌曲在城乡、学校、工厂广大群众中流行。在"抗协"举办的各种演出活动中，抗日歌曲以合唱的形式登上舞台。这些歌曲成为抗战以后中国音乐的主流，一直在四川地区的学校和群众中流传。主要歌曲如《救亡进行曲》《大刀进行曲》《游击队歌》等宣传抗战的新创歌曲；《五月的鲜花》《渔光曲》《大路歌》等取自"九一八""七七事变"后电影歌曲，以独唱形式在群众中流行；《三大纪律八项注意》《延安颂》《歌唱二小放牛郎》《没有共产党就没有新中国》等歌颂延安、歌颂革命根据地、歌颂共产党的歌曲，也在群众中广为传唱。抗战时期各地出版部门印发的抗战宣传品，也在四川广为传播，如2005年在南充地区发现一本冼星海创作的歌曲集《反攻》，读书生活出版社于1940年8月出版总经销，该书收录38首冼星海创作的抗战歌曲，如《反攻》《保卫黄河》《黄河大合唱》《到敌人后方去》《救国军歌》等。[1]

（三）王光祈与现代中国音乐学学科的建立

辛亥革命时期，西方学术思想的引进，促进了中国文化艺术理论的建设，而这种进步的内因则是中国的艺术家和知识分子，他们抱着强烈的民族情感和创造精神推动了中国艺术按照自身规律发展，从而在中国近代艺术和学术建设中做出杰出贡献。在这批杰出的近代文化艺术理论开拓者中，有四川籍的"大家"多人，其中以爱国知识青年王光祈最具代表性，他抱着"礼乐救国"的理想留学德国，借鉴西方音乐理论建立起中国新的音乐理论体系，一个新的学科——音乐学，也由此产生。他为研究我国传统音乐与西方音乐的不同以及为中国近代音乐理论的建设，夜以继日地劳作，在年仅44岁时，突发脑溢血客死他乡。他是"我国近代音乐史上杰出的音乐理论家，为我们留下了丰厚的音乐理论遗产，是我国近代音乐学的开拓者和奠基人"[2]。王光祈的一生，在报效祖国的强烈爱国主义精神激励下，力学苦行，取得多方面成果。他的研究主要

---

[1] 《南充发现冼星海抗战歌曲集》，《四川日报》2005年8月6日。
[2] 李岚清：《中国近现代音乐学的开拓者——王光祈（代序）》，四川音乐学院、成都市温江区人民政府编：《王光祈文集·音乐卷（上）》，巴蜀书社2009年版，第1页。

涉及三个方面：系统研究中西音乐，重新建构中国音乐学体系；关注国内政治局势，不间断地撰文发稿，参与时事；自觉地担负起翻译和介绍德国及欧洲国家的政治、社会情况的责任。他短暂的一生，既是革命斗争的一生，又是为中国近代音乐理论构建作出杰出贡献的一生。

1892年，王光祈出生于四川省温江县，15岁时，来到成都第一高等小学堂就读，第二年考入中学，与魏嗣銮（时珍）、郭沫若、李劼人、周太玄、蒙文通、曾琦等先后同班。1911年四川爆发"保路运动"，正在成都高等学堂读书的王光祈参加罢课、游行。武昌起义胜利，他立即剪掉长发，抱着对未来的满心希望，走向社会。1914年秋，考入中国人民大学，先后在《京华日报》等报社任编辑、记者，通过报刊宣传革命和民主主义思想，在北京发起组织"少年中国学会"，创刊出版《少年中国》。其间，他先后结识了蔡元培、李大钊、陈独秀、毛泽东、张闻天等人，并与李劼人等向四川爱国知识分子青年介绍北京信息，其间发表大量文章，坚定了报效祖国的理想和决心。1920年，王光祈出国留学，满怀建立"少年中国学会"的理想，从学习经济改为学习音乐，1927年考入柏林大学，专攻音乐学，后荣获波恩大学音乐学博士学位。王光祈的音乐学研究涉及中国音乐（传统音乐）、西洋音乐、比较音乐、音乐教育及其他领域，发表了许多重要论著如《欧洲音乐进化论》（1923、1924）、《声乐生理学》（1927）、《论中国古典音乐》《论中国记谱法》（1928）、《西洋音乐史纲要》（1930）、《中国音乐史》（1931）以及《西洋音乐与戏剧》《东西乐制之研究》等比较文论[①]。他在音乐理论方面的研究，不仅开拓了近代音乐学，而且对当代中国音乐理论研究产生了重要影响，特别是在中国音乐史学、律学领域取得的研究成果，具有重要历史价值。

王光祈的一生，代表了中国近现代知识分子，在政治社会动荡时局下所作出的人生选择。他不仅对中国音乐艺术的发展做出杰出贡献，也是辛亥革命之后，中国走向"五四运动"时期的社会活动家和革命者，他成为我国现当代知识分子学习的楷模，他把为国家、为民族的远大抱负与成事业、作学问的现实行动结合在一起，在强烈的情感驱使下"登昆仑之巅，吹黄钟之律，使中国人

---

① 参见四川音乐学院、成都市温江区人民政府编：《王光祈文集·音乐卷（上、下）》，巴蜀书社2009年版。

固有之音乐血液重新沸腾……"①为实现"礼乐救国"的理想,学习借鉴西方音乐理论研究方法,在中国音乐发展史上第一次建立了现代音乐体系,完成了中国传统音乐理论向现代音乐体系的转型,成就了中西音乐交流史上的辉煌成就。

(四)冯汉骥与成都永陵石刻二十四伎乐出土

冯汉骥,是在民国时期出国留学回国后,对中国近代科学建设做出卓越功勋的又一位杰出知识分子的代表,由他确认并首次主持发掘的成都永陵五代前蜀皇帝王建陵墓,对我国近现代考古学、古代建筑史、工艺美术史以及音乐史的建设,都具有重大意义。

冯汉骥是湖北宜昌人。1931年夏,冯汉骥赴美深造,进入哈佛大学研究院人类学系,1933年转入宾夕法尼亚大学人类学系。1936年夏,获人类学哲学博士学位。1937年春,应著名的考古学家李济的邀请,从美国经欧洲返国,参加殷墟及城子崖等遗址发掘工作。同年11月受聘为四川大学史学系教授,第二年即率师生赴川西北松潘、理县、茂县和汶川等县岷江上游藏、羌地区,进行民族学和考古学的实地考察,并在汶川县雁门乡清理了一座石棺葬,发表《岷江上游的石棺葬文化》一文,首次科学地报道了石棺藏墓葬的发现,开创了川西高原考古发掘研究之先声。

1941年,四川省博物馆成立,冯汉骥任第一任馆长,开始拟订成都永陵发掘计划,1942年9~11月,主持了第一期发掘工作,发掘清理了墓葬后室,纠正了当时人们误认为此遗址是司马相如或诸葛武侯抚琴之处,即俗称"抚琴台"之地的认知。1943年由中央研究员吴金鼎主持完成永陵全部发掘工作。永陵是我国目前所知唯一建筑于地面之上和第一个经过正式发掘的帝王陵墓,其规模宏大、保存完整,堪称中国古代建筑史上一大杰作。墓室棺床雕刻二十四乐伎,造型优美,形神兼备,精美绝伦,是研究我国古代宫廷雅乐的珍贵资料。出土玉册、大带、谥宝等珍贵文物29件,也是研究我国唐至五代时期工艺美术制作技术的艺术珍品。1944年,冯汉骥在四川大学校园内成功取出一件雕版印刷品,成为至今国内保存得最早的中国印刷品标本。1962年,他完成了《前蜀王建墓发掘报告》的编写,其中对二十四伎乐的研究,成为后学研究的范本。

---

① 李岚清:《中国近现代音乐学的开拓者——王光祈(代序)》,四川音乐学院、成都市温江区人民政府编:《王光祈文集·音乐卷(上)》,巴蜀书社2009年版,第1页。

该书于1964年由文物出版社出版。

冯汉骥在考古学和艺术史学研究上的成就，不仅为近现代四川艺术发展史的研究打下基础，也开了中国艺术考古学研究之先河。

（五）戏曲、曲艺吸收舞蹈元素，民族民间舞蹈发展定型

民国时期四川舞蹈艺术的发展，延续明清以来的趋势，不断成熟。[①]这一时期，戏曲和曲艺成为四川表演艺术的主体类型，舞蹈表演方式被吸纳到戏曲曲艺中，极大丰富了它们的表演手段，比如川剧表演中的台步、甩袖、水袖、武打都是在舞蹈表演基础上形成的，川剧小生、小丑、小旦、花旦等精彩的舞蹈动作表演，以滑稽细腻著称。四川灯戏、四川莲箫、四川花鼓等，唱曲和舞蹈动作都是吸收民间歌舞而形成的。

民间舞蹈活动大多在节日期间举行，以自娱自乐为特征，流行在四川汉族地区的舞蹈主要有：花灯歌舞，如白龙花灯是一种大型花灯表演，有彩灯、狮灯、龙灯、马灯，以及采茶舞、农夫舞、字舞等表演形式，表演者多达六七十人，众人歌舞，气势宏大，表现出劳动人民对生活的热爱。自娱性民间乐舞又因地区不同，形成不同表演风格，如秀山花灯，多由"幺妹子"和"花子"两人表演，至今依然是当地人民最喜欢的乐舞娱乐活动。其他地区花灯，如古蔺花灯、芦山花灯，都深为群众喜爱。"肉莲箫"是在四川产生的唯一一种不使用道具的莲箫表演，最初由跑江湖的流浪艺人即兴表演，招徕观众，后逐渐成为汉族地区流行的民间娱乐形式，这种表演将说、唱、舞结合在一起，边唱边拍打身体各个部位，扭动身体，舞出不同姿势，诙谐有趣。

1933年红军在四川建立了川陕苏维埃政权，由红军宣传队演出的苏区歌舞成为民国时期四川舞蹈中最具特色、最受群众欢迎的歌舞。如红军队伍从老区带来的《八月桂花遍地开》，改编的苏联红军舞《海军舞》《儿童舞》，用当地小曲、民歌和军歌创编的《红军舞蹈》等，舞姿豪放、简明质朴，轻松活泼、充满朝气，洋溢着强烈的时代精神、浓郁的生活气息和地方色彩，起到团结、宣传、教育群众的良好作用。抗战时期，舞蹈与音乐结合，在各种集会和队列游行中表演，成为一种新的宣传形式。

民国时期，四川各地宗教、祭祀中的乐舞，也是汉族乐舞种类之一，如端

---

① 参见《四川民族民间舞蹈综述》，《中国民族民间舞蹈集成·四川卷》，中国ISBN中心1993年出版，第1~18页。

公舞、神坛舞、老八刀、踩九州等。道教仪式中的"破地狱"、佛教庙会舞蹈"跳云童"等，在各地流行，有些舞蹈经过若干朝代的传续，形成复杂固定程式，如"架香童子舞"组合舞蹈108合，特色鲜明。

民国时期，四川少数民族舞蹈趋于成熟。各民族的民俗节日舞蹈丰富多彩，如彝族舞蹈"都火""达踢"；藏族舞蹈"巴塘弦子""踢踏""热巴"；羌族"萨郎""巴绒"等。宗教祭祀舞蹈历史悠久，如彝族苏尼（巫师）跳的"苏尼旦"，俗称"皮鼓舞"，将巫术、杂技、气功融入舞蹈动作，技巧复杂，色彩神秘。藏族跳神活动的"羌姆"，即"面具舞"，不同教派舞蹈动作不同，舞步以单脚跳转为主，具有较高的技巧性。羌族的"布兹拉"，俗称"羊皮鼓舞"，由巫师代代相传。征战、演兵类舞蹈，保存了中国上古时期"武舞"的风格，为男子群舞，上战场之前，以仪式舞蹈提高士气。其他少数民族舞蹈种类也很丰富，表演风格多种多样，体现了四川多民族居住的特点。

（六）戴爱莲在四川的舞蹈创作和演出

戴爱莲，是我国著名舞蹈艺术家、舞蹈教育家和中国现当代舞蹈艺术的创始者和奠基人。她首创中国"边疆舞"，采风于四川甘孜、川北等民族地区，并于1946年在重庆首演。戴爱莲1916年生于西印度群岛的特立尼达。1930年，赴英国伦敦学习舞蹈，曾先后师从著名舞蹈家安东·道林、鲁道夫·拉班等，后来又投奔现代舞大师玛丽·魏格曼。抗日战争爆发后，于1939年毅然回国。1942年秋，戴爱莲来到重庆，先在国立歌剧学校、国立社会教育学院任教，后应教育家陶行知之聘，创办了育才学校舞蹈组。在此期间，周恩来、邓颖超经常关心和帮助她，鼓励她向民间学习，努力发展中国民族舞蹈事业。这对她后来的艺术实践产生了深刻的影响。1945年夏天，她和著名画家叶浅予等一起到川北、西康等地采风，搜集了大量少数民族舞蹈素材，用拉班舞谱记录了八个藏族舞蹈，其中包括四川巴塘藏族弦子、藏族锅庄和彝族舞蹈等。1946年戴爱莲在重庆推出了一台由她创作并主演的多彩多姿的"边疆舞蹈大会"，创作演出了充满活力的维吾尔族舞《青年舞曲》《马车夫之歌》，优美的苗族舞《苗家月》，欢快的藏族舞《春游》《甘孜古舞》，抒情的彝族舞《倮倮情歌》等。戴爱莲创作的"边疆舞"，受到重庆人民的喜爱，也为中国现当代舞蹈的发展奠定了基础。

戴爱莲从香港到重庆期间，受到国内抗日战争的强烈影响，创作了一批激励人心、鼓舞斗志的舞蹈作品，如《警醒》《进行曲》《哭泣的垂柳》《卖》《游击队的故事》《思乡曲》《空袭》《东江》等，这些作品运用西方舞蹈语汇，表现现实斗争题材，开拓了中国现当代舞蹈在表达内容和舞蹈形式上的范例，也因宣传抗日救国，激起广大民众的共鸣。如在重庆上演的《空袭》，是由四个人物命运构成的小舞剧。舞剧通过一位母亲与女儿（戴爱莲扮演）和两个儿子在日寇对重庆轰炸下的悲惨遭遇，控诉侵略者的暴行。《思乡曲》表现的是一位妇女（戴爱莲扮演，马思聪伴奏）在颠沛流离之中思念故乡的真切情感。舞台上设置了一架常见于东北地区的马车，引起观众强烈反响。后赴美国访问，表演这个作品时，改用一只木箱子，同样营造出流离失所的场景，唤起了美国观众的极大同情。在重庆期间，戴爱莲创作的抗战题材舞蹈还有大型秧歌剧《朱大嫂送鸡蛋》、由桂剧移植改编的《哑子背疯》以及根据瑶族舞蹈创作的《瑶人之鼓》等一系列作品，脍炙人口。这一时期，成为戴爱莲舞蹈创作演出的高峰期，她也成为人民熟悉和热爱的舞蹈艺术家。

五、美术

辛亥革命时期，受到西方美术理论和绘画的影响，四川报界和革命知识分子，以漫画、连环画等新的绘画形式，在《蜀报》《川报》等报刊上，配合"保路运动"宣传革命，开启了近代四川美术发展历程。

（一）绘画艺术

辛亥革命以后，全国各地相继成立了许多公立和私立的美术学院，一批到国外学习艺术的留学生陆续回国，促进了中国新型美术教育，四川各地学堂也相继开设新式美术教育，如成都高等师范学校开设美育并办有《美育》杂志，讲授的有素描、水彩、油画、透视、图案等课程，以及黏土、石膏、竹、木、漆、金等材料工艺劳作知识。四川近代绘画在中西绘画的交融和冲突中涌现了一批著名画家，绘画理论也得到长足发展，如清末民初著名画家、美术理论家和教育家马骀（1886~1937），其绘画受到黄宾虹推崇并为其画谱作序曰："马君企周，画宗南北，艺擅文词，众善兼该，各各精妙。"曾延年（1873~1936），1906年10月留学日本，就读东京美术学校西洋画科选科，并于1911年4月进入研究科，成为中国留日学生中的第一个研究生，1912年离校。在校期间与李叔同交往密切，曾共同创办"春柳社"，上演中国第一部话剧，发起组织"文美会"，在文美杂志上发表了美术作品《马》、文章《与某西洋记者论西洋画书》，编辑《和汉名画选》等。这一时期从国外回国的著名画家还有李有行（1905~1982），四川梓潼人，擅长水彩画和工艺美术，被誉为"东方水彩大师"，他1931年毕业于法国里昂美专染织图案科，回国后在成都创办四川省立艺术专科学校，后任职四川美术学院，代表作品有《山城之夜》等。

抗战时期，四川再度成为中国绘画中心，涌现了张大千、张善孖、蒋兆和、冯灌父、陈子庄、李琼久、冯建吴、李斛等川籍名家。

张大千，四川内江人。10岁开始随母与兄姊学画，天资卓绝、才情横溢，博采众长，题材广泛，山水画、仕女画、工笔或写意花鸟画均可，继承中国绘画传统。20世纪30年代已有"南张北齐"称誉，40年代他率弟子远赴敦煌，用两年零七个月的时间临摹壁画，后在成都展出，作品共计两百余件，现存于四川省博物馆。1945年，中国学典馆馆长杨家骆组织专家考察大足石刻，同年，张大千也前往考察。张大千晚年所作《长江万里图》《庐山图》成为中国绘画的不朽杰作，徐悲鸿赞誉他为："五百年来第一人！"

张善孖，张大千的兄长，善画虎，号虎痴，他同另一位川籍画家蒋兆和对传统国画现代化和中国油画的现实主义创作风格的形成做出了卓越贡献。张善孖的绘画题材多取自中国历史上的爱国故事和英雄人物，其《苏武牧羊》《精忠报国》《文天祥正气歌图》等，侠义之情、耿耿丹心洋溢纸面。抗战作品《怒吼吧中国》《雄狮图》驰名中外。蒋兆和，四川写实主义的现代水墨人物画的开创人之一，1936年创作了《卖小吃的老人》《朱门酒肉臭》《算命》《儿子有了媳妇》等作品；1941—1943年间，完成了一生的巅峰之作《流民图》，该画是中国近代绘画史上少有的巨幅水墨人物画卷，全长26米、高2米。

抗战时期，四川成为大后方，上海及浙江地区、京津地区和中南地区的美术家、美术学校、美术机构纷纷入川、内迁。艺术家在这里的交流与合作，促进了四川美术的发展，形成了20世纪四川第一个现代美术运动高潮。入川的主要画家有：齐白石、黄宾虹、徐悲鸿、傅抱石、潘天寿、刘开渠、常书鸿、吕凤子、李可染、王临乙、张书旗、关良、关山月、唐一禾、丰子恺、陆俨少、钱瘦铁、黄君璧、陶冷月、萧谦中、林散之、钱松岩、吴镜汀、黎雄才、郭传璋、祝大年、张文俊、吴作人、吴一峰、吴冠中等。[①]在川期间，吴作人踏山

---

① 参见钱来忠、邓涛：《略论巴蜀画派》，《四川美术》2010年第12期。

访水，先后创作了大量西部题材的作品。徐悲鸿带领中国美术学院筹备处的研究员到青城山写生。在此期间，他画了屈原《九歌》中《国殇》《山鬼》《祭青海》《湘君》等作品的插图。其中还将《国殇》《祭青海》绘制成大幅国画，表达了画家忧国忧民的赤子之心。张大千抗战时期返回四川居住，其间创作了《藏族少女》《藏犬黑虎》等西部题材浓郁的作品。黄宾虹对"黑"的出新破格，因四川夜山悟得。艺术家们在吸取西部文化精髓提升自己的同时，也潜移默化地影响着四川美术的发展进程，为后来的四川画派能与上海、江苏、北京等画派分庭抗礼奠定了强有力的基础。

新兴版画是抗战时期最有影响力和最普及的画种，是抗日救亡活动中最有力的武器。"中华全国木刻家抗敌协会"从武汉迁往桂林及后来的重庆，与延安一道形成国统区和解放区两大版画中心。四川版画工作者创作了《起来，不愿做奴隶的人们》《咱们的队伍来了》等作品，反映大众疾苦、民族尊严，让观众直视这淋漓的鲜血和惨淡的人生。这一阶段四川版画在艺术上基本以模仿西方创作技法为主，注重刀法与黑白调子，产生了不少在全国有影响力的作品，如《日军侵华的阵容》《谁叫你当汉奸》《祖母》等。

漫画是另一种主要的抗战艺术形式，也给版画发展注入了活力。"四川漫画社"非常活跃，谢趣生、乐以钧、龚敬威等活跃于各大报刊。1938年的"救亡漫画展"，共展出160余幅作品，如《世界和平的捍卫者》《如此凯旋》《比娘子关更重要》《劝夫从军》《敌后游击队员》等。1940年、1945年，谢趣生、张漾兮、苗勃然、车辐还先后创办了《战时画刊》《自由画刊》这两个以发表漫画、木刻为主的美术画刊。著名版画家张漾兮同时也是漫画社的一员，其漫画作品《两种孩子》《成都码头》为木版雕刻，影响很大。谢趣生，以系列漫画《新鬼趣图》《招魂曲》等作品为代表。

抗日战争时期，一批画家来到四川，创作了大量作品，形成了西部美术的一次大繁荣，而西部文化的深厚底蕴和巴山蜀水的独特魅力，使得众多川内外艺术家完成了一生中最重要的艺术观念转型，达到了艺术创作的巅峰。

社团的众多、美术评论与学术活动的活跃、报业的发达，也促进了四川美术的发展。抗战爆发前，四川地区只有时代画会和蓉社两个美术社团；而在抗战期间，四川陆续出现了多个美术社团：成都美协、四川美协、四川漫画社、成都抗战木刻分会、现代美术会、丙戌金石书画研究会。1941年，蓉社、成都美协和蜀艺社并入四川美协。这些美术社团的成立，推动了美术家们的交流和美术活动的活跃。

与美术创作活动繁荣相应的是美术评论与学术活动的活跃。如鄞中铁在1942年出版的《木刻概论》；《战斗美术》第一期则发表了胡风的《关于造型的现实主义一感》、黎真译的《苏联绘画家的一般情形》、洪毅然的《新写实主义与革命浪漫主义——并论抗敌艺术的内容与形式》等文章；1940年6月24日，成都技艺专科学校学报《技与艺》创刊。

学术活动活跃的原因之一是报业的发达。战时四川（含重庆）报纸有160家，数量居全国之冠。艺术类报刊有《战时画刊》《星芒画刊》《新艺报》等，这为学术交流提供了一个广阔的平台。学术活动活跃的另一个重要原因在于美术院校的存在。1944年全国共有高等院校145所，成都及其周边城市共计25所，其中先后出现的艺术学校有省立四川戏剧实验学校、四川省立艺术专科学校和私立武昌艺术专科学校、西南艺术专门学校、东方美术专科学校等。美术家、教育家、理论家汇聚一堂形成了一种良好的学术氛围，直接促进了绘画创作。这些美术院校为四川培养了大批艺术教学骨干，举办了多次画展和音乐、舞蹈表演，在丰富大后方文化生活、陶冶川人艺术修养方面的影响不可小视。

（二）雕塑艺术

四川雕塑艺术有着悠久的历史，民国时期近代雕塑艺术成功转型并创造了一大批优秀抗战作品，成为全国雕塑艺术中心，其中最著名的雕塑艺术家是刘开渠先生。

刘开渠（1904~1993），早年在北京美术专科学校学习油画，1928年留学法国，入巴黎高等美术学校雕塑系学习，1933年夏天回国，在杭州艺术专科学校任雕塑系教授，1934年创作了反映抗战的巨型雕塑《一·二八淞沪抗战阵亡将士纪念碑》，后又先后完成了《王铭章骑马像》《抗日将士无名英雄纪念碑》和大型浮雕《农工之家》。1938年回到成都，创作了八项大型城市雕塑。1944年创作《抗日无名英雄铜像》，总高5米，基座3米，上刻"川军阵亡将士纪念碑"。1966年该像毁于"文化大革命"，后由成都市人民政府复修，比原作放大两倍。1948年创作的《孙中山坐式铜像》，展现了一代革命先行者的雄伟身影，保存至今。刘开渠的雕塑成为中国近代雕塑艺术的集大成之作，也成就了近代至当代四川雕塑艺术在全国的领先地位。

（三）民间美术

四川民间美术历史悠久，品种丰富，是各地劳动人民喜闻乐见的艺术种类。民国时期，四川民间美术如绵竹年画、川北大木偶、成都皮影、武胜剪纸都已在民间流传，经历数百年发展，逐渐成熟。

绵竹年画又称绵竹木版年画，与天津杨柳青、山东潍坊杨家埠、苏州桃花坞齐名，为中国四大年画之一，素有"四川三宝""绵竹三绝"之美誉。绵竹年画是世世代代民间画师们勤劳和智慧的结晶，体现巴蜀人民乐观向上的思想感情和古老的民族风尚。绵竹年画历史悠久，宋代受雕版木刻影响开始形成，明清发展成熟，民国时期流行于全国各地，成为中国四大年画制作中心之一。绵竹年画利用木板套色制作，题材丰富，绘画特征明显，尤以彩绘见长，构图讲求对称，具有浓厚的民族特点和鲜明的地方特色。

中国木偶艺术起源可以追溯到汉代陶俑雕塑，四川出土汉代陶俑在数量、种类、雕塑技巧等方面，都位居全国首列，尤以说唱俑、乐舞俑最为生动。唐代木偶制作已非常精巧，木偶表演称为"傀儡戏"，也用于摆设。宋代以后，木偶制作与说唱艺术、戏剧艺术结合起来，成为一种最受欢迎的民间表演形式。现存一件刻有"咸丰五年"铭文的木偶头像，说明四川木偶在清代已经形成，延续至民国时期。以成都为中心的川西地区和以南充为中心的川北地区的木偶表演最为盛行。清末民初，成都、川北等地成立木偶剧团在各地演出，常演剧目多为川剧或曲艺剧目，如《哪吒》《劈山救母》等，很受民众欢迎。四川木偶戏表演以"家班"为社，固定场所演出，清末民初流行于成都地区的"瑞家班""艳华班"，表演剧目文戏武戏兼备，水袖、扇子等表演技巧，惟妙惟肖，令人拍案叫绝。川北地区以大木偶为主，与真人大小相同为特征，清代已有"李家班"闻名乡镇，民国时期有仪陇县马鞍场"福祥班"（今南充大木偶剧团前身）。四川木偶制作工艺主要有造型、镂空、着色等，根据内容加工形象。四川木偶表演既用杖头木偶，又用提线木偶。杖头木偶分为大木偶、二木偶、精木偶，各具特色。提线木偶在藏族等少数民族说唱艺术和汉族木偶戏中都常使用。木偶人物主要选材于川剧人物，表演的故事、片段也多由川剧改编，常演剧目如《西游记》《出岐山》《白蛇传》《八仙过海》等。

皮影以牛皮或硬纸剪制而成。唐代，中国出现"皮影戏"，后传入法国，再流布于世界各地。中国皮影在发展过程中形成七大影系，四川皮影居一。又以南北风格不同划分北派皮影和南派皮影，后者以四川皮影为代表。四川皮影形成于清代，民国时期发展成熟，以镂刻技艺高超，偶影造型精巧称誉。最具代表性的类型是成都灯影和川北皮影。成都灯影以半透明黄牛皮雕镂影人，形成三大特征：一是结构复杂、比例匀称，操作灵活、表演生动；二是雕刻多以川剧剧目为题材，图案装饰简练精细；三是参与演出的皮影人物众多，形象丰富，唱腔优美。"川北王皮影"诞生于清康熙初年，以阆中为中心，流布于周边乡镇，清末民初已发展成为中国三大皮影流派之一的"川北派"（另有陕西派和湖北派），以王氏家班最为出名，今传人王文坤已是川北皮影第八代传人。王氏皮影把皮影制作与表演结合起来，唱腔多样，独具特色，演出剧目多选自川剧五大声腔，也取四川清音等曲艺唱腔或灯戏、民间小调，剧目主要选材于传统题材，如《西游记》等连台剧目，《游园》等单本剧目。

剪纸艺术也是中国最普及的民间传统装饰艺术之一，以绘刻与镂空技术巧妙结合为特征。四川广汉三星堆遗址出土的金面具制作已使用镂空技艺，金箔剑面刻绘人、鱼等对称纹饰。金沙遗址出土金面具与真人大小一样，五官镂空精确；太阳神鸟金箔，环璧中央镂空十二芒纹，璧面刻绘四只围绕太阳飞翔的神鸟，将四川镂空技艺源头追溯到商周之际。汉唐时期妇女使用金银箔剪成方胜贴在鬓角，已具剪纸艺术雏形。杜甫诗中"暖汤濯我足，剪纸招我魂"，可确认唐代已有剪纸艺术。有学者考证剪纸的使用，与道家祭祀招魂有关，也应在四川地区。民国时期，四川地区的武胜剪纸、自贡剪纸、涪陵剪纸、平武剪纸等发展成熟，成为人民喜爱的地方民间艺术。抗日战争爆发以后，河北民间艺人康文清因避战乱回家乡武胜居住，将北方剪纸艺术带回家乡，后将南北剪纸风格融为一体，注入新的活力。康氏以剪纸为生计，创造了许多新刀法，如空心冲等，创作题材丰富，形象生动，作品如《八仙》《麻姑献寿》等，深受百姓欢迎。

民国时期，四川其他类型民俗艺术如"竹编艺术""扎染艺术"等也具有浓郁的地方特色，成为当地或边缘地区大众艺术。

六、电影艺术

（一）四川地区电影艺术的出现与发展逸事

电影艺术是中国近代艺术史上诞生的一种新的艺术形式[①]，它的发端与时代、社会、科学技术、商业的需求联系在一起。1895年，电影在法国巴黎诞生，1896年电影传入中国，首先在中国的商业发达城市上海上映，时称"西

---

① 周星：《中国电影艺术史》，北京大学出版社2005年版。

洋影戏"，最初在茶楼放映。1908年，西班牙商人雷玛斯在上海建成中国第一座电影院，即虹口大戏院，随后外国商人在上海相继建立了一批电影院，多称"影戏院"。电影输入中国，从一开始就显现出两个特征：一是以商业和娱乐为目的；二是与中国传统观戏相联系。1905年中国第一部电影在北京诞生，拍摄的电影是京剧传统剧目，谭鑫培主演的《定军山》片段。而后，新型的电影迅速在各城市兴起。据郑光路发表在2007年《城市期刊》之文记录[①]：1904年12月9日，成都人首次看到来自大洋彼岸美国的"布单洋戏"，时称"电光戏"。成都新街后巷子25号华昌公司（现春熙路三益公背面）是有据可考的第一家电影院。1909年5月，四川留日学生陈果在玉带桥街开了一家放映馆，放映《日俄对马岛海面大战》《西洋鸡蛋之变化》等片。20世纪20年代的电影以默片为主要形式，俗称"哑片"，配中文字幕对白。四川放映配字幕，好用俏皮的四川方言，如："啥子名堂？""乔治惹毛了！"观众边看边读，哄堂大笑。

20世纪30年代以后，中国电影艺术的发展出现第一次高潮，完成了无声片向有声片的过渡，除上海、北京外，各地也相继成立了一些电影公司，拍摄了一批反映日本侵华之后，人民要求抗敌救国的现实题材影片。在左翼运动影响下，1932年在上海成立了以中国共产党地下党员夏衍等为核心力量的"中国电影文化协会"，第二年在中国共产党内成立了电影小组，中国电影界第一代电影人，如田汉、洪深、郑正秋、史东山等，都成为"中国电影文化协会"的主要成员，电影制作进入快速发展阶段，现实主义创作成为主流。1934年成都成立大同影片公司，并于次年即1935年，拍摄了四川有史以来第一部"土产"故事片《峨眉山下》。编剧田汉，导演万籁天，四川黄今、黄候、黄美三姐妹集资、监制并担任主角。电影描写了退役军人不愿参加军阀混战，在乡村搞"生产救国"后梦想破灭的故事，影片中夹杂着四川方言山歌，突出了地方特色，一度轰动国内。上海百代公司唱片厂录制了由黄家三姐妹演唱的唱片。

抗日战争爆发后，中国第一批电影公司如明星影片公司（1922～1937）、联华影片公司（1929～1937）、天一影片公司（1925～1937）、艺华影业公司（1932～1941）等，先后被炸毁，或因资金不足、市场萧条而停业。一些优秀演员相继来到抗战大后方的重庆和成都。如当时的联华影片公司老板夏云瑚，发起

---

① 周星：《中国电影艺术史》，北京大学出版社2005年版。

成立了"影人剧团",自己出资,号召演员们"我们到四川去宣传抗战",率全团共三十六人由南京至武汉、重庆,1937年10月15日到达重庆昌平街。其中有中国第一批著名女演员十二人结义为十二姐妹,"大姐"吴茵二十九岁,白杨是"九妹"。影人剧团到达重庆后的第四天(19日)即在国泰大剧院演出话剧《保卫卢沟桥》《沈阳之夜》等新剧,并当场由演员签名,一次捐法币一元,为抗战募捐。当年11月,影人剧团来到成都,在总府路口当时最豪华的智育电影院献演《卢沟桥之战》《流民三千万》等四个抗日话剧,盛况空前。尤其是白杨,红透了蓉城半边天。《新新新闻》等报纸天天刊登煽情文字:"她表演的抗战女性,是高洁、神圣的化身!"之后,一天晚上演出《流民三千万》时意外出现骚乱,骚乱后,成都警备司令部司令严啸虎命令停演,并限剧团五日内出境——这就是轰动一时的"成都影人剧团事件"。后经爱国人士车耀先、熊子骏等人与严斡旋,剧团改名为"成都剧社",被准许继续演出。

(二)抗战时期四川电影的重要地位

抗日战争时期,四川成为中国电影业的中心。抗日战争全民族抗战的十四年,中国电影以国统区电影为主,主要电影制片机构有中国电影制片厂、中央电影摄影场和西北影业公司,战争爆发后,先后随国民政府迁到武汉和重庆。

中国电影制片厂(简称"中制"),原为国民政府政训处汉口摄影厂,后属政治部三厅领导,由黄埔军校毕业的四川省自贡人郑用之任厂长。郑用之礼聘他的同乡、老学长阳翰笙任副厂长级的编导委员会主任委员。1938年9月,"中制"厂从汉口搬到重庆近郊纯阳洞山顶,在重庆期间成为国统区最大的制片基地,在重庆拍摄了八部故事片:《保家乡》《好丈夫》《东亚之光》《胜利进行曲》《火的洗礼》《青年中国》《塞上风云》《日本间谍》以及大型纪录片《民族万岁》等。

中央电影摄影场(简称"中电"),是由国民党中央宣传委员会领导的官方性质与党化色彩的机构,由国民党中央宣传委员会文艺科电影股扩建而成,1938年初迁到重庆,在重庆南岸玄坛庙租赁三才生煤矿黄老板的别墅作厂址。"中电"拥有赵丹、白杨、魏鹤龄、王人美、胡蝶、吴茵等中国大明星和剧作家。先后拍摄了一批反映抗战斗争的纪录片,如《卢沟桥事变》(上海)、《克复台儿庄》(武汉)、《抗战建国一周年》(重庆)、《重庆的防空》(重庆)等。在重庆期间,"中电"开始故事片创作,拍摄了《孤城喋血》《中华儿女》《长空万里》等。

西北影业公司，1935年由阎锡山投资创办，拍摄了一些反映现实的故事片和纪录片。抗战爆发后，迁到成都，在成都灯笼街先后完成了《华北是我们的》等抗战纪录片和故事片《风雪太行山》。《在太行山上》由冼星海作曲，随着影片流行全国，成为风靡海内外的著名抗日歌曲。拍摄中虽然经费紧张、胶片短缺、空袭频繁、生活困难，但没有动摇影人们的拍摄决心，他们提出的口号是："一寸胶片，一发炮弹！"

抗战期间，四川新建了许多电影院，据郑光路文揭示，单在成都，就有智育、大光明、昌宜、蓉光、中央、大华、蜀一、国民等电影院。当时的"中制""中电"制片厂都有流动放映队，几乎跑遍了前线各战区和后方城镇。据统计，仅在偏僻的西昌、西康地区，就放映了85次，观众达21435人次[①]。

综上可以看出，抗战期间四川成为中国三大电影拍摄基地，放映抗日战争的电影，令无数中国人热血沸腾、同仇敌忾，极大鼓舞了民众的抗战热情。电影成为抗日救国最重要的宣传动员艺术形式，也成为中国近代史上引进西方艺术品种、运用新型艺术形式、表现中国现实题材、宣传动员人民参加抗日的有力武器。艺术与政治的结合，开创历史之最。

第二节　新中国时期巴蜀艺术传薪火走新路

一、新中国时期巴蜀艺术的总特征

1949年中华人民共和国成立后，中国艺术的发展走向一个新的历史阶段。依照当代中国艺术史研究的一般通例，划分为四个历史阶段：第一阶段，1949~1966年，即中华人民共和国成立后的17年（简称前17年）；第二阶段，1966~1976年，"文化大革命"时期（简称"文革"10年）；第三阶段，1978~1989年，改革开放以后文艺发展的新时期（简称新时期）；第四阶段，1990年以后，多元文化艺术发展时期（简称多元化时期）。

新中国成立以后巴蜀艺术的发展，在党的领导下，贯彻党的文艺方针政策，进入繁荣发展时期，具有鲜明地方特色的传统艺术在改造中获得新生并发扬光大，新的艺术内容和形式不断创新，进入新的发展时期。

---

① 郑光路：《中国抗战电影的大后方——四川》，《城市期刊》2007年第3期。

前17年，巴蜀艺术发展执行党的文艺方针政策，从体制上将文艺表演团体纳入国家事业管理，艺术表演团体成为从事艺术事业的主体，巴蜀艺术快速发展，迎来了第一个发展高潮。

"文化大革命"期间，巴蜀艺术发展基本处于停滞状态，一些老艺术家遭到迫害，传统文化被全面否定，仅有几个样板戏上演。在此期间，四川省文化局开办了"五七艺术学校"，培养了一些年轻专业演员，成为后期艺术骨干。

新时期巴蜀艺术发展从恢复到全面繁荣，经历了两个阶段。1982年，在邓小平等中央领导支持下，四川省率先提出"振兴川剧"并制定政策，拉开了恢复传统优秀剧目和新创剧目演出的又一次大幕。在党的改革开放总方针及各项文艺方针政策指导下，川剧艺术的示范效用，带动曲艺、音乐、舞蹈、美术、电影电视等各类艺术全面繁荣发展，创造了新中国成立以来巴蜀艺术发展的第二次高潮。

进入20世纪90年代以后，随着社会主义市场经济理论的提出和社会主义市场经济的发展，文化体制改革不断深化，艺术表演事业从单纯的计划性演出到面向市场、面向大众，进行了多项改革，艺术发展呈现出多元化趋势。四川电影发行放映体制改革，从20世纪80年代末期开始，不断创新，不断深化，走在全国前列，首先实行了院线制并建立了文化有限公司，迈出文化产业发展的第一步，为文化体制改革和文化产业发展提供了改革经验。

21世纪，随着我国经济的高速发展和人民生活水平的大幅度提高，艺术发展呈现出两种态势：一是继承发扬优秀文化传统，打造经典艺术；二是发挥艺术的娱乐功能，不断满足人民群众日益增长的文化艺术消费需求，由艺术市场调节艺术生产。随着国际文化交流的开展，国家启动文化遗产保护和非物质文化遗产的保护工程，巴蜀艺术资源再次被发掘和整合，成为全国非物质文化遗产保护和展演中心，一批具有悠久历史和独特风格的巴蜀艺术如古琴艺术、川剧艺术等，展现出新的发展前景。

二、新中国成立后巴蜀艺术的创新性改革与发展

中华人民共和国成立后的17年，巴蜀艺术在中国共产党的文艺方针指引下和各级党政文化部门的领导下，在改制育人、改旧创新、繁荣演出、收集整理传统剧目、加强理论研究等各个方面都迈出新步伐，取得了显著成就。四川的美术创作、电影艺术快速发展，出现了前所未有的繁荣局面。

（一）新中国成立初期党的文艺方针政策在四川艺术界的贯彻落实

1949年7月2日，中华人民共和国成立前夕，中华全国文学艺术工作者第一次代表大会召开。这次大会总结了我国新民主主义革命文化运动以来，特别是毛泽东主席《在延安文艺座谈会上的讲话》发表以来文艺工作的经验，确定了新形势下文艺工作的方针和任务，指明了文艺工作者前进的方向。为了加强全国文艺工作者的团结，充分发挥文艺工作者的力量建设新中国，会议成立了全国第一个文学艺术界组——中华全国文学艺术工作者联合会全国委员会。随后分别建立了美术、舞蹈、曲艺、文学、音乐、戏剧、电影等专业文艺工作者协会。毛泽东、朱德、周恩来等党和国家领导人参加会议并做重要讲话。中共中央给大会的致电中明确指出："在革命胜利以后，我们的任务主要的就是发展生产和发展文化教育，人民革命的胜利和人民政权的建立，给人民的文化教育和文学艺术开辟了发展的道路。"①正像毛泽东主席在会议开幕致辞中所指出的："随着经济建设的高潮的到来，不可避免地将要出现一个文化建设的高潮。"②全国艺术工作者在用文学艺术为人民服务，在启发人民的政治觉悟、鼓励人民的劳动热情、奖励优秀的文学艺术作品、发展人民的戏剧电影事业等文艺工作政策指引下，文艺创作、文艺演出大为普及和提高并在全国范围内得到开展，中国艺术事业发展进入一个崭新阶段。

1949年12月，四川大部分地区解放。为解决各地艺人的生活困难，将艺人们组织起来，各级政府为艺人们发衣物、发救济款，修建演出场所，同时加强对他们的思想政治教育，组织他们参加政治运动，如成都市先后组织200多名艺人参加土改运动，使艺人们受到深刻的阶级教育和爱国教育，提高了艺人们的思想觉悟，涌现出一些艺术骨干，他们中多数人成为新中国成立后第一批著名艺术家。中国人民解放军重庆军事管制委员会文管会多次召开和组织西南戏曲曲艺界工作学习会，传达党的文艺方针政策，讨论部署当前的文化工作任务。

1950年11月，文化部召开全国戏剧工作会议，贯彻中国共产党对戏曲工作的方针政策。1951年5月5日，中央人民政府政务院颁布了《关于改革戏曲工作的指示》（文艺界简称为"戏改"或"五·五指示"），核心内容是"改戏、

---

① 中共中央文献研究室编撰，逄先知主编：《毛泽东年谱（1893—1949）》下卷，人民出版社、中央文献出版社1993年版，第525页。
② 《毛泽东著作选读》下卷，中央文献出版社1986年版，第692页。

改人、改制"三项改革。同年12月,西南军政委员会在重庆召开第一次戏曲工作会议,川东、川南、川西、川北四个行署及西康省、云南省、贵州省艺术界代表600余人参加。会议确定了西南地区戏改工作以川剧、滇剧、花灯戏和兄弟民族曲艺改革为重点。川剧改革以成都、重庆为重点,采取依靠艺人、普遍发掘、全面记录、分批整理、结合演出、重点加工的戏改方针,同时选择群众喜爱、流行广泛的剧目、曲目,由专业编导人员与艺人们同审、同改、同编,推出了一批新成果。

在"戏改"工作中,大批干部和新的文艺工作者来到剧团,与艺人们一起学习、生活,提高了艺人们的思想觉悟,使这些在旧社会生活在社会最底层,被鄙视为"戏子""下九流"的艺人,第一次有了做"主人翁"的自信心,成了为人民服务的文艺工作者,焕发了艺术的青春。在戏改工作中,周慕莲、陈书舫等一批艺人加入了中国共产党。

在各地党和政府的领导下,四川艺术界戏曲曲艺协会相继成立。1950年2月重庆戏剧曲艺界700余人,在重庆成立了新中国四川省第一个艺术工作者团体"中华全国戏曲曲艺改进会重庆分会筹备组",选举了23人为筹委。1951年4月,"中华全国戏曲曲艺改进会重庆分会""成都戏剧曲艺改进委员会"正式成立,各地区也相继成立分会,如"南充市曲艺工作者协进会""德阳县曲艺家协会"等,成为领导各地艺人开展学习和演出活动的组织者。组织起来的各地艺人,积极贯彻党的文艺政策,以全新的面貌,开展各种演出活动。如配合清匪反霸、土地改革等运动,各地移植演出了《白毛女》《血泪仇》《小二黑结婚》等革命老区剧目,艺术舞台上出现了新的面貌。

1951年四川的第一个由政府组办的国营性质的剧团——重庆市实验川剧团成立。之后,四川省川剧团、成都市川剧团相继成立。1952年成立重庆市曲艺组,1953年5月西南川剧院、西南人民广播电台成立曲艺组,后发展为四川省曲艺团,各地也相继成立了川剧、曲艺以及其他剧种如京剧、评剧、歌舞、杂技等专业艺术表演团体,四川省拥有了第一批国营性质的剧团。1956年,各级政府对民间职业剧团实行改革,改制为国营性质或集体所有制性质的职业剧团,经过全面改制后的剧团实行了新的管理制度和劳动关系,创作演出也建立起新的制度,如设立专业编导组、演出组,建立日常排练制度以及演出制度等。

1956年以后,党的"百花齐放、百家争鸣""深化改革,推陈出新"等文艺政策在四川省贯彻执行,促进了文艺创作演出事业的繁荣。1958年四川省举办了第一届曲艺调演，下发了《关于加强我省曲艺工作的意见》，进一步明确了曲艺工作的方针、任务，提出了加强文艺队伍建设、大力创作现代曲目，整理保存传统曲目，广泛开展群众活动等政策措施，指导四川曲艺和其他艺术事业健康发展。

1962年，文化部下发《关于加强戏曲曲艺传统剧目的挖掘整理工作》的通知，四川省认真贯彻执行，组织专业人员收集整理，保留了大批优秀剧目。

（二）创作演出的繁荣发展

新中国成立后的前17年，巴蜀艺术创作演出活跃在戏剧、曲艺、音乐、舞蹈、杂技等各个专业，民间演出也长足发展。

1. 戏剧

新中国成立初期，戏剧"三改"工作的直接成果体现在创作演出舞台上。1951年12月，西南军政委员会在重庆召开西南区第一次戏曲工作会议期间，举办了西南区第一次戏曲观摩演出，会后演员们联合举办义演三天，为抗美援朝捐赠"鲁迅"号飞机。演出剧目以新编历史剧和改编传统剧目为主，如新编剧目《夫妻赶场》《红牡丹》，改编剧目《柴市节》《反徐州》等。1952年四川省戏剧研究室成立后，按照戏剧改革要求，对传统剧目进行了一次系统的收集整理。用三年时间，收集整理川剧传统剧目3109本，完成了川剧舞台上经常演的"高腔四大本""弹戏四大本""五袍、四柱、江湖十八本"及"列国戏""三国戏""聊斋戏"等传统剧目的清理校正工作，并创作演出了一批新剧目。1952年10～11月，文化部在北京举办第一届全国戏曲观摩演出大会。川剧演出三场，《柳荫记》获剧本奖，《秋江》《评雪辨踪》获演出二等奖，陈书舫、周企何和吴晓雷、周裕祥、袁玉堃、许倩云、曾荣华、阳友鹤、刘成基分别获得演员一、二等奖。周恩来总理等观看演出，表扬川剧剧目改编演出都很好，有生活气息，地方色彩浓郁。会演之后，以参加演出的成渝地区演员为基础，于1953年5月成立了西南川剧院，推进了传统剧目改革的深入和戏曲音乐的改革，又整理演出了《玉簪记》《彩楼记》等保留剧目。带着这批剧目，西南川剧院参加了第三期赴朝慰问团演出。

1954年北京电影制片厂拍摄了《川剧集锦》，收录川剧优秀剧目《秋江》《评雪辨踪》《五台会兄》，在全国放映。

为了更好地贯彻党的"百花齐放，推陈出新"文艺方针，1955年，四川省川剧剧目鉴定委员会成立，在成都、重庆分设办公室，制订工作计划，全面进行川剧剧目的发掘、整理和鉴定，文化部和全国文联派出由赵树理、赵慧生等专家组成的代表团赴川指导。全省川剧界深入开展此项工作，至1957年，鉴定传统剧目367个，由鉴定委员会编印《川剧鉴定演出剧本选》11集，收录剧目69个，保留了珍贵的川剧遗产。大规模的川剧鉴定工作促进了川剧事业的发展，整理新创大批历史故事剧和现代戏，如《红梅阁》《绣襦记》《白蛇传》《杜十娘》《孔雀胆》《江姐》《望娘滩》《金沙江畔》《激浪丹心》等；涌现了一批从事川剧专业创作的剧作家，如刘怀绪、席明真、李明璋、赵循伯、何序、徐文耀、吴伯奇等。

川剧表演已成为四川省艺术表演事业中最主要的剧种。川剧各种表演团体由新中国成立初期的66个，至1959年达到135个；从业人员由新中国成立初期的6801人，至1957年增加到10219人。1959年以中国川剧团名义，川剧出访东欧四国，演出剧目十余台，《焚香记》《水漫金山》《柜中缘》等受到热烈欢迎，被观众誉为"千年文化的花朵"。出国前，周恩来总理、朱德总司令和陈毅副总理，几乎参与了总体策划、选剧目和演员、改进帮腔和服饰的整个过程。周总理甚至亲自修改剧本。中央领导同志对川剧的关心和支持以及川剧演出第一次走向世界，都标志着新中国成立以后川剧事业已成为国家大剧种之一。新中国成立十周年时，四川省青年川剧团赴京演出，轰动北京，再次受到周恩来总理的表扬，并要求其他剧种创作要向川剧学习。川剧表演艺术活跃在四川全省各地，成为人民喜爱的剧种，并多次巡演全国各地。

川剧改革不断深入，在川剧声腔改革、舞台表演改革等方面，取得重要成果。如1954年，重庆、成都川剧界分别以折子戏《双拜月》《访友》为对象，成功进行了高腔加伴奏的实验。重新设计、谱腔，伴奏以民乐为主，辅以大提琴、黑管等西洋乐器，组成混合型小乐队，不断实验、改进、提高，取得可喜成果，使用在《江姐》等现代戏表演中，得到观众认可。演员们在传统表演基础上，大胆革新，对步法、指法、眼法、身法、水发功、水袖功、扇子功、褶子功等表演技巧深入整理研究，吸收芭蕾舞的脚尖舞、托举等动作，增强了川剧表演的魅力。

川剧改革还培养出一大批优秀川剧演员。如张德成、阳友鹤、周慕莲、刘成基、贾培之、周企何、陈书舫、袁玉堃、曾荣华、竞华、许倩云等；曲艺界的贾树三、邹忠新、李德才、李月秋等。川剧理论研究也走在全国前列，1980年《四川戏剧》创刊，其他刊物还有《戏曲通讯》《川剧艺术研究》等。

新中国成立后的前17年,四川本土培育的其他剧种也快速发展,四川灯戏、四川傩戏、四川曲剧,以及藏戏、土戏等少数民族戏剧,都得到新生。四川灯戏是具有浓郁地方特色的剧种,20世纪60年代先后成立渡口(今攀枝花)民族花灯剧团、南充灯戏剧团、秀山花灯歌舞剧团,通过改旧创新、舞台演出、业余会演等方式,保留了许多优秀剧目,得到观众喜爱。1962年,大型灯戏《乔太守乱点鸳鸯谱》拍摄成电影,在全国放映。四川曲剧在20世纪50年代恢复的剧团已有40多个,清音剧、扬琴剧《梁山伯与祝英台》《三凤求凰》等借鉴其他戏种表演手段创作演出的大剧很受欢迎,还有花鼓音乐创演了《金三娃结婚》《哥哥当红军》等新戏。

明清移民和抗战前后传入四川的外省剧种,如京剧、汉剧、评剧、豫剧、越剧等继续活跃在四川戏台。新中国成立以来,京剧艺术是在四川舞台上最活跃的演出剧种之一。1950年,进驻重庆市的中国人民解放军晋绥军区政治部战斗剧社改编为"西南军区政治部京剧院",成为四川省的主要表演团体之一,戏剧改革期间,又相继成立了一些国营或民营性质的京剧表演团体。许多著名京剧艺术家来川演出,如俞振飞、周信芳、尚小云、程砚秋、荀慧生、张君秋、孙盛辅、厉慧良、王少泉、潘鼎新、段丽君等京剧艺术家,以精湛的表演技巧和唱腔赢得四川人民的厚爱,也在全国京剧界得到赞誉。老一代京剧艺术家言传身教,培养了一大批青年京剧表演艺术人才,改编演出了许多脍炙人口的传统剧目,如1955年举办四川省青少年演员会演,丁治国(《火焰山》饰孙悟空)、刘福薇(《武松打店》饰孙二娘)、郭少良(《钓金龟》饰康氏)获得一等奖。1956年重庆市举办第一届戏曲会演,沈福存、朱福侠、刘福薇、祝福莲等获表演奖。1960年成都京剧团青少年演员在北京巡回演出,在怀仁堂演出《杨八姐盗刀》,受到中央领导李先念、罗瑞卿、宋任穷等接见并合影留念。除传统京剧演出外,还创作了一批新剧目如《墨子》、连台戏《杨家将》《春香传》等新编历史剧,《方志敏》《嘉陵怒涛》等现代戏。京剧团艺术家们还参加了赴朝慰问团演出,慰问修筑成渝、成昆铁路工人演出和各种军民联欢演出。

新中国时期,四川少数民族戏剧在改革中发展,成为各民族人民最喜爱的艺术形式。1953年西康省甘孜县举办了第一届民族文艺体育大会,甘孜等地的藏戏参加了演出。每年传统节日,各少数民族地区都要举办丰富多彩的表演。甘孜藏族自治州、阿坝藏族羌族自治州成立了许多寺庙或民间藏戏团,如1952

年甘孜惠远寺活佛绕吉洛桑和度呷寺活佛克珠共建藏戏剧团，创作演出了《文成公主》《智美更登》等，每年藏历初三至初五连续演出三天。德格藏戏在每年藏历七月初一、初二，演出传统剧目《格桑法王》《狮王的故事》等。安多藏戏在四川阿坝、甘孜安多方言区流行，常演剧目如《卓娃桑姆》《朗沙雯波》等。流布在嘉戎方言区的嘉戎藏戏《吉祥颂》等，也在当地保留演出。

总之，新中国成立后的17年，是四川戏剧繁荣发展的历史阶段，也是四川戏剧创作演出的黄金时段。川剧的发展承前启后，成为中华戏剧苑中一大剧种；以藏戏为代表的少数民族剧种，得到党和人民政府的支持，焕发了新的活力；外来剧种的发展，融入四川人民生活。四川戏曲成为四川艺术表演舞台上最活跃的剧种。

2. 曲艺

四川曲艺是川剧的姊妹艺术，新中国成立十七年来，四川曲艺发展取得显著成就。新中国成立初期，四川曲艺界在参加戏曲改革运动中，收集整理传统曲目和新编曲目都得到前所未有的发展，仅用两年时间创编新曲目260个，搬上舞台演出120个，反映土改运动和革命斗争故事的《血泪仇》《新儿女英雄传》《刘胡兰》《丁佑君》等，新编历史剧《水浒》等连本曲目在全省各地曲艺书场演出，成为人民最喜爱的曲目之一。1951年在重庆举办的西南区第一次戏曲观摩演出和1952年文化部在北京举办的第一届全国戏曲调演观摩演出大会，四川曲艺队民间曲种如四川清音、四川扬琴、四川竹琴、四川金钱板、荷叶等九个曲种被选派参加会演并获奖。抗美援朝期间，四川曲艺界李德才（四川扬琴）、邹忠新（四川金钱板）、肖湘泉（四川竹琴）、张志凤（四川花鼓）、黄德君（四川清音）、王永梭（谐剧）、曾子鉴等17位演员参加了第一期、第二期赴朝慰问团演出，李德才荣获三等功。1953年四川省举办第一届民间艺术观摩演出，四川花鼓《小丈夫》《金梅开花》、四川竹琴《黑虎缘》、四川金钱板《农民翻身》、荷叶《刘堪开殿》、盘子《九连环》、四川评书《李太白赶考》等20余个曲目参加演出。1957年莫斯科举行的第六届世界青年学生联欢节，四川曲艺第一次参加国际交流，李月秋、熊青云演出的四川清音《小放风筝》《青杠叶》《忆我郎》等曲目，获得金质奖章。

1958年四川省文化局在成都举办四川省第一届曲艺会演，参演人员160余人，演出节目130余个，评选荣誉奖1人，表演奖14人，创作奖12人。其中李德才获表演最高奖荣誉奖（四川扬琴），何克纯获表演一等奖（荷叶），肖顺瑜

（四川清音《昭君出塞》）、江爱华、徐述（四川扬琴《考红》）分别获得表演二等奖，四川清音《穷山变成富山洼》、四川评书《十元钱》等十名演员获表演三等奖。这次会演是新中国成立以来曲艺事业发展的一次大检阅，是中国共产党文艺方针政策在四川艺术界贯彻落实的成果。参加会演的16个曲种，上百个曲目异彩纷呈，既保存了优秀传统曲目，又创作了一批新曲目，通过演出培养了曲艺表演人才，促进了曲艺队伍的健康发展。同年8月，文化部在北京举办全国第一届曲艺会演，四川选出13个节目组成四川曲艺代表队参加，李德才表演的四川扬琴《船会》获最高荣誉奖，演出轰动京城曲坛。四川曲艺各艺术表演团体坚持为工农兵服务，组成各种"乌兰牧骑演出队"，把优秀的曲目送到城镇乡村、边防哨卡，活跃在人民中间。

17年来，四川曲艺本体艺术的改革，不断摸索，不断创新，特别是四川曲艺中以唱为主的曲种四川清音、四川扬琴、四川竹琴、四川金钱板等曲种唱腔与川剧唱腔互相借鉴、逐渐融合，更加突出了地方色彩，增加了民族小乐队伴奏；除独唱、领唱外，增加齐唱、合唱、对唱等演唱形式；一些曲种由座唱改为边奏边唱，更加活泼。一些新的曲种在改革中诞生，如四川的车灯，在传统民间表演车灯基础上，经过重庆市曲艺队唐心林等艺人精心改革，成为新的曲种和各剧团保留曲目。四川扬琴也打破演出惯例，增加了女演员。

1962年按照文化部挖掘整理传统戏曲曲艺传统的精神，四川省组织专业人员对四川曲艺曲目进行了一次有计划、大规模的全面整理。发掘整理改编传统曲目上千个，保留了一批优秀曲目，如四川清音《尼姑下山》《思凡》《小放风筝》，四川扬琴《琵琶记》《白蛇传》《清风亭》，四川竹琴《白帝托孤》《十娘投江》等多段唱本；四川评书《三国》《说唐》《水浒》等连本书目；四川金钱板《岳飞传》《武松传》；荷叶《武松打虎》《武松打店》；四川花鼓《山伯访友》《闹五更》等。

表现时代精神，贴近生活现实，歌颂社会主义建设新人新事，成为创作主题。一批具有鲜明时代特色、典型人物形象和强烈情感色彩的新曲目，繁荣演出舞台，受到人民欢迎。如四川清音《布谷鸟儿咕咕叫》《江姐上华蓥》《积肥谣》《小会计》，四川扬琴《绣红旗》《激浪丹心》《怒写自白书》，四川金钱板、荷叶曲目《断头山》《双枪老太婆》，盘子《看女儿》等；四川评书曲目根据长篇小说改编的连本书目《红岩》、根据电影改编的《红日》《野火春风斗古城》等。其中一些优秀曲目由中国唱片公司制作成唱片，全国发行，影响很大。如李月秋演唱的《小放风筝》、萧顺玉演唱的《昭君出塞》、林幼陶演唱的《积肥谣》、程永玲演唱的《小会计》等。四川广播电台录制播放近千个新曲目，受到观众好评。

整理曲目和理论研究也开展起来，内部印行或出版发行，如胡度《四川清音》（1953年）、《四川竹琴》（1954年）、《清音词曲选》（1957年北京作家出版社出版），不仅考证了四川清音、四川竹琴的起源、曲牌、曲目，还整理收录了优秀曲目。四川音乐学院、四川群众艺术馆、成都市文化局也编印了《四川清音传统曲目选》《四川扬琴唱腔选集》等，保存了四川曲艺研究的珍贵资料。

为了更好地培养青少年演员，各地各级文艺单位，相继开设多种形式培训班。如1954年重庆市劳动人民文化宫开办工人曲艺学习班；1955年四川省艺术干部学校成立，内设曲艺培训班；1956年四川人民广播电台开办曲艺班，选送部分学员到北京学习。1958年成都戏曲学校组建曲艺组，李月秋、盖兰芳还受聘到四川音乐学院教授四川清音和京韵大鼓等，培养了一批有知识、有文化的专业青年演员，极大地促进了四川曲艺的发展。

总体上看，新中国成立十七年来，四川曲艺的发展也步入黄金时段，成为最受人民欢迎的剧种之一。四川曲艺的发展也迈入全国前列，对周边省市曲艺发展产生了积极影响。

3. 音乐舞蹈

新中国成立以后，四川音乐舞蹈艺术第一次成为专业艺术表演舞台上一支劲旅，展示了强烈的地方色彩。

（1）丰富多彩的四川民歌

新中国成立以后，广大文艺工作者认真学习毛泽东主席《在延安文艺座谈会上的讲话》精神，收集整理流传在四川各地的民间歌曲，民歌演唱活动在各地蓬勃开展。1951年，由中国人民解放军战斗文工团采集编辑，西南军区政治部刊印的《西南民歌（康藏之部）》首次发行；之后，由四川省文艺家联合会创作辅导部刊印发行了《四川民歌》。1955年重庆人民出版社、上海文化出版社相继正式出版了两部《四川民歌选》，四川民歌收集出版工作走在全国之先。1958年3月，毛泽东主席在视察成都时提出"向民歌学习。在民歌和古典诗词的基础上发展中国新诗"的号召，拉开了新中国成立以后第一次大规模的民间歌舞采风活动，四川再次成为唱响中国民歌的先行地区。全省掀起收集整理以及演唱民歌的热潮，各地、市、州、县采集的新民歌歌集连续出版，对全国文艺建设产生重要影响。1958年，各地党委宣传部门采集、编辑了一批地方民歌，由四川人民出版社正式出版，如《成都民歌选》（第一辑）、《泸州民歌》《洪雅民歌》《四川藏族新民歌选》《四川老革命根据地歌谣选》等。1959年四川省委宣传部选编了《四川民歌》，由四川人民出版社出版，1960年再版，《大凉山彝族民歌选》也于同年出版。为了总结中国民歌发展道路，中国作家出版社编辑出版了《中国诗歌发展道路》一、二集，收录了以四川作家为主撰写的论文。

四川是农业大省，也是多民族人口聚居的人口大省，自古以来劳动人民在生产、生活中，创造了丰富多彩的歌谣、民歌，按内容题材分类主要有：

劳动歌曲 四川人民在劳动中创造了丰富的歌曲，如薅秧歌、川江号子、抬工号子、牧歌、渔歌、采茶歌、夯歌、织布歌、养蚕歌等，各行各业的劳动都成为人民歌唱的内容，其中最有特色的是"薅秧歌"和"川江号子"。

薅秧歌 流布在四川广阔的农作区，农民们边劳动，边伴随着有节奏的锣鼓声，唱着热情的薅秧歌，一幅农田劳作的美丽画面点染着四川大地，代代相传。歌曲的内容取材于生产经验，连篇歌唱，激励着人们的劳动热情，传输着劳动知识，也颂扬着祖先的功德。

川江号子 号子，是劳动人民创造的一种节奏明快的歌曲形式。川江号子是位于长江流域的船工们拉纤时唱的歌曲。四川江河纵横，急流湍阻，船工们唱着高昂激荡的歌声，与涛声竞飞，与纤绳共进。号子的唱词多以码头和航运技能、知识和经验为题材，也表达船工们的勇敢、团结、大无畏的自豪感，有的号子也讲述历史故事、抒发爱的情怀。川江号子以豪迈雄壮为主要风格，一人唱，众人和，承传了我国先秦时期"一唱三叹"的讴歌曲式。著名的唱段数百上千，如《数码头》《说重庆》。

抬工号子 蜀道之难，难于上青天，四川山径陡峭，栈道连绵，旧时交通工具主要用轿子、滑竿，抬工前后两人（或四人），前后呼应，创作了抬工号子这种特殊的劳动歌曲。前面的抬工唱一句，后面的人和一句，随路况即兴编词对答，险路重叠，词曲不穷，坚忍强悍，幽默风趣。众人抬石等强劳动，则一人领唱，众人和声，雄浑豪迈，气壮山河。

时代歌曲 新中国成立后，四川人民创作了许多歌颂党、歌颂领袖、歌颂革命的时代歌曲，反映了人民翻身解放的喜悦心情和对党对领袖的感恩之情，如

《走遍天下党最亲》《中国出了个毛泽东》等。长征时期、抗战时期流行的革命歌曲，也是人民喜闻乐见的歌曲，如《送郎当红军》《土地歌》等。

仪式歌曲 仪式歌曲是长期流传在民间民族宗教活动和民俗活动中的歌曲。在党的民族政策指导下，一些原有仪式歌曲依然流行，一批新创歌词的新仪式歌产生了，还有一些改革演变成为民间歌舞或儿童歌舞。四川的仪式歌曲主要有保留在民俗活动中的礼俗歌曲，如婚嫁、丧葬、庆寿、生育、建房、迁居等。汉族婚礼歌曲多数延续唐宋以来六种礼仪：纳采（通婚）、问名（开庚辰八字）、纳吉（订婚）、纳证（送聘礼）、请期（订婚期）、亲迎（迎亲），各地不同，可增可减，仪式上所唱歌曲也以地方流行民歌曲调为主。

少数民族宗教仪式歌曲更为规范，通常与舞蹈合为一体。如藏族寺庙乐舞"羌姆"，来源于藏族早期苯波教的祭祀乐舞，由各地寺庙在寺庙内或寺庙广场举行，时间、地点均由各寺庙确定，约定俗成，乐舞活动则按照严格的宗教仪式进行。各少数民族的婚嫁、丧葬等仪式也有严格的程序，配以不同的乐舞活动。

四川情歌 情歌是四川民歌中的主要种类之一，情歌内容表达丰富，不论是谈情说爱还是生死离别，都可用情歌表述。四川情歌的表现手法，承继我国诗歌比兴传统，太阳月亮、青山绿水、花草鱼鸟都入歌词，比喻妥帖，情深意切，既有含蓄缠绵的婉约风格，又有率真拙朴的"麻辣"风格。

四川儿歌 四川民歌中保存了大量儿童歌曲，如表述传说时代故事的《康衢童谣》，追溯到帝尧时期的儿谣。四川儿歌种类齐全，如汉族童歌通常分类的绕口令、事理歌、游戏歌、顶针格歌、催眠歌、数字歌、自然事物歌、童趣歌、谜语歌等九类儿歌都在四川流行。儿歌语言简明生动、音韵多具地方色彩，分川东、川西、川南、川北四个大区。

四川民歌受各地方言和风俗影响，具有不同形式。汉族民歌歌词多用七言句式，五言和长短句也比较常用，韵律流畅，隔句压韵为主，四川官话与北方方言相同。民歌风格受地域自然环境影响非常明显，如川江号子，伴随着滚滚奔腾的急流；川北民歌，则与高山陡峭的山崖呼应。

四川民歌中还有反映社会各个层面的生活类歌曲、传颂历史故事的历史类歌曲等，不再一一列举。

（2）多姿多彩的民间舞蹈

新中国成立以后，四川舞蹈成为多种艺术形式中，最具魅力的一支。流布在四川各地的传统舞蹈,主要有节庆习俗类舞蹈和宗教祭祀类舞蹈。

节庆习俗活动中的舞蹈,是人民大众最为喜爱的舞蹈。汉族春节及各种节庆、节令期间都有丰富的乐舞活动,人们欢歌笑舞,自娱自乐。流布在四川汉族地区的花灯歌舞,最常见的是由彩灯、狮灯、龙灯、马灯、采茶、农作等各种歌舞形式组合的大型花灯,表演者可达数十人,边舞边组字。如流布在昌平县、营山县一带的《翻山铰子》,舞者双手执铰,各种高难舞铰子的动作随着韵律翻转,技艺精湛,是四川独有的舞蹈种类。小型龙灯,以地方特色为特点,如秀山花灯,多为两人表演,"幺妹子"和"花子"对歌对舞,轻盈活泼。古蔺花灯增加了"幺妹子"甩方巾,芦山花灯的胯部动作别具一格。

宗教祭祀舞蹈也是民间舞蹈中比较常见的一类。新中国成立以后,中国共产党民族政策在全国认真贯彻执行,佛教、道教以及各地民俗祭祀活动中的舞蹈活动保留下来,去其糟粕,增加了新的内容和形式。"破地狱"等道教舞蹈,也在特定的仪式中继续沿承至今。

四川舞蹈的风格多样,与其他省市汉族舞蹈比较,男子舞蹈步伐多用矮桩,稳健有力,风格诙谐、风趣;女子舞蹈动作灵巧、优美,落落大方,风格活泼俏丽。

(3)五彩缤纷的少数民族歌舞

四川是多民族大省,56个民族人口都见于四川,其中世居少数民族14个。少数民族有着悠久的历史文化,艺术种类繁多、特色鲜明、风格多样,新中国成立以后,党的民族政策和文艺方针在民族地区得到认真贯彻执行,促进了民族文化艺术的发展,少数民族艺术成为四川艺术发展史上一朵绚丽的鲜花。

彝族歌舞[①]　流布在彝族民间民俗中的传统舞蹈,时间最久远的是传统火把节时跳的"都火",表达了彝族先民对火的崇拜以及追求幸福生活的愿望。新中国成立后,经过不断地改进,"都火"的表演更加成熟,多用古朴单一的平步。婚礼仪式上的《喜希苏且》以双人舞为主,运用披肩舞动旋律,优美飘漫。《达踢》《谷追》等集体舞蹈用各种男女击掌、对膝、对跳等多种形式,随乐曲表达欢欣喜悦情绪。宗教祭祀性的舞蹈在宗教仪式中,按照严格的程序进行,并与巫术作法、杂技、武功等技巧性动作结合起来,充满神秘与威慑气

---

① 主要依据《中国民歌集成·四川卷》《中国民族民间舞蹈集成·四川卷》《中国民族民间器乐曲集成·四川卷》整理编撰。下同。

氛，如祭祀祖先的葬仪所用舞蹈有：迎宾舞《蝶堆兹》、敬酒歌舞《知孜苏旦》、悼念性的舞蹈《瓦孜黑》等，舞蹈舒缓，歌曲肃穆。征战演兵舞蹈，保留了中国远古时期的武舞形式，如"铁叉舞"。

藏族歌舞① 流布在四川地区的歌舞有锅庄，藏语称"卓"，通常在节庆或者民俗活动期间举行，众人圈舞，豪迈、明快、活泼的舞姿，表达了藏族人民对新生活的热爱。"弦子"，藏语称"谐"，康区藏族舞蹈，男女圈舞，轻盈闲雅、古朴端庄。新中国成立以后，巴塘弦子和格达弦子多次参加全国舞蹈调演获奖，成为中国少数民族舞蹈中的精品。热巴舞，传统鼓舞，主要流布在巴塘、乡城、得荣地区，借鉴米拉日巴道歌内容，融歌舞、说唱、杂技等为一体，主要用热巴鼓和盘铃伴奏，鼓点多样，舞步轻快。寺庙乐舞，藏语称"羌姆"，来源于藏族苯波教祭祀舞蹈，主要在四川涉藏地区各寺庙广场上举办，按照严格的宗教仪式进行。踢踏舞，20世纪40年代由西藏传播到四川藏区的一种舞蹈，节奏鲜明，踏点干净有力，舞姿舒展大方。以甘孜踢踏最具代表性，著名舞曲有《曲羌拉》《夏卓格桑》《堆拉》等。

羌族歌舞 羌族传统歌舞保存下来最著名的是《萨朗》，流布在羌族各地，集体舞蹈，由慢渐快，最后达到高潮，男女相争，气氛热烈。"哟粗布"流布在汶川、理县地区，风貌古朴稳健。羌族宗教祭祀舞蹈"跳端公"等，具有浓郁的巫术特色和古朴风格。

其他少数民族歌舞，如苗族的"芦笙舞"、傈僳族的"嘎月"、纳西族的"打跳"等，都是本民族人民喜闻乐见的歌舞。

少数民族音乐主要种类有史诗、歌谣、民歌、器乐曲等。每个民族都有悠久的史诗和丰富的民谣，通常以无伴奏清唱吟诵的方式，口耳相传。如彝族的英雄史诗《支格阿龙》，歌谣情歌《阿依阿芝》等，都是彝族人民口头流传的歌曲。彝族歌谣中还有一种独特"克则"题材，以对歌的方式，由主、客双方即兴问答，曲调自由，旋律优美。每个民族都有特色鲜明的歌曲，如羌族神话史诗《木姐珠与斗安珠》、土家族以歌为媒的情歌《口含木叶起歌声》、布依族民歌《百样雀来百样声》等。

四川少数民族器乐曲特别丰富，有合奏曲中的吹打乐、锣鼓乐，独奏曲中的笛子曲、唢呐曲、三弦曲、月琴曲等20余种。有的是民族独有的器乐曲，如

---

① 参见四川省人民政府新闻办公室：《四川藏区》，巴蜀书社2003年版。

藏族的鹰骨笛曲、扎聂曲，彝族的马布曲、胡夫曲，羌族的齐勒曲、羌笛曲，苗族的芦笙曲等；有些民间器乐曲流布在同一地区各少数民族之中，如葫芦笙曲流布在四川凉山彝族自治州和攀枝花市居住的彝族、傈僳族、蒙古族、纳西族、苗族、藏族、白族、傣族等民族民间；口弦曲则为羌族、彝族、苗族、傈僳族、纳西族、傣族等少数民族所喜爱，广泛流布于阿坝藏族羌族自治州、四川凉山彝族自治州以及攀枝花市、绵阳市、雅安等地。

四川少数民族乐舞，在中国音乐舞蹈发展史上占有重要地位。它们保留了中国史前时期原始乐舞形态。如人类最早出现的"圆圈舞"，是我国西部地区少数民族舞蹈队列最常见的形式。"徒歌"见于文献中对古羌族的记载，继承至今，主要保存在少数民族常用的原生态歌谣、民歌中，如对歌、答歌等无伴奏即兴演唱的歌谣或歌曲。少数民族边唱边舞的形式，保存了原始乐舞歌、乐、诗三位一体的特征。四川少数民族音乐舞蹈不仅保留了本民族的艺术精品，也展现出汉族与各少数民族在音乐舞蹈上的交流和融合。四川特殊的地理位置，也造就了四川民族乐舞容纳中国西北、西南各民族精品，异彩纷呈、姹紫千红，成为中国少数民族乐舞百花齐放的艺苑。

三、改革开放时期四川戏曲与曲艺艺术的创造性发展

（一）四川戏剧曲艺进入改革开放新历程

"文化大革命"十年间，党的文艺政策遭到践踏，四川地区艺术的发展也受到严酷的摧残。各类演出表演团体陆续被撤销、解散，一批老艺术家惨遭迫害，被打成"牛鬼蛇神"，各类艺术品种、演出剧目被打成"封资修""大毒草"，各种艺术演出活动一律停止。"文革"时期，四川的艺术发展同全国一样，主要演出样板戏或由文艺宣传队配合宣传做些小型演出。

1978年党的十一届三中全会召开，明确了新时期发展方向等一系列重大问题，提出了"改革开放"方针。1979年10月，中国文学艺术工作者第四次代表大会在北京召开，邓小平同志发表祝词，廓清了长久束缚人们的一些思想，明确阐述了加强和改善党对文艺工作的领导的正确方针，为解放文艺的生产力开辟了道路，为新时期文艺的发展指明了方向，开启了中华人民共和国成立以后艺术发展新的里程碑。

祝词肯定了"文化大革命"前的17年，我们的文艺路线基本上是正确的，文艺工作的成绩是显著的，文艺工作者理应受到党和人民的信赖、爱护和尊

敬。祝词明确了新时期文艺工作的方向和任务，在社会主义现代化建设的新时期，建设高度物质文明的同时，提高全民族的科学文化水平，发展高尚的丰富多彩的文化生活，建设高度的社会主义精神文明。文艺工作，是社会主义现代化建设的重要队伍，对于满足人民精神生活多方面的需要，对于培养社会主义新人，对于提高整个社会的思想、文化、道德水平，文艺工作都负有其他部门所不能代替的重要责任，要围绕实现四个现代化的共同目标，为建设高度发展的社会主义精神文明做出积极的贡献。祝词重申了党的文艺方针："我们的文艺属于人民"。我们要继续坚持毛泽东同志提出的文艺为最广大的人民群众、首先为工农兵服务的方向，坚持百花齐放、推陈出新、洋为中用、古为今用的方针，在艺术创作上提倡不同形式和风格的自由发展，在艺术理论上提倡不同观点和学派的自由讨论。我们的文艺应当努力描写和培养社会主义新人；应当通过有血有肉、生动感人的艺术形象，反映社会生活、反映时代趋势，教育我们的人民；要坚持文艺为人民大众服务的方向，坚持"双百"方针，提倡艺术创作的多样化。我们的文艺工作者要力求把最好的精神食粮贡献给人民，成为名副其实的人类灵魂工程师。要保持与人民大众之间的血肉联系，自觉地在人民的生活中汲取营养，文艺题材和表现手法要日益丰富多彩，敢于创新。用人民创造历史的奋发精神来哺育自己，不断丰富和提高自己的艺术表现力。祝词对文艺工作者提出殷切希望：努力学习马列主义、毛泽东思想，提高自己认识生活、分析生活、透过现象抓住事物本质的能力，有越来越多的同志成为名副其实的人类灵魂工程师，文艺队伍更加团结壮大。祝词要求各级党组织根据文学艺术的特征和发展规律领导好文艺工作。

四川艺术界在"文化大革命"结束后，积极参加了全国开展的解放思想的大讨论，开始反思和逐步恢复。1978年中国共产党十一届三中全会和1979年中国文学艺术工作者第四次代表大会后，四川艺术界认真学习会议精神，以极大的热情和高度的历史责任感，从恢复走向全面发展，进入一个新的发展历程。

（二）川剧艺术的复兴与发展

"文化大革命"结束后，巴蜀艺术的恢复率先在川剧和曲艺界迈开步伐。1977年5月，内江市、万县、达县地区川剧团先后恢复并上演了传统剧目《十五贯》《逼上梁山》，一些京剧团上演了《大闹天宫》，由此引起争议，经四川省文化局报文化部批复后，继续上演。为了统一认识，同年11月，四川省文艺创作会议在成都召开，讨论了恢复上演传统剧目与恢复剧团等问题。

1978年春，邓小平同志来川视察工作，对开放传统川剧剧目作出重要指示，开放的第一批优秀传统剧目有：《拦马》《迎贤店》《拷红》《五台会兄》《金山寺》等。之后，又公布了第二批开放剧目31个优秀传统戏和14个现代戏。传统剧目《柳荫记》《御河桥》《焚香记》《别洞观景》《点将责夫》《柜中缘》《拨火棍》等，川剧现代戏《宜宾白毛女》《红岩》《激浪丹心》《龙泉洞》等，在全省广泛上演，戏剧舞台恢复演出，受到广大群众的欢迎。陈书舫、袁玉堃合演《送行》，周企何主演《迎贤店》，许倩云、唐云峰合演《柜中缘》，由峨眉电影制片厂拍摄成艺术影片《川梅吐艳》放映。同年11月份在成都市举办四川省文艺调演，参加调演剧目25个，《红军渡》《春晓》等剧目获剧本奖和演出奖。为了适应新形势下戏剧艺术的发展，四川省人民政府批准，恢复四川省川剧学校、更名成立四川省川剧艺术研究所、恢复四川省川剧院等单位。恢复演出后的川剧院于1979年组团赴对越自卫反击战前线慰问演出，参加了在北京举办的中华人民共和国成立三十周年文艺调演。音乐家沙梅实验改革的新剧目《红梅赠君家》由成都市川剧团首次上演。1980年发行出版季刊《川剧艺术》，内部刊物《剧作》《戏剧通讯》等专业戏剧理论研究和剧本创作的刊物。四川省文化局举办了四川省为期两个月的四川省首届戏曲编剧进修班，培养了川剧、京剧等各剧种编剧、导演60余人。文化部艺术研究院录像室受四川省文化局委托，为50多位川剧老一辈艺术家录制59出折子戏，并为杨友鹤举办了舞台生涯60周年纪念活动。同年四川省川剧院赴香港交流演出《白蛇传》等剧目，重庆市越剧团、京剧团等也应邀赴上海、北京等地演出。

1981年举办四川省优秀文艺作品颁奖大会，一批新创剧目，如戏曲剧本《四姑娘》《易大胆》《点状元》等获优秀戏曲作品奖，并获文化部、中国剧协联合颁发的全国优秀剧本奖。川剧现代戏《四姑娘》赴京参加全国戏曲现代戏观摩演出，获文化部颁发的优秀演出奖。这批新剧目的创作，在全国引起很大反响，预示着戏曲改革从剧本创作入手，反映现实生活的作品，在内容和形式两个方面，都有所革新和创作。

（三）曲艺的复兴与发展

"文化大革命"以后，曲艺依然是四川省文艺舞台上仅次于川剧表演艺术的种类。全省曲艺界全面落实党的文艺方针政策，被打成"牛鬼蛇神"的曲艺工作者恢复了名誉；被解散的曲艺团体逐步恢复演出，被占用的演出场地陆续还给剧团；曲艺创作、演出人员的工作和基本生活得到解决。1977年，四川清音《江姐上华蓥》《布谷鸟儿咕咕叫》，四川金钱板《激浪丹心》等现代曲目恢复上演；1978年部分优秀传统曲目分批恢复上演，曲艺舞台逐渐活跃起来，曲艺工作者的积极性和创造性，在新时期找到了更广阔的发展舞台，一批表现现实生活的作品出台。在全省举办的故事创作评选活动中，200多部作品参加，评选出40余优秀作品。同年11月全省文艺调演中，8个新创曲目《自来水龙头》《十里长街送总理》《总理遗愿记心中》《扬眉剑出鞘》等获奖。1979年，中国曲艺工作者代表大会在北京召开，提出了实现社会主义四个现代化的新时期，曲艺事业的光荣任务和主要工作。1980年，四川省第二届文学艺术界代表大会在成都召开，其间成立了"中国曲艺家协会四川分会"，之后，全省各地市州相继成立曲艺家协会，各协会成为团结曲艺工作者、指导曲艺创作演出的组织。曲艺工作者面向群众，深入基层，各种演出活动活跃在城镇乡村；走出四川，在全国大赛中屡屡获奖，涌现出一批享誉全国的创作、演出人员。1980年，四川清音《四川人民多好客》《老大老幺都是他》等11个节目，参加全国部分省、市、自治区职工业余曲艺调演，获得广大观众热烈欢迎和曲艺界同行的高度赞誉。1981年，全省优秀作品评奖活动中，参赛曲目数百个，115个作品获奖，如四川金钱板《洪湖凯歌》、四川清音《一包当归寄深情》、谐剧《听诊器》、四川扬琴《亲家》等获一等奖。1982年，全国优秀曲艺节目（南方片）观摩演出中，四川谐剧《这孩子像谁》，四川清音《广柑甜又甜》《幺店子》，盘子《三个媳妇争婆婆》，四川扬琴《春到杨柳坝》《真心诚意》《探亲》，琵琶弹唱《三哥哥包鱼塘》等分获创作表演一、二等奖。四川谐剧以表现现实生活、针砭时弊、短小精致、诙谐幽默为特点，闻名全国，创始人王永梭多次应邀赴京演出，包德宾创作、沈伐表演的《零点七》《这孩子像谁》，先后参加1981年元旦晚会和1982年春节晚会演出，中央电视台向全国转播。四川省、成都市曲协先后举办全省曲艺创作表演培训班，老一代艺术家亲临执教，培养出一批优秀演员，加强了省、市曲艺团建设；达县举办两期曲艺培训班，参加培训学员140余人，提高了基层演出团队的水平。

改革开放中的四川曲艺对外交流日趋活跃，1982年瑞典广播公司录制了四川省曲艺团和成都市曲艺团表演的四川清音《尼姑下山》《黛玉焚稿》，四川扬琴《秋江》《船会》等。1983年成都市曲艺团应邀参加巴黎第十五届秋季艺术节，演出四川扬琴等节目12场；重庆市曲艺团应邀参加日本菊花偶人节，演出了四川清音、盘子、琵琶弹唱等曲艺节目。

改革开放以来，四川曲艺的作品收集整理出版工作也逐渐恢复，冯光钰的《怎样谱写四川清音》《怎样谱写四川扬琴》等，先后于1978年、1989年由四川人民出版社出版发行；四川省曲艺家协会主办的《巴蜀曲苑》创刊，各地、市、州创办的曲艺内部刊物达40余种；四川人民出版社编印《峨眉演唱》，刊登曲艺评论和作品，先后出版发行九期。一批老艺术家表演作品结集出版，如周忠新《金钱板表演与写作》，刘洛仁撰写的《四川曲艺概况》《评书艺术概论》等都成为研究四川曲艺发展最珍贵的资料。随着考古事业的全面开展，四川考古发掘出土一批珍贵的戏曲、曲艺、音乐、舞蹈等表演图像，如各地出土的汉代说唱俑、画像砖石上的表演图像；广元出土宋代杂剧、说唱表演图像，仁寿、大足等摩崖石刻上的说唱变文图像，都为运用图像学理论研究传统艺术提供了珍贵资料。

改革开放以来，全省恢复、重建戏剧团体一百三十余个，从业戏曲工作者达17000人，以川剧、曲艺表演艺术团体为主体。四川灯戏、四川藏区戏创作演出，也逐渐恢复。四川戏曲、曲艺艺术率先从恢复，走向活跃，出现了新的发展。但是也存在着一些问题，如亟须及时抢救老艺术家的演出剧（曲）目，中青年演出队伍亟待加强，一些演出剧目内容粗俗、质量差，戏曲演出节奏慢，年轻观众少，上座率下滑，一些传统曲种如渔鼓道情、四川花鼓面临演出后继乏人等问题。社会主义市场经济的发展，对艺术表演产生了重要影响，一方面一些剧团开办演出实体，如茶馆座唱等形式；另一方面，演职人员"下海"，转向流行娱乐业的情况时有发生。怎样适应新的形势发展需要？怎样不断繁荣创作演出？已成为四川戏曲、曲艺以及各类演出事业发展中面临的新问题。

四、"振兴川剧"政策的提出及其意义

（一）振兴川剧政策的提出

川剧和曲艺的恢复发展，为改革开放时期巴蜀艺术的发展提供了成功的经验。邓小平同志指示首先在川剧界开放传统剧目，在四川曲艺界试点创作上演现代曲目，取得了成功和经验的积累，为新时期艺术的发展探明了方向。1982年7月，在充分调查研究的基础上，四川省委召开常务会议研究川剧发展问题，并批复了中共四川省文化局党组《关于振兴川剧的请示报告》（川委办"〔1982〕53号"文），明确提出"振兴川剧是全省人民的愿望，对具有优秀传统的川剧艺术进行抢救、继承、改革、发展，是当前我省文化战线的一项重要任务"，

明确了以两院一校（四川省川剧艺术研究院、省川剧院、省川剧学校）为基地。与此同时，批准成立了四川省振兴川剧领导小组，确定其主要任务是：在省委领导下，统筹全省川剧事业的全局，促进川剧的繁荣发展。自此，四川戏剧界以"振兴川剧"为号召，以"抢救、继承、改革、发展"为八字方针，认真贯彻省委指示，繁荣发展。"振兴川剧"也成为全国戏曲界振兴发展的发端，被曹禺先生称之为"空谷足音""敲响了振兴戏曲第一钟"。

1992年，中共四川省委政策研究室、宣传部、四川省文化厅等部门联合组成"振兴川剧研究小组"，对10年来川剧艺术及表演艺术情况，做了为期半年的集中调查，提出了新形势下坚持振兴川剧、深化改革的十条政策。2002年四川省委、省政府隆重举行振兴川剧20周年纪念活动，总结了20年来川剧发展取得的成就和经验，根据形势发展需要，提出了"保护、继承、改革、创新"新的八字方针。

（二）"振兴川剧"政策的重要时代意义

四川省"振兴川剧"政策的制定和落实，在中国艺术发展史和巴蜀艺术发展史上都具有重要意义和历史价值。

从中国艺术发展史的层面分析：第一，它体现了中华人民共和国成立以来，文艺方针政策的连续性，始终坚持文艺为人民、为大众服务的方向；体现了坚持党对文化艺术领导的正确性、进步性和指导性；体现了具有中国特色社会主义文化艺术的发展趋势和可行性。第二，艺术按照自身规律发展，继承和发展是处理外部关系的一条重要规律。通过抢救、革新传统艺术和创作体现时代精神、表现现实生活的新剧目，为中国艺术的全面发展积累了成功的经验。第三，发挥艺术功能，繁荣舞台演出，丰富了人民生活，鼓舞了人民建设现代化社会主义的热情，促进了和谐社会的建设。第四，促进了艺术本体的改革，从剧本创作、声腔改革、表演程式、语言特色、演出场所、舞美灯光等各方面不断改革创新，适应人民审美和娱乐需求，保持了艺术可持续发展。

从巴蜀艺术发展史层面分析：第一，由于川剧是巴蜀文化艺术的主要代表品种，坚持振兴川剧，体现了全省坚持弘扬民族优秀文化的发展方向和艺术发展趋势。四川文化建设以此为着力点，带动了全省文艺事业的全面发展。第二，新中国成立以来，川剧成为代表巴蜀文化艺术传统和特色的主要艺术形式，在全省文化建设中始终居于领军地位，代表了当前四川舞台艺术的最高水平。第三，川剧作为四川人文精神和乡土艺术的杰出代表，走向国际舞台并赢得赞誉，成为四川省对外文化交流的重要品牌。第四，川剧受到人民群众的欢迎和喜爱，成为民俗节日及各种大型社会文化活动中的主要形式，为建设和谐社会做出了重要贡献。第五，各级党委和政府部门认真贯彻落实"振兴川剧"政策，促进了新时期巴蜀艺术创作演出在改革创新中全面繁荣发展。

五、新时期巴蜀艺术的全面繁荣与发展

改革开放以来，巴蜀艺术进入逐渐恢复、快速发展、全面繁荣的新阶段，成为巴蜀艺术发展史上巴蜀艺术全面繁荣发展的第二次高潮，即"新时期巴蜀艺术全面繁荣发展"。

（一）川剧艺术

戏曲和曲艺艺术的发展，保存着具有鲜明地方特色的艺术风格，也是四川人民最熟悉的艺术形式，但是随着电影、电视、流行歌曲等新兴艺术形式的活跃，随着改革开放以来世界多元艺术的输入，随着年轻人审美观念的变化，戏曲和曲艺艺术面临着严峻的挑战，怎样解决好继承与革新的关系是首先需要解决的问题。怎样才能在继承传统的基础上，实行革新？怎样在保存传统优秀剧目的同时，创作出适应观众需求的现代剧目？近30年来的创作实践，取得了可喜的成果和经验。

振兴川剧以后，川剧界首先更新观念，大胆创新，引领了中国戏曲创作革新和观念的转变。魏明伦创作的"荒诞川剧"《潘金莲》，对古典小说中的潘金莲这一人物采取了同情而不是批判的态度，向传统的伦理道德观念提出了挑战，在艺术上采用新的表现手法。作者的思想观念和艺术观念与传统观念的差异，虽然引起很大争议，但是作者迈出戏曲界创新"敢为人先"的第一步，得到全国戏曲界的认同，全国许多剧团移植上演《潘金莲》，扩大了四川省振兴川剧在全国的影响。

近30年来，四川戏剧在整理研究、创作推广和演出舞美等各个方面都取得了大进步，思想性、艺术性和群众性兼具的优秀剧目层出不穷，剧作家、表演艺术家和舞台工作者等优秀人才不断涌现，呈现出活力迸发、蓬勃发展、日趋繁荣的可喜局面。新创剧目数量和质量都取得前所未有的成果，如新编历史剧有：《巴山秀才》《轵侯剑》《夕照祁山》《刘光第》《大禹魂》《李冰》《卓文君》《"审判"陈子昂》《史外英烈》《华清池》《峨眉山月》《文成公主》《少帝福临》（京剧）、《千古一人》（京剧）等；新编历史故事剧

有：《柳青娘》《田姐与庄周》《中国公主杜兰朵》《钻窥记》《冰河血》《大脚夫人》《目连之母》《大佛传奇》等；川剧近代戏：《易胆大》《红楼惊梦》《潘金莲》《刘氏四娘》《阿Q正传》（曲剧）、《死水微澜》《变脸》《四川好人》《火红的云霞》《岁岁重阳》《桃村新歌》《攀枝花传奇》《山杠爷》《张大千》《活鬼》《草莽英雄》《杏花二月天》《远方来的婆姨》《好军妹》《好女人坏女人》《都督夫人董竹君》《她从雪山走来》（儿童京歌剧）、《欲海狂潮》等。

近几十年来，随着中国经济的腾飞，政府对新创剧目扶持力度不断增强，四川省每两年举行一次振兴川剧及新剧目调演，新剧目的创作演出在全国走在前列。以魏明伦、谭愫等为代表的剧作家推出的经典性剧目数量多、质量高，其中一部分剧目代表着当代国家戏剧发展的新水平，如《变脸》《死水微澜》《山杠爷》《巴山秀才》《中国公主杜兰朵》《易胆大》《红楼惊梦》等精品川剧，多次获得"五个一工程奖""文华大奖""文华新剧目奖"等国家级奖项，在国内戏剧界占据了重要地位并产生了重大影响。川剧创作革新在内容和形式上都有新的发展，如大幕戏的创作，吸收歌舞形式，贴近当代审美取向，称为"大型歌舞川剧""大型现代川歌剧"。小型剧目创作以乡土题材为主，如绵阳市根据当地历史题材创作的《江油关》《文昌帝君》《五丁开山》，德阳市根据本土传奇故事及历史题材创作的《三星堆传奇》《剑南春传奇》《落凤坡》等；以地方历史名人为题材创作新剧目，如遂宁市创作的《"审判"陈子昂》、眉山市创作的《虞允文传奇》、自贡市创作的《刘光第》等。这些剧目推上舞台后都受到当地观众的关注。有些剧目反映改革中乡村的变化，如绵阳市创作的《黄土地、绿土地》，就是根据当地农村基层优秀共产党员带领群众奔小康的先进事迹编创的新剧目，并且在艺术形式上进行了新的探索。对现代题材的多角度深入开掘，成为川剧新剧目创作的一大亮点。遂宁市创作的《背篼警察》、攀枝花市创作的《城里好不好》、德阳创作的《金凤·金曲·金唢呐》等剧目，从不同视角对当前社会各阶层人们生活状况、思想感情、行为方式的变化进行演绎，反映了新时期基层劳动者在创造美好生活过程中所付出的艰辛与执着，都达到了较高水准。

川剧是一个拥有五种声腔的地方大剧种，其大剧种的标志之一就是传统剧目十分丰富，根据《川剧剧目辞典》统计，曾有3000多个传统剧目，现在仍然有本可查的传统剧目有2000余个，目前在舞台上的常演剧目约在100至200个。

振兴川剧以来，川剧成为巴蜀舞台演出的主力，全省每年专业剧团演出，不少达到百场以上，如2003年，有18个剧团演出超过100场，成都市川剧院演出290场。2004年，四川省川剧院演出260场、成都市川剧院演出213场、自贡市川剧团演出189场、合江县川剧团演出100场、遂宁市川剧团演出540场、内江市川剧团演出125场、乐山市川剧团演出250场、南充市川剧团演出130场、蓬安县川剧团演出120场、西充县川剧团演出122场、眉山东坡区川剧团演出126场、洪雅县川剧团演出126场、广安区川剧团演出105场、乐至县川剧团演出116场。各专业川剧团创作演出活动，空前活跃，旧戏翻新，新戏不断。仅以新都芙蓉花川剧团"小剧团包围大城市"为例，以一部《芙蓉花仙》征服海内外观众，连续上演2500场，成为四川戏剧史上不多见的"芙蓉花仙现象"。四川省现有44个川剧表演团体，大多数已拥有自己的固定剧场，20世纪八九十年代修建的剧场，如四川省川剧学校及成都市、自贡市、雅安市、攀枝花市、遂宁市、内江市、广元市、广安市、南充市等专业川剧团的专用剧场，设置都比较完善。

各地民营小剧团在基层的演出十分频繁，有的剧团一年四季天天演出，受到民众欢迎，特别是为适应演出市场需求创作的定向戏、行业戏数量繁多，如计划生育、银行储蓄、科技种田、安全生产、防火防盗、戒毒戒赌等各行各业，都聘请川剧团编演小戏小品，深入基层乡镇村庄宣传演出。其中不乏优秀作品，如禁毒宣传大幕戏《人迹秋霜》《心有泪千行》等。这类创作演出，既活跃了舞台、丰富了人民群众生活、宣传了党的方针政策，又对传播文明新风起到了重要的作用，同时也为大多数中小剧团开辟了新的演出市场，增加了剧团收入，锻炼了演出队伍。

改革开放以来，川剧作为地方民族文化的优秀代表，出国演出已成为一项经常性的工作，代表国家、城市进行交流性友好演出，出访数十个国家，对外交流演出日趋增加。出国进行商业性演出已成为对外交流演出的重要形式。通过国际民间文化机构邀请到欧美国家做学术交流性演出，规模大小不等，也渐趋活跃，仅四川省川剧学校，每年对外交流演出即有三四次。川剧对外演出活动，为展示我国优秀民族文化，促进国际的艺术交流做出了贡献，同时赚取外汇，增加了单位及个人经济收入，也体现出川剧艺术发展新的前景。

承前启后的人才队伍建设。新时期川剧事业发展，在保护老艺术家优秀成果，发现和培养青年艺术人才，建立老中青三结合梯队表演队伍等方面，取得了显著成效。通过老艺术家表演专场、收集整理录制老艺术家表演剧目录像等多种形式，一批具有鲜明艺术风格的优秀传统剧目得以保存，其中100台川剧优秀剧目继续在舞台演出，300台优秀剧目已经制成音像制品，老一代艺术家阳友鹤、陈书舫、周裕祥、周企何、袁玉堃、许倩云等表演的经典剧目均被收录。中青年表演队伍健康成长，多人获得中国戏剧表演最高奖——中国戏剧梅花奖，他们的代表剧目，也成为川剧经典剧目，舞台常演不衰。中国戏剧奖梅花表演奖是中国戏剧表演艺术最高奖，始设于1983年，每两年一评，旨在表彰在表演艺术上取得突出成就的中青年戏剧演员。自第14届起由中国文联和中国戏剧家协会共同主办，除戏曲外，纳入音乐剧等其他剧种表演获奖项目（张礼慧获第24届歌剧奖）；自第11届起增设二度梅花奖（首度获此奖者刘芸等2人）；自第17届起增评民间职业剧团的演员；自第19届起增设梅花大奖（沈铁梅获第25届梅花大奖）。这些获奖演员活跃在中国各地，成为戏剧战线上的主力军，为该剧种的继承与发展发挥了极大的作用。梅花奖第1届至第22届（1983～2005），四川省参赛剧目每届均获奖，共有15名川剧演员荣获梅花奖，其中4人获"二度梅花奖"。晓艇（第1届），工文武小生，代表剧目《逼侄赴科》《杨广逼宫》等；刘芸，"二度梅花奖"（第5、11届），工旦角，唱段、身段在戏曲界均为一流水平，擅演剧目《刘氏四娘》《山杠爷》《红梅赠君家》《杨门女将》等；沈铁梅，"二度梅花奖"（第6、17届），工旦角，熔歌剧、京剧、民歌唱法于一炉，代表剧目《潘金莲》《金子》《李亚仙》《思凡》等；古小琴（第6届），工旦角，剧目《白蛇传》《绣襦记》《牡丹缘》《情探》等；陈智林，"二度梅花奖"（第7、21届），工文武小生，唱功、武功均为戏曲界一流水平，"腾空""旋转背壳"等绝技，行内叹服，代表剧目《易胆大》《望娘滩》《巴山秀才》等；马文锦（第8届），工摇旦、刀马旦、青衣、文武小生，被誉为"全挂子演员"，代表剧目《穆桂英破洪州》《绣襦记》和现代戏《嘉陵怒涛》《江姐》等；田蔓莎，"二度梅花奖"（第9、19届），工旦角，领先当代川剧改革，代表剧目《死水微澜》《武松杀嫂》《马克白夫人》《阴阳河》等；李莎（第19届），代表剧目《都督夫人——董竹君》；陈巧茹（第9届），工花旦、青衣、武旦，戏曲界称誉她是演"声、色、艺俱佳的文武全才"，代表剧目《打神》《四川好人》《红梅记》《潘金莲》等剧目；喻海燕（第11届），工青衣、花旦，代表剧目《芙蓉花仙》《人间好》《白蛇后传》《目连救母》；何伶（第12届），工青衣、花旦，代表剧目《六月雪》《打神》《情探》等；蒋淑梅（第15届），工青衣、闺门旦，国家一级演员，代表剧目《白蛇传》《白鳝观景》等；刘萍（第18届），工闺门旦、青衣、花旦，代表剧目《出北塞》《乔子口》《斩杜后》《文成公主》等，川剧电视剧《白蛇传》《王熙凤》；崔光丽（第20届），朝鲜族川剧演员，工青衣、花旦、摇旦，代表剧目《好女人坏女人》《易胆大》《刁窗》等；孙勇波（第20届），工文武小生，代表剧目《白蛇传》《王熙凤》等；黄荣华（第22届），工青衣、花旦，代表剧目《三娘教子》《长乐悲歌》《出北塞》《阖宫欢庆》等；孙普协（第22届），代表剧目《山杠爷》《红梅记》《文成公主》《激流之家》等。

川剧理论研究的深入。新时期川剧理论研究快速发展，四川省川剧研究院与四川省川剧院、四川省川剧学校三大基地，互相配合，发挥了理论指导艺术实践的重要作用，每年举办的川剧学术讨论会、《四川戏剧》等刊登大量有分量的学术论文，在全国、全省艺术理论界都走在前列。1984年4月，为贯彻四川省委"振兴川剧"的号召，成立了四川省川剧理论研究会。该会现已有成员300余人，会员包括理论研究、编剧、导演、表演、音乐、舞美、教育、管理等有影响的专家和艺术家，具有较强的综合艺术实力和较高的学术权威性。川剧基础理论研究涉及川剧流派艺术、振兴川剧与现代戏的创作、振兴川剧与实施精品战略、川剧与时代、川剧与观众、川剧与市场、川剧与人才等各方面，川剧剧目创新、音乐改革、丑角艺术研究等应用性研究，也对演出产生了积极影响。学会理论研究论著先后获15项国家、省政府奖励，其中曹禺戏剧奖评论奖1项，四川省哲学社会科学成果奖3项。

近几十年来，川剧艺术的发展取得了显著成就，引领全省艺术在改革开放中不断繁荣发展，当然也还存在很多需要解决的问题，特别需要从历史发展规律和艺术本体发展规律出发，不断适应新的市场需求，改革创新。

（二）话剧艺术

新中国成立以来，四川话剧艺术承继抗日战争时期的优秀传统，开创了新局面。话剧理论界将巴蜀话剧的发展分为两个阶段，即新中国成立后的17年和新时期的话剧艺术。①

专业剧团的成立和话剧骨干留川。抗日战争之后，少数四川籍或非四川

---

① 廖全京：《60年的变迁——新中国成立以来四川话剧片论》，《四川戏剧》2009年第4期。本节内容据此整理。

籍的职业话剧人留在成都、重庆，如田广才、刘曦、赵锵、石曼、万声、汪曼铎、谢继民、陈治策、肖锡荃、伍乔、高伯功、曾泽恩、苏枚、燕霞、高群、杨树声、肖赛等，成为新中国初期四川话剧的栋梁和骨干。1949年成都解放以后，原属晋绥军区的战斗剧社、七月剧社以及西北军政大学艺术学院、西北艺校第一部等单位的部队文艺工作者，陆续进入成都，改编为成都军管会文艺工作第一队、第二队等，将《白毛女》《血泪仇》《刘胡兰》等演进了成都。他们之中的许多人都是经历过抗战烽火考验的老文艺战士，其中以朱丹西、刘莲池等为代表的话剧艺术家成了新中国四川话剧的开拓者、奠基人。成都解放后，四川话剧专业团体率先成立，主要有四个剧团：四川人民艺术剧院，原为中国人民解放军西南服务团文艺大队为基础组建的（重庆市话剧团）；中国人民解放军成都区文工团话剧队（后改为战旗话剧团）；四川省话剧团后改为成都话剧团；西南人民艺术剧院。这四个专业话剧团，在党和政府领导下，执行党的文艺方针政策，成为四川话剧艺术发展的基础，为四川话剧事业的发展做出卓越贡献，让四川话剧界在全国处于领先地位并产生重要影响。

一批优秀剧目创作演出，产生广泛、重要影响。仅1953年至1959年的七年时间，创演多幕剧达38个，小型剧目数百个。四川人民艺术剧院、成都话剧院创演剧目《一个木工》，1956年参加第一届全国话剧会演，荣获演出一等奖，导演二等奖，创作三等奖，设计三等奖。1956～1959年，又先后以《家》《克里姆林宫的钟声》等剧的优秀演出蜚声国内外。1960年举行的全国优秀剧目小型会演中，《丹凤朝阳》再次打响，受到表彰。特别是《家》的成功上演，证明了四川人民艺术剧院的整体实力，也使四川人民艺术剧院成为享誉全国的"八大剧院"之一。四川话剧创作演出了《布谷鸟又叫了》《龙须沟》《在新事物面前》《抓壮丁》《中锋在黎明前死去》《四十年的愿望》《春风吹到诺敏河》《妇女代表》等优秀剧目，坚持现实主义创作风格，以质朴、鲜活、明丽的舞台光彩赢得观众，开启了新中国成立以后话剧表演艺术走向现实、为人民服务的新历程。四川话剧开创的"关注时代，面向人民"优秀传统，一直保持下来并对全国话剧创作产生了重要影响。

建立起一支享誉全国的话剧队伍。在四个专业剧团中，涌现了一批享誉全国具有一流水平的杰出导演艺术家、表演艺术家和舞台美术家。如创作、导演刘莲池、肖锡荃、李佩、栗粟、刘沧浪、杨树声、荣东、张加力、田广才、刘曦、赵锵、徐九虎等，闻名全国话剧界；杨次禹、高伯功、高群、孙滨、庞家声、翁显樵、刘子农、苏如薰、邹速、刘淑安、赖昭群、唐高齐、杨汝诚、彭光华、翁如、伍乔、董允严、曾泽恩、赖静、张帆、燕霞、黄宗池、阎志胜、刘健等表演艺术家，演出技艺炉火纯青，个性鲜明。他们不仅是巴蜀艺术界的人才，也是全国话剧艺术的先行者和开拓者，巴蜀话剧艺术在他们的带领下走向新的繁荣和发展。

从20世纪70年代末开始，四川话剧先后推出创作和移植的《转折》《西安事变》《十月风云》《针锋相对》《于无声处》《救救她》等反映时代特色的剧目。80年代初期，一批探索性话剧的创作演出在全国产生强烈反响。如与荒诞川剧《潘金莲》同时搬上戏坛的、由徐棻创作的《田姐与庄周》，在全国率先引领戏剧改革；栗粟、李佩、庞家声创作的《赵钱孙李》，在现实主义格调中增添了表达改革开放带给人们的激动与欣喜；张加力与李莲合作的《月琴与小老虎》的民族风韵与浪漫情怀，给四川话剧带来一股清风；陈泽远的《钱皇后的酸甜苦辣》生动地传达出改革开放时代各种人的复杂心态，用戏曲人的切身体验表现戏曲人的心路历程；由严肃、礼农编剧和杨汝诚导演的无场次话剧《废墟》，用时空交叉的表演手法表现民族题材，大获成功。

1977年底至1988年底，四川话剧经历了它的发展历史中的第二个高潮。仅四川省人民艺术剧院和成都话剧院推出的剧目就有上百部，其中，既有《枫叶红了的时候》《西安事变》《神州风雷》《救救她》《陈毅出山》《转折》《大风歌》《与魔鬼打交道的人》《血总是热的》《结婚》《朱丽小姐》等这样一些省外引进、移植的优秀剧目；更有本土传统剧目《抓壮丁》和由本土剧作家刘沧浪、栗粟、李佩、张加力、庞家声、羽军、刘庆来、严肃、苏枚、冯光宇、刘朝浚、陈泽远、盛长滨、潘剑琴等原创或改编的优秀剧目，如《赵钱孙李》《花开并蒂》《滚龙外传》《在茫茫的夜色后面》《李宗仁归来》《香港大亨》《贺龙军长》《保路运动》《重庆谈判》《刑警队长》《爱的力量》《月琴与小老虎》《少先队员的秘密》《扎西拉姆废墟》《买车记》《第二次握手》《春风吹又生》《我们仰望星空》《钱皇后的酸甜苦辣》等。

在老一代导演的培养下，一批中青年导演成为创作主力，如马维俐、陈福黔、查丽芳等不断有新作问世。以杨次禹、高群、孙滨、庞家声、唐高齐、田中禾、潘虹、席旦、翁如、李国华、张国立、卢奇、孙洪、吴德恩和高鹏、赵志英、唐佐辉、温琼如、乔玲、许春林、冉平生、强梅棣、杨华、屠爱民、徐玉昆、巴登等为代表的几代优秀演员，塑造了无数栩栩如生的人物形象，在几代观众中产生了很大影响。随着电子技术的发展,四川舞台设计也走在全国之先,出现了曾泽恩、董允严等不同设计风格的专业人员。

20世纪90年代初,全国开始计划经济向市场经济的转型,当代中国文化向多元文化、通俗文化和网络文化倾斜,话剧等传统艺术面临新的挑战。90年代前期,四川话剧沿着传统创作道路上演了一批新剧目,如查丽芳编导的《死水微澜》,再次轰动戏剧界。《母女风流》《辛亥潮》《老皇城》《家》(第三次复排)、《蝴蝶兰》《姐姐》《泥巴人》《热线电话》《巴山情》《娇娇女王》《人生天地间》《船过三峡》《哦,沙漠美人》《国魂》《龙凤山神话》等有影响的作品先后问世;《雾重庆》《沙洲坪》等剧精彩亮相西南话剧节;战旗话剧团以《结伴同行》《空港故事》等优秀剧作在全军乃至全国引起轰动;李婷等青年剧作家成长起来。90年代末期,音乐剧《未来组合》的成功尝试,摸索出了一些破除体制机制障碍并初步实现市场化、商业化的经验。2001—2003年,又连续推出了《我们曾经错过》《未来·蔚蓝》等小剧场话剧和音乐剧,初步走出了一条自己的路。之后,又相继创演了《警察》《农民》《草房子》《不能忘却的阿布洛哈》《TEXT·课本总动员》等,始终关注社会现实,贴近年轻观众,坚持面向市场。新一代四川艺人以艰辛的劳动,坚持着自己对话剧、对未来的守望。在四川艺术界领导层和老一辈艺术家的培育和引领下,以李亭、贾建立、杜江宁、敖小艺、马炼、曹建、贡薇、陈丽丽、李昌东、张亢、王雷等为代表的一代中年和青年话剧人才迅速成长起来,成为四川话剧的中流砥柱。2001年3月和7月的《广厦为秋风所破歌》(编剧盛长滨,导演查丽芳)、《儿子》(编剧米家山、庞越,导演查丽芳),成为在成都话剧院公演的最后大型剧目。

(三)曲艺、音乐与舞蹈艺术

贯彻落实振兴川剧政策近30年,巴蜀艺术全面发展。

1. 曲艺

"文化大革命"结束后,四川曲艺界老艺术家如四川扬琴李德才、洪凤慈,谐剧王永梭,四川清音李月秋,四川竹琴贾树三,金钱板邹忠新、李少华、程雪,相声曾炳昆等,继续活跃在舞台;中青年表演艺术家成长起来,如谐剧沈伐,清音程永玲,评书徐勍、彭跃先,竹琴华国秀等,多次获得大奖。四川清音等曲艺节目多次赴南斯拉夫、奥地利、日本、加拿大等国作访问演出或参加艺术节,四川花鼓参加在法国巴黎举办的艺术节,受到欢迎。整理改编的传统节目得以保存，新创剧目大量涌现，形式上也更加丰富。如四川评书《大清传》《百万富翁凌汤元》等，四川清音《白莲女杰》，四川竹琴《华子良传奇》，金钱板《画魂》等，谐剧风行全川，一部分已由单人演出发展到多人演出。

2. 音乐

改革开放以来，川剧和曲艺音乐、寺庙音乐及藏族、彝族、苗族的歌曲和器乐曲得到发扬，产生了一批优秀歌曲、优秀器乐作品、大型声乐作品、川剧音乐、曲艺音乐、舞蹈音乐、歌剧创作等，有的流传至今，如《我们的山歌唱不完》《嘉陵江号子》《太阳出山》《对山歌》《将军令》《板车号子》《快乐的啰嗦》《江姐》等，在全国得到较高评价。其中，民族器乐曲《将军令》《阳光灿烂照天山》，大型合奏曲《蜀宫夜宴》《达勃河随想曲》《阿诗玛叙事曲》，交响乐《云岭音画》等尤以鲜明的民族特色见长。

在改革开放的新时期中，东西文化交流活动日益频繁，巴蜀音乐界出现了思想活跃、创作繁荣、演出频繁、品种多样的生气勃勃的景象。声乐曲《我爱中华》和器乐曲《康巴音诗》等作品满足了群众现代审美的需求。交响音诗、轻音乐及歌剧《火把节》《格达活佛》等的出现，标志着巴蜀音乐正在走向世界。一批优秀的歌唱家如范意马、德西美朵等，器乐演奏家如钢琴家刘忆凡、手风琴家陈军等以及作曲家何训田、贾达群等，在国内已是音乐界知名人士，有的曾在国际比赛中夺得特别奖或大奖。四川省也定期举办"蓉城之秋"音乐节及"少数民族艺术节""艺术歌曲评奖"等活动，热情支持、积极引导流行音乐，扶持、鼓励严肃音乐。

3. 舞蹈

改革开放以来，丰富多彩的巴蜀民族民间舞蹈呈现出多样化的局面。四川解放后，舞蹈工作者长期坚持深入生活、深入民间，在民族民间传统文化的基础上发展、创新。舞蹈《披毡献给毛主席》《快乐的啰嗦》《凉山酒舞》《弓剑舞》《阿哥，追》《红披毡》《观灯》《为了永久的纪念》《小萝卜头》，舞剧《芙蓉花仙》，歌剧《火把节》等都以浓郁的生活气息、鲜明的民族风格和地方特色受到国内外观众的赞扬，有的已经成为四川的保留节目。"文化大革命"前，在四川省内外有影响的节目还有：《康巴的春天》《狮舞》《板车号子》等。20世纪80年代以来，新创作的舞剧《花仙卓瓦桑姆》《鸣凤之死》，既有民族特点也注意吸收外国舞蹈的语汇，取得了可喜的成绩。

80年代后，巴蜀各地兴办各类艺术节，展示了地方艺术风采和实力。各地艺术节中，较有影响的艺术活动有：成都艺术节中的川剧特技表演，郫县"望丛祠歌会"中的川西民歌演唱，乐山龙舟节的农民器乐队演奏，绵阳艺术节中白马藏族和羌族大歌舞，广元"女儿节"和南充"丝绸节"的川北民间歌舞，甘孜藏族自治州的面具舞蹈。通过艺术节，不仅丰富了群众的文娱生活，同时也对巴蜀文化艺术传统起到了承继和发展的作用。

（四）姹紫嫣红的少数民族艺术

四川少数民族艺术快速发展，百花齐放，姹紫嫣红，为巴蜀艺术增添了无限光彩。1978年党的十一届三中全会后，四川藏戏开始恢复，甘孜州提出"振兴藏戏"口号，四川藏戏得到健康的发展。四川藏戏在全国获得大奖和荣誉，如1985年巴塘业余藏戏团在西南地区少数民族戏曲会演中演出的藏戏《郎莎姑娘》，被文化部誉为"雪山红牡丹"。1984年红原业余藏戏团演出的《牟尼赞普》一剧，荣获全国少数民族戏剧录相调演"孔雀奖"。该剧汉字文学剧本于1985年亦获得全国少数民族题材剧本"银奖"的荣誉。除国办性质的阿坝州藏剧团、甘孜州藏剧团外，一些地方还建立起民营藏戏剧团；或由县文化馆等有关单位兴办民间业余藏戏剧团，把藏戏艺术送往广大的农区与牧区。20世纪90年代以后，一些剧团已不再像过去那样由寺院津贴或群众捐赠维持，而是开始了售票营业演出。演出的场所也由寺庙院坝、广场转入剧场或在民间节假日演出，甚至在商贸活动中演出。但藏戏的演出，依然以宗教活动演出为主，如安多藏戏每年演出比较集中在三个时间段：一是藏历五月四日的祭山活动（俗称"日桑卡"或转山会）；二是藏历七月的"日札节"，系黄教寺院纪念西藏哲蚌寺开山寺祖甲央曲吉逝世的活动；三是藏历十二月二十九日的"古垛"（驱魔送祟仪式）。康巴藏戏的多数演出亦为宗教活动而设置。如巴塘演藏戏，旧时一般为"送夏迎秋"时，在念大经祭祀仪式中进行。理塘是每年五月十一日"日皎节"演藏戏。甘孜等地一般在藏历七月"送夏迎秋"念"央勒经"后演出藏戏。藏戏演出剧目，除传统剧目改编演出外，新编剧目不断创新，如1990年甘孜藏戏团推出新编历史故事剧《琼达与布秋》，在甘孜地区和成都上演，获得戏剧界和广大观众的一致好评。

四川其他少数民族戏剧如羌族的"释比戏"（亦称羌戏）、土家族的"土戏"和土家苗族地区的"阳戏"等，创作演出也得到全面发展。"释比戏"羌语称"刺哦"或"俞哦"，是一种集民间祭祀活动与戏剧故事表演于一体的、宗教色彩十分浓厚的古老而别致的羌族民间戏剧，至今依然流传在现四川省阿坝藏族羌族自治州的茂县、汶川、理县、松潘、黑水和甘孜藏族自治州的丹巴县、绵阳市北川羌族自治县等羌族聚居地区。"土戏"是四川地区土家族独有的戏剧剧种，主要流布在川东地区酉阳、秀山、黔江、彭水等土家族苗族自治县、乡。在酉水地区的土家族苗族不但善于舞蹈、音乐、耍龙灯、跳幺妹，且花灯歌舞更具特色，每至春节年关，城关村寨处处是歌舞花灯的海洋，热闹异常。居住在酉水地区的土家族苗族人民当中，还流传着一种以祭祈逐愿的"阳戏"，人们习惯以地名称为"酉阳阳戏"或"秀山阳戏"。地方戏种特色非常鲜明，如酉阳阳戏不但以关公为戏神，凡演出必行祭祀大仪，演出中所有男角色或鬼神扮演者，必戴木质面具表示人物与动物的区别。其面具有帝王、将军、文臣、花脸、大王、番将、小兵、鬼卒以及专用于特殊人物造型的面具，如关公、包公、孙悟空、太白金星等。唱腔亦有角色专用唱腔，如皇生腔、丞相腔、大王腔、老太太腔、小旦腔等分别用于帝王、文臣武将、老妪、侍女丫头等角色。阳戏亦有一套完整剧目，常演的有《三孝记》《沙陀救围》《穆柯寨》《唐二别家》《邓玉打铁》等。阳戏还有一个特点是只擅阳寿喜庆之事，不走阴事，不与一般傩戏、师道戏相似，既做清事类法事，亦作僭亡类丧仪。

四川彝族地区虽无"彝剧"的戏剧样式存在，但彝族古老习俗中具有丰富戏剧性的抢亲、迎亲、婚嫁仪式和神秘的丧葬礼仪以及斑斓多彩的生活习俗，成为戏剧题材在彝族地区以话剧、歌剧乃至川剧艺术的形式，盛演于当代戏剧舞台上，展示了彝族同胞的艺术成果。

（五）巴蜀艺术理论研究的杰出成果

改革开放以来，四川加强了艺术理论的收集、整理和研究，除各剧种专业研究论著相继出版，指导专业艺术创作表演不断改革创新外，最重要的收获之一，是于1984年开始实施至2004年全部出版的《中国十大艺术集成志书》四川卷本的编纂工作。幸晓峰、伍明实于2005年发表了《巴蜀艺术集成志书的学术成就》一文[①]，对《中国文艺集成志书·四川卷》（十卷）的编纂过程和取得的学术成就，作了比较全面的综述和评论。各卷本收集整理的素材和资料，从对巴蜀艺术发展史、口头文学和视听艺术的书面整理，对巴蜀艺术主要特征的

---

① 幸晓峰、伍明实：《巴蜀艺术集成志书的学术成就》，《四川戏剧》2005年第6期。

归纳，对汉族艺术和少数民族艺术的交流融合等方面，全面论述了巴蜀艺术集成志书的学术成就和地方特色。各卷本在学术研究上取得多项突破，填补了巴蜀艺术研究空白，获得多项学术领域的突破和重要成果。经过20年编纂出版的十部文艺集成志书，是巴蜀艺术研究领域前所未有的学术成果，是巴蜀艺术悠久历史的高度概括和历史展现，是深厚的非物质文化遗产的书面整理和视听再现，是对巴蜀艺术鲜明地域特征的提炼和归类，是数千年来汉族文化艺术和少数民族艺术广泛交流、融合的历史记录。十大艺术集成志书的编纂出版，为尔后繁荣发展的巴蜀艺术理论研究打下了坚实基础，可以说是巴蜀文艺研究史上的一座里程碑。十部艺术集成志书的编纂出版，发挥了老一代艺术研究者的重要作用，培养锻炼了一大批中青年艺术理论研究人才，许多人成为巴蜀艺术理论研究专家，在全国享有盛誉。巴蜀艺术集成志书获得文化部表彰多项大奖，其中十人获个人成果一等奖。

改革开放以来，巴蜀艺术在各专业理论研究领域也取得重要成果，如1992～1996年，由幸晓峰主持主研主撰的"七五"国家社会科学重点项目、"八五"国家重点图书《中国音乐文物大系·四川卷》，获得第四届国家图书奖荣誉奖，荣誉奖是国家设立的最高奖项，这也是巴蜀艺术理论研究中获得此殊荣的唯一作品，后又再次获得文化部第二届艺术科研一等奖。四川戏剧研究出版专著上百种，许多作品获得文化部艺术科研奖励。

改革开放以来，各类专业学术研讨会成为国内外文化交流的重要形式，巴蜀优秀艺术理论研究专家的生平以及他们的重要成果集结出版，为后人留下了珍贵的历史遗产。如1992年中国音乐家协会、四川音乐家协会、四川音乐学院等联合举办了"纪念王光祈先生诞辰100周年"活动，后又多次举办。全国音乐理论界撰写的论文已突破百篇，产生重要影响，现已正式出版的《王光祈论著专集》三卷本，收录了先生全部研究成果。

改革开放以来，四川省设立"四川省哲学社会科学优秀成果评奖"，巴蜀艺术研究论著获奖作品成为其中重要门类，获奖作品数十种。巴蜀艺术理论研究在全国占有重要地位，特别是音乐、戏剧理论研究，已成为中国专业艺术理论研究的重要基地，曲艺理论研究等也成为西南地区专业理论研究的中心。四川少数民族艺术研究也不断加强，取得可喜成果。20世纪90年代，阿坝藏族羌族自治州、甘孜藏族自治州、凉山彝族自治州编纂的各类文化艺术专著，如《阿坝藏族羌族自治州文化艺术志》《甘孜州文化艺术志》等，陆续出版发行。随着改革开放的深入与社会主义建设事业的发展，反映四川少数民族风俗民情的艺术之花，必将开得更加鲜艳夺目。

（六）美术创作

新中国成立以后，四川美术快速发展，繁荣昌盛。四川的画家被全国美术界誉为四川画派，四川的美术作品被称为有"川味"之作。20世纪50年代，四川版画在全国名列前茅，60年代雕塑异军突起，70年代中期以后油画得到蓬勃发展，80年代出现不少传世之作，90年代以后，现代画艺术登上画坛，活跃了娱乐市场。

1. 绘画

四川国画的发展源远流长，四川画家继承传统绘画，有师法自然，先后涌现出一大批名家名品，如董寿平、陈子庄、岑学恭、吴一峰、赵蕴玉、李琼久、周伯溪等近百人。他们之中大多是山水花鸟画家，少部分从事人物画。国画中以三峡山水、剑门山水、峨眉山水等为主题的作品，皆有特色；青年画家们的人物花鸟画更具现代意识，在艺术观和艺术技巧上不断向现代转化。20世纪80年代后，在国内外享有诸多盛誉的作品有《秋水絮语》《吴哥即景》（秦天柱）、《红指甲》（曹辉）、《茅舍静坐》（叶瑞琨）、《清秋图》（梁时民）、《乡情》（尼玛泽仁）、《边关习武图》（王琥）等，不少国画画家在海内外享有很高声誉。

四川油画领域也培养了一批从四川美院及川渝其他院校艺术系毕业的中青年画家，以《为什么》（高小华，1978）、《父亲》（罗中立，1980）、《春风已经苏醒》（何多苓，1981）、《山村小店》（朱毅勇，1981）、《茶馆系列》（陈安健，1981~1982）、《阵风》（叶永青，1983）、《华工船》（程丛林，1984）、《大家庭》（张晓刚、2007）等为代表的"四川画派"艺术家，侧重描绘日常生活中的人与物，尤其是聚焦历史浪潮中个人或一个群体的命运，其作品颇具反思和批判精神。

四川少数民族的美术创作表现了自己的民族特色：唐卡藏画《格萨尔王》在全国少数民族美术作品展览会上获得优秀奖，《吉祥如意》在法国巴黎展出备受关注，"四川甘孜州藏画展览"在国内外展出中都大受欢迎。

四川绘画事业的发展，离不开以艺术家为核心的艺术群体的探索、传承与创新，他们在艺术风格、图像表达、文化观念上不断开拓、超越，共同成就了四川绘画事业的辉煌。

2. 雕塑

四川雕塑艺术在全国位居前列，成就突出。20世纪50年代四川雕塑受传统影响，并结合西方现代雕塑技巧逐步发展。50年代末和60年代初，一批年轻雕塑家在首都为革命博物馆、历史博物馆等北京十大建筑创作了《二七工人》《方腊》等一批作品，为革命军事博物馆中央大厅完成毛泽东汉白玉像，首次显露出四川雕塑的实力。60年代是四川雕塑发展的鼎盛时期，有百多件作品的"四川雕塑展览"先后在北京、上海、武汉展出，是新中国成立以来全国第一个雕塑展览。1965年，四川部分雕塑家在大邑集体创作的由114个与真人等大的泥塑组成的、具有情节性的大型泥塑群像《收租院》，是汲取民间雕塑经验、表现真实生活内容的一次尝试，曾轰动全国，先后赴加拿大、日本巡展。德国一个美术学院还成立《收租院》研究小组。国内外学者都将《收租院》看作是中国美术史上里程碑式的作品。四川是现代雕塑的发源地之一。除此之外，原坐落于成都市水碾河街心由任义伯创作的《建设者》不锈钢雕塑为全国首批获优秀作品奖的城市雕塑，由张绍蓁复制的《川军抗日阵亡将士纪念碑》现坐落在人民公园，因其忠实再现了刘开渠老先生原作艺术风采而深受人们喜爱。《彝海结盟》《李冰纪念像》《三苏纪念像》也是为人们所熟知的西昌、都江堰和眉山市城市雕塑。

十一届三中全会以后，四川雕塑艺术重振雄风，叶毓山等几位雕塑家参与了毛主席纪念堂的雕塑工作，四川美院十几位雕塑家在革命军事博物馆完成了中国工农红军长征纪念碑碑园大型雕塑的设计创作任务。20世纪80年代，城市雕塑进入一个高速发展时期。四川雕塑家们为众多纪念馆、纪念碑创作了名人像和群像。仅四川美院的雕塑家就为全国19个省、市、自治区完成了360多件城市雕塑作品。这些作品累积多年的探索，吸取西方现代艺术的成果，形式趋于多样化，个人风格更加突出，如《玉碎》（王官乙，1979）、《杜甫》（叶毓山，1984）、《千钧一箭》（朱成，1985）、《父与子：中国农民工纪念碑》（谭云，2013）等皆成为艺术珍品。

3. 版画

四川版画历史悠久，积淀丰厚。四川成都唐墓出土的至德本版画，据估计比咸通本早约百年。宋元时期的佛教版画，四川眉山、成都是独具特色的版刻中心之一。明清两朝，四川版画仍然领先。四川版画是中国新兴版画的重要力量。新中国成立之初，晋绥解放区的一批版画家来到重庆，团结组织了一批版画创作队伍，为20世纪50年代的四川版画打下了基础。当时四川就有李少言、牛文、吕林、林军等版画家当领导，在他们的带领下，一批批年轻版画家迅速成长。60年代，中国版画以四川黑白木刻、黑龙江套色木刻、江苏水印木刻在国内领先而形成三角鼎立之势。四川版画中产生了李焕民的《藏族女孩》《初踏黄金路》，吴凡的《蒲公英》、李少言等集体创作的《红岩》插图版画组、《南方来信》组画等影响深远的作品。70年代后期，徐匡的《草地诗篇》《主人》等堪称经典之作。

从20世纪80年代后期以来，四川少数版画家的少数作品尚能在全国叫响，如阿鸽的《鸽子》、武海成的《堤》、张国忠的《昆仑雪》等。四川版画注重人物刻画，着力于反映生活，借鉴欧洲素描明暗因素，形成了以黑白人物刻画为主的版画特色。

近年来，四川版画复苏态势迅猛，在国际版画拍卖市场上四川版画很受欢迎。版画展览以多种方式举办，许多著名版画家作品与大众见面，受到欢迎。新老版画家作品同时展出，如李少言、牛文、李焕民、丰中铁、徐匡、阿鸽、林军、宋广训、王明月、彦冰、蒋宜勋、武海成、黄德珍、董小庄、陈玛瑛、甘庭俭、马力平、潘欣、向思楼、米金铭、邝明惠、蔡丽辉、刘慧明、王卫杰、郑传凤、曹美英、郑春银、薛珊珊等，以空前整齐的阵容和格外多样的面貌，高调唤起人们对版画艺术的关注。

4. 民俗艺术

四川民间民俗美术品种多样，以木偶、皮影、剪纸最具特色。

木偶艺术是一种世界艺术。中国木偶艺术起源可以追溯到汉代陶俑雕塑，四川出土汉代陶俑数量、种类、雕塑技巧等都位居全国首列，尤以说唱俑、乐舞俑最为生动。唐代木偶制作已非常精巧，木偶表演称为"傀儡戏"，也用于摆设。宋代以后，木偶制作与说唱艺术、戏剧艺术结合成为一种最受欢迎的民间表演形式，延续至今。木偶制作工艺主要有造型、镂空、着色等，均根据内容设计，主要种类有杖头木偶和提线木偶。

四川木偶在全国享有盛誉，既有杖头木偶，又有提线木偶。杖头木偶分为大木偶、二木偶、精木偶，各具特色。成都木偶、川北大木偶等木偶剧团，制作木偶技艺和木偶剧团演出，闻名海内外，先后到日本、韩国、美国、法国等国家演出，常演剧目多为川剧或曲艺剧目，如《哪吒》《劈山救母》等。提线木偶在藏族等少数民族说唱艺术和汉族木偶中都常使用。

皮影艺术在新中国成立以后继续发展。国家非物质文化遗产"川北王皮影",传人王文坤是川北皮影第八代传人,成立川北皮影艺术团,专设开发组、制作组,把雕刻形象与舞台形象融为一体,唱腔多样,形成特色,1988年在维也纳金色大厅参加国际艺术交流表演赛,荣获"国际艺术金奖"。川北皮影以阆中为中心,流布于36县,已成为全国最著名的三大皮影流派之一的"川北派"(另二为陕西派和湖北派),新创剧目《张飞审瓜》等,备受欢迎,常演不衰。

剪纸是中国最普及的民间传统装饰艺术之一,以绘刻与镂空技术巧妙结合为特征。三星堆遗址出土的金面具制作已使用镂空技艺,金箔剑面刻绘人、鱼等对称纹饰。金沙遗址出土金面具与真人大小一样,五官镂空精确;太阳神鸟金箔,环璧中央镂空十二芒纹,璧面刻绘四只围绕太阳飞翔的神鸟,将四川镂空技艺源头追溯到商周之际。汉唐时期妇女使用金银箔剪成方胜贴在鬓角,已具剪纸艺术雏形。杜甫诗中"暖汤濯我足,剪纸招我魂",可确认唐代已有剪纸艺术,有学者考证剪纸的使用,与道家祭祀招魂有关,也应在四川地区。

新中国成立以后,四川剪纸艺术推广发展,自贡手工剪纸、武胜剪纸、平武剪纸、涪城剪纸、仪陇剪纸被列为四川非物质文化遗产。如武胜剪纸融汇传统绘画技巧中的白描、工笔,以及版画布局风格,独创一枝,列入四川非物质文化遗产,代表作品如《保卫祖国》《大办农业》等,在《人民日报》《四川画报》上刊登,民俗风情作品《做咸菜》等,新颖风趣。川剧变脸脸谱也被做成各种剪纸,颇受欢迎。

四川竹编艺术、扎染艺术等其他类型民俗艺术,也具有浓郁的地方特色。

(七)电影、电视剧

新中国成立以后,巴蜀电影事业起步并快速发展。1958年,峨眉电影制片厂成立,1961年开始独立拍片,第一部作品是舞台片《乔太守乱点鸳鸯谱》;粉碎"四人帮"后,以拍《十月风云》《神圣的使命》二片在全国引起轰动效应。《神圣的使命》描写了一个经受"四人帮"迫害八年的公安干部,以自己的鲜血和生命履行一个执法者的神圣使命,影片获文化部优秀影片奖,导演毛玉勤获青年优秀创作奖。1980年摄制的《法庭内外》,从连文、陆小雅导演,成功地塑造了一位执法不阿的女法官,她在审案中不畏权势,不讲情面,终于将罪犯绳之以法,影片获文化部优秀影片奖。1981年由张其、李西林导演的《被爱情遗忘的角落》,通过一个偏僻山村中三个妇女的爱情和婚姻的曲折故事,反映农民在30多年中不同的命运和遭遇,展示了中共十一届三中全会后农村欣欣向荣的景象。影片获文化部优秀影片奖，编剧张弦获第二届金鸡奖最佳编剧奖。毛玉勤在1983年导演的《特急警报333》，真实地再现了四川群众英勇抗洪救灾的故事，文化部电影局为此片专发了贺电，中共四川省委和省政府给影片颁发了奖状，该片还获文化部优秀影片荣誉奖。由陆小雅编导，1984年拍摄的《红衣少女》，通过一个16岁的少女穿一件漂亮的红衬衫引来的一场风波，反映了青年一代对世俗观念的挑战。这是一部有时代特点、艺术风格独特的好影片，荣获第五届中国电影金鸡奖最佳故事片奖、第八届百花奖最佳故事片奖、文化部优秀影片一等奖和"新时期十年电影奖"最佳故事片奖。此外，李亚林、晏文藩导演的《为什么生我》，太纲导演的《钢锉将军》，王冀邢导演的《焦裕禄》等，皆获文化部优秀影片奖或荣誉奖。李亚林还以故事片《井》荣获意大利第19届陶尔米纳国际电影节银奖。峨影厂还摄制了《南行记》《梨园传奇》《古越轶事》等，这些影片独具地方色彩，为人们津津乐道。

改革开放以来，四川电视台制作的电视剧主要有四种类型：一是反映具有强烈时代精神和积极的现实意义的重大题材，如描写尧茂书首漂长江的《长江第一漂》，以中国"两弹元勋"邓稼先的事迹为原型创作的《西部痕迹》，反映中国科学考察队首次建站南极的《长城向南延伸》，表现中国工人在非洲艰苦拼搏、为祖国赢得荣誉的《卡萨拉尼》《蒙巴莎之恋》等；二是革命传统教育题材，如《红岩》《张露萍》《陈云出川》《朱德》《刘伯承血战丰都》《王右木》《虹》《一滴泉》《三战华园》等；三是建立有地方特色形象的四川现代作家电视文库，如与上海电视台联合摄制巴金的《家·春·秋》，自制李劼人的《死水微澜》、罗淑的《生人妻》，与中央电视台联合摄制艾芜的《南行记》等；四是制作儿童电视剧，如《小佳佳》《男子汉虎虎》《跑跑的天地》等。此外还将一些优秀川剧剧目搬上屏幕。除了四川电视台，四川各地的电视台也制作了大量的电视剧。这些电视剧或多或少地反映了巴蜀文化的特点，亦是当代巴蜀文化的一部分。

总体上看，改革开放以来巴蜀艺术从恢复到全面繁荣发展展示了独特的地方色彩，在中国艺术发展史上占有重要地位，也为促进四川经济、社会、文化的全面发展，提高四川人民的生活质量，建立和谐的社会，发挥了重要作用。

六、文化体制改革与非物质文化遗产

（一）文化体制改革

改革开放以来，随着四个现代化建设的不断深入，随着社会主义市场经济的不断发展，在全国文化体制改革历程中，巴蜀艺术在面临严峻挑战和新的发展机遇形势下，解放思想，大胆革新，取得了实质性进展。

第一阶段改革，自1978年到1992年，中央明确提出了文化体制改革的任务和目标。1980年2月召开的全国文化局长会议认为："艺术表演团体的体制和管理制度方面的问题很多，严重地影响了表演艺术的发展和提高，需要进行合理的改革。"会议明确提出："坚决地有步骤地改革文化事业体制，改革经营管理制度。"1983年国务院《政府工作报告》提出，文艺体制需要有领导、有步骤地进行改革。改革是为了促进社会主义文艺的繁荣，提高作家、艺术家的思想艺术素质，提高作品的思想艺术质量。1984年党的十二届三中全会通过的《中共中央关于经济体制改革的决定》明确指出："经济体制的改革，不仅会引起人们经济生活的重大变化，而且会引起人们生活方式和精神状态的重大变化。"随着经济体制改革和社会主义市场经济体制的建立，随着社会主义民主政治建设的日益推进，当今社会出现了经济成分和经济利益多样化、社会生活方式多样化、社会组织形式多样化、就业岗位和就业形式多样化。伴随着这些深刻复杂的社会变化，文化生长和发展的物质基础、体制环境、社会条件、传播手段等也随之发生变化，文化工作的环境、任务、内容、形式、对象等也随之发生变化。

四川省按照中央指示精神，认真分析了现行文化体制与经济形势快速发展产生的矛盾，如现行文化体制，主要延续新中国成立以后前17年建立起的文化体制，难以适应市场经济的发展需要，缺乏活力。艺术创作演出不能满足城乡居民快速上升的文化需求，新的审美娱乐逐渐取代传统艺术欣赏习惯，呈现出多样性和自主选择性强等特征，亟待文化市场的进一步发育和完善。随着经济全球化和以数字技术为代表的高新技术迅猛发展，国际文化交流不断扩大，不同文化的相互交流和碰撞日益加剧，文化产品的制作、传播、接收手段和方式更加科技化和现代化，休闲娱乐的方式方法日趋现代化，新媒体和新的娱乐方式以及网络技术，在人们文化生活中的影响越来越大，这种种新的变化，都需要通过文化体制改革加以改变和建立新的秩序。进入改革的第一阶段，通过深入调查研究，以解放和发展文化生产力为目的。20世纪80年代中叶，四川省开始对全省艺术表演团体和演出情况全面调查，并提出了艺术表演团体体制改革的意见，要求剧目创作加强观赏性和大众化，期望建设和发展文化市场在提高社会效益的同时，也要提高经济效益等，指导全省艺术演出事业健康发展。

第二阶段改革，自1992年至2002年。四川省文化体制改革，按照文化部统一部署，深入开展。针对前阶段改革中出现的问题，如撤销、合并了一批专业艺术表演团体；将文化事业划分为三类即全额财政拨款、部分由财政拨款以及自负盈亏后，撤并剧团出现人员安置去向、入不敷出等问题。首先从思想认识上提高了坚持文化体制改革的重要性和必要性的认识，进一步明确了"坚持走改革开放之路，积极推进文化事业改革"是现阶段文化发展的基本方针。坚定不移地执行1996年党的十四届六中全会通过的《中共中央关于加强社会主义精神文明建设若干重要问题的决议》提出的文化体制改革的任务和一系列方针，明确了决议提出的"改革文化体制是文化事业繁荣和发展的根本出路"，"改革的目的在于增强文化事业的活力，充分调动文化工作者的积极性，多出优秀作品，多出优秀人才"。坚持改革要符合精神文明建设的要求，遵循文化发展的内在规律，发挥市场机制的积极作用，坚持改革要区别情况，分类指导，理顺国家、单位、个人之间的关系，逐步形成国家保证重点、鼓励社会兴办文化事业的发展格局。

四川省电影业的改革走在全国之先，取得经验并向全国推广。20世纪90年代初，四川省电影发行公司率先打破电影计划发行体制，将原有"统购统销"电影影片，按级（省、市地、县）计划发行的发行体制，改为由四川省电影发行公司向中影公司购片后，直接向各地电影公司发行拷贝，根据各地放映需求，打破级别发行影片并有步骤放开电影票价的尝试，激活了电影发行放映市场，各地可以同时观看新电影，取得良好效益。与此同时，逐步放开各地电影售票价格，提高了电影放映收入。1995年又根据广电部文件规定，将电影发行从35毫米拷贝发行扩大到16毫米拷贝发行，直接向各级电影发行公司、集体、个人放映单位等购买单位发行，从根本上改变了广大乡镇、农村看电影难的问题，电影市场逐渐活跃起来。90年代中期，四川省电影业又率先建立院线制，省电影公司通过省、市及各级组建电影发行院线，第二发行渠道脱颖而出，取得良好效果。四川省电影公司在省电影公司基础上，建立了初具现代企业性质的"四川西南影业有限公司"，将单纯的发行向放映延伸，第一座放映厅在电影公司内改造办公会议室建成，随后建立太平洋影城，下属各种规模电影放映厅，为电影观众提供了不同座位、不同服务档次的优质服务，四川电影业在深化体制改革中快速发展。

2000年10月，中国共产党第十五届五中全会通过的《中共中央关于制定国民经济和社会发展第十个五年计划的建议》，其中第一次在中央正式文件里提出了"文化产业"这一概念，要求完善文化产业政策，加强文化市场建设和管理，推动有关文化产业发展。"文化产业"概念的提出，标志着我国对于文化产业的承认和对其地位的认可。2001年中共中央批准了中宣部、广电总局、新闻出版总署《关于深化新闻出版广播影视业改革的若干意见》。意见总结了近些年来文化体制改革的经验教训，集中反映当时的认识和思考。意见提出文化体制改革要以发展为主题、以结构调整为主线、以集团化建设为重点和突破口，着重在宏观管理体制、微观运行机制、政策法律体系、市场环境、开放格局五个方面积极进行探索创新，以进一步壮大实力，增强活力，提高竞争力。强调要加强党对新闻出版、广播影视业改革的领导，始终掌握对重大事项的决策权、对资产配置的控制权、对宣传业务的审核权、对主要领导干部的任免权。新形势下的文化产业政策，促进了四川电影业的发展。经过不断改进的四川电影院线，以四川"CHN院线"为品牌的电影院，进入全面繁荣发展的黄金时期：四川电影公司与王府井电影城等五家资产相联系的电影院组成院线，五家影院分别由四川省电影公司独资、控股或参股组成，拥有43块银幕，引领四川电影业全面发展昌盛。四川电影业成功的体制改革，对全国电影业产生了重要影响。21世纪以来，四川电影业的改革进一步深化，吸引外资投资者和管理者，建立起现代化电影院，这批电影院以多厅放映、一流的立体声音响效果、高清晰度银幕、舒适的环境、优质的服务，吸引广大观众，促进了电影产业的快速发展，追赶国际电影先进水平。四川电影业的发展在电影制片、股份制建立等各个方面，不断发现问题，改革创新，体现出四川文化体制改革的不断深化和取得的巨大成果。

第三阶段改革，自2002年起，四川省文化体制改革深入开展，一批大型文化企业集团建立，文化市场更加活跃，成为促进四川省经济建设的一支新型产业队伍，也成为促进四川省社会和谐发展的新生力量。巴蜀艺术在新的历史阶段，跨出新的步伐，出现大繁荣、大发展的局面。2002年党的十六大召开以后，从理论上第一次明确提出把文化分为文化事业和文化产业。2003年，认真贯彻党的十六届三中全会通过的《中共中央关于完善社会主义市场经济体制若干问题的决定》，突出了文化建设在三个文明协调发展中的基础性和战略性地位，按照社会主义精神文明建设的特点和规律，适应社会主义市场经济发展的要求，逐步建立党委领导、政府管理、行业自律、企事业单位依法运营的文化管理体制的总目标，将四川省文化单位作了划分，并按照中央提出的文化事业和文化产业改革方向，对公益性文化事业单位，着重从深化劳动人事、收入分配和社会保障制度改革，加大国家投入，增强活力，改善服务方面深入改革；对经营性文化单位则从创新体制，转换机制，面向市场，壮大实力等方面全面改革。同时全面开展健全文化市场体系，建立富有活力的文化产品生产经营体制；完善文化产业政策，鼓励多渠道资金投入，促进各类文化产业共同发展，形成一批大型文化企业集团，增强文化产业的整体实力和国际竞争力；以及依法规范文化市场秩序等各方面的深入改革。

在中央一系列政策指引下，四川文化体制改革按照国家统一部署，大胆探索，深入开展。一方面认真学习，提高认识，加强理论研究和政策规划的制定；另一方面加强深化文化体制改革的实践和落实，如四川省电影集团公司、四川省演艺集团公司、成都演艺集团公司、成都文旅集团公司、成都传媒集团公司等，相继改制成功，成为成都文化市场的主力，文化产业效益不断增加，成都已成为西南地区文化产业基地，并向全国推广。四川文化体制改革把文化改革的着力点放在满足人民群众精神文化需求和促进人的全面发展上，通过各种节庆活动和逐渐建立的社区文化服务等多种形式，不断活跃群众文化生活，积累了丰富的经验。四川文化体制改革，在充分发挥社会主义市场经济体制的作用、充分发挥国有文化企事业单位的主体主导作用、充分调动社会各方面的力量和充分调动广大文化工作者的积极性、创造性以及建立多出精品、多出人才的文化管理体制等方面也顺利推进。

（二）非物质文化遗产的保护与传承

21世纪以来，中国的非物质文化遗产保护工作全面启动，根据联合国《保护非物质遗产公约》和《保护世界文化和自然遗产公约》精神，国务院发布《关于加强文化遗产保护的通知》，并制定国家、省、市、县四级保护体系，要求各地方和各有关部门贯彻"保护为主、抢救第一、合理利用、传承发展"的工作方针，切实做好非物质文化遗产的保护、管理和合理利用工作。联合国教科文组织建立了通过申报、审批，确定的保护非物质文化遗产名录，分别于2001年、2003年、2005年、2009年命名了四批世界非物质遗产，其中包括中国非物质文化遗产26项。2006年6月，国务院批准文化部确定了第一批国家级非物质文化遗产名录并予以公布，共518项。

自2001年申报世界非物质文化遗产名录以来，各省市加强了非物质文化遗产调研、普查、管理以及申报工作，同时建立了各省非物质文化遗产名录，并逐步向市县扩展。四川省具有悠久的文化历史和丰富的非物质文化资源，2003年，中国古琴艺术被列入世界非物质文化遗产名录，巴蜀古琴艺术在全国著称，唐代雷氏家族制琴工艺、蜀派古琴演奏风格及其传人，均为中国古琴艺术中的重要元素。从2001年起，四川省有计划地开展了文化遗产调查工作，深入阿坝州等地调查。2003年成立了四川省口头和非物质文化遗产（民族民间文化）保护工程领导小组，协调各方面工作。2004年在对全省非物质文化遗产进行充分调查基础上，四川省制定了《关于实施四川省民族民间文化保护工程的通知》，正式启动了四川省非物质文化遗产的保护工作。省、市（州）、县（区）逐级成立了民族民间文化保护工程领导小组及专家委员会（或专家小组），制订了民保工程实施意见或普查方案，拨出一定经费成立了普查工作小组，进行非物质文化遗产的普查、抢救工作。2005年，全省组织参加国家第一批申报世界文化遗产名录，共向国家推荐42项非物质文化遗产，涵盖国家公布的16种非物质文化遗产类别如：民族语言、民间文学（口头文学）、民间美术、民间音乐、民间舞蹈、戏曲、曲艺、民间杂技、民间手工技艺、生产商贸习俗、消费习俗、人生礼俗、岁时节令、民间信仰、民间知识、游艺、传统体育与竞技等，具有鲜明的地方特色。许多非物质文化遗产多与四川地区民间艺术有关。

川江号子：川江号子是航运工人劳动时唱的歌曲。号工领唱，众船工帮腔、合唱，统一步调和节奏。主要流布于金沙江、长江及支流岷江、沱江、嘉陵江、乌江、大宁河等地。这一带航道曲折，山势险峻，水急滩多，全程水位落差较大，特别是经险要的三峡出川，川江号子以激昂的歌声，鼓舞士气，提振精神，成为船工们团结合作的号角。

格萨尔史诗：藏族英雄史诗《格萨尔王传》，是一部在四川涉藏地区广为流传的民间艺人说唱形式，后又根据格萨尔的故事，衍生出格萨尔藏戏、电视剧等不同的艺术形式。史诗的主人翁格萨尔，以出生在甘孜藏族自治州德格县阿须乡的熊坎吉苏雅格康多为原型。

巴塘弦子：巴塘弦子，藏语称"嘎谐"，迄今已有1000年的历史。巴塘弦子舞蹈基本动律特点以"三步一撩、一步一靠"为主,其含胸、颤膝,长袖的绕、托、撩、盖形成了其独特的舞风。巴塘弦子以圆圈为队列,中间男子边拉弦子边唱,周围舞者可多达千人,围成圆圈舞蹈。2000年5月,文化部正式命名巴塘县为"中国民间艺术(弦子)之乡"。

巴山背二哥:巴山背二哥是流布于川东北米仓山南麓巴中地内的一种山歌。"背二哥"是对长途背运年轻人的昵称,山歌也就称作"巴山背二歌"。表现形式多为一人领唱其他人合唱或众人齐唱。歌词以七言格律体为主,调式多为徵调式,曲式结构为上下两个乐句的单段体,唱腔高亢悠扬,结束时有长气短叹的一声甩腔。

成都漆器:成都漆器工艺,是我国乃至全世界诞生最早的漆器工艺之一,是中华民族优秀的历史文化遗产。成都漆器,发轫于商、周,兴盛于战国、秦汉与盛唐,对我国其他漆艺流派产生重大影响。成都漆器工序众多,制作细腻,修饰技法独特,尤以雕嵌填彩、雕填影花、雕锡丝光、拉刀针刻、隐花变涂等极富地域特色的修饰技艺闻名于世。

川北大木偶:是世界稀有的木偶剧种。木偶与真人相似,大木偶表演多取川剧折子戏,清末民初,广泛流传于川北地区,现存南充市仪陇县"福祥班"大木偶剧团,后改为"四川省大木偶剧院",位于南充市。

川北灯戏:川北灯戏是四川农村流传下来的地方戏剧剧种,以表现劳动人民的思想感情和道德情操为主要内容,语言通俗易懂,诙谐风趣,唱腔极富乡土气息和地方特色。

川北薅草锣鼓:主要分布在广元市境内,以青川薅草锣鼓最著名。川北薅草锣鼓一般在薅二道苞谷草或锄黄豆草时进行,一人击鼓,一人敲锣,敲锣者为歌郎,在数十人的薅草队伍中起指挥作用,曲调和唱词按字数分为七字谱、十字谱,也有即兴填词演唱。

川剧:川剧是中国西南地区影响最大的地方剧种。主要有高腔、胡琴、弹戏、昆曲、灯调五种声腔,尤以曲牌体的高腔音乐最具创造性,其帮、打、唱相结合的结构形态在戏剧与音乐的结合上达到了前所未有的高度,是我国戏曲高腔音乐发展的杰出代表。川剧分小生、旦角、生角、花脸、丑角五个行当,各行当均有自成体系的功法程式,尤以文生、小丑、旦角的表演最具特色。川剧剧目丰富,现存传统剧目和新传剧目6000多种,群星璀璨,名家辈出。

德格印经院印经工艺:德格印经院建立于1729年。早在1703年,德格土司就已出资雕刻经版印刷经书了，至今已有300多年历史。德格印经院生产的藏纸不被虫蛀，吸墨性很强，重量轻、韧性好，有独特的价值。

甘孜州噶玛嘎孜传统绘画和颜料技艺方法：藏族传统绘画是康藏民族文化中的重要组成部分，"噶玛嘎孜"画派形成于16世纪下半叶，17世纪走向繁荣，是藏族传统绘画风格三大流派之一。创始人为南喀扎西，他以汉地的丝轴画为范本，用明代工笔画表现手法绘制唐卡，并采用大量中原题材入画，开创了噶玛嘎孜画派的一代新风。继后，十世噶玛巴曲英多吉亦热衷于嘎孜画法，他从一套汉地罗汉丝绢唐卡组画中吸取了明代青绿山水画和界画楼台的技法作画，并有所创新。在康区广为流传的新噶玛嘎孜画派则是由高僧司徒·曲吉迥乃首创。后期，噶玛嘎孜画派艺术得以西进卫藏，对整个涉藏地区绘画也产生了重大影响。

甘孜州《格萨尔》彩绘石刻艺术：《格萨尔》彩绘石刻是藏族美术史上一个创举，它以英雄史诗《格萨尔》核心内容为表现对象，融精湛的刻石技艺和传统绘画为一体，以独具特色的艺术风格刻绘了格萨尔王及其领国众将士波澜壮阔的历史场面。色达县泥朵乡《格萨尔》彩绘石刻群最为著名，形成了一套较为完整的刻绘工艺体系。

夹江手工书画纸制作技艺：夹江"竹料手工造纸"始于唐、兴于明、盛于清。曾被康熙皇帝御点为"贡纸"，被乾隆皇帝钦定为"文闱卷纸"。自唐代以来，夹江纸以质量佳、品种多、规模大、技术精、历史悠久著称，因此享有"蜀纸之乡"的美称。夹江"竹纸"以古法手工舀纸术生产，从选料到成纸共有十五道环节、七十二道工序。

绵竹木版年画：绵竹木版年画始于宋代盛于明清，通过起稿、刻版、印墨、施彩、盖花等工序完成。在艺术构思上有着实用性和情节性并重的特点，特别表现在独幅画和斗方，活泼俏皮、诙谐幽默，反映了四川人民对生活特有的理解方式。

羌笛的演奏及制作技艺：羌笛是一种由两根长约15—20厘米、筒孔大小一致的竹管并在一起，用丝线缠绕、管头插着竹簧的民间竖吹乐器，最常见的演奏形式为独奏。吹奏羌笛主要采用鼓腮换气法，一口气可吹奏几分钟，甚至一首曲调。羌笛吹奏还有喉头颤音、手指滑音等技巧，加之双管制作的律差，双簧共振的音响，其音质和旋律独具特色。

蜀锦：蜀锦手工织锦技艺延续了2000多年。最早记载蜀锦文字史料为公元前316年的秦惠文王更元九年。早在战国时期,蜀锦已成为重要的贸易品。蜀锦兴于秦汉,盛于唐宋,衰于明末,清中晚期得以恢复。

蜀绣:是中国四大名绣之一,使用的70余道衣锦线为蜀绣独特工艺。蜀绣的历史已有3000年,产生于川西平原地区,迄今为止,蜀绣针法已发展到12类,共122种。

羌族"瓦日俄足":是羌族民众为祭祀天上的歌舞女神莎朗姐,于每年农历五月初五举行的民俗活动,羌语称"瓦日俄足",汉语称"歌仙节"或"领歌节"。"瓦日俄足"以歌舞活动为主,粗犷奔放,节奏自由,风味浓郁,交替反复的歌唱形式,表现出羌族传歌、习歌的艺术特色。舞蹈动作夸张,胯部往复扭动,令人叹服。

泸州雨坛彩龙:泸州雨坛彩龙以其悠久的历史和浪漫的龙舞表演艺术,成为中华龙舞艺术的一支。泸州雨坛彩龙龙舞与全国各地的龙舞最大的区别,就在于其他的龙舞是"舞龙",而泸州雨坛彩龙是"龙舞","舞龙"类似杂耍,而"龙舞"则是舞蹈艺术。

卡斯达温:卡斯达温是流布于羌族聚居地黑水地区年节、庆典、喜丧等祭祀仪式的歌舞活动。"卡斯达"为"铠甲"之意,"温"或"贡"是"穿"的意思,因舞者身穿"甲衣"歌舞,汉语俗称"铠甲舞"。"卡斯达温"起源于古羌族狩猎祭祀活动,后演变为出征前为勇士们祷告胜战、祈求平安、祝福吉祥的一种民间祭祀性歌舞活动。

四川非物质文化遗产保护工作不断加强,在国家后续申报非物质遗产名录中,又有数十个项目录入,并建立了四川省非物质文化遗产名录和市县级保护名录,非物质遗产的保护和展览已成为21世纪巴蜀艺术发展的重要项目,成都市成为国家非物质文化遗产保护基地并建立了非物质文化遗产公园,连续举办中国成都国际非物质文化遗产年活动。

结　语

　　巴蜀自古钟灵毓秀，艺术繁荣。文宗艺韵，远追上古，代代相传，绵延至今。上可追至富林文化之初；间有神奇雄异的三星堆、金沙；汉阙、汉赋、汉画像砖世间少有；又有隋唐五代绘画、音乐、辞章之美；宋有文同、子瞻俊美之作，石刻艺术巧夺天工；明清之际市民文化凸起，闪耀夺目；清末民国初年，川戏兴起；新中国成立后，千帆过尽，百舸争流；改革开放百艺复兴，蔚为壮观。

　　巴蜀艺术既呈现出其独特性，又有华夏文明的共同性。我们认为巴蜀艺术无疑是中华文化艺术的一个重要分支。巴蜀大地文化底蕴丰厚，培育出丰富多彩的巴蜀艺术形式。总起来说，巴蜀艺术门类广博、积淀深厚，无论是早期的三星堆、金沙，还是唐宋、明清直至近代，巴蜀艺术以汪洋恣肆之态创造出绵延几千年的美丽华章，可谓异彩纷呈。不少艺术类型的创造在全国同一历史时期属于首创，具有领先地位；且在不同的历史时期，均有巴蜀艺术形式引领中华艺术风尚。

　　差异产生了特殊的美感，最终成为巴蜀艺术的一个基因，代代相续，激发着巴蜀艺术家的灵感，创造出一个又一个的艺术奇迹。巴蜀地区有很多国内乃至世界第一的创造：最早出现木偶戏、猴戏，创造了堪称世界第一的水莲地布景机械技术等。巴蜀艺术创作始终在求新求变，"师古人、师造化、师己心"。别具特色的巴蜀艺术基因来自山水之美、人文荟萃、性灵之美。自古以来，巴蜀艺术创造者不断地吸收前人传统，在艺术观念和表现上大胆创新。他们将巴蜀雄、秀、神、奇的自然山水，作为创作参照的本体，感受天地生机、宇宙妙化，映射出巴山、蜀水、川人的神采、动物植物的美感。"清雄奇富，变态无穷"，成就了苏轼、文同，甚至使一些画坛巨匠来到四川后画风为之一变，如傅抱石来川后的新变即是典型案例。或是因为巴蜀的山水太过壮美，使得往来蜀中的艺术家驻足忘返，不断地修炼心灵。在这个"丹壑争流，青峰杂起，陵涛鼓怒以伏注，天壁嵯峨而横立，亦宇宙之绝观者也"[①]的巴蜀，艺术家们书写自然，更注重抒写性灵、发挥个性，形成巴蜀艺术独特的风格，创造了巴蜀艺术经典的艺术精神。

从三星堆的通天神树，到汉代画像砖中的西王母、九尾狐，再到大足石刻的六道轮回图、牧牛图，无不散发着巴蜀艺术家独有的艺术想象力，又间有诙谐幽默的特质，成就了汉代说唱俑、川戏丑角、文明戏等，这些艺术品无不透露出川人的机敏与聪慧。

民族迁徙，历代文人入蜀，都为巴蜀艺术带来一次次的繁荣。秦灭巴蜀，由楚地传来的楚风，浸润着巴蜀艺术。唐末随唐王入蜀的画家，为五代、宋四川绘画的长足发展注入了重要力量。清初的"湖广填四川"更是不仅为四川带来了充足的人口，更为四川带来了大江南北的文化基因沉淀，形成了四川兼容并蓄、博采众长、风格多样、包容性强，又独具特色的巴蜀艺术风格。

新中国时期，尤其是改革开放以来，我国的政治、经济、文化迎来了蓬勃发展的大好时机，多种艺术形式取得了令人瞩目的成就。一些传统艺术形式，通过非物质文化遗产的保护行动，重焕生机。新世纪以来网络成为人们日常生活的重要部分，也参与到艺术创造中来，以前不认为是艺术的一些创意产品，今天也进入艺术审美范围，成为艺术大家庭的一员。网络的普及让艺术交流更为便捷，中外艺术家通过网络相互沟通，打破了空间的界限，使交融更加容易，本来就有博采众长传统的巴蜀艺术，借助网络大踏步发展。随着市场经济的发展，艺术品交易逐渐兴起，既给艺术带来了动力，也带来艺术功利性的困惑。

在这个方兴未艾的时代里，新的艺术形式会不断涌现，旧有的各种艺术形式在与时代新元素的交融之后，也必将蓬勃发展。随着国家走向民主、富强，艺术将越来越受到人民群众的喜爱。

---

① （唐）王勃著，（清）蒋清翊注：《王子安集注》，上海古籍出版社1995年版，第227页。

主要参考文献

国内著述

《二十五史》，中华书局编印2005年版。
《十三经注疏》（16开影印精装本·全二册），中华书局2003年版。
《续修四库全书》，上海古籍出版社2002年版。
《四库全书存目丛书》，齐鲁书社1997年版。
《永乐大典方志辑佚》，中华书局2004年版。
（东晋）干宝：《搜神记》，中华书局1979年版。
（唐）张彦远：《历代名画记》，《文渊阁四库全书》本。
（宋）郭若虚：《图画见闻志》，《文渊阁四库全书》本。
（宋）郭若虚、邓椿著，米田水译注：《画继》，《中国书画论丛书》，湖南美术出版社2000年版。
（宋）岳珂：《桯史》卷一三，中华书局1981年版。
（宋）赵彦卫：《云麓漫钞》，中华书局1996年版。
（宋）四水潜夫：《武林旧事》，西湖书社1981年版。
（宋）高承著，金园、许沛藻点校：《事物纪原》，中华书局1989年版。
（北宋）黄休复：《益州名画录》（明嘉靖刻本《湖北先正丛书》影印本），人民美术出版社1964年版。
（北宋）苏轼：《东坡题跋》卷五，商务印书馆1936年版。

（北宋）孟元老：《东京梦华录·序》，中华书局1982年版。

（北宋）孟元老著，邓之诚注：《东京梦华录注》卷九，中华书局1982年版。

（北宋）张唐英撰，王文才、王炎校笺：《蜀梼杌校笺》，巴蜀书社1999年版。

（南宋）周密：《齐东野语》卷一三，中华书局1983年版。

（元）夏文彦：《图绘宝鉴》，《文渊阁四库全书》本。

（明）汪珂玉：《珊瑚网》，《文渊阁四库全书》本。

（明）董其昌：《容台集》，《四库禁毁丛书》本。

（明）张丑：《清河书画舫》，清乾隆池北草堂刻本。

（明）杨慎编，刘琳、王晓波点校：《全蜀艺文志》，线装书局2003年版。

（清）《佩文斋书画谱》，《文渊阁四库全书》本。

（清）《石渠宝笈》，《文渊阁四库全书》本。

（清）卞永誉：《式古堂书画汇考》，《文渊阁四库全书》本。

（清）吴荣光：《辛丑销夏录》，清道光刻本。

（清）李调元：《童山诗集》，商务印书馆1936年版。

（清）傅崇榘编：《成都通览》（清宣统年间刻印版），成都时代出版社2006年版。

郑振铎：《中国俗文学史》（上、下册），上海书店1984年复印商务书局1938年版。

王国维：《宋元戏曲史》（民国四年《文学丛刻》本），上海古籍出版社1998年版。

阿英编著：《中国年画发展史略》，朝花美术出版社1954年版。

徐邦达：《历代流传书画作品编年表》，上海人民美术出版社1963年版。

李霖灿：《中国画史研究论集》，商务印书馆股份有限公司1974年版。

郭因：《中国绘画美学史稿》，人民美术出版社1981年版。

沈子丞：《历代论画名著汇编》，文物出版社1982年版。

徐邦达：《古书画伪讹考辨上·文字部分》，江苏古籍出版社1984年版。

徐邦达：《古书画伪讹考辨下·图版部分》，江苏古籍出版社1984年版。

李来源、林木编：《中国画论发展史实》，上海人民美术出版社1997年版。

徐艺、陈健：《木版年画》，山东科学技术出版社1979年版。

李远国：《神霄雷法：道教神霄派沿革与思想》，四川人民出版社2003年版。

刘长久、胡文和、李永翘编著：《大足石刻研究》，四川省社会科学院出版社1985年版。

伍蠡甫：《中国画论研究》，北京大学出版社1983年版。

罗元黼：《蜀画史稿》，四川人民出版社1983年版。

徐复观：《中国艺术精神》，春风文艺出版社1987年版。

中国戏曲研究院编：《中国古典戏曲论著集成》（八），中国戏剧出版社1959年版。

周贻白：《中国戏剧史长编》，人民文学出版社1960年版。

周贻白：《中国戏曲发展史纲要》，上海古籍出版社1979年版。

胡度、刘兴明、傅则：《川剧词典》，中国戏剧出版社1987年版。

徐扶明：《元代杂剧艺术》，上海文艺出版社1981年版。

杨荫浏：《中国古代音乐史稿》（上、下册），人民音乐出版社1981年版。

赵景深：《曲艺丛谈》，中国曲艺出版社1982年版。

薛宝琨：《中国的曲艺》，人民出版社1987年版。

邓运佳编著：《川剧艺术概论》，四川省社会科学院出版社1988年版。

中国艺术研究院曲艺研究所：《说唱艺术简史》，文化艺术出版社1988年版。

四川省文化厅、四川省川剧研究院于一等编著：《四川戏曲音乐集成·四川卷》，中国文联出版社1989年版。

杜建华：《巴蜀目连戏剧文化概论》，文化艺术出版社1993年版。

颜长珂：《中国戏曲文化》，新华出版社1993年版。

邓运佳：《中国川剧通史》，四川大学出版社1993年版。

袁珂：《山海经校注》，上海古籍出版社1980年版。

袁珂、周明：《中国神话资料萃编》，四川省社会科学院出版社1985年版。

田况：《儒林公议》，商务印书馆1937年版。

周询：《芙蓉话旧录》，四川人民出版社1987年版。

陆粲、顾起元：《客座赘语》卷九，中华书局1987年版。

《四川府县志集》第19册，巴蜀书社1992年版。

《中华竹枝词》，北京古籍出版社1997年版。

刘再生：《中国古代音乐史简述》，人民音乐出版社1989年版。

段玉明：《中国市井文化与传统曲艺》，吉林教育出版社1992年版。

国家文物局教育处编著：《佛教石窟考古》，文物出版社1993年版。

四川省文化厅、四川省音乐舞蹈研究所李成渝等编著：《中国曲艺音乐集成·四川卷》，中国文联出版社1994年版。

胡文和：《四川道教佛教石窟艺术》，四川人民出版社1994年版。

卿希泰主编：《中国道教》（第三卷），知识出版社1994年版。

陈世松、贾大泉主编：《四川通史》，四川大学出版社1994年版。

许金榜：《中国戏曲文学史》，中国文学出版社1994年版。

四川省文化厅、四川省川剧研究院于一等编著：《中国戏曲志·四川卷》，中国文联出版社1995年版。

潘鲁生、唐家路编著：《年画》，上海人民美术出版社1996年版。

安民：《川剧简史》，天地出版社1997年版。

幸晓峰：《巴蜀古代乐器精品图鉴》，西南师范大学出版社1996年版。

栾桂娟：《中国曲艺与曲艺音乐》，人民音乐出版社1998年版。

四川省文化厅、四川省音乐舞蹈研究所余光寿等编著：《中国民歌集成·四川卷》，中国文联出版社1998年版。

四川省文化厅、四川省音乐舞蹈研究所袁洪光等编著：《中国舞蹈集成·四川卷》，中国文联出版社1998年版。

蔡源莉、吴文科：《中国曲艺简史》，文化艺术出版社1998年版。

（宋）郭若虚：《图画见闻志·画继》，《中国书画论丛书》，湖南美术出版社2000年版。

中国石窟雕塑全集编辑委员会编：《中国石窟雕塑全集》第8卷，重庆出版社1999年版。

四川省文化厅、四川省音乐舞蹈研究所唐滨等编著：《中国民族民间器乐曲集成·四川卷》，中国文联出版社2000年版。

四川省文化厅、四川省文联：《中国民间故事集成·四川卷》，中国文联出版社2000年版。

唐大潮：《明清之际道教三教合一思想论》，宗教文化出版社2000年版。

幸晓峰等：《巴蜀古代乐舞戏曲图像》，西南师范大学出版社1999年版。

吴梅：《中国戏曲概论》，上海古籍出版社2000年版。

修海林编著：《中国古代音乐史料集》，世界图书出版西安公司出版社2000年版。

四川省文化厅、四川省音乐舞蹈研究所幸晓峰等编著：《中国曲艺志·四川卷》，中国文联出版社2003年版。

四川省文物考古研究所、成都市文物考古研究所等编著：《泸县宋墓》，文物出版社2004年版。

四川省音乐舞蹈研究所编著：《四川舞蹈史》，四川美术出版社2004年版。

张永安：《巴渝戏剧舞乐》，重庆出版集团2004年版。

胡文和：《中国道教石刻艺术史》，高等教育出版社2004年版。

严福昌主编：《四川傩戏志》，四川文艺出版社2004年版。

四川省文化厅、四川省文联：《中国民间谚语、俗语集成·四川卷》，中国文联出版社2005年版。

蒋维明：《明清巴蜀人物评述》，巴蜀书社2005年版。

苏宁：《三星堆的审美阐释》，巴蜀书社2006年版。

沈泓：《绵竹年画之旅》，中国画报出版社2006年版。

傅抱石：《中国绘画史纲》，江苏文艺出版社2006年版。

秦华生、刘文峰主编：《清代戏曲发展史》，旅游教育出版社2006年版。

幸晓峰、沈博：《积淀的艺术——巴蜀音乐文物概览》，人民日报出版社2007年版。

朱丹枫、苏宁主编：《四川文艺年鉴》，四川人民出版社2007年版。

王伯敏：《中国绘画通史》，生活·读书·新知三联书店2008年版。

四川省人民政府新文办公室德吉草编著：《四川藏区文化艺术》，四川民族出版社2008年版。

四川文物考古研究院、广安市文物管理所、华蓥市文物管理所编著：《华蓥安丙墓》，文物出版社2008年版。

胡文和：《安岳大足佛雕》，文物出版社2008年版。

何介福：《巴蜀史》，西南交通大学出版社2009年版。

俞剑华编著：《中国古代画论精读》，人民美术出版社2011年版。

苏宁：《以道相通的美学——早期天师道美学思想与审美活动研究》，光明日报出版社2014年版。

国外著述

［美］高居翰著，李渝译：《中国绘画史》，台湾雄狮图书股份有限公司1989

年版。

〔英〕科林伍德著，王至元等译：《艺术原理》，中国社会科学出版社1983年版。

〔美〕苏珊·朗格著，滕守尧等译：《艺术问题》，中国社会科学出版社1983年版。

〔美〕苏珊·朗格著，刘大基等译：《情感与形式》，中国社会科学出版社1986年版。

〔英〕判诺夫斯基著，傅志强译：《视觉艺术的含义》，辽宁人民出版社1987年版。

〔英〕E.H.贡布里希著，范景中等译：《理想与偶像：价值在历史和艺术中的地位》，上海人民美术出版社1989年版。

〔美〕鲁道夫·阿恩海姆：《艺术与视知觉》，四川人民出版社1998年版。

〔美〕鲁道夫·阿恩海姆：《视觉思维》，四川人民出版社1998年版。

〔美〕太史文著：《幽灵的节日》，浙江人民出版社1999年版。

〔美〕詹姆斯·埃尔金斯：《西方美术史中的中国山水画》，中国美术学院出版社1999年版。

〔俄〕康定斯基著，李政文等译：《艺术的精神》，中国人民大学出版社2003年版。

〔英〕赫伯特·里德著，王柯平译：《艺术的真谛》，中国人民大学出版社2004年版。

〔英〕克莱夫·贝尔著，薛华译：《艺术》，江苏教育出版社2005年版。

〔英〕E.H.贡布里希著，范景中译：《艺术的故事》，广西美术出版社2008年版。

〔美〕巫鸿：《美术史十议》，生活·读书·新知三联书店2008年版。

后　记

　　《巴蜀文化通史·艺术卷》的撰写得到了四川省社会科学院和省内部分高校、科研院所相关单位领导、专家的关心和支持，在此表示衷心感谢。同时，我们对《巴蜀文化通史》学术委员会胡昭曦、林向及章玉钧、谭继和等诸位先生给予本卷的热情指导和无私的帮助表示真挚的感谢。

　　巴蜀艺术作为巴蜀文化的一个重要门类，薪火传承几千年不绝，历史悠久，具有鲜明特色和独特的内涵，确需一本与之历史地位相称的艺术史来阐述这个不同寻常的文化史实。

　　本卷的研究时段起于原始社会，讫于现当代。梳理艺术递嬗演进和风格流变，考辨史实，征引晚近的文献材料、考古发现，并富于原创性，是本书力图呈现的两个显著特点。我们努力把巴蜀艺术置于社会、历史、政治、礼仪和宗教等一系列"原境"中考察，着眼点超越了对艺术美和艺术形式发展的单纯介绍。

　　这部书是对巴蜀艺术历程的首次系统梳理，在写作过程中我们深感驾驭丰富内容与细致分析的艰难。巴蜀艺术发展相当充分，所涉及的面很广，从文献到考古，从石刻到陶俑，从音乐到绘画，从戏曲到舞蹈，从宫廷到民间，真可谓无所不包，这样繁复庞杂的内容对撰写人的毅力是一个严峻的考验。我们仔细辨析材料，小心提炼观点，筚路蓝缕，克服了种种写作过程中的困难。

　　今天这本饱含撰写人辛勤汗水的《巴蜀文化通史·艺术卷》终于呈现在大家面前。作为第一部巴蜀艺术史，其中必有许多不尽人意之处，恳请学界同仁和读者提出宝贵的意见。

　　本卷由四川省社会科学院文学所苏宁研究员主编。她承担了确定全书思路和体例、作者分工、修改统筹文稿等工作。具体写作分工如下：全书导论部分由苏宁、幸晓峰撰写；第一章先秦时期由幸晓峰撰写；第二章秦汉时期由沈博撰写；第三章魏晋南北朝、隋唐时期由沈博撰写，五代由苏宁撰写；第四章宋元时期，第五章明代，第六章清代均由苏宁撰写；第七章民国时期由沈博撰写；第八章中华人民共和国时期由幸晓峰撰写；结语、后记由苏宁撰写；参考文献由苏宁、沈博完成。在此需要特别说明的是，由于资料收集困难等原因，书法艺术以及1986年后的艺术发展概况从略，有待今后弥补。建筑部分已有专卷，少数民族艺术部分已列入民族卷、民俗卷，此卷不再赘述。

作者

2015年3月25日

图书在版编目（CIP）数据

巴蜀文化通史. 艺术卷 / 章玉钧, 谭继和主编；苏宁, 沈博, 幸晓峰著. -- 成都：四川人民出版社, 2021.12
ISBN 978-7-220-10568-5

Ⅰ.①巴… Ⅱ.①章…②谭…③苏…④沈…⑤幸… Ⅲ.①文化史—四川②艺术史—四川 Ⅳ.①K297.1

中国版本图书馆CIP数据核字（2017）第280112号

BASHU WENHUA TONGSHI YISHU JUAN
巴蜀文化通史 艺术卷

苏宁　沈博　幸晓峰　著

出 品 人	黄立新
项目统筹	谢 雪　董 玲　谢 寒
责任编辑	赵　静
特约编辑	叶　驰
封面设计	张　科
装帧设计	经典记忆　戴雨虹
责任校对	申婷婷
责任印制	祝　健
出版发行	四川人民出版社（成都三色路238号）
网　　址	http://www.scpph.com
E-mail	scrmcbs@sina.com
新浪微博	@四川人民出版社
微信公众号	四川人民出版社
发行部业务电话	（028）86361653　86361656
防盗版举报电话	（028）86361653
制　　版	四川省经典记忆文化传播有限公司
印　　刷	成都东江印务有限公司
成品尺寸	180mm×260mm
插　　页	14
印　　张	28
字　　数	517千
版　　次	2021年12月第1版
印　　次	2021年12月第1次印刷
书　　号	ISBN 978-7-220-10568-5
定　　价	130.00元

■版权所有·侵权必究

本书若出现印装质量问题，请与我社发行部联系调换
电话：（028）86361656